折込1表 オランダ・ベルギー・ルクセンブルク 広域図

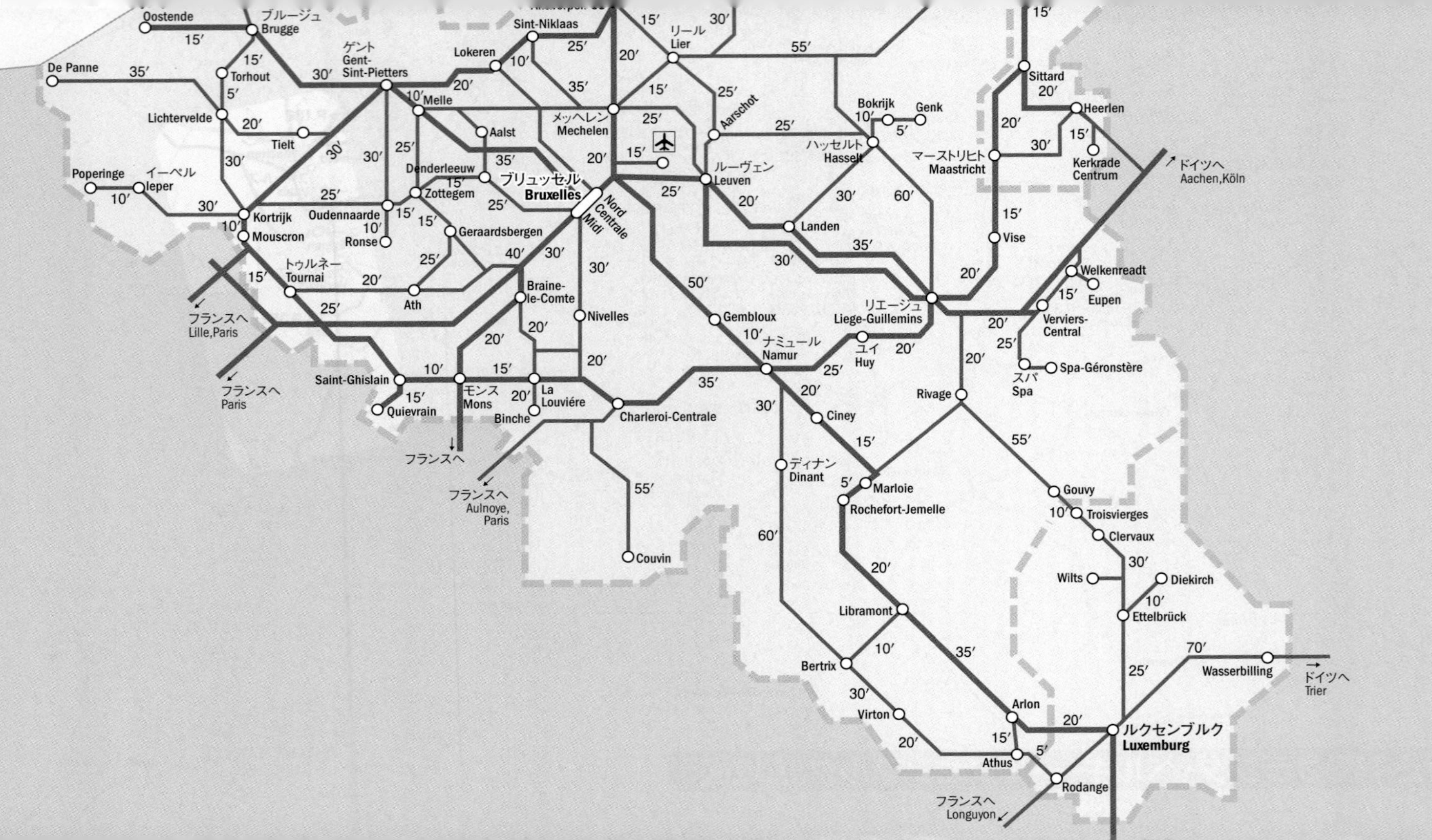

Oostende
ブルージュ
Brugge
De Panne
Torhout
Lichtervelde
Tielt
Poperinge
イーペル
Ieper
Kortrijk
Mouscron
ゲント
Gent-Sint-Pietters
Lokeren
Sint-Niklaas
Melle
Aalst
Denderleeuw
Zottegem
Oudennaarde
Ronse
Geraardsbergen
トゥルネー
Tournai
Ath
フランスへ
Lille,Paris
フランスへ
Paris
Saint-Ghislain
Quievrain
モンス
Mons
フランスへ
Binche
La Louviére
Braine-le-Comte
Nivelles
Charleroi-Centrale
フランスへ
Aulnoye, Paris
Couvin
ブリュッセル
Bruxelles
Nord
Centrale
Midi
メッヘレン
Mechelen
リール
Lier
Aarschot
ルーヴェン
Leuven
Landen
ハッセルト
Hasselt
Bokrijk
Genk
Gembloux
ナミュール
Namur
ユイ
Huy
リエージュ
Liege-Guillemins
Ciney
ディナン
Dinant
Marloie
Rochefort-Jemelle
Libramont
Bertrix
Virton
Athus
Arlon
フランスへ
Longuyon
Rodange
ルクセンブルク
Luxemburg
Wasserbilling
ドイツへ
Trier
Ettelbrück
Diekirch
Wilts
Clervaux
Troisvierges
Gouvy
Rivage
スパ
Spa
Spa-Géronstère
Verviers-Central
Welkenreadt
Eupen
Vise
マーストリヒト
Maastricht
Sittard
Heerlen
Kerkrade Centrum
ドイツへ
Aachen,Köln

折込2表 アムステルダム町歩きマップ
国立美術館P.79
Rijksmuseum
ゴッホ美術館P.82
Van Gogh Museum
市立美術館
Stedelijk Museum
Amsterdam P.84
入口
ミュージアム広場
Museumplein
コンセルトヘボウP.87
Concertgebouw
フォンデル公園
Vondelpark
ペー・セー・ホーフト通り Pieter Cornelis Hooftstraat
バック・トゥ・ブラックP.94
フェイゼルグラフト
Vijzelgracht
スフィンクスP.106
アステリスクP.105
シンゲル運河
ハイネケン・エクスペリエンスP.78
Heineken Experience
アルバート・カウプ通り
日用品市P.99
ネーデルランド銀行
Nederlandse Bank
オンダー・デ・オイエファーP.89
フー・フー・ラーメンP.92
DE PIJP
サルファティ公園
Sarphatipark
デ・パイプ
De Pijp
トラム
地下鉄
運河ツアー観光船乗り場
0
200m
N

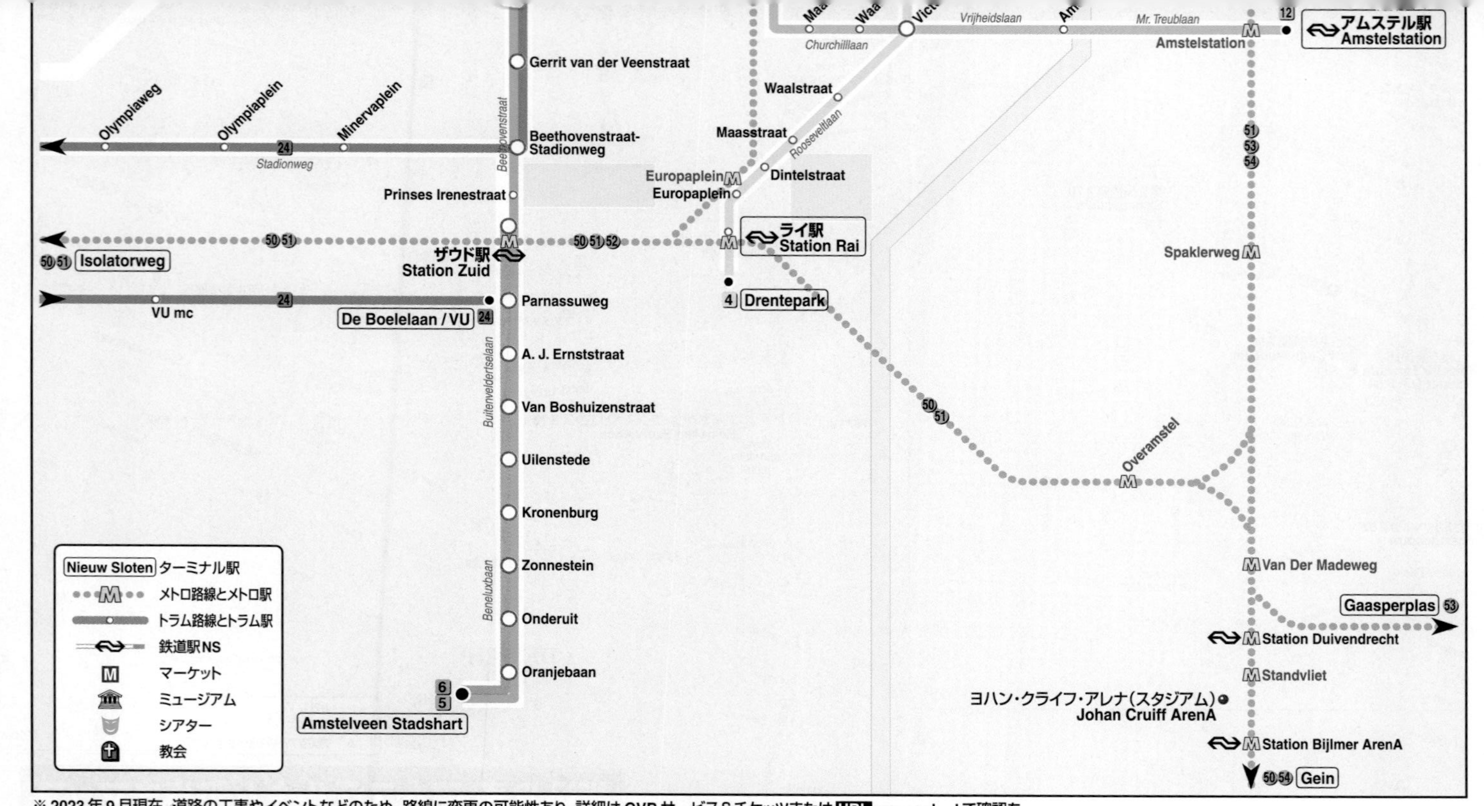

※ 2023年9月現在。道路の工事やイベントなどのため、路線に変更の可能性あり。詳細は GVB サービス&チケッツまたは URL www.gvb.nl で確認を。

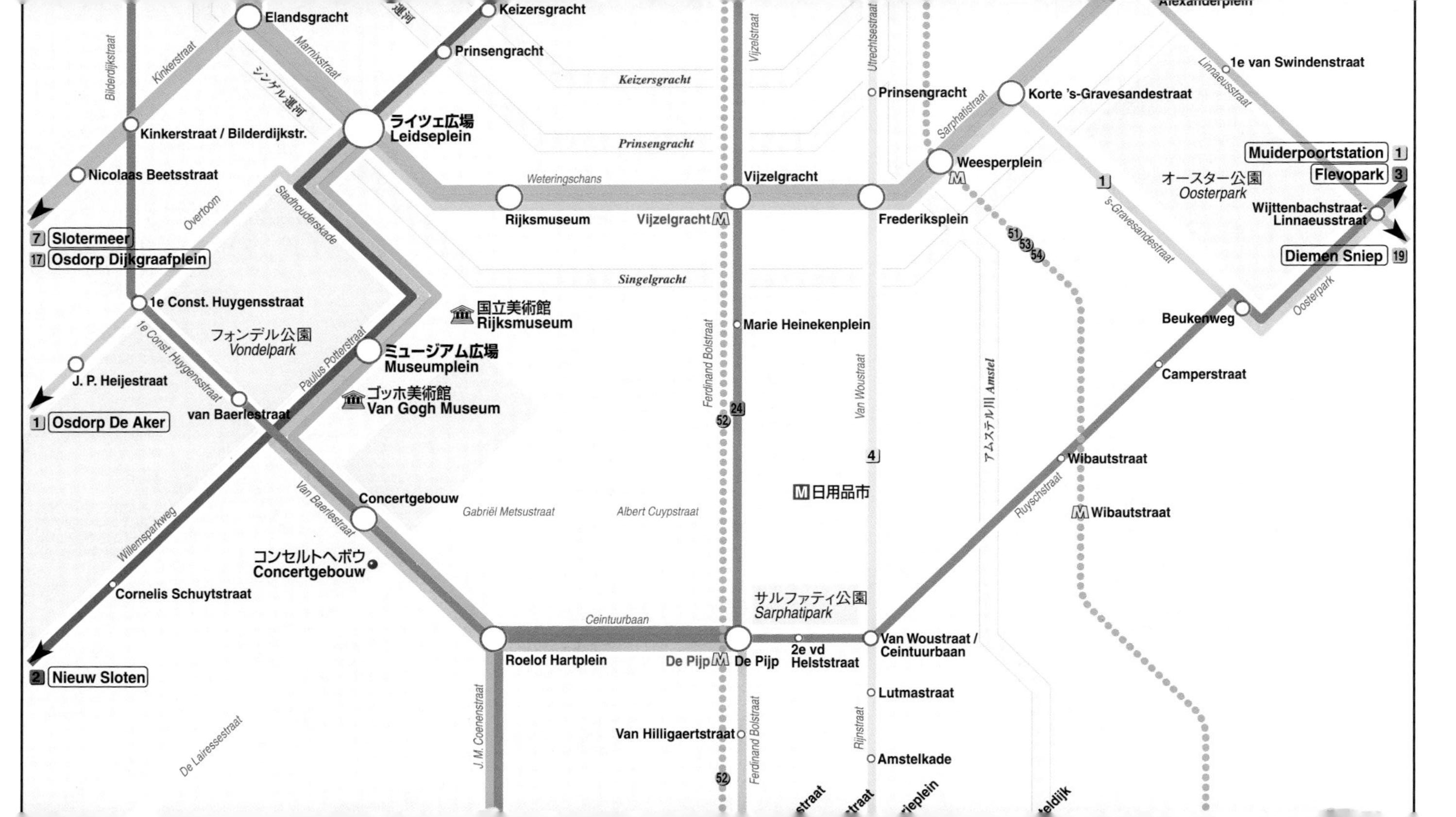

Elandsgracht
Keizersgracht
運河
Prinsengracht
Bilderdijkstraat
Kinkerstraat
Marnixstraat
シンゲル運河
Keizersgracht
Prinsengracht
ライツェ広場
Leidseplein
Kinkerstraat / Bilderdijkstr.
Nicolaas Beetsstraat
Overtoom
Stadhouderskade
Weteringschans
Rijksmuseum
Vijzelgracht
Vijzelgracht
7 Slotermeer
17 Osdorp Dijkgraafplein
Singelgracht
1e Const. Huygensstraat
1e Const. Huygensstraat
フォンデル公園
Vondelpark
Paulus Potterstraat
国立美術館
Rijksmuseum
ミュージアム広場
Museumplein
ゴッホ美術館
Van Gogh Museum
J. P. Heijestraat
van Baerlestraat
1 Osdorp De Aker
Van Baerlestraat
Concertgebouw
Gabriël Metsustraat
Albert Cuypstraat
Willemsparkweg
コンセルトヘボウ
Concertgebouw
Cornelis Schuytstraat
Ceintuurbaan
Roelof Hartplein
De Pijp
De Pijp
2 Nieuw Sloten
J. M. Coenenstraat
De Lairessestraat
Vijzelstraat
Ferdinand Bolstraat
Marie Heinekenplein
24
52
Ferdinand Bolstraat
52
Van Hilligaertstraat
Utrechtsestraat
Prinsengracht
Frederiksplein
Van Woustraat
4
日用品市
サルファティ公園
Sarphatipark
2e vd Helststraat
Van Woustraat / Ceintuurbaan
Lutmastraat
Rijnstraat
Amstelkade
アムステル川 Amstel
Sarphatistraat
Weesperplein
51 53 54
Korte 's-Gravesandestraat
1e van Swindenstraat
Linnaeusstraat
Alexanderplein
1
's-Gravesandestraat
オースター公園
Oosterpark
Muiderpoortstation 1
Flevopark 3
Wijttenbachstraat-Linnaeusstraat
Diemen Sniep 19
Oosterpark
Beukenweg
Camperstraat
Wibautstraat
Ruyschstraat
Wibautstraat

個性的なショッピングエリア
9ストラーチェス P.45,95
ライツェ広場～ミュージアム広場
拡大図 P.57
フー・フー・ラーメン
P.92
パンケークス・アムステルダム P.89
ハウスボート・ミュージアム P.76
Woonboot Museum
アンティークセンター P.100
デ・カースカーマー P.97
エステレア
P.102
アムステルダム博物館 P.67
（H'ARTミュージアムの建物内に移転中）
Amsterdam Museum
ローキン
Rokin
ベギン会院 P.68
Begijnhof
旧ルター派教会
Oude Lutherskerk
南教会 P.72
Zuiderkerk
レンブラントの家 P.73
Museum Het Rembrandthuis
モーゼとアーロン教会
Mozes en Aäronkerk
のみの市 P.99
市庁舎
Stadhuis
ワーテルロープレイン
Waterlooplein
国立オペラ&バレエ P.88
Nationale
Opera & Ballet
ガッサン P.99
ムントタワー P.68
Munttoren
ムント広場
Muntplein
花市 P.99
シンゲル
カルファー通り
ローキン
ユダヤ歴史博物館 P.73
Joods Historisch Museum
レンブラント広場
Rembrandtplein
美術品市 P.100
カッテンカビネット P.78
Kattenkabinet
ヴィレット・ホルトハウゼン博物館
Willet-Holthuysen Museum
P.69
H'ARTミュージアム
H'ART Museum P.71
アムステルダム博物館 P.67
Amuterdam Museum
ヘーレン運河
カイゼル運河
プリンセン運河
ライツェ通り
警察署
アムステルダム国際劇場
ITA P.88
ライツェ広場 P.84
Leidseplein
Foam写真美術館
Foam P.78
スタジオ・バザール
P.97
ファン・ローン博物館 P.78
Museum van Loon
マヘレのハネ橋 P.73
Magerebrug
アムステル川
カレー劇場 P.88
Theater Carré

中央駅〜ダム拡大図 P.56
A
B
C
1
2
JORDAAN
NIEUWE ZIJDE
OUDE ZIJDE
Het Ij
De Ruijterkade
アムステルダム中央駅P.49,65
Amsterdam Centraal Station
セントラル・ステーション
Central Station
GVBサービス&チケッツ
ストローマ クルーズ乗り場 P.62
ラバーズクルーズ乗り場 P.62
聖ニコラース教会P.71
Basiliek van de Heilige Nicolaas
涙の塔P.72
Schreierstoren
屋根裏部屋の教会博物館P.70
Museum Ons' Lieve Heer op Solder
旧教会P.70
Oudekerk
旧証券取引所P.65
Beurs van Berlage
新証券取引所
Koopmans Beurs
ブールスパサージュ
Beurspassage
ヘマP.96
バイエンコルフ P.96
戦没者慰霊塔
ダム広場P.66
Dam
王宮P.66
Koninklijk Paleis
新教会
Nieuwekerk P.67
マダム・タッソーろう人形館P.67
Madame Tussaud Scenerama
マグナ・プラザP.96
プッチーニ・ボンボニ (チョコレート)P.94
SASデザインP.98
計量所P.70
Waag
ニューマルクト広場
Nieuwmarkt
ニューマルクト
Nieuwmarkt
新ルター派教会
Nieuwe Luthersekerk
セバスチャンズ P.103
マイ・ホーム P.106
カフェ・ヘット・パーペンアイランド P.93
アンティーク市、のみの市P.100
北教会
Noorderkerk
Noordermarkt
ウィンケル43 P.75
パンケーキ・ベーカリーP.89
アムステルダム・チューリップ・ミュージアム
Amsterdam Tulip Museum P.98
アンネ・フランクの家P.76
Anne Frankhuis
西教会P.75
Westerkerk
ビュリツァーP.101
アールヌーヴォースタイル ショッピングアーケードP.75
ダムラック
Damrak
Prinsengracht
Keizersgracht
Herengracht
Singel
Lindengracht
Westerstraat
Marnixstraat
Nassaukade
Rozengracht
Raadhuisstraat
Westermarkt
Spuistraat
Nieuwezijds Voorburgwal
Nieuwezijds Kolk
Warmoesstraat
Oudezijds Voorburgwal
Oudezijds Achterburgwal
Geldersekade
Prins Hendrikkade
Martelaarsgracht
Stationsplein
Beursplein
Paleisstraat
Zeedijk
Kloveniersburgwal

折込2裏
アムステルダム トラム&メトロマップ
5 Zoutkeetsgracht
Nood 52
中央駅
Centraal Station
Van Limburg Stirumstraat
3 Westergasfabriek
De Wittenkade
Haarlemmerplein
Nassaukade
Nassaukade
Marnixstraat
Nieuwe Willemsstraat
Marnixplein
Fr. Hendrikplantsoen
Frederik Hendrikstraat
Bloemgracht
Hugo De Grootplein
De Clercqstraat
Rozengracht-Marnixstraat
De Clercqstraat-Bilderdijkstraat
13 Geuzenveld
19 Station Sloterdijk
Marnixstraat
5
17
19
Rozengracht
Westermarkt
Rozengracht
アンネ・フランクの家
Anne Frankhuis
西教会
Westerkerk
Nieuwezijds Kolk
13
17
12
2
ダム
Dam
Voorburgwal
Nieuwezijds
Paleisstraat
Koningsplein
シンゲル
ヘーレン運河
カイゼル運河
プリンセ
Leidsestraat
ムントタワー
Munttoren
Singel
花市
Herengracht
Centraal Station
Damrak
14
4
24
52
Dam
ダム
Dam
Rokin
Rokin
ローキン
Rokin
ムント広場
Muntplein
Muziekgebouw Bimhuis
26
Kattenburgerstraat
科学技術博物館
NEMO Sience Museum
51
53
54
戦没者慰霊塔
Monument
Nieuwmarkt
IJburg 26
Azartplein 7
1e Leeghwaterstraat
Czaar Peterstraat
1e Coehoornstraat
Zeeburgerdijk
Flevopark 14
Potanusstraat
ワーテルロー広場
Waterlooplein
国立オペラ&バレエ
Nationale Opera & Ballet
Mr. Visserplein
Plantage Middenlaan
Artis
Plantage Lepellaan
動物園
Artis
Hoogte Kadijk
レンブラント広場
Rembrandtplein
Keizersgracht
Alexanderplein
3

COVER STORY

オランダ名物でもあるチーズ市やマーケットも各地で開催され、ベネルクスの町には、従来どおりのにぎやかさが戻ってきています。修復を終えリニューアルしたところや新しい見どころも増えました。歴史や伝統を残しつつ進化したベネルクスを訪れてみませんか？

BENELUX

オランダ ベルギー ルクセンブルク

Netherlands Belgium Luxembourg

地球の歩き方 A19 2024~2025年版 地球の歩き方編集室

BENELUX  CONTENTS

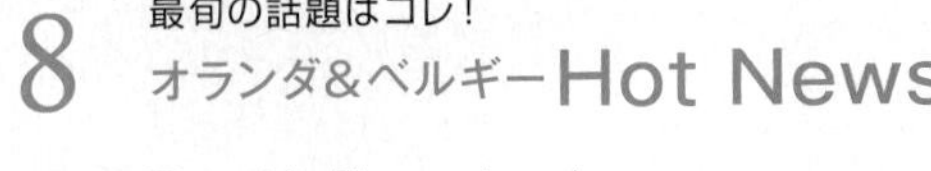

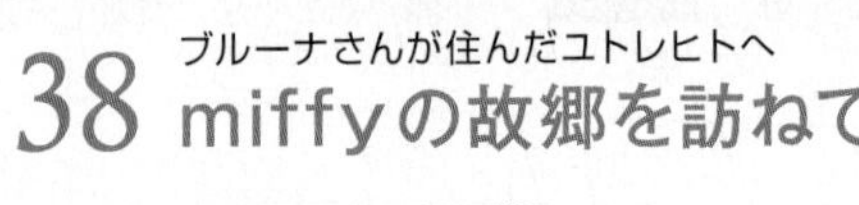

出発前に必ずお読みください！　旅のトラブルと安全情報…P.68,P.71,P.228,P.271,P.433～434

ユースフルコラム

オランダ

ベルギー

ベルギーの祭り

ルクセンブルク

美術史を歩く

オランダとベルギー比べてみると

歩き方の使い方

本書で用いられる記号・略号

紹介している地区の場所を指します。

ACCESS
目的地への行き方

- 住 住所
- ➡ 地図位置
- ☎ 電話番号
- URL ホームページアドレス（http://やhttps://は省略）
- E-Mail eメールアドレス
- 開 開館時間
- 営 営業時間
- 出 出発時間
- 休 閉館日、休業日
- 料 入場料金
- M メトロ（地下鉄）
- T トラム
- B バス

Str.	Straat
Av.	Avenue
Bd.	Boulevard
R.	Rue
Wi-Fi	ワイヤレスインターネット

ACCESS
ブリュッセル中央駅からICで約1時間、1時間に3本。ゲントのセント・ピーターース駅からICで25〜40分、1時間に5本。アントワープ中央駅からICで約1時間30分、1時間に1本。アントワープからゲントで乗り換える列車は1時間に2本、所要約1時間40分。

蘭● Bruggeブルッヘ
仏・英● Brugesブルージュ

観光案内所
●駅前 ➡Map P.295-A2
開10:00〜17:00
休1/1、12/25
●ザンド広場の❶
住't Zand 34 ➡Map P.295-A2
☎050.444646
開10:00〜13:00、14:00〜17:00（日10:00〜14:00） 不定期で10:00〜14:00になる日もある。
休1/1、12/25
●マルクト広場の❶（Historium）
住Markt 1 ➡Map P.296-A1
開10:00〜17:00（12/24・31〜16:00） 休1/1、12/25
URL visitbruges.be

世界遺産
ブルージュ歴史地区
Historic Centre of Brugge
文化遺産 / 2000年

ブルージュの歩き方
マルクト広場 P.298
↓
聖血礼拝堂 P.299
↓
グルーニング美術館 P.301
↓
聖母教会 P.302
↓
聖ヤン施療院ミュージアム P.302
↓
愛の湖公園 P.304
↓
ベギン会院 P.304

ブルージュ
Brugge

西フランドル州
West-Vlaanderen

フランドルの"水の都"ブルージュ。Bruggeとは"橋"の意味で、町を縦横に流れる運河には、50以上の美しい橋が架かっている。北海と水路で結ばれていたブルージュは、12、13世紀には西ヨーロッパ第1の貿易港となり、中世ヨーロッパの商業の中心として繁栄した。しかし15世紀に入ると、ブルージュと北海とを結ぶ水路が沈泥のため浅くなり、商船が出入りできないようになってしまった。水路を閉ざされたブルージュは、都市としての機能まで喪失してしまう。しかしそのおかげで、ブルージュは中世の景観をそのままにとどめ、現在にいたったのだという。まさにブルージュは、中世の町が鍵をかけられ、ひっそりとしまわれてしまったような雰囲気をもっている。

19世紀末の詩人であり作家でもあったローデンバックは、『死都ブリュージュ』の中で、「人々の精神状態と結ばりあい、忠告し、行為を思いとどまらせ、決心させるひとりの主要人物のような「都市」を描きたかった」と記している。「風光と鐘とによって人々を育成する」都市ブルージュ。私たちもブルージュの風と光とカリヨンの音のなかへと旅立ってみよう。

ブルージュの歩き方

駅前に❶があるので、立ち寄って情報を手に入れるのもいい。駅から町なかに入るには、駅前の道を左へ行き、公園に沿って延びるKoning Albertlaan脇の緑地を抜ける。駅から10分ほどのザンド広場't Zand（この広場では土曜の午前中に青空市が開かれる）に面したコンサートホール内にもうひとつの❶がある。

ここからZuidzandstr.に入って10分も歩けば、世界でも類いまれな美しさをもつマルクト広場Marktに到着する。この広場に面したヒストリウム内にも❶がある。

壮麗な建物が並ぶブルグ広場　Visit Bruges ©Jan D'Hondt

294

レストラン

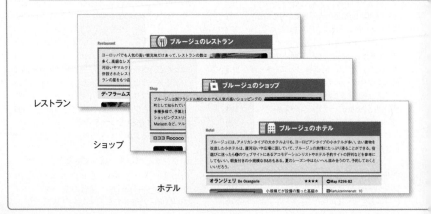

Restaurant
ブルージュのレストラン
ヨーロッパでも人気の高い観光地だけあって、レストランの数は多く、高級なレス…
河沿いやマルク…
併設されたレス…
ランの星をもつ店…
デ・フラームス…

ショップ

Shop
ブルージュのショップ
ブルージュは西フランドル州のなかでも人気の高いショッピングの町として知られてい…
多種多様で、予算と…
ショッピングストリー…
Mariastr.など。マル…
ロココ Rococo

ホテル

Hotel
ブルージュのホテル
ブルージュには、アメリカンタイプの大ホテルよりも、ヨーロピアンタイプの小ホテルが多い。古い建物を改造した小ホテルは、運河沿いや広場に面していて、ブルージュの旅情にたっぷり浸ることができる。宿選びに迷ったら❶のウェブサイトにあるアコモデーションリストやホテル予約サイトの評判などを参考にしてもいい。朝食付きの小規模なB&Bもある。夏のシーズン中はたいへん混み合うので、予約しておくといいだろう。

オランジェリ De Orangerie ★★★★ ➡Map P.296-B2
小規模だが設備の整った高級ホ…
住Kartuizerinnenstr. 10

地　図

H ホテル
Y ユースホステル
R レストラン
B カフェ、ブラスリー
S ショップ
E エンターテインメント
M マーケット(市)
〒 郵便局
M 地下鉄(メトロ)駅
PO 警察
劇場
観光案内所(オランダ)
i 観光案内所(ベルギー、ルクセンブルク、一部オランダ)

ベネルクスのコラム

読者投稿

Tips
はみだし情報

CC クレジットカード
A アメリカン・エキスプレス
D ダイナース・クラブ
J JCB
M マスターカード
V ビザ

レストラン
ド ドレスコード
予 予約について

ホテルの部屋
Ⓢシングル　Ⓓドミトリー
Ⓣダブルまたはツイン
※ホテルの料金は1部屋当たり。特記以外は、朝食、税、サービス料別の目安料金。日程により大きく異なることがある。

■本書の特徴
本書は、オランダ·ベルギー·ルクセンブルクを旅行される方を対象に個人旅行者が現地でいろいろな旅行を楽しめるように、アクセス、ホテル、レストランなどの情報を掲載しています。もちろんツアーで旅行される際にも十分活用できるようになっています。

■掲載情報のご利用に当たって
編集部では、できるだけ最新で正確な情報を掲載するよう努めていますが、現地の規則や手続きなどがしばしば変更されたり、またその解釈に見解の相違が生じることもあります。このような理由に基づく場合、または弊社に重大な過失がない場合は、本書を利用して生じた損失や不都合について、弊社は責任を負いかねますのでご了承ください。また、本書をお使いいただく際は、掲載されている情報やアドバイスがご自身の状況や立場に適しているか、すべてご自身の責任でご判断のうえでご利用ください。

■現地取材および調査時期
本書は、2023年8月から9月の取材調査データを基に編集されています。また、一部のみ追跡調査を2023年10月まで行いました。しかしながら時間の経過とともにデータの変更が生じることがあります。特にホテルやレストランなどの料金、祝日やクリスマス前～年末年始、イースター前後などの営業時間は、変更されていることも多くあります。したがって、本書のデータはひとつの目安としてお考えいただき、現地の観光案内所やウェブサイトなどでできるだけ新しい情報を入手してご旅行ください。

■発行後の情報の更新と訂正
発行後に変更された掲載情報や訂正箇所は『地球の歩き方』ホームページの「更新·訂正情報」で可能なかぎり案内しています(ホテル、レストラン料金の変更などは除く)ので、ご旅行の前にお役立てください。
URL www.arukikata.co.jp/travel-support

■投稿記事について
投稿記事は、多少主観的になっても原文にできるだけ忠実に掲載してありますが、データに関しては編集部で追跡調査を行っています。投稿記事のあとに(○○○ '21)とあるのは、寄稿者と投稿年度を表しています。ただし、ホテルなどの料金を追跡調査で新しいデータに変更している場合は、寄稿者データのあとに調査年度を入れ['23]としています。
※皆さんの投稿を募集しています。→P.398

感染症流行の影響などにより、観光地やイベントのデータも予告なく変更されることもあり得ます。
また、日本国大使館や外務省のウェブサイトで最新の渡航情報の確認、「たびレジ」への登録をおすすめします(→P.433)。

最旬の話題はコレ! Hot News

オランダ Netherlands

アムステルダムの国立美術館 レンブラント『夜警』の修復中

修復作業は、フランス人建築家がデザインしたクリアガラスの小部屋内で行われる。この部屋は館内に設けられるため、修復中もガラス越しに見学可能。修復の経過はオンラインでも公開される。(→P.79)

オーディオガイドも魅力 レンブラントの家

2023 再オープン!

エッチングの屋根裏部屋など、5つの新しいスペースを追加して再オープンした。新しいマルチメディアツアーでは、破産を経験したレンブラントの波乱万丈な生涯とその時代を感じることができる。(→P.73)

左:レンブラントが実際に暮らした家を見学できる
右:工房での様子を再現した部屋

世界遺産に登録! 世界最古のプラネタリウム

一般市民で羊毛製造業者だったエイセ・エイシンガによる投影式のプラネタリウム。自宅の居間を改造した惑星軌道がわかる装置は、今も動き続けており、その構造が興味深い。(→P.194)

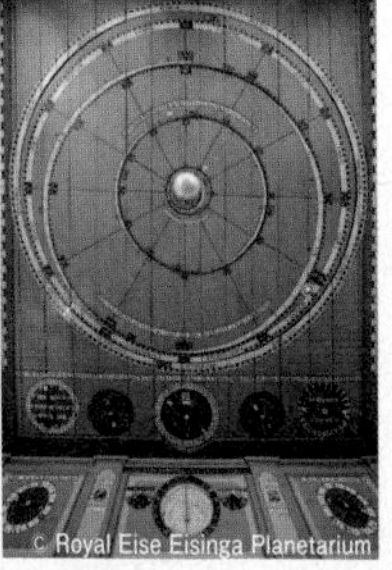
© Royal Eise Eisinga Planetarium

左: フラネカーというオランダ北部の町にあるプラネタリウム
上: 天井に軌道などが描かれている

ヘット・ロー宮殿がリニューアルオープン!

2023 再オープン!

5年ほどの月日をかけ、庭を含む数々の改修を施し、リニューアルオープンした。王室ゆかりの宮殿を巡る常設展示のほか、地下には特別展や訪問者のためのスペースが新しく設けられている。(→P.189)

© Paleis Het Loo

見学もできる! 美術館の収蔵庫

2021 オープン!

改装中のボイマンス・ファン・ベーニンゲン美術館のコレクションを収蔵する「デポ Depot Boijmans Van Beuningen」が開館した。周囲が写り込む、鏡のような壁面をもつ不思議な外観。休館中の美術館の絵画も一部観ることができる。(→P.131)

左: 屋上からロッテルダムの町を見渡したり、テラス付きのカフェで休憩もできる
中: 周囲が映りこむ鏡のような壁面
右: 古典から現代まで、数々の収蔵品が並ぶ

新しくなった観光スポットから人気のお祭りまで。
オランダとベルギーで、今注目を集めている最旬情報をお届け！

Fantastic !!
Wonderful !!
Cool !!

ベルギー Belgium

アノン邸やソルヴェイ邸の内部見学ができるように

ブリュッセルの代表的なアールヌーヴォー建築として知られる、アノン邸とソルヴェイ邸が改修を終え、内部見学可能になった。美しい曲線を使った階段の手すりや壁画などが観れる。(→P.261)

2023 見学可能！

© Gilles van den Abeele - www.gnab.be

左: 見応えのあるアノン邸
中: アノン邸の階段にある優雅な壁画
右: オルタ作の世界遺産でもあるソルヴェイ邸の瀟洒な階段

3年に1度、猫づくしになる！イーペルの猫祭り

5月の第2日曜にベルギー東部の小さな町イーペル(→P.327)で開催される。さまざまな猫がパレードに登場。繊維会館の鐘楼から黒猫のぬいぐるみが投げ落とされ、クライマックスを迎える。

2024 開催予定！

©Stad Ieper Tijl Capoen

©Stad Ieper Tijl Capoen

上: 猫のぬいぐるみを落とす役割の赤と白の衣装を着た道化師
左: ベルギーコミックで人気の猫ル・シャLe Chatも登場

温泉の町スパが世界遺産に登録

2021 登録！

イギリスのバースなど、ヨーロッパ7ヵ国にある11の温泉街のひとつとして、世界遺産に認定された。古くから天然鉱泉を利用した治療が行われ、多くの人々が訪れる保養地として栄えた町。(→P.362)

仮面の画家アンソール 2024年に没後75年

オステンドにある「アンソールの家(→P.325)」が、展示室を拡張してリニューアルオープンした。2024年9月には世界最大のアンソール・コレクションを誇るアントワープでも展覧会がある予定。

2024 75周年！

ついに開館！アントワープの王立美術館

2022 再オープン！

10年に渡る大規模な改修と拡張工事を終え、再オープンした。ルーベンスの家が修復で休館中となったため、ここに絵画の一部が展示されている。広大な美術館は見応えあり。(→P.340)

上: ルーベンス『凍えるヴィーナス』
下: メムリンク『奏楽の天使たちに囲まれたキリスト』(一部)

花の国を旅する BENELUX

Travel in Flower Land

さまざまな種類の花が咲き誇るキューケンホフ。風車に上れば、周囲の花畑を見渡すこともできる

© light design by @studioartfex, pictures by @swdfotografie, www.flowercarpet.be

フラワー・カーペット開催中のグラン・プラスでは、毎晩「音と光のショー」が行われる。カーペットは毎回違うテーマでデザインされている

色とりどりの花々に囲まれて心が弾む、それがベネルクスの旅の魅力のひとつ。
時期がかぎられるものが多いが、ここだけで楽しめる特別なひとときを体験してみたい。

オランダ

「世界の花屋」ともいわれ、国花でもあるチューリップを中心に、さまざまな花を栽培・輸出している。花市がある町も多く、花々の潤いが人々の生活に自然と根づいている。

700万株にも及ぶ花々が咲き誇る、世界でも指折りの庭園キューケンホフを訪れてみたい。(→P.160)
開園:3月下旬〜5月中旬

アムステルダムの運河沿いに立つ花市では、切り花や球根、おみやげ小物をおく屋台がズラリと並ぶ。(→P.99)
営業:休業日を除く通年

圧巻の広さ・取扱量を誇るアルスメール生花中央市場。近くのスキポール空港から世界中に輸出される。(→P.85)
営業:休業日を除く通年

ベルギー

世界遺産グラン・プラスのフラワー・カーペットでも使われるベゴニアの大規模な生産地。歴史ある町並みに溶け込むような花々の彩りを堪能することができる。

グラン・プラスに60万本ものベゴニアの花が敷き詰められ、巨大なフラワー・カーペットができあがる。(→P.239)
開催:偶数年の8月中旬

青紫色の可憐なブルーベルの花が、自然のままのハルの森に広がる。(→P.267)
開花:4・5月頃

© Visit Brussels Jean Paul Remy2017

ラーケン王宮敷地内のアールヌーヴォー建築の温室では、ベゴニアやアジサイなどの花々が通路を彩る。(→P.263)
公開:4・5月頃

賢くお得に楽しむ

BENELUX

スーパーなども利用して

インフレや円安の影響もあって、旅の費用がかさみがち。
町歩きがてらマーケットに立ち寄ってみたり、スーパーと公園を合わせて使ったり、無理せずお得に旅を楽しむ方法をご紹介。

町の中心で開かれるマーケットへ

お得!

地元の人も買い物をするマーケットに立ち寄ってみよう。多くの町で、中心にあたる広場で開催されていることが多い。フルーツ、チーズといった生鮮食料品や服のほか、ハーリング→P.19など食べ物屋台が出ていることも多い。

エダムのチーズ市に出ていたハーリングの屋台

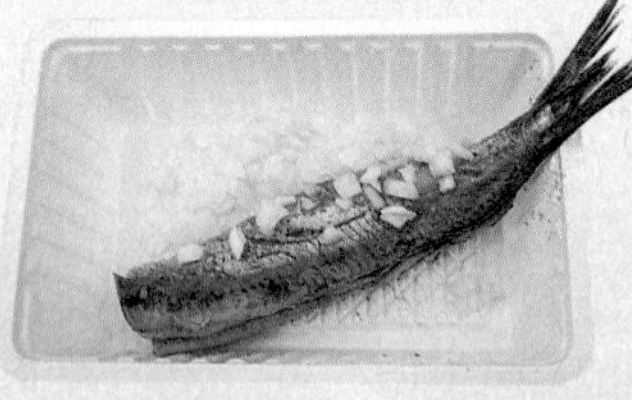
やわらかでおいしいハーリング

ベリーなどフルーツを試すのも楽しい

公園や広場を有効活用しよう

賢く!

時期や天気がよければ、公園や広場で休憩したり、テイクアウトのランチを食べたりするのもいい。アムステルダムの国立美術館→P.79周辺は、広々としたミュージアム広場になっていて、ベンチが置かれた庭園もある。

国立美術館に隣接する庭園

ミュージアム広場でチェスを楽しむ人たち

アムステルダム中央駅北側の水辺には座ってくつろげるスペースも

食事におみやげに スーパーが便利

賢く!

スライスしたゴーダチーズのパックやブルージュのチーズ

バラマキみやげに便利なチョコレート

パンとチーズなどを買っておいてホテルで食べる朝食にしたり、サンドイッチにセルフサービスのコーヒーやジュースを付けてランチにも使える。もちろん、おみやげ購入にも。日本食が恋しくなったらお寿司のパックを買える店も多い。コンビニのような小店舗もあり便利。

おもなスーパーなど

●アルバート・ハイン →P.97
オランダ全域とベルギー北部の町にあるオランダ系スーパー。

●デレーズ →P.343
ベルギーやルクセンブルクにあるベルギー系スーパー。

●カルフール →P.286
ベルギーやルクセンブルクにあるフランス系スーパー。

●そのほか
オランダではジャンボ Jumbo、ベルギーではインターマルシェ Intermarché→P.286、ルクセンブルクではアリマ Alima→P.393やフランス系のおしゃれなモノプリMonoprixなどのスーパーも見かける。

●雑貨チェーンのヘマ →P.96、285
生鮮食料品はないがおみやげになりそうなお菓子や小物がお値打ち価格で揃う。オランダ全域のほかベルギーにもある。

ベルギービール

ランチにもいい
サンドイッチ、スムージー、フルーツ

バケットサンドもおいしそう

サラダバーで野菜を買える

ミュージアムカードなど 割引カードを検討したい

お得!

美術館や博物館など、見どころをたくさん巡る予定の人は、各種割引カードを利用するのもいい。人気のミュージアムは入場料が高いものが多いので、いくつか巡る予定なら、カードを手に入れたほうが割安になる場合もある。

museum
/kaart\
tijdelijk

右:オランダのミュージアムカールト→P.50のテンポラリーカード
ほかにアイ・アムステルダム・シティ・カード→P.50やブリュッセル・カード→P.228など、町ごとのカードもある。自分の行きたい場所で使えるのかウェブサイトで最新情報を確認しておきたい。要予約の施設ではカードがあっても予約が必要なので要注意

人気の高いゴッホ美術館

無料コンサートや 割引チケットで楽しむ

お得!

アムステルダムのコンセルトヘボウでは無料のランチタイムコンサート→P.77が開催されている。当日券など、直前にお得なプライスになるラストミニッツチケットが出る場合もあるので、ウェブサイトなどを確認してみよう。

アムステルダムのコンセルトヘボウ

画家ゆかりの地を巡る

1 ART 美術

炎の画家 ゴッホの軌跡を追う

ゴッホ美術館蔵『ひまわり』 1889年

手紙魔だったゴッホは、たくさんの手紙を書いた。弟のテオに宛てた大量の手紙が大切に保存されていたこともあり、ゴッホの足跡は比較的容易にたどることができる。対人関係がうまくなかったことや、一途過ぎる性格、激しい感情表現といったものは、絵にも大きな影響を及ぼし、それがゴッホに特別な存在感を与えている。

ゴッホ美術館→P.82 クレラー・ミュラー美術館→P.191
美術史を歩く→P.83 ゴッホの家→P.379

『馬鈴薯を食べる人々』 1885年 ゴッホ美術館蔵
ヌエネンにいた頃の絵。暗い色彩だが、ゴッホらしい力強いタッチが見られる

『寝室』 1888年 ゴッホ美術館蔵
アルルでゴーギャンと共同生活をした頃。印象派の影響で明るい色彩になっている

暮らした家も残るヌエネンへ

ゴッホが描いた教会や風景を巡るのもいい

ゴッホは30歳の頃、両親がいたヌエネンに数年間滞在した。ファン・ゴッホ・ヴィレッジ博物館は、ゴッホゆかりの人々についてや彼自身の苦悩を知ることができる博物館。(→P.173)

生まれ故郷ズンデルト

ヴィンセント・ファン・ゴッホの家からすぐにある教会と像

父親が牧師をしていた小さなプロテスタント教会の前には、テオとゴッホの記念の像も設けられている。ヴィンセント・ファン・ゴッホの家にはゴッホ関連の小規模な展示もある。(→P.173)

寡作の画家
フェルメールが過ごした町へ

マウリッツハイス美術館蔵『真珠の耳飾りの少女』1665年

上の写真は『デルフトの眺望』を描いたといわれる場所から。
デルフトにはフェルメールの絵に出てきそうな部屋や町角が残る（下）

現存する30数点の作品は、どれも小さく上品な宝物のような輝きを放っている。消失点を用いた遠近法、耳飾りにも見られる光の反射の描き方などが絶妙。また、貴重な鉱石ラピスラズリから作られた、鮮やかで印象的なウルトラマリンの青は「フェルメール・ブルー」と呼ばれる。

国立美術館→P.79　マウリッツハイス美術館→P.144
デルフト→P.149　美術史を歩く→P.152

光と影の魔術師
レンブラント

国立美術館蔵『自画像』1661年

ライデンにはレンブラントゆかりの風車や生家跡などがある（上）。
下の写真は生家跡の建物と向かいのレンブラント広場

若くして成功を収めたレンブラントは、光と影を写し取る完璧な画法を確立した。人気の頂点を極めた頃の作品『夜警』は、オリジナリティを追求し過ぎて、本来の集団肖像画としての役目を果たしていないと賛否両論に。晩年の自画像や宗教画からは、より深い精神性を感じとることができる。国立美術館→P.79
レンブラントの家→P.73　マウリッツハイス美術館→P.144
ライデン→P.155　美術史を歩く→P.74

画家ゆかりの地を巡る

1
ART
美術

ルーベンス工房の迫力の大画面に酔う

左はノートルダム大聖堂の『キリスト降架』1611～1614年　右はアントワープのフルン広場に立つルーベンスの像。バックはノートルダム大聖堂

絵のうまさは類いまれなく、性格は明るく、社交的。加えて7カ国語を操ったというマルチな才能をもつルーベンスは、美術史のなかで最も社会的に成功した画家といえるかもしれない。多くの弟子を抱えたアントワープのルーベンス工房では、絵画の大量生産が行われたが、ルーベンス自身が多く絵筆をとった作品もある。弟子には、フランドル肖像画家として有名なアンソニー・ヴァン・ダイクもいた。ルーベンスの最高傑作ともいわれるノートルダム大聖堂の『キリスト降架』は、日本でも『フランダースの犬』で有名。

アントワープ→P.330　ブリュッセルの王立美術館→P.248
美術史を歩く→P.337

右はルーベンスが工房を構えたルーベンスの家（休館中）のアトリエ
右下はプランタン・モレトゥス博物館内の『ルーベンス・ルーム』
下はブリュッセルの王立美術館にあるルーベンスの展示室

頭脳明晰な画家 マグリット

マグリット美術館蔵『光の帝国』1954年 ©ADAGP, Paris & JASPAR, Tokyo, 2014 C0280

マグリット美術館(上)。マグリットの家やよく通ったというビアカフェ(下)に行って、マグリットの絵の不思議さを解明してみては?

スーツにネクタイ姿という画家らしからぬスタイルで描き、妻や愛犬との生活を大切にしたというマグリットの日常は、いわゆるシュールレアリスムのイメージとは少し異なる。自分の絵は「目に見える思考」と言い、夢や無意識を追ったパリのシュールレアリストとは違った発想で、クールに表現できる形を探し続けた。マグリット美術館→P.253
マグリットの家→P.253　ラ・ルー・ドール→P.272
ラ・フルール・アン・パピエ・ドレ→P.277

庶民を描き続けた 風刺画のブリューゲル

ブリュッセルの古典美術館蔵『堕天使の墜落』1562年

ボイマンス・ファン・ベーニンゲン美術館の『バベルの塔』1565年(上)
マイエル・ヴァン・デン・ベルグ美術館の『狂女フリート』の展示室(下)

アントワープにいた頃のブリューゲルは、当時再流行していたヒエロニムス・ボスに似た絵画の制作を手がけていた。この頃に培った土壌があってこそ、農民や市民の暮らしぶりを緻密に描ききることができたといわれる。農民の生活画や風刺画だけでなく、寓意的な作品も多く、今も謎解きがなされている。ブリュッセルの王立美術館→P.248
マイエル・ヴァン・デン・ベルグ美術館→P.339
ボイマンス・ファン・ベーニンゲン美術館(休館中)→P.131
美術史を歩く→P.250

素材を生かすオランダ料理

2 DISH 料理

気軽においしく!

上はチーズとピクルスにマスタードを添えたもの、下はスモークサーモンとタマネギのオープンサンド。フレッシュジュースもおいしい!

伝統的なオランダ料理といえば、肉や野菜を煮込んだ家庭の味。ほかに、新鮮な素材をそのまま使った料理もおいしい。オープンサンドイッチもそのひとつで、卵やハム、チーズのオープンサンドイッチ、アウツマイターも有名だが、スモークサーモンなど数種類ある。また、オランダの植民地時代が長かったため、インドネシア系移民が多く、インドネシア料理のレストランも見かける。

フレッシュな魚介&美食の町

上:白身魚のソテー　下:マーストリヒトのレストランで

北海に近い地域では、ムール貝、ロブスター、舌平目など、新鮮な魚介を試してみるのもおすすめ。また、昔から食事がおいしい町として知られる、オランダ南部のマーストリヒトに行ったら、おいしいフレンチを堪能してみたい。

写真はクラベチェ(→P.156)、ハリーズ(→P.167)にて

コロッケやパンケーキも

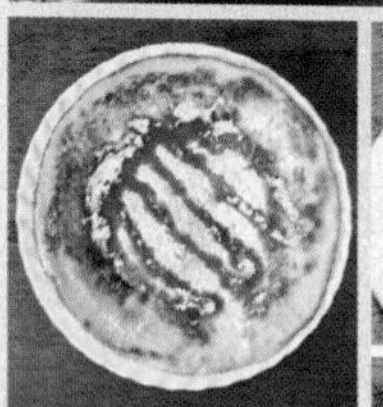

上:丸いコロッケとアップルパイ　下:パネクックとホッフェルチェ(右)

カフェで食べられるコロッケの中身はいろいろで、自販機でも買える。直径20cm以上もあるクレープのように薄いパネクックには、シロップがけ、食事にもできるベーコン&リンゴなど多種多様。パンケーキの一種、小さくて丸いホッフェルチェPoffertjeやアップルパイもおいしい。

オランダ料理図鑑

エルテンスープ Erwtensoep
寒さも増してきた頃に登場するのがこのスープ。青豆がベースで、ポテト、タマネギ、ソーセージなどを加えて半日ほど煮込み、豆の形がなくなったらできあがり。量が多い場合は、軽食にすることもできる。

ヒュッツポット Hutspot
ポテト、ニンジン、タマネギをゆでて鍋の中でつぶしたものに、牛肉の煮込みを添えたシチュー。牛肉の代わりにミートボールを添えて食べることもある。冬ニンジンで甘味を加えた、冬場に人気のメニュー。

スタムポット Stamppot
ポテトと野菜をつぶした、ヒュッツポットの兄弟分のようなもの。ピリッと苦味の効いたアンディーブを、つぶしたジャガイモに混ぜ込んだものが伝統的。ソーセージやミートボールと一緒に出されることが多い。

ズールコール Zuurkool
ドイツではザウアークラウトとして有名なキャベツの酢漬け。オランダでもソーセージなどのつけ合わせに、スタムポットと一緒によく登場する。ビタミンCが豊富なので、旅行中の野菜不足には欠かせない一品といえそう。

ムール貝 Mossellen
Rの付く季節（9～4月）が食べ頃といわれるのはカキOester。ムール貝もこれと同じで、オランダではカキよりムール貝のほうが一般的。鍋いっぱいに出てくるムール貝を2枚の貝の殻を使って取り出すのがツウ。

ハーリング
ニシンの幼魚を塩漬けにして軽く発酵させたものに、タマネギのみじん切りをのせて食べる。デン・ハーグあたりの屋台では、尻尾を持って下からパクついている姿を目にするが、アムステルダムでは切って出てくる。

アウツマイター Uitsmijter
ふた切れの食パンにチーズやハムをのせ、さらに2～3個の目玉焼きをのせたオランダ風オープンサンドイッチ。ナイフとフォークで切り分けて食べる。チーズの量も多く、ボリュームたっぷりで、栄養満点。

ブローチェ Broodje
パンにチーズやハム、ソーセージなどを挟んだもの。駅の売店のほか、専門店もある。ニシンを挟んだもの（写真）はオランダならでは。オランダの人たちはこれくらいの軽い昼食で済ませることも多いようだ。

インドネシア料理 Indonesisch
焼き鳥のようなサテや目玉焼きなどがのったチャーハンのナシゴレンなど、親しみやすい料理も多い。20種類ほどの小皿に盛られたライスターフェル Rijstafel も大人数なら試してみたいもののひとつ。

美食の国での食事を堪能

2 DISH 料理

おいしいベルギー料理って？

ムール貝（上）とブリュッセルらしいランビックビール（下）
ムール貝は食べ終わった殻で挟んで取ると食べやすい

ベルギーでは、魚介からアルデンヌ地方のジビエまで、さまざまな素材を使った料理を楽しめる。なかでも、ベルギーらしいのがムール貝の白ワイン蒸しで、9～4月は身も大きくておいしい。ほかにも、舌平目のムニエル、牛肉のビール煮込み、白アスパラガスなど、食通の国ならではの季節まで感じさせてくれる味を堪能しよう。

写真の料理はブイヨン・ブリュッセル（→P.272）にて

新鮮な魚介を召し上がれ

上：魚介盛り合わせと小エビのコロッケ　下：小エビのトマト詰め

魚介盛り合わせのほか、魚のスープもボリュームたっぷりで体が温まる。北海沿岸で取れる小エビCrevettes Grisesを使った、前菜の小エビのトマト詰めTomate aux Crevettesや、小エビが入ったクリーミーなコロッケCroquette de Crevettesは、ベルギー北部でよくあるメニュー。

ワッフル&フリッツも

上：アイスやフルーツのトッピングも　下：ブルージュのフリット博物館で

ふわっと軽いブリュッセル・ワッフル（写真左上）と、ザラメのような砂糖が入っていて少し堅めのリエージュ・ワッフル（写真右上）、2種類のワッフルがある。ベルギー発祥のフリット（フライドポテト）は2度揚げのアツアツを、ベルギーらしくマヨネーズ系のソース（タルタルなどもあり）をつけて。

ベルギー料理図鑑

ゲント風ワーテルゾーイ
Waterzooi à la Gantoise

元来ワーテルゾーイは、川魚を煮込んだ古いフランドル地方の田舎料理。今ではゲント風（→P.320）が有名。意外とあっさりとして体が温まる。地方によっては海の幸を使うところもある。辛口のビールと一緒にどうぞ。

ムール貝の白ワイン蒸し
Moules au vin blanc

ベルギー名物といえばムール貝。白ワイン蒸しは、セロリ、ポアローなどを炒め、ムール貝を入れて蒸した最もポピュラーな料理法。バケツいっぱいという感じで豪快な量が出てくる。つけ合わせは揚げたてのフリット。

シコンのグラタン
Gratin au chicon / Chicon au gratin

英語でチコリと呼ばれる高級野菜シコン。原産といわれる地元ベルギーでは、グラタンが代表的な料理。蒸したシコンをハムで包み、ホワイトソース、チーズをのせて焼き上げたもの。シコンのほろ苦さがいい。

フランドル風カルボナード
Carbonnades à la Flamande

牛バラ肉をビールでじっくり煮込んだ料理。トラピストなどのダークビールで煮込むと肉はさらに軟らかくなる。隠し味はマスタードとキャンディシュガー。トラピストや修道院ビールと味わいたい。

フランドル風白アスパラガス
Asperges à la Flamande

春を待つベルギー人が心待ちにしているのが4月下旬にお目見えする白アスパラガス。ゆでたアスパラガスにバターソース、ゆで卵とパセリのみじん切りをかけた簡単な料理だが、カラフルな春の一品。

クレープ
Crepe

クレープというとデザートと考えてしまうが、砂糖の入っていない生地に具を挟んだり、焼き上がった上に具とソースをかけたりすると、もう立派な食事。特にブルージュにはクレープの店が多いので、ぜひ試してみて。

バラケス/ブーレット
Ballekes/Boulette

ミートボールのことで、ベルギーでは家庭料理として親しまれている。ソースはトマトソースのほか、ビールを使ったものなどもある。フランデレン語ではバラケス、フランス語ではブーレット（Bouletとも）と呼ばれる。

ヴォル・オ・ヴァン
Vol-au-vent

チキンのクリーム煮をパイに詰めたもの。フランス発祥でベルギーにも伝わり、ベルギーの郷土料理としてレストランでもよく見かけるメニュー。フランデレン語ではKoninginnehapjeといい、「王妃の軽食」という意味。

オムレツ
Omelette

ベルギー人は卵をよく食べる。その代表選手オムレツは意外に値段が高いなと思うが、その大きさにまずびっくり。中に具がたくさん入っているし、サラダもパンも付いているので、食事としてこのひと皿で十分。

3 SHOPPING おみやげ

どれを買おうか楽しみ!

チーズ

酪農王国オランダならではのおみやげ。セミハードタイプのゴーダやエダムが有名。熟成期間の短いものをヤングjonge、長いものをオウデoudeと呼び、味や食感の違いを楽しめる。試食できる店も多いので、味を確認してから買うのもいい。クミンなどのスパイス入りもおいしいし、チーズ市に出向けば、新鮮なファーマーズチーズを手に入れることもできる。

木靴

白木をくり抜いて作ったシンプルなもの。伝統的な作りのものから、現代の感覚を取り入れた木靴までいろいろある。飾り物やキーホルダーになっているものもかわいい。

デルフト焼

デルフトで17世紀から作られている伝統的な焼き物。深い藍のようなデルフト・ブルーで描かれた絵柄は、どこか懐かしさやあたたかみを感じさせてくれる。(→P.153)

ストロープワーフェル

マーケットの屋台で焼きたてを食べてやみつきになったら、おみやげにもいかが? 缶入りからビニールに入った簡易なものまであり、スーパーにも売っている。(→P.421)

ミッフィーグッズ

ミッフィーの作者はユトレヒトに住んでいたディック・ブルーナさん。ぬいぐるみのほか、ミッフィーが描かれた木靴などもある。(→P.38～41, 98)

ウィルヘミナ・ペパーミント

1892年から作られているというミントタブレット。オランダ王女ウィルヘルミナの肖像が目印。刺激は強くなく、優しい甘さがうれしい。いろいろなタイプのパッケージがある。

コーヒー

あまり知られていないが、オランダはヨーロッパのコーヒーの大きな集散地。コーヒー党の国でもあり、少し苦味のある味はなかなかのもの。

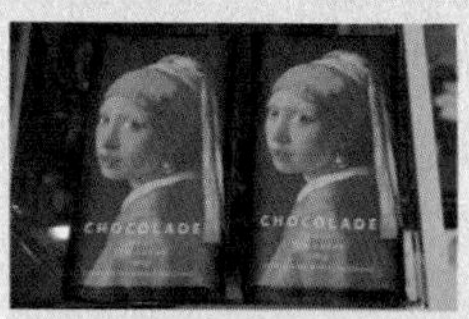

チョコレート

ココアパウダー製法を発明したヴァン・ホーテンはオランダ人。味に定評があるVan der Burgh Chocolaadのフェルメールの絵の包み紙のチョコなど、おいしいものも多い。

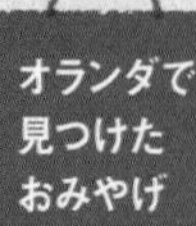

チューリップグッズ

キッチン雑貨のほか、陶器、バス用品なども実用的で、おみやげにぴったり。(→P.98)

焼き菓子

小物や雑貨もあるヘマで見つけたもの。アクセや文具にもかわいいものあり。(→P.96)

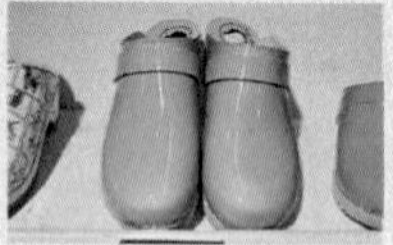

緑のサボ

伝統的な木靴ではなく実用的なサボはいかが? ザーンセ・スカンス(→P.112)にて。

おみやげ選びの基本はコレ

レース
ブルージュのボビンレースは特に有名。おみやげ用の安価なものから、アンティークの高価なレースまで、店により品揃えが違っている。

ビール&グラス
ビールの種類によって、グラスも違うというベルギービール。グラスもおみやげにいかが? スーパーには缶入りやグラス付きビールも置いてある。

ダイヤモンド
ベネルクスはダイヤモンド取引の中心地ということもあり、品質の高いものも多い。少し値の張る買い物になるけれど、一生の記念に。
(→P.280〜281)

マスタード
ゲントにある老舗マスタード屋さんのもの。ピリっと辛いマスタードには地元ファンも多い。ビネガーやジャムも売っている。(→P.321)

チョコレート
ベルギーといえば、やっぱりチョコレート! ベルギー独特のプラリヌは、味も種類も豊富で、どれにするか迷ってしまいそう。右の写真はホットチョコレート用のもの。

チョコレート専門店では、フレーバーや甘さなど、違いを比べて、自分好みの品を選べる。日本で買うよりお値打ちというのも、うれしいかぎり。
(→P.282〜283)

ワッフル
朝ご飯にもいいロータスのブリュッセル・ワッフルなど、スーパーでも、ワッフルを買うことができる。スーパーのプライベートブランドのものも。デレーズ(→P.343)など

スペキュロス
シナモンなど、数種のスパイスを使った堅めのクッキー。かつては聖ニコラの日に食べたという伝統的なお菓子だが、今では通年販売している。写真はダンドワ(→P.286)。

タンタングッズ
タンタンの作者エルジェはブリュッセル出身。グラン・プラス入口のショップや、マンガ博物館のショップでもタンタングッズを扱っている。
(→P.214〜217)

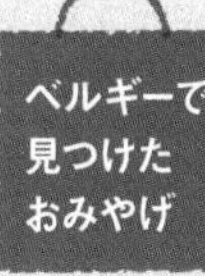

ビスケット
さまざまなビスケットを箱に詰めてくれる。フィリップス・ビスケッツ(→P.343)にて。

チーズ
ビールで有名なシメイやオルヴァルのチーズがあることも。カルフール(→P.286)にて。

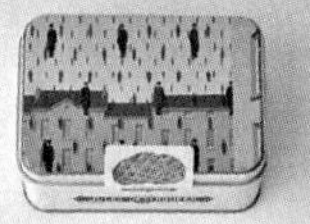

缶入りスペキュロス
マグリットの絵柄の缶に入っているのがうれしい。マグリット美術館(→P.253)にて。

4
MARKET
マーケット

お宝探しにおいしいもの

運河沿いに立つ市が壮観 ライデンのマーケット

花やチーズ屋台と魚屋さんのニシンのブロージェ(右上)

日本ともゆかりが深い古都ライデン。いつもは静かな水辺が、マーケットのときはたくさんの屋台と人の波ができ、実にワクワクする通りに変貌する。何でもないような日用品やチーズ、野菜、花、お菓子、布地などなど、焼きたての蜜入りワッフルでもかじりながら、のんびり見て回るのが楽しい。(→P.156)

アムステルダムに立つ 庶民の日用品市

食品などは、けっこうお値打ち価格なのだとか

アルバート・カウプ通り沿いに、手作り風のバッグや洋服、アクセサリーのほか、食べ物屋台もたくさん出ている。この周辺には、おしゃれな雑貨や服の店が集まってきていて、これから楽しくなっていきそうなエリアでもある。(→P.99)

活気に圧倒される チーズ市

アルクマールのチーズ市にて

オランダらしいチーズ市。エダム、アルクマール、ゴーダで開催されていて、どこもにぎやかなお祭りといった趣で楽しく演出されている。市や屋台で、フレッシュなチーズを手に入れたい。

エダム→P.108　アルクマール→P.117　ゴーダ→P.136

マーケット通いがやみつきに

MARKET

ブリュッセルではこのふたつのマーケットをチェック!

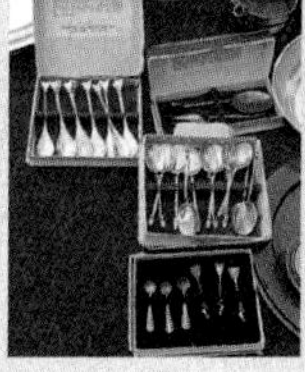

上がのみの市、下がアンティーク市。いいもの見つかるかも

アンティーク好きならグラン・サブロン広場の市へ。じっくりとお気に入りを見つけられそう。周辺の雑貨やアンティークの店ものぞいてみよう。もうひとつ、下町マロール地区のジュ・ド・バル広場で開かれるのみの市もいい。玉石混淆の品々から掘り出し物を見つける楽しみがある。

アンティーク市→P.287　のみの市→P.287

やりとりを見るのが楽しい! アントワープの金曜市

今日はどんな品が並んでいるかな?

売り口上を聞きながら値段の駆け引きをする様子を見ていると、つい参加してみたくなってくる。野菜の水切りボウルや子供のおもちゃから、食器、古雑誌、家具、アンティークまで、扱う品は本当にさまざま。(→P.342)

ワロン地方に行ったならリエージュの朝市へ

川沿いにズラ〜っと屋台が並ぶさまは壮観!

町を流れるムーズ川沿いに、全長2kmほどもある長〜い市が立つ。朝の散歩がてら歩いてみよう。靴下や服など、普通の日用品から、おいしそうな食料品、花のほか、食べ物屋台もたくさん並んでいる。(→P.359)

5 CHRISTMAS クリスマス

クリスマスには特別な楽しみがたくさん！

特別なイルミネーションも見どころ in アムステルダム＆ファルケンブルグ

マーストリヒト近くの町、ファルケンブルグの洞窟のクリスマス・マーケット

ダム広場の王宮（写真上）や運河などがライトアップされる（写真右下）
ストロープワーフェルやホットワインなど、屋台の食べ物も楽しみ！

アムステルダムのダム広場から中央駅にかけての通り沿いには、おいしそうな屋台がギッシリ。運河沿いの光のオブジェも見どころ。
また、洞窟で開催されるファルケンブルグのクリスマス・マーケット（→P.166）も楽しい。

アムステルダム・ライト・フェスティバル：11月下旬～12月下旬予定

音と光のショーが見もの in ブリュッセル＆アントワープ

グラン・プラスにはキリスト降誕の場面を再現した「クレッシュ」も

上：屋台が並ぶフルン広場。バックのノートルダム大聖堂もライトアップ
下：ブリュッセルの聖カトリーヌ教会前にはスケートリンクも出現！

ブリュッセルのグラン・プラスでは、華麗な「音と光のショー」が最大の見もの。ここから証券取引所を抜けて聖カトリーヌ教会まで屋台が続く。アントワープでも、ノートルダム大聖堂や市庁舎のイルミネーションは息をのむ美しさだ。

時期：ブリュッセル11月下旬～12月末、アントワープ12月初旬～1月初旬予定

CHRISTMAS

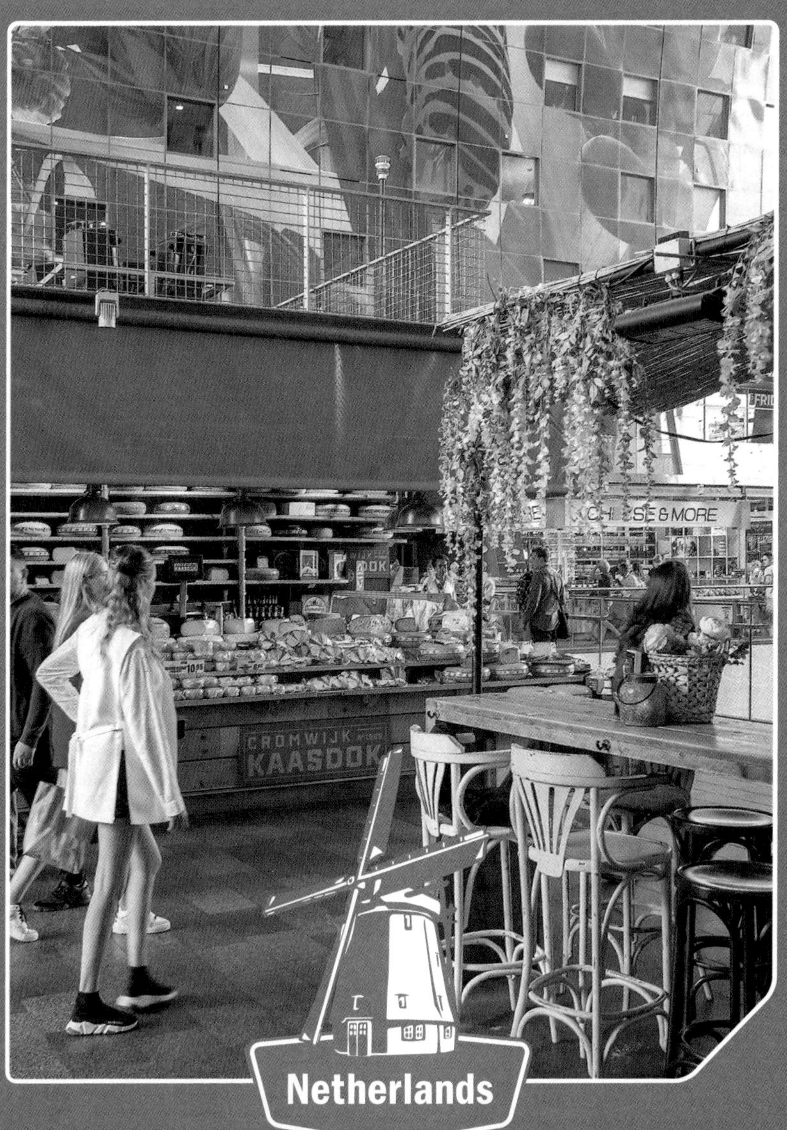

Netherlands

オランダ

Koninkrijk der Nederlanden

ジェネラルインフォメーション

オランダの基本情報

▶旅の会話
→P.435～439

国　旗
赤は国民の勇気、白は信仰心を表し、青は祖国への忠誠心を表している。

正式国名
ネーデルラント王国
Koninkrijk der Nederlanden

国　歌
ヘット・ヴィルヘルムス Het Wilhelmus
ヴィルヘルムスはオランダ建国の祖、オラニエ公ウィレム1世

面　積
4万1864km^2
九州ほどの面積

人　口
約1787万人（2023年）

首　都
アムステルダム Amsterdam
人口約88万人（2022年）
政治の中心はデン・ハーグ Den Haag

元　首
ウィレム＝アレクサンダー国王
Willem-Alexander Claus George Ferdinand

政　体
立憲君主制。EU（欧州連合）に加盟

人口構成
オランダにルーツがある人75%、アフリカ出身者4%、トルコ出身者2.4%、スリナム出身者2%、モロッコ出身者2.4%、インドネシア出身者2%、そのほか12%（'22。オランダ国籍者だけではなく、オランダ全人口の出身国の割合）。

宗　教
カトリック18%、オランダ改革派14%、イスラム教5%、無所属57%、その他6%。

言　語
オランダ語が主。北部の一部の地域ではフリースランド語も使われる。多くの町で英語も通用しやすい。

通貨と為替レート

▶旅の予算とお金
→P.402

通貨単位はユーロ（€、Euro、Eurとも略す）、補助通貨単位はセント。それぞれのオランダ語読みは「ユーロ」と「セント」となる。1ユーロ＝100セント≒158円（'23年10月8日現在）。独自デザインの硬貨の裏面はウィレム＝アレクサンダー国王の横顔。紙幣の種類は€500、€200、€100、€50、€20、€10、€5。€500と€200紙幣は、一般にほぼ使われない。

硬貨の種類は€2、€1、50セント、20セント、10セント、5セント、2セント、1セント。※1セントや2セント硬貨は、ほとんどの小売店で使用中止。現金で買い物をした場合、合計金額のセントの一桁部分を2捨3入、7捨8入される。例えば、€9.98の場合€10、€9.97の場合€9.95となる。1セントや2セント硬貨での支払いは、店によっては拒否されることも。

5ユーロ　10ユーロ　20ユーロ

50ユーロ

100ユーロ　200ユーロ　500ユーロ

1セント　2セント　5セント　10セント　20セント　50セント　1ユーロ　2ユーロ

電話のかけ方

▶電話のかけ方、携帯電話紛失時の連絡先、インターネット
→P.430～432

日本からオランダへかける場合

事業者識別番号
0033（NTTコミュニケーションズ）
0061（ソフトバンク）
携帯電話の場合は不要

＋ 国際電話識別番号 010 ＋ オランダの国番号 31 ＋ エリア番号（頭の0は取る） XX ＋ 相手先の電話番号 1234567

※携帯電話の場合は010のかわりに「0」を長押しして「+」を表示させると国番号からのダイヤルでかけられる。
※NTTドコモ（携帯電話）は事前にWORLD CALLの登録が必要。

入出国

ビザ
180日のうちシェンゲン協定加盟国の滞在日数合計が90日以内の観光目的の旅（日本国籍。海外旅行保険加入要）なら、ビザの取得は不要。

パスポート
パスポートの残存有効期間は原則として、出国時3ヵ月以上必要（短期滞在。往復の航空券かトランジット券所持のこと）。

▶パスポートの取得→P.400
▶ベネルクスへの入国と出国→P.408
▶ETIAS導入について→P.408

日本からのフライト時間

日本からアムステルダムまでは、直行便で11～12時間。KLMオランダ航空が直行便を運航している。

▶ベネルクスへのアクセス→P.405

▶2023年9月現在、直行便の所要時間は2～3時間長い。

気　候

花の時期（4～5月）は天候が変わりやすいので、ジャケットなどを用意していったほうがいいだろう。夏、6～8月はカラッと乾燥していて過ごしやすい。9月からは曇りの日が多くなり、霧雨が降り、強風が吹く日がある。北海道よりも北にあるが冬の寒さはそれほどではない。1年を通じて少量の降雨がある。

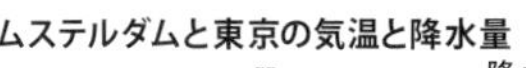

アムステルダムと東京の気温と降水量

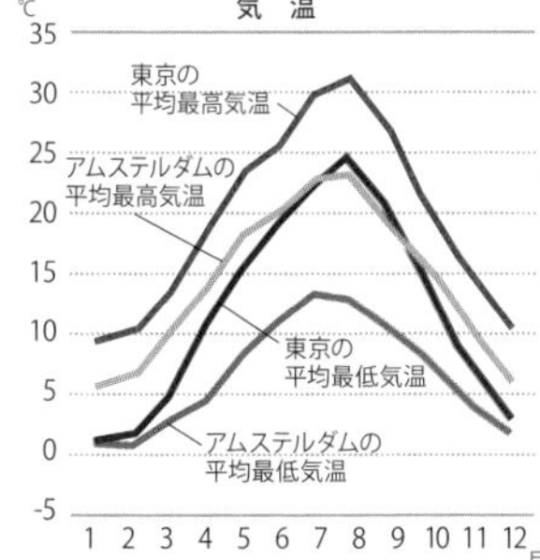

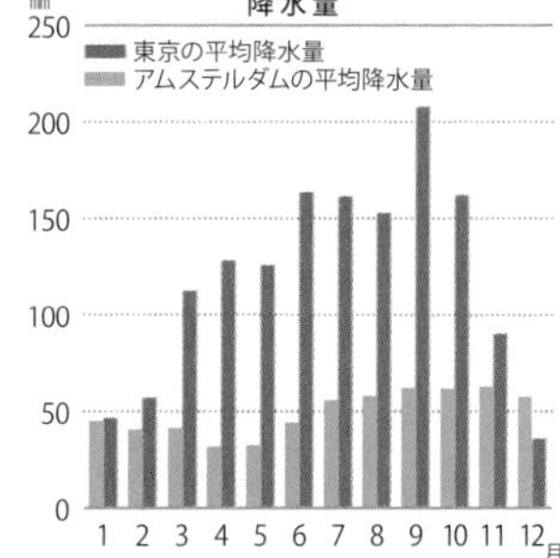

▶季節→P.35
▶旅のシーズン→P.401

時差とサマータイム

日本との時差は8時間で、日本時間から8時間引けばいい。つまり日本のAM7:00が、オランダでは前日のPM11:00。これがサマータイム実施中は7時間の時差になる。サマータイム実施期間は3月の最終日曜AM2:00（＝AM3:00）～10月の最終日曜AM3:00（＝AM2:00）。※2024年以降のサマータイム実施は未定。

ビジネスアワー

銀　行
月～金曜 9:00～17:00。

デパートやショップ
月～金曜 9:00～17:30（月曜は午後からも多い）、土曜 9:00～16:00。都市の中心部では日曜12:00～17:00も営業する店が多い。スーパーマーケットは月～土曜9:00～21:00くらい。

レストラン
ランチ12:00～14:00、ディナー17:30～22:00頃。
以上は一般的な営業時間の目安。店舗によって違いがある。

オランダから日本へかける場合

国際電話識別番号		日本の国番号		市外局番と携帯電話の頭の0は取る		相手先の電話番号
00	+	81	+	××	+	1234-5678

▶オランダ国内通話
固定電話で市内へかける場合はエリア番号は不要。市外へかける場合はエリア番号からダイヤルする。

▶電話について
→P.430

祝祭日（おもな祝祭日）

▶各地域と季節
→P.34～35

▶旅のプランニングカレンダー
→P.36～37

キリスト教に関する祝日が多い。年によって異なる移動祝祭日（※印）に注意。以下は2024年の予定日。

1/1		新年
3/29	※	聖金曜日
3/31	※	復活祭（イースター）
4/1	※	復活祭翌日の月曜日
4/27		王の日（日曜に当たる場合振り替え）
5/5		解放記念日
5/9	※	キリスト昇天祭
5/19	※	聖霊降臨祭
5/20	※	聖霊降臨祭の翌日
12/25・26		クリスマス

電圧とプラグ

標準電圧は230V、周波数は50Hz。プラグは2本足のCタイプ。カメラや携帯電話の充電などはプラグ変更のみでいいが、電化製品によっては変圧器が必要。電圧の確認を。

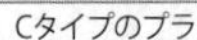
Cタイプのプラグ

映像方式

オランダのテレビ・ビデオ方式（PAL）は、日本（NTSC）と異なるので、一般的な日本国内用ビデオデッキでは再生できない。DVDソフトは地域コードRegion Codeが日本と同じ「2」と表示されていれば、DVDプレーヤー内蔵のパソコンでは再生できるが、一般的なDVDプレーヤーでは再生不可。ブルーレイはリージョンコードがオランダは「B」、日本は「A」で異なる。

チップ

サービス料がかかっている場合は一般的に不要とされているが、実際には5～10%程度のチップを渡す習慣も残っている。以下は目安であり、ホテル、レストランの格によって変化する。現地のガイドツアーでは、最後にチップを渡す人も多い。

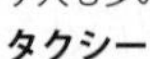

タクシー
料金の10～15%程度。

レストラン
店の格にもよるが、一般的に5～10%程度。クレジットカードでの支払いでは、チップ相当額を伝えて、まとめて支払うこともできる。

ホテル
ベルボーイやルームサービスに対し、1回につき€1～2程度。

トイレ
料金が表示されているところが多い。サービス係がいて指定がない場合は€0.5～0.75程度。

飲料水

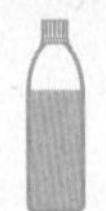

水道水は飲用が可能。硬質な水の味が気になる場合はミネラルウオーターの利用を。
レストランやスーパーなどで売っているミネラルウオーターは、炭酸入り（ブライセンドBruisendまたはコールジュールハウデントKoolzuurhoudend）と、炭酸なし（ニェット・ブライセンドNiet-Bruisendまたはコールジュールフライ Koolzuurvrij）がある。500mℓ入りはスーパーマーケットで買うと約€0.75、駅の売店などでは€2.20程度。

※本項目のデータはオランダ大使館、オランダの観光局、外務省などの資料をもとにしています。

郵便

▶郵便と小包
→P.430

オランダの郵便局はPost NL。一般的な営業時間は平日9:00～17:00。雑貨屋や本屋に併設されている郵便サービスカウンターも多く、切手の購入や小包を送ることもできる。

郵便料金

日本へのエアメールの場合、はがき、封書（20gまで）ともに€1.65。6～8日ほどで到着。プライオリティーPriorityのシールを貼るか、専用の切手を購入すること。

パケットPakketと呼ばれる小包もあり、郵便局ではパッキンの付いた封筒や小包用の箱などを購入することもできる。

税　金

▶ショッピングの基礎知識
→P.428～429

ほとんどの商品にBTWと呼ばれる付加価値税が21%かかっている（食品など一部は9%）。ただし、EU滞在が3ヵ月未満の旅行者の場合、手続きをすればこの税金は、手数料などを引かれて戻ってくる。還付はレシート1枚€50以上の買い物をして使用せずに持ち出す場合のみ。ただし、ホテルや飲食など、現地で受けたサービスについては還付されない。

安全とトラブル

▶旅のトラブルと安全対策
→P.433～434

▶緊急時の医療会話
→P.435

アムステルダム中央駅からダム広場、飾り窓にかけては犯罪件数の多い危険地帯なので、注意が必要。また、トラムや地下鉄でのスリの事例も数多く報告されている。ショッピングや休憩の際など、とにかく手荷物を体から離さないよう注意したい。

警察・消防・救急　112

年齢制限

▶レンタカー→P.415

たばこ、酒ともに18歳から。
レンタカーも会社によって年齢制限を設けている。下限、上限とも設定されていることもあるので、必ず確認を。

度量衡

▶サイズ比較表
→P.429

日本と同じメートル法が採用されている。ただし、重さはオンス（1オンス＝約28.35g）やポンド（1ポンド＝約453.60g）などが使用されることもある。ショッピングの際は、必ず試着したい。

その他

トイレ

トイレはトアレットToilet。女性用はダーメスDames、男性用はヘーレンHeren。文字だけの表示もわりとあるので覚えておくと助かる。デパートや博物館などのトイレはきれいなので、立ち寄るように心がけておくといい。

マナー

あいさつが大切。店に入ったら、店員やウエーターに「こんにちは ハローHallo」または「フーデンダハGoedendag」、サービスを受けたり店を出るときは「ありがとう　ダンクゥーDank u」、「さようなら トット・ツィーンスTot ziens」と言おう。英語でもOK。これだけで応対してくれる人の態度も変わってくる。

喫煙

公共の施設内での喫煙は禁止。レストラン、バー、カフェなども完全禁煙なので、たばこを吸う人は注意するように心がけたい。

オランダへの誘い

飛行機からオランダを見下ろすと、縦横に走る運河や川、そして湖水地帯が目につく。
水が豊富な国なのだ。ちなみにオランダの国土の4分の1は海抜0m以下。
オランダの国名ネーデルラントは"低い土地"という意味だ。
オランダを旅していると、道路より高い所に運河がある場面によく出くわす。
自動車より高い所を船が行く風景が見られるのはこの国だけだろう。
水のある景色といえば一見のどかな田園を思い出させるが、
実はオランダはこの水で長年苦労してきた国である。
オランダの歴史は、水という自然の脅威に対する闘いの歴史だ、といっても過言ではない。
今ではオランダのシンボルの風車も、もともとは湧き出る水を揚水する目的で造られたものだ。
揚水された水は堤防で囲まれ、湖となった。自分の腕で堤防の穴をふさぎ村を救った少年のお話を、
子供の頃本で読んだことのある人もいるだろう。
「世界は神が造り、オランダはオランダ人が造った」とよくいわれるが、
この言葉は、低地国オランダを水と闘いながら築いてきたオランダ人のねばり強さを表している。

オランダの町を訪れると、水が豊富な国であることを実感できる。
写真はマース川が走る、オランダ南部マーストリヒト。

一方、その水を利用してきたオランダ人の知恵が、国の繁栄に貢献してきた面も忘れてはならない。
世界最大の港ロッテルダムや、ヨーロッパ各国にネットワークを広げている河川輸送がその例だ。
こうして昔から貿易によって世界に窓が開かれていたオランダでは、
自由と寛容の精神がつちかわれていった。
現在私たちがこの国を旅するとき、あちこちで出会う人々の親切や、ふと感じる居心地のよさは、
こういった精神と無関係ではない。旅行者をあたたかく迎えてくれるオランダ人のホスピタリティは、
歴史のなかで育まれてきたものなのだ。
水という自然の脅威と闘いそれを克服したオランダ人は、今では自然と調和しながら暮らしている。
どこまでも続く平らな道をサイクリングする人、運河で釣りをする人、
湖でヨットなどのウオータースポーツを楽しむ人。ゆったりと生活を楽しんでいる人々の姿は、
私たち自身の暮らしを見つめ直すよい機会となるに違いない。
そして、素朴で人情味があり、ちょっと頑固だけれど人のよいオランダ人たちに出会えることが、
オランダを旅するいちばんの魅力なのだ。

herlands.

各地域と季節

正式な国名はネーデルラント王国Koninkrijk der Nederlanden。
ちなみに日本語の"オランダ"という名称は、ポルトガルから伝わったもの。
九州ほどの面積の中に12の州があるが、
本書では、以下の5つのエリアに分けた。

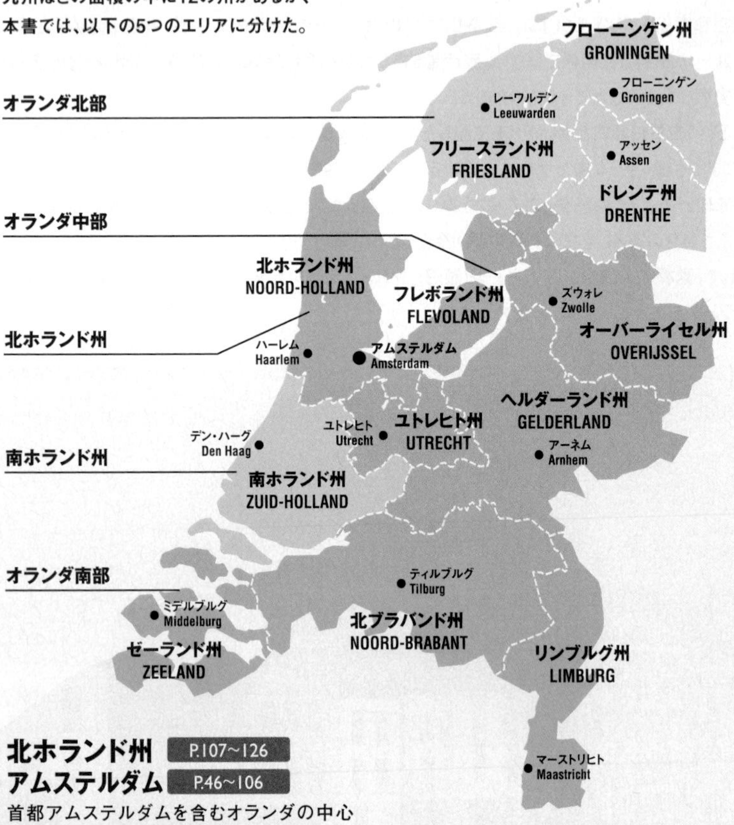

北ホランド州 P.107~126
アムステルダム P.46~106

首都アムステルダムを含むオランダの中心地。"オランダ"という名称はこの北&南ホランドに由来する。

南ホランド州 P.127~160

北ホランド州とともにオランダの核をなす地域。デン・ハーグやロッテルダムといった大都市もこの州にある。

オランダ南部 P.161~178

入り組んだ地形をもつゼーランド、北ブラバンド、オランダ最高峰があるリンブルグの3つの州からなる。

オランダ中部 P.179~192

交通の要衝ユトレヒト、最大の面積をもつヘルダーランド、オーバーライセル、フレボランドの4つの州からなる。

オランダ北部 P.193~202

独自の言語や文化をもつ民族フリージアンが住むフリースランドと、フローニンゲン、ドレンテの3つの州からなる。

Region & Season

春 *Lente*

花の国、オランダの春は、やはり花とともにやってくる。クロッカスの花が公園や町角の小庭に咲き始めると、そろそろ冬も終わり。クロッカスが水仙やパンジー、チューリップに変わる頃にはもう春も盛りだ。この頃、人々の顔をいっそうほころばせるのが復活祭、パースンPasen。2月の末から、大小とりどりの卵の形のチョコレートがお菓子屋さんの店先に現れ、雰囲気を盛り上げる。復活祭の当日は、敬虔な人々は教会へ、そうでもない人もさっぱりとした服に着替えて復活祭を祝う。

4月27日は王の日だ。アムステルダムでは、この日ばかりは誰が何を売ってもよい日と決められていて、町中が青空市場になる。どこの通りにも、屋根裏からほこりを払って引っ張り出してきた家具や、この日のために捨てずに取っておいた家庭用品がところ狭しと並べられる。本当の“古物一掃”日なので、思いがけない“めっけもの”もある。

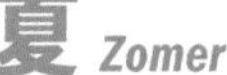

夏 *Zomer*

木々の緑がすっかり濃くなり、しだいに日が長くなると、オランダにも夏がやってくる。オランダの首都アムステルダムの夏は芸術祭の夏だ。6月のホランド・フェスティバルには世界の一流グループが集まり、スケジュールが発表になるとよい席はまたたく間になくなってしまう。しかし、席が取れなくてもそう落胆することはない。夏のアムステルダムは芸術であふれているのだ。

フォンデル公園に散歩に行けば、公園内の屋外劇場でコンサートやダンスをしている。ダム広場やライツェ広場では、たくさんのストリートミュージシャンやパフォーマーたちが、そこここで芸を競っている。ライツェ広場などは深夜の2:00過ぎまでパフォーマーやそれを見物する人々でにぎわい、いくら夏は宵っぱりになるとはいえ、そしてアムステルダムの夏の宵が気持ちよいとはいえ、たいへんな盛況だ。

秋 *Herfst*

バカンス帰りの人々がそろそろ町に出揃い始める9月には、デン・ハーグで王による国会開会の宣言がある。王が黄金の馬車に乗り、ノールドアインデ宮からビネンホフと呼ばれる国会議事堂までパレードをして盛り上がったあと、ビネンホフの騎士の館で開会宣言をする。

そして、平坦なコースを走るため記録が出やすいというアムステルダム・マラソンが開催される。

10月に入ると、町は静かな落ち着きを取り戻す。新学期も始まり、観光客も去り、夜も徐々に長くなって、勉強、読書、コンサートにと夜を過ごす。

しかし、11月に入ると子供たちはソワソワし始める。11月中旬には、アムステルダムで聖ニコラースの到着のパレードがある。サンタクロースの原型といわれるこのシント(聖者)の誕生日には、よい子にプレゼントが配られるのだ。

冬 *Winter*

聖ニコラース祭のあとはもちろんクリスマス。各家庭にクリスマスツリーが飾られ、アムステルダムのダム広場には毎年、ノルウェーのトロンハイムから贈られる大ツリーが立つ。クリスマスの日は家族全員が集まり、静かにクリスマスを祝う。この頃から町にはげんこつくらいのドーナツ“オリボレン”の屋台が、寒い道筋に温かな白い湯気を漂わす。これがないとオランダ人は年が越せないともいわれる、大晦日には欠かせない揚げ菓子だ。

いよいよ大晦日の24:00、港の船の汽笛がいっせいに鳴り、教会も鐘を響き渡らせる。地域によっては、家族揃って陽気に騒いでいた人々が、満を持して花火を持って飛び出す。日頃は合理的、つまりケチなどといわれるオランダの人々も、この日ばかりは数万円のお金をつぎ込んだ花火を、文字どおりひと晩で灰にしてしまう。

旅のプランニングカレンダー

※2023年の予定日。*の付いたものは2024年の予定日。 ※時期ごとの航空券の値段は大まかな目安です。

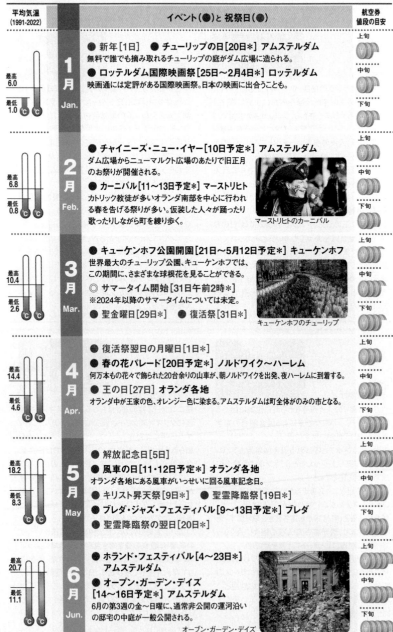

平均気温 (1991-2022)		イベント(●)と 祝祭日(●)	航空券値段の目安
最高 6.0 最低 1.0	1月 Jan.	● 新年[1日] ● チューリップの日[20日*] アムステルダム 無料で誰でも摘み取れるチューリップの庭がダム広場に造られる。 ● ロッテルダム国際映画祭[25日～2月4日*] ロッテルダム 映画通には定評がある国際映画祭。日本の映画に出合うことも。	上旬 中旬 下旬
最高 6.8 最低 0.8	2月 Feb.	● チャイニーズ・ニュー・イヤー[10日予定*] アムステルダム ダム広場からニューマルクト広場のあたりで旧正月のお祭りが開催される。 ● カーニバル[11～13日予定*] マーストリヒト カトリック教徒が多いオランダ南部を中心に行われる春を告げる祭りが多い。仮装した人々が踊ったり歌ったりしながら町を練り歩く。 マーストリヒトのカーニバル	上旬 中旬 下旬
最高 10.4 最低 2.6	3月 Mar.	● キューケンホフ公園開園[21日～5月12日予定*] キューケンホフ 世界最大のチューリップ公園、キューケンホフでは、この期間に、さまざまな球根花を見ることができる。 ◎ サマータイム開始[31日午前2時*] ※2024年以降のサマータイムについては未定。 ● 聖金曜日[29日*] ● 復活祭[31日*] キューケンホフのチューリップ	上旬 中旬 下旬
最高 14.4 最低 4.6	4月 Apr.	● 復活祭翌日の月曜日[1日*] ● 春の花パレード[20日予定*] ノルドワイク～ハーレム 何万本もの花々で飾られた20台余りの山車が、朝ノルドワイクを出発、夜ハーレムに到着する。 ● 王の日[27日] オランダ各地 オランダ中が王家の色、オレンジ一色に染まる。アムステルダムは町全体がのみの市となる。	上旬 中旬 下旬
最高 18.2 最低 8.3	5月 May	● 解放記念日[5日] ● 風車の日[11・12日予定*] オランダ各地 オランダ各地にある風車がいっせいに回る風車記念日。 ● キリスト昇天祭[9日*] ● 聖霊降臨祭[19日*] ● ブレダ・ジャズ・フェスティバル[9～13日予定*] ブレダ ● 聖霊降臨祭の翌日[20日*]	上旬 中旬 下旬
最高 20.7 最低 11.1	6月 Jun.	● ホランド・フェスティバル[4～23日*] アムステルダム ● オープン・ガーデン・デイズ[14～16日予定*] アムステルダム 6月の第3週の金～日曜に、通常非公開の運河沿いの邸宅の中庭が一般公開される。 オープン・ガーデン・デイズ	上旬 中旬 下旬

Planning Calendar

平均気温 (1991-2022) | イベント（●）と 祝祭日（●） | 航空券値段の目安

7月 Jul.

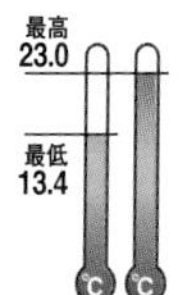
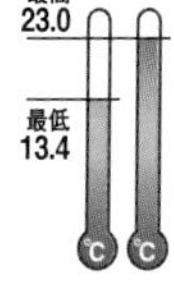
最高 23.0
最低 13.4

● ノースシー・ジャズ・フェスティバル［12～14日*］ ロッテルダム
世界各国から一流のジャズミュージシャンが集まる。

● 4日間歩け歩け大会［16～19日*］ ナイメーヘン
競うのではなくて、楽しむ、歩く大会。

上旬 / 中旬 / 下旬

8月 Aug.

最高 23.0
最低 13.1

● イブニング・チーズ・マーケット［12日（2024年は未定）］ エダム

● ラインスブルグの花パレード［9～11日*］ ラインスブルグ～ノルドワイク

● 運河祭りと水上クラシックコンサート［9～18日*］ アムステルダム

● ユトレヒト古典音楽祭［23日～9月1日*］ ユトレヒト

上旬 / 中旬 / 下旬

9月 Sep.

最高 19.2
最低 10.3

● 王による国会開会のパレード［19日］ デン・ハーグ
王がノールドアインデ宮からビネンホフ（国会議事堂）までを黄金の馬車に乗ってパレード。
ビネンホフの騎士の館で、国会開会を宣言する。

ビネンホフの騎士の館

上旬 / 中旬 / 下旬

10月 Oct.

最高 14.6
最低 7.2

● アムステルダム・マラソン［20日*］ アムステルダム
オランダ特有の平坦な道を走るため、記録の出やすいコースとして有名。

◎ サマータイム終了［27日午前3時*］
※2024年以降のサマータイムについては未定。

上旬 / 中旬 / 下旬

11月 Nov.

最高 9.9
最低 4.2

● 聖ニコラースの到着［18日予定*］ オランダ各地
サンタクロースの元祖、聖ニコラースがスペインから蒸気船などで到着。従者とともに、子供たちにお菓子を配りながらパレードする。プレゼントを交換したりする聖ニコラース・イブは12/5。

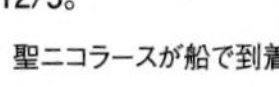

聖ニコラースが船で到着

上旬 / 中旬 / 下旬

12月 Dec.

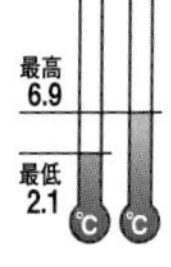

最高 6.9
最低 2.1

● キャンドルライトの夕べ［13日予定*］ ゴーダ
15世紀からキャンドルの生産地として有名なゴーダで開催。市庁舎前の巨大なクリスマスツリーにキャンドルが灯され、クリスマスキャロルが歌われる。

● クリスマス［25～26日］

ゴーダのキャンドルライトの夕べ

上旬 / 中旬 / 下旬

miffyの故郷を訪ねて

Utrecht ユトレヒト

オランダ中央部、ユトレヒト同盟で
名を知られるこの町に、世界中の
子供たちから愛されているウサギの女の子
ミッフィーを生みだしたディック・ブルーナ
Dick Bruna さんは住んでいた。
運河アウデグラフトとドム広場を
中心に広がる旧市街は、コンパクトに
まとまっていて、実に暮らしやすそう。
ミッフィーが生まれたこの町を、
運河沿いに並ぶカフェや
小さなショップなどを眺めながら、
のんびりと歩いてみたい。

ミッフィーの生みの親

ブルーナさん

2017年2月に89歳で亡くなったブルーナさん。若い頃は画家を志すも、家業の出版社を継ぎ、商業デザイナーに。本の装丁やポスター、絵本などを手がけ、1955年にミッフィー（オランダではナインチェ Nijntje）の第1作『ちいさなうさこちゃん』を発表。作画からストーリーまで、ひとりで仕上げるスタイルや、筆で描いた線などは、職人のようだった。

上：ディック・ブルーナさん（1927-2017）
Photo: F. André de la Porte
下：『ちいさなうさこちゃん』1963年改訂版の表紙

ブルーナ作品が集められた セントラル・ミュージアム

point 1

ミッフィーだけでなく、ブルーナさんが手がけた数々の作品を観ることができる。ブルーナさんが日々創作に励んでいたアトリエも移設されており、描くのに使っていたデザイン用品のほか、タイプライター、愛用の自転車なども置かれている。向かいには、子供たちのためのナインチェ・ミュージアムもあり、2023年6月にリニュアルオープンした。

上：ブルーナさんの作品の秘密を知ることができそうな移設アトリエを使った展示室（→P.183）
下：ブルーナの絵本の世界に入りこんで遊べるナインチェ・ミュージアム

ブルーナさんの心の故郷 ユトレヒト

ユトレヒトで生まれ、晩年までこの町のアトリエでひとり創作活動を続けていたブルーナさん。毎朝自転車で仕事場へ向かい、お昼は家に帰り、またアトリエに戻って夕方まで仕事。こんな規則正しい毎日を送っていたという。
「わが心の町、ユトレヒト」と題された、ブルーナさんのポスター（写真右上）からは、この町への愛着が伝わってくる。

下：アウデグラフトからドム塔を望む
ブルーナさんの仕事場はドム塔の近くにあった

ブルーナさんお気に入りの 洋菓子店

point 2

ドム広場とは運河を挟んで中央駅寄り。広い店ではないが、クッキーのほかにも、色とりどりのおいしそうなケーキが並んでおり、選ぶのに迷ってしまう。ブルーナさんの大好物だったというクッキー（写真下の箱入り）は、バター風味のサックリとした生地で、飽きのこないシンプルで素朴な味わい。ほかに、ミッフィーの絵が描かれたものも。

テオ・ブロム Theo Blom
住 Zadelstraat 23
➡ Map P.181-A
☎ 030.2311135
営 8:00～18:00
（月・土～17:00）　休 日・祝
夏季休暇など不定休あり

町なかには
交通標識や信号も
point 3

オランダでは、ブルーナさんが描いた子供のイラストを使った交通標識も使われている。これを見たドライバーは、子供たちが近くにいるかもしれないと、直感的に感じとることができるため、交通事故の予防に役立つのではないかと考案されたもの。ブルーナさんのイラストを活用した、子供たちのための交通教育プログラムもある。

上:ユトレヒトの町にもブルーナさんが描いたイラストをあしらった標識が立つ
下:アウデグラフト近くのデパート、バイエンコルフがある交差点には、ミッフィーの信号も
➡ Map P.181-A

魅力的な
主人公たち

ブルーナさんが描く絵本には、くまのボリス、犬のスナッフィー、ぶたのポピーなど、ミッフィー以外にも魅力的な主人公たちが登場する。ちょっと珍しいのが、花の絵と名前だけの花の本『bloemenboek』(オランダ語版のみ。写真左下)。花の絵も巧みだが、画面構成の美しさも必見。インテリアとして部屋に飾っておきたくなるような1冊だ。

ブルーナさんの
切手を見たいなら
point 4

洋菓子店テオ・ブロムと同じ通り沿いにある小さな店。絵はがきや切手、コインなどを扱っている。ブルーナさんがデザインした切手は日本でもおなじみだが、オランダでも1969年から数々のブルーナさんの切手が発売されている。オーナーが大のブルーナコレクターというこの店には、ブルーナさんの切手コレクションも充実。

ヴィム・ファン・デル・バイル
W. van der Bijl
住 Zadelstraat 43
➡ Map P.181-A
☎ 030.2342040
営 10:00～17:00(土～16:00)
休 日～火・祝、不定休あり

ブルーナさんと「デ・スタイル」派

point 5

オランダの芸術運動「デ・スタイル」のメンバーだったG.T. リートフェルトは、ブルーナさんとも交流があった。ブルーナカラーとも呼ばれる赤・黄・青・緑のシンプルで力強い4色は、「デ・スタイル」に通じるところもあるようだ。リートフェルトの代表作シュローダー邸やセントラル・ミュージアムのリートフェルトルームにも足を延ばしてみよう。

上:シュローダー邸(→P.183)
下:赤と青の椅子

広がるブルーナワールド

日本では絵本作家として知られるブルーナさんだが、オランダではグラフィックデザイナーとしての認知度も高い。というのも、絵本の創作とともに、本の装丁やポスターの仕事で、数々の名作を残しているからだ。赤い目をしたクマが登場する広告ポスター「ブラック・ベア」シリーズもそのひとつ。また、多くの社会福祉活動の仕事も手がけている。

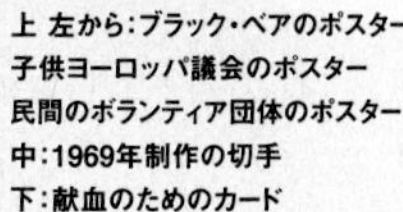

上 左から:ブラック・ベアのポスター
子供ヨーロッパ議会のポスター
民間のボランティア団体のポスター
中:1969年制作の切手
下:献血のためのカード

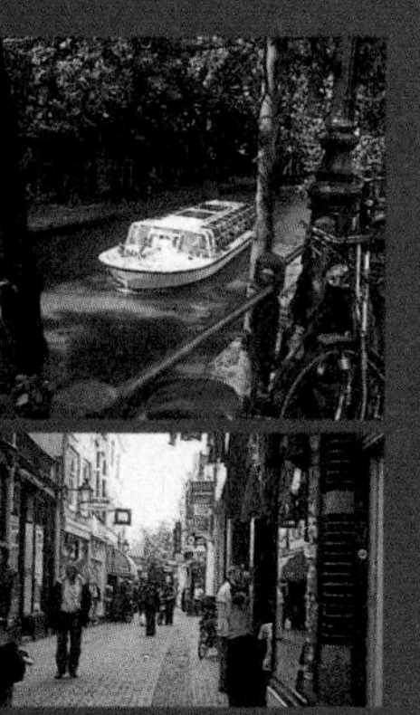

のんびり散策したい旧運河周辺

point 6

ユトレヒト中央駅に隣接する巨大なショッピングアーケードを抜けると、運河アウデグラフト近くに出る。ここから運河沿いあたりの小道には、アンティークショップ、おしゃれなインテリアの店、お菓子の店など、さまざまな小店舗が軒を連ねている。天気のいい日には屋外のカフェでひと休み。もし迷ったら、ドム塔を探そう。(→P.180)

蒸気機関車と船で巡る アイセル湖畔の小さな旅

歴史ある港町として、かつて栄えたホールン、メデンブリック、エンクハイゼン。このヒストリック・トライアングルを、観光用に復刻された蒸気機関車と遊覧船で、1日かけて、ゆっくりと巡ってみたい。

STEAM TRAM AND BOAT

上: 春はチューリップの絨毯を見ることもできる　下: かつては海だったアイセル湖。船内で軽食が取れる

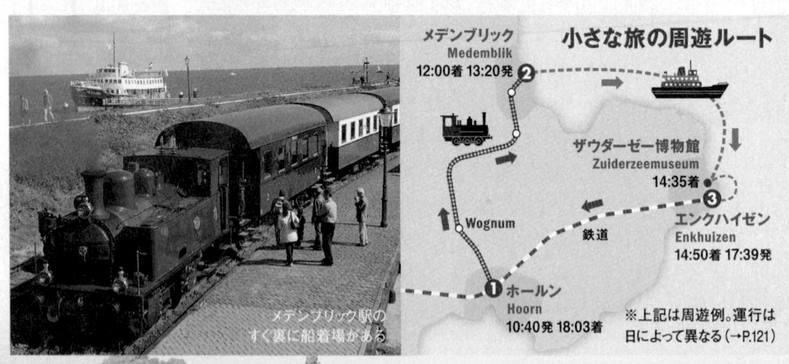

メデンブリック駅のすぐ裏に船着場がある

1 蒸気機関車の拠点 ホールン Hoorn

➡P.120

ホールン駅にミニミュージアムがあるほか、操車場には修復中の列車たちも並ぶ。どこもピカピカにしてあって、楽しそうに働くボランティア職員たちの列車への愛を感じることができる。

昔、荷物を運んだという荷車付きの自転車もありかつての雰囲気が伝わる

上：途中下車できるWognum駅には駅長室などの再現も
左下：昔ながらの分岐レバーを動かすのは意外と大変
右下：操車場で整備を待つ蒸気機関車たち

2 小さな町で船に乗り換え メデンブリック Medemblik

➡P.122

駅前の通りにレストランやカフェがずらりと並んでいるので、ランチや休憩には困らない。パン博物館を見学したり、アイセル湖畔が見渡せるラドバウト城のあたりまで散策するのもいい。

駅前通りのカフェで食べられるボリューム満点のオランダ名物アウツマイター

上：周囲を堀に囲まれたラドバウト城
左下：レトロなイメージのメデンブリックの駅舎
右下：パン博物館では昔懐かしいお菓子も買える

3 屋外博物館も楽しい エンクハイゼン Enkhuizen

➡P.122

鉄道駅のあたりが終点だが、ザウダーゼー博物館の屋外博物館でも降りることができる。ここでアイセル湖畔の町のかつての暮らしを体験したら、運河沿いに町を散策しながら駅へ。

ドロムダリスの塔にあるエンクハイゼンの紋章「3尾のニシン」

上：ボートで運河を巡ることもできる屋外博物館
左下：町の見張り役でもあったドロムダリスの塔
右下：屋内博物館にはアイセル湖畔の民族衣装の帽子も

アムステルダムを1日で巡る

Amsterdam 1 Day Plan

AM Start! ▶ PM Finish!

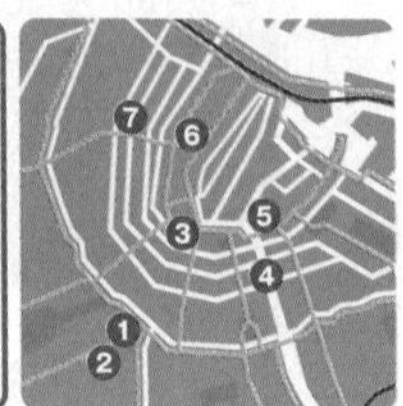

扇状に囲まれた、旧市街の運河と橋を越えながら、主要観光スポットを巡ろう。少し距離があるので、疲れたらトラムを利用して。「ここは観ておきたい」というミュージアムをどう組み込むかを考えてプランニングをするといい。

1 国立美術館 Rijksmuseum

P.79

まずは、レンブラント、フェルメールなど、オランダの至宝を集めたミュージアムへ。国立美術館、ゴッホ美術館、アンネ・フランクの家は、日時指定チケットの予約購入が必須。スケジュールをたてる前に空き具合を確認しておきたい。

左：レンブラントの『夜警』がある2階に、フェルメールの作品も集まっている
右：2本の塔が印象的な外観

徒歩約3分

2 ゴッホ美術館 Van Gogh Museum

P.82

これだけの数のゴッホの作品を観ることができるのは、ここだけ。絵だけでなく、ゴッホの手紙など興味深い展示も。人気が高いので、早めに予約を。立て続けに美術館を観て疲れたら、広々としたミュージアム広場で小休止を。

左：中央が吹き抜けになったゴッホ美術館
右：ミュージアム広場の脇にあるミュージアムショップでおみやげを買うのもいい

徒歩約20分

3 シンゲルの花市 Bloemenmarkt

P.99

一番内側の運河シンゲル沿いに立つ花市もオランダ名物のひとつ。さまざまな球根や花が売られていて、クリスマス時期にはリースやモミの木も並ぶ。チーズの専門店などもあるから、おみやげを探すのもいい。

左：季節によってさまざまな花や球根が並ぶ
右：チーズ専門店に寄ったり、このあたりからレンブラント広場までのカフェやレストランで食事を

徒歩約15分

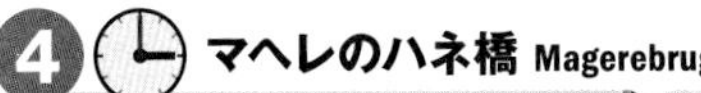

4 マヘレのハネ橋 Magerebrug

P.73

レンブラント広場でレンブラントの像を眺めてから、マヘレのハネ橋へ。この付近はボートツアーの折り返し地点になっているので、遊覧船もたくさん行き来している。イルミネーションがついている時期なら、夜に訪れるのもいい。

左:マヘレのハネ橋
右:レンブラントの像のあるレンブラント広場周辺は、レストランが多いにぎやかなエリア

徒歩約15分

5 レンブラントの家 Museum Het Rembrandthuis

P.73

オランダを代表する画家レンブラントについて知りたいなら、ぜひ訪れておきたい博物館。レンブラントのコレクションが詰まった部屋やアトリエなどが再現されている。少し北には『夜警』を描いたといわれる南教会もある。

左:レンブラントのエッチングのほか、アトリエや寝室、収集癖があったレンブラントのコレクションの数々なども興味深い　右:レンブラントの家

徒歩約10分

6 ダム広場 Dam

P.66

町の中心となる広場は、いつも人で大混雑だが、やはり足を運んでみるべき。開館日が不定期の王宮が開いていたらラッキーなので、内部を見学しておこう。お隣には、2013年に新国王の即位式が行われた新教会もある。

左:ダム広場の戦没者慰霊塔脇のDamstraat沿いにはレストランもある
右:イベント会場になっている新教会

徒歩約10分

7 アンネ・フランクの家 Anne Frankhuis

P.76

大人気の鉄板観光スポット。やはり、実際に訪れたからこそ感じるものがあるはず。チケットは現地で買えないので事前にオンライン購入しておくこと。時間が許すなら、9ストラーチェス(→P.95)でショッピングを楽しもう。

左:アンネ・フランクの家(一番左)と新館
右:小さな小径にショップやカフェが点在する9ストラーチェス

Netherlands

ACCESS

ブリュッセル南駅から、アムステルダム中央駅まで高速列車ユーロスターで約2時間、ICの直行便では約2時間50分。ルクセンブルクからは直通の列車はない。
フランスのパリ北駅からユーロスターで約3時間30分、要予約。
ドイツのベルリンからはICで約6時間30分、ケルンからICEで約3時間。

年末年始、聖ニコラース祭、王の日など、イベントのある日の交通には要注意
こうした祝日や市内でイベントがある日には、交通機関の運行が乱れることが多い。特に王の日には市内へ入る列車やトラムの運行もストップする。
また、大晦日から新年1月1日にかけて、アムステルダムは大花火大会となり、市内のトラムやバスの運行は不定期となるので要注意。

クリスマス前にミュージアム広場にできるスケートリンク

下町のカフェ

町のあちこちで花を見かける

アムステルダム

Amsterdam

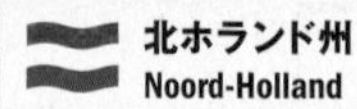

北ホランド州
Noord-Holland

ザウダーゼーと呼ばれる入江にアムステル川が流れ込んでおり、13世紀、河口近くの平地にダムを造り人々が住み始めた。これが、現在のアムステルダムの始まりだ。

港町として少しずつ力をつけていったアムステルダムは、自由な都市として、各地で迫害された人々を受け入れていった。新しい血を入れて、町も活気を呈し、スペインからの独立戦争の後、17世紀には世界初の株式会社・東インド会社の本拠地として隆盛を極める。

当時すでに世界一の港町であったアムステルダムには、世界中からの物資が集まり、世界を見聞した人々の見識が、アムステルダムを自由で寛容で合理的な精神の町として育てていく。不条理な権力を嫌う人々は、ドイツ占領下の第2次世界大戦中にも、アンネ・フランク一家に代表されるユダヤの同胞を危険を冒してかくまいもした。

波乱に富んだ歴史をもち、チャレンジする海の男たちの母港として、迫害された人々の安住の地として、懐の深いアムステルダムの町は、常にどこか異国情緒を漂わせながら、初めて来た人々にも「ああ、帰ってきたな」と思わせる不思議な町なのだ。

旅人のあなたも、ごく自然にアムスっ子になれてしまうこの町を、さあ歩き始めよう。

アムステルダムは運河の町

アムステルダム到着

飛行機で着いたら

スキポール空港 Schiphol Airport

オランダの玄関スキポール空港は、市街から南西約15kmの所にある。旅客数も多く、"世界のベストエアポート"にもたびたび選ばれ、ヨーロッパを代表するハブ空港としても知られている。1階が到着ホール、2階が出発ホールとなっていて、空港内の表示はすべて英語が併記されており、たいへんわかりやすい。

飛行機を降りたら、"Arrival"の表示に従い**入国審査Passport control**へ。パスポートを見せるだけで、入国カードは必要ない。状況に応じて滞在目的や期間、ホテルなどの質問、帰りのチケットの提示がある。続いて、**バゲージクレイムBaggageclaim**で、預けた荷物を受け取る。画面表示で便名を探し、どのターンテーブルから出てくるか確認してから待とう。

オランダ入国時の免税範囲（EU諸国以外から入国する場合）
●紙巻きたばこ200本、葉巻50本、葉巻（細巻き）100本、たばこの葉250gのいずれか。個人使用分にかぎる。規定量内なら複数の組み合わせも可能。
●蒸留酒などアルコール度22%を超える酒類1ℓまたはアルコール度22%以下の酒類2ℓ
●無発泡のワイン4ℓ
●ビール16ℓ
●みやげ品など、空路／水路から入国の場合€430相当まで。それ以外は€300まで。
※たばこ、酒類は17歳未満不許可。
※動物由来の製品（肉、卵、ミルク、チーズなど）はEU域外からの持ち込み禁止。
※通貨持ち込み制限→P.408
税関インフォメーション（オランダ）
URL europa.eu/youreurope/citizens/travel/carry/index_en.htm
URL www.belastingdienst.nl（オランダ語）

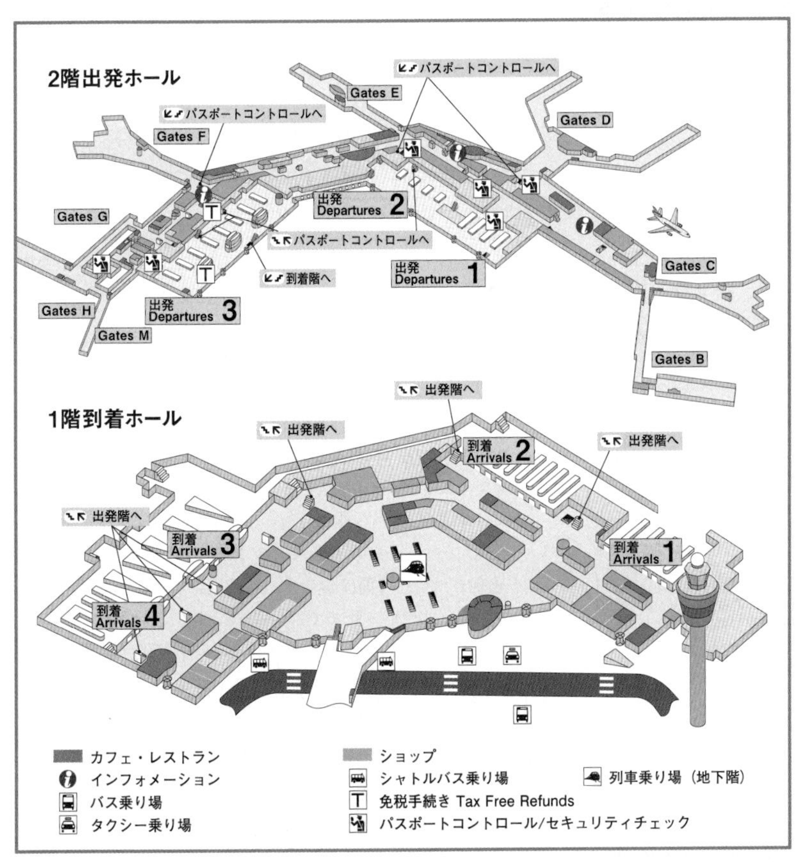

スキポール空港の施設
ホテル、シャワー室、貸会議場、礼拝堂、子供用設備、カジノなど。有料だが、手荷物が多いときには空港内にあるロッカーや荷物預かり所を利用するのも便利。アムステルダムの国立美術館の小さな分室とショップもある。

空港内の国立美術館分室

アムステルダム北部を巡ることができるバス周遊券
チーズ市が開催されるエダムのほか、マルケンやフォーレンダムなど、アムステルダム北部を運行するバス会社EBSのウオーターランドエリアで利用できる。1日乗り放題のバス周遊券Waterland-dagkaart Plusは€12.50。車内かアムステルダム中央駅のEBSサービスデスクで購入できる。
URL ov-chipkaart-kopen.nl

アムステルダムと周辺を巡るのに便利なチケット
Amsterdam and Region Travel Ticketは、アムステルダムと周辺の列車、バス、トラム、地下鉄に乗り放題のチケット。スキポール空港、エダム、ザーンセ・スカンス、ナールデン、ハーレムなどへ行くときに使える。1日券€21、2日券€31.50、3日券€40.50。購入はアムステルダム中央駅のGVBまたはEBSのTickets&InfoやI amsterdam Store、スキポール空港のコネクションTickets&Infoなどで。
URL gvb.nl/amsterdam-region-travel-ticket

列車の切符について
列車を含むオランダの公共交通機関では、コンタクトレスカード(タッチ決済式のクレジットカード。ビザかマスター)での乗降が可能。全国共通の乗り物用ICカードOVチップカールトもある。カードを使わない場合は、窓口か自動券売機などで購入する。
詳細→P.410～412
空港から市内への往復列車(バスも可)と市内交通がセットになったアムステルダム・トラベル・チケットについて→P.58

スキポール空港を出たところにあるオブジェ「I amsterdam」前で記念撮影をする人も多い

最後は**税関Customs**だが、申告するものがなければそのまま出口へ。到着ロビーにはATMなどがある。

到着口を出ると、両替所GWKが早朝から夜まで営業しているので、ここで両替をすることもできる。出口付近は、ショッピングセンターのスキポール・プラザ(→P.99)になっており、免税店ではないが、スーパーのほか、かばんやチョコレートの店、レストランなど、あらゆる店が揃っているので、ここで忘れてしまった物などの調達をすることも可能。このエリア内には、鉄道の切符売り場、レンタカー会社などのカウンターも設置されている。

空港から市内へ

鉄道で

空港の地下にあるスキポール駅から**アムステルダム中央駅Amsterdam Centraal Station**まで、1時間に5～9本ほど(夜間～早朝は1時間に1～3本ほど)の割合で列車が出ている。アムステルダムの中心部に行く人は、中央駅行き(CS)であることを確認してから乗るようにしよう。下記の南部を経由するアムステルダム・ライ駅やアムステルダム・ザウド駅方面と同じホームから発車することもあるので要注意。料金は2等片道€4.90。所要時間は約14~17分。

アムステルダム・ライ駅Amsterdam Rai行きという列車もあって、これは中心街から外れた南のほうに到着する。ワールド・トレード・センター近くのアムステルダム・ザウド駅Amsterdam Zuid経由で、平日1時間に4本、土・日1時間に2本ほど(早朝や深夜は減少。料金はザウド駅まで2等片道€3.30、ライ駅まで€3.50)。ヒルトンやオークラなど、アムステルダム南部のホテルに宿泊す

空港内にあるスキポール駅は地下にホームがある

空港の鉄道チケット自動販売機

る人は、この路線を利用すると便利。何番から発車するのか、掲示板で確認しておこう。所要時間はライ駅まで約10分、ザウド駅まで約7分。

スキポール駅はデン・ハーグとアムステルダムとを結ぶ主要路線の途中駅なので、アムステルダム以外の町へ向かうのにも便利。ブリュッセルやパリ、ベルリンなどへ向かう国際列車(パリへ向かう特別列車ユーロスターも含む)も停車する。

空港にある国鉄の切符売り場

バスで

中心部への397番のバス、アムステルダム・エアポート・エクスプレスAmsterdam Airport Expressは、ミュージアム広場、ライツェ広場近くを経由して、終点のElandsgrachtのバスターミナル(→Map P.54-B2)へ。中央駅は経由しないので注意。1時間に8本くらいで、料金は€6.50(往復€11.75)、ライツェ広場まで所要約30分。夜間はN97番のナイトライナーも走っている。

空港近辺のホテルへは、ターミナルビルを出たあたりから無料シャトルバスが出ているので、ホテルの名前がついたバスが到着したら、乗車すればいい。

397番のバス

中央駅の交通案内所窓口
NSの窓口のほか、国際線のNS International、エダムやフォーレンダムなど北部の町へのバス会社EBSの窓口もある。

中央駅裏側にある案内所OV Servicewinkelの窓口では、切符購入もできる

タクシーで

市内まで約20分。料金はメーター制で、中心部までTCA社の規定料金では€47.50～52.50で(タクシーについて→P.60)、大きな荷物がある場合は1個につき€1くらいのチップを渡すのが一般的。乗り場は空港を出た広場。Taxiの表示があるエリアに待機している。

空港前のタクシー乗り場

カイパースパサージュ
中央駅西側にできた歩行者と自転車専用通路。中央駅を突っ切ってアイ湾に出ることができる。内部にはデルフト焼きの壁画も。
➡Map P.56-B1

鉄道で着いたら

アムステルダム中央駅 Amsterdam Centraal Station

アムステルダムにはライ駅、ザウド駅、アムステル駅などいくつかの駅があるが、ほとんどの列車は中央駅に到着する。大ドームの中を列車や人々がせわしげに出入りする中央駅は、アムステルダムの玄関にふさわしい堂々とした駅だ。

ホームの階段を下り、"Centrum"という表示の方向に進むと中央ホールに出る。中央ホールを出てホームを背にして右側は日中のみ営業のGWKで、左側を真っすぐに行った突き当たりがコインロッカーと荷物預かりだ。1-2番ホームには、トイレ(有料)、レストラン、カフェテリアなどがある。

アムステルダム中央駅
➡Map P.56-B1

コインロッカーと荷物預かり
料24時間 小€8.50　大€11.50
営5:00～翌1:00

中心街側に出て向かいに市内交通のインフォメーションがある

中央ホールを出ると駅前広場 Stationsplein。広場からはトラムが出ているほか、駅舎に沿って右側へと歩くとタクシー乗り場がある。一般に治安のよいオランダの中で、この中央駅周辺からダム広場は盗難の多いエリアだ。アムステルダムに着いてすぐ警察に駆け込む、などということのないよう十分に注意しよう。

中心街Centrumと反対のアイ湾に面した駅北側には、観光案内所も兼ねた下記のアイ・アムステルダム・ストアやチケット&インフォ、両替のGWK、レストランなどがあり、上階は郊外へのバス乗り場になっている。

アイ・アムステルダム・ストア
Map P.56-B1
営9:00〜19:00
URL iamsterdam.com

最新情報をキャッチ

アムステルダムの観光案内所 I amsterdam Store

オランダの観光案内所の多くはVVV(フェーフェーフェー)と呼ばれ、逆三角形の中にVを3つ重ねたマークが目印だが、アムステルダム中央駅北側にある観光案内所は、アイ・アムステルダム・ストアI amsterdam Store。名前のとおり、グッズの販売がメインで、オランダらしいお菓子や洗練されたデザインの商品が並び、おみやげ購入もできる。ショップだけでなく、アイ・アムステルダム・シティ・カードを手に入れたり、見どころについての疑問や各種ツアーについて聞くこともできる。

アイ・アムステルダム・ストアのある中央駅北側にあるサービス・ポイント。靴や時計の修理などをしてくれるほか、郵便業務も行っている

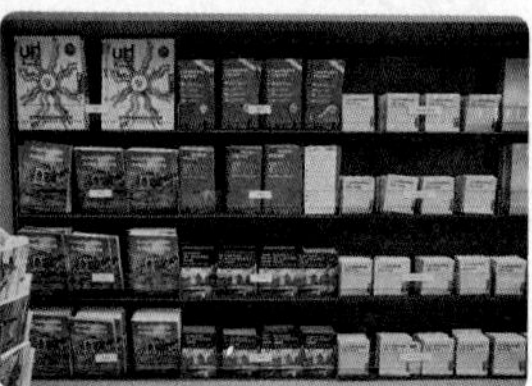
イベントのパンフレットや簡単なガイドなどもあるアイ・アムステルダム・ストア

用途に合わせて検討したい便利なカードとパス

ミュージアムカールト Museumkaart

国立美術館、ゴッホ美術館、アンネ・フランクの家、マウリッツハイスを含む、オランダ国内500以上の美術館や博物館に入場できる(一部€1〜3程度の料金が別途必要な場合もある)。おもなミュージアムで購入可。購入すると、31日間有効のテンポラリーカードがもらえるが、このカードで入場できるのは5ヵ所まで。31日以内にウェブサイトで写真とともに登録すれば1年有効のカードが郵送されるが、日本在住者はテンポラリーカードのみ。

料18歳以下€32.45、19歳以上€64.90
(特別展開催期間中は別料金がかかることもある)
URL museumkaart.nl

アイ・アムステルダム・シティ・カード I Amsterdam City Card

観光局が発行するアムステルダム市内観光のカード。市内公共交通機関に乗り放題のパスのほか、国立美術館、市立美術館、レンブラントの家など70の見どころへ入場できる(2023年現在、ゴッホ美術館やアンネ・フランクの家では利用不可)。アムステルダム以外に、ハーレムのフランス・ハルス美術館やマウデル城にも対応しており、運河クルーズや自転車のレンタルにも使える。アイ・アムステルダム・ストアなどで購入可能。

料24時間券€60、48時間券€85、72時間券€100、96時間券€115、120時間券€125　URL iamsterdam.com

オランダ発祥の酒ジュネヴァの魅力

左:蒸留所内部　右:さまざまなリキュールがズラリと棚に並ぶ部屋で試飲を楽しむ

●「ジン」の元祖ともいえる、オランダの「ジュネヴァGenever」

世界的に名を知られる「ジン」。イギリスが発祥の地と思う人も多いが、実はオランダのジュネヴァ(実際の発音はユェネーヴァが近い)がもとになっている。

17世紀の中頃、ライデン大学医学部のシルビウス教授が、当時、世界に進出していたオランダ人の熱病対策のためにジュニパー・ベリー(ねずの実)の香りや成分をアルコールに加えた「薬用酒」を造ったことが、ジュネヴァの起源といわれる。オランダ国内で広まったあと、オランダから英国王として迎えられたオレンジ公ウィリアムとともにイギリスへ渡り、製法が改良されたのが今のジン、というわけだ。

現在では夕食の前にビールやワイン、食後にジュネヴァというのが一般的だが、かつては仕事が終わって帰宅すると、まずジュネヴァを小さなグラスに注ぎ、砂糖を入れてぐいっとあおって、それから夕食というのがオランダ庶民の飲み方だったという。

●伝統の手法にこだわる

アムステルダムのダム広場に面するホテル、クラスナポルスキーの脇の細い路地を入った所に小さな蒸留所、フォッキンク蒸留所がある。ここは1679～1954年の約300年間、フォッキンク・ワイナリーの蒸留所があったが、大手酒造メーカー、ボルス社の手に渡った後、長らく閉鎖されていた。

だが、「工場による大量生産時代を迎えた今、もう一度心の香りがするジュネヴァを取り戻したい」と、ケース・フィリウス氏が昔の文献を研究し、ドイツ、ベルギー、ルクセンブルクを回って調査を重ね、1993年に蒸留所を復活させた。「味と風味にこだわり、昔ながらのやり方をできるだけ再現する」というのがフィリウス氏のこだわりだ。100年以上も前に使われていた伝統的蒸留設備をそのまま使用しているため、1週間に800～1000本しか造ることができないという。さわやかな香りとコクのある味わい。オランダ人に親しまれてきた昔ながらのジュネヴァの味が再現された。ヨングとオウドがあり、じっくりと年月をかけて熟成されたオウドほど深く、コクのある味わいになる。

口の広がった細長の小さなジュネヴァ・グラスに入れてストレートで飲む。グラスになみなみと注がれたジュネヴァがこぼれないように、グラスを持たず、直接口をグラスに持っていくのが正しいジュネヴァの飲み方だ。見た目には品がよろしくないが、1滴もこぼさずに飲むのも、倹約家といわれるオランダ人らしいところかもしれない。「おじいちゃんの酒」として、若者のジュネヴァ離れが進んでいたが、再び伝統あるジュネヴァが見直されつつある。

ここではフォッキンク・ワイナリーブランドでリキュールも販売している。なかでも苦味の強いビター・リキュールは、加える素材次第で風味に変化をもたせることができる。フォッキンク・リキュールには、味に合わせて、「涙の結婚式」「完全なる幸福」「おへそまるだし」「私を忘れないで」など、へんてこな名前を冠したものもある。おすすめはオラニエ・ビター。甘いオレンジの香りが女性向きだが、アルコールは40度とかなり強いので、飲み過ぎに注意したい。　(坂本)

●フォッキンク蒸留所
Wynand Fockink
ジュネヴァのテイスティングができ、ジュネヴァやリキュールのショップもある。
住Pijlsteeg 31
Map P.56-A2
☎020.6392695
営テイスティング・タバーン14:00～21:00
URL wynand-fockink.nl

●デ・ヴレン
De Vreng
ウィスキーやリキュール、ビターズなどの酒類専門店。ジュネヴァやリキュールの種類が豊富で、自慢のジュネヴァは独自ブランド、オウド・アムステルダム。店の地下にある樽でじっくり熟成される。中央駅から近くて便利。
住Nieuwendijk 75
Map P.56-B1
☎020.6244581　営11:00～20:00(日19:00～)
URL slijterijdevreng.nl

町の概略を知ろう Amsterdam

アムステルダムの町は扇の形

横に5本の線を入れた扇を、下にハラリと広げたとしよう。ちょうど要の部分にアムステルダム中央駅がある。1本目の横線に当たる運河はシンゲルSingel。順番にヘーレン運河Herengracht、カイゼル運河Keizersgracht、プリンセン運河Prinsengracht、そして外周に当たるシンゲル運河Singelgrachtと続く。シンゲルというのは"取り囲む"という意味で、内側のシンゲルは16世紀までの、外側のシンゲル運河は17世紀の市の城壁の外堀だ。両者を分けるために、外側のはシンゲル運河、内側のはただシンゲルと呼ぶ。アムステルダムの町はロンドンやパリなどほかのヨーロッパの首都に比べるとこぢんまりとしているうえ、おもな見どころは半径1.5kmの扇の中に集まっている。

シンゲル運河
カイゼル運河
シンゲル
アムステルダム中央駅
ダム広場
ムント広場
ヘーレン運河
プリンセン運河
ライツェ広場
ミュージアム広場

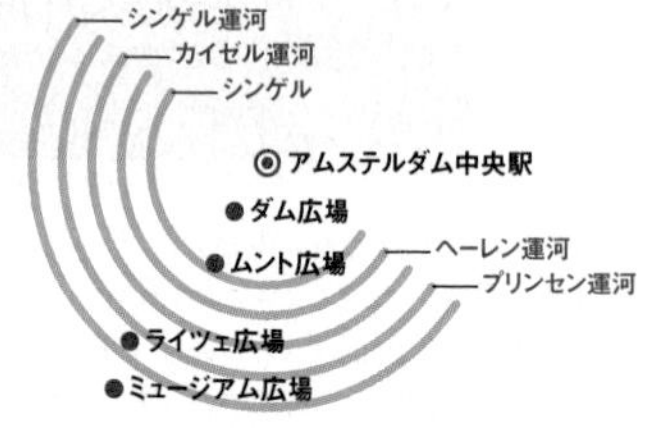

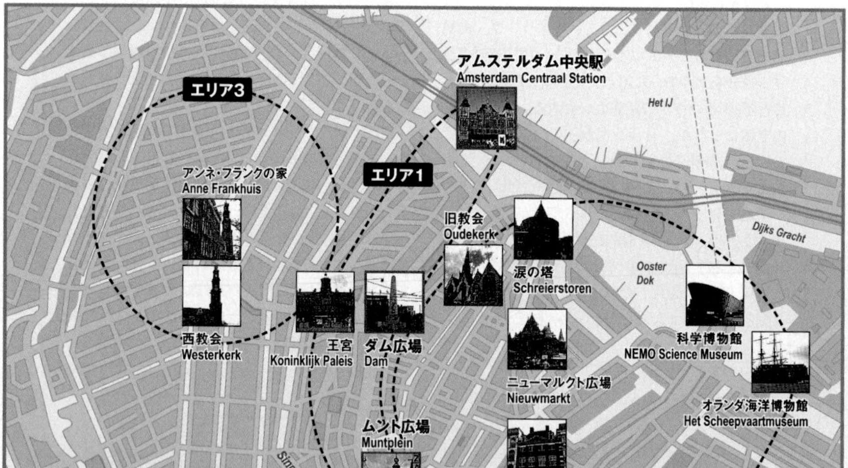

アムステルダム中央駅
Amsterdam Centraal Station
Het IJ
エリア3
エリア1
エリア2
エリア4
アンネ・フランクの家
Anne Frankhuis
西教会
Westerkerk
王宮
Koninklijk Paleis
ダム広場
Dam
旧教会
Oudekerk
涙の塔
Schreierstoren
Dijks Gracht
Ooster Dok
科学博物館
NEMO Science Museum
オランダ海洋博物館
Het Scheepvaartmuseum
ニューマルクト広場
Nieuwmarkt
レンブラントの家
Museum Het Rembrandthuis
ムント広場
Muntplein
Singel シンゲル
Herengracht ヘーレン運河
Keizersgracht カイゼル運河
Prinsengracht プリンセン運河
Singelgracht シンゲル運河
ライツェ広場
Leidseplein
マヘレのハネ橋
Magerebrug
Amstel
アムステル川
ゴッホ美術館
Van Gogh Museum
国立美術館
Rijksmuseum
市立美術館
Stedelijk Museum Amsterdam
ミュージアム広場
Museumplein
ハイネケン・エクスペリエンス
Heineken Experience
N
0
500m
1000m
1500m
2000m
2500m
3000m

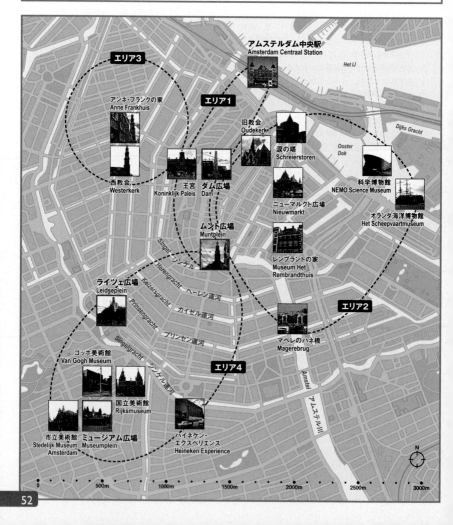

各エリアについて　アムステルダムの町のヘソはダム広場。おもな広場と運河の位置関係を頭に入れておけば、町歩きはずっと楽になるはず。運河に囲まれた町を、気の向くまま散策に出かけよう。

エリア1 P.64〜68

中央駅からムント広場へ

ダム広場はかつてアムステル川をせき止める堤防(ダム)があった所で、歴史的にも地理的にも中心地。ダムラックDamrak、ショップが並ぶカルファー通りKalverstr.は、にぎやかな地区で、ムント広場周辺の花市も楽しみのひとつ。

アムステルダムの町の玄関、アムステルダム中央駅 ➡

エリア2 P.69〜73

ダム広場東側

ダム広場の東側はいわゆる「飾り窓」地帯だが、アムステルダムで最も古い地域でもあり、アムステルダムの栄光の歴史を物語る建物が数多く残されている。このエリア南部にはレンブラントの家、マヘレのハネ橋もある。

ワーテルロー広場ののみの市 ➡

エリア3 P.75〜76

ダム広場西側

ダム広場から西へ行くと、プリンセン運河沿いに西教会とアンネ・フランクの家がある。プリンセン運河とシンゲル運河の間はヨルダン地区と呼ばれる下町地域だ。レンブラントも晩年住んだというこの地区の散策もしてみたい。

多くの人が訪れるアンネ・フランクの家の新館入口付近 ➡

エリア4 P.77〜84

ムント広場からライツェ広場へ

ミュージアム広場周辺には国立美術館やゴッホ美術館などがあり、アムステルダム観光のもうひとつの起点となる広場だ。ミュージアム広場から北へ行くと、にぎやかなレストラン街、ライツェ広場がある。

ライツェ通りからの運河の眺め ➡

●アムステルダムと運河

アムステルダムの旧市街は、5つの運河に囲まれている。自分が歩いている場所を知るには、運河を越えるたびに、それがどの運河だったのかを確認しておくといい。運河沿いの建物を含めた景色は、似たような感じで間違いやすいので、目指す建物が、どの運河の近くなのかがわかっていると、格段に歩きやすくなる。

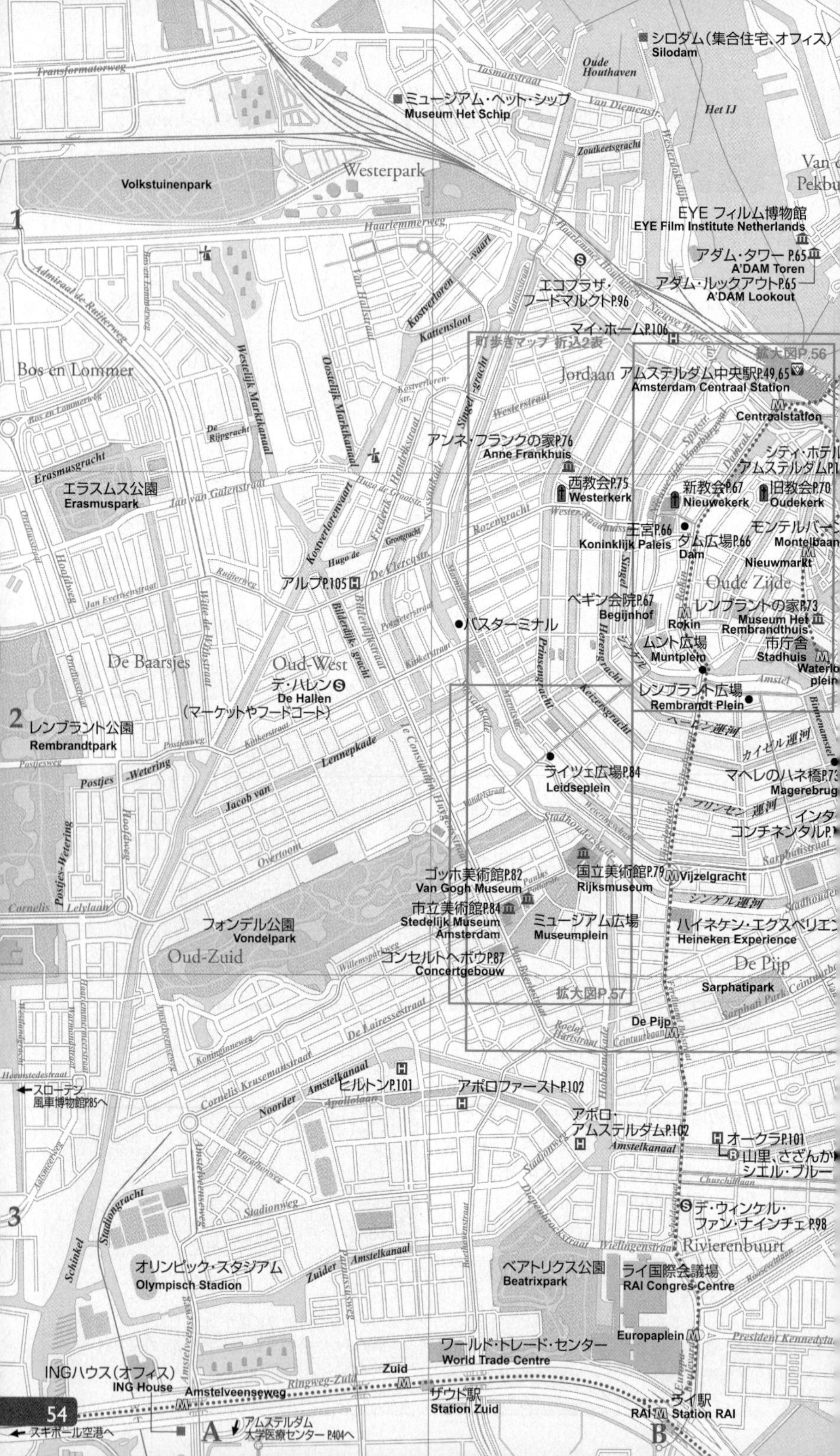

シロダム（集合住宅、オフィス）
Silodam
ミュージアム・ヘット・シップ
Museum Het Schip
Westerpark
Volkstuinenpark
EYE フィルム博物館
EYE Film Institute Netherlands
アダム・タワー P.65
A'DAM Toren
アダム・ルックアウト P.65
A'DAM Lookout
エコプラザ・
フードマルクト P.96
マイ・ホーム P.106
町歩きマップ 折込2表
拡大図P.56
Bos en Lommer
Jordaan
アムステルダム中央駅 P.49,65
Amsterdam Centraal Station
Centraalstation
アンネ・フランクの家 P.76
Anne Frankhuis
シティ・ホテル
アムステルダム P.1
西教会 P.75
Westerkerk
新教会 P.67
Nieuwekerk
旧教会 P.70
Oudekerk
エラスムス公園
Erasmuspark
王宮 P.66
Koninklijk Paleis
モンテルバーン
Montelbaan
ダム広場 P.66
Dam
Nieuwmarkt
Oude Zijde
アルプ P.105
ベギン会院 P.67
Begijnhof
レンブラントの家 P.73
Museum Het Rembrandthuis
バスターミナル
Rokin
ムント広場
Muntplein
市庁舎
Stadhuis
Waterlooplein
De Baarsjes
Oud-West
デ・ハレン
De Hallen
（マーケットやフードコート）
レンブラント広場
Rembrandt Plein
2
レンブラント公園
Rembrandtpark
ライツェ広場 P.84
Leidseplein
マヘレのハネ橋 P.73
Magerebrug
インター
コンチネンタル P.
ゴッホ美術館 P.82
Van Gogh Museum
国立美術館 P.79
Rijksmuseum
Vijzelgracht
市立美術館 P.84
Stedelijk Museum Amsterdam
ミュージアム広場
Museumplein
ハイネケン・エクスペリエンス
Heineken Experience
フォンデル公園
Vondelpark
Oud-Zuid
コンセルトヘボウ P.87
Concertgebouw
De Pijp
Sarphatipark
拡大図P.57
De Pijp
スローテン
風車博物館 P.85へ
ヒルトン P.101
アポロファースト P.102
アポロ・
アムステルダム P.102
オークラ P.101
山里、さざんか
シエル・ブルー
3
デ・ウィンケル・
ファン・ナインチェ P.98
Rivierenbuurt
オリンピック・スタジアム
Olympisch Stadion
ベアトリクス公園
Beatrixpark
ライ国際会議場
RAI Congres Centre
Europaplein
ワールド・トレード・センター
World Trade Centre
INGハウス（オフィス）
ING House
Zuid
Amstelveenseweg
ザウト駅
Station Zuid
ライ駅
RAI Station RAI
スキポール空港へ
アムステルダム
大学医療センター P.404へ
A
B
1

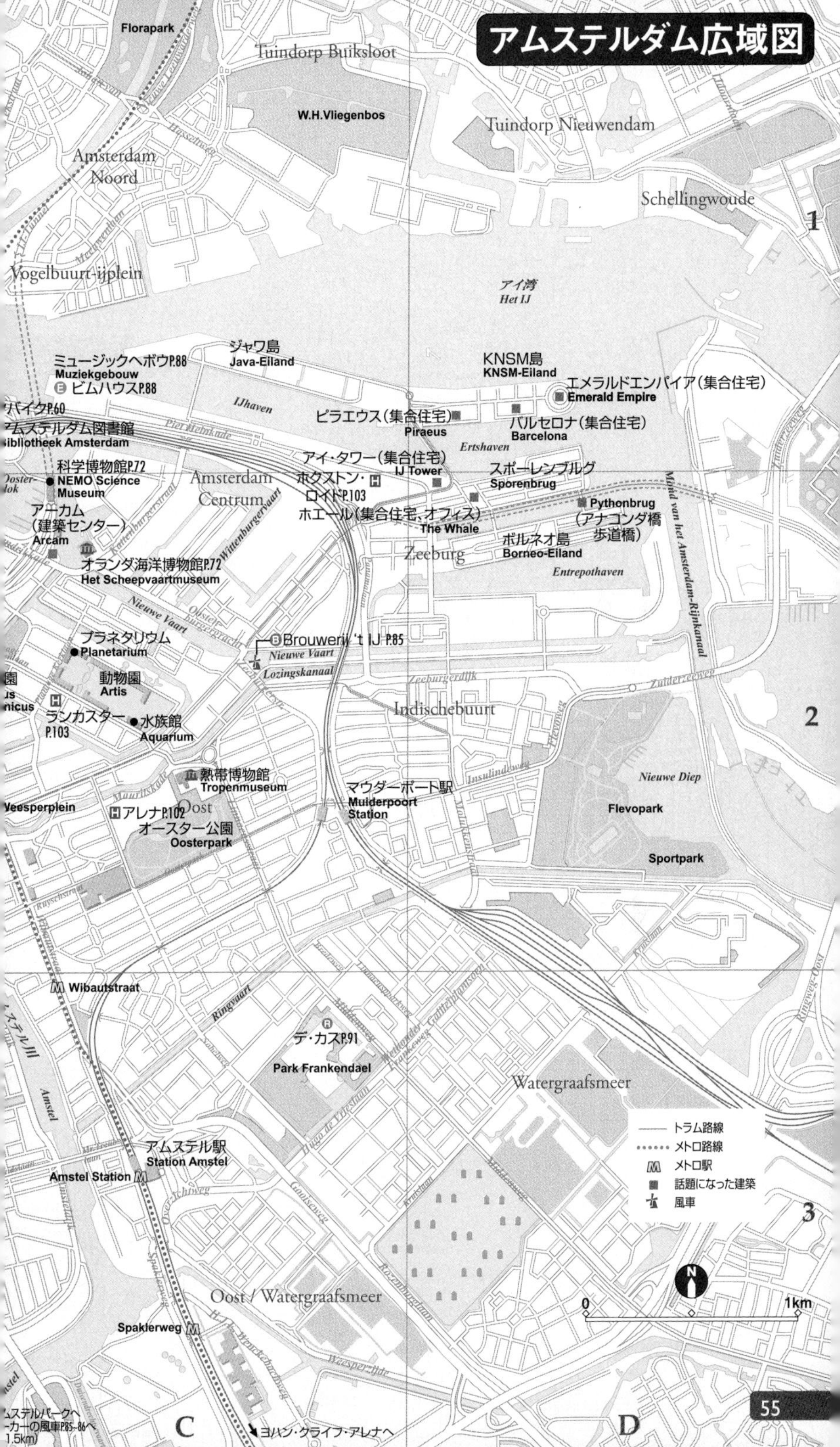
アムステルダム広域図
Florapark
Tuindorp Buiksloot
W.H.Vliegenbos
Tuindorp Nieuwendam
Amsterdam Noord
Schellingwoude
1
Vogelbuurt-ijplein
アイ湾
Het IJ
ジャワ島
Java-Eiland
ミュージックヘボウP.88
Muziekgebouw
ビムハウスP.88
KNSM島
KNSM-Eiland
エメラルドエンパイア（集合住宅）
Emerald Empire
IJhaven
ピラエウス（集合住宅）
Piraeus
バルセロナ（集合住宅）
Barcelona
Ertshaven
アムステルダム図書館
科学博物館P.72
NEMO Science Museum
Amsterdam Centrum
アイ・タワー（集合住宅）
IJ Tower
ボクストン・ロイドP.103
スポーレンブルグ
Sporenbrug
Pythonbrug
（アナコンダ橋歩道橋）
ホエール（集合住宅、オフィス）
The Whale
アーカム
（建築センター）
Arcam
ボルネオ島
Borneo-Eiland
Zeeburg
Entrepothaven
オランダ海洋博物館P.72
Het Scheepvaartmuseum
Nieuwe Vaart
Brouwerij 't IJ P.85
プラネタリウム
Planetarium
動物園
Artis
Lozingskanaal
Indischebuurt
ランカスター P.103
水族館
Aquarium
2
Nieuwe Diep
熱帯博物館
Tropenmuseum
マウダーポート駅
Muiderpoort Station
Flevopark
Weesperplein
Oost
アレナP.102
オースター公園
Oosterpark
Sportpark
Wibautstraat
Ringvaart
デ・カスP.91
Park Frankendael
Watergraafsmeer
トラム路線
メトロ路線
メトロ駅
話題になった建築
風車
アムステル駅
Station Amstel
Amstel Station
Amstel
3
Oost / Watergraafsmeer
0
1km
Spaklerweg
C
D
ヨハン・クライフ・アレナへ

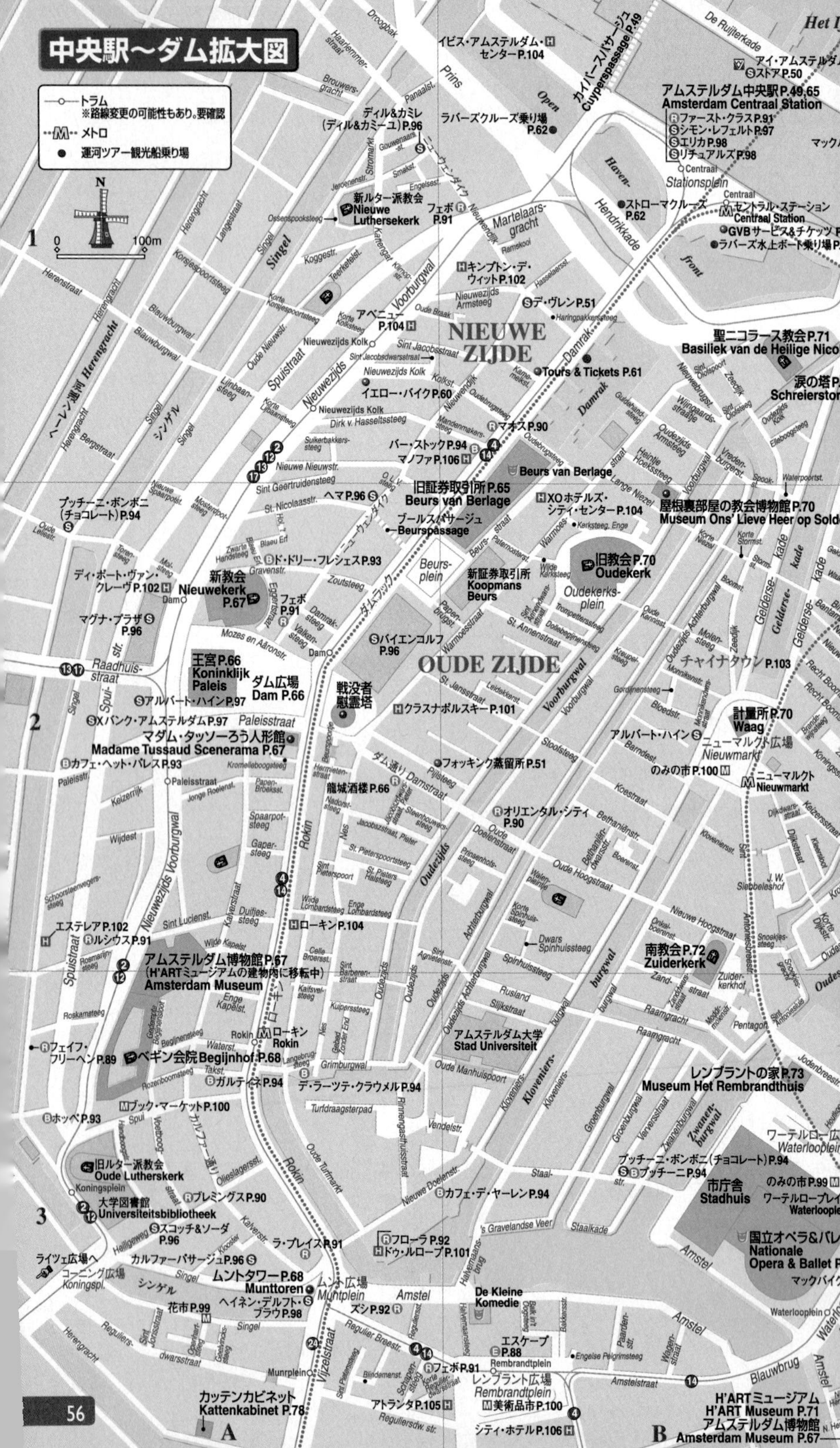
中央駅～ダム拡大図
トラム
※路線変更の可能性もあり。要確認
メトロ
運河ツアー観光船乗り場
N
0
100m
1
2
3
A
B
イビス・アムステルダム・センターP.104
カイパースパサージュ Cuyperspassage P.49
アイ・アムステルダム ストアP.50
アムステルダム中央駅P.49,65
Amsterdam Centraal Station
ファースト・クラスP.91
シモン・レフェルトP.97
エリカP.98
リチュアルズP.98
Centraal
Stationsplein
ストローマクルーズP.62
セントラル・ステーション Centraal Station
GVBサービス&チケッツ
ラバーズ水上ボート乗り場
ラバーズクルーズ乗り場P.62
ディル&カミレ（ディル&カミーユ）P.96
新ルター派教会 Nieuwe Luthersekerk
フェボP.91
キンプトン・デ・ウィットP.102
デ・ヴレンP.51
アベニューP.104
NIEUWE ZIJDE
Tours & Tickets P.61
イエロー・バイクP.60
マオスP.90
バー・ストックP.94
マノファP.106
Beurs van Berlage
旧証券取引所P.65 Beurs van Berlage
XOホテルズ・シティ・センターP.104
屋根裏部屋の教会博物館P.70
Museum Ons' Lieve Heer op Solder
聖ニコラース教会P.71
Basiliek van de Heilige Nicolaas
涙の塔P. Schreierstoren
ヘマP.96
ブールスパサージュ Beurspassage
プッチーニ・ボンボニ（チョコレート）P.94
ド・ドリー・フレシェスP.93
ディ・ポート・ヴァン・クレーヴP.102
新教会 Nieuwekerk P.67
フェボP.91
マグナ・プラザP.96
Beursplein
新証券取引所 Koopmans Beurs
旧教会P.70 Oudekerk
Oudekerksplein
バイエンコルフP.96
OUDE ZIJDE
チャイナタウンP.103
王宮P.66 Koninklijk Paleis
ダム広場 Dam P.66
アルバート・ハインP.97
Xバンク・アムステルダムP.97
戦没者慰霊塔
クラスナポルスキーP.101
計量所P.70 Waag
アルバート・ハイン
ニューマルクト広場 Nieuwmarkt
のみの市P.100
ニューマルクト Nieuwmarkt
マダム・タッソーろう人形館
Madame Tussaud Scenerama P.67
カフェ・ヘット・パレスP.93
龍城酒楼P.66
フォッキンク蒸留所P.51
オリエンタル・シティP.90
エステレアP.102
ルシウスP.91
ローキンP.104
アムステルダム博物館P.67
（H'ARTミュージアムの建物内に移転中）
Amsterdam Museum
南教会P.72 Zuiderkerk
アムステルダム大学 Stad Universiteit
ローキン Rokin
フェイフ・フリーヘンP.89
ベギン会院 Begijnhof P.68
ガルティネP.94
デ・ラーツテ・クラウメルP.94
レンブラントの家P.73
Museum Het Rembrandthuis
ブック・マーケットP.100
ホッペP.93
ワーテルロー広場 Waterlooplein
旧ルター派教会 Oude Lutherskerk
プッチーニ・ボンボニ（チョコレート）P.94
プッチーニP.94
市庁舎 Stadhuis
のみの市P.99
ワーテルロープレイン Waterlooplein
ブレミングスP.90
大学図書館 Universiteitsbibliotheek
カフェ・デ・ヤーレンP.94
スコッチ&ソーダP.96
ラ・プレイスP.91
フローラP.92
ドゥ・ルロープP.101
国立オペラ&バレエ Nationale Opera & Ballet
ライツェ広場へ
カルファーパサージュP.96
コーニング広場 Koningspl.
ムントタワーP.68 Munttoren
ムント広場 Muntplein
マックバイク
ヘイネン・デルフト・ブラウP.98
花市P.99
ズシP.92
De Kleine Komedie
エスケープP.88
フェボP.91
レンブラント広場 Rembrandtplein
カッテンカビネット Kattenkabinet P.78
アトランタP.105
美術品市P.100
シティ・ホテルP.106
H'ARTミュージアム H'ART Museum P.71
アムステルダム博物館 Amsterdam Museum P.67
Singel
Herengracht
Spuistraat
Nieuwezijds Voorburgwal
Damrak
Rokin
Kalverstraat
Oudezijds Voorburgwal
Oudezijds Achterburgwal
Kloveniersburgwal
Amstel
Prins Hendrikkade
Geldersekade
Zeedijk
Raadhuisstraat
Paleisstraat
Damstraat
Vijzelstraat
Reguliersbreestr.
Blauwbrug
Staalstr.
Staalkade
Nieuwe Hoogstraat
Oude Hoogstraat
Sint Antoniesbreestraat
Jodenbreestr.

ライツェ広場～
ミュージアム広場拡大図
N
0
100m
アクバル P.90
メルクウェグ P.88
ラ・ボヘーム P.106
フェボ P.91
ワック・テゥ・ウォーク P.90
アムステルダム国際劇場
ITA P.88
ライツェ広場 P.84
Leidseplein
アムステルダム・アメリカン P.102
カフェ・アメリカン P.93
パントリー P.89
マックバイク P.60
NHアムステルダム P.102
細川 P.92
Max Euwepl.
パラディソ P.88
レオナルド・ブティック・
ミュージアムホテル P.103
イオケイ・フォンデルパーク
P.106
フォンデル公園
Vondelpark
コーネリズ P.104
サマ・セボ P.90
Mulberry
Burberry
Fendi
Furla Corner
Rimowa
Tod's
Ferragamo
Tiffany
Hermès
Dior
Longchamp
Dolce & Gabbana
Gucci
Louis Vuitton
Micael Kors
Cartier（貴金属）
ペー・セー・ホーフト通り
コスター・ダイヤモンド P.99
国立美術館 P.79
Rijksmuseum
ライクス P.79
ゴッホ美術館 P.82
Van Gogh Museum
市立美術館 P.84
Stedelijk Museum
Amsterdam
入口
ゴッホ美術館新館
入口
ミュージアム広場
Museumplein
アルバート・ハイン
（スーパーマーケット）
ベルディ
P.105
コンセルトヘボウ P.87
Concertgebouw
カイゼル運河
プリンセン運河
シンゲル運河
ライツェ通り
Leidsestraat
Keizersgracht
Prinsengracht
Singelgracht
Leidsegracht
Raamstraat
Marnixstraat
Leidsekade
Nassaukade
Lange Leidsedwarsstraat
Korte Leidsedw. str.
Lijnbaansgracht
Kerkstraat
Tweede Helmersstraat
Eerste Helmersstraat
Overtoom
Stadhouderskade
Gartmanplantsoen
Hirschpass.
Vondelstraat
Tesselschadestr.
Roemer Visscherstr.
Zandpad
Vossiusstraat
Schapenburgerpad
Pieter Cornelis Hooftstraat
Hobbemastraat
Honthorststr.
Luijkenstraat
Jan
Van d. Veldestr.
Kleine-Zieseniskade
Weteringschans
Eerste Weteringdwarsstr.
Tweede Weteringdwarsstr.
Spiegelgracht
Nieuwe Spiegelstr.
Paulus Potterstr.
Van Baerlestraat
Museumplein
Leidseplein
Prinsengracht
Rijksmuseum
Concertgebouw
Hobbemastr.
Ruysdaelkade
Vermeerstraat
Hoochstr.
1e Jacob v. Campenstraat
Quellijnstraat
Teniers-str.
Johannes
Hobbemakade
Daniël
Frans Halsstr.
Van Mieveveldstr.
Gabriël Metsusstr.
Johannes Vermeerplein
Nicolaas Maesstr.
Pieter de Hoochstr.
Johannes Vermeerstr.
Moreelsestr.
Frans van Mierisstr.
Ruysdaelstr.
De Lairessestr.
Wouwermanstr.
Hondecoeterstr.
Concertgebouwplein
Johannes Verhulststr.
Palestrinastr.
J. W. Brouwersstr.
Van Breestraat
Wanningstr.
Alexander
Boers-straat
Koningspl.
A
B
トラム
※路線変更の可能性もあり。要確認
メトロ
運河ツアー観光船乗り場

アムステルダムの市内交通

トラム/バス/メトロ

トラム、バス、メトロに関する情報は中央駅前にあるGVB(市営交通)サービス&チケッツへ。駅を背にして正面の駅前広場にある建物だ。乗車券の購入やGVBのトラムやバス、メトロのルートがわかる路線図をもらうこともできる。

GVBサービス&チケッツ
住Stationsplein10
Map P.56-B1 ☎0900-8011(有料。オランダ国内)
開月～土8:30～19:00
URL gvb.nl

白地に青いストライプのトラム

乗車券について

● OVチップカールト

オランダでは公共交通機関(列車、トラム、バス、メトロ)で共通に使えるICカード型の乗車券OVチップカールトOV-chipkaart(→P.411)が導入されている。これは、日本のsuicaなどと同じような交通カードで、距離換算で支払う方式。旅行者は無記名式のAnonieme OV-chipkaart(カード代金€7.50)を利用する。

● コンタクトレスカード

OVチップカールトの代わりに、コンタクトレスカード(タッチ決済機能つきのクレジットカード。ビザとマスターに対応)を利用するのも便利。OVチップカールト同様、乗降時にタッチするだけなので、交通カードを買う手間や代金をはぶくことができる。

● チケット

1時間単位や1日単位のチケットなどがある。1時間券や日数換算券が使えるのはGVBの交通区間内で、GVB管轄でない郊外へのバスやほかの町の交通機関では使用できない。

チケットの料金
1時間券€4
1日/24時間券€9
2日/48時間券€15
3日/72時間券€21
4日/96時間券€26.50
5日/120時間券€33
6日/144時間券€37.50
7日/168時間券€41
バス・トラム・メトロBTM 1時間30分有効で€6.50。GVB管轄だけでなく、近郊のバスConnexxionやEBSでも使用できる。
購入は、スキポール空港、アムステルダム中央駅、メトロ駅などの自動券売機のほか、GVBサービス&チケッツ、観光案内所などで。車内での購入は現金不可、クレジットカードなどのカード類のみ。
URL www.ov-chipkaart.nl

降車のタッチを忘れたら？
降車時にタッチし忘れたら、1時間券の場合は無効になり、1時間以内でも別のトラムなどに乗車できない。1日券は乗り継ぎ可能だが、機械によって誤作動の可能性もあるとのこと。降車時のタッチを忘れないよう注意を。

トラムの乗り方 Tram

町を縦横に走る白地に青のストライプのトラムは、アムステルダム名物のひとつ。絵が描かれたトラムもあり、車椅子も乗車可能なバリアフリーになっている。路線もはっきりしていてわかりやすく、観光には一番便利だ。

中央駅からほぼ放射状に出る路線と、それらを横切って町をぐるりと回る路線などがある。時間や混雑状況などにもよるが、だいたい5～10分間隔で運行している。

❶トラムの停留所トラムハルトTramhalteには路線番号と行き先が表示してあるので、必ず確認してから乗ろう。自分の乗りたいトラムが来たら、手を挙げて合図する。

❷乗車したら、カードなどを読取器にタッチする。乗車券を持っていない場合は、車内で買う。

乗り換えは自由だが、うっかり乗車券の有効時間を過ぎてしまっていたり、有効な乗車券を持っていなかったりすると、抜き打ち的に乗り込んでくる検札官に容赦なく罰金と行き先までの運賃を取られる。また、車内ではスリが多発しているようだ。かばんや財布には十分に気をつけよう。

アムステルダム・トラベル・チケット Amsterdam Travel Ticket
スキポール空港～アムステルダム間の2等列車や397番のバス エアポート・エクスプレスやN97ナイトバスのチケットに加えて、GVB管轄のアムステルダム内トラム・バス・メトロに乗り放題。
1日券€18　2日券€24
3日券€30
購入はスキポール空港NSチケット窓口、GVBサービス&チケッツ、自動券売機などで。

トラム乗り場

❸自分の降りる停留所が近づいてきたら、車内にある赤いボタンを押す。
❹車内では次の停留所を伝えるアナウンスがあるが、慣れないオランダ語の停留所名は聞き取りにくいかもしれないので、次の停留所名を示すスクリーン表示が見える位置にいるといい。
❺降りるときにも、乗るときと同じように、カードを読取器にタッチするのを忘れずに。

バスの乗り方 Bus

バスの停留所はバスハルトBushalte。中央駅周辺のバス乗り場は、運河を渡った左右と、中央駅北側の2階にある。このほか、Elandsgrachtには大きなバスターミナルがあり➡Map P.54-B2、ここからライツェ広場のバス停を経由し、スキポール空港へ向かうバス397番のAmsterdam Airport Expressも発着する。

中心部の移動にはトラムのほうが便利だが、郊外の小さな町エダム、フォーレンダム、マルケン(→P.108～111)などに行くときにはEBSのバスを利用する(これらの町を巡るのに便利な周遊券については→P.48)。
❶乗り方は基本的にトラムと同じだが、前からしか乗れない。乗り換えのときも前から乗って運転手に乗車券を見せるか読取器にカードをタッチする。乗車券は運転手から購入することもできる(GVBは1時間券と1日券のみ)が現金不可、カード払いのみ。郊外に行く場合は、料金がわからないので、運転手に確認するといいだろう。郊外の場合には、周遊券を紹介してくれることもある。
❷車内にはルート図や次に停まる停留所がわかるスクリーンが設置されているので、降り間違えがないよう確認していこう。
❸ドアは全自動で、降りる前にStopのボタンを押しておけば運転手が開けてくれる。カード乗車の場合、降車時のタッチも忘れずに。

メトロの乗り方 Metro

アムステルダム中心街と郊外の新興住宅地を結ぶために造られたもので、観光での利用度は低いが、それぞれの駅には趣向を凝らした芸術作品があっておもしろい。中心部のローキン駅には工事で発掘された遺物の展示もある。

路線は、ローキンを通りザウド駅まで行くものと、中央駅からワーテルロー広場を経由してアムステル駅まで行き、以降は地下から出て高架線となり、ヘインGein行きとハースパープラスGaasperplas行き、イソラートルヴェフIsolatorweg行きなどに分かれるものがある。
❶乗車券で乗る場合、構内の自動券売機で事前に購入する。なお、アムステルダムのメトロ各駅にあるタッチパネル式の自動券売機は、英語での案内もあり、現金のほかクレジットカードも使用できる。
❷改札で読取器にカードなどをタッチしてから通過する。
❸Openのボタンを押してドアを開ける。

上:中央駅北側にある自動券売機
中:バスの読取器
下:メトロ改札の読取機

アムステルダム中央駅、アイ湾側の2階にあるバスターミナル。マルケンなどへ向かうバスが発着する

ナイトバス
深夜0:30頃から7:00までGVBのナイトバスが走っている。昼間より割高で1回€5.40。詳細は駅前のGVBで。ただし、運行時間がかなり乱れるので、真夜中にひと気のない所で30分以上待っていられる強者以外にはすすめられない。

メトロ駅構内

タクシー

タクシー乗り場タクシー・スタンドプラーツTaxi Standplaatsは、駅、広場、大きなホテルの前などにあり、そこで乗るのが原則。路上で手を挙げても停まらないことが多い。正規のタクシーは青いナンバープレートで、上部にマークや社名がある。

運転手は英語が通じるが、オランダの地名の発音は難しい。紙に行き先を書いて見せるのがいちばん。料金はメーター制で、市内を5km走って€18ほど(乗車料金€3.36、1kmあたり€2.47、1分あたり€0.41)。アムステルダムなどでは、スマートフォンのアプリからウーバーUberも利用できる。

タクシー
電話やウェブサイトからタクシーを呼ぶことができる。
TCAタクシー ☎020.7777777
URL www.tcataxi.nl

上:タクシー停車可の標示がある場所でひろうこともできる
下:TCA社のタクシー

そのほかの交通手段

水上ボート Hop On - Hop Off Boat

アムステルダムならではの乗り物が、この水上ボート。運河ツアーと似たルート上にある、7〜8ヵ所の停留所で自由に乗り降りできる。中央駅前、科学博物館、レンブラントの家近くの市庁舎前、国立美術館、アンネ・フランクの家など、おもな見どころの近くに停留所がある。

水上ボート
●ラバーズ Lovers
住 Prins Hendrikkade 25
➡Map P.56-B1 ☎020.2143111
営 9:00〜22:00(時期により異なる)
料 24時間€30、48時間€35〜
URL lovers.nl
18ヵ国語に対応したGPSオーディオガイド(日本語あり)付き。バスとボートのコンビチケットもあり

水上自転車 Canal Bike(Pedal Boat)

足こぎボートで、自由に運河を散歩することができる。国立美術館から乗って、オランダ人並みにこいだ場合、1時間でアンネ・フランクの家あたりまで。日本人ならもう少しかかるかも。乗り場は、国立美術館、ライツェ広場、プリンセン運河(西教会前)。この3ヵ所ならどこから乗ってどこで降りても自由。

自分の足で運河を散歩

水上自転車
●ストローマ Stromma
☎020.2170501
営 11:00〜16:00
料 1隻(4人まで)1時間€27.50〜、1時間30分€37.50〜。デポジット€20が必要。
URL stromma.nl

自転車 Fiets

こんなに自転車の多い都市はヨーロッパでも珍しい。大人も子供も、さっそうとしたOLも、風にも負けず自転車を乗り回している。あなたもレンタサイクルでアムスっ子の気分を味わってみてはいかが? ただし、交通規制はすべて左右が日本と逆なので、左折のときには注意しよう。基本的に自転車専用道路を走る。専用道路がないときは車道へ。歩道を走ってはいけない。なお、自転車専用道路は小型バイクも走るので注意すること。

中央駅裏側にあるマックバイク内

レンタサイクル
●マックバイク Macbike
住 De Ruijterkade 34B
➡Map P.56-B1 ☎020.6248391
営 9:00〜18:00
料 足ブレーキは1時間€6.50、3時間€8.50、1日€11。手ブレーキは1時間€8、3時間€12.50、1日€16.50。オンライン予約割引あり。
デポジット€50+パスポート、またはクレジットカードが必要
URL macbike.nl
ワーテルロープレイン➡Map P.56-B3、フォンデル・パーク近く➡Map P.57-A1、中央駅東側➡Map P.55-C1などにもあり
●イエロー・バイク Yellow Bike
住 Nieuwezijds Kolk 29
➡Map P.56-A1 ☎020.6206940
営 9:30〜18:00 料 2時間€8、4時間€12、1日€14.50
パスポート+デポジット€50(保険付きの場合)、またはクレジットカードでの予約が必要。
URL yellowbike.nl
※いずれの店も保険は別料金。盗難が多いので保険には入ること。

観光ツアー&クルーズ一覧

北のベニスとも呼ばれる"水の都"アムステルダムには、大小165の運河と1300余りの橋がある。運河に沿って並ぶ古いれんが造りの家、次々に現れる美しい橋、ハウスボート……。一度は水上からアムステルダムの町を眺めてみたい。中央駅前、ダムラックなど市内数ヵ所に乗り場がある。

また、アムステルダム市内と郊外を、歩いて、あるいは自転車やバスで回るさまざまなツアーも出ている。時間のないときや、公共の交通機関では行きにくい郊外を回りたいときには便利だ。

スタンダードな運河ツアーCanal Cruise(オランダ語でRondvaart)以外は、ウェブサイトなどでの予約が必要。オンライン購入割引があるものも。1/1、王の日、クリスマス、イベント時などは催行されない場合もある。時間と料金など詳細は変更されることも多いので確認を。

観光ツアーについてはTours & Tickets URL www.tours-tickets.comで確認を。中央駅前大通りのダムラック住Damrak 26 ➲Map P.56-B1のほか、ライツェ広場、ミュージアム広場などにも店舗がある。

花の時期に訪れたいキューケンホフ

風車が残るザーンセ・スカンス

アムステルダム北部を巡る自転車ツアー

おもなツアー紹介

●クルーズ

以下のクルーズ　ラバーズ→P.60、62

運河ツアー Canal Cruise

市内のおもな運河とアムステルダム港を一周するスタンダードコース。所要約1時間。15〜30分ごとに出発。予約不要。運航会社により、時間など詳細は異なる場合もある。オーディオガイド(日本語あり)付き。運河ツアーの見どころ→P.62〜63。

出毎日9:30〜21:30(冬期10:00〜21:00)　料€19

キャンドルライト・クルーズ
Candlelight Cruise

キャンドルの光の下、ワインとチーズを楽しみながら、イルミネーションのついたアムステルダムの町を回るロマンティックなクルーズ。所要1時間30分。

出木〜日 毎日20:00(冬期は要確認)　料€37.50

ディナー・クルーズ Dinner Cruise

ワインを飲みながら4コースディナーを楽しみ、夜のイルミネーションがきれいなアムステルダムを巡るクルーズ。所要1時間30分。

出水〜土 19:30(冬期は要確認)　料€79〜

●観光ツアー

古都デルフトとハーグ、ロッテルダム
Delft, The Hague & Madurodam, Rotterdam

王室にもゆかりが深いデルフトとデン・ハーグ、ロッテルダムを訪れ、マドゥローダムやデルフト焼の工房にも立ち寄る。ロッテルダムでのリバークルーズ付き。所要9時間。

出火・木・日 9:30
料€79(昼食代は入らない)

キューケンホフ公園
Keukenhof Direct Transfer

チューリップが咲く期間のみのツアー。チューリップ以外にもヒヤシンスやアイリスなど、オランダ名物の花畑が見られる。所要5時間30分。

出シーズン中の毎日9:00〜12:00　料€55〜

カントリーサイドと風車
Countryside and Windmills

多くの風車が残るザーンセ・スカンスとフォーレンダム&マルケンを訪れる。チーズファクトリーや木靴作り実演の見学があることも。所要5時間30分。アイセル湖のボートトリップ付き。

出夏期毎日8:45、14:45　冬期毎日12:00　料€59

●自転車ツアー

以下の自転車ツアー　イエロー・バイク→P.60

運河の町を自転車で巡る
Amsterdam Highlight Bike Tour

ヨルダン地区やフォンデル公園などを巡り、アムステルダムの歴史や魅力を探る。所要2時間。詳細は要確認。

出毎日11:00、13:30(冬期は要確認)
料€27.50

カントリーサイド・バイクツアー
Countryside Biketour

アムステルダムの北に広がる水辺と牧草地に囲まれた自然のなかを25kmくらい走る。途中、ハネ橋が架かる小さな町や風車も通る。所要約4〜5時間。途中ランチ(別料金)休憩あり。詳細は要確認。

出金〜日10:00　料€38

Canal Cruise

運河ツアーについて
日本語オーディオガイド付きも多いが、右記のポイントも参考に。運航会社や発着場所によってルートが違い、日によって通る運河が変更されることもある。下記の2社は中央駅前からも発着するが、ライツェ広場や国立美術館近くなどから出発するものもある。

●運河ツアー催行会社
ストローマStromma （→P.60）
URL stromma.nl
ラバーズLovers （→P.60）
URL lovers.nl

① 北海運河
1883年に掘られた、長さ約20km、幅約200mのアムステルダムと北海とを結ぶ運河。現在のアムステルダムの港湾活動は、ほとんどこの運河沿いに移っている。

中央駅前のラバーズ乗り場付近

② 中央駅(裏側)
中央駅のすぐ裏は港になっている。頻繁に行き来する、北地区とを結ぶ無料渡し船に乗って、展望台もある新しい見どころアダム・タワーのほか、北部の町マルケンに自転車で行くこともできる。

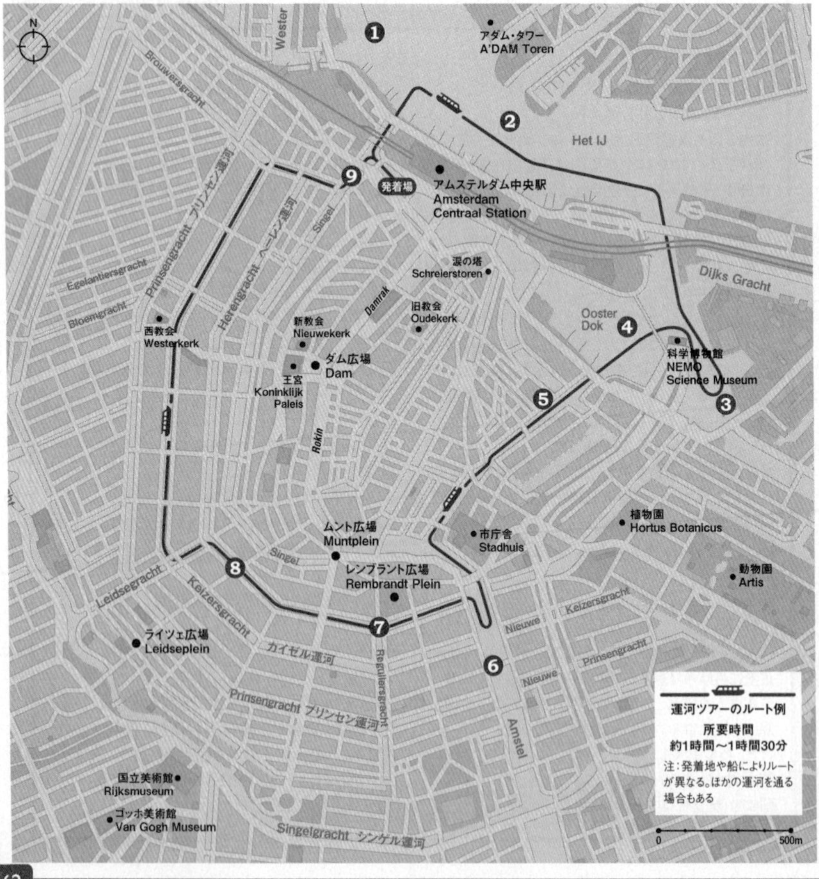

N
Wester
Brouwersgracht
①
アダム・タワー
A'DAM Toren
②
Het IJ
⑨
発着場
アムステルダム中央駅
Amsterdam
Centraal Station
Prinsengracht プリンセン運河
Herengracht ヘーレン運河
Singel
Egelantiersgracht
Bloemgracht
涙の塔
Schreierstoren
Dijks Gracht
Damrak
旧教会
Oudekerk
Ooster
Dok
④
西教会
Westerkerk
新教会
Nieuwekerk
ダム広場
Dam
王宮
Koninklijk
Paleis
科学博物館
NEMO
Science Museum
③
⑤
Rokin
植物園
Hortus Botanicus
ムント広場
Muntplein
市庁舎
Stadhuis
Singel
⑧
レンブラント広場
Rembrandt Plein
動物園
Artis
Leidsegracht
Keizersgracht
⑦
Nieuwe
Keizersgracht
ライツェ広場
Leidseplein
カイゼル運河
Reguliersgracht
Prinsengracht
⑥
Nieuwe
Prinsengracht プリンセン運河
Amstel
国立美術館
Rijksmuseum
ゴッホ美術館
Van Gogh Museum
Singelgracht シンゲル運河

運河ツアーのルート例
所要時間
約1時間～1時間30分
注：発着地や船によりルートが異なる。ほかの運河を通る場合もある
0 500m

アムステルダム 運河ツアー

水の都アムステルダム。運河に囲まれたこの町を、水上から眺めてみたい。

③ オランダ海洋博物館とアムステルダム号

元海軍の艤装庫が、海洋博物館になっている。その近くには、18世紀の東インド会社が所有していたアムステルダム号がある。これは、1990年に行われた帆船祭りのために復元されたもので、現在はミュージアムボートとして公開されている。

④ 東港（旧港）

17世紀、黄金時代に活躍した港。オランダ海軍ドック、東インド会社のドックなどがあった。現在はヨットなどもある航海地区で、屋上に上れるレンゾ・ピアノ設計の科学博物館NEMOもある。

⑤ モンテルバーンの塔

もとは16世紀初頭に造られた城壁の見張り台で、平らな屋根には大砲が載せられていた。時計台は17世紀になってからヘンドリック・カイザーという建築家が取りつけたもの。

⑥ マヘレのハネ橋

17世紀に造られたという、木製のハネ橋。マヘレ橋Magerebrugは、ほっそりした橋という意味だが、近くに住んでいたマヘレ姉妹が、人々の便宜をおもんぱかって造った橋なので、その名がつけられたという説もある。

今は電動になったが、以前は17世紀当時そのままに、手動で開閉されていた。夜イルミネーションがともり、その姿が運河に映り込む様は、何ともいえない美しさがある。

⑦ 7つの橋

ヘーレンHeren運河から、それに交わるレギュレリエスReguliers運河を望むと、そこに架かるれんが造りの橋が7つ、一直線に並んで見える。一つひとつの橋が川面に姿を映して折り重なり、船上からだけ見ることができる、美しい眺めだ。

運河ツアーならではの
ゆったりとした時間を楽しみたい

⑧ ゴールデンカーブ

ヘーレン（紳士）運河の南部、運河がカーブしている部分の両岸には、間口が広く装飾の美しい17世紀の豪商たちの邸宅が並ぶ。立派な玄関に上るゆったりとした階段があり、階段の下にもドアが付いているが、下は台所につながっていて、使用人の出入りする勝手口だった。現在ではワンフロアの借り賃が週何十万円もする地域で、住宅はほとんどなく、領事館や銀行、保険会社などのオフィスになっている。

⑨ 水門

アムステルダムの北側、運河が始まる所には必ず水門がある。昔は北側は海の入江に面していて潮の干満の差があったため、満潮時には水門を閉めて水位を調整していた。現在では入江の口が閉められて湖になっているため潮の干満はないが、市内運河の清掃のために、水門はひと役かっている。週5日、夜間には水門が閉められ、外側からポンプで水を汲み入れて流れを作り、浮かぶゴミを水門に向かって流す。朝になっていっせいに水門を開けると、市内のゴミが外に向かって押し流されていく仕組みだ。

Amsterdam

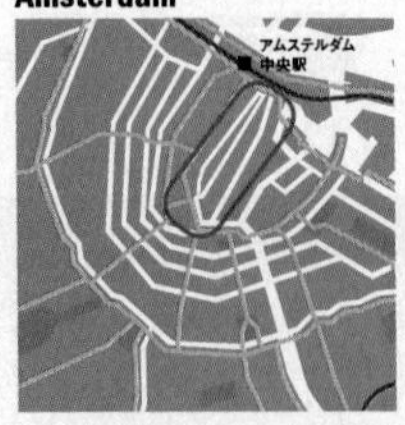

中央駅からムント広場へ

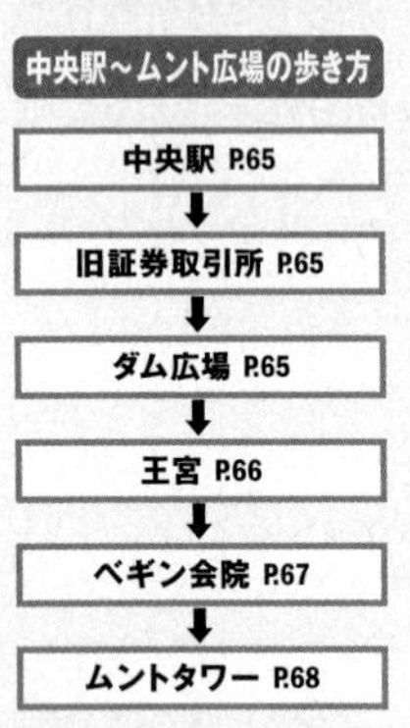

中央駅～ムント広場の歩き方
中央駅 P.65
旧証券取引所 P.65
ダム広場 P.65
王宮 P.66
ベギン会院 P.67
ムントタワー P.68

中央駅の裏側へ行ってみよう
中央駅構内には、ショッピング街のような通路IJ Passageもあるので、おみやげを探しに立ち寄ってみるのもいい。構内を北側に抜けた所には、レストランやスーパーもあり、2階はバスターミナル。300mほどの幅の対岸には、映画や映像を楽しめるEYEフィルム博物館や、頭に冠をかぶったような背の高いビルで、シェル石油の建物だったアダム・タワーA'DAM Toren(→P.65)がある。現在は、レストラン、展望台、ホテル、オフィスなどが入る複合施設になっている。

左からEYEフィルム博物館、アダム・タワー、対岸へのフェリー

対岸への行き方
駅の対岸には小さなフェリーで行く。市経営のフェリーには人(犬)も、自転車も、バイクも、そして市バスも乗っていくが、これだけは何往復してもタダ。アムステルダムでは5年に一度セイルSailという催し物があり(次回は2025年8月予定)、世界中の帆船が集まってくる。そのすべてが必ず駅裏を通るので、船を間近に見ることができる小さなフェリーには人が鈴なりになる。

アムステルダムの地図を見ればわかるように、中央駅の後ろはすぐアムステルダム港という港になっている。1932年に締切大堤防ができて、それまでのザウダーゼーという入江がアイセル湖という淡水湖に変わったが、この駅のできた当時、まだこのあたりは海の入江であった。その中に人工の島を3つ造り、8600本以上の杭を打ち込んで、その杭の上に建っているのが中央駅だ。

駅前広場に出よう。駅を背にして橋の向こう東側には**聖ニコラース教会 St. Nicolaaskerk**の黒いドームが見える。

橋を渡って駅前大通りに当たる**ダムラックDamrak**に入ると、右側にはレストランやショップ、みやげ物屋などがずらりと並び、いつもたくさんの観光客でにぎわっている。西に1本入った通り**ニューウェンダイクNieuwendijk**は雑貨のスーパー、ヘマHema(→P.96)やチェーンブランドのショップなどがあるショッピングストリート。

ダムラックの中ほど、左側にある赤れんがの大きな建物は**旧証券取引所**。さらに、オランダ随一の高級デパート**バイエンコルフ De Bijenkorf**(→P.96)を左に見ながら進むと**ダム広場**に出る。ダム広場はアムステルダム観光の起点になる所だ。

ダム広場の南にはトラムが走る**ローキンRokin**が続く。ローキンから西に1本入ると、常に歩行者天国になっている**カルファー通りKalverstr.**。ダム広場からムント広場Muntpleinまで続く600mほどの細い通り沿いに、みやげ物屋、若者向けのブティックなど、さまざまなショップが並ぶ、にぎやかなショッピング街だ。**ショッピングセンターのカルファーパサージュKalverpassage**(→P.96)もある。

王宮の南側からカルファー通りに入り、途中Begijnsteegへ曲がってしばらく歩くとスパウSpuiの交差点がある。その手前にある**ベギン会院**は町の喧騒から離れることができる静かな佇まいが印象的。スパウからさらに南へ歩くと、運河の脇に**ムントタワー**が見えてくる。ムントタワーの対岸、シンゲル沿いには**花市**が鮮やかな彩りを見せている。

1603年建造というラスプハイス門Rasphuispoortは、カルファーパサージュの北側出入口

おもな見どころ

アムステルダム中央駅 Amsterdam Centraal Station

➡Map 折込2表C1　➡Map P.56-B1

アムステルダムの玄関ともいえる中央駅は1889年に完成。国立美術館と同じペトルス・カイパースがデザインし、どちらもふたつの塔がある。設計はファン・ヘントA. L. van Gendtと共同。向かって右側は時計台で、左側は針がいつも上下しているが、よく見るとこれは風向計。オランダでは教会の塔の上にも風見鶏が付いている。帆船、風車と、常に風を利用してきたオランダ人にとって、風向きを知ることは時を知るのと同じくらい重要なことだったのだろう。

2番ホームにあるレストラン、ファースト・クラス（→P.91）で

左：堂々とした中央駅の建物
上：修復が終了した中央ホールの装飾も見事

中央駅からダム広場にご用心!!
アムステルダム中央駅付近で警官を装った男に財布から現金を抜かれる、という事件が発生したこともある。また、ダム広場へ向かう大通りダムラックや飾り窓ではスリ被害も頻発している。中央駅付近からダム広場、飾り窓にかけては、アムステルダムでも最も事件が多い地域なので要注意。

旧証券取引所 Beurs van Berlage

➡Map 折込2表C1　➡Map P.56-B2

20世紀初頭、アムステルダム・スクールという、世界をリードしていたオランダの新進建築家たちの指導者的存在であったベルラーフBerlageの設計。当時としては超モダンな建物として話題と論議を呼び、「シガレットケース」、「恐竜」などというあだ名がついた。しかし10年後には新証券取引所がすぐ南側に造られ、現在はコンサートやイベントなどに利用されている。ダムラック側、ブールス広場Beursplein寄りの入口の脇には、ベルラーフのレリーフがはめられている。

カフェもある旧証券取引所

アダム・ルックアウト
➡Map P.54-B1
住Overhoeksplein 5
☎020.2420100
開毎日10:00～22:00　最終入場21:00　料€16.50　オンライン€14.50　現金不可
ブランコ Over the Edge付き€28.50　オンライン€24.50
URL adamlookout.com
中央駅裏のアイ湾を渡る無料フェリーの乗り場IJ-ZijdeからBuiksloterweg行きで。2分ほどで対岸に着く。

絶景の名所アダム・タワーに上ろう

アダム・タワー

塔から飛び出るブランコ

アムステルダム中央駅の北に、旧シェル石油のビルを改装したアダム・タワーA'DAM Torenがある。20階は眺望がすばらしいカフェ、地上100mの展望階アダム・ルックアウトA'DAM Lookoutからは、アムステルダムを一望できる。スカイデッキの端には、タワーから飛び出るスリリングなブランコも。

龍城酒楼 Dragon City
家庭的な食堂の雰囲気がある中国料理店。焼きそばや春巻き、ワンタンなどが手頃な値段で味わえる。ダム広場からダム通りを東に50mほど行った右側。
住Damstraat 18 ➲Map P.56-A2
☎020.6231529
URLrestaurantdragoncity.nl

食べ物屋が多い、旧証券取引所裏あたりのWarmoesstr.
この通りの旧証券取引所の裏から北部には、レストランやカフェなどが並んでいる。例えば、17番地には中華の四川料理がおいしい四川飯店 Sichuan Restaurant、69番地には、キャロットケーキ、アップルタルトなど手作りケーキの味に定評のあるカフェDe Bakkerswinkel、85番地には気軽に焼きそばなどを食べられるアジアンファストフードのWok to Walk(→P.90)の系列店もある。
URLsichuan.amsterdam
URLdebakkerswinkel.com

ダム広場 Dam

➲Map 折込2表B2　➲Map P.56-A2

アムスのおへそ、アムスの心臓、などと呼ばれるダム広場。アムステルダムの歴史が始まった場所でもあり、アムステル川をダムでせき止めることにより発展したアムステルダムの町の、まさしく中心地だ。

白い尖塔は1956年に造られた戦没者慰霊塔。第2次世界大戦で亡くなった人たちの霊をなぐさめるための塔だが、周りが緩い傾斜の階段状の丘になっていて、若い旅行者の格好の休憩所兼情報交換所になっている。

戦没者慰霊塔場

1960年代から70年代にかけては世界中のヒッピーのたまり場として、"あしかの丘"とも呼ばれていた。この丘の上でごろごろしているヒッピーたちがいかにものんびりしていて"あしか"が昼寝をしているようだ、というワケである。

王宮
住Dam　☎020.5226161
開10:00～18:00
(冬期～17:00)
休現役の王宮として使われているので、休館日のほうが多い月もある。開館は不定期なので、ウェブサイトなどで事前に確認を。
料€12.50　特別展開催時は開館時間や料金変更の可能性あり。
URLpaleisamsterdam.nl
無料オーディオガイドあり(日本語なし)

王宮 Koninklijk Paleis

➲Map 折込2表B2　➲Map P.56-A2

ダム広場の西側に威風堂々と建っているのが、現在は迎賓館として使われている王宮。1655年にヤコブ・ファン・カンペンJacob Van Campenの設計により市庁舎として建てられた。しかし、フランス侵略時代の1808年、ナポレオンの弟ルイ・ボナパルトが王宮として接収。その後アムステルダム市に返還されたが、市がオランダの新王家に献上し、現在にいたっている。7つの入口はオランダ独立を決めた7つの州を表しており、正面破風にはゾウや蛇など外国の事物が彫られ、世界中と貿易をして栄えていた当時のアムステルダムの心意気が感じられる。中には、死刑の判決が言い渡されたという「審判の間」、大理石の床に世界地図が描かれている「市民の間」などがある。

見応えのある王宮内部

王宮前のダム広場は人が多く、いつもにぎやか

新教会 Nieuwekerk

➡Map 折込2表B2 ➡Map P.56-A2

王宮正面に向かって右側にあるのが、後期ゴシック様式の新教会。"新"といっても、15世紀に造られたものだ。何度も火災に遭い、ヤコブ・ファン・カンペンのデザインによる塔は今なお未完のまま。歴代の王・女王の即位式が行われることで有名で、1980年にここで即位したベアトリックス前女王の退位により、2013年4月30日には、ウィレム＝アレクサンダー王が即位式をした。通常は展覧会やイベント会場として使われている。

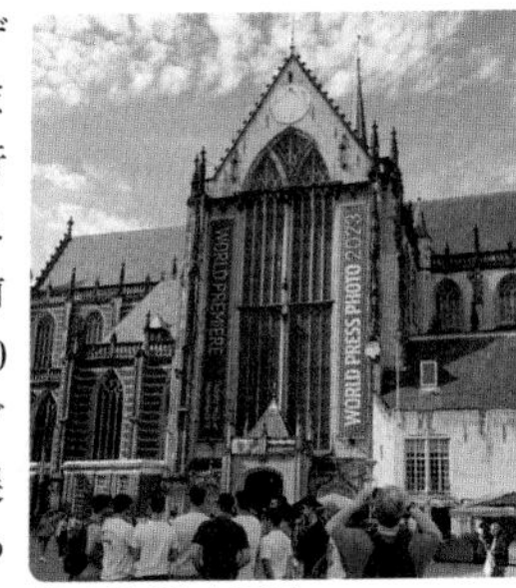

ダム広場に面した新教会

マダム・タッソーろう人形館 Madame Tussaud Scenerama

➡Map 折込2表B2 ➡Map P.56-A2

ロンドンにあるマダム・タッソーのオランダ版。ダム広場のPeek & Cloppenburgというデパートの中にある。ここは、通常なら会うことがかなわないような有名人を身近に感じることができる場所。タッソー夫人が培った技術でていねいに作られた、本物そっくりのろう人形が出迎えてくれる。

レオナルド・デカプリオなどハリウッドのスターたちのほか、エド・シーランやレディ・ガガらミュージシャンやスポーツ選手に王室の面々など、世界中の有名人と記念撮影ができる。

マダム・タッソーろう人形館

アムステルダム博物館 Amsterdam Museum

➡Map 折込2表B2 ➡Map P.56-A2～A3

2023年9月現在、ベギン会院の北側にある、アムステルダム博物館として利用していた建物を大規模改修中。ユトレヒト大学の「ミナエルト」→P.182の設計でも知られるノイトリング・リーダイクの設計事務所が改装を担当している。このため、H'ARTミュージアム→P.71のある建物に一時的に移転している。

改装中の建物は、広い中庭を持ち、17世紀に孤児院だったもの。それ自体がアムステルダムの歴史を感じさせてくれる古いものだ。13世紀から現在までのアムステルダムの歴史に関するさまざまなコレクションが展示されており、アムステルダムがどのように発展してきたかがよくわかる。特別展も興味深いものが多い。

新教会内部

新教会
住Dam
☎020.6268168
開休料催しにより異なる。
時期や催しにより、入場エリアなどを含め異なる。催しはウェブサイトで事前に確認を。
オルガンコンサート
火19:30～20:30 料€10
開催日はウェブサイトで要確認
URL nieuwekerk.nl

マダム・タッソーろう人形館
住Dam 20 ☎020.5221010
開10:00～20:00
上記がスタンダードな開館時間。時間が異なる日もあるのでウェブサイトで要確認。
入場は時間指定制。時間指定がないチケットを持っている場合も時間予約が必要。
料€26～ オンライン購入€23～
URL madametussauds.com

ゲイプライドは大にぎわい！
アムステルダムでも大きな年中行事のひとつ、ゲイプライド。この日はピンクのものを身につけた人々が繰り出し、レインボーの旗もはためいて、町中がお祭り騒ぎになる。週末には運河パレードもあり、あちこちでパーティも開かれる。7月下旬～8月の3日間に渡って開催される予定。
URL amsterdamgaypride.nl

ゲイプライドの日は運河にもたくさんのボートが出る

アムステルダム博物館
➡Map P.56-B3
住Amstel 51（H'ARTミュージアムのある建物内）
☎020.5231822
開10:00～17:00
休一部の祝 料€18
URL amsterdammuseum.nl

ベギン会院
住Gedempte Begijnensloot
☎020.622198
開9:30〜18:00
URL begijnhofkapelamsterdam.nl
※ベギン会院は私有地であり、今もここに住む人々がいることを念頭に、静かに訪れたい。

今も残る木造家屋

ベギン会院 Begijnhof

➲Map 折込2表B2　➲Map P.56-A3

ベギン会に属する独身女性たちのための宿舎として、14世紀に設立された。礼拝堂の建つ中庭は、カルファー通りの喧騒がうそのような静けさだ。礼拝堂の見学もでき、観光客専用の小道を通っていく。いくつかの住居の裏側には、カトリック弾圧の時に建てられた「隠れ教会」もある。

ひっそりとした中庭

ほとんどの家は17世紀から18世紀にかけて建て直されたが、1528年に建てられた木造の家も残っている。アムステルダムにある2軒の木造家屋のうちのひとつだ。

1階はデルフト焼などの陶器を扱う店になっている

ムントタワー Munttoren

➲Map 折込2表B3　➲Map P.56-A3

17世紀にアムステルダムの町が大発展を遂げると、それまでシンゲル沿いに町を取り囲んでいた城壁は取り払われた。その残った塔の上に時計台を付けたのが、このムントタワー。ムントとは貨幣のことで、1672年にフランスがアムステルダムを侵略したとき、この塔の中でお金を造ったことからこう呼ばれている。ムントタワー内部は、一般見学不可。

アムステルダムの治安について

トラム内部にはスリが多い。混雑時は荷物に注意を

マーケットもスリの格好の仕事場なので気をつけて

中央駅周辺、ダム広場周辺での単純犯罪が多い。ひったくり、スリ、置き引きのたぐいで、狙われないようにするのがいちばん。高価な物は身につけず、肩にかけられるかばんをたすきがけにして、上から上着をはおってしまうのがベストだろう。

間違っても、足元や、どこかの机の上にかばんを置いて手を離したりしないこと。最近、靴屋やブティックでちょっと試着する間に、横に置いたかばんを盗られるという例も増えている。また、本や古新聞を見せて注意を引き、もうひとりが反対側からすり取る、というのもある。ひっかからないようにしよう。

いわゆる飾り窓地域（→P.71）は観光名所になっているし、欧米人旅行者などは女性同士でケラケラ笑いながら見ていて実にアッケラカンとしている。しかし、だから安全とはかぎらない。飾り窓にカメラを向けるのは、スマートフォンであっても御法度。撮影をしていたら、中から人が出てきて運河に投げ込まれたという事件もあったようだ。

また、この地域はコーヒーショップと呼ばれるソフトドラッグを扱う店が並ぶエリアでもある。麻薬常習者が多く、危険はつきもの。スリも多発しているので十分な注意が必要だ。こうしたエリアを通るなら、暗くなってからは行かない、周りの状況を把握しながら、気を張って歩く、高級品は身につけないなど、自衛策を考えておくようにしたい。グーグルマップは便利だが、こういったエリアに知らずに入ってしまうこともあるので要注意。

ダム広場東側

ダム広場から、戦没者慰霊塔の南側を通ってダム通りDamstr.に入る。ここから北側、中央駅との間は俗にいう「飾り窓」地帯(→P.71)で、ウインドーの向こうから美女(?)たちが招く所。しかしここはアムステルダム商人の発祥の地ともいわれ、アムステルダムで最も古い地域だ。14世紀から商人たちは運河沿いに店や倉庫を構え、運河に入ってくる船から盛んに荷揚げが行われていた。

最初の運河Oudezijds Voorburgwalに沿って中央駅の方向へ歩いていくと、左側に**旧教会**、その先に**屋根裏部屋の教会**がある。このあたりは「飾り窓」地帯の中心でもあり、スリも多く、いかがわしそうな人たちがいることもあるので、十分気をつけよう。

さらに運河に沿って進み、**聖ニコラース教会**の裏側まで来ると、右側にとんがり屋根のかわいい塔が見えてくる。かつては市壁の一部だった**涙の塔**だ。この塔から東の方角には、オランダの海運の歴史が詰まった**オランダ海洋博物館**と、緑の巨大な建物の**科学博物館NEMO Science Museum**がある。

さて、涙の塔が建っているGeldersekade運河に沿って南に向かうと、**ニューマルクト広場Nieuwmarkt**に出る。広場にある中世のお城のような建物は**計量所**。この広場には、平日でも少し屋台が出ているが、夏期の日曜にはのみの市が開かれる。

広場から、**南教会**を右側に見ながらSt. Antoniesbreestr.を進むと運河に出る。橋の上からは左側に、16世紀の港の見張り台、**モンテルバーンの塔Montelbaanstoren**が見える。橋を渡りすぐ右側にあるのが**レンブラントの家**。この建物があるヨードンブレー通りJodenbreestr.というのは、“ユダヤ人の目抜き通り”という意味。その名のとおり、このあたりはかつてのユダヤ人街で、通りを抜けるとロータリーの向こうに**ユダヤ歴史博物館**がある。

レンブラントの家の南側は、のみの市が開かれる**ワーテルロー広場Waterlooplein**。広場の東側には、ふたつの塔をもつ、1840年に建てられた**モーゼとアーロン教会Mozes en Aäronkerk**がある。今ではミサは行っておらず、若者たちの集会の場になっている。

ライトアップされたマヘレのハネ橋

Amsterdam

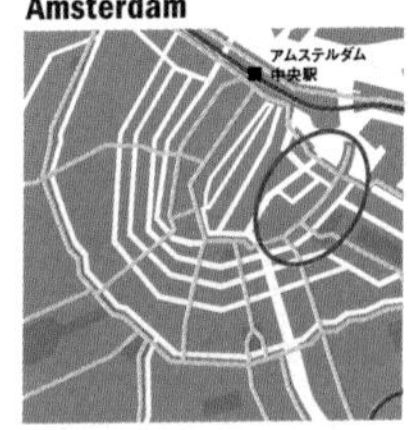

ダム広場東側の歩き方

- 旧教会 P.70
- ↓ 屋根裏部屋の教会 P.70
- ↓ オランダ海洋博物館 P.72
- ↓ 科学博物館 P.72
- ↓ レンブラントの家 P.73
- ↓ H'ARTミュージアム P.71
- ↓ マヘレのハネ橋 P.73

ヴィレット・ホルトハウゼン博物館Huis Willet-Holthuysen

1687年に建てられた個人の邸宅を公開している。1861年から1895年の間ここに住んだ富裕なヴィレット夫妻の家具調度や芸術品を観ることができる。ファン・ローン博物館(→P.78)と同じようなタイプのミュージアム。レンブラント広場近くの運河沿い。

住Herengracht 605
Map 折込2表C3
☎020.5231822
開10:00〜17:00
最終入場16:00
休一部の祝　料€12.50
URL amsterdammuseum.nl
T4、14 Rembrandtplein下車

運河からモンテルバーンの塔を望む

そのすぐ前の円形の建物は**国立オペラ＆バレエNationale Opera & Ballet**。1986年に造られたオペラハウスで、**市庁舎Stadhuis**と棟続きになっている。オランダ語で市庁舎という意味のスタットハウスとオペラハウスとをつなげて、ストペラと呼ばれることも。

この横を流れるのがアムステル川Amstel。運河ばかりのアムステルダムの中で、唯一自然の川だ。ここに架かる"青い橋"ブラウブルグBlauwbrugは、昔は文字どおり青く塗られた木の橋だったが、その後パリのアレクサンドル3世橋を模して造り変えられた。この橋の向こうに、**マヘレのハネ橋Magerebrug**が優雅な姿を見せている。

ブラウブルグを渡り、アムステル通りAmstelstr.を進むと、**レンブラント広場Rembrandtplein**に出る。真ん中には、ベレー帽をかぶってマントをはおったレンブラントの像がある。

レンブラント広場のレンブラントの像

計量所 Waag
もともとは聖アントニウス門St. Antoniespoortという、1488年に造られた市の城壁のひとつ。その後17世紀には、1階は広場で開かれる市場の計量所、2階はさまざまなギルドのために使われるようになった。中にあった階段教室では、外科組合が解剖学の講義をし、画家たちを招いて絵を描かせた。テュルプ博士やダイマン博士の講義の様子を描いたレンブラントの『テュルプ博士の解剖学講義』(→P.144)は、彼の実力をアムステルダムの人々に知らしめた出世作として有名だ。現在はレストラン&カフェIn de Waagとなっている。
➲Map 折込2表C2、P.56-B2
住Nieuwmarkt 4
☎020.4227772
URL indewaag.nl

計量所前で開かれる市をのぞくのも楽しい

おもな見どころ

旧教会 Oudekerk

➲Map 折込2表C2　➲Map P.56-B2

その名のとおりアムステルダム最古の教会で、14世紀初めに建てられた。飾り窓地帯のまさにど真ん中にあるが、一歩教会の中に入ると、外の世界がうそのような静けさに包まれる。

内部の装飾は宗教改革の際にほとんど破壊されてしまったが、ステンドグラスと18世紀のパイプオルガンは有名で、オルガンコンサートが開かれることもある。またこの教会には、オランダからアジアへの海のルートを発見したヤコブ・ファン・ヘームスケレフや今日のオランダ音楽界に多大な影響を与えたとされる作曲家ヤン・ピーテルソーン・スウェーリンクなど、数々の海の英雄や有名人のほか、レンブラントの妻サスキアも葬られている。

歴史を感じさせる旧教会

旧教会
美術展やコンサート会場として活用されている。
住Oudekerksplein 23
☎020.6258284
開10:00～18:00
日13:00～17:30
休王の日、12/25
料€13.50　イベントの準備で一部のみ開館している場合など、料金は変更の可能性あり
URL oudekerk.nl

屋根裏部屋の教会博物館 Museum Ons' Lieve Heer op Solder

➲Map 折込2表C1　➲Map P.56-B2

スペインと独立戦争を戦ったオランダでは、スペインのカトリックに対抗してプロテスタントが力をもち、1579年にはカトリックのミサが禁じられてしまう。そこでできたのが、"屋根裏部屋の教会"と呼ばれる、隠れキリシタンならぬ隠れカトリック教会だ。市内に数ヵ所あったが、ここが現存する唯一のものとして一般公

屋根裏部屋の教会入口

屋根裏部屋の教会
住Oudezijds Voorburgwal 38
☎020.6246604
開10:00～18:00(日 13:00～)
休王の日、12/25　料€16.50
URL www.opsolder.nl
無料オーディオツアーあり(日本語なし)。

開されている。礼拝堂をはじめ、18世紀の部屋がそのまま残され、当時の市民の暮らしを知ることができる。

聖ニコラース教会 Basiliek van de Heilige Nicolaas

➡Map 折込2表C1　➡Map P.56-B1

1887年に建てられたローマン・カトリックの教会。聖ニコラースは船乗りたちの守護聖人だが、子供に優しい聖者としても有名で、サンタクロースの元祖ともいわれる。現在のトルコに当たる所に住んでいた聖者だが、「聖ニコラース到着」のイベントでは、スペインから来ることになっている。

中央駅前から見た聖ニコラース教会

聖ニコラース教会
住Prins Hendrikkade 73
☎020.3307812
開12:00〜15:00
休日(ミサのみで一般入場不可)、各曜日ともミサの時間は見学不可　料無料
URL nicolaas-parochie.nl

H'ARTミュージアム H'Art Museum

➡Map 折込2表C3　➡Map P.56-B3

2023年9月、エルミタージュ美術館アムステルダムからH'ARTミュージアムに生まれ変わった。今後は大英博物館やポンピドゥセンター、スミソニアン・アメリカ美術館などと連携して企画展を開催していく予定。建物は1681年から1683年にかけて建てられた元養護院。同建物にはアムステルダム博物館→P.67、心の博物館/アウトサイダー・アートMuseum van de Geest/Outsider Artも入っており、カフェやミュージアムショップなどもある。

H'ARTミュージアム
住Amstel 51　☎020.5308755
開10:00〜17:00
(1/1と12/26 12:00〜)
チケット販売10:00〜16:30
休王の日、12/25
料€18
アムステルダム博物館€18
心の博物館/アウトサイダー・アート€17.50
3館共通券€32.50
URL hartmuseum.nl

アムステル川沿いに建つ美術館

Column Netherlands

飾り窓地帯のまじめなお話

波止場として栄えたアムステルダム。水夫たち相手の安酒場や売春宿が集中したのが、中央駅から旧教会、ニューマルクトの計量所へ抜ける地区。俗に「飾り窓地帯」や「Red Light District」と呼ばれ、今もポルノショップ、セックスミュージアム、ポルノ映画館、ストリップ劇場、そして飾り窓がひしめいている。運河に沿った静かな町並みにハデな看板。下着姿の女性が窓際に並ぶこの地区は、なんともあやしい雰囲気が漂う。ポルノショップに並ぶ雑誌はどれもノーカットで生々しく、"ヘアヌード"と騒いでいる日本人から見ると、どぎつすぎるくらい。店の看板には日本語の表示もあり、ここを訪れる日本人の多さがうかがえる。

週末は特ににぎわうこの地帯。ドイツなどから飾り窓の女性目当てに男たちが買春に来るのだ。窓辺の女性たちは、下着姿で男たちを誘い、ドアロで交渉して男たちは中に通される。カーテンが閉まっている所は"お取り込み中"ということ。基本料金のほか、各"テクニック"ごとに料金が加算される。英語が不得意で"金持ち"と思われている日本人はボッタクられているのだそうだ。

飾り窓で売春をする多くの女性は個人営業で、各自窓辺の小さな個室を借りているという。金銭的な理由などからアジアや中南米出身の女性が、ここでの職業に従事している現実がある。

オランダでは、2000年10月に飾り窓での売春は合法化された。飾り窓についての情報や歴史は旧教会裏にある売春情報センター(PIC)で知ることができる。なお、ここは売春の斡旋をする所ではない。

この地帯は、市内でも最も危険な場所で、麻薬の売人などが路上で取り引きしたりしている。警察が常時巡回しているが、深夜近くなると犯罪発生率がグンとアップするので注意すること。また、この地区での写真撮影は絶対に避けるべき。特に飾り窓はどこも"No Pictures"と掲示があり写真撮影は厳禁。

アムステルダムはまた、「ゲイ・シティ」としてもうひとつの顔をもつ。ホモ・ゲイスポットも数多く、週末にはマッチョなお兄さんたちのカップルが仲よく手をつないで歩く姿も見られる。　(坂本)

なお、中央駅の南西、Spuistraat北部から西側のシンゲル、ヘーレン運河あたりも小規模ながら飾り窓地帯になっているので、特に夜は治安に注意。

涙の塔 Schreierstoren

➡Map 折込2表C1　➡Map P.56-B1

1480年に建てられたこの塔は当時アムステルダム港の突端にあり、これから危険な航海に出る男たちを見送って女たちが涙を流した場所といわれている。ニューヨークを発見したヘンリー・ハドソンも、1609年にこの塔から旅立っており、彼の偉業をたたえる碑文がはめ込まれている。ちなみにニューヨークのハドソン川は、彼の名前に由来している。1階はカフェCafé de Schreierstoren。

いくつもの別れを見てきた涙の塔

Café de Schreierstoren
住Prins Hendrikkade 95
☎020.4288291
URL schreierstoren.nl

オランダ海洋博物館 Het Scheepvaartmuseum

➡Map P.55-C2

1655年に造られた海軍補給庁の建物が博物館として使われており、500年にわたるオランダの海での歴史をシミュレーションできる。船の模型、地図などが展示され、一時は世界の海を制覇した、オランダの輝かしい海運の歴史を物語っている。停泊するアムステルダム号のレプリカVOC ship Amsterdamでは、17〜18世期の船上での生活や東インド会社の歴史などを知ることができる。

オランダ海洋博物館
住Kattenburgerplein 1
☎020.5232222
開10:00〜17:00
休1/1、王の日、12/25
料€17.50　現金不可
URL hetscheepvaartmuseum.nl
B22 Kadijksplein/Scheepvaartmuseum下車
無料オーディオツアーあり、所要約1時間、日本語あり。
中央駅から徒歩20分ほど。

科学博物館 NEMO Science Museum

➡Map P.55-C2

船のフォルムをモチーフにした緑の巨大な建物は、関西国際空港のデザインを手がけたイタリア人レンゾ・ピアノ氏のデザインで、「科学の不思議」を体験しながら学ぶことを目的に設置された博物館。大きなシャボン玉を作ったり、色や音の秘密を探ったり、といったアトラクションは定期的に変更されるが、どれも触れたり、聞いたりしながら実際に実験できるので子供にも大人気。

屋根の上には、オープンエアの展示Energetica、大きなテラス、レストランがあり、アムステルダムの町を一望することもできる。

斬新な外観のNEMO

科学博物館
住Oosterdok 2
☎020.5313233
開10:00〜17:30　休月(4〜9月と祝、学校休暇中などを除く。ウェブサイトで要確認)
料€17.50 時間指定制チケット
B22 Kadijksplein下車
URL nemosciencemuseum.nl
アムステルダム中央駅から南東へ徒歩約15分。
屋根の上は一般に開放されており、月曜もオープンしているが、天候不良の日やイベントなどで立ち入り不可になることもある。1/1と王の日は入場不可。

大人も子供も楽しめる

南教会 Zuiderkerk

➡Map 折込2表C2　➡Map P.56-B2

端正な塔には1614という年号が刻まれているが、教会そのものは1611年に完成した、アムステルダム最初のプロテスタントの教会だ。当時、随一の建築家で彫刻家でもあったヘンドリック・ケイセルの作。すぐ近くに住んでいたレンブラントも、

南教会

南教会
教会内部はギャラリー、コンサート、パーティなどのイベント会場として使われており、一般見学不可。
住Zuiderkerkhof 72
☎020.3080399
URL zuiderkerkamsterdam.nl

この教会の塔がハネ橋の向こうにのぞく美しい絵を残している。また、現在国立美術館に展示されている『夜警』は、この教会の中で描かれたといわれている。

レンブラントの家 Museum Het Rembrandthuis

➲Map 折込2表C3　➲Map P.56-B3

レンブラントが、1639年の33歳のときから、20年後に破産して人に売り渡すまで住んでいた所。建物自体は1606年に建てられたもので、内部はレンブラントが住んでいた当時のように再現されている。棟続きの新館で、250点を超えるレンブラントのエッチングやスケッチの数々や、エッチングの機械などが展示されている。あまり知られていないレンブラントのエッチング画家としての一面がうかがい知れて、興味深い。

レンブラントを知るには、ぜひ訪れたい

レンブラントの家
住Jodenbreestr. 4
☎020.5200400
開10:00～18:00（1/1 11:00～、12/24・31 ～17:00）
休王の日、12/25
料€17.50
URL rembrandthuis.nl
M Waterlooplein駅で下車後、Hoogstr. 出口へ出る。
T 14 Waterlooplein下車
レンブラントの一生や時代背景などを知ることができるオーディオガイド込み（日本語あり）。

絵を描いたスタジオや寝室、たくさんのコレクションが置かれた部屋などもある

ユダヤ歴史博物館 Joods Historisch Museum

➲Map 折込2表C3

17世紀から18世紀にかけて建てられた4つのシナゴーグ（ユダヤ教会）内に、ユダヤ人の宗教や歴史、生活に関する資料が展示されている。博物館の前にある港湾労働者の像は、1941年2月にアムステルダムの港湾労働者たちがナチスのユダヤ人狩りに抗議して行った24時間ストを記念して作られたもので、今でもストの記念日やドイツからオランダが解放された5月の解放記念日には、たくさんの花輪がささげられている。

ユダヤとオランダの関係がわかる博物館

ユダヤ歴史博物館
住Nieuwe Amstelstraat 1
☎020.5310310
開10:00～17:00（1/1 12:00～、12/5・24・25・31～16:00）
施設内にあるポルトガル・シナゴーグPortuguese Synagogueの開館時間は異なるので要確認。
休王の日、9/16・17・25（'23）
料€15　オンライン割引あり
ポルトガル・シナゴーグなどとの共通券。2024年には国立ホロコースト博物館なども開館し入場できるようになる予定。
URL jck.nl
M Waterlooplein駅下車
Nieuwe Amstelstraat出口

マヘレのハネ橋 Magerebrug

➲Map 折込2表C3

ゴッホが描いた『アルルのハネ橋』を思い起こさせるこの橋は、アムステルダムに残る木製のハネ橋のひとつ。夜になるとロマンティックなライトがともり、昼間とは違った幻想的な姿を見せてくれる。

木製のマヘレのハネ橋

クリスマス時期にはライトショーもある

美術史を歩く

アムステルダム

レンブラントと自画像

Netherlands
Amsterdam

No. 1

Rembrandt Harmenszoon van Rijn

AD 1300 1400 1500 1600 1700 1800 1900 2000

自己を客体化する伝統が欠如していたためであろうか、日本の美術において画家自身の肖像画、すなわち、自画像が描かれることは稀であった。しかし、これとは対照的に、ヨーロッパの美術においては少なからぬ自画像が制作され、他人を描いた通常の意味での肖像画とはまた異なる独自のジャンルを形成している。

古代、中世における自画像の作例はまず無いといっていいように思われる。中世末期になり、個々の人間に対する尊厳という概念が生まれ、他方、造形芸術が単なる手先の業ではなく、人文主義の中心を占める知的営為のひとつであるとする画家たちの強い意識を背景として、徐々に自画像というものは描かれるようになっていく。ルネサンス以降のほとんどの著名な画家は、何らかの形で自分の肖像画を残しているといっても過言ではないが、しかし、大画面の群衆のひとりに自分の似姿を描いたのではなく、作品の中心的主題として自画像を手掛けた画家はそれほど多いわけではない。ドイツ・ルネサンスを代表する画家アルブレヒト・デューラーも繰り返し自画像を描いた人物として知られているが、やはりこの分野を代表する画家としては、レンブラントとゴッホというふたりのオランダの画家を指摘しなければならないだろう。とりわけ、レンブラントはその生涯にわたって繰り返し自画像を描いた画家として、西洋美術史のなかでも際だった存在となっている。

レンブラントの自画像（部分）

おそらく、画家の自画像を注文する依頼主はいないであろうから、どのような意図があったのかはともかくとして、レンブラントは自分の顔を自発的に、いわば日記をつけるように画面に写しとったものと思われる。油彩画、素描、版画と様々な分野で100点近くもの自画像を残したことは、レンブラントがけっして自分を特定の類型において描こうとはしなかったことを物語っている。そこには野心に満ちた若者から失意のどん底にいる老人まで、その時々のレンブラントの顔が登場する。これほど過酷な自己分析は、レンブラントの自画像が単なる肖像画の習練とか相貌の研究というものではなく、深く自らの内面を視覚化しようとした強靱な意志から生まれたものであることを示しているように思われる。

ゴッホのもっとも敬愛した画家はレンブラントであったといわれている。もちろん、同じオランダの画家ということもあったであろう。しかし、やはり、40点にも及ぶ自画像を描いたゴッホだからこそ、内面の視覚化に心を砕いたレンブラントに深く共鳴したのではなかったのだろうか。

アムステルダムの国立美術館やデン・ハーグのマウリッツハイス美術館には、レンブラントの自画像が何点か所蔵されている。同じアムステルダムのレンブラントの家ではエッチングによる自画像も見ることができる。現実主義といわれるオランダ人気質と自画像は相いれぬ印象を与えるかもしれない。とはいえ、アムステルダムのゴッホ美術館にはゴッホの自画像も展示されている。アムステルダムは自画像の町でもある。

text 幸福 輝

ダム広場西側

王宮の裏側から西へ延びるラードハウス通りRaadhuisstr.に沿って歩いていくと、運河を次々と越えることになる。

ヘーレン運河とカイゼル運河の間の南側にはオランダでは珍しいアールヌーヴォースタイルの**ショッピングアーケード**(→Map折込2表A・B2)がある。1899年に保険会社によって造られたものだ。この南側の**9ストラーチェスDe negen straatjes**(9つの小さな通り→P.45、95。Map折込2表A2)と呼ばれるエリアには、小さな路面店があちこちにあり、おしゃれなショップやチーズの店、カフェが点在している。

このあたりから、アムステルダム随一の高さを誇る**西教会**の塔が見えてくる。教会に沿ってプリンセン運河を北へ行くと、右側に『アンネの日記』で有名な**アンネ・フランクの家**がある。また、ボートでの生活を再現したプリンセン運河の**ハウスボート・ミュージアム**も興味深い。

プリンセン運河ともうひとつ外側のシンゲル運河の間には、小さな家がぎっしり並んだ**ヨルダン地区JORDAAN**がある。17世紀、お金持ちは運河沿いに住み、貧乏人はヨルダンに住んだ。いわばアムステルダムの下町だ。レンブラントも晩年はこの中のバラ運河通りに住んでいた。東京の下町に負けず劣らず、人情深く、陽気で働き者の、お祭り騒ぎも大好きなアムスっ子たちが住んでいる。こんな土地柄を愛した芸術家が好んでアトリエを構えたり、町角には、商売を度外視して個人的趣味を押し通しているとしか思えない変わったおもしろい店がある。散歩するのに楽しい地区だ。

アールヌーヴォー様式のショッピングアーケード

ヨルダン地区、北教会のマーケット

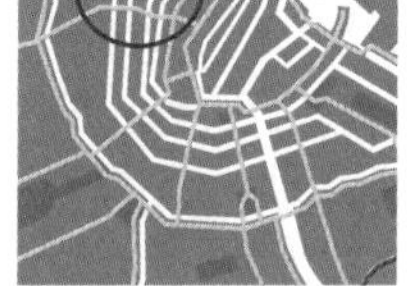

ダム広場西側の歩き方

ヨルダン地区
「ヨルダン」というのはフランス語の「ジャルダン(庭)」がなまったものといわれ、通りの名前も、ユリ通り、バラ通り、菩提樹通りなど、花や樹木の名前がついている。毎年9月には「ヨルダン祭り」があり、いっそうにぎやかになる。

北教会前のノーデルマルクト Noordermarkt
北教会の前で月曜と土曜にマーケットが開催される。日程が合えば、アンネ・フランクの家や西教会に行く前に訪れるのもいい。北教会の隣にあるウィンケル43 Winkel 43はアップルタルトがおいしいことで有名なカフェ。
ノーデルマルクト→P.100

おもな見どころ

西教会 Westerkerk

➡Map 折込2表A2

西教会の塔は85m、アムステルダム随一の高さを誇る。教会ができた17世紀の技術では、アムステルダムの軟らかな地盤の上に建てることができた一番高い塔だった。塔のてっぺんに付いている王冠は、15世紀末にこの地方を

近くの運河で足こぎボートにも乗れる

西教会
住Prinsengracht 279
☎020.6247766
開月～土11:00～15:00
日曜はミサのみ10:30～
休日(一般観光は不可)、9/26～28と10/19～21('23)、イベント開催時など 料無料
URL westerkerk.nl
T13、17 Westermarkt下車
塔は改修中のため入場不可。パイプオルガンや室内楽のコンサートが催されることもある。オルガンのランチコンサートは、通常水曜13:00～。

✉ アンネ・フランクの家
当日券はなく、公式サイトから1ヵ月前に購入しました。予約時間厳守のため、20分前に列に並びました。オーディオガイドは日本語設定のものがあり、全員に無料で配布されます。その後、列に並んで、家の中のコースを巡って見学をします。私語をする人はほとんどいませんでした。悲しい気持ちになりましたが、歴史的にとても重要な場所ですので、アムステルダムに行く際は見学することをおすすめします。
（りん　'23）

支配していたオーストリア皇帝、マクシミリアン1世を記念したもの。時計の下には大小47個のカリヨンが取りつけられている。質素な造りのプロテスタント教会だが、レンブラントは1669年にこの教会の共同墓地に葬られ、教会の中には「ここにレンブラント眠る」と書かれた盾がある。ベアトリックス前女王が結婚式を挙げたのもこの教会だ。

西教会前にはアンネの像も立つ

アンネ・フランクの家 Anne Frankhuis

➲Map 折込2表A1

中立を宣言していたオランダにドイツ軍が侵攻してきたのが1940年。フランクフルトから逃げてきていたアンネ・フランク一家は、1944年にゲシュタポに発見されアウシュビッツの強制収容所に送られるまでの2年間を、この隠れ家で暮らした。一家が住んでいた裏側の建物に通じる回転式本棚や、アンネが日記を書き続けた部屋、ペーターと過ごした屋根裏部屋などが、再現ではなくそのまま保存され、戦争の悲惨さと狂気があらためて実感として迫ってくる。現在はアンネ・フランク財団が所有し、ユダヤ人のみならず、すべての人種差別に反対する運動をしている。

アンネ・フランクの家
住Westermarkt 20
☎020.5567105
開9:00～22:00（1/1 12:00～、4/27・5/4・12/25・31～17:00）
休9/25（'23）
料€16
オーディオガイド込み（日本語あり）
チケットは日時指定制のオンライン予約販売のみ。6週間前から予約開始。早めに空き状況の確認をしておきたい。
URL annefrank.org
T 13、17 Westermarkt下車

アンネの家。入口は右手の新館側

回転式本棚（左）の後ろには抜け道の階段（右）が　模型で隠れ家となった家の仕組みがわかる

ハウスボート・ミュージアム Woonboot Museum

➲Map 折込2表A2

アムステルダムの運河には、ひしめくようにボートが係留されている。この多くはハウスボートとして、実際に人々が生活しているのだ。住宅難のために市は家賃に相当する係留料を徴収する代わりに、人々がボートを持ち込んで生活することを認めている。外観からは想像できないが、ボートの内部には家具やキッチンもあり、一般の住宅と変わりない。水辺の生活は優雅なものだが、夏は蚊に悩まされるらしい。ここでは、実際のリビングボートの中を見学しながら、ビデオやスライドでオランダのハウスボートの歴史を知ることができる。

ハウスボート・ミュージアム内部

ハウスボート・ミュージアム
住Prinsengracht 296K
☎020.4270750
開10:00～17:00
イースターマンデー、聖霊降臨祭の開館時間は要確認
休11～2月の月～水と3～10月の月（イースターマンデー、聖霊降臨祭翌日を除く）、1/1、1/9～26（'23）、王の日、8/1、12/25・26
料€5
URL houseboatmuseum.nl
T 13、17 Westermarkt下車

運河に浮かぶハウスボート・ミュージアム

ムント広場からライツェ広場へ

ムント広場からファイゼル通りVijzelstr.を歩くと、ヘーレン運河、カイゼル運河、プリンセン運河を渡ることになるが、このあたりは観光地というよりも、ここで生活している普通のアムスっ子とすれちがうような町の一角だ。ヘーレン運河沿いには猫の彫刻や絵画などを集めた**カッテンカビネット**のほか、カイゼル運河沿いにはかつてのお金持ちのカナルハウス(運河に面した間口の狭いアムステルダム特有の家)の典型を見せてくれる**ファン・ローン博物館**、カナルハウスを改装した**Foam写真美術館**もある。この3つは博物館らしくない普通の家にあるので、ちょっとこの地区の家に用向きがあって立ち寄った気分になれる。

さらにシンゲル運河を渡ると、正面にあるのが**ハイネケン・エクスペリエンス**。運河沿いに北西に5分ほど歩くと、左側にネオゴシック風のたたずまいが美しい**国立美術館**が見えてくる。国立美術館下の通りを抜けるとミュージアム広場**Museumplein**だ。広々とした気持ちのよい広場で、冬期はスケートリンクができることもある。広場に沿って、**ゴッホ美術館**と**市立美術館**も並んでいる。

市立美術館の南、国立美術館とミュージアム広場を挟んで向き合っているのが、世界的に有名なコンサートホールの**コンセルトヘボウConcertgebouw**。このあたりはアムステルダムの中でも最も落ち着いたたたずまいをもつ地域だ。ミュージアム広場に並行して、パウロ・ポッター通りPaulus Potterstr.から2番目が、**ペー・セー・ホーフト通りP.C. Hooftstr.**。庶民的なアムステルダムの中心街とはちょっと違う、気取ったブティックが並ぶ高級ショッピング街だ。

さて、シンゲル運河沿いの道に戻りさらに西に進むと、公園の入口がある。17世紀の詩人、ヨースト・ファン・フォンデルの名を取った、**フォンデル公園Vondelpark**だ。入口は小さいが奥が深く、48haほどの公園の中には池や野外劇場もあり、夏は無料でダンスやコンサートが楽しめる。その少し先でもう一度シンゲル運河を渡ると、レストランや劇場が集まる**ライツェ広場**に出る。

アムステルダムが誇るホール、コンセルトヘボウ

Amsterdam

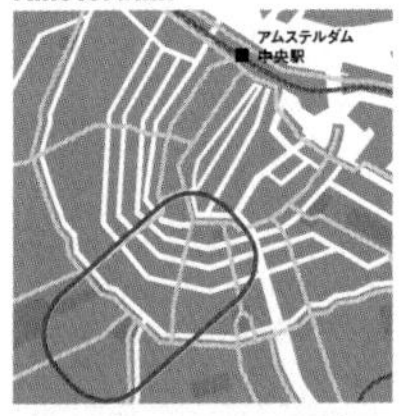

ムント広場～ライツェ広場の歩き方

ムントタワー P.68
↓
カッテンカビネット P.78
↓
ファン・ローン博物館 P.78
↓
ハイネケン・エクスペリエンス P.78
↓
国立美術館 P.79
↓
ゴッホ美術館 P.82
↓
ライツェ広場 P.84

世界遺産

17世紀に建設されたアムステルダム・シンゲルの運河網
Seventeenth-century canal ring area of Amsterdam inside the Singelgracht
文化遺産 / 2010年

✉ 国立美術館のおみやげ

子連れで行ってきました。事前にオフィシャルサイトから朝一番のチケットを購入して行ったので、名画をゆっくり観覧することができました。オランダらしく、とてもお洒落でかわいいグッズがたくさん売っていて、ミッフィーと『牛乳を注ぐ女』のコラボ作品のぬいぐるみなど、ここでしか販売してないオリジナルグッズもありました。(りん '23)

コンセルトヘボウのメインホール

人気が高いコンセルトヘボウの無料ランチタイムコンサート

9～6月の水曜12:30開演、20分前に開場予定(変更もあるので要確認)。メインホールでの演奏の場合はチケット不要だが、リサイタル・ホールは人数制限があるのでオンラインでチケットを購入しておくこと。コンサートは無料だがチケット手数料€2.50。
URL concertgebouw.nl/en/lunchtime-concerts

おもな見どころ

カッテンカビネット Kattenkabinet

➡Map 折込2表B3　➡Map P.56-A3

ヘーレン運河に面したカナルハウスの中にある小さな博物館で、猫の彫刻、絵画、ポスター、絵はがき、猫足のキャビネットなど、猫好きにはたまらないキャットランドだ。本物の猫が昼寝をしていることも。中国の毛筆による猫の絵や猫の図案も展示されている。

カッテンカビネット
住Herengracht 497
☎020.6269040
開12:00～17:00(土・日12:00～)
休月、1/1、王の日、12/25
料€10(オンライン購入)
URLkattenkabinet.nl
T2、11、12 Koningsplein下車

猫のマークが目印

Foam写真美術館 Foam

➡Map 折込2表B3

批判的かつオープンなアプローチで企画された展覧会をいくつか開催している。幅広い視野の刺激的な写真を堪能できる。現代アート好きなら気に入るはず。カフェやショップもある。

静かな空間も魅力的

Foam写真美術館
住Keizersgracht 609
☎020.5516500
開10:00～18:00
(木・金 ～21:00)
休1/1、王の日、12/25　料€15
URLfoam.org
T4 Keizergracht、24 Muntplein下車

ファン・ローン博物館 Museum van Loon

➡Map 折込2表B4

カイゼル運河沿いのカナルハウスの典型で、1672年に建てられ、17世紀の東インド会社設立に深く関わりのあるファン・ローン家が1884年に買い取り、1945年まで暮らしていたもの。カナルハウスとは「運河沿いの家」という意味で、運河が掘られた17世紀以来、運河に面している家は高級住宅であることが多い。

うっかり見過ごしてしまいそうな小さな間口の家だが、中に入ると別世界。3階まで吹き抜けの廊下には豪華なシャンデリアが下がり、各部屋にはファン・ローン家の家族の肖像画や中国や日本から来たのであろう陶器が飾られている。すぐにも熱いスープが出てきそうな食卓の再現が印象的。中庭はバラ園になっており、庭を挟んで向かいには馬車小屋もある。

ファン・ローン博物館
住Keizersgracht 672
☎020.6245255
開10:00～17:00
(1/1・12/24～15:00)
休王の日、12/25・31
料€13.50　現金不可
URLmuseumvanloon.nl
T4 Keizergracht、24 Muntplein下車
中庭のカフェではアップルパイや紅茶、コーヒーで休憩できる。

優雅な内装の部屋や庭園が印象的

ハイネケン・エクスペリエンス Heineken Experience

➡Map 折込2表B5

200を超えるブランドがあるビール王国オランダで、圧倒的シェアを誇るのが、日本でもおなじみのハイネケン。1988年まで実際にハイネケンのビール工場として使われていた建物が、ビール博物館として公開されている。ビールの歴史、ビールについての最新機器を使った展示がメイン。ほかにも、クイズや体験型のアトラクションなどがあり、けっこう楽しめる。半分はハイネケンの宣伝という感じもするが、見学者のお目当ては何といっても、ビールが飲めること。飲み放題ではないが、ハイネケンビールをひとり2杯まで飲むことができる。

ハイネケン・エクスペリエンス
住Stadhouderskade 78
☎020.7215300
開10:30～19:30(金・土～21:00)　最終入場は閉館2時間15分前　所要約1時間30分
休無休　料€23　眺めがいい屋上テラス入場込み€27.50
URLheineken.com
T4、24 Marie Heinekenplein下車

各自自分のペースで巡っていく

国立美術館 Rijksmuseum

➲Map 折込2表A4　➲Map P.57-B2

1885年に開館したオランダ最大のミュージアム。設計者は中央駅と同じペトルス・カイパース。純粋にミュージアムのみの目的で建てられたヨーロッパ最初の建物であり、その建築物の美しさにも定評がある。グレートホールをはじめ、壁や天井など、随所に描かれた装飾画やステンドグラスが見事。カイパース・ライブラリーと呼ばれる古い図書館も一見の価値あり。

中世、ルネッサンスから20世紀まで、絵画や工芸品などが時代ごとに展示されている。もちろん豊富なオランダ絵画のコレクションでも有名で、オランダ絵画の黄金期ともいえる17世紀の作品がひとつのフロアに集められている。時間がないという人は、この階から見学するのもいいかもしれない。必見なのは、何といってもレンブラントの『夜警 Nachtwacht』。2019年7月より、特別なガラスの部屋で修復が行われているが、ガラスの部屋は館内に造られているので、修復中の作業も含めて見学可能。壁一面ほどの大きな作品なので、ぜひ実物をじっくりと味わってほしい。ほかにもフェルメールの『牛乳を注ぐ女 De Keukenmeid』、フランス・ハルス、ヤン・ステーンなど見逃せない作品が多い。

美しいドールハウス、豪奢な銀製品、デルフト焼の骨董、家具、ジュエリー、楽器、18〜19世紀のオランダ絵画なども興味深い。別館のアジアン・パビリオンには日本を含むアジアの工芸品などもある。

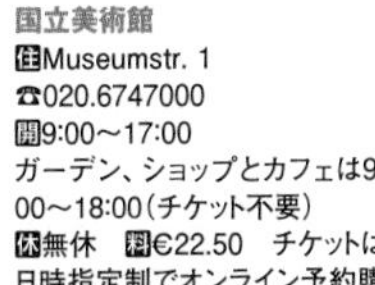

国立美術館
住Museumstr. 1
☎020.6747000
開9:00〜17:00
ガーデン、ショップとカフェは9:00〜18:00（チケット不要）
休無休　料€22.50　チケットは日時指定制でオンライン予約購入のみ。ミュージアムカードやアイ・アムステルダム・シティ・カードでも日時指定予約は必要。
URL rijksmuseum.nl
T 2、5、12 Museumplein下車
1、7、19 Rijksmuseum下車
※展示内容などは変更される可能性あり。現地で確認を。
マルチメディアガイドのレンタル€5。同じ内容のものを事前に自分のスマートフォンなどにダウンロードしておくことも可能（要イヤホンかヘッドホン）、日本語あり。
大きめの手荷物は預ける必要がある（スーツケースなどの大型荷物は預け入れ不可）。

ライクスRIJKS
ミュージアム敷地内フィリップスウィングにある、ミシュランの1つ星を獲得したレストラン。オンライン予約も可能。
URL www.rijksrestaurant.nl

運河側からの国立美術館

上：レンブラント『夜警』。修復中はガラス越しの見学となる
フェルメールの『恋文』（右上）と『青衣の女』（右下）©Rijksmuseum

フェルメールの『小路』©Rijksmuseum

2013年の再オープンにあたって館内の装飾も見事に修復された

チケット売り場やインフォメーションがある0階

国立美術館

※展示内容、絵画の位置など変更の可能性あり。

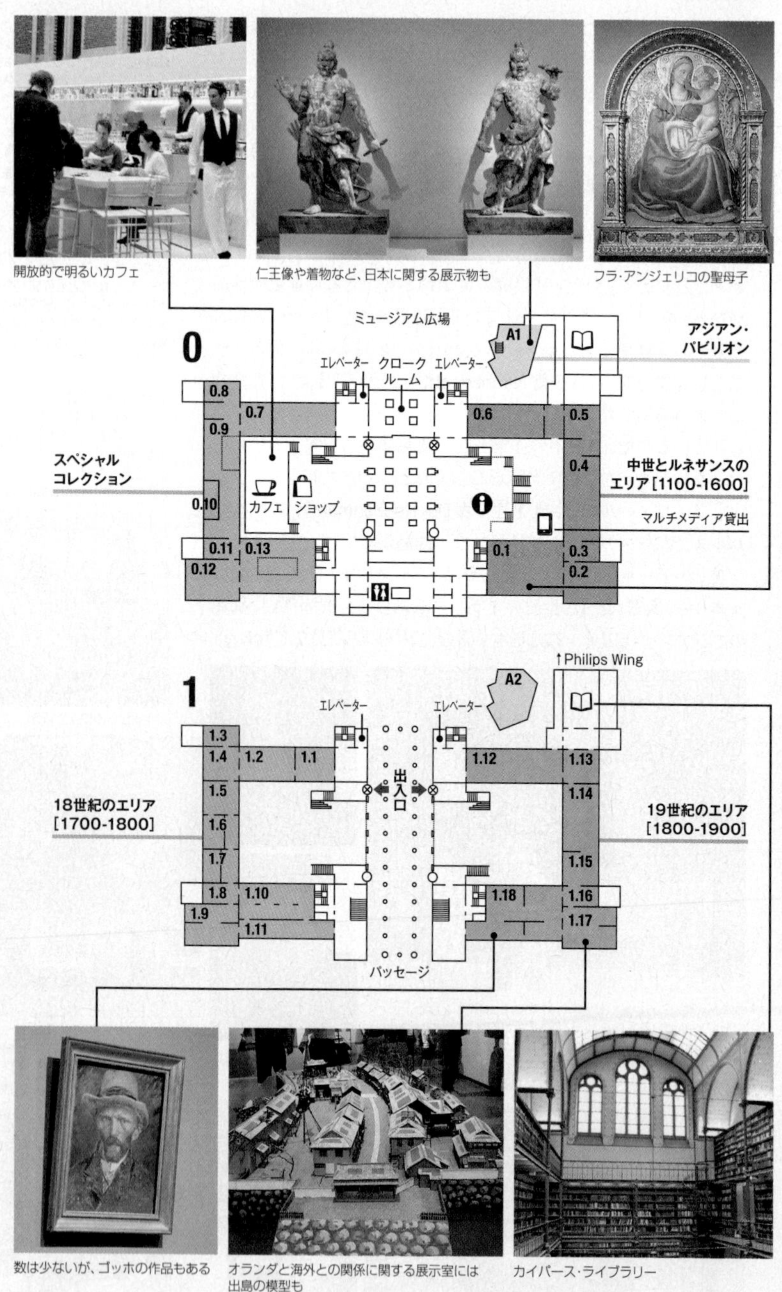

開放的で明るいカフェ

仁王像や着物など、日本に関する展示物も

フラ・アンジェリコの聖母子

数は少ないが、ゴッホの作品もある

オランダと海外との関係に関する展示室には出島の模型も

カイパース・ライブラリー

レンブラント『夜警』©Rijksmuseum

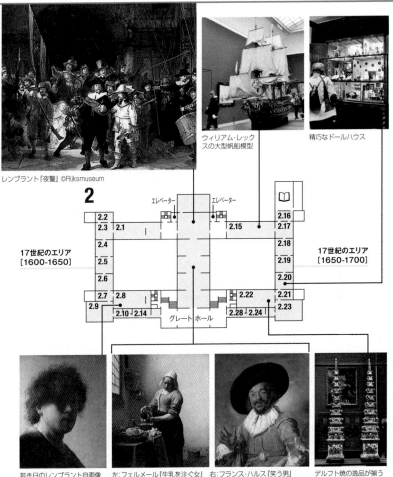

ウィリアム・レックスの大型帆船模型

精巧なドールハウス

2

エレベーター
エレベーター
2.2
2.3 2.1
2.15
2.16
2.17
2.4
2.18
17世紀のエリア
[1600-1650]
2.5
2.19
17世紀のエリア
[1650-1700]
2.6
2.20
2.7 2.8
2.22
2.21
2.9
2.23
2.10 - 2.14
2.28 - 2.24
グレート ホール

若き日のレンブラント自画像 ©Rijksmuseum

左:フェルメール『牛乳を注ぐ女』 右:フランス・ハルス『笑う男』
「名誉の間」と呼ばれるホールには、レンブラント、フェルメール、ヤン・ステーン、フランス・ハルスらの名画が並ぶ ©Rijksmuseum

デルフト焼の逸品が揃う

3

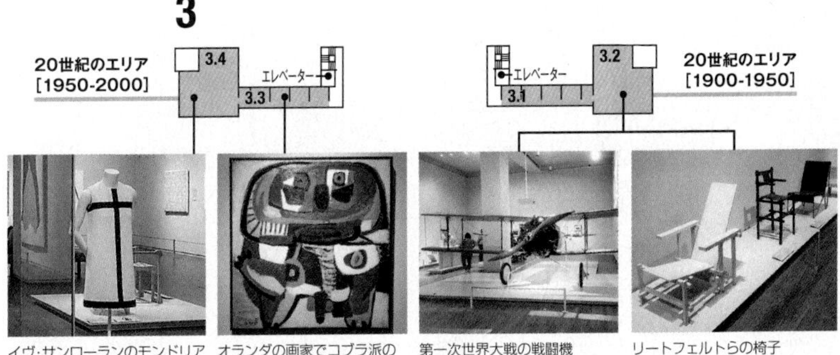

イヴ・サンローランのモンドリアンドレス

オランダの画家でコブラ派のカレル・アペルの作品

第一次世界大戦の戦闘機 FK 23 バンタム

リートフェルトらの椅子

ゴッホ美術館
住Museumplein 6
☎020.5705200
開9:00～18:00
(1/1、1/8～16、2/26～29、10/7～10、11/4～12/20、12/24～26・31は～17:00。3/22～10/6、10/11～12/20、12/27の金曜のみ、一部を除き～21:00)
上記は2024年のもの。ウェブサイトで要確認。 休無休
料€22　マルチメディアガイド(日本語あり)€3.50
日時指定制のオンライン予約購入のみ。特別展開催時やハイシーズンなどは混み合うため早めの予約が望ましい。ミュージアムカードでも時間指定予約は必要。アイ・アムステルダム・シティ・カードは使用できない('23)。スーツケースなど大型荷物は預け入れ、持ち込み不可。
URLvangoghmuseum.nl
T2、5、12 Museumplein下車
入口はミュージアム広場の新館にある。
※展示内容、絵画は変更あり。現地で確認を。

炎の画家ゴッホの軌跡を追う
→P.14

ミュージアム広場にある
黒川紀章設計の新館が入口

ゴッホ美術館 Van Gogh Museum

➲Map 折込2表A4　➲Map P.57-A3

国立美術館とともに、アムステルダムまで来たからには見逃せないのがこのゴッホ美術館。ゴッホをはじめ、ゴーギャン、ロートレックといった、ゴッホに影響を与えた同時代の画家の絵画や素描が展示されている。これらの作品は、弟テオの遺族によって管理されていたが、ゴッホの作品が分散することなくひとつの美術館で一般公開されることを望んだ遺族の希望により、1973年に開館した。美術館に所蔵されているのは、ゴッホの作品だけでも油絵200点、素描550点余りというから、個人の美術館としていかに充実したものであるかが想像できる。設計は、1900年代の美術運動デ・スタイル派の代表格リートフェルト。油絵のほかにもスケッチや版画、ゴッホ自身が影響を受けて収集していた浮世絵、手紙魔だったゴッホ自筆の手紙やスケッチ付きのはがきなどの展示もあり興味深い。

中央が吹き抜けになった館内には、ゴッホのオランダ時代からアルルやサン・レミなどフランス時代の作品まで年代を追って展示されているので、その移り変わりがよくわかる。

注目すべき作品は以下のとおり。まずはオランダ時代に描かれた暗いトーンの『馬鈴薯を食べる人々』。数々の自画像も見逃せない。なかでもキャンバスに向かう自画像は、半逆光で憂いをたたえた表情が画家の苦悩を見せている。アルル時代の作品は明るく力強い筆致の作品。『黄色い家』『寝室』『ひまわり』などの名作が並ぶ。オーヴェルで描かれた『カラスのいる麦畑』は最晩年の作品で、不安を感じさせる激しいタッチで描かれている。

左：最高傑作のひとつといわれる『ひまわり』
右：弟テオの息子の誕生祝いとして描かれたという『花咲くアーモンド』日本文化の影響を感じさせる構成になっている
©Van Gogh Museum, Amsterdam(Vincent van Gogh Foundation)

最晩年の作品とされる『カラスのいる麦畑』
©Van Gogh Museum, Amsterdam(Vincent van Gogh Foundation)

手紙魔だったゴッホは手紙にスケッチを添えて送ることもあった

美術史を歩く

ゴッホと浮世絵

Netherlands Amsterdam

No. 2

Vincent van Gogh

AD 1300 1400 1500 1600 1700 1800 1900 2000

アムステルダムにあるゴッホ美術館を訪れるならば、そこに数多くのゴッホの作品とともに、ゴッホ自身の手によって収集された相当数の浮世絵が展示されていることに気づくに違いない。

19世紀の後半、ロンドンやパリを中心に日本美術が強い関心の対象になったことは広く知られている。ジャポニズムと呼ばれるこの運動においてもっとも重要な役割を果たしたのは、いうまでもなく浮世絵であった。写真が出現する19世紀以前において、形の伝播、モティーフの交流にもっとも影響力をもったのは、複数性を特性とする版画であった。そのような観点に立つならば、浮世絵を媒体として日本美術がヨーロッパへ伝えられたことも、版画による異なる美術様式の交流というひとつのエピソードにとどまるものかもしれない。しかし、例えば、いかにデューラーの版画が全ヨーロッパ的な影響力をもったとしても、それは基本的には同じヨーロッパの土壌の中で生じた語彙の変化に過ぎなかった。これに対し、ジャポニズムの場合は日本という全く異なる伝統をもつ美術の登場であっただけに、同じ版画の影響といっても、浮世絵と19世紀のヨーロッパ絵画の場合は、他とは大きく異なった性格を帯びることになったのである。

浮世絵の模写

すでにオランダ時代、浮世絵に親しんではいたが、ゴッホが本当の意味で浮世絵に熱中するのは、1886年、パリに出て、ゴーギャン、ロートレック、ピサロたちと交友を深めるようになってからである。それまで単なる好奇心の対象でしかなかった日本の美術は、ゴッホにとって急速に重要な意味をもつようになる。それは、まず広重などの浮世絵の模写という形で、次いで、『タンギー親爺の肖像』(パリ、ロダン美術館)のように画中画として浮世絵を画面背景の装飾として使用することであらわれた。

1888年、パリを離れアルルへ赴いて以後、ゴッホの作品から浮世絵は姿を消す。けれども、画面上から消えた浮世絵はゴッホの心の中からも消えたわけではなかった。ゴッホが残した厖大な書簡集をひもとくならば、アルル時代のゴッホが繰り返し日本への憧憬を語っていることで理解される。南仏を「日本のように美しい」と形容するゴッホに、我々は戸惑うばかりであるが、とはいえ、この時期のゴッホの作品にみられる大胆な俯瞰構図、平面的色彩構成などには浮世絵との何らかの関係を読みとることが可能なのかもしれない。

しかし、パリ時代のように浮世絵の模写という直接的な関係が認められないだけに、アルル時代のゴッホの作品と浮世絵とをやみくもに結び付けることには大きな危険も伴う。ゴッホが日本をひとつのアルカディアと見なしていたことは確実であろう。しかし、ゴッホが日本の美術に対して、あるいは、日本という国に対してどれだけ具体的な知見をもっていたかという点になると、大いに疑問が残る。事実、ゴーギャンとの共同生活に破れ、アルルを離れてからのゴッホの書簡に、日本という言葉はほとんど出てこないのである。ともあれ、ゴッホ美術館に所蔵されているあまり質の高いとはいえぬ浮世絵は、この画家と日本との特殊な関係を明瞭な形で示している。

text 幸福 輝

市立美術館
住Museumplein 10
☎020.5732911
開10:00～18:00
最終入場17:45
休無休　料€22.50
URLstedelijk.nl
T2、5、12 Museumplein下車
ユニークなデザインの雑貨や小物などが並ぶショップをのぞくのも楽しい（ショップは入場無料）。

バスタブがくっついたような建物

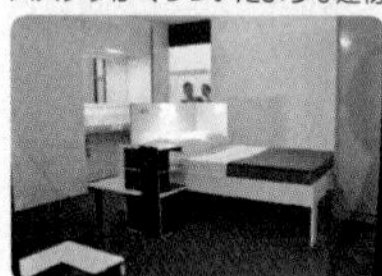
「デ・スタイル」派のリートフェルトが設計した部屋の再現

インテリア好きにうれしい展示

アムステルダム・アメリカン
広場に沿ってお城のような塔のある黄色っぽい建物は、1880年創業のホテル、アムステルダム・アメリカンAmsterdam American（→P.102）だ。そのユニークな建築は国の指定文化財で、ホテル内にあるユーゲントスタイルのカフェ・アメリカン（→P.93）は昔から学者、芸術家、報道関係者などが集まるので有名。1894年に美人スパイ、マタ・ハリが結婚披露宴を開いたホテルでもある。

市立美術館 Stedelijk Museum Amsterdam

➲Map 折込2表A4　➲Map P.57-A3

19世紀後半から現代までのモダンアートが展示された美術館。2012年9月末に10年がかりの改装工事を終え再オープン。真っ白な増築部分は「バスタブのよう」といわれ、れんが造りの本館とのつながりに違和感を覚えるほどだが、内部に入るとつなぎ目は感じられない。1940年代のヨーロッパ芸術に革命を起こしたオランダの芸術運動「コブラ」のカレル・アペルから、アンディ・ウォーホルやフランク・ステラといった20世紀の画家、ビデオアートやインスタレーション、オブジェや写真までの現代アートは、幅広い展示内容。また、モンドリアンらが属した「デ・スタイル」派の家具や内装をはじめ、ダッチデザインの椅子などのインテリアやインダストリアルデザインのコレクションでも知られる。

常設展以外の企画展示にも興味深いものが多い。ガイドブックや教科書に書き尽くされた古典に飽きてしまった人、現代美術に興味がある人にとっては、とても楽しい美術館だ。

近現代アートも充実している

ライツェ広場 Leidseplein

➲Map 折込2表A3　➲Map P.57-B1

17世紀には、大学町として有名なライデンに向かう市の城門があった所。“ライデン行き広場”という意味だ。今はアムステルダムの中で最もにぎわう歓楽街で、アムステルダム国際劇場ITAや、カジノ、若者向けのライブハウスパラディソParadiso、映画館、レストラン、ホテル、バー、ディスコなどが集まっており、夜半過ぎまで人声が絶えない。気候のよいときはストリートパフォーマーも登場する。

ライツェ広場周辺にはレストランも多い

コーヒーショップとドラッグ

オランダではコーヒーを飲むお店はカフェ。では、コーヒーショップとは？　実はマリファナやハッシシを扱う店の代名詞なのだ。ダム広場やライツェ広場、飾り窓周辺で見かける「コーヒーショップ」の看板に、少し薄暗い店内のお店がそれ。名前が紛らわしいので要注意。

マリファナなどのソフトドラッグの使用はこの国では合法ではないが、2gまでの所持なら警察に捕まることはない。いわゆる黙認の形をとっているのだ。ただし、ヘロイン、コカインなどのハードドラッグ類は売買、所持とも違法であり、厳しく罰せられる。

オランダ出国直前にコーヒーショップや大麻の煙がこもるクラブなどに行っていると、所持していなくとも、次の入国先や日本への帰国時に麻薬犬が、衣服などにしみついた臭いに反応し大変なトラブルになることがあるので気をつけよう。（坂本）

エクスカーション

アルスメール Aalsmeer

➡Map P.127

スキポール空港のすぐ南に位置する町アルスメールには、世界最大の花の取引所、**アルスメール生花中央市場Flora Holland Aalsmeer**がある。園芸はオランダの主要産業のひとつだが、その花の輸出港ともいえる取引所がここアルスメールだ。この花市場は一般にも開放されているのだが、一度見学した人はその規模の大きさ、花の多さに度胆を抜かれるに違いない。ここアルスメールで扱う花の80％以上が輸出されている。世界各国から注文された花は、取引が成立するとただちにスキポール空港に運ばれ空輸される。その日の午後にはパリやロンドンの花屋さんの店先に並べられているというわけだ。

コンピューターを使った花の競り市

ACCESS

Elandsgrachtのバスターミナル(➡Map P.54-B2)からバス357番で約1時間。またはアムステルダム南駅から358番のバスで約30分。運転手にフラワーオークション前でと言えば教えてくれる。

アルスメール市場見学
住Legmeerdijk 313, Aalsmeer
☎031.887898989
開7:00～11:00(木 ～9:00)
休土・日・祝
オークションがない日、特別オークションの日などもあるので、スケジュールはウェブサイトで要確認。
競りは朝早く行われ、売り切れると終了するので、できるだけ早く行くようにしよう。
料€10.50
URL royalfloraholland.com

生花中央市場外観

リーカーの風車 Rieker Molen

➡Map P.55-C3外

オランダのイメージといえば風車。しかし時間がなくて見そこなってしまうこともある。そんなときぜひ訪れたいのが、このリーカーの風車。アムステルダムの外れ、アムステル川を望むアムステルパークの近くにあり、アムステルダム中央駅から1時間以内でたどり着くことができる。野原の中に1基建っている姿は雄々しく、格好の被写体だ。また同じ野原に、このあたりをよくスケッチしたレンブラントのブロンズ像も立っている。

リーカーの風車とレンブラント像

ACCESS

中央駅からメトロでライ駅Station Rai下車(メトロ所要15分)。駅のすぐ横のEuropa Bd.沿いの道をアムステルパークを左側に見て歩き、公園が終わった所を左に曲がりしばらくすると風車が姿を現す。駅から徒歩25分ほど。
またはライ駅や南駅を経由する62番のバスでアムステルパーク南西のNieuw Herlaer下車。アムステルパーク南東にある風車まで徒歩10分ほど。
中央駅からのメトロは治安が心配なので要注意。
貸自転車で行くのもいい(→P.86)。

アムステルダム市内にある風車

醸造所Brouwerij 't IJの隣にある風車

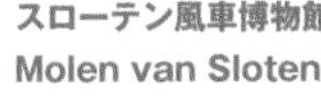

風車De Gooyer横の建物がテイスティングルームと醸造所になっており、オリジナルビールやソーセージなどを楽しめる。醸造所のガイドツアーに参加することもできる。
住Funenkade 7 ➡Map P.55-C2 ☎020.2619800
営14:00～20:00(土・日 12:00～) 醸造所の英語ツアー金～日15:30発 URL brouwerijhetij.nl
T中央駅から14番Pontanusstraat下車

スローテン風車博物館
Molen van Sloten Kuiperijmuseum

スキポール空港からも比較的近い。石の台座の上に立つ八角形の茅葺きの風車。今も稼働している水揚げ風車で、内部は博物館として公開されている。ガイドツアーあり。隣にあるビール醸造所に立ち寄って休憩したり、すぐ近くのチーズショップでファーマーズチーズを買うこともできる。
住Akersluis 10 ➡Map P.54-A3外
☎020.6690412
開10:00～17:00(最終ツアー16:00) 休一部の祝
料€8 URL molenvansloten.nl
T中央駅から2番終点Oudenaardeplantsoen下車

自転車で出かけよう！ ～オランダ～
アムステルパークのリーカーの風車まで

オランダで時間に余裕があったら、ぜひ自転車旅行をおすすめしたい。自転車道路が整備されており、道案内の表示もあるので迷うことは少ない。アムステルダム中心部では、車や歩行者も多く、気をつける必要があるが、川沿いの通りに入ってしまえば、一本道でわかりやすく快適に走行できる。

❶ 自転車を借りよう
盗難が多いので鍵の締め方はきちんと聞いておくこと

❷ まずは市庁舎まで
ここからアムステル川に沿って、ずっと南下していく

運河ツアーのボートがあちこちで行き交っている

❸ マヘレのハネ橋
思わず記念撮影したくなるビューポイント

❹ 釣りを楽しむ人も
建物が減り、公園の中を走っているような感じに

ボート遊びを楽しむ人たちの姿も。オランダらしい光景

❺ リーカーの風車に到着
すぐ隣にはレンブラントの像もある(→P.85)
アムステルパークを散策するのもいい

リーカーの風車までの道のり

中央駅裏のMacbike(→P.60)で自転車を借り、涙の塔がある運河沿いを南下、アムステル川沿いを走っていく。マヘレのハネ橋を越え、住宅やオフィスビルが並ぶ南地区を抜け、アムステル川を渡ると、アムステルパークの端にたどり着く。さらに川沿いに走ると1基だけで建つ風車の姿が見えてくる。約7.5km、往復で半日ほど。

注意ポイント：一方通行もあるので、自転車道の道路標示を確認しながら道を選ぶこと。

アムステルダムのエンターテインメント

Entertainment

オランダのミュージシャンの層は厚く、音楽愛好家の裾野は広い。ダンスや演劇も盛んで、週末にコンサートホールや劇場を訪れるのは、オランダ人の生活の一部になっている。そのせいか、100年の伝統をもつコンセルトヘボウでのクラシックコンサートにも、イブニングドレスやタキシードの人がいるかと思えば、ジーンズの若者が交ざっていたりする。服装やステイタスにこだわらず、自分の好きなものを自分流に楽しむのがアムステルダムの人々だ。料金も€15〜50くらいで、日本に比べるとずいぶん安い。

チケットを手に入れるには

事前購入は、各劇場やコンサートホールのウェブサイトでのオンライン購入か、直接劇場などのチケットボックスへ出向く。
お目当てのチケットが売り切れの場合にはキャンセル待ちという手も。開演1時間くらい前に行けば(キャンセル待ちの人が列をなしていることもあるが)、1枚や2枚はなんとかなることが多い。演目を確認するには、観光局のウェブサイトにあるイベント情報URLiamsterdam.com/en/whats-on/calendarが便利。このウェブサイトでは、どんなイベントを探したいかフィルターをかけることができるので、コンサートやライブだけでなく、ミュージアムの企画展や無料の催しを探すことも可能。オンラインでチケット購入できるものもある。

コンサートホール　　ミュージアム広場周辺

コンセルトヘボウ
Concertgebouw

Map P.57-A3

コンセルトヘボウ管弦楽団だけでなく、世界中の有名ミュージシャンのコンサートが開かれる。人気が高いので、早めの予約が望ましい。9〜6月の水曜には無料のランチタイムコンサート(→P.77)あり。

住Concertgebouwplein 10　☎020.6718345
営窓口 月〜金17:00〜、土・日10:00〜(7・8月の日中にコンサートがない土・日17:00〜)。コンサートがある日のみ
URLconcertgebouw.nl　T2、5、12 Museumplein下車/3、5、12 Concertgebouw下車

Column Netherlands

音楽の殿堂コンセルトヘボウ

クラシックファンだったら、「アムステルダム・コンセルトヘボウ」の名を知らない人はいないだろう。オランダ語のコンセルトヘボウとは、日本語で「コンサートホール」の意味だ。世界的な名声を得ているロイヤル・アムステルダム・コンセルトヘボウ管弦楽団が、1888年以来このホールを本拠地としている。この名門管弦楽団について今さら説明は必要ないだろう。ベルリンフィル、ウィーンフィルと並ぶヨーロッパ屈指のオーケストラである。オーケストラの演奏技術、アンサンブル、表現力、美しい音色に加えて響きのよいホールに感心した作曲家のリヒャルト・シュトラウスが、交響詩『英雄の生涯』を彼らにささげたのは有名な話だ。マーラーもこのオーケストラが好きだったようで、定期的に客演指揮している。そのため、ここではことさらにマーラーの曲の演奏が多い。

コンセルトヘボウ管弦楽団

このコンサートホール、オペラハウスでもなく多目的ホールでもない。純粋なコンサートだけのためのホールだ。内装はすべて木造で、その響きの美しさは抜きん出ている。よくいぶし銀の響きとたとえられ、この響きがたまらないというファンが多い。しかし、そのファンをやきもきさせたことがある。ご承知のようにオランダは低湿地。1983年、このホールが地盤沈下で倒壊の恐れがあると発表されたのだ。ただちに改築・補強工事が開始されたのだが、この費用は世界中からの寄付で賄われ、足かけ9年の修復工事になった。驚いたことにこの工事中、ホールでのコンサートは1回も休むことがなかったという。

アムステルダムに来たら、最高の音響を誇るホールですばらしい音楽をじっくりと味わってみてはいかがだろう。

(猪瀬)

オペラハウス　ダム広場東側

国立オペラ＆バレエ
Nationale Opera & Ballet　➡Map P.56-B3

広々とした舞台のオペラハウス。客席は1600という贅沢な造り。ネーダーランスオペラDe Nederlandse Operaとナショナルバレエ Het National Balletの本拠地。

住Amstel 3　☎020.6255455
営窓口 上演日のみ、上演開始1時間前にオープン
休上演がない日　URLoperaballet.nl
M51、53、54 Waterlooplein下車
T14 Waterlooplein下車

劇場　アムステル

カレー劇場
Theater Carré　➡Map 折込2表C4

1887年以来の歴史をもつ、天井の高い、天井桟敷のある劇場。言葉がわからなくても楽しめるミュージカルや、モダンバレエなどの質の高いプログラムで有名。

住Amstel 115-125　☎020.5249453
営窓口 上演日のみ、上演開始45分前にオープン
休上演がない日　URLcarre.nl
M51、53、54 Weesperplein下車
T1、7、19 Weesperplein下車

劇場　ライツェ広場周辺

アムステルダム国際劇場
International Theater Amsterdam(ITA)　➡Map P.57-A1

ライツェ広場に面して建つ、歴史ある劇場。刺激的なダンスや演劇のほか、イベントなど、多種多様な演目が上演される。ブラスリーで食事を取ることも可能。

住Leidseplein 26　☎020.6242311
営窓口 月～土13:00～16:00または開演1時間30分前まで　休不定休
URLita.nl
T1、2、5、7、11、12、19 Leidseplein下車

コンサートホール　中央駅周辺

ミュージックヘボウ
Muziekgebouw　➡Map P.55-C1

最新技術を投入した快適なホールでは、現代音楽やメディアミックスの新しい音を楽しむことができる。フェスティバルや展覧会が開催されることもある。

住Piet Heinkade 1　☎020.7882000
営窓口 月～土15:00～17:00　コンサートがある日のみ開演30分前から　休不定休
URLmuziekgebouw.nl　中央駅から徒歩約15分
T26 Muziekgebouw／Bimhuis下車

クラブ　レンブラント広場周辺

エスケープ
Escape　➡Map P.56-B3

レンブラント広場近くにある、アムステルダムの老舗クラブ。最先端の音楽とハデなライトショーが楽しめる。国内外のDJが出演している。服装チェックあり。

住Rembrandtsplein 11
営23:00～翌4:00くらい　イベントによるのでウェブサイトで確認を。年齢制限、身分証の提示が必要な場合もある　URLescape.nl
T4、14 Rembrandtplein下車

ライブハウス　中央駅周辺

ビムハウス
Bimhuis　➡Map P.55-C1

ジャズやワールドミュージックの拠点。上記のミュージックヘボウに隣接。中央駅から東へ向かい、陸橋を渡ってすぐのガラス張りの建物にくっついている。

住Piet Heinkade 3　☎020.7882188
営窓口 夕方からのコンサートがある日の18:30～22:00
現金不可　休上記以外　URLbimhuis.nl
中央駅から徒歩約15分
T26 Muziekgebouw／Bimhuis下車

ライブハウス　ライツェ広場周辺

パラディソ
Paradiso　➡Map P.57-B2

古い教会を改築したライブハウス。レゲエ、アフリカン、ロック、ポップスなど、さまざまなライブやイベントがある。多くでメンバー登録が必要(1ヵ月有効€4)。

住Weteringschans 6-8
☎020.6264521
営イベントによるのでウェブサイトで確認を
URLparadiso.nl
T1、2、5、7、12、19 Leidseplein下車

ライブハウス　ライツェ広場周辺

メルクウェグ
Melkweg　➡Map P.57-A1

ポップス、ロック中心で、ワールドミュージック、ダンスクラブなどが各フロアで楽しめる。演劇や映画の上演も。メンバーになる必要がある(1ヵ月有効€4)。

住Lijnbaansgracht 234a
☎020.5318181
営イベントによるのでウェブサイトで確認を
URLmelkweg.nl
T1、2、5、7、12、19 Leidseplein下車

アムステルダムのレストラン

世界の交差点アムステルダムでは世界中のありとあらゆる料理が食べられる。特に旧植民地のインドネシア料理は“オランダ名物”といわれるほど。10人のうち1～2人が移民という移民国家オランダは、エスニック料理も多種多様。ジャガイモやソーセージ、煮込み料理をメインとしたオランダ家庭料理もあるが、この機会に日本ではあまり知られていない世界各国の料理を食べてみるのもいい。

レストランが集中しているのは、ダム広場からスパウの間やライツェ広場周辺、レンブラント広場周辺。

ヨーロピアン　ムント広場周辺

フェイフ・フリーヘン
D'Vijff Vlieghen

Map P.56-A3

オランダ語で「5匹のハエ」という変わった名前の店。建物の初代所有者であるヤン・フェイフ・フリーヘンから取ったもので、1939年創業。歴史を感じさせるインテリアで、レンブラントのエッチングもある。

住Spuistr. 294-302　☎020.5304060
営17:30～22:00　休月
予望ましい
CCM.V.　URLvijffvlieghen.nl
T2、12 Koningsplein下車

オランダ料理など　レンブラント広場周辺

オンダー・デ・オイエファー
Onder de Ooievaar

Map 折込2表C4

パンケーキやオープンサンドのアウツマイターなど、オランダらしい食事を楽しむことができる。ここの名物ミートボール・スペシャルは抜群のおいしさ。ランチを楽しむのもいいし、夜はビールバーになる。

住Utrechtsestraat 119　☎020.6246836
営10:00～翌1:00（土・日10:30～翌3:00）
食事は17:00まで　クリスマス前後～新年は要確認
休一部の祝　予不可　CCM.V.
URLonderdeooievaar.nl　T4 Prinsengracht下車

オランダ料理　ライツェ広場周辺

パントリー
The Pantry

Map P.57-B1

クラシックなオランダ料理レストラン。スモークソーセージまたはミートボールを添えたヒュッツポットやエビコロッケ、エンドウ豆のスープなど、伝統的なオランダの家庭料理が楽しめる。

住Leidsekruisstraat 21　☎020.6200922
営11:00～22:30
休一部の祝　予望ましい　CCM.V.
URLthepantry.nl
T1、2、5、7、12、19 Leidseplein下車

パンケーキ　ダム広場西側

パンケーキ・ベーカリー
Pancake Bakery

Map 折込2表A1

パンケーキとオムレツの専門店で、1973年創業という老舗。塩味系もあり種類も多く気軽に食事ができる。リンゴとベーコンのパンケーキが意外なおいしさ。アンネ・フランクの家に近い運河沿いに建つ。

住Prinsengracht 191　☎020.6251333
営9:00～20:30（金・土～21:00）　クリスマス～新年は不定期　休一部の祝　朝食メニューもあり
CCA.M.V.　URLpancake.nl
T13、17 Westermarkt下車

パンケーキ　ダム広場西側

パンケークス・アムステルダム
Pancakes Amsterdam

Map 折込2表A2

9ストラーチェスにある人気のパンケーキチェーン店。席数は多くないが、カジュアルな内装で入りやすい。甘い系と塩味系があるので、ふたりで行ったら2種類頼んでシェアしてみるのもいい。

住Berenstraat 38　☎020.5289797
営9:00～17:00
予不要　CCM.V.　現金不可
URLpancakesamsterdam.com
T13、17 Westermarkt下車

※休業日について‥祝日は不定期営業や不定期休業することもある。特に、1/1、王の日(4/27)、12/25・26は休業する店が多い

ヌードル&チャーハン　ライツェ広場周辺

ワック・テゥ・ウォーク
Wok to Walk　Map P.57-B1

アジアンテイストの焼きそばやチャーハンが食べられる、若者に人気の店。ベースとなる焼きそば、チャーハンなどを選び、具やトッピングを追加する方式。€6くらいからで、かなりボリュームたっぷり。

住Leidsestraat 96
営11:00～翌2:00（金・土～翌4:00）
予不可　CCA.M.V.
URLwoktowalk.com
T1、2、5、7、12、19 Leidseplein下車

エスニック料理　ダム広場周辺

マオス
Maoz　Map P.56-B1

コロッケのような、イスラエルのファラフェルを扱うレストラン。ファラフェルを詰めたピタに、カウンターに並んだサラダ、酢の物、ソースなどを自由にトッピングできる。ヴィーガンの強い味方。

住Damrak 40　☎020.4509987
営11:00～翌1:30（月9:00～、金・土～翌2:00）
予不可　CCM.V.
URLmaozvegan.com 中央駅から徒歩約5分
ライツェ広場、ムント広場近くにもある。

インドネシア料理　ライツェ広場周辺

サマ・セボ
Sama Sebo　Map P.57-B2

P.C. Hooftstraat とHobbemastraatの角にあるインドネシア料理店。ライスターフェル€34。ランチはインドネシアの焼き飯ナシゴレンか焼きそばバミゴレンのセットメニューが、いずれも€21。

住P.C. Hooftstraat 27　☎020.6628146
営食事 12:00～15:00、17:00～22:00
休日、一部の祝　予望ましい
CCA.M.V.　URLsamasebo.nl
T2、5、12 Museumplein下車

インド料理　ライツェ広場周辺

アクバル
Akbar　Map P.57-A1

ライツェ広場の近くにあるインド料理の店。インド北部パンジャビ地方のメニュー。チキンカレーは€11.95～と少々高めだが、疲れを吹き飛ばしてくれそうな辛さがGood。インドの定食ターリ€19.95～。

住Korte Leidsedwarsstr. 15　☎020.6242211
営17:00～22:30
予週末は望ましい
CCA.M.V.　URLakbar.nl
T1、2、5、7、12、19 Leidseplein下車

中国料理　ダム広場東側

オリエンタル・シティ 海城大酒楼
Oriental City　Map P.56-B2

ダム広場近くの運河沿いにある、広東料理がベースの飲茶も楽しむことができる店。日曜のランチには行列ができることもある。たくさんの小皿料理がある飲茶Dimsumはランチでもディナーでも OK。

住Oudezijds Voorburgwal 177-179
☎020.6268352　営11:30～22:00（金・土～22:30）
予不要　CCA.D.M.V.
URLwww.oriental-city.com
T4、14、24 Dam下車

フリッツ　ムント広場周辺

ブレミンクス
Vleminckx　Map P.56-A3

アムステルダムで一番おいしいともいわれるフリッツ（フライドポテト）の店。25種類のソースがあり、ソースなしでスモール€2.30、ミディアム€2.90、ラージ€4.50。ソース€0.70（ダブル€1）。

住Voetboogstraat 33
☎06.12211212　営11:00～19:00（木～20:00）
CCM.V.
URLvleminckxdesausmeester.nl
T1、2、12 Koningsplein下車

軽食　中央駅周辺

フェボ
Febo

➡Map P.56-B1

オランダ名物のコロッケの元祖「クロケット」などをロッカーのような自動販売機で購入することができる。フライドポテト「パタット」もあり、パタットにはマヨネーズなど好みのソースをつけてもらう。

住Nieuwendijk 50　☎020.4229291
営11:30～翌2:00（金・土～翌3:00）
予不可　CCM.V.
中央駅から徒歩約3分
ライツェ広場、レンブラント広場近くにもある。

セルフサービス　ムント広場周辺

ラ・プレイス
La Place

➡Map P.56-A3

気軽に入ることができるセルフサービスのレストラン。フォカッチャサンドやトーストサンド、パティスリー、スープ、サラダ、コーヒーバーのほか、グリル料理、ハンバーガーやピザなどもある。

住Kalverstraat 201-20　Rokin側にも出入口がある
☎06.83158616
営9:30～19:00　予不可　CCM.V.
URLlaplace.com
T24 Muntplein

海鮮料理　ダム広場周辺

ルシウス
Lucius

➡Map P.56-A2

本格海鮮料理の店。魚介の盛り合わせ、牡蠣やロブスター、魚のグリルなど、季節に合わせた新鮮な素材を使った料理が楽しめる。店内はブラスリーのような雰囲気。ダム広場から徒歩3分ほど。

住Spuistraat 247　☎020.6241831
営17:00～23:00
休水、王の日　予望ましい
CCA.M.V.　URLlucius.nl
T2、12 Paleisstraat/Koningsplein下車

レストランバー　中央駅

ファースト・クラス
1e Klas

➡Map P.56-B1

中央駅のホームにあり、高い天井に気持ちのいい音が流れ、くつろげる。優雅な内装のレストランだがカジュアルに利用できる。ケーキ類もおいしく、オランダのコロッケなども食べられる。→P.65

住アムステルダム中央駅の2番ホームSpoor 2b
☎020.6250131　営9:30～23:00（食事は～22:00）
休月、一部の祝　予不要　CCM.V.
URLrestaurant1eklas.nl　改札を抜けずに中央駅構内の中央ホールにある階段からも入場可

ヨーロピアン　アムステルダム南東部

デ・カス
De Kas

➡Map P.55-C3

公園にある温室を改装したレストラン。ガラス張りの明るい部屋で、洗練されたコース料理がいただける。園内に菜園ももち、安心な素材を使っている。ランチは3コース€50と4コース€59、ディナー5コース€73と6コース€81（コース料理のみ）。今日は奮発！というときに訪れたい。

住Kamerlingh Onneslaan 3　☎020.4624562
営月～金12:00～16:00、月～土18:30～24:00
休月、一部の祝、クリスマス～年始は要確認
予望ましい　CCA.M.V.
URLrestaurantdekas.nl　T19 Hogeweg下車

フランス料理　ムント広場周辺

フローラ
Flore　➡Map P.56-A3

ホテル・ドゥ・ルロープ内にあるミシュランの星をもつ高級レストラン。上質な地元の食材や旬のものを使っている。ゆっくり時間をかけて食事を楽しみたい時に。ランチ€110～、ディナー€185～。

住Nieuwe Doelenstr. 2-14　☎020.7303398
営金・土12:00～16:00　水～土18:30～22:00
休日～火、一部の祝　Dカジュアルシック　予望ましい　CCA.D.J.M.V.　URLrestaurantflore.com
T4、14、24 Rokin下車　M52 Rokin下車

フランス料理　南部地区

シエル・ブルー
Le Ciel Bleu　➡Map P.54-B3

ホテル・オークラの23階にあるフランス料理のレストラン。ワインリストも充実しており、ミシュランの2つ星をもつ。アムステルダムを見渡すことができる見事な眺望は、ほかにはない魅力といえるだろう。

住Ferdinand Bolstr. 333　☎020.6788300
営18:30～20:00に来店を　閉店時間は未定　休日・月、夏期休業あり。年末年始は要確認　Dスマートカジュアル　予要予約、日本語可　CCA.D.J.M.V.
URLcielbleu.nl　T12 van Hilligaertstraat下車

ラーメン　南部地区

フー・フー・ラーメン
Fou Fow Ramen　➡Map 折込2表 C5

アムステルダムは今ラーメン激戦区。中国系オランダ人のオーナーとともに日本人スタッフが調理を担当。オーナーは映画監督でもあり内装はスタイリッシュ。味噌ラーメン、豚骨ラーメンなどどれも美味。

住Van Woustraat 3　☎020.8467563
営12:00～15:00、17:00～21:00　休月
予不可　CCM.V.
URLfoufow.nl　T4 Stadhouderskade下車
ほかにも店舗あり➡Map 折込2表A2

回転寿司　ムント広場周辺

ズシ
Zushi　➡Map P.56-A3

アムステルダムでは珍しい本格派回転寿司。好きなものを好きなだけ選べるのが魅力で、オランダ人にも人気。回転寿司ひと皿€2.75～、手巻き寿司€5.75～。唐揚げ、刺身、エビ天うどんなどもある。

住Amstel 20　☎020.3306882
営17:00～22:00(金～日12:00～)
予不要
CCA.M.V.　URLzushi.nl
T4、14 Rembrandtplein下車

日本料理　南部地区

山里、さざんか
Yamazato, Sazanka　➡Map P.54-B3

ホテル・オークラ内にある高級懐石の山里はミシュランの1つ星をもつ高級レストラン。懐石は€175と€250。同じくオークラ内にある鉄板焼きのさざんかも人気。セットメニュー€170と€205。

住Ferdinand Bolstr. 333　☎020.6788300　営山里 水～日18:00～20:00に来店を　さざんか 木～火18:00～20:30に来店を　閉店時間は未定　休夏期休業あり。年末年始は要確認　Dスマートカジュアル　予要予約　CCA.D.J.M.V.
URLwww.okura.nl　T12 van Hilligaertstraat下車

寿司＆鉄板焼き　ライツェ広場周辺

細川
Hosokawa　➡Map P.57-B2

日本人シェフによる本格派日本料理の店。寿司と鉄板焼きが楽しめる。大きな鉄板でのダイナミックな調理のスタイルは、オランダ人にも人気。鉄板焼きコース€108～、寿司盛り合わせ€55～。

住Max Euweplein 22　☎020.6388086
営食事 18:00～22:00　休一部の祝、年末年始は要確認　Dスマートな服装で　予望ましい
CCA.M.V.　URLhosokawa.nl
T1、2、5、7、12、19 Leidseplein下車

アムステルダムのカフェ&バー

昼間はカフェ、夜は仕事帰りの人々や近所の常連が1杯ひっかけるバーとしてにぎわう店を「ブラウンカフェ」という。長い歴史をもち、店内は時の流れによりくすんでいるためこう呼ばれている。旅行者は少し入りづらいかもしれないが、気さくなアムスっ子たちのこと、どこでもあたたかく迎えてくれるはず(ただし暗くなってからの女性のひとり歩きはおすすめしない)。また、ブラウンカフェはコーヒーもあるが、どちらかというとバーやパブに近いので、喫茶店のような感覚でくつろぎたいときはカフェへ。オランダ名物でもある生クリームがのったアップルパイ(タルト)があったらお試しを。

ブラウンカフェ　ムント広場周辺

ホッペ
Hoppe　Map P.56-A3

1670年創業、ベアトリックス前女王も訪れたという。アムステルダムで最も有名なブラウンカフェではあるが、オムレツ、クロケット、トーストサンド、ミートボール、アップルパイなど、メニューも豊富。

住Spui 18-20　☎020.4204420
営9:00～翌1:00(金・土～翌2:00)
年末年始は不定期　休一部の祝
予不要　CCM.V.　URLcafehoppe.com
T2、12 Koningsplein下車　M52 Rokin下車

ブラウンカフェ　ダム広場周辺

ド・ドリー・フレシェス
De Drie Fleschjes　Map P.56-A2

英語なら"ザ・スリー・ボトル"という意味の、1650年創業の老舗の風格を漂わせたブラウンカフェ。店内にもずらりと年代物の樽が並んでいる。オランダならではのジュネヴァ(ジンの元祖)も飲める。

住Gravenstr. 18　☎020.6248443
営月～土14:00～20:30　日15:00～19:00
木～土は変更の可能性あり
予不要　CCM.V.　URLdedriefleschjes.nl
T2、12、13、17 Dam下車

ブラウンカフェ　中央駅西側

カフェ・ヘット・パーペンアイランド
Café 't Papeneiland　Map 折込2表 B1

オランダらしい運河の交差点に建つ典型的なブラウンカフェ。店内のインテリアには、1642年創業当時の面影も残っている。丸いコロッケのビタボレンやアップルパイ、サンドイッチも頼める。

住Prinsengracht 2　☎020.6241989
営10:00～翌1:00(木・金～翌3:00、日12:00～)
王の日、年末は不定期　予不要　CCM.V.
URLpapeneiland.nl
T13、17 Westermarkt下車　中央駅より徒歩約15分

カフェ　ダム広場周辺

カフェ・ヘット・パレス
Café het Paleis　Map P.56-A2

運河沿いにテラスがある、味もなかなかでカジュアルなカフェ。天気がいい日のテラスは満席。オランダ名物のアップルパイ€6、コロッケ(パン付き)€9、アウツマイター€9.50、スープ€7.50～。

住Paleisstr. 16　☎020.6260600
営9:30～22:00(金・土～24:00)
クリスマス前から年始は不定期　予不要
CCA.M.V.　URLcafehetpaleis.nl
T2、12、13、17 Dam下車

カフェ　ライツェ広場周辺

カフェ・アメリカン
Cafe Americain　Map P.57-A1

ライツェ広場のホテル、アムステルダム・アメリカン内にあるカフェ。文化財にも指定されているアールデコスタイルの美しい店内は、一見の価値あり。アフタヌーンティーや朝食も食べられる。

住Leidsekade 28　☎020.5563010
営7:00～23:00
予不要　CCA.D.M.V.
URLcafeamericain.nl
T1、2、5、7、12、19 Leidseplein下車

※休業日について‥祝日は不定期営業や不定期休業することもある。特に、1/1、王の日(4/27)、12/25・26は休業する店が多い

カフェ　国立美術館周辺

バック・トゥ・ブラック
Back to Black　➲Map 折込2表B4

おいしいコーヒーが飲みたいならここへ。自家焙煎をしたコーヒー豆を使っていて、豆を買うこともできる。夏には水出しコーヒーも。定番のアップルパイなど、手作りケーキはどれも絶品。

住Weteringstraat 48　☎020.7718364
営8:00～18:00(土・日9:00～)　年末は不定期
休一部の祝　予不要　CCA.M.V.
URLbacktoblackcoffee.nl
T1、7、19 Rijksmuseum下車

カフェ・レストラン　ムント広場周辺

ガルティネ
Gartine　➲Map P.56-A3

アムステルダム郊外に菜園をもつご夫妻が経営する小さな店。採れたての野菜や果物、ハーブなどを使った朝食、ランチのほか、ボリュームたっぷりのハイティー(14:00～)をいただくことができる。

住Taksteeg 7　☎020.3204132
営9:30～17:00(土・日～16:00)　休月・火、一部の祝
予望ましい(電話のみ)　CC不可
URLgartine.nl
M52 Rokin下車　T4、14 Rokin下車

カフェ　ムント広場周辺

カフェ・デ・ヤーレン
Café De Jaren　➲Map P.56-A3

ブラウンカフェとは反対のモダンなグランカフェ。アムステル川が見えるテラス席と、2階のバルコニーが人気。ランチ、ビタボーレンにビール、夕食まで楽しめる。ヴィーガンランチセット€11.50。

住Nieuwe Doelenstr. 20　☎020.6255771
営10:00～22:00 (木～土～23:00)
予不要　CCM.V.
URLcafedejaren.nl
T4、14 Rembrandtplein下車

カフェ　ワーテルロー広場周辺

プッチーニ
Puccini　➲Map P.56-B3

1986年創業のエスプレッソバー。日当たりのいいガラス張りの店内で、おいしいケーキとお茶、軽いランチ(サンドイッチ、サラダなど)が楽しめる。1軒先にはチョコレートショップPuccini Bomboniも。

住Staalsstraat 21　☎020.6208458
営8:30～17:00(土・日9:00～18:00)　休一部の祝
CCM.V.　URLpuccini.nl　T14 Waterlooplein下車
M51、53、54 Waterlooplein下車
Puccini Bomboni支店 住Singel 184 ➲Map P.56-A2

カフェ　ムント広場周辺

デ・ラーツテ・クラウメル
De Laatste Kruimel　➲Map P.56-A3

焼きたてのパンやクロワッサン、スコーンのほか、キッシュやパイ、サンドイッチまで、どれもおいしい！ フレッシュジュースやヘルシースムージーもあり。朝からアムスっ子たちでにぎわう人気のカフェ。

住Langebrugsteeg 4　☎020.4230499
営8:00～17:00(土・日～18:00)　休一部の祝
予不要　CCM.V.
URLdelaatstekruimel.nl
M52 Rokin下車　T4、14 Rokin下車

カフェ　ダム広場周辺

バー・ストック
Bar Stock　➲Map P.56-B1

Exchangeというデザイナーズホテル階下のカフェで、ていねいにローストした豆を使っていれたコーヒーが自慢。クロワッサンなど、地元ベーカリーのパンも扱っている。テイクアウトも可能。

住Damrak 50H　☎020.4275382
営8:00～16:00
予不要　CCA.M.V.
URLhoteltheexchange.com
中央駅より徒歩約3分

アムステルダムのショップ

Shop

デルフト焼に代表される陶磁器、レース、ダイヤモンドなどの職人芸を生かした品に、質のいい物が見つかる。おみやげにはチーズやチョコレート、ビスケットといった食品のほか、シンプルでおしゃれなダッチデザインの雑貨もおすすめ。ショップの営業時間は10:00〜18:00くらい。ただし、月曜は午後から営業という場合や、みやげ物屋などは21:00頃まで営業していることもある。
またアムステルダムでは、町のあちこちに市が立つ。倹約家のオランダ人たちが財布をにぎりしめて、安い物を探す所。いつもたくさんの人々でごった返している。大きなオランダ人たちをかき分けてのぞいてみれば、思わぬおみやげが見つかるかも。活気ある雰囲気を味わうだけでも楽しいものだ。ただし、スリには要注意。なお、オランダではレジ袋は有料。

カルファー通り Kalverstr.

ダム広場からムントタワーにかけて続く、約600mの歩行者天国。若者向けのファッションの店が多いが、コスメやチェーンブランドのショップも並ぶ。➲Map P.56-A3

歴史ある門などもある

いつも混雑している、にぎやかな通り

ライツェ通り Leidsestr.

シンゲルとライツェ広場を結ぶ通り。みやげ物屋もあり雑多な印象を受けるが、ブランドものの路面店も並んでいる。➲Map P.57-B1

トラムの路線も通っている

通り沿いには小さなショップが並ぶ

ペー・セー・ホーフト通り P. C. Hooftstr.

ミュージアム広場の北、シンゲル運河からフォンデル公園に並行する通り。高級ブランドのブティックが多く、アムステルダムで一番リッチなショッピングエリア。➲Map P.57-A2

高級ブランドのショップが軒を連ねている

Column Netherlands

最旬のショップはどこ？

最近のアムステルダムは、個性的な雑貨の店もたくさんあって、おしゃれなショップが急増。散歩がてら、かわいい小物や洋服の小さなセレクトショップなど、キラっと光るショップを見つけに行ってみよう。

まずは、ダム広場の南西、静かな運河沿いの**9ストラーチェス**➲Map 折込2表 A2へ。Reestr.には小さくて個性的なショップやカフェが並び、Runstr.にはチーズの専門店もある。

ニューウェンダイク Nieuwendijk➲Map P.56-A1~B1沿いには、人気が高い雑貨店ディル＆カミレ→P.96やヘマ→P.96がある。

話題になってきているのが、庶民のマーケットが立つ**アルバート・カウプ通り Albert Cuypstraat**➲Map 折込2表 B5の周辺。この通りの1本北Gerard Doustraatには、小さいながらもセンスがよさそうなジュエリーや服を置く店がチラホラある。

9ストラーチェスの1950〜60年代雑貨の店とカフェの店先

アルバート・カウプ通り近くで見つけた、おもしろそうなショップ

デパート　ダム広場周辺

バイエンコルフ
De Bijenkorf
➡Map P.56-A2

"蜜蜂の巣箱"という名前のオランダ唯一といわれる高級百貨店。ちょっとした小物にもデザインのいい楽しい物が多く、高級ブランド品も揃っている。最上階にあるセルフレストランも利用しやすい。

住Dam 1　☎020.8089333
営10:00～21:00(月11:00～)
休一部の祝　CCA.M.V.
URLdebijenkorf.nl
T4、14 Dam下車

雑貨　中央駅周辺

ディル&カミレ(ディル&カミーユ)
Dille & Kamille
➡Map P.56-A1

オランダ、ベルギーの主要都市に45店舗ほどを展開する、ナチュラルテイストの雑貨店。食料品、キッチン用品、おもちゃ、ガーデングッズ等、幅広く取り扱っている。エコバッグは人気商品。

住Nieuwendijk 16-18　☎020.3303797
営月～土10:00～18:00(日・月11:00～)
不定期営業の日もあり　休一部の祝
CCM.V.　URLdille-kamille.nl
中央駅より徒歩約5分

百貨店　ダム広場周辺

ヘマ
Hema
➡Map P.56-A2

食材から家具まで幅広い商品をシンプルで機能的ながら魅力的なデザインで提供するチェーン店。おみやげにいい雑貨のほか、お菓子など食料品もお値うち価格。ベルギー、ドイツ、イギリス、フランスにもある。

住Nieuwendijk 174-176　☎020.6234176
営月～土9:00～19:00　日10:00～18:00
休不定休　CCM.V.　URLhema.nl
T4、14 Dam下車
中央駅構内、カルファーパサージュ(下)内にも店舗あり

ショッピングセンター　ダム広場周辺

マグナ・プラザ
Magna Plaza
➡Map P.56-A2

王宮の裏にある、かつての郵便局を改造したショッピングセンター。縞模様のようなネオゴシック様式の美しい建物。吹き抜けを囲むように、ショップが入っている。ブラリとのぞくだけでも楽しい。

住Nieuwezijds Voorburgwal 182
営10:00～19:00(木～21:00、日11:00～)
休一部の祝　CC店により異なる
URLmagnaplaza.nl
T2、12、13、17 Dam下車

ショッピングセンター　ムント広場周辺

カルファーパサージュ
Kalverpassage
➡Map P.56-A3

オブジェがあり、アーティスティックなデザインの通路が印象的。上記ヘマの比較的大きな店舗が地下にあるほか、ブランドショップなどが入っている。市内を一望できる最上階のレストランBlueもある。

住Singel 457、Kalverstraat 212-220、Heiligeweg 17-19(入口は3ヵ所)
営10:00～19:00(木～21:00、日11:00～18:00)
休一部の祝　CC店により異なる　URLkalverpassage.nl　T2、12 Koningsplein下車

ファッション　ムント広場周辺

スコッチ&ソーダ
Scotch & Soda
➡Map P.56-A3

アムステルダム発のファッションブランドで、デニムなど、クラシックやビンテージのテイストを取り入れた、着回しやすいカジュアルスタイルが中心。ベルギーやフランス、ドイツにも店舗がある。

住Heilingweg 34-36　☎020.2595121
営10:00～18:00(日・月12:00～、木～21:00)
休一部の祝　CCM.V.
URLscotch-soda.com
T2、12 Koningsplein下車

※休業日について・・祝日は不定期営業や不定期休業することもある。特に、1/1、王の日(4/27)、12/25・26は休業する店が多い

服、雑貨など　ダム広場周辺

Xバンク・アムステルダム
X BANK Amsterdam
Map P.56-A2

オランダのデザイナーやブランドをチェックしたいなら訪れたい、ダム広場近くのコンセプトストア。雑貨、家具、時計、チョコレートなどのお菓子や紅茶など、クールにセレクトされた品々が並んでいる。

住Spuistraat 172　☎020.8113320
営10:00〜18:00(日12:00〜17:00)
休月、一部の祝　CCM.V.
URLxbank.amsterdam
T2、12、13、17 Dam下車

キッチン用品　レンブラント広場西側

スタジオ・バザール
Studio Bazaar
Map 折込2表C3

食器や鍋、カトラリーや掃除用品など、キッチン用品が揃う。コーヒーや紅茶をいれるポットやミルクジャグ、お菓子の型のほか、エプロン、オーブンミット、ティータオルなど、かわいい小物もある。

住Keizersgracht 709　☎020.6222858
営10:00〜18:00(月13:00〜、日12:00〜17:00)
休一部の祝　CCM.V.
URLstudiobazar.com
T4 Keizersgracht下車

スーパーマーケット　中央駅西側

エコプラザ・フードマルクト
Ekoplaza Foodmarqt
Map P.54-B1

新鮮で体に安心、しかもおいしいものをセレクトしているスーパー。オーガニックの野菜や果物のほか、チーズ、焼きたてパンといった食材が揃っている。おみやげになりそうなお菓子などもある。

住Haarlemerstraat 165　☎020.8208792
営8:00〜21:00(日10:30〜20:00)　休一部の祝
CCM.V.　現金不可
URLmarqt.com
中央駅から徒歩約15分

スーパーマーケット　ダム広場周辺

アルバート・ハイン
Albert Heijn
Map P.56-A2

オランダ各地、一部ベルギーにもあるスーパー。王宮の裏側の大型店で、オランダらしいお菓子ストロープワーフェルからビスケット、チーズ、焼きたてパンまで、種類豊富。デリのほか、スシバーもあり。

住Nieuwezijds Voorburgwal 226　☎020.4218344
営7:00〜22:00(日8:00〜)　休一部の祝など不定休
CCM.V.(店舗により異なる)
URLah.nl
T2、12、13、17 Dam下車

チーズ　ダム広場西側

デ・カースカーマー
De Kaaskamer
Map 折込2表A2

世界中から集めたチーズが350種類以上もところ狭しと並んでいる。熟成度が違うヤングからオールドの各種チーズのほか、ヤギのチーズなども。おみやげによさそうなチーズのパイ菓子もある。

住Runstr.7　☎020.6233483
営9:00〜18:00(月12:00〜、土〜17:00、日12:00〜17:00)　休一部の祝　CCM.V.
URLkaaskamer.nl
T2、11、12 Spui下車

コーヒー・紅茶　中央駅

シモン・レフェルト
Simon Levelt
Map P.56-B1

1817年開業のコーヒーと紅茶の店。たくさんの種類の茶葉などが並ぶ。ポットやカップといった茶器のほか、クッキーやチョコレートなども揃う。中央駅内にあるのでおみやげ探しにも便利。

住Stationsplein 39F　☎020.3346458
営8:00〜20:00(土・日10:00〜18:00)
休一部の祝　CCM.V.
URLsimonlevelt.nl
中央駅構内IJ Passage

小物　南部地区

デ・ウィンケル・ファン・ナインチェ
De Winkel van Nijntje

➲Map P.54-B3

ミッフィーの専門店だけあって、各種ぬいぐるみはもちろんのこと、絵本、マグカップ、カード類など、充実の品揃え。観光の中心から少し離れた南部にあり、ホテル・オークラから徒歩5分ほど。

住Scheldestraat 61　☎020.6648054
営10:00～18:00(月11:30～、日12:00～)
休一部の祝　CCM.V.
URLdewinkelvannijntje.nl
T12 Maasstraat下車

陶器　ムント広場周辺

ヘイネン・デルフト・ブラウ
Heinen Delfts Blauw

➲Map P.56-A3

ムントタワーの中にあり、ロイヤル・デルフトのデルフト焼を扱っている。ブレスレット、イヤリング、カフスリンクなど、割れにくそうで手頃な品もあるので、おみやげを探しに行くのもいい。

住Muntplein 12　☎020.6232271
営9:30～18:00　休一部の祝
CCM.V.　URLheinendelftsblauw.com
T4、14 Rembrandtplein下車　中央駅構内、ダムラックなど、アムステルダムに7店舗あり

コスメ　中央駅

リチュアルズ
Rituals

➲Map P.56-B1

オランダ発のコスメ。アジアンテイストのマッサージオイル、メディテーションコスメなどが人気。店に入ると落ち着く香りで出迎えてくれる。オランダ国内、空港、ヨーロッパ各地に店舗を展開している。

住Stationsplein 141B-C　☎06.25458269
営8:00～20:00(日9:00～)
休一部の祝　CCM.V.
URLrituals.com
中央駅構内IJ Passage

ナチュラルグッズ　中央駅

エリカ
Erica

➲Map P.56-B1

オランダ発のナチュラルショップ。ヘルシー指向の食品、雑貨のほか、ビタミンやプロテインなど、ドラッグストア的なものもある。ハーブティーの種類が多く、店の人に説明を聞きながら選ぶこともできる。

住Stationsplein 41E-F
☎020.7600311　営9:00～20:00(日12:00～18:00)
休一部の祝
CCM.V.　URLwww.erica.nl
中央駅構内IJ Passage

ジュエリー　ダム広場西側

SASデザイン
SAS Design

➲Map 折込2表B2

本物の石を使った個性豊かな品々は、地元の人にも人気が高い。オーナーのサスキアさんがアンティークデザインをリメイクし、インドで作ってもらっているのだそう。すてきなアクセサリーがたくさん。

住Gasthuismolensteeg 1　☎020.4271999
営11:00～18:00(月12:00～、日12:00～17:00)
休一部の祝など不定休あり
CCM.V.　URLsasdesign.nl
T2、12 Paleisstraat下車

チューリップグッズ　ダム広場西側

アムステルダム・チューリップ・ミュージアム
Amsterdam Tulip Museum

➲Map 折込2表A1

陶磁器やテーブルウエアなど、チューリップがあしらわれた、さまざまなグッズが並ぶ。また、地下1階には、チューリップの改良の歴史や今の球根の採取・栽培の映像を流す小さな博物館(入場料€5)もある。

住Prinsengracht 116　☎020.4210095
営10:00～18:00
休一部の祝　CCM.V.
URLamsterdamtulipmuseum.com
T13、17 Westermarkt下車

ダイヤモンド　ミュージアム広場周辺

コスター・ダイヤモンド
Coster Diamonds　Map P.57-B2

1840年創業で、英国王室の王冠に輝く、コイ・ノール(光の山)というダイヤを研磨したことで有名。無料の工場見学のほか、ロイヤルエクスペリエンスという有料ツアーも。ミュージアム広場の向かいにある。

住Paulus Potterstr. 2　☎020.3055555
営9:00～17:00
CCA.M.V.
URLroyalcoster.com
T2、5、12 Museumplein下車

ダイヤモンド　ワーテルロー広場東側

ガッサン
Gassan　Map 折込2表C2

1945年設立。ダイヤモンドの歴史やガッサン独自のカット、職人技などを知ることができる無料の工場見学もある。レンブラントの家の近く。高級ブランドのジュエリーや時計も取り扱っている。

住Nieuwe Uilenburgerstr. 173-175
☎020.6225333　営9:00～17:30(水～17:00)
CCA.M.V.　URLgassan.com
T4 Waterlooplein下車
M51、53、54 Waterlooplein下車

ショッピングセンター　空港内

スキポール・プラザ
Schiphol Plaza　Map 範囲外

スキポール空港内にあるショッピングセンター。30以上のショップが入っており、オランダに到着してから忘れ物に気づいても、ここで調達できるから便利。ヘマやスーパーマーケットもある。

住Schiphol空港内
営店により異なる
休店により異なる　CC店により異なる
URLschiphol.nl
スキポール空港駅下車

花・球根・みやげ物　ムント広場周辺

花市
Bloemenmarkt　Map P.56-A3

ムント広場とコーニング広場Koningspleinの間の運河沿いに、びっしりと出店が並ぶ。かつては季節ごとの花や球根の店が多かったが、近年ではおみやげ用の雑貨・小物などを置く店が増加中。

住Singel 610-630
営9:00～17:30(日11:00～)　店により異なり、日曜休業の店もある
休一部の祝
T2、12 Koninginplein下車

日用品　アルバート・カウプ通り周辺

日用品市
Albert Cuyp Markt　Map 折込2表B5

下町ペイプ地区で開かれ、アムステルダムの台所といわれるほど。豊富で新鮮な魚、野菜、花、衣類、果物から屋台の食べ物まで、とにかく何でもある。アクセサリー、布、帽子など、ユニークなものも多い。

住Albert Cuypstr.　営9:30～17:00　休日、祝
URLalbertcuyp-markt.amsterdam　MDe Pijp下車
T4 、24 Marie Heinekenplein下車　3、12 De Pijp下車　※マーケットはどこもスリの格好の仕事場。十分に注意しよう。

アンティークなど　ワーテルロー広場東側

ワーテルロー広場ののみの市
Waterlooplein Markt　Map P.56-B3

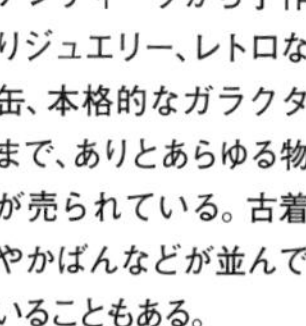

ワーテルロー広場で開かれるのみの市には、アンティークから手作りジュエリー、レトロな缶、本格的なガラクタまで、ありとあらゆる物が売られている。古着やかばんなどが並んでいることもある。

住Waterlooplein 2　営9:30～18:00
休日、一部の祝
URLwaterlooplein.amsterdam
M51、53、54 Waterlooplein下車
T14 Waterlooplein下車

食品、アンティーク、雑貨など　ニューマルクト広場

ニューマルクト広場の市
Nieuwmarkt Market

➲Map P.56-B2

土曜は、地元で取れた果物や野菜、チーズなどの食材が集まるオーガニックマーケットが開催される。夏場の毎週日曜には、アンティーク、雑貨、本などさまざまな商品が並ぶのみの市が開かれる。

住Nieuwmarkt
営10:00～18:30（土9:00～、日9:00～17:00）
月～金に野菜や花、チーズなどの屋台が出る小規模なマーケットもある。
M51、53、54 Nieuwmarkt下車

絵画など　レンブラント広場

美術品市
Rembrandt Art Market

➲Map P.56-B3

レンブラント広場で開催。芸術家たちが自分の作品をいっぱい並べて売っている。油絵やエッチング、デジタルアート、彫刻など、さまざまなアート作品が揃う。日曜の散策にはもってこいだ。

住Rembrandtplein　☎06.54702500
営3月中旬～10月の日10:30～18:00
休上記以外。気象条件などにより不定休もあり
URLrembrandtartmarket.nl
T4、14 Rembrandtplein下車

アンティーク　ダム広場西側

アンティークセンター
Antiekcentram Amsterdam

➲Map 折込2表 A3

オランダ最大の屋内アンティーク市場。1万点以上を扱っており、アンティークやビンテージのジュエリー、テーブルウエア、絵画などは、各ディーラーによる幅広いセレクション。年に数回、屋外マーケットも開催する。

住Elandsgracht 109　☎020.6249038
営11:00～18:00（土・日～17:00）
休火・祝
URLantiekcentrumamsterdam.nl
T5、7、19 Elandsgracht下車

古本　ダム広場南側

ブックマーケット
De Boekenmarkt

➲Map P.56-A3

週1回、金曜だけ、ベギン会院南のスパウの広場で開催される。オランダ各地から約25軒の書店が古書などを持ち寄って販売しており、古書のほか、版画、パンフレット、ポスター、雑誌も扱っている。

住Spui　☎020.4271999
営金10:00～18:00
休上記以外。気象条件などにより不定休もあり
URLdeboekenmarktophetspui.nl
T2、12 Paleisstraat下車

アンティーク 、雑貨、食品など　中央駅西側

ノーデルマルクト
Nordermarkt

➲Map 折込2表 A1

アンティークや古道具、古本のほか、衣類や雑貨なども並ぶのみの市。週2回開催され、月曜は古着や手芸用品、ブロカントとも呼ばれるガラクタのような古道具が並ぶ蚤の市。土曜は野菜、果物、チーズ、花などのオーガニックマーケット。

住Onneslaan 3　営月9:00～13:00頃、土9:00～16:00頃　オーガニックマーケットは土のみ　休上記以外
URLnoordermarkt-amsterdam.nl
URLbiologischenoordermarkt.nl（オーガニックマーケット）
T13、17 Westermarkt下車　中央駅より徒歩約13分

アムステルダムのホテル

Hotel

アムステルダムのホテルは、一般に清潔で安心できる。場所的にはアムステルダム中にあるといえるが、特に中央駅からダム広場にかけての地域、ミュージアム広場周辺に経済的なホテルが多い。さらに安く上げたい人は、ユースホステルや学生向けのホステルを狙うといい。
ヒルトンやオークラといった高級大型ホテルは、ライ国際会議場に近い、南部ザウド駅からライ駅の周辺にもある。下記の高級ホテルリストは、ツアーでもよく利用され、どこも設備は充実している。
アムステルダムには200軒以上のホテルがあるが、イースター休暇からキューケンホフが開園する花の時期、7･8月のバカンスシーズンにはかなり混みあうし、高額になることが多い。この時期に泊まる場合は、早めに予約しておくと安心。オンライン予約割引があるホテルもある。
宿泊料は、宿泊日、朝食を付けるか、予約の時期や方法など、さまざまな条件により細かく異なることが多いので、詳細は日程を決めてウェブサイトなどで確認を。

中央駅・ダム広場周辺

ダムラックの西側には、1階がレストランで上がホテルというところも多い。便利な場所だけに値段は少々高め。ダムラックの1本東側の通りWarmoesstr.にホテルもあるが、このあたりは飾り窓にも近いこともあり、安いホテルは特におすすめできない。

いつも人でいっぱいのダムラック

ミュージアム広場周辺

市内で最も落ち着いた地域。緑が多く、町なかの喧騒が信じられないほど静かだ。治安もよく、こぎれいなホテルが多い。美術館巡りに便利で、夜が楽しいライツェ広場も近い。

広々としたミュージアム広場

高級ホテル名	住所・電話・URL・アクセス	料金	
クラスナポルスキー Anantara Grand Hotel Krasnapolsky ★★★★★	➡Map P.56-A2　ダム広場周辺 住Dam 9　☎020.4990163 URL anantara.com T 4、14、24 Dam下車	€259～	
ドゥ・ルロープ de l'Europe ★★★★★	➡Map P.56-A3　ムント広場周辺 住Nieuwe Doelenstr. 2-14 ☎020.5311777　URL deleurope.com M 52 Rokin下車　T 14 Rokin下車	€439～	
ピュリツァー Pulitzer ★★★★★	➡Map 折込2表A2　ダム広場西側 住Prinsengracht 323　☎020.5235235 URL pulitzeramsterdam.com T 13、17 Westermarkt下車	€403～	
インターコンチネンタル InterContinental Amstel Amsterdam ★★★★★	➡Map P.54-B2　南東地区 住Professor Tulpplein 1　☎020.6226060 URL ing.com M 51、53、54 Weesperplein下車 T 1、7、19 Weesperplein下車	€426～	
オークラ Okura Amsterdam ★★★★★	➡Map P.54-B3　南部地区 住Ferdinand Bolstr. 333 ☎020.6787111　URL okura.nl T 12 van Hilligaertstraat下車	€259～	
ヒルトン Hilton Amsterdam ★★★★★	➡Map P.54-A3　南部地区 住Apollolaan 138　☎020.7106000 URL hilton.com　T 24 Minervaplein下車 / 5、24 Gerrit v.d. Veenstraat下車	€191～	

※ホテル室料は目安。日程や予約方法、条件により大きく異なる場合もある。特記がないかぎり、税金(City Taxを含む)や朝食は別料金。

高級ホテル名	住所・電話・URL・アクセス	料金
キンプトン・デ・ウィット Kimpton De Witt ★★★★	Map P.56-B1　中央駅周辺 住Nieuwezijds Voorburgwal 5 ☎020.6200500　URLwww.kimptondewitthotel.com　中央駅より徒歩約5分	€220～
ディ・ポート・ヴァン・クレーヴ Die Port van Cleve ★★★★	Map P.56-A2　ダム広場周辺 住Nieuwezijds Voorburgwal 176-180 ☎020.7142000　URLwww.dieportvancleve.com　T2、12、13、17 Dam下車	€160～
NH アムステルダム NH Amsterdam ★★★★	Map P.57-A1　ライツェ広場周辺 住Stadhouderskade 7　☎020.6851351 URLnh-hotels.com T1、2、5、12 Leidseplein下車	€126～
アポロ・アムステルダム Apollo Amsterdam ★★★★	Map P.54-B3　南部地区 住Apollolaan 2　☎020.6735922 URLmarriott.com T5、24 Gerrit v.d. Veenstraat下車	€145～

★★★★　ダム広場周辺

エステレア
Estheréa　Map P.56-A2

シンゲルに面している。ダム広場にも近く、中央駅からも比較的近距離で便利な立地条件。家族経営の中規模なブティックホテルで、部屋ごとに異なる優雅でおしゃれな内装。93室。

住Singel 303-309　☎020.6245146
料シャワー・トイレ付きⓈⓉ€271～
Wi-Fi無料　CCA.M.V.
URLestherea.nl
T2、12 Dam/Spui 下車

★★★★　ライツェ広場周辺

アムステルダム・アメリカン
Clayton Hotel Amsterdam American　Map P.57-A1

ライツェ広場にあり、アールデコスタイルの建物は国の文化財にも指定されている。ホテル内のカフェ・アメリカンも有名。町並みや中庭が見える部屋のほか、運河が望める部屋もある。175室。

住Leidsekade 97　☎020.5563000
料シャワー・トイレ付きⓈⓉ€206～
Wi-Fi無料　CCM.V.
URLclaytonhotelamerican.com-amsterdam.com
T1、2、5、7、19 Leidseplein下車

★★★★　東部地区

アレナ
Arena　Map P.55-C2

シンプルモダンなインテリアで、屋根裏風スイートルームも用意されている。日当たりがいい、Oosterparkの緑を眺めることができるカフェレストランではランチからディナーまで楽しめる。139室。

住's Gravesandestr. 55　☎020.8502400
料シャワー・トイレ付きⓉ€130～
Wi-Fi無料　CCA.D.M.V.
URLhotelarena.nl
T 1、7、19 K. 's-Gravesandestr.下車

★★★★　南部地区

アポロファースト
Apollofirst　Map P.54-B3

市の南部、ミュージアム広場にも近い、静かな環境の小規模ブティックホテル。落ち着いた内装で、シングルからアパートメントの部屋まで用意されている。朝食用ビュッフェ式レストランあり。40室。

住Apollolaan 123　☎020.5773800
料シャワー・トイレ付きⓈⓉ€102～
Wi-Fi無料　CCA.M.V.
URLapollofirst.nl
T5、24 Gerrit v.d. Veenstraat下車

★★★★ ミュージアム広場周辺

レオナルド・ブティック・ミュージアムホテル
Leonardo Boutique Museumhotel ➲Map P.57-B2

国立美術館やゴッホ美術館も近くにある便利な立地。シンプルでモダンな内装で、どの部屋にもエアコン、セーフティボックスなどがある。レストランが多いライツェ広場にも歩いていける。188室。

住P.C Hooftstraat 2 ☎020.6621402
料シャワー・トイレ付きⓈ€76～ Ⓣ€101～
Wi-Fi無料 CCA.D.J.M.V.
URLleonardo-hotels.com/amsterdam
T2、5、12 Museumplein下車

★★★★ 空港周辺

ノボテル・アムステルダム・スキポール・エアポート
Novotel Amsterdam Schiphol Airport ➲Map 範囲外

スキポール空港駅からひと駅のホーフトドルフから徒歩圏内。アムステルダム中央駅へも列車で30分ほど。アムステルダム中心部より、設備の割にお得に宿泊できる。ミニ冷蔵庫もあり便利。

住Taurusavenue 12, Hoofddorp
☎020.7219180
料シャワー・トイレ付きⓈⓉ€105～ Wi-Fi無料
CCA.D.M.V. URLall.accorhotels.com
ホーフトドルフ駅Hoofddorpから徒歩5分

★★★★ 東部地区

ランカスター
Lancaster ➲Map P.55-C2

動物園や水族館、植物園のあるエリアで、見どころにも比較的近い。スタンダードからスーペリア、4人部屋など、さまざまな設備や大きさの部屋が用意されている。ラウンジバーもある。92室。

住Plantage Middenlaan 48 ☎020.5356888
料シャワー・トイレ付きⓈ€84～ Ⓣ€98～
Wi-Fi無料 CCA.D.J.M.V.
URLthelancasterhotelamsterdam.com
T14 Artis下車

★★★★ 中央駅西側

セバスチャンズ
Sebastian's ➲Map 折込2表B1

カイザー運河沿いのブティックホテル。インテリアデザイナー、ヴィム・ヴァン・デ・オーデウィータリングによる温かく神秘的なイメージのインテリアで隠れ家的な雰囲気。136室。

住Keizersgracht 15
☎020.2445259 料シャワー・トイレ付きⓈ€209～
Ⓣ€224～ Wi-Fi無料
CCA.D.J.M.V. URLhotelsebastians.nl
中央駅から徒歩15分

★★★ 東部

ホクストン・ロイド
Hoxton Lloyd ➲Map P.55-C2

中央駅の東に位置し、歴史ある建物をモダンで居心地よく改装してある。2023年にイギリスなどに多い、ホクストン系列になり、内装なども変更された。レストランも併設している。136室。

住Oostelijke Handelskade 34
☎020.5613636 料シャワー・トイレ付きⓈⓉ€189～
Wi-Fi無料
CCM.V. URLthehoxton.com/amsterdam/lloyd
中央駅から徒歩15～20分 T26 Rietlandpark下車

アムステルダムのチャイナタウン

世界中どこにでもあるといわれる中華街。アムステルダムでは、地下鉄ニューマルクト駅、計量所あたり➲Map P.56-B2が「チャイナタウンChinatown」と呼ばれ、数十軒の中華レストランのほか、中華食品店、中国人理髪店、生活雑貨屋などがひしめく。

特に、小さな中華食堂のラーメン（バミスープ）は絶品。ぷりぷりのエビ団子いっぱいの水餃麺（スイカウ・メン）もおすすめ。ただし、ここは危険が多い飾り窓地帯と隣り合わせの地区なので、持ち物に注意する、ラフな服装で出向くなど各自で自衛を。（坂本）

★★★ 中央駅周辺

イビス・アムステルダム・センター
Ibis Amsterdam Centre

➡Map P.56-B1

駅のすぐ西側に隣接する、イビスのチェーンホテル。大規模ホテルだが、交通至便な立地条件なので混んでいることも多い。朝食はコンチネンタルビュッフェ。バーも併設している。363室。

住Stationsplein 49 ☎020.7219172
料シャワー・トイレ付きⓈⓉ€151～
Wi-Fi無料 CCA.D.M.V.
URLall.accorhotels.com
中央駅から徒歩約3分

★★★ ダム広場周辺

XOホテルズ・シティ・センター
XO Hotels City Centre

➡Map P.56-B2

中央駅とダム広場の間にある旧証券取引所の裏手。モダンな内装でエアコン、セーフティボックス、ネスプレッソなど設備も充実。3人部屋や4人部屋のほか、部屋により窓なしの場合も。111室。

住Beursstraat 11-19 ☎020.6220535
料シャワー・トイレ付きⓈ€84～ Ⓣ€94～
Wi-Fi無料 CCA.M.V.
URLxohotels.com
中央駅から徒歩約7分

★★★ 中央駅周辺

アベニュー
Avenue

➡Map P.56-A1

かつては東インド会社の倉庫だったという建物を利用したホテル。中央駅から近く、アンネ・フランクの家も徒歩圏内。部屋により、ややうるさい場合もあり。朝食はコンチネンタルビュッフェ。82室。

住Nieuwezijds Voorburgwal 33 ☎020.5309530
料シャワー・トイレ付きⓈⓉ€155～
Wi-Fi無料 CCA.M.V.
URLavenue-hotel.nl 中央駅から徒歩約5分
T2、12、13、17 Nieuwezijds Kolk下車

★★★ ダム広場周辺

ローキン
Rokin

➡Map P.56-A2

ダム広場とムント広場の中間あたり、ローキンRokin通り沿い。観光名所にも近く便利な場所にある。17世紀のタウンハウスを改装した部屋にはTV、ドライヤーといった設備も整っている。

住Rokin 73 ☎020.6267456
料シャワー・トイレ付きⓈ€116～ Ⓣ€130～
Wi-Fi無料 CCA.M.V.
URLrokinhotel.com
M52 Rokin下車 T4、14、24 Rokin下車

★★★ ミュージアム広場周辺

コーネリズ
Cornelisz

➡Map P.57-B2

高級ブランドショップが建ち並ぶ通りにある、ダッチデザインの内装がおしゃれなホテル。ミュージアム広場の近くで観光に最適。ウェブサイトで割引をしていることもある。50室。

住P.C. Hooftstraat 24 ☎020.6714785
料シャワー・トイレ付きⓈ€105～ Ⓣ€114～
Wi-Fi無料
CCA.D.M.V. URLhotelcornelisz.nl
T2、5、12 Museumplein下車

★★★ 中央駅南東

シティ・ホテル・アムステルダム
City Hotel Amsterdam

➡Map P.54-B2

フレンドリーな対応のファミリーホテル。かつてオランダ提督が住んだという、17世紀の歴史ある建物をモダンに改装している。ビュッフェ式の朝食付きで設備も充実している。3～4人部屋もある。

住Prins Hendrikkade 130 ☎020.6230836
料シャワー・トイレ付きⓈ€110～ Ⓣ€180～
朝食付き Wi-Fi無料 CCA.D.J.M.V.
URLcityhotelamsterdam.com
中央駅から徒歩約8分

★★★ ムント広場南側

アステリスク
Asterisk Map 折込2表 B4

ハイネケン・エクスペリエンスとは、運河を挟んで反対側。19世紀の建物を改装した家族経営のアットホームなホテル。朝食はビュッフェ式。ウェブサイトからの予約割引をしていることもある。

住Den Texstr. 16 ☎020.6262396
料シャワー・トイレ付きⓈ€104～ Ⓣ€131～
Wi-Fi無料 CCA.M.V. URLasteriskhotel.nl
M52 Vijzelgracht下車
T1、4、7、19、24 Vijzelgracht下車

★★★ 空港周辺

イビス・スキポール・アムステルダム・エアポート
Ibis Schiphol Amsterdam Airport Map 範囲外

チェーン展開しているホテルのうちの1軒で、スキポール空港近くにある。空港へは無料のシャトルバスも運行しており、所要約5分。ビュッフェなどのレストランやカフェも併設している。644室。

住Schipholweg 181 ☎020.7219171
料シャワー・トイレ付きⓈⓉ€108～
Wi-Fi無料 CCA.D.M.V.
URLall.accor.com
スキポール空港駅下車後、シャトルバス

★★★ 郊外

ヘッド・ハート・ファン・ウィスプ
Het Hart Van Weesp Map 範囲外

アムステルダムから列車で15分ほどの小さな町Weespにある。ハネ橋も架かる運河に面しており、古い教会や要塞などが残る、歴史ある町の散策もできる。城があるマウデン(→P.125)の町にも近い。

住Herengracht 35, 1382 AH Weesp
☎0294.419353 料シャワー・トイレ付きⓈ€129～
Ⓣ€139～ Wi-Fi無料
CCA.M.V. URLhartvanweesp.nl
Weesp駅から徒歩約7分

★★ ミュージアム広場周辺

ベルディ
Verdi Map P.57-A3

日本人が経営するアットホームなホテル。日本語でいろいろと質問できるのがうれしい。部屋も清潔で細かいところまで気配りが行き届いている。国立美術館やコンセルトヘボウに近く便利。

住Wanningstraat 9 ☎020.6760073
料シャワーまたはトイレ共同Ⓢ€55～ Ⓣ€68～
シャワー・トイレ付きⓈ€68～ Ⓣ€80～
CCM.V. URLhotelverdi.nl
T3、5、12 Concertgebouw下車

★★ レンブラント広場周辺

アトランタ
Atlanta Map P.56-A3

画家モンドリアンがスタジオにしたという屋根裏部屋も客室になっている。シャワー・トイレ共用の部屋もあり。レンブラント広場に面しており、ムント広場の花市場にも近い、にぎやかな立地。

住Rembrandtplein 8 ☎020.6253585
料シャワー・トイレ付きⓈ€110～ Ⓣ€150～
Wi-Fi無料
CCA.M.V. URLatlantahotelamsterdam.nl
T4、14 Rembrandtplein下車

★★ 西教会西側

アルプ
Alp Map P.54-A2

西教会やアンネ・フランクの家あたりまで徒歩15分ほどで、空港と結ぶ397番のバスが発着するターミナルから徒歩10分ほど。バルコニー付きやガーデンビューもある。朝食はビュッフェ形式。17室。

住De Clerqstraat 52 ☎020.6121210
料シャワー・トイレ付きⓉ€108～ Wi-Fi無料
CCA.M.V.
URLalphotel.nl T13、19 Bilderdijkstraat下車
3 De Clercqstraat下車

★★　ダム広場周辺

マノファ
Manofa　➲Map P.56-B1

ダムラックの中ほどにあり、中央駅から歩ける距離なので便利。階下がステーキハウスになっていて、宿泊者には割引あり。値段が安い窓がない部屋のほか、3人部屋や4人部屋もある。

住Damrak 46-48　☎020.6220990
料シャワー・トイレ付きⓈ€86～　Ⓣ€90～
Wi-Fi無料　CCA.J.M.V.
URLmanofa-hotel.com
中央駅から徒歩約5分

★★　レンブラント広場周辺

シティ・ホテル
City Hotel　➲Map P.56-B3

レンブラント広場に面した繁華街に位置するホテル。5人部屋や8人部屋もある。レンブラント広場には、バー、カフェテラス、レストランが多く、買い物にも食事にも、観光にもとても便利。

住Utrechtsestraat 2　☎020.6272323
料シャワー・トイレ付きⓈⓉ€122～　5人部屋と8人部屋はシャワー・トイレ共同
Wi-Fi無料　CCA.M.V.　URLcity-hotel.nl
T4、14 Rembrandtplein下車

★★　ライツェ広場周辺

ラ・ボヘーム
La Bohème　➲Map P.57-A1

家庭的な雰囲気の小規模ホテル。スタッフはフレンドリーで、飼い猫のジャッキーもいる。レセプションにはコーヒーなども。レストランが多いライツェ広場に近く、国立美術館へも徒歩圏内。18室。

住Marnixstraat 415　☎020.6242828
料シャワー・トイレ共同Ⓢ€109～　シャワー・トイレ付きⓉ€167～　Wi-Fi無料
CCA.M.V.　URLlabohemeamsterdam.com
T1、2、5、7、11、19 Leidseplein下車

ムント広場南側

スフィンクス
Sphinx　➲Map 折込2表B4

ハイネケン・エクスペリエンスからシンゲル運河を渡った所にある。部屋はシンプルな内装。1～5人部屋。シャワー・トイレ共同とシャワー・トイレ付きの部屋がある。朝食はコンチネンタル。39室。

住Weteringschans 82　☎020.6273680
料シャワー・トイレ共同Ⓣ€95～
シャワー・トイレ付きⓈ€75～　Ⓣ€120～　Wi-Fi無料
CCM.V.　URLsphinxhotel.nl　M52 Vijzelgracht下車
T1、4、7、19、24 Vijzelgracht下車

中央駅周辺

マイ・ホーム
My Home　➲Map 折込2表B1

1948年以来、世界各国からのバックパッカーにも人気の低予算のホステル。3～5人部屋もある。通り沿いにはショップも多い。中央駅から徒歩10分ほど。バスもあるが、歩いたほうがわかりやすい。

住Haarlemmerstr. 82　☎020.6242320
料シャワー・トイレ共同のみ　Ⓣ€90～　3人部屋やドミトリーもある　朝食付き　Wi-Fi無料　CCM.V.
URLamsterdambudgethotel.com
B18、21、22 Buiten Brouwersstraat下車

YH　ミュージアム広場周辺

ステイオケイ・フォンデルパーク
Stayokay Amsterdam Vondelpark　➲Map P.57-A2

広大なフォンデル公園の外れにある。大部屋のドミトリーのほか、部屋にシャワー・トイレが付いたプライベートルームもある。レストラン＆バーがあり、軽食、夕食も取ることができる。

住Zandpad 5　☎020.5898996
料料金はステイオケイのウェブサイトで確認を　YH会員は10％引き　Wi-Fi無料　CCA.M.V.
URLstayokay.com
T1、2、5、12 Leidseplein下車

北ホランド州

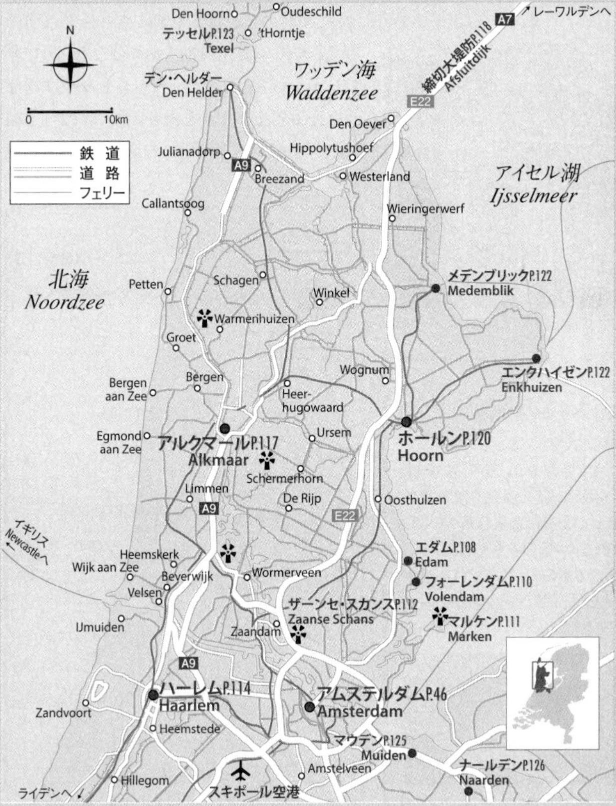

Netherlands

エダム

Edam

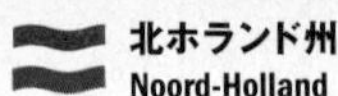

北ホランド州
Noord-Holland

運河に縁取られた田園風景を眺めながら、アムステルダムから北へ行くこと約25km、チーズで有名な町エダムに到着する。エダムのチーズは、この町の市はもちろん、アルクマールのチーズ市でも取り扱われている。エダムは小さな町だが、かつてはゾイデル海に面した港町として栄え、17世紀にはすでに50万個のチーズを輸出していたという。昔の町並みをよく残しており、れんが造りの家々、白いハネ橋と、まるで箱庭のようにまとまったかわいらしい町だ。

ACCESS

アムステルダム中央駅北側のバスターミナルからバス316、314番のエダムまたはホーールン行きのバスで約25〜30分。

観光案内所
住Stadhuis, Damplein 1
➡Map P.108
☎0299.315125
開11:00〜16:00
休一部の祝、不定休あり
URLvvvedamvolendam.nl

エダムの歩き方

バスを降りたら、運河に沿って右方向へ歩いていこう。白いハネ橋が見えてきたらそれを渡り、真っすぐ行くと**スペール塔Speeltoren**がある。町の中心は**ダム広場Damplein**。広場に面して建つ**市庁舎Stadhuis**の中に🅥がある。ダム広場の北側、運河に架かる石の橋ダムDamは、その名のとおり1569年に造られた水門の名残。エダムは小1時間もあればひと回りできてしまう小さな町だが、チーズやみやげ物などを売る店をひやかしたり、手入れの行き届いた家々が並ぶ運河沿いを歩いたりと、散策が楽しい町だ。

計量所前で行われる
チーズ市は軽快で楽しい

エダムのティーハウス

エダムのバス停から白いハネ橋を渡る手前に、白塗りの八角形の小さな館がある。運河沿いの邸宅の最も眺望のよい場所に、客と景色を眺めながらティータイムを楽しむために造られたもので、ティーハウスと呼ばれる。中国の亭や東屋、あるいは日本の茶室につながるもので、初めてお茶がオランダに輸入された17世紀の東洋趣味の歴史的な名残であるともいえそうだ。

エダムの見どころ

エダム博物館 Edams Museum

➡Map P.108

　ダム広場の正面にある、16世紀建造というエダムで一番古い家が博物館として公開されている。キッチンや寝室などが残されており、当時の人々の生活を知るうえで興味深いが、なかでも珍しいのが地下貯蔵室。なんと船のように水に浮かんでいる。

計量所 Waag

➡Map P.108

　1778年に建てられた計量所。現在はチーズ市の日以外は、エダムチーズなどを売る店になっている。丸い形をしたエダムチーズはとてもかわいらしくて、少し重いがおみやげに買いたくなる。

　計量所前の広場では、夏の間だけチーズ市が開かれる。白いシャツにズボン、赤いスカーフ、カラフルな帽子といったいでたちの運び人たちが、昔ながらのチーズ市を再現して見せてくれる。

聖ニコラース教会 Grote of St. Nicolaaskerk

➡Map P.108

　15世紀に建てられた教会で、17世紀のステンドグラスとオルガンがある。

チーズ市
7・8月の水曜、10:30～12:30に開催。8月にはイブニング・チーズ・マーケットも開催。2023年は8/12の20:30～22:00（スケジュールは観光案内所などで要確認）。
URL kaasmarktedam.nl

エダム博物館
住 Damplein 8
☎0299.372644
開 火～日10:00～16:30（11～3月は土・日のみ）市庁舎内にある別館は4～10月のみ
休 月、11～3月の月～金
料 €6（市庁舎2階にある小さな博物館の見学付き）
URL www.edamsmuseum.nl

計量所
開 10:00～17:00
休 10～3月
料 無料

聖ニコラース教会
住 Grote Kerkstr. 59
☎0299.371959
開 4月中旬～10月下旬
13:30～17:00（4月と10/1～10月下旬は～16:00）
休 10月下旬～4月中旬、イベント開催時　料 無料
URL www.grotekerkedam.nl

白いハネ橋を渡って村の中心へ

エダム博物館

チーズの露店

チーズ市始まりのドラを鳴らすお触れ役

聖ニコラース教会

エダムのホテル

Hotel

ダム L' Auberge Damhotel Edam ★★★

➡Map P.108

町の中心、ダム広場に面しており、観光に便利。小規模だが、創業は1803年と長い歴史を誇る。朝食はコンチネンタル。レストランが充実しており、ランチ、ディナーともに楽しめる。11室。

住 Keizersgracht 1
☎0299.371766
料 シャワー・トイレ付き
Ⓢ Ⓣ €145～　朝食付き　税別
Wi-Fi無料
CC M.V.
URL www.damhotel.nl

デ・フォーチュナ De Fortuna ★★★

➡Map P.108

運河沿いにあるホテル。17世紀に建てられた5つの家を修復し、内部を近代的に改装。運河沿いには色とりどりの花が咲く美しい庭もある。テラスのあるレストランも併設。23室。

住 Spuistr. 3
☎0299.371671
料 シャワー・トイレ付き　Ⓢ €99.50～129.50　Ⓣ €119.50～159.50
税別　朝食付き
Wi-Fi無料　CC A.J.M.V.
URL www.fortuna-edam.nl

※ホテル室料は目安。日程や予約方法、条件により大きく異なる場合もある。特記がないかぎり、税金（City Taxを含む）や朝食は別料金。

フォーレンダム

Volendam

北ホランド州
Noord-Holland

ACCESS
アムステルダム中央駅北側のバスターミナルからエダムまたはフォーレンダム行きのバス316番に乗り約30分。

観光案内所
住Zeestr. 37　☎0299.363747
開11:00～16:00
休不定休
URL vvvedamvolendam.nl

フォーレンダム博物館
住Zeestr. 41　☎0299.369258
開3/8～11/8 10:00～17:00
休11月初旬～3月初旬、王の日
料€6
URL volendamsmuseum.nl

エダムの南2.5kmの所にある小さな漁港フォーレンダムは、昔からの民族衣装で知られる町。黒のスカートに縞模様のエプロン、レースのとんがり帽子。こんなかわいい衣装を着て記念撮影ができる店も、湖畔にいくつかある。

バス停の近くには、フォーレンダム博物館Volendams Museumがあり、その一角がVになっている。博物館には、民族衣装などフォーレンダムの民俗や歴史に関する資料が展示されている。

博物館を出てZeestr.を右側に真っすぐ行くと、5分くらいで湖沿いの道Havenに出る。ここがフォーレンダム観光のメインストリート。みやげ物屋、レストランなどがずらりと並び、夏のシーズン中は多くの観光客でにぎわっている。チーズの製造過程を知ったり、試食して買い物ができるチーズファクトリーもあり、町にはレストラン兼ホテルが数軒営業している。

上:フォーレンダム博物館
左下:民族衣装を着て記念撮影
右下:季節によってはムール貝も

夏場は大にぎわいの湖沿いのHaven。マルケン・エクスプレスという船もここから発着する

Column Netherlands

冬は寒くて晴れがよい

オランダの冬は長い。10月半ばから翌4月頃まで、約半年が冬である。北緯52度と高緯度のため冬の日は短く、朝9:00にやっと白み始めたと思ったら、午後16:00にはまたとっぷりと暮れている。このわずかな「日中」に太陽も見えず、冷たい霧雨でも降っていようものなら、オランダ人はすっかり不機嫌になってしまう。

寒い冬のどこがいいのか？　寒い冬というのは、概して天気がいい。晴れるとシンと冷え込む。冷え込むと氷が張る。氷が張ればスケートができる！オランダは水辺だらけの国だから、家のすぐそばの運河や湖にも、晴れた日が続けば続くほど、寒くなれば寒くなるほど、厚く氷が張ることになる。世界でも有数のスケート大国、オランダ。家の中でスケート靴を履き、刃にカバーをかけてトコトコと近くの運河へとスケートをしに行く。これも、冬が寒くて晴れているからこそできること。

零下10度などという日が1週間も続けば、人々の目が輝いてくる。凍った自然の川を滑る、200kmのスケートマラソン、「11都市マラソン」が開催されるかもしれないからだ。1909年に始まって以来、まだ15回しか開催されていないこのスケートマラソンは国民的なお祭りで、1997年に開催されたときには、11年ぶりということもあり、国中が一気に盛り上がった。長い冬でも、昼間明るく、こんな楽しみさえあれば、オランダ人もご機嫌ということになる。　（鈴紀）

冬のオランダは北海から吹く風が強い

マルケン
Marken

北ホランド州
Noord-Holland

今は本土と堤防で結ばれているが、かつてはアイセル湖に浮かぶ小島だったマルケンは、フォーレンダムと距離的には近いにもかかわらず、衣装や家並み、宗教などもまったく違う。

マルケン・エクスプレスが着く船着場には、数軒のレストランが並び、緑に白い縁取りの家々は伝統的なオランダの漁村の風情を残している。その昔、この島は数々の水害に悩まされ、17世紀までは、人工の盛土の上に杭を打ち、家を建てていた。船を降りてすぐにある橋のあたりに、世界でも珍しい、高床式の小さな木造家屋が今も残っている。見どころは、民族衣装を展示したマルケル・ミュージアムMarker Museumのほか、バス停の近くには木靴製作も見られるショップKlompenmakerij Markenも。時間があれば、自転車かウオーキングで景色を楽しみながら、島の東端にある1839年建造の現役の灯台、パールド・ファン・マルケンHet Paard van Marken(マルケンの馬という意味)まで足を延ばすのもいい。

ACCESS

アムステルダムから‥アムステルダム中央駅からメトロ52番でNoord駅下車後、バス315番に乗り換えて約30分。アムステルダムで自転車を借りてマルケンを巡るのも、よく知られた自転車周遊ルート。
フォーレンダムから‥マルケン・エクスプレスという船で約30分。片道€10〜、往復€16.50〜。
フォーレンダムの民族衣装を着て撮影、チーズファクトリーへの入場付きといったパッケージもある。アイセル湖が凍結した場合は運休。タイムテーブルなど詳細はウェブサイトなどで確認を。
☎0299.363331
URL markenexpress.nl

緑の壁に三角屋根の家が並ぶ

マルケン・エクスプレスが着く船着場

上:マルケン・エクスプレスでフォーレンダムからマルケンへ
下:家々が建つ村の外れにある、木靴のワークショップ

Column Netherlands

自転車に乗って

「アムステルダムには5万台の自転車があり、年間6万台の自転車が盗まれる。1台が何回も盗み返されているからだ」という話がアムステルダムでは信じられている。ことほど左様に、自転車の数も自転車盗難の数も多い。自転車が、ごく当たり前の交通機関になっており、鍵のかかっていないのは「公共」交通機関であるとみなされて、誰かが乗っていってしまうのである。これは個人所有で公共の物ではない、と言いたい場合は、ガッシリした鍵で柱などに縛りつけておくことになる。

実際に統計を見ても、オランダには人口よりも多い数の自転車がある。買い物用のガッシリとしたセカンドハンドの自転車と、休日に楽しむスポーツ用の自転車と両方をもっているという人も多い。日曜に郊外の景色がいい所にいたりすると、白髪の老夫婦がスポーツ用の自転車を2台並べて、さっそうと走っていくのによく出会う。実に自転車を楽しんでいる。

なぜオランダに自転車が多いのか。第1に、山がなく、起伏が少なくて走りやすい。第2に、ガソリン代がかからず、環境を汚さず、健康にもいい自転車がオランダ人の合理精神に合っている。そして、オランダ人は雨にぬれても平気だし、何よりも体力がある。20kmほどの道のりを、毎日自転車で通勤するという人もいるほど。国や市でも自転車を奨励しており、古い町並みの細い道にも自転車専用のスペースを設けている。自転車と車の両方が通ることができない道では、車のほうを通行止めにしてしまうという徹底ぶりだ。名より実を取るといわれるオランダ人だが、環境汚染軽減にわずかとはいえ貢献しているという小さな誇りも最近では加わって、オランダの自転車たちはますます元気である。 (鈴紀)

マルケンへは
アムステルダムから自転車で
行くこともできる距離

北ホランド州 フォーレンダム マルケン

ザーンセ・スカンス

Zaanse Schans

北ホランド州
Noord-Holland

ACCESS

列車で‥アムステルダム中央駅からUitgeest行きの列車(各駅停車)で約20分、ザーンセ・スカンスZaanse Schans下車。ホームの地下道にある"Zaanse Schans"の看板のほうに出る。このStationsstr.を真っすぐ行った突き当たりを左に曲がって100mぐらい進むと大きな交差点に出る。ここを右折、目の前の橋を渡ればザーンセ・スカンスに着く。駅から約20分。
バスで‥アムステルダム中央駅北側のバスターミナルからConnexxionのバス391番でザーンセ・スカンスの入口まで所要約45分。

ザーンセ・スカンス
開見学は毎日可能。4〜10月のハイシーズン中は毎日、そのほかの季節は週末などに数日開館する施設もある。開館日時は場所により異なる。
料公園内への入場は基本無料。入場料が必要な施設もある。
URL dezaanseschans.nl

ザーンス・ミュージアム
ザーン地方を訪れてスケッチなどを残したという画家クロード・モネとザーンダムとのつながりを探る展示もある。
住Schansend 7
☎075.6810000
開10:00〜17:00
休1/1、6/13、12/25
料€14.50
URL zaansmuseum.nl

アムステルダムの北およそ15kmにあるザーンセ・スカンスは風車の村として知られているが、ここは村全体が博物館のような所。れんがを敷き詰めた小径を行くと、ザーン地方特有のグリーンの壁と白い窓枠の家々が並んでいて、メルヘンの世界に入り込んだ気分になる。しかし、これらの家々は最初からここにあったわけではない。古い物を大切にするオランダでも、17世紀頃の木造家屋はだんだん少なくなってきたため、村の人々が伝統的な民家や風車をここに移転させて保存することになった。いわばオランダの明治村だ。

家々が並ぶあたりには、オランダの骨董時計のコレクションが見学できる**時計博物館**、オランダのスーパーチェーン**アルバート・ハイン博物館**、伝統的なケーキなどを焼く**ベーカリー博物館**、**風車博物館**など、小さな博物館があちこちにあるので、看板を見て気に入ったものがあったら入ってみるといい。ちょっとしたおみやげが買えるところも多い。

"De Catharina Hoeve"という乳製品を購入することができる店もあり、伝統的なチーズ作りのデモンストレーションも開催している。この周辺には、アンティークの店や木靴作りの実演がある小屋、パンケーキを食べさせる小さなレストラン、みやげ物店など

上:製材風車の内部
中:自転車のレンタルもできる
下:ザーン地方独特の家

上:土手沿いに並ぶ風車を見ながら散策
下:木靴作りとチーズ作りの実演、粉ひき風車の売店のザーンマスタード

があるので、おみやげを買いたい人は帰り際に立ち寄ってもいい。

ザーン川に沿って建つ風車も見に行ってみよう。手前の風車は1802年から、からしの粉をひいており、このからしを“ザーンマスタード”の名前で売っている。川沿いの小径を進むと塗料を造る風車、種や木の実をすりつぶして油を取る風車、そして製材用風車が並んでいて、今も現役で活躍している。製材用風車では、材木を切るまでの説明を聞くこともできる。4〜9月のシーズン中は、ザーン川遊覧のボートやレンタル自転車の貸し出しもあるので、こうした足を使って巡るのも楽しい。

隣接するザーンス・ミュージアムでは、ザーン地方特有の歴史的なものとして、織工の家の再現、オランダの伝統工芸、20世紀初頭のチョコレートやビスケット工場などの展示がある。

上:チーズの試食販売もある
下:たくさんの木靴が売られている

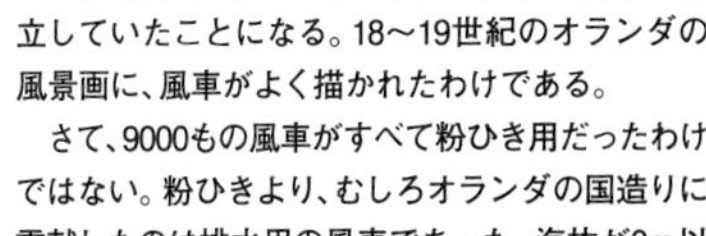

風車の話

オランダというと思い出されるのが、まずチューリップと風車。さらに木靴にチーズ、運河、アンネ・フランク、ゴッホにレンブラント、そして長崎の出島と口に出せる人はかなりのオランダ通といえよう。出島を除けば、すべてオランダが今、おおいに活用している観光資源の代表格のようなものである。なかでも風車は、オランダの風物を語るとき欠かすことのできない、シンボル的な存在だ。実際オランダを旅して、実物の風車の前に立ったとき、人々は一様に目を見張ってその大きさに驚嘆するに違いない。普通の家の3〜4階建てから、大型の風車になると5〜6階建てほどのものもある。

ところで、今はほとんど使われることもなくなった風車ではあるが、何の目的で造られたのであろうか。まず第一に、粉ひき用であった。風が羽根を回して回転のエネルギーを起こし、そして石うすを回す。ひいた粉はパンになる。

ここで、風力による粉ひきはどの程度の能力があったのか、資料で調べてみると、風車1基当たり約2000人分をまかなったとある。となると小さな村はいざ知らず、アムステルダムのような都市になると、当時の人口で近隣の村から粉を買ったことを計算に入れても、数十基もの風車が必要であったはずである。

そして確かに、数は確かではないが、非常に多くの風車がアムステルダムにあったのである。18〜19世紀頃の木版による都市や村の俯瞰図とか、古地図などに克明に描かれているのだ。それをよく見ると、今はほとんどが消滅してしまったが、昔は村や町を取り囲むように、あるいは城壁の上に、ずらりと並んでいる。19世紀、最も風車が活躍した時期に、オランダ全土で約9000もの風車があったというから、大げさにいえばオランダ中に風車が林立していたことになる。18〜19世紀のオランダの風景画に、風車がよく描かれたわけである。

役割によって違う風車の内部を見学するのも興味深い

さて、9000もの風車がすべて粉ひき用だったわけではない。粉ひきより、むしろオランダの国造りに貢献したのは排水用の風車であった。海抜が0m以下の土地が国土の4分の1もある低地オランダでは、常に水との闘いに明け暮れていた。洪水の恐怖から逃れるには、湧き出る水を排出せねばならない。そこで、常に北海から吹きつける無限の風エネルギーに託して、オランダ人は工夫に工夫を重ねて、せっせと排水用の風車を造ったのである。この風車では石うすの代わりに水車を回し、アルキメデスが考案したというらせん状の水揚機で、汲んだ水を周辺に築いた土手の外へ吐き出し続けたのである。古い記録によれば、アムステルダムの北約30kmにあるベームスターBeemsterの湖は、1608年から1612年にかけて、26基の風車が昼夜休みなく排水を続けて干拓したとある。

19世紀後半になり、蒸気機関の発明で風車は急速に姿を消し始めるが、国民の間で保存を求める声が高まり、国もこれを認めて、風車保存協会が誕生する。一時は、古い風車をかたくなに守っている人々は、時代についていけない古い人間といわれたときもあるとか。現在では、約950基が残されて重要文化財並みに扱われ、維持されている。オランダのシンボルは数は少なくなったとはいえ、今も健在である。 (猪瀬)

キンデルダイクやライデン、デルフトのほか、アムステルダム郊外など、オランダ各地で風車を見ることができる。

Netherlands

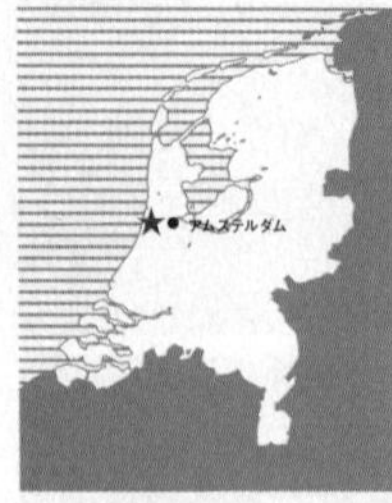

ACCESS

アムステルダム中央駅から列車で約15～20分。

ハーレム

Haarlem

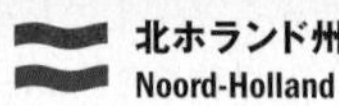

アムステルダムの西20kmにあるハーレムは、北ホランド州の州都であり、れんが造りの古い切妻屋根の家並みが続く古都。ニューヨークのハーレムの地名は、オランダ人がニューハーレムと命名したためで、この町の名前が起源となっている。

町のあちこちで歴史を感じさせる家のファサードが見られ、散策の途中に、絵になりそうな路地や中庭を見つける楽しみもある。

観光案内所
住Grotemarkt 2 ➡Map P.114
☎023.5317325
開10:00～17:00
（日11:00～15:00）
休不定休
URL www.visithaarlem.com

花のパレードには要注意
花パレード（→P.160）の終点でもあるこの町は、例年たいへん混雑する。ホテルも満室のことが多く、交通機関も通常運行しない。夜には花火も打ち上げられ、グローテ・マルクト周辺は真夜中までにぎわう。

上:スパールネ川に架かるハネ橋　右上:川沿いの風車Molen de Adriaan
右下:テイラー美術館北東の川沿いで見つけたテイラーズホフィエTeylershofje

ハーレムの歩き方

駅から商店の並ぶKruiswegを抜け、運河を渡り、約10分で町のヘソ、聖バフォ教会が堂々とそびえるグローテ・マルクトGrote Marktに到着。グローテ・マルクトとは、“大きな市場”という意味。この広場に面した市庁舎の一角にⓋもあり、周囲にはショップやレストランも多い。

フランス・ハルス美術館ホフへはグローテ・マルクトから南に徒歩5分。美術館のある小路Groot Heiliglandは、まさに“絵のような”という形容詞がふさわしい美しい古い道。対面の歴史ある建物は、現在考古学やモダンアートのミュージアムとして使われている。

町の東側、テイラー・ミュージアムの前を流れるスパールネ川には白いハネ橋が架かり、切妻屋根の家々とは絶妙なコンビネーション。少し北へ行けば川の対岸に風車も姿を見せる。静かなホフィエHofjeを訪れてもいい。ホフィエとは、かつての救貧院だった建物の中庭。一般住人がいるので、迷惑にならないように訪れよう。

ハーレムの見どころ

聖バフォ教会 Grote of St. Bavokerk

Map P.114

15世紀建造のカトリック教会。高さ80mの優美な塔をもつ、後期ゴシック様式の堂々とした建物だ。1766年、10歳のモーツァルトが弾いたというクリスチャン・ミューラーChristiaan Müller作のパイプオルガンが有名。7月には1年おきにハーレム国際オルガン音楽祭が開催され、このパイプオルガンが大活躍する。内部にはこの町で活躍した画家フランス・ハルスの墓もある。

荘厳なパイプオルガン

旧肉市場 Vleeshal

Map P.114

ハーレム生まれの建築家、リーヴェン・デ・ケイLieven de Keyの手による北方ルネッサンスを代表する建築物（右写真の左側の建物）。1603年に肉屋のギルドのために建てられた。現在は魚市場など3つの歴史的な建物を合体させ、フランス・ハルス美術館のひとつハルHalとして近現代アートの企画展を催している。

市庁舎 Stadhuis

Map P.114

グローテ・マルクトの西側に建つ14世紀建造のゴシック様式の館。左側の階段上部はルネッサンス様式の造りになっている。1階にはホランド伯爵の部屋Gravenzaalがあり、歴代のホランド伯の肖像画が並ぶ。残念ながら通常の見学は不可。

フランス・ハルス美術館ホフ Frans Hals Museum Hof

Map P.114

1608年建造の養老院の建物を利用した美術館。玄関の上の彫像にも歴史が感じられ、一見の価値ある建築物だ。モダンな館内には、フランス・ハルスFrans Halsの手による集団肖像画や風俗画が展示されている。17世紀のオランダは新教徒のつくった連邦共和国だったので、画家への注文主は教会や国王ではなく市民たちであった。彼ら市民の好んだものは、組合員の肖像や日頃自分が大切にしているもの、すなわち自分たちの生活そのものだった。美術館にあるハルスの集団肖像画を眺めていると、経済大国オランダの市民の生活や自負が生きいきと伝わってくる。

そのほかにもこの町で活躍したハーレム派の画家たち（風景画家ライスダールRuisdaelなど）の絵、銀器のコレクションや、1750年製作の人形の家などが展示されている。

フランス・ハルスらの絵画に現代アートも織り交ぜたおもしろい展示形態

聖バフォ教会
住Grote Markt 22
☎023.5532040
開月〜土10:00〜17:00
休日・祝　料€4
URL bavo.nl
オルガンコンサートは5月下旬〜10月上旬の火曜夜と8月の木曜午後。カリヨンコンサートは月12:00〜13:00、金12:30〜13:00。いずれもプログラムなど詳細はウェブサイトで確認を。

フランス・ハルス美術館ハル
住Grote Markt 16
☎023.5115775
開11:00〜17:00
(12/24・31 〜16:00)
休月、1/1、王の日、12/25
料フランス・ハルス美術館ホフとの共通券€16　現金不可
URL franshalsmuseum.nl

現代アートの企画展が多いハル

市庁舎
市庁舎の一角にあるビジターセンター「Anno Haarlem」では、ハーレムの歴史を知る短い動画を観ることができる。
住Grote Markt 2
Anno Haarlem　開11:00〜16:00　休日・月　料無料

ビジターセンターやⓋもある市庁舎

フランス・ハルス美術館ホフ
住Groot Heiligland 62
☎開休料URL フランス・ハルス美術館ハルと同じ

ハーレムのショップ散策
高級路線のショップが多いグローテ・マルクト西側のZijlstr.のほか、南側の小路Koningstr.、Grote Houtstr.、Schagchelstr.、Warmoesstr.、Kleine Houtstr.には、小さくて個性的なショップが点在する。
Botermarktでは金曜にオーガニックマーケットが開催され、周辺にはレストランやカフェもある。

テイラー・ミュージアム
住Spaarne 16
☎023.5160960
開火～金 10:00～17:00
(4/27・6/3 12:00～、12/5・24・31 ～16:00)
休月、1/1、12/25
料€15
URLteylersmuseum.nl

川沿いのテイラー美術館

コリー・テンボームハウス博物館
ガイドツアーのみで所要約1時間。英語ガイドは難易度が高め。ウェブサイトから要予約。学校休暇中や週末は混み合うため早めの予約を。
住Barteljorisstr.19
☎023.5310823
開英・蘭・独語のツアーあり。不定期なので日程はウェブサイトで確認を。
休日・月、1/1、王の日、キリスト昇天祭、12/25・26
料無料(寄付金を希望)
URLcorrietenboom.com

テイラー・ミュージアム Teylers Museum

➲Map P.114

グローテ・マルクトの東側、スパールネ川沿いにある、1778年開館のオランダ最古のミュージアム。4000枚に及ぶデッサンを所蔵し、なかにはレンブラントやミケランジェロの作品もある。鉱物のコレクションなど、自然科学部門の展示も充実。

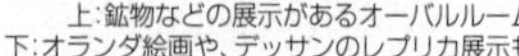

上:鉱物などの展示があるオーバルルーム
下:オランダ絵画や、デッサンのレプリカ展示も

コリー・テンボームハウス博物館 Corrie Ten Boomhuis

➲Map P.114

第2次世界大戦中のユダヤ人の隠れ家としては、アムステルダムのアンネ・フランクの家が有名だが、ここハーレムにも隠れ家が残っていることはあまり知られていない。この町で時計店を経営していたオランダ人のテンボーム家は、信仰をとおして地下組織レジスタンスのグループに協力し、数多くのユダヤ人の命を救う。しかし、1944年2月28日、テンボーム家は家宅捜査を受け、家族やその場を訪れた友人およそ30人が次々に連行された。収容所で父カスパーや姉ベッツィを失い、ひとり生き残ったコリーは、戦後執筆活動に取り組み、その著書を通じ、戦争の悲惨さと信仰の尊さを訴え続けた。隠れ家だったこの家は、1988年にコリー・テンボームハウス博物館として生まれ変わり、ガイドが当時の様子が目に見えるかのように案内してくれる。

Hotel

ハーレムのホテル

4つ星の高級ホテルのほか、経済的で小規模な宿も多い。

リオン・ドール Lion d'Or ★★★★

➲Map P.114

駅前広場にあり、空港へのバス停留所もすぐそば。観光ポイントも徒歩圏内。客室はエアコン完備で快適。カフェ、バーも充実している。シャワー/バス・トイレ付き。55室。禁煙。

住Kruisweg 34-36
☎023.5321750
料Ⓢ€114～ Ⓣ€129～
朝食€17.50
税別 Wi-Fi無料
CCA.J.M.V.
URLwww.hotelliondor.nl

B&Bホテル・マルツ B&B Hotel Malts ★★★

➲Map P.114

町の中心部グローテ・マルクトからシックなショッピングストリートを抜けた所にある。朝食はビュッフェスタイル。全室テレビ、シャワー、トイレ付き。全14室。

住Zijlstraat 58
☎023.5512385
料ⓈⓉ€115～225
朝食付き 税別 Wi-Fi無料
CCM.V.
URLwww.maltshotel.nl
1月初旬～2月初旬は休業

※ホテル室料は目安。日程や予約方法、条件により大きく異なる場合もある。特記がないかぎり、税金(City Taxを含む)や朝食は別料金。

アルクマール
Alkmaar

北ホランド州
Noord-Holland

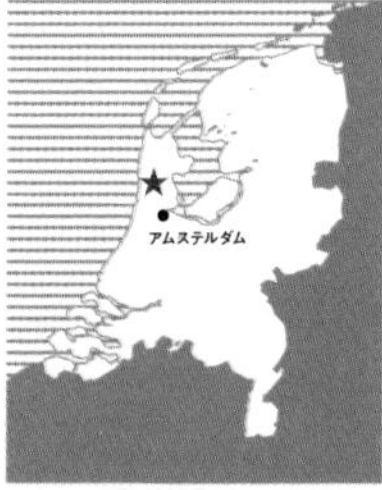

チーズ市を明朝に控えて、アルクマールの木曜の晩は、町中にわくわくどきどきした空気が流れている。露店もそろそろと準備を始め、泊まりの観光客はぞろぞろ夜道を歩いている。週に一度の大舞台のために、人々は集まり、心躍らせる。金曜の10:00から始まるチーズ市は、かつて開催されていたチーズのせり市の再現で、すでにひとつのショー、エンターテインメントなのだ。

ACCESS

アムステルダム中央駅からデン・ヘルダーDen Helderかアルクマール行きのICで35～40分。

アルクマールの歩き方

駅は町の北西にある。駅前のStationswegを右へ進み、大通りに出たら左に曲がる。200mほどでBergerbrugの橋を渡ることになる。橋を渡って真っすぐ行くと、右側に聖ローレンス教会が見えてくる。教会の先を右に折れるとKoorstr.の先、右側にピートの風車Molen van Pietがある。教会から、真っすぐLangestr.を行けばすぐ右側に後期ゴシック様式の市庁舎が建っている。この通りと、左側に並行するGedempte Nieuweslootがメインストリートで、チーズ市の日には露店がいくつも並ぶ。

さらに進んでHouttilを左に折れるとすぐ、塔のある計量所が見えるが、ここにⓥがある。ⓥの北側が、チーズ市の開かれるワーフ広場Waagpleinだ。チーズ市のイベントは、とても人が多いので、少し早起きしてベストポジションを確保したい。

観光案内所
住Waagplein 2 Map P.117
☎072.5114284
開月～土9:30～17:00
日11:30～16:30
休1/1、王の日、12/25・26
URL alkmaarprachtstad.nl

チーズ市
通常3月最終週～9月最終週の毎週金曜、10:00～13:00。7・8月の毎週火曜19:00～21:00はイブニング・チーズマーケットが開催される。
URL kaasmarkt.nl

運河に囲まれたアルクマールの町

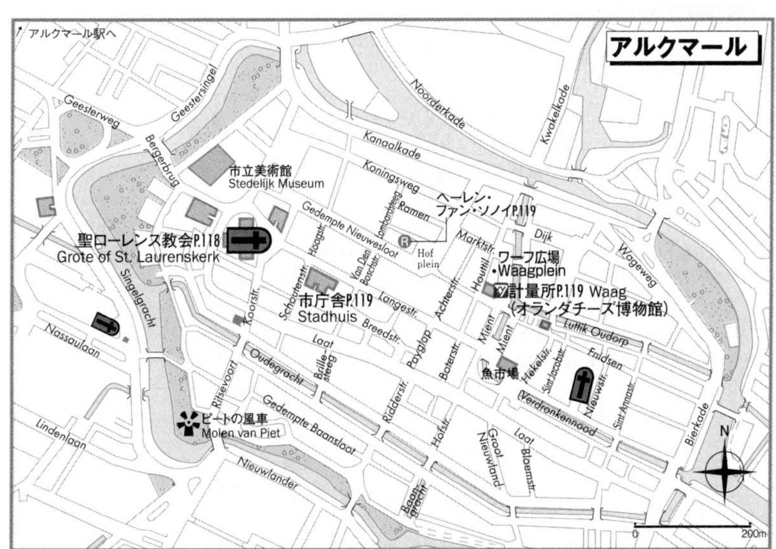

運河クルーズ
町並みの説明を聞きながら、橋の下をくぐり抜けていく、少しスリリングなクルーズ。頭がつかえそうなポイントに来ると、「頭に気をつけて!」というアナウンスがあるので、それに合わせてかがむこと。1時間おきに運航。計量所横の乗り場から出発。所要約45分。ただし、天候などにより運航しないこともある。
☎06.53714608 開4～10月の月～土、5～9月は日曜も運航。出発時間は要確認 休11～3月、4・10月の日曜 料€8.50
URL rondvaartalkmaar.nl

聖ローレンス教会
住Koorstr. 2 ☎072.5140707
開11:00～17:00
(4月～5月下旬の金9:00 ～)
休9～4月(イベント時や学校休暇中に開館することもある)、4月～5月下旬の日～水、5月下旬～9月下旬の月 料無料
URL grotekerkalkmaar.nl(オランダ語)

このあたりにも露店が多い

アルクマールはショップの数も多く、LaatやLangestr.あたりにショップが固まっているほか、少し高級なブランドショップならRitsevootやHouttilで。休憩したり食事を取るなら、チーズ市のあるワーフ広場の周辺のほか、運河沿いのVerdronkennoodあたりにもよさそうなレストランがある。

運河クルーズも楽しい

ストリートオルガンの音色がにぎやかに響く

アルクマールの見どころ

聖ローレンス教会 Grote of St. Laurenskerk

➲Map P.117

15世紀末から16世紀初めにかけて建てられたプロテスタント教会。内部には1645年にヤコブ・ファン・カンペンによって作られた大オルガンと、オランダで最も古い楽器のひとつである1511年作の小オルガンがあり、時期によってはオルガンコンサートが開かれる。

澄んだオルガンの音色に聴き入る人も多い

Column Netherlands

締切大堤防 Afsluitdijk

6年の歳月をかけて造られた大堤防

北ホランド州とフリースランド州を結ぶ全長約32kmの大堤防➲Map P.107。長年水害に苦しんできた北海沿岸の地域を荒波から守るため、1932年に建造された。この大工事の結果、大堤防の外側は北海、内側は大きな淡水湖(アイセル湖)となった。これを分けるように延びた大堤防の上は、現在高速道路になっている。

北ホランド州側の起点より約5km先にアフスラウテダイク・モニュメントAfsluitdijk Monumentがあり、観光地というわけではないが、記念碑のほかに大堤防を見渡せる展望台や小さなカフェもある(2023年9月現在、改修のため閉鎖中。再開は2024年夏以降の予定。URL www.deafsluitdijk.nl)。レーワルデン側にある体験型のワッデン・センター(URL afsluitdijkwaddencenter.nl)も見学できる。

アルクマール～レーワルデンは、バス(Qライナー)350番で片道約2時間。公共交通機関Arrivaのフリースランド州内のバス、列車、Qライナーに乗り放題1日切符Dal Dagkaart Fryslân Bus＋Trein＋Qlinerを使うこともできる。(€23.75。平日は9:00以降、週末と祝日は終日利用可。ただし列車は平日の9:00以前と16:00～18:30は利用不可。Qライナーでは、金18:00～日曜の間、週末往復切符として利用可。途中下車可、アルクマールからも使用可。車内購入の場合は現金不可)。
URL arriva.nl
締切大堤防は暴風時、またメンテナンスなどで車両通行止めとなる可能性があり、その際はバスも運休する。

市庁舎 Stadhuis

➡Map P.117

後期ゴシック様式の建物の中には、ルネッサンス様式の市長の部屋をはじめ、独特の木製の天井やアンティークの家具、日本や中国の陶磁器もあるが、残念ながら現在は見学不可能。

市庁舎

新鮮なチーズの屋台も出ている

計量所 Waag

➡Map P.117

もともとは14世紀に建てられた礼拝堂を、1582年から計量所として使っている。建物内のオランダチーズ博物館Hollands Kaas-museumには、オランダのチーズやバター作りの道具が年代順に展示されている。ほかにも民族衣装やチーズの製造過程を説明する映像もあり、売店にはチーズに関する本や、おみやげ、各種チーズなどが売られている。

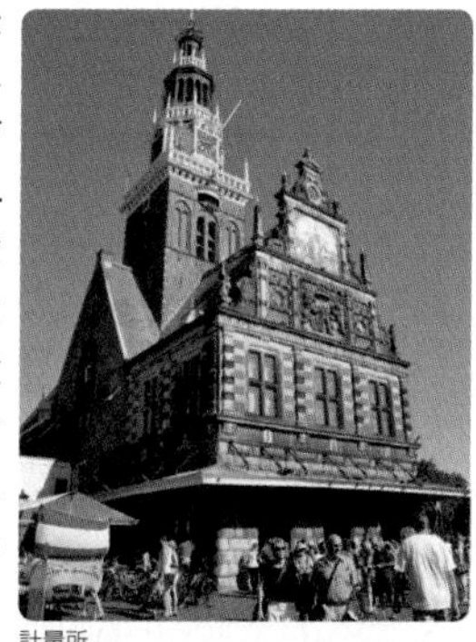
計量所

オランダチーズ博物館
住Waagplein 2 ☎072.5155516
開月～土10:00～16:00
日・一部の祝13:00～16:00
(チーズ市開催中は金9:00～)
休1/1、王の日、12/25・26
料€5
URL kaasmuseum.nl

チーズ作りに関する展示がたくさん

重たいチーズをユニークな動きで力強く運ぶ

露店でチーズの試食もできる

計量所での風景

アルクマールのレストラン
ヘーレン・ファン・ソノイ
Heeren van Sonoy
小さなホフ(庭)Hof van Sonoy脇のレストラン。
住Hof van Sonoy 1 ➡Map P.117
☎072.5121222 営毎日11:00～24:00(金10:00～)
休要確認 Dスマートな服装で
予週末は予約が望ましい CCM.V.
URL www.heerenvansonoy.nl

ヘーレン・ファン・ソノイ

アルクマールのホテル

Hotel

アルクマールはホテルは少ないが、味に定評のある中級レストランは多い。

スタッド・エン・ランド Stad en Land ★★★

➡Map 範囲外

駅前にあるホテル。駅と町の中心が少し離れているので、荷物を置いて町に出られるのは便利。チーズ市の前日は混み合うことも予想されるので、早めの予約が必要かもしれない。25室。

住Stationsweg 92-94
☎072.5123911
料シャワー・トイレ付き
Ⓢ€78～ Ⓣ€95～
Wi-Fi無料 CCM.V.
URL stadenlandhotelalkmaar.nl

※ホテル室料は目安。日程や予約方法、条件により大きく異なる場合もある。特記がないかぎり、税金(City Taxを含む)や朝食は別料金。

ホールン

Hoorn

北ホランド州
Noord-Holland

ACCESS

アムステルダム中央駅からエンクハイゼン行きの列車で約35分。1時間に2本あり。

観光案内所
住Schuijteskade 1
Map P.120外 ☎0229.855761
開12:00～16:30
休月～水
開館日時は変更の可能性あり
URL visithoorn.nl

西フリージアン博物館
2023年9月現在、改修のため休館中。再開は未定。
住Roode Steen 1
Map P.120
☎0229.280022
URL wfm.nl

今は小さな田舎町といった風情だが、17世紀のオランダ東インド会社(V.O.C.)全盛の頃に栄えた港町。当時は、ジャワ(インドネシア)から持ち帰った宝石類で身を飾った女性たちが、町を闊歩したという。このオランダ黄金時代の品々や建物を観ることができるのが、町の中心**ローデ・ステーン広場Roode Steen**にある**西フリージアン博物館Westfries Museum**。17世紀建造の建物で、ファサードの美しさと調度品の豊富さを誇る。鎖国当時の長崎の絵や、ジャワを発見したこの町生まれの第4代オランダ東インド会社総督ヤン・ピーテルスゾーン・クーンJan Pieterszoon Coenの航海に関する資料は興味深い。特に栄華を誇った東インド会社ゆかりの品々は、アンティーク好きにはたまらないだろう。向かいは1609年に建てられた**計量所Waag**で、現在はレストランになっている。

ローデ・ステーン広場にはクーンの像が立つ

室内の調度品や絵画(右上)のほか、中庭もあり(右下)、見応えがある西フリージアン博物館

ホーフト塔上部のユニコーンはホールンの紋章

Appelhavenあたり（上）と東門（下）

旧市庁舎スタテンポールト（上）
20世紀博物館（下）

駅方向から広場に向かって延びる大通りGrote Noordは、町いちばんのショッピングゾーン。この通りの西側にほぼ並行して走るアイセル湖畔の道、Westerdijkを歩くのも気持ちがいい。

南のAppelhavenからホーフト塔Hoofdtorenまでのエリアは、静かな運河とハネ橋に情緒を感じる。ホーフト塔は、かつて要塞だった建物で、今はレストラン。少し南に行くと🅥や、ブラウン管のテレビや家具、雑貨など、少々懐かしさを感じる生活雑貨の数々がたっぷり詰まった**20世紀博物館Museum van de 20ste Eeuw**があるので、立ち寄ってみるのもいい。その先の昔からの船着場Oostereilandは、ボートが係留されたハーバーになっていて、夏場には、水の国オランダらしくボートでゆったり過ごす人々も多い。

スタテンポールト
休館中の西フリージアン博物館の代わりに、ホールン旧市庁舎スタテンポールトStatenpoort内の部屋を改装して、ホールンについての物語を知ることができるマルチメディア展示をしている。
住Nieuwstr. 23 ➡Map P.120
開10:00～16:00
休月、一部の祝 料€7.50
URL discoverhetstoryvanhoorn.nl

20世紀博物館
住Krententuin 24
➡Map P.120外
☎0229.214001
開10:00～17:00
土・日・一部の祝 12:00～17:00
休1/1、王の日、12/25 料€10
URL museumhoorn.nl

Column Netherlands

ミニSLと遊覧船で回るアイセル湖畔の旅

チューリップ畑を眺めながら乗ってみたい

ミニSLでは約200人が交替で働いており、ほとんどがボランティア

楽しさいっぱいのミニSLや水上の景色を堪能できる遊覧船を利用して、アイセル湖沿いのホールンとエンクハイゼンなどを1日かけて巡ってみよう。ホールンからメデンブリックへと向かうミニSLの線路沿いには、4月中旬からチューリップの花畑を見ることもできる。

ミニSLの片道€15.50、遊覧船の片道€12.75。さまざまなセットチケットも発売されており、ミニSLと遊覧船のセット€25.95、ミニSLの往復券€25.95、ミニSL、遊覧船、エンクハイゼンのザウダーゼー博物館への入場がセットになったコンビチケット€39.95などもある。チケットは駅またはオンラインで購入する。

ミニSLと遊覧船のメイン運行はおおむね4～9月。10～12月は週末や学校休暇中のみが多い。発着時刻などの詳細は日により異なるので、ウェブサイトなどで確認を。ホールン～メデンブリックのミニSLの乗り場は駅の裏側にある小さな駅舎から。ミニSLや遊覧船の中では軽食なども販売している。

ミニSL駅 住Van Dedemstraat 8 ➡Map P.120
Museumstoomtram Hoorn-Medemblik
☎0229.255255 URL stoomtram.nl

エンクハイゼン
Enkhuizen

北ホランド州 Noord-Holland

ACCESS

ホールンからICで約25分、アムステルダム中央駅からは約1時間。

観光案内所
住Tussen Twee Havens 1
☎0228.313164
開8:00～17:00
（月9:30～16:00）
休1/1、12/25・26（予定）
URL visitenkhuizen.nl

ボトルシップ博物館
住Zuiderspui 1 ☎0228.318583
開土～月12:00～17:00
休火～金、1/1、12/25・26・31
料€6 URL flessenscheepjesmuseum.nl

ボトルシップ博物館

ザウダーゼー博物館
住Wierdijk 18 ☎0228.351111
開10:00～17:00
休1/1、12/25。屋外展示は10月下旬から3月下旬は休業
料3月下旬～10月下旬€19.50、10月下旬～3月下旬€9.50
オンライン割引あり
URL www.zuiderzeemuseum.nl

今ではすっかり静かな港町になってしまったが、かつては日本の長崎へも帆船が出航したという古い港をもつ。富裕な商人たちの町だったエンクハイゼンの紋章は3尾のニシン。今でもかつての栄光の名残が町のいたるところで見られる。

駅前には🅥とメデンブリックやサウダーゼー博物館へ行くボートの乗り場がある。駅前の港に沿って東へ歩いていくと、16世紀の要塞だった**ドロムダリスの塔Drommedaris**があり、現在は劇場やカフェなどの文化施設になっている。

格好の被写体である塔の前の真っ白なハネ橋を渡り50mほど行くと、右側に瓶に詰めた船の模型を集めた**ボトルシップ博物館Flessenscheepjes Museum**の小さな建物がある。ここを越えてすぐの通りを右に折れ、ハネ橋を渡り、湖沿いの道を左にしばらく進むと、オランダ東インド会社（V.O.C.）の旧倉庫を利用した**ザウダーゼー博物館の屋内展示Zuiderzeemuseum（binnenmuseum）**。展示はザウダーゼー（現在はアイセル湖）の歴史や民族衣装、木製の船など。すぐそばにある湖畔の広い敷地にある屋外展示、**ザウダーゼー博物館Zuiderzeemuseum（buitenmuseum）**では、海沿いにひとつの村を造り、昔のこの地方の暮らしをそのまま再現。さながらオランダ村の漁村版で体験型の展示が楽しめる。漁に関するものから、パン屋、教会など140もの古い家や店などがあり、さまざまな実演も行われている。

帰りは、町の中心、チーズ広場Kaasmarktのチーズ計量所、**西教会Westerkerk**にも立ち寄ってみたい。

ドロムダリスの塔

ザウダーゼー博物館（屋外）には焼いたニシンを食べられる所も

屋内展示のマルケンの民族衣装

エクスカーション

メデンブリック Medemblik

➲Map P.107

ACCESS

メデンブリックへは、ホールンからバス139番で約35分。またはホールン駅裏からミニSL（→P.121）で約1時間20分。

観光案内
URL vvvmedemblik.nl

ラドバウト城
住Oudevaartsgat 8
☎0227.541960
開11:00～17:00（学校休暇中、イベント開催時は変更の可能性あり）
休月、1/1、王の日、12/25・26、不定休あり 料€9
URL kasteelradboud.nl

カフェもあるラドバウト城

パン博物館
住Nieuwstraat 8 ☎0227.545014
開火～日 11:00～17:00
休学校休暇中を除く月、1/1、王の日、12/25・26、不定休あり
料€8.50
URL deoudebakkerij.nl

フロリス5世によって建てられた**ラドバウト城Kasteel Radboud**がある小さな町。ホールンからメデンブリックの町に向かう小さなSLは、緑の田園地帯をゆっくりと走る。SLでの旅は童心に戻れること請け合い。駅から続くレストランなどがある道を真っすぐ歩き、橋を渡り左折すると城に着く。徒歩約15分ほど。

また、駅前にある**パン博物館De Oude Bakkerij**では、1800～1960年のコレクション展示があり、ショップには手作り菓子も。

テッセル

Texel

北ホランド州 Noord-Holland

北ホランド州の港町デン・ヘルダーからフェリーで約20分のこの島は、縦24km、横9km、北海とワッデン海に囲まれている。人口は約1万4000人。羊を中心とする牧畜と漁業と観光とで成り立っている。20世紀半ば以降から新しい観光地として注目を集め、特に夏場は外国人を含む多くのリゾート客や海水浴の人々でにぎわう。どこまでも平坦な自転車専用道路は合計120kmに及ぶが、おもだった村を巡るだけなら、その半分ほどの距離。貸自転車で古い教会巡りをしたり牧場を回るのも楽しい。

テッセルの歩き方

テッセルには、デン・ホールン、デン・ブルフ、デ・コーホ、デ・コックスドルプ、オーステレント、デ・ワール、アウデスヒルトという7つの村がある。島で一番大きな村のデン・ブルフには、Ⓥが村の入口にあるので利用しよう。

テッセルは村を走るバスを効果的に利用すれば1日で回れる小さな島だが、せっかくだからどこかの村に泊まって、どこまでも続く平坦な道を自転車を借りてゆっくり回るのがおすすめだ。貸自転車屋は島内のおもだった村に多数ある。貸自転車屋かⓋで自転車ルートマップを手に入れよう。

Ⓥでは観光案内のほかバスの時刻に関する情報も入手できる。リゾートの長期滞在者も多く、夏場のホテルはどこもいっぱいの可能性があるので、島に渡る前に予約をしたほうが無難。

赤い灯台が印象的。テッセルは、たくさんのビーチがある避暑地

テッセルの見どころ

デン・ブルフ Den Burg

➡Map P.124

島内で最も大きな村。中心のフルネ広場De Groeneplaatsにある役場前で、毎月曜の午前中に市が立ち、毎年9月の第1月曜にはテッセルの羊の品評会Sheepbreeding dayが開かれる。広場

ACCESS

アムステルダム中央駅からデン・ヘルダー駅までICで約1時間20分。列車は1時間に2本ほど。デン・ヘルダーの駅前から出ているConnexxion33番のバスでフェリーポートへ。フェリーポートでフェリーに乗り換えてテッセルへ。ここから28番のバスで、デン・ブルフやデ・コーホに向かう。
デン・ヘルダー駅前からデン・ブルフのⓋ近くのバス停まで50分ほど。この28番のバスは、デン・ホールン→デン・ブルフ→デ・コーホ→エコマーレなどに停車する。

島内交通

フェリー乗り場からの主要路線バス28番が通る場所以外にも、あちこちに行ってみたい場合、ミニバスのテクセルホッパーTexelhopperを利用できる。
携帯電話かウェブサイトでミニバスを予約して、島内に130以上あるという停留所で乗り降りするシステム。タクシー代わりに使えて便利。距離にかかわらず1回€3.05、1日券€7.70。
チケットはミニバス内でも購入可（バス内は現金不可）。OVチップカールトも使える。
URL texelhopper.nl

観光案内所

住 Emmalaan 66, Den Burg
➡Map P.124
☎0222.314741
開 10:00～17:00
祝は不定期
休 日、一部の祝
URL www.texel.net

テッセルのホテル

リゾート地だけに3～8日間契約のバンガローやキャンプサイトが多いが、施設の整ったリゾートホテルや気軽に泊まれそうな小さなホテルが何軒かある。島にはドイツからのリゾート客が多く、夏場はホテルが満室になる。

のそばのビネンブルフBinnenburgにあるプロテスタント教会Burghtkerkは、もともとは15世紀に完成したローマ教会で、後期ゴシック建築。日によって教会の塔に上ることもできる。

デ・コーホ De Koog

➲Map P.124

デ・コーホの名前の出所をたどれば14世紀に遡る。かつては小さな漁村だったが、20世紀後半に入ってから北海に面した大リゾート地として発展した。海水浴場、サーフィン、コテージ村、キャンピングサイト、ホテル、そして魚介のレストラン、テニスやスカッシュのコートなどのアクティビティが揃っている。村自体は小さいので歩いて回ることができる。村の中心はドルプス通りDorpsstr.で、夏場は朝早くからレストランがオープンし、夜も遅くまでにぎわいを見せている。通りには白い小さな教会もある。この村の外れの砂丘からは、北海に落ちる夕日が美しく見える。

また、ここからバスで10分ほど行った所にあるエコマーレEcomareという自然環境をテーマにした博物館では、常時飼育されている25匹以上のアザラシのほかに、北海やワッデン海で病気になってしまったり親と離れてしまって一時的に保護されているアザラシがいる。生まれたばかりの子供に泳ぎ方を教えているアザラシの親の優しさや、11:30と15:30の食事の時間の愛らしさは、人々の目を引きつける。

エコマーレ

アウデスヒルト Oudeschild

➲Map P.124

17世紀初めからある、ワッデン海に面した古い漁村。18〜19世紀にはカキで繁栄した。今も漁業が盛んだが、観光にも力を入れており、小さな周遊ボートにも乗れる。昔の港の倉庫を改造した魚介のレストランなどもあり、古きよき港の風情が味わえる。

18世紀の倉庫と19世紀の海藻小屋を利用した岬の博物館Museum Kaap Skilでは、漁師の暮らしぶりや、水の下に眠っていた考古学的遺物などのほか、海から流れ着いたものの展示もあり興味深い。

自然のなかを自転車で走るのは最高

羊もあちこちに放牧されている

デ・コーホ
デン・ブルフから28番のバスで約15分。

エコマーレ
住Ruijslaan 92
➲Map P.124
☎0222.317741
開9:30〜17:00
休1/1、12/25。12月下旬〜1月下旬は休業の可能性あり
料€15
URLecomare.nl
デ・コーホから28番のバスでRuijslaan, Ecomare下車。

世界遺産
ワッデン海 The Wadden Sea
自然遺産／2009、2014年

アウデスヒルト
定期バスはないので、ミニバスのテクセルホッパーを予約するかタクシーで。

岬の博物館
住Heemskerckstraat 9
☎0222.314956
開10:00〜17:00
休9〜6月の月（クリスマス休暇を除く）、1/1、12/25
料€11
URLkaapskil.nl

テッセル

0　5km
灯台
レディングスボート
Reddingsboot
デ・コックスドルプ
De Cocksdorp
デ・コーホP.124
De Koog
エコマーレP.124
Ecomare
オーステレント
Oosterend
デ・ワール
De Waal
デン・ブルフP.123
Den Burg
アウデスヒルトP.124
Oudeschild
デン・ホールン
Den Hoorn
フェリーターミナル
't Horntje
N
デン・ヘルダーへ

マウデン

Muiden

北ホランド州
Noord-Holland

マウデンはアムステルダムから約13km東に行った所にある、アイ湾IJmeerに面したヨットハーバーをもつ小さな村。

村には13世紀初めに造られた**マウデル城Muiderslot**があり、中世のおとぎ話に出てくる城のイメージそのままに、4本のとんがり屋根の塔とともに川沿いの堅固な塀に囲まれている。建った当時はフロリス5世伯爵がここに居住し暗殺されたという暗い歴史があるが、17世紀には詩人のP. C. Hooftがここでサロンを開いて文筆家や音楽家などを集めて芸術活動をした。城は**博物館Rijksmuseum Muiderslot**となっていて、P. C. Hooftの時代の家具や台所は一見の価値がある。城の中には半地下に石の床、白い漆喰の壁のカフェがあり、昼間でも薄暗くてムード満点。外には17世紀からの薬草園や城を外周する散策路があり、また湖に出入りするヨットのために川の水門を開け閉めしたりハネ橋を上げる様子も眺められる。

マウデル城

ACCESS

アムステルダム中央駅から列車でWeesp駅へ。Weesp駅前のバス乗り場からBussum行きのConnexxionのバス110番に乗り、Muiden Centrum下車。アムステルダム中央駅から所要約30分。バス停からマウデル城まで徒歩10〜15分。

マウデル城
住Herengracht 1
☎0294.256262
開10:00〜17:00
休11〜3月の月（学校休暇中を除く）
料€17.50（イベント開催時は追加料金がかかる場合もある）
URL www.muiderslot.nl
城内の博物館では、「オランダ黄金時代」と呼ばれる17世紀の文化や歴史、習慣などを知ることができる。
マウデル城やナールデン→P.126は、世界遺産として登録された「オランダの水防線」の一部。185kmにも及ぶ長大な防塞線は、水深40cmほどの小規模な洪水を人為的に起こして町を守っていた。

世界遺産
オランダの水防線
Dutch Water Defence Lines
文化遺産 / 1996年

水門と開閉する橋

オランダの民族衣装を訪ねる旅

スパーケンブルグ　Spakenburg　➲Map P.179

かみしものようなユニークな民族衣装の残るスパーケンブルグは、小さな漁村。土曜には市が開かれる。毎年夏のSpakenburgse Dagenという祭りの初日にはオランダ全国の民族衣装を着た人々のパレードがある（2023年は7/19・26、8/2・9に開催）。日程など詳細はⓋなどで確認を。スパーケンブルグのⓋ　☎033.2982156　URL spakenburg.nl
アーメルスフォールトAmersfoortから76番のバスで約20分、1時間に4本（土・日曜は1本）。

レース編みの実演をしながら手作りの品を売る、民族衣装の女性たち。スパーケンブルグの市で

スタップホルスト Staphorst　➲Map P.179

エプロン姿の民族衣装がよく似合う、地方独自の低いわら葺き屋根のかわいらしい家が残る村。この村でも、夏に開かれるStaphorstdagenという祭りで、この地方独特の民族衣装を見ることができる（2023年は8/9・16・26に開催）。日程など詳細はⓋなどで確認を。
スタップホルストのⓋ
☎0522.461888　Museum Staphorst内
URL ontdekstaphorst.nl
Museum Staphorst
住Gemeenteweg 67　☎0522.462526
URL www.museumstaphorst.nl
メッペルMeppelから40番のバスで約10分、1時間に1本（土・日曜運休）、Lindenlaan下車。

ナールデン

Naarden

北ホランド州
Noord-Holland

ACCESS

アムステルダム中央駅からアーメルスフォールトAmersfoort行きの列車で約25分、Naarden-Bussum駅下車。町の中心部まで徒歩約25分、または110番のバスで約5分。

世界遺産
オランダの水防線
Dutch Water Defence Lines
文化遺産 / 1996年

城塞博物館
住Westwalstraat 6
☎035.6945459
開10:30～17:00
最終入場16:30
休月、1/1、王の日、5/21、12/25･26
料€12.50
URLvestingmuseum.nl

コメニウス博物館
住Kloosterstraat 33
☎035.6943045
開火～日 12:00～17:00
開館日時は変更の可能性あり。
休月、1/1、王の日、12/25･26
料€6.50
URLcomeniusmuseum.nl

アースナール
Het Arsenaal
住Kooltjesbuurt 1
URLhetarsenaal.nl

ルネッサンス様式の市庁舎は4～10月の週末のみ見学できる

町に残る城塞

ナールデンはアムステルダムから南東へ20kmほど行った所にあり、“ヨーロッパで最もよく修復された歴史都市”としてヨーロッパ･ノストラ賞を受賞したこともある。

この町は12世紀に洪水にのみ込まれた過去をもつ。17世紀頃、湿地帯の中に、函館にある五稜郭のような星形の城塞都市が築き上げられた。このような形の都市はオランダに数多くあるが、6つの五角形の稜堡をもつこの大要塞は、歴史や規模、見どころの多さからして他に類を見ない。かつて稜堡にあった砲台と周りを巡る濠は鉄壁の守りを誇り、この要塞が突破されたのは2度のナポレオン戦争のときだけという。現在は、砲座のあった土塁のひとつが**城塞博物館Netherlands Vestingmuseum**となっており、町の歴史やかつての兵士の暮らしぶりが紹介されている。

この対角の土塁には、アムステルダムに住みながら多くの著作を残したコメニウスに関するものなどが展示された、**コメニウス博物館Comeniusmuseum**もある。哲学者であり教育者でもあったコメニウスはチェコ出身者であるため、ここはチェコ知識人の“巡礼の場”ともなっている。

この城塞都市は、縦横に3、4本の道が走るだけの小さな町。高さ45mの鐘楼をもつ教会を中心に、くまなく歩いても1時間ほど。ルネッサンス様式の市庁舎や由緒ありげなカフェ、昔の面影を残す小さな家々など、まるで17世紀の町に迷い込んでしまった気がする町は、あてもなく歩いていても退屈しない。

17世紀の武器弾薬倉庫を改装した**アースナールHet Arsenaal**もおすすめ。回廊式の元倉庫内部は、インテリア関連のコンセプトショップが入っており、レストランやブラスリーもある。

デザイナーのショップなどがあるアースナール

空から見ると城塞都市であることがよくわかる

南ホランド州

北海
Noord Zee
鉄道
道路
フェリー
0 10km
アルクマールへ
ホールンへ
ハーレムP.114 Haarlem
Zandvoort
アムステルダムP.46 Amsterdam
Heemstede
Amstelveen
スキポール空港
キューケンホフP.160 Keukenhof
リッセ Lisse
アルスメールP.85 Aalsmeer
Noordwijk aan Zee
Uithoorn
Katwijk aan Zee
Mijdrecht
ライデンP.155 Leiden
Wassenaar
Alphen a/d Rijn
Scheveningen
デン・ハーグP.141 Den Haag
Woerden
イギリス Harwichへ
ユトレヒトへ
Monsfer
アウデワーターP.184 Oudewater
フック・ファン・ホランド Hoek van Holland
デルフトP.149 Delft
ゴーダP.136 Gouda
Schoonhoven
ロッテルダムP.128 Rotterdam
Oostvoorne
Brielle
スキーダム P.132 Schiedam
キンデルダイク P.133 Kinderdijk
Rockanje
Ridderkerk
Alblasserdam
Spijkenisse
Hellevoetsluis
ドルドレヒトP.139 Dordrecht
Goudswaard
Numansdorp
Willemstad
ローゼンダールへ
ブレダへ

ロッテルダム
Rotterdam‥P.128

ゴーダ
Gouda‥P.136

ドルドレヒト
Dordrecht‥P.139

デン・ハーグ
Den Haag‥P.141

デルフト
Delft‥P.149

ライデン
Leiden‥P.155

キューケンホフ
Keukenhof‥P.160

ロッテルダム

Rotterdam

南ホランド州
Zuid-Holland

ACCESS

アムステルダム中央駅から約1時間15分でロッテルダム中央駅に到着。インターシティダイレクト(要追加料金)利用で約40分。デン・ハーグからは約25〜30分。デン・ハーグ中央駅からロッテルダム中央駅までメトロで約35分。

ツーリスト・デイ・チケット
Tourist Day Ticket
ロッテルダムのほか、デン・ハーグ、ゴーダ、デルフトなど、南ホランド州のバス、トラム、メトロ、ウオーターバスに乗り放題の1日券で€15。デン・ハーグ〜デルフトはトラム、デン・ハーグ〜ロッテルダムはメトロを利用し、バスやウオーターバスでキンデルダイクに行くといった使い方もできる。公共交通機関の案内窓口、観光案内所などで購入可。
URL touristdayticket.nl

観光案内所
●Rotterdam Tourist Information Coolsingel 住Coolsingel 114
Map P.130-2 ☎010.7900185
開9:30〜18:00 休1/1、12/25
M Beurs T 8、20、21、23、24 Beurs下車
●Rotterdam Tourist Information (中央駅構内)
Map P.130-1
開9:30〜18:00 休1/1、12/25
URL rotterdam.info
アプリもあり

RET乗車券の料金
2時間券 €4.50 1日券 €9.50
車内で買えるのは2時間券のみ。ウェブサイトで路線図をダウンロードできる。アプリもあり。
URL ret.nl

ロッテルダム・ウエルカム・カード
Rotterdam Welcome Card
美術館、博物館、スピドー、ユーロマストなどのアトラクションが最低でも25％引きになるカード。RET(ロッテルダム地区の地下鉄、トラム、バス)の1〜3日券付きもある。Ⓥなどで購入可能。
料€7 RET1日券付き€15.50、RET2日券付き€21、RET3日券付き€25.50

オランダサッカーについて
→P.420。フェイエノールトのホームスタジアム、デカイプへのアクセスも→P.420。

オランダ第2の都市ロッテルダムは、ライン川と2本の支流、マース川とスヘルト川が北海に注ぐデルタ地帯に発達した、オランダ最大の産業都市。

ロッテルダムを訪れて気づくのは、オランダのほかの都市と比べて近代建築が多いことだ。第2次世界大戦の爆撃で徹底的に破壊されたロッテルダムを復興するため、市と市民が協力し合って町造りを進めたという。かくして、かつての古きよき時代の家並みをそのまま再建したデルフスハーフェン地区のもつ中世の姿と、近代都市の姿の両面を併せもつ新生ロッテルダムが誕生したのである。ロッテルダムの人々が「ひとつの都市にふたつの世界がある」と自慢しているのはこのことなのだ。

ともかく、市民の並々ならぬ働きによって今日のオランダ随一の繁栄が築かれたのだが、彼らの働きに対してほかの町の人々はおもしろいことを言っている。「ロッテルダムでシャツを買うと、そのシャツの袖はすでに腕まくりしてある」。さらに「ロッテルダムの人と握手すると、モーターと握手しているようだ」と。日本人よりも早く、彼らはワーカホリックだったのかもしれない。

ロッテルダムの歩き方

ロッテルダム中央駅は、広々としたモダンな駅。構内に鉄道案内所、両替所、Ⓥ、ショップ、カフェなども備え、中央ホールに鉄道NSの案内所と並んで市内交通RETの案内所があるので、メトロとトラムの路線図をもらっておくといい。ロッテルダム市内のメトロ、トラム、バスに乗り放題のデイチケットもここで買える。メトロ、トラム、バスに乗るチケットはメトロ駅構内の自動販売機でも購入可。

駅前の道を真っすぐ歩いていき、ドゥーレン・コンサートホールの角を左に曲がると、右側には巨大な映画館パテ・シネマPathé Cinemaがある。そのまま真っすぐ行き、世界初の歩行者天国とし

上:オブジェのようなロッテルダム中央駅 下:ブラーク地区

新マース川に架かるエラスムス橋とウオーターバス。対岸には高層ビル、KPNタワーとデ・ロッテルダムも

て有名な**ラインバーン商店街**へ。17〜18世紀の大航海時代には、帆船に使うロープの製造業者たちがこの通りを利用してロープを伸ばし、出航のための準備をしていたという。商店街を横切ると、市庁舎Stadhuis前の広場に出る。

市庁舎の前のコールシンゲル通りCoolsingelを南に行くと、近代的なワールド・トレード・センターの建物が続く。**聖ローレンス教会**周辺、Beursplein、Beurstraverseあたりは、ロッテルダムいちばんのショッピング街で、この一角にもうひとつの🅥がある。

コールシンゲル通りをさらに南へ行くと、チャーチル広場Churchillpleinに出る。広場を渡って左側にある建物は**海洋博物館**。横の小さな広場には、ナチスによる爆撃で被害を受けたロッテルダムを象徴する、「心臓を失った男」の像が立っている。

チャーチル広場から東へ行くと**マルクトハル**や**キューブハウス**など、近代建築が集まるブラークBlaak地区。南西には**ボイマンス・ファン・ベーニンゲン美術館**などミュージアムが固まるエリアがある。

ユーロマスト、**ロッテルダム港**を巡るスピドーボート乗り場、**デルフスハーフェン地区**などへは、メトロやトラムを使うと便利。

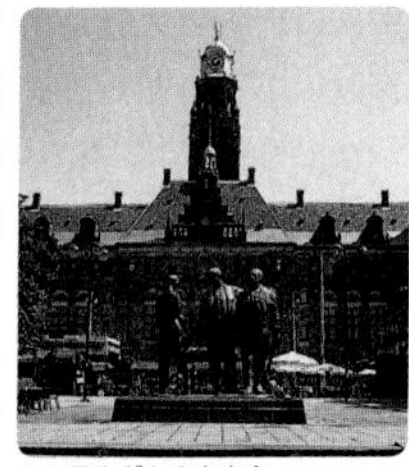

ロッテルダムの市庁舎

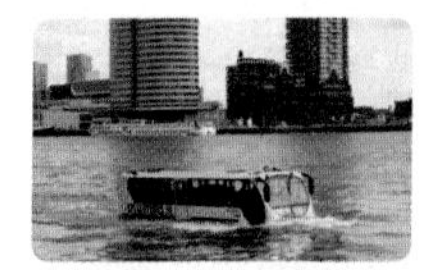

水上も走るスプラッシュツアー
水陸両用バスだから、ロッテルダムを陸からも水上からも楽しめる。バスはまずロッテルダムの観光名所を一巡、その後、座ったままマース川に突っ込む。マース川を行き交う観光船や水上タクシー、全長何十mもある大型貨物船の波が、ときおりざっぷりとかかって迫力満点。窓から入った水でぬれないように! 同乗しているガイドに頼んでおけば、オランダ語のほか、英語でも解説してくれる。所要約1時間。チケットは、ウェブサイトのほか、出発地点の案内窓口(レストランZwarte Zwaan)で。ユーロマスト横のバス停から出発。
☎010.4369491
営火〜日(冬季は土・日のみ)運航で月曜は休みのことが多い。日によって異なるので予約サイトで確認を。詳細は要確認。天候により中止になることもある。
料€28.50　現金不可
URL rotterdam.splashtours.nl

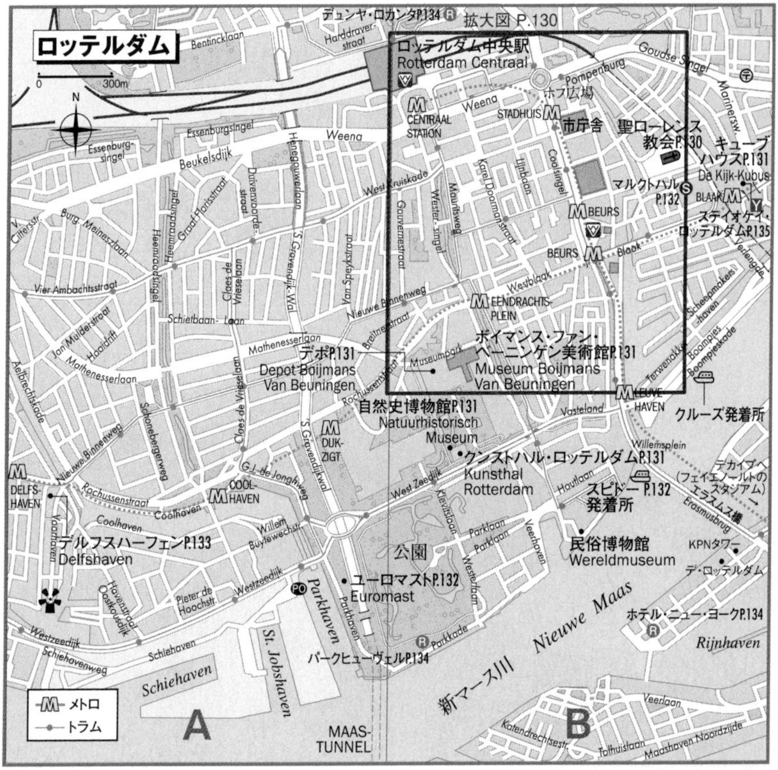

ロッテルダム
0　300m
N
デュンヤ・ロカンタP.134
拡大図 P.130
ロッテルダム中央駅
Rotterdam Centraal
CENTRAAL STATION
STADHUIS
ホフ広場
市庁舎
聖ローレンス教会P.130
キューブハウスP.131
De Kijk-Kubus
マルクトハルP.132
BLAAK
BEURS
ステイオケイ・ロッテルダムP.135
EENDRACHTSPLEIN
ボイマンス・ファン・ベーニンゲン美術館P.131
Museum Boijmans Van Beuningen
デポP.131
Depot Boijmans Van Beuningen
LEUVEHAVEN
クルーズ発着所
自然史博物館P.131
Natuurhistorisch Museum
DIJKZIGT
クンストハル・ロッテルダムP.131
Kunsthal Rotterdam
COOLHAVEN
DELFSHAVEN
デルフスハーフェンP.133
Delfshaven
スピドー発着所P.132
デカイプへ(フェイエノールトのスタジアム)
エラスムス橋
公園
ユーロマストP.132
Euromast
民俗博物館
Wereldmuseum
KPNタワー
デ・ロッテルダム
ホテル・ニュー・ヨークP.134
Rijnhaven
パークヒューヴェルP.134
新マース川 Nieuwe Maas
Schiehaven
St. Jobshaven
Parkhaven
MAAS-TUNNEL
メトロ
トラム
A
B
Weena
Coolsingel
Blaak
Westblaak
Goudse Singel
Pompenburg
Beukelsdijk
Essenburgsingel
Mathenesserlaan
Rochussenstraat
Westzeedijk
Vasteland
Willemsplein
Boompjes
Erasmusbrug

※特記がないかぎり、各見どころなどへの行き方は中央駅から。

聖ローレンス教会

聖ローレンス教会
住Grotekerkplein 27
☎010.4116494
開10:00～17:00
(11～2月11:00～)
鐘楼はガイド付きで4～10月のみ
水14:00、土12:00と13:30
休日・月・祝、イベント開催時など
料€3　鐘楼€7.50
URL laurenskerkrotterdam.nl
M Blaak/Beurs下車
T 21、24 Blaak下車

ロッテルダムの見どころ

聖ローレンス教会 Grote of St. Laurenskerk

➡Map P.130-1

1449～1525年という年月をかけて建造されたゴシック様式の教会。第2次世界大戦で破壊されたが、その後修復されて現在の姿になった。内部には1973年に造られた赤と金色の大きなオルガンがあり、300段ある階段から鐘楼に上ることができる。

海洋博物館 Maritiem Museum Rotterdam

➡Map P.130-2

海洋博物館には屋外展示もある

オランダを中心とするヨーロッパの航海の歴史に関する博物館。ロッテルダムの世界最大級の港を巡る展示や、海賊の本当の姿を知ることができる展示などもある。博物館前には古い船や

ロッテルダム中心部

ロッテルダム中央駅 Rotterdam Centraal Station
ホフ広場 Hof-Plein
ヒルトン P.135
市庁舎 Stadhuis
マリオット
ホランド・カジノ
ドゥーレン・コンサートホールDe Doelen
ラインバーン商店街P.129
NH アトランタ・ロッテルダムP.135
ワールド・トレード・センター
聖ローレンス教会P.130 Grote of St. Laurenskerk
マルクトハルP.132
アンダルス・フィッシュ P.134
パテー・シネマ
パウルス教会 Pauluskerk
バイエンコルフP.134
モールP.134
チャーチル広場 Churchillplein
心臓を失った男
海洋博物館P.130 Maritiem Museum Rotterdam
エマP.135
ビルダーベルフ・パークP.135
オランダ建築協会
ボイマンス・ファン・ベーニンゲン美術館P.131 Museum Boijmans Van Beuningen
デポP.131 Depot Boijmans Van Beuningen
メトロ
トラム

灯台などが置かれていて、ルーフェ港Leuvehaven沿いに歩くのも楽しい。

キューブハウス De Kijk-Kubus/Het Blaakse Bos

➲Map P.129-B

地下鉄Blaak駅周辺にはユニークな形の近代建築が多いが、なかでもひときわ目を引くのがこのキューブハウス。ルービックキューブを斜めに立てたような建物はなんとマンション。いったいどうやって暮らしているのか不思議な人のために、マンションの1室が公開されている。

ロッテルダムらしい近代建築

クンストハル・ロッテルダム Kunsthal Rotterdam

➲Map P.129-B

都市の変貌をテーマにした著作などで世界的に知られるレム・コールハース設計の建物としても有名。随所に彼のこだわりが見て取れる。企画展だけの美術館で、アートだけでなく、ファッション、写真、デザインなど、実験的で刺激的な展示を観ることができる。

また、この一帯はミュージアムパークになっていて、自然史博物館Natuurhistorisch Museum、オランダ建築協会Het Nieuwe Instituutもあるので、興味があれば訪れてみるのもいいだろう。

デポ Depot Boijmans Van Beuningen

➲Map P.130-2

ボイマンス・ファン・ベーニンゲン美術館の収蔵庫として建てられたもので、世界初の一般客も入場できる美術品倉庫。15万4000点を超える作品が、5つの状況に対応した、14のスペースに保管されており、コレクションの管理と保守についても知ることができる。作品も鑑賞できるが、あくまでも収蔵庫なので美術館のような展示形態とは異なる。

ロッテルダムらしい、お碗のような奇抜な形で
鏡面状の建物の前で自撮りする人も多い
眺望を楽しむことができる屋上にはカフェもある

海洋博物館
住Leuvehaven 1
☎010.4132680
開10:00〜17:00
(日・祝11:00〜、1/31〜16:00)
休月(学校休暇中は開館)、1/1、王の日、12/25 料€17.50
URL maritiemmuseum.nl
M Beurs下車
T 8、21、23、24 Beurs下車

キューブハウス
住Overblaak 70
☎010.4142285
開11:00〜17:00 休無休
料€3 URL kubuswoning.nl
M Blaak T 21、24 Blaak下車

独特な空間のキューブハウス内部

クンストハル・ロッテルダム
住Westzeedijk 341
☎010.4400301
開10:00〜17:00(12/24・31〜16:00) 休月、1/1、王の日、12/25 料€16.50 現金不可
URL kunsthal.nl
T 8 Kievitslaan下車

自然史博物館
住Westzeedijk 345
➲Map P.129-B
☎ 010.4364222 開11:00〜17:00(12/5・24・31〜15:00)
休月(学校休暇中を除く)、1/1、王の日、12/25 料€10
URL hetnatuurhistorisch.nl
T 8 Kievitslaan下車

デポ
住Museumpark 24
☎010.4419400
開11:00〜17:00
休月、王の日、12/25
料€20 日時指定制
URL boijmans.nl/depot
T 7 Museumpark下車
中央駅から徒歩15〜20分

ボイマンス・ファン・ベーニンゲン美術館は改装中

ミュージアムパークにある、ボイマンス・ファン・ベーニンゲン美術館Museum Boijmans Van Beuningen➲Map P.130-2は、アムステルダムの国立美術館、デン・ハーグのマウリッツハイス美術館に次ぐ、オランダを代表する美術館だが、大規模改築工事のため、2019年5月より2026年まで(予定)休館中。ピーター・ブリューゲルの『バベルの塔』ほか、ヒエロニムス・ボス、レンブラント、ゴッホといったオランダ画家の作品、マグリット、デルヴォー、ダリなどの近現代美術、彫刻など幅広いコレクションをもっており、収蔵庫のデポではいくつかの作品を観ることができる。 URL www.boijmans.nl

ユーロマスト
住Parkhaven 20
☎010.4364811
開4～9月　9:30～22:00
　10～3月　10:00～22:00
休無休　料€12.50　ユーロスコープ付き€18.50　現金不可
URLeuromast.nl
T8 Euromast下車
ユーロスコープは天候により閉鎖になることもある。

現代建築のガイドツアー
De Rotterdam Tours
マルクトハル、高層ビルのデ・ロッテルダムを訪れるツアーなど。1時間€15.95～。基本はオランダ語だが英語でも対応してくれる。
URL www.aanmelder.nl/derotterdamtours

スピドー
住Willemsplein 85
➲Map P.129-B ☎010.2759999
営スケジュールは季節によって細かく異なるのでウェブサイトで確認　料€16.95（港巡り）　日本語説明書あり　URLspido.nl
MLeuvehaven下車
T7 Willemsplein下車

スキーダムSchiedamの風車
世界一高い風車をはじめ、6基ほどの風車が残されており、De Walvischという風車博物館もある。またスキーダムはジュネバの蒸留業で栄えた町でジュネバ博物館もある。列車でロッテルダム中央駅からひと駅。Coolsingelの観光案内所からなら、トラム21、24番かメトロで。
➲Map P.127

ユーロマスト Euromast

➲Map P.129-A

近代建築が多いロッテルダムでも目立つ塔が、この高さ185mのユーロマスト。タワーの中間、高さ100mの所に展望レストランとデラックスなホテルがある。遠くから見ると鳥の巣に似ていることから“Crow's Nest”といわれているが、このレストランでは、眼下を往来する船の列とロッテルダムの市街を見下ろしながらの食事もできる。

さらにタワーの最上部まで、ユーロスコープと呼ばれるガラス張りのエレベーターで塔の回りを回転しながら上ることができる。眼下に広がる360度のパノラマは圧巻。ただし高所恐怖症の人はやめたほうがいいかも？

ひときわ高いユーロマスト

ロッテルダム港

港の町、しかも世界最大級とくれば、観光船に乗っての港巡りをしてみたい。中央駅からトラムに乗ること約2kmでWillemspleinに着く。ここで下車するともう川岸。目指すスピドーSpidoのスマートな白いダブルデッキボートの乗船場だ。

港巡りは、世界中から集まってきた大型小型の貨物船や、川を上下するいろいろなタイプの船の間をぬうように走ること1時間15分で、もとの船着場に戻る。途中、1隻や2隻の日本の貨物船を発見して、ある種の感激に浸る一瞬を体験するに違いない。新設埠頭マースフラクテ2への1日ツアーやハイティークルーズもある。

スピドーでの港巡りも体験してみたい

Column Netherlands

ロッテルダムらしい新建築 マルクトハルMarkthal

色鮮やかな迫力の空間

生鮮品、グルメ、スーパーなどが揃っている屋内型のマーケットで、集合住宅オクラホマなどで世界的に有名な建築家集団MVRDVの設計。4000m²に及ぶ食品のマーケットに、225戸ほどの居住スペースが合体している。吹き抜けのドーム天井は、色鮮やかな食材などが描かれた壁画で飾られており、屋内でありながらも、青空市場にいるような開放的な空間に仕上がっている。気軽に食事ができる、おいしい店も入っているので、立ち寄ってみては？
住Ds. Jan Scharpstraat 298　➲Map P.130-1
☎030.2346464　営10:00～20:00（金～21:00、日12:00～18:00）　祝日、イベント開催時は要確認。スーパー、バー、レストランはそれぞれ営業日時が異なる　休1/1、12/25　URLmarkthal.nl

デルフスハーフェン Delfshaven

➲Map P.129-A

オランダに亡命していた、イギリス人の清教徒ピルグリム・ファーザーズが、1620年にアメリカに旅立った場所。ここデルフスハーフェンには、今も17世紀の面影が残されている。黄金時代のオランダにタイムスリップした雰囲気で、特にDelftshaven駅近くのVoorhaven沿いにはピルグリム・ファーザーズ教会、ハネ橋、風車、レストランなどがあり静かな散策が楽しめる。

散策が楽しいVoorhaven沿い

ロッタートラム Rotter Tram
ちょっとレトロなトラムに乗って、ランチやディナーを楽しみながら、ロッテルダムの町を巡るもの。出発はスピドー発着所近くのWillemspleinから。ランチ:日12:30〜14:00、€59.95。ディナー:水〜土18:30〜21:00、€84.95。要予約。
☎010.3075847
URL rottertram.nl

レトロなトラム

エクスカーション

キンデルダイク Kinderdijk

➲Map P.127

水辺沿いに何基も並ぶ姿がフォトジェニックなキンデルダイクの風車群

風車内部での暮らしの再現を見ることもできる

川沿いを巡るボートも楽しい

ロッテルダムの東約10kmの所にあるキンデルダイク郊外には、1740年頃に造られた19基の風車が残っている。風車で有名なオランダといえども、これだけ並んでいるのは、キンデルダイクのほかにはない。ネーダーヴァールトとブロックヴェアという、ふたつの風車が博物館になっていて、見学することができる。工夫の施された風車小屋をのぞく絶好の機会だ。昔ポンプ場だった建物内のビジターセンターには、キンデルダイクに関するフィルム上映や資料展示があり、バードシアターなども設けられている。風車は運河に沿って建っているが、運河巡りのボートも運航され、のんびり水の上から風車を眺めるのもまた一興。

普段は回っていないが、5月第2週末の風車の日や月に1回程度、できるだけ多くの風車が回される。風の具合にもよるが、その姿は壮観。バス停付近には、数軒のカフェやレストランがある。

ACCESS

フェリーで‥キンデルダイク行き21番のフェリーWaterbusで行くのが便利で楽しい。エラスムス橋のたもとにあるスピドー発着所横発。所要約35分、€4.80。1日5〜6本ほど。
ほかにWaterbus20番でリダーケルクRidderkerkまで行き、小さなボートに乗り換える方法もある。
20番ロッテルダム→リダーケルク
毎日30分おき（10〜3月の土・日・祝は1時間おき）、所要約30分、片道€4.80（WaterbusはOVチップカールト利用可）
リダーケルク→キンデルダイク
1時間に1〜2本（冬期は減少）、所要約10分、片道€2
変更もあるのでウェブサイトのタイムテーブルなどで要確認
URL waterbus.nl
列車＋バスで‥列車でドルドレヒトへ。ここからキンデルダイク行きのバス93番で約40分。1時間に1本。

キンデルダイク
開3〜10月 9:00〜17:30
11〜2月 10:00〜16:00
休12/25
冬期にメンテナンスのため休館する可能性あり。休館の期間中も運河沿いの道をゆっくりと散策して風車を眺めることはできる。
料€16（土・日€19）
入館料に風車博物館やビジターセンターなどの施設への入館、遊覧船乗船が含まれている。
「風車の日」はオンラインチケット購入のページで確認できる
URL kinderdijk.com

世界遺産
キンデルダイク=エルスハウトの風車網
Mill Network at Kinderdijk-Elshout
文化遺産 / 1997年

キンデルダイク・イルミネーションウィーク
9月最初の月〜金曜の夜（2023年は9/4〜9開催）には風車がライトアップされ、夜間もボートが航行する。

Shop

ロッテルダムのショップ

オランダの老舗デパートでアムステルダムにもあるバイエンコルフDe Bijenkorf ➡Map P.130-1に立ち寄るのもいい。ショッピングセンターのモールThe Mall ➡Map P.130-1には、いくつものテナントが集まっている。ほかに、ユニークな建物としても知られる屋内型市場マルクトハル→P.132も楽しい。

ショッピングストリート Beurstraverse

Restaurant

ロッテルダムのレストラン

オランダでもトップクラスのフレンチレストランからカジュアルなカフェ、各国料理の店など、さまざまなレストランが揃っている。マーケットのマルクトハルにも食事ができる店が出ている。また、ドゥーレン・コンサートホールのある角から西に入った通りWest Kruiskadeは、ちょっとした中華街になっており、中華料理の店がいくつかある(ただし、この通りは治安がいいとはいえないので要注意)。

パークヒューヴェル Parkheuvel　フランス料理

➡Map P.129-B

ミシュランの星を獲得しており、オランダのレストラン界のトップに君臨する。ユーロマストがある公園内に位置し、新マース川の眺望が楽しめる。ランチ€85～、ディナー€150～。

住Heuvellaan 21　☎010.4360766
営月・水～金12:00～15:00　月・水～土18:30～22:00　日12:30～16:00
休火、クリスマス後の2週間、2月末の1週間、8月の3週間　ド正装(ジャケット着用)　予要予約
CCA.M.V.　T8 Euromast下車

ホテル・ニュー・ヨーク Hotel New York　カフェ・レストラン

➡Map P.129-B

新マース川岸にあり港情緒もたっぷり。タンカーやボートを眺めながら、食事やお茶を。夏にはテラス席も。おすすめは魚介。メイン€16.50～。土・日のみのアフタヌーンティー€22.50。軽食も豊富。

住Koninginnenhoofd 1
☎010.4390500
営8:00～23:00
休無休
予望ましい　CCA.M.V.
MWilhelminaplein下車　T20、23、25　Wilhelminaplein下車

アンダルス・フィッシュ Andalus Fish　魚料理

➡Map P.130-1

オランダ名物のハーリングも扱う魚料理がメインの店。マーケットのマルクトハル→P.132にあり、魚のフライやイカリングなどにサラダやフリットが付いたセットが€7.50～。ピザもある。

住マルクトハル内 Unit 57-59
☎010.2036633
営10:00～20:00
(金～21:00、日12:00 ～18:00)
休1/1、12/25
予不要　CCM.V.
MBlaak下車　T21、24Blaak下車

デュンヤ・ロカンタ Dunya Lokanta　トルコ料理

➡Map P.129-B

ロッテルダム中央駅裏のさびしげな住宅地にあるにもかかわらず、週末には予約でいっぱい。店内にある薪オーブンで焼いたパンやオーブン料理がおすすめ。オーブン料理のメインは€18.50～。

住Proveniersstraat 40-a
☎010.2430669
営17:00～22:00(ラストオーダー)
休月
予要予約
CCA.M.V.
中央駅裏、駅から徒歩5分

ロッテルダムのホテル

Hotel

オランダ第2の都市ロッテルダムには、高級ホテル、ビジネスホテルなど選択肢が多い。ホテル街というのは特になく町中に散らばっているので、自分で探すのは少々骨が折れるかもしれない。事前にウェブサイトで探すか、デルフトなど近くの町に宿を取るのもいいだろう。

ミュージアムパーク周辺にもホテルがある

ヒルトン Hilton ★★★★★

➲Map P.130-1

中央駅や観光案内所からも近くて便利な近代的ホテル。インターネットのアクセスも可能。料金は日によって変更されるので要確認。一般に週末のほうが割安になる。254室。

住Weena 10
☎010.7108000
料シャワー/バス・トイレ付き
Ⓢ Ⓣ €135～　朝食€23.50
CCA.D.J.M.V.
URLhiltonhotels.com
中央駅から徒歩約8分

ビルダーベルフ・パーク Bilderberg Park 

➲Map P.130-2

ロッテルダムを代表する、伝統あるホテル。静かな環境で、ボイマンス・ファン・ベーニンゲン美術館へも150mほど。各室TV、直通電話、ミニバー付き。194室。

住Westersingel 70
☎010.4363611
料シャワー/バス・トイレ付き
Ⓢ€109～540　Ⓣ€129～640
朝食€19.50　Wi-Fi無料
CCA.M.V.　URLbilderberg.nl
T7 Museumpark下車

NHアトランタ・ロッテルダム NH Atlanta Rotterdam ★★★★

➲Map P.130-1

ラインバーン商店街に近く、観光やショッピングに便利。シティホテルのような室内は居心地がいい。アパートメントタイプも6室ある。中央駅から徒歩約15分。215室。

住Aert van Nesstr. 4
☎010.2067800
料シャワー/バス・トイレ付き
Ⓢ€61～　Ⓣ€67～　朝食€15.90
Wi-Fi無料　CCA.D.M.V.
URLnh-hotels.com　T中央駅から8、20、25 LijnbaanまたはBeurs下車

エマ Emma ★★★

➲Map P.130-2

24室の小規模ホテル。シンプルな内装だが、必要なものはある程度揃っている。ミュージアムパークや中心部にも近く便利。3、4人部屋あり。全室禁煙。中央駅から徒歩約10分。

住Nieuwe Binnenweg 6
☎010.4365533
料シャワー/バス・トイレ付き
Ⓢ€75～　Ⓣ€98～　朝食€15
Wi-Fi無料　CCA.D.J.M.V.
URLhotelemma.nl　T中央駅から4、7 Eendrachtsplein下車

ステイオケイ・ロッテルダム Stayokay Rotterdam YH

➲Map P.129-B

世界中の人々が集まる国際的なユースホステルが、ユニークな形の建物キューブハウスのひとつで営業している。ひと息つけるブラスリーもある。シーツ代込み。YH会員は10%引き。

住Overblaak 85-87
☎010.4365763
料料金はステイオケイのウェブサイトで確認を　Wi-Fi無料　CCA.M.V.
URLstayokay.com
T中央駅から21、24 Blaak下車
MBlaak下車

※ホテル室料は目安。日程や予約方法、条件により大きく異なる場合もある。特記がないかぎり、税金（City Taxを含む）や朝食は別料金。

ゴーダ

Gouda

南ホランド州
Zuid-Holland

ゴーダチーズで有名なこの町は、ゼラニュームに彩られた運河が走る、童話に出てきそうな所。日本では「ゴーダ」といわれるが、オランダ語の発音は「ハウダ」が近い。アルクマールと並び称される4～8月の毎週木曜に開かれるチーズ市では、直径30cmもある平べったいチーズが馬車から馬車へと放り投げられ、迫力満点。頭にトンガリ帽子をつけた民族衣装の女性たちもゴーダチーズを持って気軽に記念撮影に応じてくれる。またこの町は、15世紀からの職人都市としても有名。キャンドルなどの工房が今も町に残っている。ゴーダ発祥ともいわれる、香ばしい香りの名菓ストロープワッフルをほお張りながら歩くのも楽しい、明るく親しみのある町だ。

ACCESS

アムステルダム中央駅から列車で約55分、ロッテルダムから約20～25分、デン・ハーグ中央駅から約20分、ユトレヒトから約20分。

チーズ市

4～8月の毎週木曜10:00～12:30に開かれる予定（2023年は4/6～8/31に開催。王の日とキリスト昇天祭は除く）。

ゴーダの歩き方

何キロもあるゴーダチーズを投げる姿は圧巻

町の北に位置する鉄道駅から、町の中心のマルクト広場Marktまではゆっくり歩いて10分ほど。駅前から左斜めの方向に延びる道を進み、運河を渡りそのままにぎやかなショッピングストリート、クレイウェヒ通りKleiwegを真っすぐ歩いていくとマルクト広場に出る。真ん中にあるお城のような建物は**市庁舎**。広場の北側の一角には**チーズ計量所**がある。チーズ市はこの広場で開かれ、ゴーダチーズをはじめ衣類、食料品などの屋台がにぎやかに並ぶ。マルクト広場の南東には**聖ヤンス教会**がそびえ、運河沿いには**ゴーダ博物館**がある。この運河の周辺の散策は特におすすめだ。

観光案内所

住Markt 35（チーズ計量所内）
Map P.136 ☎0182.589110
開4～10月 10:00～17:00
11～3月 10:00～16:00
休1/1、王の日、12/25
URL welkomingouda.nl

チーズ市の日には屋台も出る

馬車の荷台でチーズが運ばれる

静かな運河沿いを散策するのもいい

ゴーダの見どころ

市庁舎 Oude Stadhuys

➡Map P.136

白い窓枠と赤い窓覆いがまるでおとぎの国のお城のような、15世紀のゴシック建築。カリヨンのある塔には仕掛け時計があり、30分おきに人形が現れる。これは1272年にフロリス5世がゴーダに市権を与えている場面を表したものだ。

市庁舎前で開催されるにぎやかなチーズ市

市庁舎
住Markt 1　☎0182.231250
開10:00〜16:00
休月・金、結婚式などのイベント開催時　料€2.50
開館日時など変更もあり
URL goudastadhuis.nl

ゴーダのキャンドルライト
ゴーダは15世紀の頃からのキャンドル生産地として知られている。キャンドルライトの夜には、カウントダウンのあと、市庁舎前の広場に立てられた大きなクリスマスツリーにいっせいに明かりがともされ、照明を消していた町が一気に活気づく。この日ばかりは、遅くまで営業するショップやカフェも多く、露店や聖歌隊も出て、町はお祭りムードに包まれる。2024年は12月13日開催予定。要確認。
URL goudabijkaarslicht.com

左:かわいらしい印象の市庁舎

1年に1度のキャンドルライト

Column Netherlands

チーズ＝カース

カースとはオランダ語でチーズのこと。オランダでは乳製品の自給量の倍を生産している。プロセスチーズなどというケチなものはなく、みんな脂肪分たっぷりの、なめらかでクリーミーなナチュラルチーズだ。

チーズ屋さんのカウンターの後ろにある棚には、直径40〜50cm、厚さ15cmもある黄色い円盤形のチーズが裸で並んでいる。オランダで最も一般的なゴーダチーズが多く、ホテルの朝食に出てくるのもこのチーズ。熟成度によって、ヤングからオールドまであるが、チーズ文化にあまり親しみのない人には癖のないヤングチーズが合うようだ。1年近く熟成させて固くなり、塩気も濃くなったオールドチーズのほうがうま味が出て、ジュネヴァ（オランダのジン）のツマミにはもってこいという、通のオランダ人もいる。

また、スーパーではスライスして真空パックにしたものを売っているが、やはりカウンターで注文し、その場でスライスしてもらったもののほうがおいしい。オランダ人は、これをサンドイッチに入れたり、塊で買ったものを、大きな賽の目に切っておつまみにしてパクパクと食べてしまう。チーズを加熱して料理に使うことはあまりないが、ランチにはチーズの上に目玉焼きをのせたハムエッグならぬチーズエッグや、ハムとチーズをパンに挟んでトーストした「トスティ」なるものを食べている。これもカリカリとしておいしい。

各地のチーズ市でも新鮮なチーズを買うことができる

ゴーダチーズに次いで有名なのが、ボウリングの球のように丸いエダムチーズ。こちらのほうが脂肪分が少なく、塩気が多くて日持ちがするためか、輸出用にはエダムチーズもよく出ているようだ。ベイビー・エダムと聞いて、小さいものを想像してはいけない。ベイビーでも1kgはある。ほかにも、ゴーダやエダムにいろいろなハーブを混ぜたもの、オランダ・カマンベールといわれるケルヌヘムKernhem、ブルーフォルトBluefortと呼ばれるオランダ版ブルーチーズ、チーズケーキに入れるとおいしいモン・シューMon Chou、チーズを溶かしてソーセージのように固めて薫製にしたスモークチーズ（おつまみにgood）など、さまざまなチーズがある。

チーズ計量所 De Goudse Waag

➲Map P.136

チーズ計量所
住Markt 35　☎0182.529996
開3～10月10:00～17:00
11～3月10:00～16:00（クリスマス休暇中は～17:00）
休1/1、12/25
料€7.50
市庁舎との共通券€8.50
URL goudsewaag.nl

チーズの契約成立

1668年に建てられたチーズの計量所で、ハウステンボスやマーストリヒトの市庁舎などを設計したピーター・ポストPieter Postによるもの。かつては、ここでチーズの重量を測定し、重量に応じた税金が課せられていたという。現在はチーズのほか、ゴーダキャンドルや陶器などの工芸の展示もある博物館として公開されている。チーズやおみやげを買うことができるショップもある。

計量所として活躍していた

聖ヤンス教会 Grote of St. Janskerk

➲Map P.136

聖ヤンス教会
住Achter de kerk 2
☎0182.512684
開9:00～17:00
11～3月 10:00～16:00
キリスト昇天祭 11:00～17:00
休日、1/1、12/25･26
料€10
URL sintjan.com

教会内のステンドグラス

70枚のステンドグラスで飾られた、全長123mのオランダで一番縦長の教会。ステンドグラスには、さまざまな聖書の物語が折り込まれているが、特に25番の窓は必見。オランダ建国の祖ウィレム・オラニエ公（沈黙王）が描かれた17世紀初頭の作。またパイプオルガンも有名で、夏期にはオルガンコンサートが開かれる。

内部のステンドグラスが見事

ゴーダ博物館 Museum Gouda

➲Map P.136

ゴーダ博物館
住Oosthaven 9
☎0182.331000
開11:00～17:00
休月、1/1、王の日、12/25
料€14.50
聖ヤンス教会とのコンビチケット€21.50（コーヒー付き）
URL museumgouda.nl

かつては病院だった建物で、運河との美しい調和を見せている。特に興味深いのは、オランダの市民生活の変遷がわかる2階の小部屋。17、18、19世紀のさまざまな階級の人々の生活を知ることができる。ギャラリーにある武器やホールにある金銀細工も必見。

入口の門の装飾も趣がある

ゴーダのホテル

Hotel

ベスト・ウエスタン・ゴーダ Best Western Plus City Gouda ★★★★

➲Map P.136

ベスト・ウエスタン系列のホテル。チェーンホテルらしく、部屋は小さいながらも、清潔でコンパクトにまとまっている。チーズ市があるマルクト広場への途中にはショップなどもあり便利。101室。

住Hoge Gouwe 201
☎0182.860086
料Ⓢ€91～　Ⓣ€101～
朝食€18.50（朝食込みプランもあり）
Wi-Fi無料　CC A.M.V.
URL bestwesterngouda.nl
駅から徒歩約10分

※ホテル室料は目安。日程や予約方法、条件により大きく異なる場合もある。特記がないかぎり、税金（City Taxを含む）や朝食は別料金。

ドルドレヒト

Dordrecht

南ホランド州
Zuid-Holland

Netherlands

1572年、記念すべきできごとがドルドレヒトで起こった。オラニエ公ウィレム1世を代表として12の都市が集まり、最初の自由国会が開かれたのだ。これがスペインに対する80年戦争の始まりであり、独立への第一歩でもあった。

ドルドレヒトは、いくつもの川の合流地点という地理的条件によって、昔から重要な貿易港として栄えてきた。13世紀末から17世紀までは、オランダに船で輸入されるワインのすべてがドルドレヒトで水揚げされ、ワイン通りWijnstr.やワイン橋Wijnbrug、ワイン港Wijnhavenなど、現在でもワインにちなんだ地名が残っている。こうしたドルドレヒトの輝かしい歴史は、今も運河沿いにひっそりとたたずむ商人たちの館や倉庫などにしのぶことができる。

ACCESS

アムステルダム中央駅からICで約1時間35分。デン・ハーグ中央駅から約50分、ロッテルダムから約15分。

観光案内所
住Spuiboulevard 99
Map P.139
☎078.7513000
開月～金9:30～17:30
土10:00～17:00
日11:00～15:00
休1/1、12/25・26
URL indordrecht.nl

ドルドレヒトの歩き方

ドルドレヒトは小さな町なので、半日もあればひととおり見て回ることができる。駅前の道を真っすぐ歩き、運河を渡って左側に🅥がある。運河を渡ったBagijnhofは、デパートや商店が建ち並ぶドルドレヒトで最もにぎやかな通りだ。そのままVisstr.を進むと、旧市街を取り囲んでいる運河に突き当たる。橋の上から運河を眺めると、両側に並ぶ家々が水面に映り、あたりの静けさと相まって旅情を誘う。

グロートホーフド門

橋を渡って左に曲がると、市庁舎を経て**聖母教会**に着く。聖母教会を見たら、Nieuwe Haven沿いに歩いてみよう。運河にはヨットが浮かび、両側にはドルドレヒトの歴史を物語る古い館や倉庫が並ぶ。そのなかのひとつが**ファン・ヘイン博物館**だ。

運河が旧マース川とつながる突端には、17世紀に造られたグロートホーフド門Groothoofdspoortが残っている。かつてはここが町への入口だったとか。昔はドルドレヒトに出入りする商人などでさぞにぎやかだったに違いない。

このほか、オランダ国家のスタート地点ともいえる**ホフ・ファン・ネーデルラント**、その南東には**ドルドレヒト美術館**がある。

貿易港として栄えたドルドレヒトの港

マーケットに出ていた魚の屋台

聖母教会
住Lange Geldersekade 2
☎078.6144660
開4～10月 火～土10:30～16:30 日・祝12:00～16:00
11月～12月初旬 土12:00～16:00
鐘楼は30分前に閉館
休上記以外。イベント開催時など不定休あり
料€4（鐘楼を含む）
塔へは275段ある階段で上ることもできる。
URL grotekerk-dordrecht.nl

ファン・ヘイン博物館
住Nieuwe Haven 29-30
☎078.7705240
開11:00～17:00 休月、1/1、王の日、12/25 料€12.50
URL www.huisvangijn.nl
ファン・ヘイン博物館、ドルドレヒト美術館、ホフ・ファン・ネーデルラントHof van Nederlandの3館共通入場券€22

ホフ・ファン・ネーデルラント
1572年オランダの独立国家会議が開かれた場所が博物館として公開されている。
住Hof 6 開11:00～17:00
休月、1/1、王の日、12/25 料€13
URL hofvannederland.nl

静かな中庭のような場所にあるホフ・ファン・ネーデルラント

ドルドレヒト美術館
住Museumstr. 40
☎078.7708708 開11:00～17:00
休月、1/1、王の日、12/25
料€16（オンライン割引あり）
URL www.dordrechtsmuseum.nl

ドルドレヒトの見どころ

聖母教会 Grote of O.L. Vrouwekerk

➡Map P.139

重厚な塔が印象的なこのプロテスタント教会は、14世紀初頭から建設が始まり、現在の形に近いブラバンド・ゴシック様式の建物ができたのは1470年頃。長さ108mという巨大な教会の内部には、ドルドレヒトの歴史を表した3枚のステンドグラスがある。また、16世紀に造られたルネッサンス様式の聖歌隊席は、オランダで最も美しいもののひとつ。67個のカリヨンをもつ塔は、建設途中で傾き始めたため未完成のままだ。

ファン・ヘイン博物館 Huis van Gijn

➡Map P.139

ファン・ヘイン氏が住んでいた邸宅が19世紀当時に近い状態のまま博物館となっており、家具、タペストリー、絵画、陶器など豪華な調度品が残されている。食事の用意をしたキッチンなど、実際の生活に触れるような展示のほか、中庭に面したカフェもある。

当時の様子を感じることができる

ドルドレヒト美術館 Dordrechts Museum

➡Map P.139

ドルドレヒト生まれの画家による風景画、静物画、肖像画や、ハーグ派、アムステルダム派など、16世紀の祭壇画から現代までの作品が展示されている。

ドルドレヒトのホテル

Hotel

ヴィラ・アウグストゥス Villa Augustus ★★★★

➡Map P.139 外

通りに面した建物はショップとレストラン。そこをぬけると菜園が広がり、その奥にそびえる昔の給水塔を改築したホテル。45室のうち20室が給水塔棟にあり、眺めは抜群。禁煙。

住Oranjelaan 7
☎078.6393111
料シャワー／バス・トイレ付き
ⓈⓉ€125～ 朝食€17.50
Wi-Fi無料 CC A.M.V.
URL villa-augustus.nl
B駅から4番でNoordendijk下車

ドルドレヒト Dordrecht ★★★

➡Map P.139 外

駅から1kmほどの、港に面した通りに建ち、本館の客室はクラシックスタイル、別館はモダンスタイル。20室。駅から徒歩約15分。クリスマス前から1週間休業。

住Achterhakkers 72
☎078.6136011
料シャワー／バス・トイレ付き
Ⓢ€110～ Ⓣ€120～
朝食付き Wi-Fi無料
CC A.M.V.
URL hoteldordrecht.nl

※ホテル室料は目安。日程や予約方法、条件により大きく異なる場合もある。特記がないかぎり、税金（City Taxを含む）や朝食は別料金。

デン・ハーグ

Den Haag

南ホランド州
Zuid-Holland

北海に面するオランダ第3の都市デン・ハーグには、国会議事堂をはじめとする政府機関、各国の大使館が集まっており、いわばオランダの政治の中心地。またベアトリックス前女王が住まわれていた宮殿もあり、"ロイヤルシティ"の異名をもつ。

日本語はハーグ、英語ではザ・ヘイグThe Hagueだが、正式にはグラーフェンハーゲ's-Gravenhageと呼ばれ、その意味は"伯爵の生垣"。13世紀にホラント伯爵がこの地に狩猟の館を建てたことに由来している。その後16世紀にネーデルラント連邦共和国が成立するとハーグに連邦議会がおかれ、以後オランダの政治の中心となった。

町の真ん中にあるビネンホフと呼ばれる国会の建物は、ホラント伯爵の宮殿だったもので、ここを中心に13世紀以来の建物が周辺の広場や並木と調和して、700年の歴史をしのばせている。町全体を見ると、緑が多く、公園の中の町といった雰囲気がある。樹々の間に宮殿のような家々が点在し、まさにロイヤルシティの名にふさわしい美しい町だ。

デン・ハーグの歩き方

デン・ハーグ中心部にはⓋがある**中央駅(CS)**と**Hollands Spoor駅(HS)**のふたつの駅がある。列車によって着く駅が違うので、時刻表で自分の着く駅がどちらか調べておこう。HS駅から中央駅へは9、16、17番のトラムで約10分。

デン・ハーグはオランダ第3の都市とはいえ、人口約54万人のこぢんまりとした町だ。北へ約5kmのスヘーフェニンゲンとその途中にあるマドゥローダム、デン・ハーグ美術館など交通機関を使いたい所もあるが、おもな見どころは町の中心部に集中している。

観光の中心ともなる**ビネンホフBinnenhof**周辺のミュージアムなどを観てから、**聖ヤコブ教会**や**旧市庁舎**のほか、少し南のグローテマルクト周辺まで散策するのもいい。旧市庁舎の一角には17世紀に建てられたバターの計量所がある。

平和宮手前から**スヘーフェニンゲン**へは1番のトラムで。スヘーフェニンゲンから**マドゥローダム**を経由し中央駅までは9番のトラム。

にぎやかなグローテマルクト広場周辺

デン・ハーグ中央駅

Netherlands

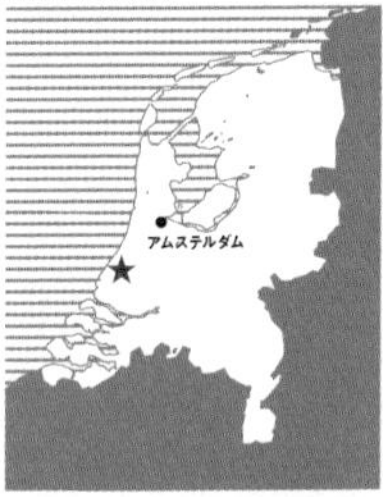

ACCESS

アムステルダム中央駅から列車で約50分〜1時間。
ロッテルダムからは約30分で、メトロでも行ける。ロッテルダムへのメトロ乗り場は、デン・ハーグ中央駅12番線の隣にあるエスカレーターで2階へ。
デルフトへはトラム1番でHS駅から約20分。

ユースフルアドレス
●日本国大使館
住Tobias Asserlaan 5
➡Map P.142-A2
☎070.3469544
URL www.nl.emb-japan.go.jp
T 17 Zoutmanstraat下車
HS駅から1 Vredespaleis下車
B 中央駅から24 Laan van Meerdervoort下車

観光案内所
住Koningin Julianaplein 10
➡Map P.143
開10:00〜18:00(土〜17:00、日〜15:00、祝12:00〜17:00)
休1/1、12/25
URL denhaag.com

市内バス・トラム1日券
市内バスとトラムの1日券HTM Dagkaart€8。2時間券€4。

デン・ハーグの歩き方

ビネンホフ P.143
↓
マウリッツハイス美術館 P.144
↓
エッシャー美術館 P.145
↓
マドゥローダム P.145

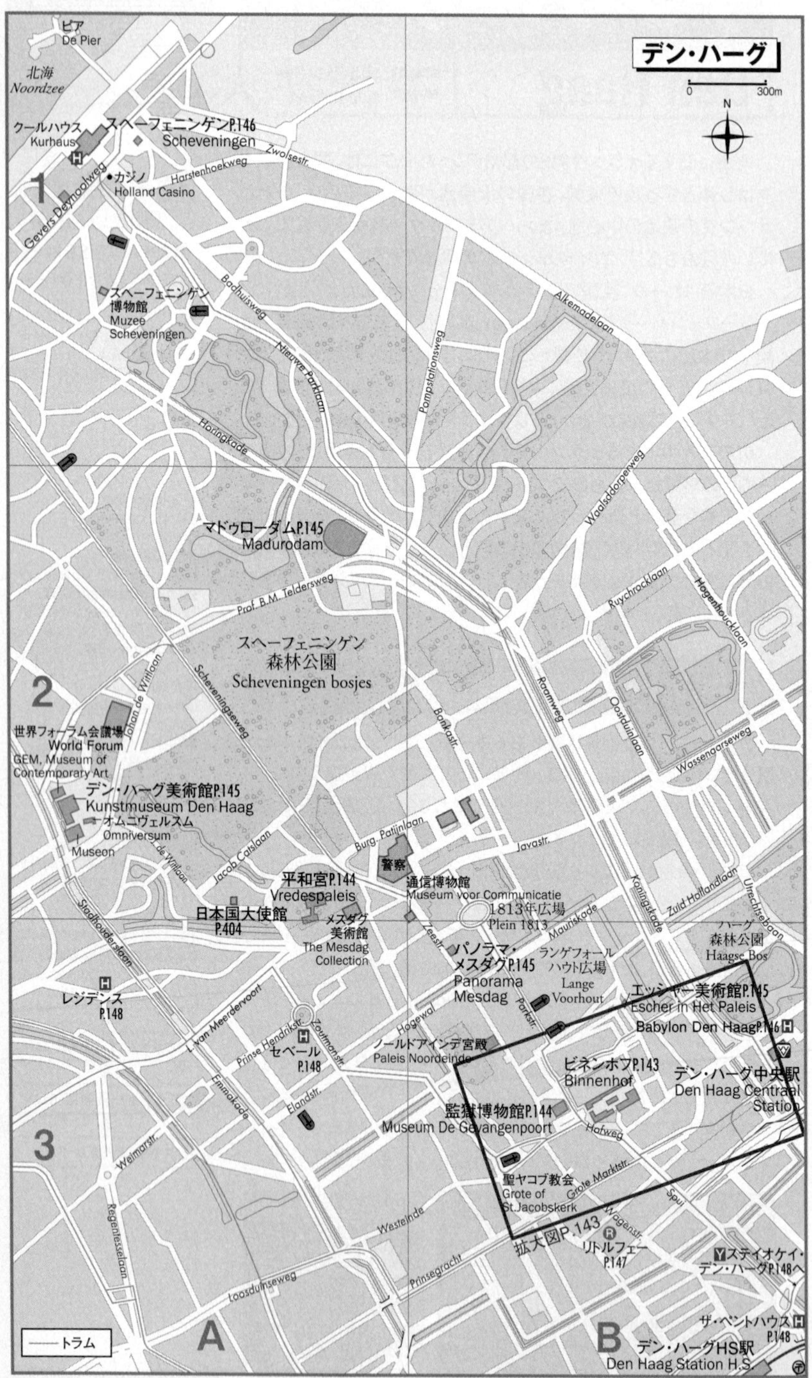
デン・ハーグ
0
300m
N
ピア
De Pier
北海
Noordzee
クールハウス
Kurhaus
スヘーフェニンゲンP.146
Scheveningen
カジノ
Holland Casino
Zwolsestr.
Harstenhoekweg
Gevers Deynootweg
1
スヘーフェニンゲン
博物館
Muzee
Scheveningen
Badhuisweg
Nieuwe Parklaan
Pompstationsweg
Alkemadelaan
Haringkade
Waalsdorperweg
マドゥローダムP.145
Madurodam
Prof. B.M. Teldersweg
Ruychrocklaan
Hogenhoucklaan
スヘーフェニンゲン
森林公園
Scheveningen bosjes
2
Johan de Wittlaan
Scheveningseweg
Bankastr.
Raamweg
Oostduinlaan
Wassenaarseweg
世界フォーラム会議場
World Forum
GEM, Museum of
Contemporary Art
デン・ハーグ美術館P.145
Kunstmuseum Den Haag
オムニヴェルスム
Omniversum
Museon
Jacob Catslaan
Burg. Patijnlaan
警察
Javastr.
平和宮P.144
Vredespaleis
通信博物館
Museum voor Communicatie
1813年広場
Plein 1813
日本国大使館
P.404
メスダグ
美術館
The Mesdag
Collection
Stadhouderslaan
Zeestr.
Mauritskade
Koningskade
Zuid Hollandlaan
Utrechtsebaan
ハーグ
森林公園
Haagse Bos
パノラマ・
メスダグP.145
Panorama
Mesdag
ランゲフォール
ハウト広場
Lange
Voorhout
エッシャー美術館P.145
Escher in Het Paleis
Babylon Den HaagP.146
レジデンス
P.148
L. van Meerdervoort
Prinse Hendrikstr.
Zoutmanstr.
セベール
P.148
Hogewal
Parkstr.
ノールドアインデ宮殿
Paleis Noordeinde
ビネンホフP.143
Binnenhof
デン・ハーグ中央駅
Den Haag Centraal
Station
Emmakade
Elandstr.
監獄博物館P.144
Museum De Gevangenpoort
Hofweg
3
Weimarstr.
聖ヤコブ教会
Grote of
St.Jacobskerk
Grote Marktstr.
Spui
Regentesselaan
Westeinde
拡大図P.143
Wagenstr.
リトルフェー
P.147
ステイオケイ・
デン・ハーグP.148へ
Prinsegracht
Loosduinseweg
ザ・ペントハウス
P.148
トラム
A
B
デン・ハーグHS駅
Den Haag Station H.S.

デン・ハーグの見どころ

ビネンホフ Binnenhof

➲Map P.143

13世紀から17世紀にかけて建てられた由緒ある建物が集まっており、国会議事堂、総理府などがここにある。なかでも一番古いのが、**騎士の館Ridderzaal**と呼ばれる、フロリス5世が建てた国会議事堂。左右2本の塔をもったれんが造りで、日本の国会議事堂と比較すればかなりこぢんまりとしているが、13世紀の建物は威厳をたたえて立派だ。

ここでの最大イベントは、毎年9月の第3火曜に行われる古式ゆかしい国会の開会式。騎士の館前の広場に整列した、華やかな制服の儀仗兵たちは、まるで人形の兵隊。国王が8頭の馬に引かれた金の四輪馬車で到着すると儀式は最高潮。広場の周りやビネンホフに通じる沿道には、王と衛兵のパレードをひとめ見ようと、多くの市民や観光客がずらりと並んでいる。また、このビネンホフを北側の**ホフファイファーの池**側から眺めると、重厚で落ち着いた雰囲気で、最高の撮影ポイントである。

ホフファイファーの池手前からビネンホフを望む

ビネンホフ
住Binnenhof 8a
2023年9月現在、考古学的調査を進めつつ改修工事中のため内部見学不可。
オランダ議会の下院をめぐるガイドツアーに参加すれば、ビネンホフの改修工事についても知ることができる。英語のツアーで所要約1時間、€6。パスポートなど身分証明書が必要。不定期開催のため、開催日時はチケット販売をしているProDemosのウェブサイトなどで確認を。
Bezoekerscentrum ProDemos
住Hofweg 1 ☎070.7570200
開9:00～17:00
URL prodemos.nl
T15 Centrum下車

ProDemos

国会開会式が行われる騎士の館

※特記がないかぎり、各見どころなどへの行き方は中央駅から。

マウリッツハイス美術館 Mauritshuis

➲Map P.143

ビネンホフの一角に、オランダで最も美しい建物のひとつといわれる**マウリッツハイス美術館**がある。17世紀に、ブラジル総督オラニエ家のヨーハン・マウリッツ伯爵の私邸として建てられた、ルネッサンス風の建物だ。2年の改修工事を終え、2014年に再オープン。新館ができて以前の2倍の広さになり、マウリッツ邸内部も修復作業により本来の色彩や装飾が復元された。

ハーグを訪れる美術愛好家の目的は、このマウリッツハイスで17世紀オランダ・フランドル絵画の珠玉の名品を観ることだという。おもなコレクションはレンブラント、フェルメール、ルーベンス、ファン・アイク、ヤン・ステーンなど。特にオランダの国宝的絵画のレンブラントとフェルメールが有名で、なかでもフェルメールを観に来る人が多い。レンブラント室には出世作**『テュルプ博士の解剖学講義』**をはじめ何点かの自画像、フェルメール室にはこの美術館の至宝ともいえる**『デルフトの眺望(→P.152)』『真珠の耳飾りの少女(青いターバンの少女)』**が展示されている。

マウリッツハイス美術館
住Plein 29　☎070.3023456
開10:00～18:00（月13:00～、12/5・24～16:00)
休1/1、11/13('23)、12/25
料€19(ギャラリー・プリンス・ウィレムVにも入場可能)
事前の時間予約が必要。人気が高いのでウェブサイトなどで早めに空き状況の確認を。15:00以降が比較的混雑しにくい。
アプリの「MauritshuisTour」をスマートフォンにダウンロードしておけば、オーディオガイドとして使える。アプリ内のハイライトツアーは日本語あり。
URLmauritshuis.nl
T15、17 Buitenhof下車

フェルメール『真珠の耳飾りの少女』

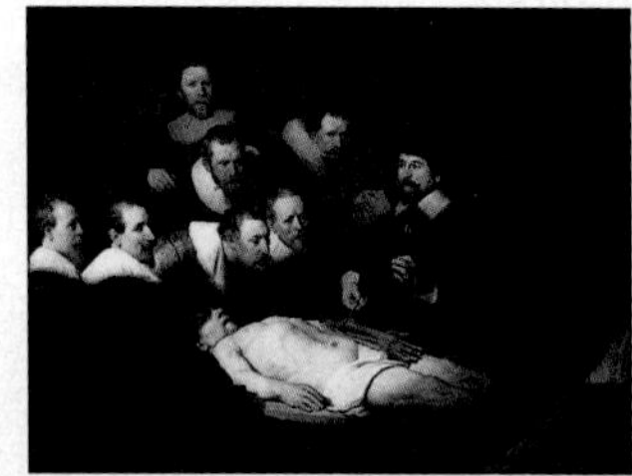

レンブラント『テュルプ博士の解剖学講義』

ルーベンス『聖母被昇天』

監獄博物館 Museum De Gevangenpoort

➲Map P.143

15世紀に監獄として使われていた建物で、歩道にはみ出した格好で建っている。現在はさまざまな中世の拷問器具や絵画などが展示してある、怖～い博物館。

監獄博物館
住Buitenhof 33　☎070.3460861
開10:00～17:00
　土・日・一部の祝11:00～17:00
休月(学校休暇中を除く)、1/1、12/25　料€15
URLgevangenpoort.nl
T15、16 Buitenhof下車
時間ごとに入場制限あり。
8歳以下の子供の入場はすすめられない。

平和宮(国際司法裁判所) Vredespaleis

➲Map P.142-A2

アメリカの鉄鋼王アンドリュー・カーネギーの寄付によって1913年に完成した。1階が国際司法裁判所で2階は大広間。現在は国連の管轄下におかれ、さまざまな国際間の紛争を解決する場として世界に貢献している。建設の際は、オランダが敷地を提供し、建物の内部の装飾品や建材の大理石などはすべて世界各国が寄贈したもの。日本からは西陣織の壁掛けが飾られている。フランス風庭園も見事だ。

華麗な外観の平和宮

平和宮
住Carnegieplein 2
☎070.3024242
内部見学はガイドツアーのみ。日時はウェブサイトで要確認。チケットはウェブサイトでのみ販売。
料€16.50
URLvredespaleis.nl
THS駅から1 Vredespaleis下車
ガイドツアーに参加する前にビジターセンターでフィルムを観ておくといい。入場時にはパスポートなどの身分証明書が必要。

ビジターセンター
平和宮入口近くにあり、平和宮と裁判所に関する展示やフィルムを観ることができる。無料のオーディオガイド(日本語なし)あり。
開12:00～17:00　休月・火、1/1、王の日、12/25・26
料無料

パノラマ・メスダグ Panorama Mesdag

➲Map P.142-B3

オランダの画家H.W.メスダグが、1880年代の北海に面した漁村スヘーフェニンゲン(→P.146)を描いたもので、その巨大さゆえに有名になった。キャンバスの高さは15m、長さ113m、世界最大のパノラマ風景画だ。この絵を展示するためだけに、この建物が造られたというのもうなずける。絵に描かれた漁師たちの生きいきした姿は、現代の絵と錯覚を起こすほどリアル。

パノラマ・メスダグ
住Zeestr. 65
☎070.3106665
開10:00〜17:00
(12/31〜16:00)
休月(祝日を除く)、1/1、12/25
料€15
URLpanorama-mesdag.nl
T HS駅から1 Mauritskade下車

デン・ハーグ美術館 Kunstmuseum Den Haag

➲Map P.142-A2

1935年に建てられた近代的な美術館。設計はオランダの近代建築の父とも呼ばれる、アムステルダム派のヘンドリク・ペトルス・ベルラーヘ。いちばんの見ものは、オランダの近代絵画を代表する画家ピート・モンドリアンのコレクションで、世界一を誇っている。そのほか、モネ、ピカソ、ブラック、カンディンスキーと近代のものが多い。彫刻作品も多く、ロダン、ドガなどがある。陶器や工芸品などにも観るべきものが多い。

デン・ハーグ美術館
住Stadhouderslaan 41
☎070.3381111
開10:00〜17:00
休祝を除く月、12/25
料€17.50
URLkunstmuseum.nl
T17 Kunstmuseum下車
B中央駅に隣接するバスターミナルから24番のバスで。下車駅はトラムと同じ。

エッシャー美術館 Escher in Het Paleis

➲Map P.143

2002年に開館した、エッシャーの作品を集めた美術館。オランダ出身のエッシャーのだまし絵のような版画は、観る人を不思議な世界へいざなう。3Dによるゲームを盛り込んだエッシャー紹介のビデオもあって楽しめる。

ランゲフォールハウト広場に面している

エッシャー美術館
住Lange Voorhout 74
☎070.4277730
開11:00〜17:00(9月の王子の日13:00〜、12/24・31〜16:00)
チケット購入16:30まで
休月(学校休暇中と祝日を除く)、1/1、12/25
料€11.50
URLescherinhetpaleis.nl
T15、17 Korte Voorhout下車

マドゥローダム Madurodam

➲Map P.142-A2

デン・ハーグ観光のハイライトのひとつが、ミニチュアシティのマドゥローダム見学だ。ここではオランダ国内にある代表的な建造物を25分の1に縮小した模型を、約0.67haの敷地いっぱいに展示している。建造物といっても多種多様で、教会、城、宮殿をはじめ、運河、橋、港のほか高速道路、鉄道、公園、市電、風車、サッカー場など実物そっくり。たくさんの建造物の中には、スキポール

家族で楽しめるマドゥローダム

マドゥローダム
住George Maduroplein 1
☎070.4162400
開3月下旬〜8月 9:00〜20:00
9・10月 9:00〜17:00
11月〜3月下旬 11:00〜17:00
最終入場は閉館1時間前。開館時間は細かく異なるのでウェブサイトで要確認。
休無休　料€23.50　オンライン購入€18〜
URLmadurodam.nl
T9 Madurodam下車
B22番 Madurodam下車

Simonis in de Stad
ムール貝は生ガキなどを食べられるシーフード専門店。シュリンプカクテル€10、地物の生ガキ1個€2、ムール貝のガーリック炒め€19.50、海鮮スープ€9。
住Gedempte Gracht 405H
➲Map P.143　☎070.3605354
URLsimonisvis.nl

中央駅前のホテル
Babylon Den Haag
ハーグ中央駅の正面を出てすぐ右側にあるのでとても便利。レストランやバーもある大型ホテル。
➲Map P.142-B3
住Bezuidenhoutseweg 53
☎070.3814901
URL babylonhoteldenhaag.com

空港や世界遺産にも登録されたユトレヒトのシュローダー邸のほか、王宮、平和宮、王族の宮殿ハウステンボスもある。オランダらしいチーズ市を再現した様子も楽しい。

また、オランダの主要駅から、数々の電車が出入りし、道路には自動車が走るなど、動くものが多く、その精巧な仕掛けには、子供でなくても見入ってしまう。

スヘーフェニンゲン Scheveningen

➲Map P.142-A1

もともとはデン・ハーグ郊外の漁村だったが、海のリゾートとして大発展し、今ではオランダでも人気が高い夏の観光地となっている。海岸に沿って豪華なホテルやレストランが、そしてその間をカフェ、みやげ物店、スポーツ遊技場などがずらりと並ぶ。

なかでも際立って大きく威容を誇っているのがホテル・クールハウスKurhaus。ここの近くにはカジノもある。クールハウス近くの海岸から沖に向かって突き出しているのが桟橋De Pier。北海は夏でも水が冷たく、多くの人は水遊びと日光浴を楽しんでいる。

ビネンホフ近くのレストラン
Luden
朝食からディナーまで、幅広く対応。昼はサンドイッチのほか、クロケット（パン付き）やオムレツ、パニーニなど。ディナーはステーキやパスタ、カレーなど、幅広いメニューから選べる。レストランが並ぶ、プレイン広場の南側。
➲Map P.143　住Plein 6-7
URL ludendenhaag.nl

内部が見てみたくなる立派な外観のクールハウス

Column Netherlands

愛すべきオレンジ

「ゴールデン・エイジ＝黄金の世紀」といわれ、オランダが一番栄えた時代は、王様のいない共和国の時代だった。しかし、その繁栄をもたらしてくれたのは、宗教裁判と重税で苦しめていた宗主国スペイン王から、オランダを解放に導いてくれたオレンジ（オラニエ）家の人々である。

ドイツ生まれのオレンジ公ウィレム1世は、オランダ建国の祖といわれる独立戦争の指導者だった。ドイツの領地からナッソーの称号と、フランス内にもオレンジ領をもっていたことから、オレンジ公（プリンス・オブ・オレンジ）の称号をもち、正式な家名はオレンジ-ナッソー家という。

オランダが斜陽になり、フランスのナポレオンに侵略され再独立したとき、オランダでも王を立てようという声が強まった。これを受けて、1813年にオランダという国の成立に貢献したオレンジ家の当主が、初代の王となった。人々を切り伏せてなったのではなく、推されて王になったのだから、国民の親近感も強く、2013年の女王の日に退位したベアトリックス前女王も支持率80%と人気が高かった。

デン・ハーグにある前女王が住んだハウステンボス

2014年には、ウィレム＝アレクサンダー国王が即位し、4月27日の誕生日が王の日として祝日になっている。ちなみにアレクサンダー国王は、オランダの航空会社KLMで、21年の間シティホッパーのゲストパイロットをしていた。オランダらしい開かれた王室の逸話でもある。

デン・ハーグのショップ

Shop

Hoogstr. ➲Map P.143周辺には、ブランド物を扱う高級ブティックなどが並んでいる。このほか、大型高級デパートのバイエンコルフDe Bijenkorf ➲Map P.143も、何でも揃っていて便利。
ビネンホフの西にあるパサージュ➲Map P.143は、ショップやカフェが並ぶ屋内ショッピングセンター。ここから聖ヤコブ教会の北あたりまでの通りにも、小さなショップやカフェがあり、ぶらりと散策するのも楽しい。

パサージュ

デン・ハーグのレストラン

Restaurant

ビネンホフ周辺の広場やショッピングストリート沿いなどにレストランが多い。天気がよければ、広場に面した屋外の席で食事を楽しむのもいい。旧市庁舎南のWagenstr.➲Map P.142-B3は小規模な中華街となっており(治安がいいとはいえないので注意)、中国食品を売る店や中国料理店がある。

ゼベデウス Zebedeüs

カフェレストラン

聖ヤコブ教会の建物の一角にある。こぢんまりとしているが、清潔で気持ちのいい店内。夏の間は教会広場に出されたテラスでも食事やお茶が楽しめる。ベジタリアン料理もあり。

➲Map P.143

住Rond de Grote Kerk 8
営12:00～21:30
休1/1、12/25・26・31
予望ましい CCA.M.V.
T17 Gravenstraat下車

ルーツ Rootz

ベルギー料理

昔は馬車小屋だったという築300年の建物にあり、ほの暗い店内は雰囲気がある。ベルギービールの種類も豊富。壁にかかった大きなメニューカードが印象的。テラス席もあり。

➲Map P.143

住Grote Marktstr. 14
☎070.3639988
営10:00～24:00 (金・土～翌4:00)
休無休
予望ましい
CCA.M.V.
T2、3、4、6 Grote Markt下車

リトルフェー Little V

ベトナム料理

中華街の一角にあるベトナム料理のレストラン。屋台風の店内で、昼も夜も手軽に楽しめる。夏はテラスも出る。小皿料理€6.50～8。メイン€8～28.50。

➲Map P.142-B3

住Rabbijn Maarssenplein 21
☎070.3921230
営食事は12:00～21:30(15:30～16:30を除く)
休月、1/1、12/25・26・31
予望ましい CCA.M.V.
T2、3、4、6 Spui下車

ラプサン Lapsang

軽食

聖ヤコブ教会の北側、観光にも便利な場所にある、気軽に利用できるカフェ。オープンサンドやサラダのほか、ケーキなどのスイーツやコーヒーもおいしい。ハイティーも楽しめる。

➲Map P.143

住Oude Molstraat 11A
☎070.3603598
営10:00～翌1:00(金～日～翌2:30)
休月、不定休
予不要
CCM.V.
T17 Gravenstraat下車

Hotel

デン・ハーグのホテル

国際都市デン・ハーグらしく、家族で経営するペンションから、リゾートホテル、さらに各国の貴族や元首クラスが滞在する超デラックスタイプまで多種多様。経済的なホテルがある場所はHS駅前。特にStationswegとStationspleinには、お値うちなホテルが集まっている。ただし、当たり外れも激しいので、ウェブサイトなどで評判を確認してから宿を決めたい。また、このあたりは治安がよくないので、特に女性は暗くなってからあまり歩き回らないほうがいい。

パーク・セントラル Park Centraal ★★★★

➡Map P.143

ビネンホフの西300mくらいの所にある。ダブルルームは3つのグレードがあり、庭に面した部屋も多い。コーヒー/ティーセット設置。シャワー/バス・トイレ付き。153室。

住Molenstr. 53
☎070.3624371
料Ⓢ€90～　Ⓣ€120～
朝食€18
Wi-Fi無料　CCA.M.V.
URLparkhoteldenhaag.nl
T17 Torenstraat下車

レジデンス Residenz ★★★

➡Map P.142-A3

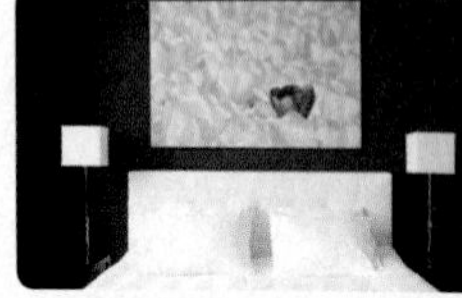

閑静な住宅街にある、わずか4室のプチホテルで、邸宅に招かれたような優雅な滞在が楽しめる。全館禁煙。中心街からは少し離れているが、デン・ハーグ美術館まで徒歩10分程度。

住Sweelinckplein 35
☎070.3646190
料シャワー/バス・トイレ付き
ⓈⓉ€139～　朝食付き
Wi-Fi無料　CCA.M.V.
URLresidenz.nl
T3 Conradkade下車

セベール Sebel 

➡Map P.142-A3

中心街からは少し外れるが、平和宮などに近く、デン・ハーグであちこち観光したい人に便利。トラムの停留所も近い。各室TV、電話付き。Wi-Fi無料。禁煙。貸自転車あり(€16/日)。33室。

住Prins Hendrikplein 20
☎070.3459200
料シャワー/バス・トイレ付き
Ⓢ€85～　Ⓣ€95～
CCA.M.V.
URLhotelsebel.nl
T17 Elandstraat下車

ザ・ペントハウス The Penthouse アパート

➡Map P.142-B3

HS駅からすぐのビルThe Hague Towerの高層階にあるアパートメント。抜群の眺望を楽しめる。キッチン、洗濯機、エアコン、TV付き。中心街に向かうトラムも目の前に停まる。20室。

住Rijkswijkseplein 786
☎070.3051000
料1部屋€125～
Wi-Fi無料
CCA.D.J.M.V.
URLthepenthouse.nl
HS駅から徒歩3分

ステイオケイ・デン・ハーグ Stayokay Den Haag YH

➡Map P.142-B3外

HS駅に近いが、市の中心部までは歩いていけるし、トラムの停留所もそばにあるので観光に便利。朝食込み。館内レストランでの食事は夕食€19.50。50室。HS駅から徒歩約5分。

住Scheepmakersstr. 27
☎070.3157888
料料金はステイオケイのウェブサイトで確認を　CCA.M.V.
URLstayokay.com/denhaag
T中央駅から17 Rijswijkseplein下車

※ホテル室料は目安。日程や予約方法、条件により大きく異なる場合もある。特記がないかぎり、税金(City Taxを含む)や朝食は別料金。

デルフト

Delft

南ホランド州
Zuid-Holland

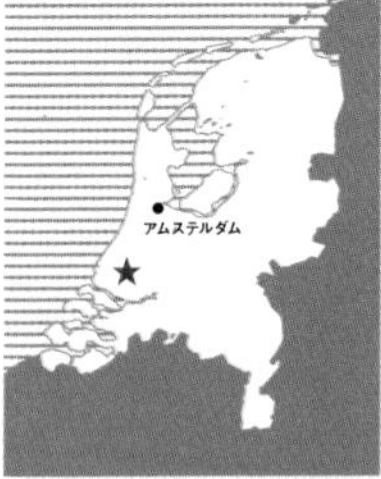

白とブルーのデルフト陶器で有名なデルフトは、ひっそりとしたたたずまいのチャーミングな町。今でもデルフト生まれの画家、フェルメールの傑作『デルフトの眺望』さながらに、運河が古い町並みを映している。

またデルフトは、オランダ建国の祖で、1584年7月10日の独立達成を目前に敵の放った刺客の手に倒れたオラニエ公ウィレム1世(沈黙王)が住んだことでも有名だ。旧教会の隣のプリンセンホフは、オランダ独立戦争の記念館として当時の姿のまま公開されている。

ACCESS

アムステルダム中央駅から列車でロッテルダムで乗り換えて約1時間。デン・ハーグとロッテルダムから約15分。デン・ハーグHS駅からはトラム1番で約20分、町の中心へはPrinsenhof下車。

デルフトの歩き方

🅥がある駅から歩いて10分ほどで、町の中心マルクト広場Marktに到着。新教会と市庁舎が向かい合っている大きな広場で、中央には"国際法の父"と呼ばれるデルフト生まれのグロチウスの像が立っている。

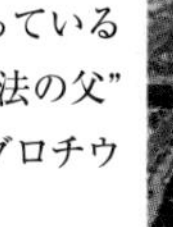

新教会の鐘楼からの眺め

このチャーミングな町を効率よく回

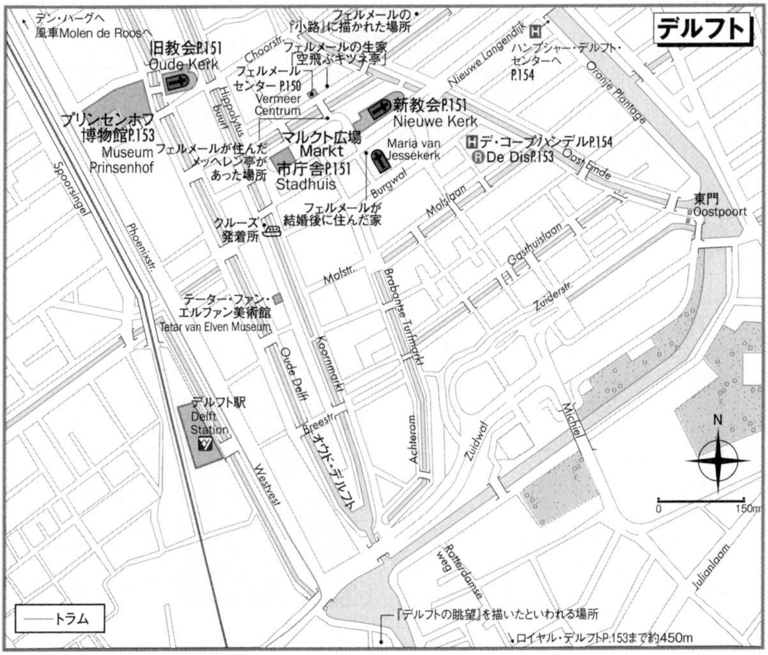

観光案内所
住Stationplein 7
➲Map P.149 ☎015.2154052
開4～9月 10:00～17:00(日・月～16:00) 10～3月 10:00～16:00(日・月11:00～15:00)
休1/1、12/25・26
URL www.delft.com

運河クルーズ
Rondvaart Delft
1時間おきに出発(混み合う時間帯や時期は30分おき)。所要45分。
住Kroonmarkt 113
☎015.2126385
営3~10月 11:00~17:00
休11~2月 料€12.50
URL rondvaartdelft.nl

デルフトのマーケット
木曜9:00~17:00頃には、マルクト広場で市が立つ。またBrabantse Turfmarktでは、やはり木曜には色鮮やかな花市が、土曜には、日用品や花の市が立つ。さらに4月下旬~9月の土曜には、運河沿いのいたるところでのみの市(アンティーク市)が開かれ、観光客の人気の的だ。

古い風車Molen de Roos
デルフト~デン・ハーグ間のトラムに乗ると、古い風車を窓際から見ることができる。デルフト駅からすぐの大通りをデン・ハーグ方向に徒歩約15分。金曜には穀物をひいているところを見学でき、ショップで粉を買える。
住Phoenixstraat 112
➲Map P.149外
営水・金・土13:00~15:00
休日~火・木、1/1、12/25
料無料
URL molen.molenderoos.nl

大通り沿いに立つ風車

るには次の散策コースがおすすめだ。

最初に目指すのは**旧教会**だが、マルクト広場から旧教会までの運河Hippolytusbuurt沿いには、4月下旬~9月の土曜ならアンティークや古本の露店がぎっしりと並ぶ。デルフトで最も美しい運河オウド・デルフトOude Delftを挟んで、旧教会の向かいにはオラニエ公ウィレム1世も住んだ**プリンセンホフ**という館があり、現在は博物館になっている。フェルメールに興味があるなら、**フェルメールセンター**にも立ち寄ってみよう。同じ通り沿いには、フェルメールの生家「空飛ぶキツネ亭」(→P.153)もある。

次に、新教会の裏側を流れる運河Oost Einde沿いを歩いて**東門Oostpoort**に向かう。東門付近では、ボート競技の練習が行われていたりする。東門を抜けると白いハネ橋があり、童話の世界にまぎれ込んだような光景が広がる。休憩にもいいベンチもある。

散歩するのにも気持ちがいい東門周辺

フェルメールの絵に出てきそうな家並み

大にぎわいのマーケット

Column Netherlands

フェルメールセンター Vermeer Centrum

デルフトで生まれ、デルフトで生涯を過ごしたといわれるフェルメールに関する博物館。この博物館があるのは、フェルメールも所属した、デルフトの画家ギルドがあった場所。

フェルメールは寡作で、43年の生涯で残した絵画は37作品ほど。本物はここにはないが、その全作品のパネルが展示されており、フェルメールの世界を一覧できるという意味でおもしろい。フェルメールの手法を解説した展示、日記も手紙も残していないフェルメールの謎に包まれた生涯を探った展示などは、フェルメール好きの人なら興味が尽きないだろう。ここを訪れたら、フェルメールの作品を観る目が変わるかもしれない。

住Voldersgracht 21 ➲Map P.149
☎015.2138588 開10:00~17:00 休12/25
料€12 オーディオガイド付き(日本語あり)
URL vermeerdelft.nl

全作品のパネル展示

ファサードは当時の建物を復元したもの

デルフトの見どころ

新教会 Nieuwe Kerk

➡Map P.149

マルクト広場に建つ新教会は、1381年建造のゴシック様式。教会内部には代々オラニエ家の人々が葬られており、その地下納骨堂の上にはウィレム1世の棺が置かれている。大理石と黒い石でできたこの棺はヘンドリック・ケイゼルの作。またグロチウスの墓もここにあり、北側の翼廊のステンドグラスには彼の姿が描かれている。

新教会とグロチウスの像

美しいカリヨンの音色を響かせる鐘楼は、高さ108.75m。376段の階段をがんばって上ると、デルフトの町から、天気がよければデン・ハーグ、ロッテルダムまで一望できる。

新教会
住Markt 80
開2～10月 10:00～17:00
11～1月 11:00～16:00
(クリスマス休暇中 10:00～17:00)
最終入場は閉館15分前
鐘楼は1時間前に閉館。ただし悪天候時には閉鎖。
休日、一部の祝、イベント開催時
料€8(旧教会との共通チケット)。鐘楼は別料金
URL oudeennieuwekerkdelft.nl

新教会内部

フェルメール・コンビ・チケット Vermeer Combi Ticket
フェルメールセンター、プリンセンホフ博物館、旧教会、新教会への入場可能。フェルメール散策案内とコーヒーか紅茶とお菓子付きで€23。

市庁舎 Stadhuis

➡Map P.149

17世紀初め、火事で焼失した古い市庁舎の跡地に、ヘンドリック・ケイゼルによって建てられた。塔は唯一焼け残った部分で、14世紀のもの。内部にはオラニエ家の人々の肖像画が飾られた市議会室やウエディングホールなどがある。

赤い窓枠が印象的な市庁舎

市庁舎
住Markt 87
開学校休暇中に市庁舎内のかつての牢獄Het Steenなどをガイドツアーで見学できる。ほかのイベント開催時など見学不可になることもあるので、事前に🅥で問い合わせを。

旧教会 Oude Kerk

➡Map P.149

13世紀から15世紀にかけて建てられた、その名のとおり古い教会で、遠くから見ると塔が傾いている。運河オウド・デルフト沿いに眺める旧教会の姿は、デルフトで最も美しい風景のひとつだ。内部にはフェルメールをはじめたくさんの墓がある。またステンドグラスは必見。

旧教会周辺

旧教会
住Heilige Geestkerkhof 25
☎015.2123015
開休新教会と同じ
料€8(新教会との共通チケット)
URL oudeennieuwekerkdelft.nl

旧教会のステンドグラスとフェルメールの名前と生没年が刻まれた墓石

美術史を歩く

デルフト

フェルメールとデルフト

Netherlands
Delft

No. 3

Jan Vermeer van Delft

AD 1300 1400 1500 1600 1700 1800 1900 2000

デン・ハーグはオランダの政治都市である。王宮や政府機関、また、外交機関が点在する落ち着いた雰囲気をもつこの町のほぼ中央に、17世紀オランダ絵画の粒よりの傑作を多数有することで知られるマウリッツハイス美術館がある。17世紀オランダの代表的建築家ファン・カンペンの設計になるこの建物は、本来、ブラジル総督ヨーハン・マウリッツ伯の邸宅として建てられたものであり(マウリッツハイスとはマウリッツ邸という意味である)、17世紀オランダ絵画を、いわば17世紀オランダの環境において鑑賞することを可能にしている得難い美術館のひとつである。レンブラントの出世作としても名高い『テュルプ博士の解剖学講義』もこの美術館を代表する作品には違いないが、やはり、世界中の美術愛好家を惹きつけてやまないこの美術館の顔ともいうべき傑作は、ヨハネス・フェルメールの『デルフトの眺望』(1661年頃)であろう。

『デルフトの眺望』

フェルメールという魅惑的な響きをもつこの画家――ただし、実際のオランダ語の発音は必ずしも美しいとはいえないし、英語にいたっては何とも即物的に「ヴァーミア」と発音され、「魅惑的な響き」という日本人の思い入れは肩すかしをくってしまうのだが――は、17世紀後半にデルフトで活動した「オランダ絵画の黄金時代」の最後を飾る巨匠である。もっとも「巨匠」としての評価を獲得したのは今からおよそ100年前のことで、19世紀半ばにフランスの美術評論家トレ・ビュルガーによって再発見されるまでは全く忘れられた存在であった。今日、我々の眼からみると永遠の価値をもっているようにみえるフェルメールの作品が歴史の底に沈んでいたとは信じられないことではあるが、人間の感覚の危うさを何より物語るエピソードといえようか。

『デルフトの眺望』はフェルメールの中期に属する作品である。フェルメールの作品の大半が室内に立つ女性の姿を描いたものであることを考えるならば、都市景観図ともいうべき『デルフトの眺望』は異例な作品ということができよう。デルフトを流れるスヒー川越しに眺められた景観が描かれており、画面中央に描かれる小さな橋をはさんで左がスヒーダム門、右がロッテルダム門、その向こうには新教会の塔がそびえている。この絵を見るものは、フェルメールが地誌的正確さをもってこの作品を制作したかのような印象をもつかもしれない。しかし、この作品を古い地図や版画と比較してみるならば、画家が巧みに建物の位置や大きさに変更を加えていることが理解される。『デルフトの眺望』が実景描写を思わせる迫真的な写実性を保持しながら、同時に、デルフトという町そのものの表現にまで到達しているのは、こうした修正と無縁ではない。

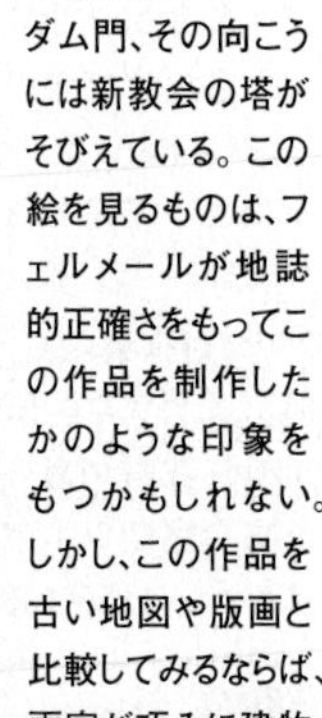

フェルメールがどのような意図をもって『デルフトの眺望』を制作したのかは知られていない。けれども、この作品はエル・グレコの『トレドの風景』(ニューヨーク、メトロポリタン美術館)とともに、西洋美術において、かつてなされたひとつの町に対する最大の讃辞となっているのである。

text 幸福 輝

プリンセンホフ博物館 Museum Prinsenhof

➡Map P.149

建物は15世紀の元女子修道院で、1572年から1584年にはウィレム1世の住居だった。ウィレム1世はここで暗殺され、今でも銃弾の跡が生々しく残っている(1階から2階に上る階段付近なので、見落とさないように)。現在はデルフトの繁栄の歴史を物語る品々(絵画、陶器、タペストリー、家具など)を展示している。

内部展示も歴史を感じさせる

プリンセンホフ博物館
住St. Agathaplein 1
☎015.2602358
開11:00～17:00(12/24・31～16:00) 休月(学校休暇中は除く)、1/1、12/25
料€13.50
URL prinsenhof-delft.nl

博物館入口

階段付近に残る銃弾の跡

昔のデルフトの地図なども興味深い

De Dis
中心部にも近く、アットホームな雰囲気のレストラン。メインは牛肉の煮込みDe Trappisten Stoverij €24、魚とエビのパイ包みBrammer €24など。
住Beestenmarkt 36
➡Map P.149
☎015.2131782
URL spijshuisdedis.com

Column Netherlands

フェルメールゆかりの場所をめぐる

フェルメールの生家

フェルメールは1632年、父レイニヤー・ヤンス・フォス(フォスはオランダ語で「キツネ」)がデルフトで営んでいた宿屋と画商「空飛ぶキツネ亭Herberg de Vliegende Vos」で生まれた(現在はBoutique Hotel Johannes)。マルクト広場にある新教会→P.151で洗礼を受けている。

Boutique Hotel Johannes URL meetjohannes.nl

居酒屋兼宿屋メッヘレン亭

フェルメールが幼少期を過ごした場所。現存していないが、隣接する建物の壁にはプレートがはめ込まれている。かつてメッヘレン亭があった場所は、現在、画家ゆかりの場所でもあるフェルメールセンター→P.150へ抜ける道になっている。

マルクト広場に面した、側面にプレートがはめ込まれた建物

アトリエがあった場所

マルクト広場のすぐ脇にあるマリア・ファン・イェッセ教会Maria van Jessekerkのあたりに、フェルメールが結婚してから亡くなるまで住んでいた。そのアトリエで数々の名作が生まれたが、建物は現存していない。

マリア・ファン・イェッセ教会

『小路』に描かれた場所

アムステルダムの国立美術館→P.79に展示されている『小路』が描かれた場所がどこなのか、長い間議論されてきた。2015年に推測される場所が発表され、話題を集めた。

運河沿いにある

名作『デルフトの眺望』が描かれた場所

マルクト広場から南へ徒歩15分ほどの場所(写真→P.15)にあり、旧市街を眺めることができる。現在ここから望む眺望は、絵とはずいぶん違う。

Hotel

デルフトのホテル

デルフトは小さな町の割にはホテルが多め。駅からマルクト広場周辺に多い。
デン・ハーグに行く予定の人は、トラムでもつながっているこの町で宿泊するのもいい。
こぢんまりとしていながら、サービスが行き届いた宿もある。

ハンプシャー・デルフト・センター Hampshire Delft Centre ★★★★

➡Map P.149 外

中心街からは外れるが見どころはすべて徒歩圏内。小規模ホテルの落ち着きとシティホテルの快適さを併せもつ。朝食のビュッフェも充実。92室。2023年末に部屋を改装する予定。

住Koepoortplaats 3
☎015.2122125
料シャワー・トイレ付き
ⓈⓉ€112.50～　朝食€18.50
Wi-Fi無料　CCA.M.V.
URLwww.hoteldelftcentre.nl
駅から徒歩約20分

デ・コープハンデル De Koophandel ★★★

➡Map P.149

マルクト広場からすぐで便利。1591年建造の建物で、画家フェルメールの父が生まれた場所でもある。観光にも最適。TV、ティーセットあり。朝食はビュッフェスタイル。全館禁煙。25室。

住Beestenmarkt 30
☎015.2142302　料シャワー・トイレ付きⓈ€110～　Ⓣ€133～
朝食€14.50　Wi-Fi無料
CCD.J.M.V.
URLwww.hoteldekoophandel.nl
駅から徒歩10～15分

デルフト陶器の窯元見学はいかが？

デルフトに関する展示室には巨大な『夜警』のデルフト焼

王室関連のプレート(左上)や独特な形をしたデルフト焼の花瓶(右)　成形の様子などを見学できる(左下)

17世紀に東インド会社の船で運ばれた、中国は明の時代の陶磁器。現在の"デルフトブルー"のブルーを生んだのは、明の藍の染付け技術だったとか。その後、日本の古伊万里や柿右衛門の絵付けも模倣され、デルフト陶器独特の繊細な絵柄が誕生したという。17世紀からの製法を守っている窯元ロイヤル・デルフトが市内にある。

デルフト焼のカップなどを扱うショップもある

Royal Delft Museum

マルチメディアを駆使した展示で、デルフト焼の歴史・製造過程を見学できる。絵師や成形のデモンストレーションがあることも。お値打ちな小物から高級品まで扱うショップもあるので、デルフト焼をおみやげにしたい人は訪ねてみるのもいい。

住Rotterdamseweg 196　☎015.7600800
営9:30～17:00　休1/1、12/25・26
料€15 オーディオガイドあり(日本語もあり)。絵付けのワークショップ€34.50～(要予約)。
URLwww.royaldelft.com
駅から南へ1km、徒歩約20分。中央駅前から40番のバスでJaffalaan下車。

※ホテル室料は目安。日程や予約方法、条件により大きく異なる場合もある。特記がないかぎり、税金(City Taxを含む)や朝食は別料金。

ライデン

Leiden

南ホランド州
Zuid-Holland

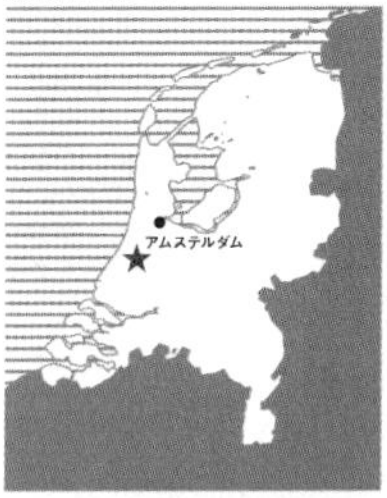

新潟の俳人、蒲原宏により「ライデンは　大学の町　月涼し」と詠まれたライデンには、1575年に創設されたオランダ最古の大学があり、学生が多いので本屋や博物館も多い。14～15世紀からの町並みがよく残され、小京都的な雰囲気をもつ歴史と文化の町だ。

またライデンは、幕末の長崎に医師として赴任したドイツ人シーボルトが、晩年日本研究に励んだ所でもある。ライデン大学には日本学科があり、日本ともゆかりが深い町だ 。

ACCESS

アムステルダム中央駅からデン・ハーグ方面の列車で約35分。デン・ハーグ中央駅またはHS駅からは約10～20分。どちらもおよそ10～15分おきに出ている。

ライデンの歩き方

駅から中心街に向かうStationswegに🅥がある。まず必要な資料を入手してから歩き出すことにしよう。運河に架かる橋を渡って右側は**民族学博物館**、左側は公園になっており、現在は**風車博物館**として公開されている風車が建っている。さらに真っすぐ歩いていくと、今度はちょうど2本の運河が合流する地点に突き当たる。手前の橋のたもとには運河巡りのクルーズ船乗り場がある。橋を渡ったらハーレム通りHaarlemmerstr.に入ろう。この通りは

観光案内所
住Stationsweg 26
➡Map P.155
☎071.5166000
開8:00～18:00
　土 10:00～16:00
　日 11:00～15:00
休1/1、10/3、12/25･26
URL www.visitleiden.nl

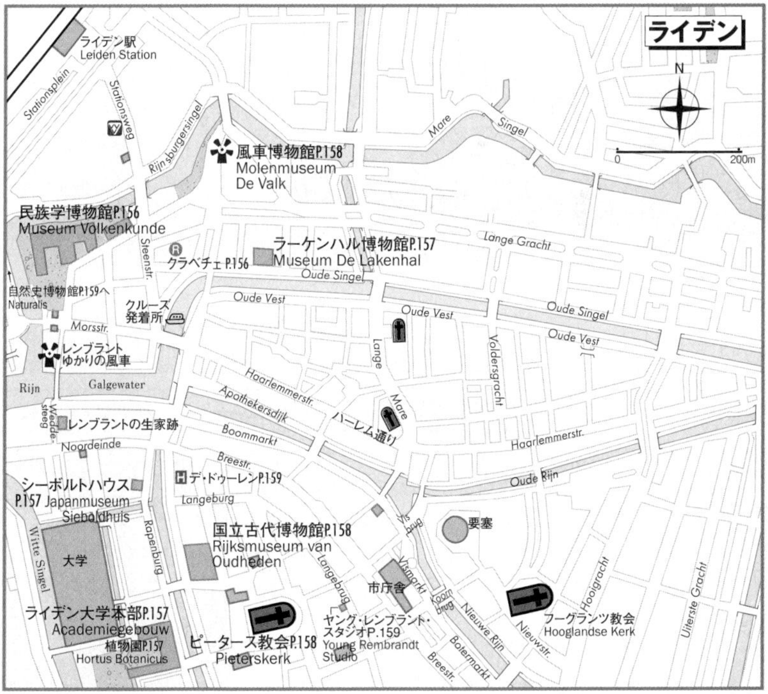

運河クルーズ
Rederij Rembrandt
所要55分ほど。2名以上集まれば出航する。日本語オーディオガイドあり。
住Beestenmarkt ☎071.5134938
出3～10月 10:30、11:30、13:00、14:00、15:00、16:00
（混雑時には30分おきに出航）
11～2月 11:00、12:00、13:00、14:00、15:00（12月以外）
休1月、11月の月曜、2月と12月の月～金 料€11.50
URL rederij-rembrandt.nl

魚介が食べたくなったら
クラベチェ 't Crabbetje
ロブスターやドーバーソウルなど、魚料理がおいしいレストラン。おすすめコースの説明は、英語でもしてくれる。
住St. Aagtenstraat 5
➡Map P.155
☎071.5128846
営火～土17:30～22:00
休日・月、クリスマスから1週間
予望ましい CC M.V.
URL crabbetje.nl

夏は橋の上までカフェのテーブルが出てにぎやか

ライデン随一のショッピング街だ。

Haarlemmerstr.を400mくらい歩き、左側に教会のある交差点を右に曲がると運河を渡ることになる。このあたりにはカフェも多く、いつも学生たちでにぎわっている。ここから西へ向かうと、**ピータース教会、ライデン大学本部、国立古代博物館、シーボルトハウス**などが集まる地域。大学があるせいか、落ち着いたたたずまいを見せている。ライデンの町は、古い建物が並ぶ運河沿いに散策するのがいちばん。特に国立古代博物館前の運河はいい雰囲気。またライン川沿いの路地Weddesteegには**レンブラントの生家跡**があり、その前には白いハネ橋とレンブラントゆかりの風車という、いかにもオランダらしい風景が見られる。

おもな見どころのなかで、**出島通りとシーボルト通り**以外はすべて徒歩圏内。駅から一番遠い**ピータース教会**でも徒歩20分ぐらいだ。

運河沿いで開かれるマーケットで

市庁舎の近くNieuwe Rijn沿いの橋までマーケットが出る

レンブラントの父親が営んでいた製粉業で使われたという風車

マーケット
土曜には中心部でファッション、アクセサリー、野菜や果物などのマーケット。水曜には、Nieuwe Rijn沿いにオーガニック・マーケットが開催される。

ライデンの見どころ

民族学博物館 Museum Volkenkunde

➡Map P.155

前身は1837年にシーボルト国立博物館として設立された。現在は、世界のさまざまな民族のかつての暮らしを知ることができる博物館。インドネシア、アフリカ、アメリカ、中国、チベット、朝鮮のほか、日本のコレクションには、出島を描いた日本画の屏風や仏像の展示もある。

運河沿いに建つ

民族学博物館
住Steenstr. 1
☎088.0042800
開10:00～17:00
休学校休暇中を除く月、1/1、王の日、10/3、12/25
料€15
URL volkenkunde.nl
※展示物は変更の可能性あり。要確認。

ラーケンハル博物館 Museum De Lakenhal

Map P.155

ライデンで生まれたレンブラントの初期作品をはじめ、ルーカス・ファン・レイデンなど、かつてこの町に住んだ芸術家たちが描いた絵画や銀器、家具などの装飾品が展示されている。かつては織物のギルドとして使われていた豪華な建物も見もの。

運河沿いに建つラーケンハル博物館

ラーケンハル博物館
住Oude Singel 32
☎071.5165360
開10:00～17:00
休月（イースターと聖霊降臨祭の翌日は除く）、1/1、王の日、12/25　料€16
URLlakenhal.nl

シーボルトハウス Japanmuseum Sieboldhuis

Map P.155

1823年にオランダ政庁の医官として日本のオランダ商館に派遣されたフィリップ・フランツ・フォン・シーボルトが集めた、2万点以上のコレクションを収蔵している。展示物は、美術品から日用品、植物学や動物学の資料、工業原材料にまで及んでおり、その収集物の幅広さに驚かされる。博物館として使用されている建物は、1578年よりオランダの名家が住まいとしてきた歴史あるもの。シーボルトは1830年にこの館を購入し、収集した日本のコレクションを展示していた。館内には日本語の説明も設けられているので、展示物をじっくりと鑑賞できるのもうれしいかぎり。また、このシーボルトハウスは、オランダにおける日本センターの役割も担っている。

運河沿いに建つ瀟洒な館

シーボルトハウス
住Rapenburg 19
☎071.5125539
開10:00～17:00
休月、1/1、王の日、10/3、12/25
料€10
URLwww.sieboldhuis.org
入れ替え制の展示物もある。

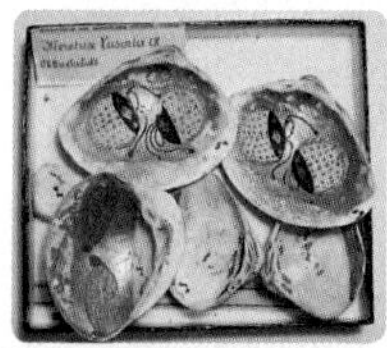

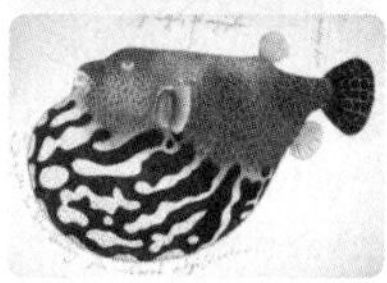
貴重な展示物の数々

ライデン大学本部 Academiegebouw

Map P.155

ネーデルランドとスペインの八十年戦争中の1575年、オラニエ公によりオランダ最初の大学がライデンに創設された。以後世界中の研究者がライデン大学を活動拠点としたが、シーボルトもそのひとり。

大学本部から奥に入ると、意外に広い**植物園**Hortus Botanicusがある。1587年に造られたもので、ここにはシーボルトが日本から持ち帰ったイチョウ、カエデ、フジなどが植えられており、彼の彫像が置かれた日本庭園もある。静かな園内でひと休みしながら、日本とオランダの長い交流の歴史に思いをはせるのもいい。

左：植物園入口付近　右：日本庭園の奥にはシーボルトの銅像が立っている

植物園
住Rapenburg 73
☎071.5275144
開3月下旬～9月下旬
9:00～18:00
9月下旬～3月下旬
10:00～17:00
休10/3、12/25～1/1　料€9
URLhortusleiden.nl

ライデンの町ではあちこちの壁に詩が書かれているが、植物園前の建物には菅原道真の歌も

風車博物館 Molenmuseum De Valk

➡Map P.155

1743年に建てられた風車で、1964年まで実際に使われていたという。内部は7階建てになっていて、上から眺めるライデンの町はなかなかのもの。ライデンの風車の歴史や仕組み、風車内の生活様式も見学できる。

途中階でバルコニーに出て町を眺めることもできる

風車博物館
住2e Binnenvestgracht 1
☎071.5165353
開10:00～17:00(日13:00～)
最終入場16:30
休月、1/1、王の日、10/2・3、12/25　料€5.50
URL molenmuseumdevalk.nl

かつて使われていた風車内の部屋

ピータース教会 Pieterskerk

➡Map P.155

静かな広場にそびえ立つ、後期ゴシック様式の建物。現在の規模になったのは15世紀になってからだが、その起源は1100年頃にまで遡る歴史ある教会。れんが色の壁をもつ広々とした内部には、オランダきっての医学者ヘルマン・ブールハーヴェー、画家ヤン・ステーン、ピューリタンの指導者ジョン・ロビンソンの名が刻まれた碑のほか、靴職人や仕立て屋、鍛治屋といった人たちのギルドの紋章もある。

ピータース教会
住Kloksteeg 16
☎071.5124319　開11:00～18:00　休1/1、12/25、イベントなどがあるとき　料€5
URL pieterskerk.com
教会横のカフェから入る。

静かな一角にあるピータース教会

国立古代博物館 Rijksmuseum van Oudheden

➡Map P.155

入口を入ると正面に、いきなりタイムスリップしたかのように古代の神殿が現れる。エジプトから贈られたタフェ神殿だ。そのほかエジプト、ギリシア、ローマの彫像、陶器、ガラス器、オランダの考古学的遺物などが並んでいる。

趣がある静かな運河に面して建つ

国立古代博物館
住Rapenburg 28
☎071.5163163
開10:00～17:00
休1/1、王の日、10/3、12/25
料€14
URL rmo.nl

花の国 オランダ

4月から9月にかけてオランダを旅していると、家々の窓辺やベランダの、プランターいっぱいに飾られた花の美しさに目を奪われることだろう。道路の中央分離帯や公園にも、市が管理した花がきれいに咲いていて、花の国という思いを強くする。辻ごとにあるような気がするほど数多い花屋の屋台をのぞくと、さまざまな種類の花がたっぷりとあり、値段の安さに驚く。花農家から競り市へ、競り市から店へという流通経路の短さと国民が頻繁に花を買う回転のよさが、この値段を支えているのかとも思う。

オランダでは、老いも若きも必ず誕生日を祝うが、プレゼントに困ったときには花束にしておけば問題がない。かくして誕生日の人の部屋は花でいっぱいになる。食事に招待されたら、食べ物を手みやげにするのは失礼(お宅の食事は食べたくないから持参した、と言っているような気がするため)なので、ワインか花になる。引っ越し祝いも新居に潤いをと観葉植物か切り花、開店祝いも華やかに花、バレンタインもオランダはチョコレートではなくて、愛の印の赤いバラである。金曜には自分の家用に花を買って帰る人も多い。

冬、屋外にはもう花が見られなくなっても、開放的なオランダの家の窓辺には、必ず植木鉢が並べられ、暖かな室内で花を楽しんでいる様子が見て取れる。屋内で過ごすことの多くなる冬には、きれいな花で室内生活をエンジョイするオランダ人である。

(鈴紀)

ヤング・レンブラント・スタジオ Young Rembrandt Studio

Map P.155

若き日のレンブラント(1606〜1630年)が、師匠のヤコブ・ファン・スウォーネンブルフJacob van Swanenburghから絵画やスケッチ、エッチングを学んだスタジオがあった場所で、レンブラントの人生の最初の25年間を振り返ることができる。レンブラントのユニークな才能、彼が出会った重要人物、制作に使った画材などを紹介した短いビデオ動画が上映されている。

シーボルト通りと出島通り Sieboldstr. en Decimastr.

1829年に日本から追放されたシーボルトは、1845年、ライデンに日本の建築様式をまねた別荘を建て、それに"ニッポン"と名づけた。そしてその付近の通りは、ニッポン通り、シーボルト通り、出島通りと呼ばれた。別荘はやがて取り壊され、ニッポン通りの名も消滅したが、あとのふたつの通りは現存する。200m足らずの田舎町の典型的横町だ。駅から6、56番のバスで東へ10分のKooipark下車。

ヤング・レンブラント・スタジオ
住Langebrug 89
☎071.5166000
開12:00〜17:00
休10/3
料無料
🅥の役割も担っており、観光情報のほかレンブラントグッズも販売している。

自然史博物館Naturalis
絶滅した動物などの展示もある、現代的な博物館。展示物の種類も豊富で、展示形態も工夫され見応えがある。シーボルトが日本から持ち帰った動植物のコレクションの一部も保管している。
住Darwinweg 2
Map P.155外
☎071.7519600
開10:00〜17:00
休王の日、9/5('23)、12/25
料€17
URL naturalis.nl
駅から徒歩約10分。線路を挟んで中心街とは反対側にある。

ライデンのホテル

Hotel

ライデン中心部には、3つ星以上の中級ホテルやブティックホテルが多い。駅周辺にチェーンホテルもある。🅥のウェブサイトを参考に検討してみるのもいいだろう。

デ・ドゥーレン De Doelen ★★★

大学に近く、Rapenburg運河に面した小規模ホテル。1638年に貴族の邸宅として建てられたものを利用している。全館禁煙。18室。2023年末ごろから1年ほど改装のため休業の予定。

Map P.155
住Rapenburg 2 ☎071.5120527
料シャワー/バスタブ・トイレ付き
Ⓢ€79〜105.50 Ⓣ€89〜136
朝食€7.50 税込 Wi-Fi無料
CC A.M.V.
URL dedoelen.com
駅から徒歩約20分

コングレスホテル・アウド・プールヘースト Congreshotel Oud-Poelgeest ★★★

駅から北東へ約2km。森の中にある17世紀に建てられたお城のホテル。ただし泊まるのは別館。おもに会議場のホテルとして使われているが旅行客も歓迎。全館禁煙。47室。

Map 範囲外
住Poelgeesterweg 1, Oegstgeest
☎071.5174224
料シャワー・トイレ付き Ⓢ€99〜
Ⓣ€129〜 朝食€16.50
Wi-Fi無料 CC A.M.V.
URL kasteeloudpoelgeest.com
B駅から50番で約5分、Marelaan下車

バスティオン・ライデン・フォールスホーテン Bastion Leiden/Voorschoten ★★★

駅や中心街からは南へ3kmほど離れた郊外型のこぢんまりしたホテル。レストランを併設。客室はすべてシングルベッド2台のツインルームで、全館禁煙。ティーセットあり。40室。

Map 範囲外
住Voorschoterweg 8
☎071.5768800
料シャワー・トイレ付きⓉ€119〜
朝食€17.25 Wi-Fi無料
CC A.M.V. URL bastionhotels.nl
B駅から45 Den Haag行きでRooseveltstraat下車

※ホテル室料は目安。日程や予約方法、条件により大きく異なる場合もある。特記がないかぎり、税金(City Taxを含む)や朝食は別料金。

キューケンホフ

Keukenhof

南ホランド州
Zuid-Holland

ACCESS

アムステルダムから‥メトロ52番Europaplein（RAI）駅より直通バス852番で約35分。
または、中央駅から列車かライツェ広場やミュージアム広場よりバス397番でスキポール駅へ。直通バス859番に乗り換え約30分。
ライデンから‥直通バス854番で約30分。
スキポール空港から‥直通バス858番で約30分。
ハーレムから‥直通バス850番で約40分。
※上記はキューケンホフ公園開園時期のもの。各ポイントからのアクセスは変更もあるので要確認。直通バスはキューケンホフエクスプレスと呼ばれる。
観光バスで‥アムステルダムからキューケンホフ行きの観光バスが出ているので利用するのも便利。
車で‥ライデンとハーレムのほぼ中間にあるリッセを目指して行くと、キューケンホフ方面行きの道路標識が出ている。

キューケンホフ公園
住Stationsweg 166a, Lisse
☎0252.465555
開3/21～5/12（'24予定）
8:00～19:30（入場は18:00まで）
休上記以外
料€23　オンライン€19.50
URL keukenhof.nl
公園内無料Wi-Fiあり。ウェブサイトなどで事前にチケットを入手すれば、チケット購入で並ばなくても済む。

公園と往復バスのコンビチケット
バスにはOVチップカールトを使って乗車できるが、コンビチケットを購入したほうが割安になる。
料アムステルダムから€36
スキポール、ハーレム、ライデン、ホーフトドルプから€31

近くの球根畑をサイクリング
公園のメイン入口前の駐車場にあるレンタサイクル店で自転車を借りて、サイクリングを楽しんでみるのもいい。料1台3時間€11、1日€16（周辺マップ付き）
URL www.rentabikevandam-keukenhof.com

球根地帯の花パレード
Bulbflower Parade
4月下旬、キューケンホフの南部ノールドワイクからキューケンホフ近くを通り、ハーレムまで、花で飾られた山車などが練り歩く。2024年は4/19の予定。
URL bloemencorso-bollenstreek.nl

春のオランダ最大の楽しみはチューリップ見物だ。北海に面した海岸の砂地地帯は一面チューリップ畑となり、まさにチューリップの絨毯を敷き詰めたよう。ライデン～ハーレムの列車の車窓から、線路脇に広がる色とりどりの花畑を見ることができる。しかし畑では球根を育てるため、咲いたと思うとすぐ花をつみ取ってしまう。花の絨毯はすぐ消えてしまうわけだ。そこで球根栽培のプロたちが、花ならここでどうぞゆっくりご覧くださいとばかりに造ったのが、この世界的に有名な花の公園キューケンホフだ。いわば花業者が自慢の花を持ち寄って咲かせている、花のショールーム。もとはヤコバ伯爵夫人の所有地（城などの庭＝ホフhof）で、狩りのほか、野菜やハーブの栽培に使用され、台所（台所＝キューケンkeuken）に供されていた。これが、1949年に花の公園として開園したキューケンホフ公園の名前の由来といわれる。

こんもりとした木々の間に植えられているのは、チューリップをはじめヒヤシンス、アイリスなどの多種多様な球根花で、700万株を超える。日本では見たこともない種類の花も多く、珍しいチューリップなどもここで見られる。広大な園内には、白鳥などの水鳥の泳ぐ池を挟んで花壇があり、さまざまな花の展示があるパビリオンではバラのショーなども開催されている。歩き疲れたらカフェでひと休みしよう。レストランや球根、花の種、絵はがきなどを売るみやげ物屋もある。

公園の一角に風車があるので上ってみたい。ここからは、キューケンホフ全体と、反対側には外に広がるチューリップ畑も見渡せる。風車の脇から、小さなボート（有料）で花畑を巡ることもできる。

左上：園内には風車もある　右上：軽食の屋台も出ている　下：思いおもいに巡りたい

オランダ南部

鉄道
道路
フェリー

Netherlands

マーストリヒト

Maastricht

ACCESS
アムステルダム中央駅から30分に1本あるICで約2時間30分、ユトレヒトからは約2時間。ベルギーのリエージュからは、1時間に1本ある列車で約30分。

観光案内所
住Kleine Staat 1
➡Map P.163 ☎043.3252121
開10:00～16:00
(日11:00～15:00)
休月、1/1、12/25・26
URL visitmaastricht.nl

観光ツアー
Ⓥ主催で、出発もⓋからという、市内の見どころを歩いて回るツアーも行われている。
The Histric heart of Maastricht
所要約1時間半、英語。火～日～13:00。冬期は土・日のみの日が多いが不定期で開催されることもある。ウェブサイトで確認を。
料€9.50

リンブルグは、マース川に沿った、オランダの南東端にある州。その州都が、東をドイツに、西と南をベルギーに接している、人口約12万のマーストリヒトだ。1992年にはこの町で欧州連合条約、いわゆるマーストリヒト条約が締結され、ECはEUへと発展することになった。ここには古い建物や歴史的モニュメントも多い。その地理的特異性から20回以上も他国に占領され、また隣国との親密な通商や人の移動のため、町の雰囲気もどこかオランダ離れしたところがある。また舌でもってもそれが実証できる。というのは、オランダ料理は正直な話すごく美味とはいいがたいが、ここマーストリヒトの味は、フランスの味に近く、洗練されているからだ。ビールにもおいしいローカルブランドが多く、オランダ人自身がこの地の味の優れていることを認めている。

マーストリヒトの歩き方

町の東にある駅の前の道を真っすぐ歩くこと約5分でマース川に出る。川に架かる**聖セルファース橋St. Servaasbrug**は、13世紀に造られたオランダ最古の橋のひとつ。橋を渡り、三差路を右に曲がると、最初の角の右側にⓋがある。Ⓥが入っている建物は、15世紀に建てられ、裁判所長官の家として使われていた歴史的建造物だ。

この町には見どころが多いが、連なっているので、歩いて一周するのが一番便利。Kleine StaatにあるⓋを出発点に、**市庁舎**のある**マルクト広場Markt**、**フライトホフ広場Vrijthof**に面して建つ**聖セルファース教会**と**聖ヤンス教会**へと進む。さらに南に下り、イエーカー川Jeker沿いに古い町の城壁を歩き、**地獄の門**を通って**聖母教会**と回り、出発点のⓋに戻る。これは時計回りとは逆の一周約3kmのコースで、最低半日はみておきたい。残る半日は、町の南にある**聖ピータースベルグの洞窟**を訪ねたり、マース川のクルーズを楽しむのもいいだろう。また、体力のある人は地獄の門からマース川を渡り、南へ下っていくと、**ボンネファンテン博物館**がある。

上:市の最初の城壁が残る小径
Klein Grachtje
下:Stokstr.にはブランドショップも

果物の入った、リンブルグ・フラーイと呼ばれるパイが名物

マース川のほとりより町を望む

マーストリヒトの見どころ

マルクト広場東にある家族経営のチョコレートの店Rousseau

市庁舎 Stadhuis

➡Map P.163

マルクト広場の中央に、1659年から1664年にかけて建てられた市庁舎がある。大きな一対の玄関階段をもつ変わった建物だが、これは建築時にこの町に対峙するふたつの勢力があったために、このような形になったという。塔には49のベルをもつカリヨンがあり、決められた時間に妙なる音を響かせる。内部見学は不可。

マルクト広場では、水曜と金曜に露天市が開かれる。また、広場の一角にはMaaswiefの像(典型的なマーストリヒトの市場の女の像)が立っている。

聖セルファース教会 Basiliek van St. Servaas

➡Map P.163

オランダで最も古いといわれる教会のひとつで、地下室の一部はなんと6世紀に造り始められたという。主要な部分は、11世紀から15世紀にかけて建造された。中庭には、重さ6.65tというオランダ最大の鐘が置かれている。

聖セルファース教会入口

教会内部には見事な宝物が展示されているが、なかでも黄金に

聖セルファース教会
住Keizer Karelplein 3
☎043.3212082
開10:00～17:00(日・祝 11:30～) 最終入場16:30
休1/1、イースター、カーニバルの3日間、聖霊降臨祭、12/25
料€4.50 URLsintservaas.nl

聖遺物箱

マーストリヒト

0 300m
N
ビーズ P.169
Boschstr.
モサエ・フォーラムP.167 (ショッピングセンター)
ウィルヘルミナ橋 Wilhelminabrug
Wilhelminasingel
マルクト広場 Markt
市庁舎P.163 Stadhuis
Maaspromenade
エントレ・ドゥ (ショッピングセンター)
ドミニカネンP.167
Munstr.
Helmstr.
Grote Gracht
フライトホフ劇場
Grote Staat
クルーズ発着所 P.165
フリアンディス・ショコラティエP.167
ハリーズP.167
聖セルファース教会P.163 Basiliek van St. Servaas
バイエンコルフ (デパート)
M.Brugstr.
聖セルファース橋 St. Servaasbrug
Wycker Brugstr.
フライトホフ広場 Vrijthof
クライスヘーレンP.168
Maasboulevard
マーストリヒト駅へ
デザインホテル・マーストリヒトP.168へ
デ・ポスホールンP.169へ
Calvariestr.
聖ヤンス教会P.164 St.Janskerk
Stokstr.
Wolfstr.
マース川
Bredestr.
聖母教会P.164 Basiliek van Onze Lieve Vrouw
Papenstr.
Hondstr.
ラ・ボン・ファムP.168
クラウン・プラザ・マーストリヒトP.168
Maas
St.Bernardusstr.
ゼンデン P.169
Lenculenstr.
デ・ビショップスモーレンP.168
Maasboulevard
アルバート・ハイン(スーパー)
ホーヘ橋(歩行者・自転車用) de Hoge Brug
Tongersestr.
Bonnefantenstr.
Looiersgracht
Klein Grachtje
Long Grachtje
地獄の門P.164 Helpoort
マースプント塔 Maasputtoren
K. Looiersstr.
Grote Looiersstr.
Begijnenstr.
5つの頭 De Vijf Koppen
自然史博物館 Natuurhistorisch Museum
ホーテル・マーストリヒトP.169
城壁P.164 Omwalling
公園
イエーカー川 Jeker
ボンネファンテン博物館P.164へ

聖ヤンス教会の塔は、軟らかめの石材を保護するため赤色で塗られた

聖ヤンス教会
住Vrijthof 24
☎06.48073884
開11:00〜16:00　休日、10月下旬〜イースター前、イベント開催時　料無料(塔のみ€3)
URLstjanskerkmaastricht.nl

城塞博物館
住St. Bernardusstraat 24b
開11:00〜16:00　休月・火、11/1〜4/1(12月中旬〜下旬を除く)、12/25・26・31　料€5

地獄の門

聖母教会
住Onze Lieve Vrouweplein 7
☎043.3213854
開大聖堂 8:30〜17:00
聖母礼拝堂 8:00〜20:00
休無休
料無料、宝物館は€3
ミサや結婚式など催事があるときは入場不可
URLsterre-der-zee.nl

聖母教会

ボンネファンテン博物館
住Avenue Ceramique 250
☎043.3290190
開11:00〜17:00
休月、1/1、12/25
料€17.50
URLbonnefanten.nl
駅から徒歩約15分。または駅からバス1、5番などで約3分、Bonnefantenmuseumで下車。

輝く聖セルファースの胸像と聖遺物箱は必見。聖セルファースはマーストリヒト最初の大司祭で、384年にこの場所に葬られたのが教会の起源となっている。地下の納骨堂には聖セルファースの墓がある。

フライトホフ広場側からの聖セルファース教会

聖ヤンス教会 St. Janskerk

➡Map P.163

聖セルファース教会の南隣にある、高さ70mの赤い塔をもつゴシック建築の教会。1218年頃にはすでにこの教会は存在していたが、1632年よりプロテスタントの教会として使用されるようになった。

市の城壁 Omwalling

➡Map P.163

町の南を流れるイエーカー川に沿って、13世紀から16世紀にかけて築かれた城壁が残っている。**魔女の角Heskenhoek**、**5つの頭De Vijf Koppen**、**嫌悪と嫉妬Haet ende Nijt**など、奇妙な名前の水門、要塞もある。城壁の外側は緑地になっており、土手の上からはマーストリヒトの町がよく見える。城壁東端には、**城塞博物館Vestingmuseum Maastricht**となっている、**地獄の門Helpoort**がある。この恐ろしい名前の門は、1229年建造で、その先には18世紀のペストハウスが建ち、ペスト流行の際、患者たちは地獄の門を通ってペストハウスに送られ隔離されたという。この恐ろしい場所も、今では市民にやすらぎを与える美しい公園となっている。

聖母教会 Basiliek van Onze Lieve Vrouw

➡Map P.163

ロマネスク様式のバシリカ聖堂で、最も古い西側部分と地下室は12世紀に造られた。西側部分は、ほとんど窓のない巨大な壁の両側に尖塔が高くそびえ、建築史上たいへんユニークかつ重要なものだ。教会入口脇の小さな礼拝堂には15世紀の聖母マリア像があり、幻想的なろうそくの光がゆらめくなか美しい姿を見せている。

マリア像に祈りをささげる人も多い

ボンネファンテン博物館 Bonnefantenmuseum

➡Map P.163外

リンブルグ州で発見された考古学的遺物、マーストリヒトの歴史に関する展示のほか、美術セクションにはピーテル・ブリューゲル(息子)、ルーベンス、14〜16世紀のイタリア絵画や現代アートのコレクションがある。アルド・ロッシ設計の建物で銀色のロケットのようなドームが目印。

ユニークな形の外観の博物館

聖ピータースベルグの洞窟 Grotten St. Pietersberg

マーストリヒトの南2km、聖ピーターの丘の下に広がるこの洞窟は、ローマ時代の昔からマール石を建築材として切り出した結果できたもので、深さ12m、通路の長さはなんと200kmにも及ぶ。迷路のように入り組んでいるので、ガイドツアーでの見学となる。通路のあちこちには、採鉱夫たちによって描かれた壁画やサインなどが今でも残っており、古いものでは1570年という年号を見ることができる。また、第2次世界大戦中にはシェルターとして使われていた。

聖ピータースベルグの洞窟は、北側洞窟Grotten Noordと南のゾンネベルグ洞窟Grotten Zonnebergのふたつに分けられていて、出発地点が違ううえ、時期によって出発時刻も細かく異なるので、あらかじめ確認しておこう。また内部の気温は年間を通じて10度ほどなので上着は必携。

さまざまな壁画が興味深い

北側洞窟と聖ピーターの砦
住Luikerweg 80
開ガイドツアーでの見学のみ。英語ツアーは北側洞窟が1日3〜5回、聖ピーターの砦が1日2〜4回程度。時期によって日時は細かく異なるので⓿やウェブサイトで確認を。所要約1時間10分。
料洞窟€9.50　砦€9.50
洞窟と砦との共通券€14.20

ゾンネベルグ洞窟
住Slavante 1
開ツアー見学のみ。英語ツアーは1日1回程度。時期によって日時は細かく異なるので⓿やウェブサイトで確認を。所要約1時間10分。
料€9.50

聖ピーターの砦あたりにチケットショップがある。ただし、いずれのツアーも人数制限があるため、チケットはウェブサイトか⓿での事前購入が確実。
URL maastrichtunderground.nl

行き方
北側洞窟と聖ピーターの砦へは駅から12番の巡回バスで約10分、St. Pietersberg下車（日曜運休）。または⓿から徒歩約30分。ゾンネベルグ洞窟へは公共交通機関で行けないので、車で行くかマース川のクルーズとセットになったツアーが便利。

聖ピーターの砦 Fort St. Pieter

聖ピーターの丘の北端、北側洞窟の入口近くにあるのが、18世紀の初めに築かれた聖ピーターの砦。五角形の要塞内では、約1時間のガイドツアーで避難場所や通路、砲台跡、井戸などを案内してくれる。頂上からは、天気がよければマーストリヒトの町とその周りに広がるリンブルグの丘陵地帯を見渡すことができる。

聖ピーターの砦のツアー

マース川クルーズ

➡Map P.163

紀元前50年、ローマ人によってマース川の渡し場として築かれたマーストリヒトは、"マース川を渡る"という意味で名づけられた。そのマース川からマーストリヒトの町を眺めてみよう。夏のシーズン中には合わせて10コースのクルーズが運航されるが、なかでも人気があるのが"4つの水門を巡るツアー"。15mの段差のあるテルナイエンの水門など数々の水門を抜け、ベルギーとの国境を巡る船旅だ。このほか、ゾンネベルグの洞窟を訪れるコースや、ベルギーのリエージュへの1日クルーズ、ディナークルーズ、ブランチクルーズ、パネクッククルーズなどいろいろあるので、好みのプランをどうぞ。

マース川クルーズの船

マース川クルーズ
出発時刻は時期やコースによって細かく異なるので確認すること。また国境を巡るツアーなど要予約のコースもあるので、予約についても確認を。料金は、マース川クルーズが€13（約50分）、4つの水門を巡るツアー€23.50（約4時間30分）、ゾンネベルグの洞窟へのツアー€23.50（約3時間）、リエージュへの1日クルーズ€27、ディナークルーズ€50（約3時間30分）、ブランチクルーズ€36（約2時間30分）。
☎043.3515300
URL stiphout.nl

エクスカーション

ドリーランデンプント Drielandenpunt

➡Map P.161下

ACCESS

マーストリヒト駅前のバスターミナルより350番のアーヘンAachen行きバスで、ファールスのMaastrichterlaan下車（帰りはBusstationから乗車）。所要40～50分。1時間に2～4本ほど。ファールスからドリーランデンプントまでは、ファールスのBusstationからミニバス259番でドリーランデンプント下車、月～土曜は1時間に1本、日曜1時間に1～2本。バスの運行状況は要確認。ファールスから徒歩なら約40分。

3国国境周辺を巡るなら

オランダ、ベルギー、ドイツ3国の国境周辺地域の鉄道、バスが乗り放題の1日券（ユーレヒオチケットEuregio Ticket）もある。1日1人2等€20（週末と祝日は大人2人＋子供3人までも同料金）。詳細はマーストリヒトの駅で。

“3ヵ国の点”という意味のドリーランデンプントは、オランダ、ドイツ、ベルギーの国境地点。また、海抜322.5mのオランダ最高峰でもある。

ファールスVaalsの町でバスを降り、南の丘へ登る。“Drielandenpunt”の標識もあるが、とにかく高いほうへ登ればよい。40分ほどで頂上に到着する。

頂上には3ヵ国の国境を示す高さ50cmほどの柱がある。また、周辺には遊園地や迷路、ドリーランデンプントセンターなどもあり、観光地となっている。展望台も建てられており、上からは3ヵ国の野原が見渡せて実に気持ちがいい。ベルギー側になんとトンネルが見えるが、しかしこれはドイツ～ベルギー間のトンネルで、オランダは通らない。

3ヵ国の国境地点

ファルケンブルグ Valkenburg

➡Map P.161下

ACCESS

マーストリヒトから列車で約10分、Valkenburg下車。ヘメーンテ洞窟や町の中心まで徒歩約10分。駅舎はネオ・ゴシック様式のお城のような建物で、1853年建造のオランダ最古の駅。

ヘメーンテ洞窟 Gemeentegrot

住Cauberg 4 ☎043.6012271
開ミニトレインツアー11:00～16:00の1時間ごとに出発
料€8.50 URLgemeentegrot.nl

クリスマス・マーケット

開2023年は11/17～12/30開催予定 10:00～19:00（12/24・26・3011:00～18:00）
休12/25 料€9
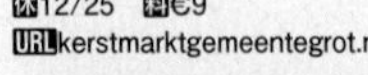
URLkerstmarktgemeentegrot.nl

城への入口

マーストリヒトから10kmほど東の、オランダには珍しい丘陵地にある小さな町。ここは、オランダでも人気のクリスマス・マーケットが開催される町として知られている。このクリスマス・マーケットは、マール石を採掘した際にできた迷路のような洞窟内に、クリスマスグッズを扱う店が並んでいるのが特徴。飾りつけもクリスマスらしく、ほかではない雰囲気を味わえる。廃墟になったファルケンブルグ城に登れば、城跡から町を一望できる。ホテルやスパ施設も充実している。

世界でも珍しい洞窟のクリスマス・マーケット

Column Netherlands

オランダとベルギー比べてみると…倹約度

オランダ人とベルギー人、どちらがよりケチか？「そりゃあ、オランダ人でしょ。ダッチアカウントという英語表現があるぐらいなんだから」と考えるあなた、そんなに事は簡単ではないのだ。ベルギー人は言う。「俺たちは気前よくカフェやパブで仲間におごるぜ。あいつらは絶対割り勘だからな。Vincent（ヴィンセント）という典型的なオランダ人の名前を考えてみな。1セント見つけたって喜んでるんだぜ！」（オランダ語vindenは見つけるという意味で、centは通貨単位で1ユーロの100分の1）でもオランダ人は言い返す。「ヘン、ベルギー人は、計算ができなくて割り勘したくてもできないだけさ」。

確かに実利的なオランダ人、無駄な出費には気を使う。水や電気の使用量を細かくチェックするし、安売りの日や無料試用などというものには敏感だ。でも、出すところには意外と出すのである。開発途上国への援助や、ありとあらゆる慈善事業でもオランダ人は大活躍している。こういうときは太っ腹のオランダ人になる。ベルギー人以上かもしれない。ケチであるというよりも、堅実であるというほうが正しいのかもしれない。それとも、ケチの王道とはこういうものだろうか？　（佐々）

マーストリヒトのショップ

Shop

フライトホフ広場とマルクト広場の間にあるショッピングセンター、エントレ・ドゥEntre Deuxには、洋服からおもちゃまで、幅広い品揃えのショップが揃う。老舗デパートのバイエンコルフDe Bijenkorfもある。

ドミニカネン Dominicanen　本

➡Map P.163

約700年前に建てられた教会を改装した本屋で、天井の高い内装は一見の価値あり。ベストセラーやミッフィーの絵本のほか、小物も少し置いてある。セルフのカフェでひと休みできる。

住Dominicanerkerkstr. 1
☎043.4100010
営月10:00～18:00　火～土9:00～18:00(木～21:00)　日12:00～18:00
休一部の祝、カーニバル
CCM.V.
URLlibris.nl/dominicanen

フリアンディス・ショコラティエ Friandises Chocolatier　チョコレート

➡Map P.163

奥行き5mくらいの小さな店内で、好みのものを自分で選んで買うことができる。ここのチョコレートを食べた故レーガン米大統領が、おいしかったという手紙を店宛に送ったという逸話がある。

住Wycker Brugstraat 55
☎043.3214028
営月13:00～18:00　火～土9:00～18:00　日12:00～17:30
休一部の祝、カーニバル
CCA.M.V.

モサエ・フォーラム Mosae Forum

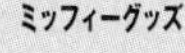

➡Map P.163

マルクト広場の東に位置する、大型の建造物と小規模店舗が合体したショッピングエリア。インテリア雑貨の店、ファッション、スーパーなどのほか、軽食が取れるカフェもある。

住Mosae Forum 163
営月～土9:30～18:00(木～21:00、金・土～19:00、月13:00～)　日12:00～17:00　店舗により営業時間は異なる　休一部の祝、カーニバル
CC店舗により異なる
URLmosaeforum.nl

マーストリヒトのレストラン

Restaurant

シャトー・ネールカンヌ Château Neercanne　フランス料理

➡Map 範囲外

マーストリヒトの南約5km。目の前にリンブルグ州の丘陵地帯が広がり、城を改造した内部はムードも満点。週日ランチ4コース€40。5～7コース€115～155。バス48番でJezuitenberg下車(日曜運休)。

住Van Dopfflaan 10 ☎043.3251359
営ランチ開始12:00～13:00、ディナー開始18:30～19:30(土19:00～20:00、日18:00～19:00)　休月・火
Dできれば正装　予要予約　CCA.M.V.
URLoostwegelcollection.nl/en/chateau-neercanne　中心部からタクシーで約10分

ハリーズ Harry's　フランス料理

➡Map P.163

Beaumont Hotelの1階にあるモダンなフランス料理のレストラン。活気に満ちたオープンキッチンからは、軽めで食べやすい料理が次々と運ばれる。3コース€48、4コース€58。

住Wycker Brugstraat 2
☎043.3281366
営12:00～24:00
休無休　Dスマートな服装で
予望ましい
CCA.D.J.M.V.
URLharrysmaastricht.com

ラ・ボン・ファム La Bonne Femme　カフェ・レストラン

天気のいい日は広場いっぱいにテラスが広がり、1696年建造という店内は、落ち着いた雰囲気。昼間は軽食、17:00からディナーが楽しめる。アラカルトのメインは€14.50～。

Map P.163

住Graanmarkt 1
☎043.3216861
営10:00～22:00(キッチンオープン)
休12/25(予定)
予望ましい
CCA.M.V.
URLlabonnefemme.nl

デ・ビショップスモーレン De Bisshopsmolen　ベーカリーカフェ

イエーカー川に架かる水車でひいたスペルト小麦だけを使い、伝統的な手法で焼き上げた手作りパンの店。カフェでは、焼きたてパンのほか、リンブルグ地方伝統のフルーツパイ、フラーイも食べられる。

Map P.163

住Stenenbrug 3　☎043.3270613
営火～土8:30～17:00　日・祝9:30～17:00
休月、一部の祝、カーニバル
予不可
CCM.V.

Hotel

マーストリヒトのホテル

マーストリヒトは観光地だけあってホテルの数は比較的多い。駅からマース川を渡るまでの道路沿いには、マーストリヒトらしい落ち着いたホテルが並んでいる。また比較的お値うちな小規模ホテルは、マルクト広場の北側に数件ある。Ⓥのウェブサイトでも確認してみるといい。なお、シーズン中は混み合うので、予約しておくといいだろう。

クライスヘーレン Kruisheren　★★★★★

15世紀に建てられたゴシック教会を改装したモダンなデザイナーホテル。レセプションなどになっているホールは、教会の装飾がそのまま残されていて、一見の価値あり。部屋も快適。60室。

Map P.163

住Kruisherengang 19-23
☎043.3292020 料バス・トイレ付き
Ⓢ€267～　Ⓣ€275～　朝食€38
Wi-Fi無料　CCA.D.J.M.V.
URLoostwegelcollection.nl/kruisherenhotel-maastricht
フライトホフ広場から徒歩5分

クラウン・プラザ・マーストリヒト Crowne Plaza Maastricht　★★★★

マース川沿いに位置する、設備も充実した高級ホテル。マース川を望む席があるレストラン＆カフェもある。フライトホフ広場まで徒歩15分ほど。174室。

Map P.163

住Ruiterij 1　☎043.3509191
料シャワー／バス・トイレ付き
Ⓢ€104～　Ⓣ€109～
朝食€28.50　Wi-Fi無料
CCA.D.M.V.
URLcpmaastricht.com
駅から徒歩約10分

デザインホテル・マーストリヒト Designhotel Maastricht　★★★★

駅に近く、部屋ごとにテーマがある、おしゃれなデザインホテル。ブラスリー、フィットネスラウンジなども併設している。自転車の貸し出しもある(3時間€10、1日€14)。105室。

Map P.163外

住Stationsstr. 40
☎043.3282525
料シャワー／バス・トイレ付きⓈ€110～130　Ⓣ€120～140　朝食€19
Wi-Fi無料　CCA.D.M.V.
URLdesignhotelmaastricht.nl
駅から徒歩約3分

※ホテル室料は目安。日程や予約方法、条件により大きく異なる場合もある。特記がないかぎり、税金(City Taxを含む)や朝食は別料金。

タウンハウス Townhouse ★★★★

Map 範囲外

駅を出て右側のバス停を越えたひとつ目の角にあるシンプルなデザインホテル。各室TV付き。朝食は専用のホールで食べるビュッフェ形式。全室禁煙。貸自転車あり(1日€35)。69室。

住St. Maartenslaan 5
☎043.3233090
料シャワー/バス・トイレ付き
Ⓢ€81～ Ⓣ€88～
朝食€19.95 Wi-Fi無料
CCA.M.V.
URLtownhousehotels.nl

ゼンデン Zenden ★★★

Map P.163

スポーツスクールに併設された小型ホテル。時間帯によってはプールが無料で使える。部屋にはTV、ミニバー、Wi-Fi接続あり。全館禁煙。ミニキッチン付きのアパートメントあり。19室。

住St.Bernardusstraat 5
☎043.3212211
料シャワー・トイレ付き
ⓈⓉ€64～139
CCA.M.V.
URLzenden.nl
駅から徒歩約10分

ビーズ Beez ★★

Map P.163

マルクト広場に近くて、何かと便利。1階は、昼食や夕食にも気軽に利用できるカジュアルなレストラン。朝食ビュッフェもここで食べる。客室はシンプルなインテリア。3、4人部屋もあり。23室。

住Boschstr. 106 ☎043.3213523
料シャワー・トイレ付き
Ⓢ€69～ Ⓣ€75～
朝食€12.50 Wi-Fi無料 CCM.V.
URLbeezmaastricht.nl
B駅から1、2、5、6などでBoschstr.下車。駅から徒歩約20分

デ・ポスホールン De Poshoorn ★★

Map P.163外

駅前通りStationsstr.を進んだ左側にある。1階はバー(Tapperij＝居酒屋)になっており、朝食もここで取る。部屋はこざっぱりとして清潔。3～4人部屋もある。全室禁煙。11室。

住Stationsstr. 47
☎043.3217334
料シャワー・トイレ付き
Ⓢ€89～ Ⓣ€93～
朝食€18.50 Wi-Fi無料 CCM.V.
URLposhoorn.nl
駅から徒歩約3分

ボーテル・マーストリヒト Botel Maastricht

Map P.163

クルーザーがホテルになっており、その水夫部屋に宿泊できるという変わったタイプの宿。シャワー・トイレ共同の部屋もある。全室禁煙。34室。

住Maasboulevard 95
☎043.3219023
料シャワー・トイレ共同Ⓢ€44～ Ⓣ€52～ シャワー・トイレ付きⓉ€61～ 朝食€12.50
CCA.M.V. URLbotelmaastricht.nl
駅から徒歩約10分

Column Netherlands

マーストリヒトのクリスマス

11月下旬～12月に「マジカル・マーストリヒト」というクリスマスマーケットが開催される。観覧車やメリーゴーラウンド、スケートリンクも開設され、多くの人でにぎわう。食べ物屋台やホットワインも楽しみ。聖セルファース教会前のフライトホフ広場にて。

URLmagischmaastrichtvrijthof.nl

トルン
Thorn

リンブルグ州
Limburg

ACCESS

アムステルダム中央駅から列車でヴェールトWeertまで約1時間40分。またはマーストリヒトから列車でルールモントRoermondまで約45分。ヴェールトからは73番、ルールモントからも73番のバスでいずれも約30分。1時間に1〜2本。

観光案内所
住Wijngaard 8
☎0475.561085
開4〜10月 10:00〜17:00
（月12:00〜、土・日〜16:00）
11〜3月 11:00〜16:00
（土・日〜15:00）
休月・火（11〜3月）、1/1、カーニバル、12/25・26 URLvvvthorn.nl

修道院教会
住Kerkberg 2 ☎0475.561410
開4〜10月 10:00〜17:00
（日11:00〜）
11〜3月 11:00〜16:00
休月、火〜木（11〜3月）、一部の祝 料€4.50
URLabdijkerkthorn.nl

この小さな町はマーストリヒトより北に約40km、ベルギーとの国境近くにある。バスを降りて少し歩くと、ここは本当にオランダだろうか？と思う。とにかく町全体が真っ白なのだ。家々の窓からつるされたゼラニウムの赤い花が、白い壁と絶妙のコントラストを醸し出している。"白い町"の異名をもつこのトルンという名の由来は、このあたりの先住民族であった古ゲルマン族が崇拝する神トールThourを祀った寺院を建立したことに始まるといわれている。

10世紀末頃、このエリアに領地をもつ伯爵夫人らによって修道院が設立された。貴族女性が入所する場所として、豊かな収入を得ていたという。以降、高貴な血をひく女性修道院長によって統治され、繁栄が続いた。しかし、フランス革命の勃発により、修道院の財産や建物は没収され、教会以外は取り壊された。

れんがと白のストライプの尖塔をもつ修道院教会は、町の中心に位置する。ここが修道院長の宮殿でもあったという。内部の白く統一された装飾は、さまざまな様式をもち、800年という歴史の積み重ねを感じる。前の広場近くにある小さなミュージアムとⓋに立ち寄ったり、カフェでひと休み。トルンは、あてもなく気に入った通りを曲がったりして、のんびりと歩き回りたい静かな町だ。

上と下：あちこちに絵になる場所がある

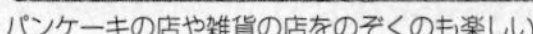
パンケーキの店や雑貨の店をのぞくのも楽しい

町の中心にある教会内部

オランダとベルギー比べてみると…背の高さ

ベルギー人とオランダ人なら、オランダ人のほうがのっぽに決まってる。統計にもよるが、何といっても平均身長は男性180cm以上、女性170cm近くで、長年世界でもトップクラスの身長を誇っている。かたやラテン系の血の混ざったベルギー人はもっと小柄だ。一般的に北のゲルマン民族のほうが南のラテン民族より大きい。でもどうしてそんなに背が高いのだろう？　北国で太陽が出ている時間が少ないから、少しでも日差しを浴びようとして太陽に向かって背伸びしているうちに伸びたという冗談のほか諸説があり、はっきり判明しているわけではないが、やはり食事に関係するらしい。

オランダは言わずと知れた酪農王国だから、乳製品の消費量が非常に多い。つまり牛乳やチーズをたくさん食べるから、カルシウムの摂取量が非常に多く、骨格形成におおいに影響を与え、のっぽさんがぞくぞく出てくるらしい。ところが、背が高いことはいいことばかりではない。姿勢の悪さからくる背中の歪み、腰痛など問題もいろいろとある。骨格形成が成長のスピードに追いつかないときは、お医者様から薬をもらってそのスピードを止めることもあるという。のっぽであることもなかなか大変なのだ。でものっぽになりたい人、オランダでチーズをドンドン食べてみて。　（佐々）

ブレダ

Breda

北ブラバンド州
Noord-Brabant

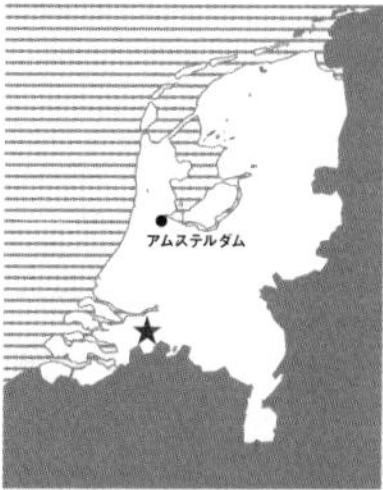

北ブラバンド州にあるブレダは、古くから通商の要所として栄えた古い町だ。ベルギーに近いせいか、町並みも洗練されており、北オランダの町とはどこか違う。17世紀からのビールの町としても名高く、ハイネケンと並ぶオランダ2大メーカーのひとつ、アンハイザー・ブッシュ・インベブ社(親会社はベルギー)の本社もある。2・3月にはカーニバル、初夏にはジャズフェスティバルが開かれる。

ACCESS
デン・ハーグ中央駅からICで約50分、ロッテルダムから約25分。

ブレダの歩き方

駅前から延びる道Willemstr.を真っすぐ進み、正面に広がる公園を突っ切ると、**ベギン会院Begijnhof**の脇に出る。神に仕えるひとり暮らしの女性のため1535年に設立されたもので、教会を中心に小さな家が中庭を取り囲んで建っている。ベギン会院はオランダ、ベルギーに数多く造られたが、このように完全な形で残っているのは、オランダではここことアムステルダムだけだ。

ここまで来ると**聖母教会**の塔が見えてくるので、それを目指して歩けば町の中心**グローテ・マルクトGrote Markt**に出る。駅からここまで10分ほどだ。広場に面して17世紀に建てられた**市庁舎Stadhuis**脇の小道を抜けた所にⓥがある。夏なら広場いっぱいにカフェやレストランのテーブルが並べられ、夜遅くまでにぎわう。また火曜と金曜の午前中には市が立つ。

ブレダの見どころはすべてグローテ・マルクトから徒歩10分以内の所にある。小さな町なので半日もあればすべて見終わってしまうが、この静かな美しい町でのんびり過ごすのも悪くない。

観光案内所
2023年10月現在、観光案内所は閉鎖中。再開は未定。
URL welkominbreda.nl

ティルブルグの現代美術館
ブレダから約23km東、ティルブルグの町にあるデ・ポントDe Pontは、現代美術を専門に扱う美術館。ヨーロッパ有数のアーティストの作品が数多く展示されており、工場のようにフラットで抜けがいい空間も見どころ。ティルブルグ駅から徒歩10分ほど。
住 Wilhelminapark 1, Tilburg
Map P.161上図外
☎013.5438300
開 11:00～17:00
(木～21:00)
休 月、1/1、12/25
料 €16　木曜17:00～は無料
URL depont.nl

上:町の中心グローテ・マルクト
下:ベギン会修道院

聖母教会
住Kerkplein 2　☎076.5218267
開10:00～17:00(日13:00～)
休1/1、カーニバル、イベント開催時　料無料(特別展は有料)
URLgrotekerkbreda.nl
塔はガイドツアーでのみ入場可(12歳以上)。木・日14:00、15:00。€7.50

聖母教会内部

ブレダの見どころ

聖母教会 Grote of O.L. Vrouwekerk

➲Map P.171

グローテ・マルクトの一角にそびえ立つ、15世紀から16世紀にかけて建てられたブラバンド・ゴシック様式のプロテスタント教会。287段、97mの高さの塔には、49個のベルをもつカリヨンがあり、ひときわ優雅な姿を見せている。

内部にはたくさんの墓があるが、なかでも有名なのがナッソー家のエンゲルベルト2世とその妻のもの。ふたりの柩をシーザー、レグルス、ハンニバル、マケドニアのフィリップの4人の王の像が支えており、それぞれ勇気、寛大、忍耐、賢明を表している。

ふたつの国にまたがった不思議な町のお話

オランダとベルギーの国旗が掲げられている家もある

バールレ・ナッソー、正式には Baarle-Nassau-Hertog➲Map P.161上という名の不思議な町のお話を聞いてください。オランダとベルギーふたつの国にまたがるだけなら、国境の町にはありがちなこと。でも、オランダ国内にありながら、ベルギーの飛び地(外国領に囲まれた土地)が22ヵ所あり、そのベルギーの飛び地の中にさらに8つのオランダの飛び地があるといったら、すごく不思議な気がしませんか？

オランダに属する町をバールレ・ナッソー Baarle-Nassau、ベルギー側をバールレ・ヘルトホ Baarle-Hertogというのですが、人口は合わせて約9000人。なぜ、こんなややこしいことになったのでしょうか？　まずは自分の足でこの町を巡り、何度となく外国旅行(ベルギーに行ったり、オランダに帰ったり!?)をしながら考えてみましょう。おのおのの家の門には、国旗の印があるので、どちらの国に属するのかはすぐわかります。

昔、昔のことです。12世紀、中世ヨーロッパでは戦争や権力闘争が続けられ、この町もご多分にもれず、ふたりの領主により領有されてしまったのです。1648年のオランダが独立したときの条約でも、モザイク状の領有状態のまま、ふたつの国に引き裂かれ、現在まで受け継がれているのです。

その後、この異常状態の解決の試みは何度も行われ、もちろん町の人々も自分自身の置かれた特殊な状態を自覚しています。しかし約9000人の町民たちは、この混乱状態に慣れきり、両国の税金やシステムの違いを利用して楽しんでいるみたいです。もちろんこの町には、町長はふたり、役所もふたつ、郵便局も銀行も警察も学校もふたつ。法律家も政治家も、ふたつに分かれてしまったこの町をうまく結びつけようと苦心してきましたが、まだお手上げの状態のようです。

旅人の私たちは、まず、とにかく歩いてみましょう。1軒の家が両国に分断されている場合もあるし、レストランのキッチンとテーブルがふたつの国にまたがっている場合もあります。そのレストランのキッチンからテーブルに料理を運ぶことは、まさに"貿易"になるのでしょうか？　(石田純郎)

観光案内所
住Singel 1　☎013.5079921　開4～9月 10:00～16:00(日11:00～15:00　7・8月のみ月12:00～16:00)　10～3月 11:00～15:00(日12:00～15:00)
休一部の祝、9～6月の月曜、カーニバル
URLtoerismebaarle.com
ウェブサイトで飛地体験ルートを確認することもできる。

行き方

オランダのブレダBredaから132番のバスで約40分、1時間に1～2本。ティルブルグTilburgからも137番のバスで約40分、1時間に1本。ベルギー側からは、ターンホートTurnhoutから460番のバスで。1時間に1本(日曜朝は運行していない)。

スペイン門 Het Spanjaardsgat

➲Map P.171

タマネギ形の屋根が載っかったふたつの七角形の塔は、16世紀に町を取り囲んでいた城壁の一部。この奥の敷地内にはブレダ城があるが、軍事学校として使われており、個人で中に入ることはできない。

独特の形をした屋根をもつ

ブレダ城
➲Map P.171
ブレダの見どころを回るツアーに参加すれば城の一部を見学できる。オランダ語のツアー。詳細は🅥で確認を。

ブレダ市立博物館 Stedelijk Museum Breda

➲Map P.171

常設展は、19世紀のブレダの発展や変化を絵画や写真などから探ったり、ブレダの町と王家の歴史を知ることができる。マルチメディアを使って紹介している。ほかに企画展も開催。

現代グラフィックデザインも展示

ブレダ市立博物館
住Boschstraat 22
☎076.5299900
開11:00～17:00
(土・日は10:00～)
休月、1/1、カーニバル中の日曜、王の日、12/25　料€13.50
URL stedelijkmuseumbreda.nl

エクスカーション

ズンデルト Zundert

➲Map P.161上

1853年3月30日、画家ゴッホは、この町で生まれた。今も父親が牧師をしていた小さな教会が残っている。教会近くのヴィンセント・ファン・ゴッホの家Vincent van Gogh Huisには、ゴッホに影響を受けた画家などの簡単な展示もある。

ヴィンセント・ファン・ゴッホの家にはブラスリー&カフェもあり食事や休憩ができる

ACCESS

ブレダ駅前のバス停より115番のバスで約30分、W.Passtoorsstr.下車。1時間に1～4本(週末は1～2本)。マルクト広場の向かいがVincent van Gogh Huis。そこから徒歩3分ほどで、ゴッホゆかりの教会と像がある。

ヴィンセント・ファン・ゴッホの家
住Markt 26-27
☎076.5978590
開水～金　10:00～17:00
土・日12:00～17:00
休月・火、1/1、イースターマンデー、王の日、12/25、パレードの日曜　料€9
URL vangoghhuis.com

もうひとつのゴッホゆかりの地を訪ねて

ヌエネンNuenen➲Map P.161下図外という町に、ゴッホは両親とともに住んでいた時期があった。ゴッホが住んだ家も残っており、そのはす向かいに建つファン・ゴッホ・ヴィレッジ博物館Van Gogh Village Museumでは、ゴッホをさまざまな側面から知ることができる。日本語オーディオガイドもあり、じっくりと説明を聴きながら巡ることができるのもうれしい。小さいながらも充実した博物館だ。また、ここは🅥も兼ねており、この町にあるゴッホが描いた場所など、ゆかりの地を巡る資料を手に入れることもできる。アウトドア・ミュージアムと称して、立て看板の説明を読みながら、町を巡る仕掛けもあるので、少し時間を取って、ゴッホも愛したこの南ブラバンド州の町と自然を堪能してみたい。

ゴッホが描いた小さな教会

ファン・ゴッホ・ヴィレッジ博物館
住Berg 29　☎040.2839615
営火～日10:00～17:00、(1/1 13:00～、12/24～13:00)　休月、12/25・31
料€13.50　URL vangoghbrabant.com
行き方 アイントホーヘンEindhoven(→P.174コラム)駅前のバス停から6、322、404番のバスで15～20分。町外れのバス停に停車するので、博物館がある中心部まで5～10分程度歩く。

ブレダのホテル

町の中心部にあるホテルは少ないが、周辺には点在している。

レオナルド Leonardo Breda City Centre ★★★★

➡Map P.171

駅のすぐ近くで、バスステーションのすぐ隣。中心街やショッピングセンターも徒歩圏内。客室はエアコン完備。全室禁煙。レストラン、バーを併設。88室。

住Stationsplein 14
☎076.5220200
料シャワー/バス・トイレ付き
Ⓢ€139～　Ⓣ€159～
朝食€19.50　Wi-Fi無料
CC A.D.J.M.V.
URL leonardo-hotels.nl/breda

デ・クロック Stadshotel de Klok ★★★

➡Map P.171

駅から徒歩10分ほどの中心部にある。部屋によっては窓から広場を見下ろすこともできる。1階はレストランで、朝食のほか、ランチやディナー時にはお酒も楽しめる。全室禁煙。21室。

住Grote Markt 26-28
☎076.5214082
料シャワー/バス・トイレ付き
Ⓢ€124～　Ⓣ€158～
朝食付き　Wi-Fi無料
CC D.M.V.
URL www.hotel-de-klok.nl

Column Netherlands

デザインシティ アイントホーヘン

ショップが入ったDe Blob

すぐには何かわからない駐輪場入口

家電などで世界的に有名なフィリップスが誕生したアイントホーヘンEindhoven➡Map P.161下図外は、オランダで5番目の人口をもつ町。町なかには少し変わった建築物があり、デザイン都市と呼ばれることも多い。まずは駅前にある観光案内所Ⓥで地図を手に入れよう。すぐ脇にあるショッピングセンター前には、変わった形の自転車置き場、さらに進むとシャボン玉に似せて造られたというビルDe Blob、少し南にはフィリップス・ミュージアムやデザイン・アカデミーも。

さらに南にある、現代アートのファン・アベ美術館Van Abbemuseumでは、なかなか質の高い展示を観られるので、アート好きなら立ち寄ってみたい。

行き方 アムステルダム中央駅からマーストリヒトまたはヘールレンHeerlen行きの列車で所要約1時間20分。1時間に4本程度。

観光案内所 住Stationsplein 23　☎040.2979115
開月～土10:00～17:00　日11:00～15:00
休1/1・2、12/25・26　URL thisiseindhoven.nl

フィリップス・ミュージアム
URL philips-museum

ファン・アベ美術館
URL vanabbemuseum.nl

ファン・アベ美術館も少し変わった形

※ホテル室料は目安。日程や予約方法、条件により大きく異なる場合もある。特記がないかぎり、税金(City Taxを含む)や朝食は別料金。

ミデルブルグ

Middelburg

ゼーランド州
Zeeland

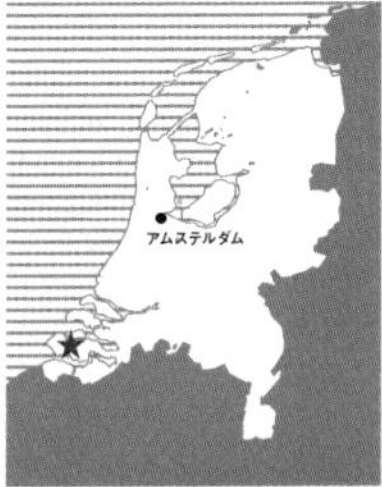

オランダ南西部のゼーランド州Zeelandの州都が、人口約5万人のミデルブルグ。"Zeeland"は英語の"Sea land"に相当し、海の土地という意味だが、この地方は根本が細く先の太い半島となっており、オランダでも特に水との闘いが厳しい所だ。ニュージーランドは、このゼーランドにちなんで名づけられた。古くはジャワへの商船の基地となった所でもある。

この地方の民族衣装は、頭につけているかんざしが独特で、両耳の前方上に、あたかもバックミラーのごとく金色のかんざしをつけている。これは純金製で、装飾としての役割だけでなく、財産としての意味もあるのだそう。夏に開催される「フォークロアの日」では、実際にこの民族衣装を見ることもできる。

ACCESS

アムステルダム中央駅から、30分おきに出ているフリシンゲンVlissingen行きの列車に乗って約2時間40〜55分。デン・ハーグHS駅から約2時間、ロッテルダムから約1時間40分。

ミデルブルグの歩き方

中世の雰囲気が残る、オランダでも最も美しい町のひとつ。町がコンパクトなので、すべての見どころが徒歩圏内にある。駅から北進し、旧市街の外壁であった運河を渡り、約5分で町の中心、**市庁舎**のある**マルクト広場Markt**に着く。ℹはこの広場に面している。

ミデルブルグの町の大きな特徴は、その中心に全長約1kmの環状道路があることで、この環状道路の周辺におもな見どころが集中している。環状道路を時計にたとえると、だいたい3時の位置に**大修道院**と**ゼーウス博物館**があり、4時から9時までが商店街、8時くらいの位置にはマルクト広場を中心に**市庁舎**とℹ、少し離れて**クローヴェニアスドゥーレン**が位置している。

観光案内所
住Markt 51 ➡Map P.176
☎0118.674300
開月11:00〜18:00
　火〜土9:30〜18:00
　(木〜21:00、土〜17:30)
　第1日曜13:00〜17:00
休第1日曜以外の日・祝
URL uitinmiddelburg.nl

市内観光ガイドツアー
出14:00発。所要1時間30分。英語もある。催行日は観光案内所やウェブサイトで確認を。
料€12.50
URL viatours.nl

オランダとベルギー比べてみると…窓に見るオープン度

オランダを訪れた人は皆オランダ人は非常にオープンだと言う。例えば、家の窓はピカピカに磨いてあり、カーテンはかかっていないし、家の中を見てくれって自慢しているみたいだからだ。ベルギーでは逆で、窓には薄いヴェールのようなカーテンがかかっており、夜になると鎧戸を下ろす人が多い。では、オランダ人のほうがオープン？　……とは簡単に話は進まない。宗教上の立場の違いがこんなところにも出ているからだ。

置物のように窓際に寝そべっている猫に出合うことも

ご存じのようにオランダは清貧禁欲思想のプロテスタント（新教徒）の伝統がある。この影響は今なお色濃く、いたるところに残っている。この「見てくれ窓」もそのひとつ。バイブルに従って、ほら正しい生活をしていますよ、という表明だったらしい。つまり隣人同士によるコントロールシステムになっていたわけだ。もっとも宗教色の薄い若い人たちはカーテンをしっかりかけて、プライバシーを守る方向にいっている。カトリック教徒のベルギー人にとっては教会に行けばよいのだから、そんな必要がなかった。だから安全性を優先して鎧戸も下ろす。でも、オランダを訪れる皆さん、窓をのぞき込むのはエチケット違反だから、くれぐれもご用心！　（佐々）

市庁舎
住Markt 日11:30
ガイドツアーでのみ見学できる。英語またはオランダ語。所要約1時間（途中、質問などがあれば長くなることもある）。催行日は時期により異なるので観光案内所かウェブサイトで要確認。
料€10 URLviatours.nl

市庁舎が建つマルクト広場には、曜日によって、衣類や花、食料品、本などを扱う屋台が出る。
マルクト広場周辺、大修道院からDam周辺にレストランもある。広場東のLange Delftあたりはにぎやかなショッピングストリート

大修道院の東側、Damから入ったKuiperspoortの趣ある路地

ミデルブルグの見どころ

市庁舎 Stadhuis

Map P.176

15世紀の美しいゴシック建築。主要部分は、ベルギーの有名な建築家ケルダーマンス家によって、1452年から1458年にかけて建てられた。その後1506年から1520年にかけて塔と肉市場が、17世紀と18世紀にはLange Noordstr.に面したクラシック様式の部分が付け加えられた。建物正面はゼーランド地方を治めた25人の伯爵と伯爵夫人の像で飾られている。

市庁舎の建物正面の像も見どころのひとつ。第2次世界大戦のダメージが大きく、内部（写真右側）の家具や調度は、その後に集めたもの。現在は駅近くに新しい市庁舎がある

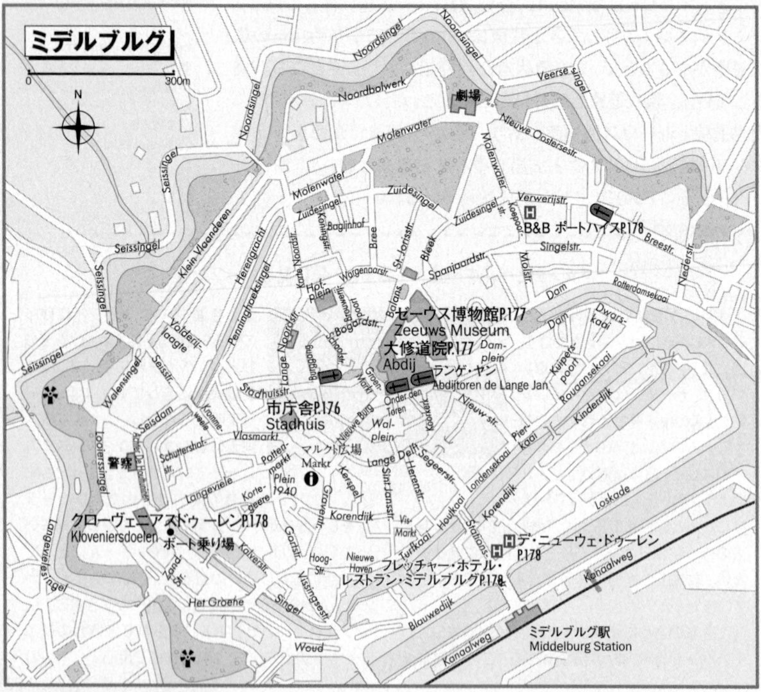

ミデルブルグ

0 300m
N
Noordsingel
Noordbolwerk
劇場
Veerse singel
Nieuwe Oostersestr.
Molenwater
Seissingel
Klein Vlaanderen
Herengracht
Zuidesingel
Koningstr.
Bagijnhof
Bree
Verwerijstr.
B&B ポートハイスP.178
Breestr.
Singelstr.
Spanjaardstr.
Nederstr.
Rotterdamsekaai
Penninghoekingel
Hof-plein
Wagenaarstr.
Balans
ゼーウス博物館P.177
Zeeuws Museum
大修道院P.177
Abdij
Dam
Dam-plein
Dwars-kaai
ランゲ・ヤン
Abdijtoren de Lange Jan
Kuiperspoort
Rouaansekaai
Kinderdijk
Lange Noordstr.
Bogardstr.
Volderij-laagte
Seisstr.
Walensingel
Stadhuisstr.
市庁舎P.176
Stadhuis
Nieuwe Burg
Wal-plein
Onder den Toren
Nieuwe str.
Pier-kaai
Seisdam
Vlasmarkt
マルクト広場
Markt
Schuttershof-str.
Potten-markt
Plein 1940
Lange Delft
Segeerstr.
Londensekaai
Loskade
警察
Looierssingel
Langeviele
Korte-geere
Gravenstr.
Kerspel
Herenstr.
Sint Janstr.
Korendijk
Houtkaai
Stationsstr.
デ・ニューウェ・ドゥーレン P.178
クローヴェニアスドゥーレンP.178
Kloveniersdoelen
ボート乗り場
Kalverstr.
Gortstr.
Vis-markt
Turfkaai
Langevielesingel
Zand-str.
Hoog-str.
Nieuwe Haven
フレッチャー・ホテル・レストラン・ミデルブルグP.178
Kanaalweg
Het Groene
Singel
Vlissingsestr.
Blauwedijk
ミデルブルグ駅
Middelburg Station
Woud

大修道院 Abdij

➡Map P.176

12世紀に起源をもつこの修道院は、現在州庁舎として使われている。ミデルブルグのシンボルともいえる美しい塔はランゲ・ヤン Abdijtoren de Lange Janと呼ばれ、14世紀に建てられたがその後幾度も焼失し、現在のものは1940年の最後の焼失後に再建された。高さ91m、207段の塔の上からの眺めはすばらしい。

上:ランゲ・ヤンからの眺め　下:院内の回廊

ランゲ・ヤン
住Onder de Toren 1
☎0118.471010
開土11:00～15:00
休上記以外　料€4
URLlangejanmiddelburg.nl
階段は狭くて急なので荷物は少なめに。

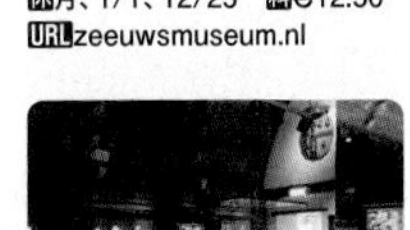

大修道院内の教会や中庭に入ることもできる

ゼーウス博物館 Zeeuws Museum

➡Map P.176

大修道院の一部にあるため、天井にむき出しになった梁や回廊のような部屋など、建物内部の様子も興味深い。ゼーランド地方に関する歴史的なものやタペストリー、独特の民族衣装、ゼーランドゆかりの画家の絵のほか、企画によりモダンアートなどもある。

静かな中庭に面した博物館入口

ゼーウス博物館
住Abdijplein　☎0118.653000
開11:00～17:00
休月、1/1、12/25　料€12.50
URLzeeuwsmuseum.nl

民族衣装など

Column Netherlands

泳いで考える、ゼーランド州の水との戦い

1953年2月1日、悪夢のような大洪水がオランダ南西部ゼーランド地方を襲った。オランダの中でも特に入り組んだデルタ地帯をもつこの地方の堤防が決壊、約15万haの土地が水没し、1853人がその犠牲となった。この教訓を生かし、水との共存を目指したのがデルタ計画だ。この計画は、1954年から約30年の歳月をかけ、生態系を崩さないように配慮しながらゆっくりと進められた。締切大堤防(→P.118)と並ぶそのすばらしい計画の全貌は、ミデルブルグの北にあるデルタパーク・ネールチェ・ヤンスDeltapark Neeltje Jansの中のデルタ・エクスペリエンスDelta Experienceで観ることができる。

住Faelweg 5, Vrouwenpolder
➡Map P.161上　☎0111.655655
開10:00～17:00
休1/1、12/25　冬期(11月上旬～3月下旬)は不定期のためウェブサイトで確認を。
料€27(人数制限があるためオンラインでの購入が確実)　URLneeltjejans.nl

また、このあたりは島が数珠つなぎになっており、海水浴のメッカ。ミデルブルグの北西ドンブルグDomburg➡Map P.161上もそのひとつ。この町で、若き日のモンドリアンも夏を過ごしていたという。果てしなく続く砂浜と海。こんなシンプルな風景のなかで、オランダと水のかかわりを感じるのもいいのでは？

行き方 デルタパーク・ネールチェ・ヤンスへはミデルブルグ駅から133番のバスで約30分。1時間に約2本。途中で海水浴場にも停車する。土・日曜は本数が減少する。ミデルブルグからドンブルグまでは53番のバスで約50分。または52番のバスで約30分。1時間に1本(日曜は2時間に1本)。

デルタ・エクスペリエンスの遊覧船での周遊

ミデルブルグからのエクスカーション
古きよきオランダを見たいならレンタサイクルでフェーレVeere ➡Map P.161上へ行くのもいいだろう。N663に沿って北上し30分くらい。400年以上前の建物や壁がそのまま残る小さな港町。
少し遠出をしたいなら、アムステルダム方面行きの列車に乗ってフスGoesで下車、バスに乗り換えてジーリクゼーZierikzee➡Map P.161上へ。ハネ橋や風車があり、オランダらしい。またレジャー用の船も停泊しており、捕鯨で栄えていた頃の建物や飾りなどがいたるところにある。
なお、バスはオランダで一番長い橋を通るので、そこから見る景色も見逃せない。

フェーレ(上)とジーリクゼー(下)

クローヴェニアスドゥーレン Kloveniersdoelen ➡Map P.176

1607年から1611年にかけて建てられたこの建物は、1787年まで兵士の組合の集会場に使われた。愛らしいフランドル風のルネッサンス様式の建物で、一時オランダ東インド会社にも属したが、1795年から19世紀後半まではミデルブルグの医学校がここにおかれた。この医学校を卒業したP. C. プラッハ(1847～1897年)は、明治9年から11年まで日本(東京司薬場)で働き、後にフローニンゲン大学教授となった。現在では、カフェ・レストランなどが入った複合施設として利用されている。

赤と白の扉が印象的

ミデルブルグのホテル

Hotel

フレッチャー・ホテル・レストラン・ミデルブルグ Fletcher Hotel-Restaurant Middelburg ★★★★

➡Map P.176

駅前にある、ミデルブルグでも歴史が長く、規模の大きなホテル。おもな観光ポイントは徒歩圏内。館内にレストラン、バー、カフェを併設している。2017年春に全面改装した。43室。

住Loskade 1 ☎0118.636051
料シャワー/バス・トイレ付き
Ⓢ Ⓣ€80～170 朝食付き
朝食別プランもある Wi-Fi無料
CCA.M.V.
URLfletcherhotelmiddelburg.nl
駅から徒歩約3分

B&B ポートハイス B&B 't Poorthuys ★★★★

➡Map P.176

建物は、かつては医師の家だったという、1530年頃の趣ある国定記念建築物。伝統的なイメージは残しつつ、内装は全面リニューアルしている。貸自転車あり(€10/日)。8室。

住Koepoortstr. 10
☎0118.764046
料シャワー・トイレ付きⓈ€87～157
Ⓣ€102～172 朝食付き 税別
Wi-Fi無料 CCA.M.V.
URLbnbpoorthuys.eu
駅から徒歩8分

デ・ニューウェ・ドゥーレン De Nieuwe Doelen ★★★

➡Map P.176

家族経営のアットホームな雰囲気の駅前ホテルで、ビジネスに家族旅行にと幅広く対応。部屋はシンプルモダン。ラウンジ&バーやテラスもあり。全室禁煙。34室。

住Loskade 5 ☎0118.612121
料シャワー/バス・トイレ付き
Ⓢ€74～ Ⓣ€87～
朝食€15 Wi-Fi無料
CCM.V.
URLhoteldenieuwedoelen.nl
駅から徒歩約3分

※ホテル室料は目安。日程や予約方法、条件により大きく異なる場合もある。特記がないかぎり、税金(City Taxを含む)や朝食は別料金。

オランダ中部

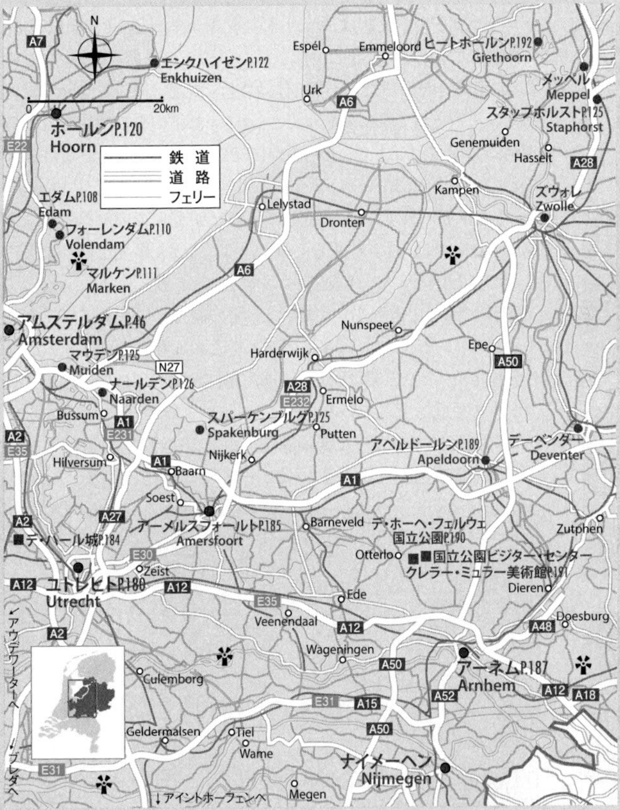

Netherlands

ACCESS

オランダのほぼ中央に位置し、アムステルダムからICで約30分。北部のグローニンゲンやレーワルデン、東のアペルドールン、アーネム、西のロッテルダム、南のマーストリヒトなど、オランダ全土どこにでも日帰りで往復できる。

ユトレヒト

Utrecht

ユトレヒト州
Utrecht

ユトレヒトは同名の州の州都で、人口約35万人、オランダ第4の都市である。交通の要衝となっており、商業もたいへん盛んで、人が多く活気がある。世界中で愛されるうさぎのキャラクター、ミッフィーの生みの親ブルーナが暮らした町としても知られている。

オランダでも地域によっては気質(かたぎ)が異なり、ユトレヒトっ子は、紳士的で古い習慣を大切にするといわれる。

16世紀後半の独立戦争ではオランダ独立の中心地となり、またスペインの新教徒弾圧に対して、オランダ北部7州が一致団結しユトレヒト同盟が結ばれたが、その際もここユトレヒトは独立のシンボルであった。1636年から大学がおかれた大学都市という一面もあり、歴史の重さを味わいながらゆっくりと町を歩いてみよう。

観光案内所
住Domplein 9 ➡Map P.181-B
☎030.2360004
開10:00～17:00(8月～18:00)
休祝、12/31
URLontdek-utrecht.nl

ユトレヒトの歩き方

ユトレヒトの中央駅は、ショッピングセンターHoog Catharijneに隣接しており、中心部はショッピングセンター側。ユトレヒトはオランダ第4の都市だが、町自体はさほど大きくない。ショッピングセンターを出て東に少し歩くと、ユトレヒトの町の中心を流れる運河アウデグラフトOudegrachtに出る。橋のたもとからは運河巡りのボートが出ている。オランダの運河にしては珍しく、地面の5mくらい下にあり、水面に面してカフェが並んでいる風景はユトレヒトならではのもの。夏なら風のそよぐなか、陽光を浴びながらここでひと休みするのも気持ちがいい。

運河に沿って南へ歩いていくと、橋の向こうにドム塔が見えてくる。ユトレヒトのヘソが、このドム塔とドム教会のあるドム広場Domplein。この広場に面した建物の🅥では、ドム塔に上るガイドツアーの受付も行っている。

この周辺にオルゴール博物館などおもな見どころが集まっているが、鉄道博物館、セントラル・ミュージアムは少し離れているので、

中心部にあるハーブ&雑貨屋
De Droom van Utrecht
ハーブや雑貨のほか、ユトレヒトのマスタードやジャム、リキュールなどは、おみやげにもピッタリ。スパイス、お茶、お菓子もある。
住Schoutenstr. 6
➡Map P.181-A ☎030.2316934
URLwww.droomvanutrecht.nl

ミッフィー信号がある交差点

ボートでアウデグラフトを行く

聖ヤンス教会前の広場で土曜に開かれる花市

ユトレヒト名物、運河沿いのカフェ

市内バスStad Busを使ってもいいだろう。バスは同じ番号でも、行き先がふたつあるので、ドライバーに確認してから乗るようにしたい。また、市内バスのほかにも、他都市に向かう中長距離バスStreek Busもあるので要注意。中央駅のバス停は、中心街側と駅裏側に分かれているので、自分の利用するバスの番号で確認を。例えば2番のバスは中心街側、8番のバスは裏側。

ユトレヒトのバス
車内購入は現金不可。OVチップカールト利用なら、ユトレヒト中央駅からセントラル・ミュージアムまで€1.59。1時間券（1～2ゾーン）€3.10もあるが、OVチップカールトかタッチ決済のカードを使ったほうが割安感がある。
URL u-ov.info

運河クルーズ
Oudegracht 85から出発。説明は英・蘭・独語など。日本語はない。
Map P.181-A ☎030.2720111
出 11:00～17:00の1時間おき（冬期は要確認） 休 1/1、12/25
料 1時間€15.50 1時間30分€18.95

ユトレヒトの見どころ

ドム教会 Domkerk

Map P.181-B

ヘンドリク・ファン・ヴィアンデンHendrik van Viandenにより1254年から1517年にかけて建てられた、ゴシック建築ではオランダ最古の教会。中にはしゃれたカフェテリアもある。

教会前のドム広場の南側に、建国の祖のひとりであるヤン・ファン・ナッソーJan van Nassauの銅像が1887

ヤン・ファン・ナッソーの銅像とドム教会

ドム教会
住 Achter de Dom 1
☎030.2310403
開 5～9月 10:00～17:00
土10:00～15:15
日12:30～17:00
10～4月 11:00～17:00
土11:00～15:15
日12:30～17:00
（土を除く11～3月～16:00）
土の午後、無料コンサートが催されるときは、教会内を歩き回ることはできない。
休 貸し切りの場合
料 無料 URL domkerk.nl

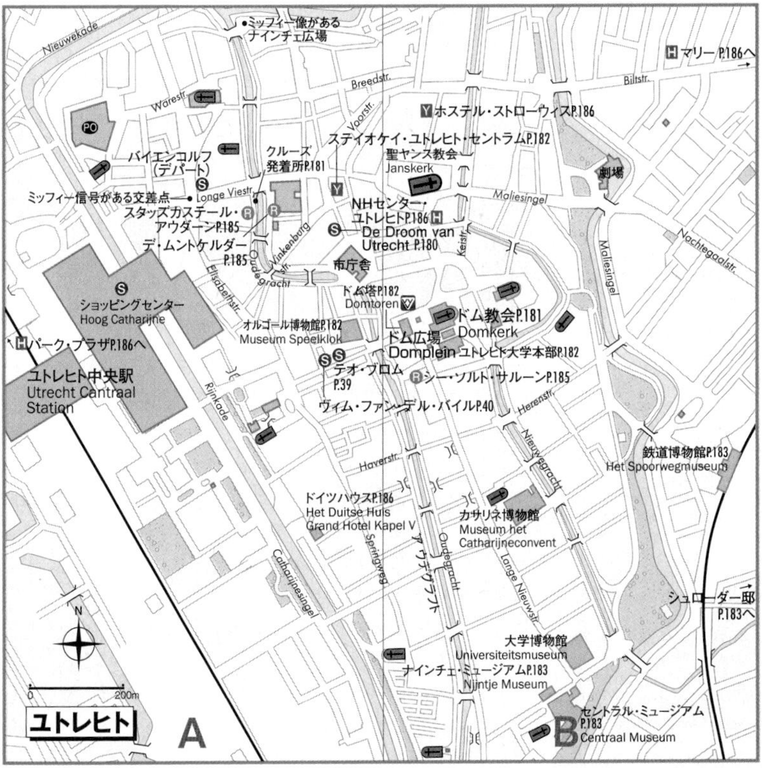

ユトレヒト
A
B
ミッフィー像があるナインチェ広場
マリー P.186へ
ホステル・ストローウィス P.186
ステイオケイ・ユトレヒト・セントラム P.182
聖ヤンス教会 Janskerk
クルーズ発着所 P.181
バイエンコルフ（デパート）
ミッフィー信号がある交差点
スタッズカステール・アウダーン P.185
デ・ムントケルダー P.185
NHセンター・ユトレヒト P.186
De Droom van Utrecht P.180
市庁舎
劇場
ドム塔 P.182 Domtoren
ドム教会 P.181 Domkerk
ドム広場 Domplein
ユトレヒト大学本部 P.182
オルゴール博物館 P.182 Museum Speelklok
ショッピングセンター Hoog Catharijne
パーク・プラザ P.186へ
ユトレヒト中央駅 Utrecht Centraal Station
テオ・ブロム P.39
シー・ソルト・サルーン P.185
ヴィム・ファン・デル・バイル P.40
鉄道博物館 P.183 Het Spoorwegmuseum
ドイツハウス P.186 Het Duitse Huis Grand Hotel Kapel V
カサリネ博物館 Museum het Catharijneconvent
アウデグラフト
シュローダー邸 P.183へ
大学博物館 Universiteitsmuseum
ナインチェ・ミュージアム P.183 Nijntje Museum
セントラル・ミュージアム P.183 Centraal Museum
Nieuwekade
Breedstr.
Biltstr.
Warestr.
Voorstr.
Longe Viestr.
Maliesingel
Nachtegaalstr.
Vinkenburg
Oudegracht
Elisabethstr.
Keistr.
Rijnkade
Herenstr.
Nieuwegracht
Haverstr.
Springweg
Catharijnesingel
Longe Nieuwstr.
0 200m

年に造られた。ドム教会の南側の建物はユトレヒト大学本部だが、この学校の起源は、ドム教会で牧師が集まって講義を受けたことにある。

ドム塔 Domtoren

Map P.181-B

ドム広場の西に、1321年から1382年にかけて建てられた、ゴシック様式のドム塔がそびえ立っている。この塔はユトレヒトの町のどこからでも見える。塔にはチャペルがふたつあり、その高さは112mでオランダで最高。塔のほとんど頂上(102m)まで465段を自分の足で上ると、ユトレヒトの町のパノラマが楽しめる。

ドム塔

オルゴール博物館 Museum Speelklok

Map P.181-A

運河を挟んでドム塔の反対側にある古い教会内に、18世紀から現代までの自動楽器のコレクションを展示している。ガイドツアーでは、珍しいオルゴール、手回しオルガン、ジュークボックス、ストリートオルガンなどを、実際に演奏して説明してくれる。特にオランダ名物のストリートオルガンは、軽やかな音楽に合わせて人形が鐘やドラムをたたき、見ているだけで心が弾んでくる。ノスタルジックなムードいっぱいの、子供から大人まで楽しめる博物館だ。

左:ガイドの説明とともにオルゴールの音色を聴くことができる　右:教会内の博物館

ユトレヒト大学本部 Het Academiegebouw van De Universiteit Utrecht

Map P.181-B

ドム教会の南に接する、19世紀末のネオ・ルネッサンス様式の建物。ユトレヒト大学は1636年に創設された。中には1409年に造られた教会の参事会室がある。1495年からドム教会の牧師の会合に使用され始め、ここでヤン・ファン・ナッソーらによりユトレヒト同盟が結ばれた。現在は大学の式典や会議に利用されている。

大学本部とヤン・ファン・ナッソーの像

ドム塔
住Domplein 9 ☎030.2360010
ガイドの同伴が必要で、ツアー(英語、オランダ語)は30分、1時間、2時間おきに出発。所要約1時間。詳細の確認、受付は観で。1回の催行人数はかぎられており、グループ予約が入っていると通常のツアーがなくなるため、予約しておいたほうが無難。修復中のため催行日は要確認。
開11:00〜17:00
ツアー開催時間は日によって異なるが、初回は11:00/12:00、最終回は16:00/16:30出発。
休1/1、12/25　料€12.50
ドム塔とオルゴール博物館のコンビチケット€20
URL domtoren.nl

ユースホステル
ミッフィールームもあるYH。とても便利な場所で利用しやすい。
ステイオケイ・ユトレヒト・セントラム Stayokay Utrecht Centrum
住Neude 5　Map P.181-A
☎030.7501830
URL stayokay.com/nl/hostel/utrecht-centrum

オルゴール博物館
住Steenweg 6 ☎030.2312789
開10:00〜17:00
無料ガイドツアーあり(英語、オランダ語)。15:30まで1時間おきに出発。見学を終えたら、ガイドにチップを渡す人も多い。
休月(学校休暇中は除く)、1/1、王の日、12/25
料€14　ドム塔とオルゴール博物館のコンビチケット€20
URL museumspeelklok.nl

オランダを代表する建築群
ユトレヒト大学の郊外キャンパス
ユトレヒトの旧市街からは離れているが、建築に興味がある人なら訪れてみたい。代表的なものとして挙げられるのは、ノイトリング・リーダイクが設計したミナエルトMinnaertと、レム・コールハースの設計事務所によるエデュカトリアムEducatorium。基本的に土・日曜は内部見学不可。見学は学生のじゃまにならないように注意しよう。
住Leuvenlaan 4&19, De Uithof
☎030.2533550
B中央駅から28番でBotanische Tuinen下車。所要約20分。
T中央駅から20、21、22番でPadualaan下車。所要約10分。

ミナエルト内部。池に面して不思議な形のブースが並ぶ

セントラル・ミュージアム Centraal Museum　Map P.181-B

ユトレヒトで一番大きい博物館。ユトレヒト出身の中世の画家の絵画、町の歴史、1000年前の古代船、現代のアートやデザイン、リートフェルトの椅子や家具などがあり、企画展も催される。ミッフィーの作者、ディック・ブルーナのアトリエが移設された部屋や作品も必見。

ブルーナのアトリエを再現した展示室には日本語の説明パネルもあり、わかりやすい

ナインチェ・ミュージアム Nijntje Museum　Map P.181-B

日本でも人気が高い「ミッフィー(オランダ語でナインチェ)」の世界を、子供たちが楽しめるようにしたもの。触れて遊べる部屋など、子供向けのものがメインなので、ブルーナの作品に興味がある人はセントラル・ミュージアムへ。

ミッフィーと遊べる

鉄道博物館 Het Spoorwegmuseum　Map P.181-B

かつての趣を残したマリーバーンMaliebaan駅舎内に、19世紀末から20世紀初めにかけて活躍したSLなどレトロな列車を展示している。博物館ではオランダ鉄道の歴史、オリエンタルエクスプレスでの旅を演出したパフォーマンスなどもある。

マリーバーン駅のクラシックな駅舎内部

セントラル・ミュージアム
常設展は一部閉鎖中
住Agnietenstraat 1
☎030.2362353
開火～日11:00～17:00
休月、1/1、王の日、12/25
料€13.50
URL centraalmuseum.nl
B駅から2番の巡回バスで10分、Museumkwartier下車。ドム教会から徒歩約15分。
ミッフィーの故郷を訪ねて—ユトレヒト→P.38～41

ナインチェ・ミュージアム
住Agnietenstraat 2
☎030.2362399
開火～日10:00～17:00
休月、1/1、王の日、12/25
料€8
URL nijntjemuseum.nl
時間指定制でオンライン購入のみ。人気が高いので早めに空き状況の確認をしておくといい。

鉄道博物館
有料の館内に入場しなくても、蒸気機関車や歴史あるマリーバーン駅舎内の見学は可能。
住Maliebaanstation 16
☎030.2306206　開10:00～17:00　休月(学校休暇中は除く)、王の日　料€17.50
URL spoorwegmuseum.nl
B中央駅から4、8、55、73、77番などでStadsschouwburg下車。ユトレヒト中央駅と博物館を往復する特別列車が、博物館開館時間中は1時間に1本運行する。

マリーバーン駅に並ぶ蒸気機関車

オランダらしいモダンな建物、シュローダー邸 Rietveld Schröderhuis

シュローダー邸内部と外観

1924年にヘリット・トーマス・リートフェルトによって、T.シュローダー夫人の邸宅として建てられたもの。デ・スタイル派を代表する作品で、モダンな色使いと、からくりのような間仕切りや建具がとてもおもしろい。世界遺産に登録されており、セントラル・ミュージアムが管理している。入場は時間指定制で要予約購入。オンライン予約可能。人気が高いので、早めに空きの確認を。

住Prins Hendriklaan 50　Map P.181-B外
☎030.2362310　URL rietveldschroderhuis.nl
開火～日11:00～16:00
休月、1/1、王の日、12/25　料€19
行き方 中央駅のバスターミナルから8番のバスでDe Hoogstraat下車、徒歩5分ほど。

世界遺産
リートフェルト設計のシュローダー邸
Rietveld Schröderhuis　文化遺産 / 2000年

エクスカーション

デ・ハール城とハールザイレンス Kasteel de Haar & Haarzuilens

➡Map P.179

ACCESS

ユトレヒト中央駅からDen Haag行きの列車でVleuten駅下車。平日はバス127番Kockengen行きに乗り換え、ハールザイレンスHaarzuilensにあるバス停Eikslaanで下車、ここからデ・ハール城まで徒歩20分ほど。所要約50分。バスは1時間に1本。週末は111番のバスに乗り換えKasteel De Haar下車、1時間に1本。バスは運行本数減少の予定もあるのでURL9292.nlなどで確認を。

デ・ハール城
住Kasteellaan 1, Haarzuilens
☎030.6778515
開11:00～17:00
早めに閉館する日もある。
最終入場16:30
時間指定制で入場。希望時間に空きがない可能性もある。オンライン予約購入可能。
休1/1、王の日、12/31
上記以外にも特別休館日があるのでウェブサイトで要確認。
料€19（庭園を含む。イベント開催時は別料金）
URLkasteeldehaar.nl

デ・ハール城の庭園
フラワーガーデンなどもあって、庭園の散策だけでも楽しめる。
開9:00～17:30
休1/1、王の日、12/31、イベント開催時　料€7

ユトレヒトの郊外にある14世紀の城。バラの花咲く庭園、そびえ立つ尖塔、赤と白のよろい戸と、まるでメルヘンの世界だ。17世紀にルイ14世の軍により被害を受け長い間荒廃していたが、14世紀からの所有者ファン・ザイレン家Van Zuylenの前当主、ナイエフェルト男爵の大計画とその夫人ヘレナ・ロスチャイルドの資金力により、現代によみがえった。再建に当たり、アムステルダムの国立美術館や中央駅の設計者として有名なカイパースが指揮を執った。復元は、1892年より1912年までの20年間を費やし、オランダ最大の規模を誇る城の工事には数百人の専門家が従事した。

外壁と円塔のみがもとの姿をとどめる唯一のもの。カイパースは城の内外をネオ・ゴシック様式で統一、多くの装飾を施した。内部には、男爵夫妻が世界中を歩き回って収集した中世フランドルのタペストリー、ルイ14世の馬車、東洋の陶磁器、絵画などの工芸品が飾られており、なんと日本の大名駕籠まである。

ハールザイレンスは、デ・ハール城の城下町だった小さな町。デ・ハール城の窓枠が赤と白に塗り分けられているように、この町の民家の窓も赤と白に塗り分けられていて“赤い村”の異名をもつ。

ハールザイレンスの家

おとぎ話に出てきそうなデ・ハール城

アウデワーター Oudewater

➡Map P.127

ACCESS

ユトレヒト中央駅裏のバスセンターから中距離バスStreek Busのゴーダ行き107番のバスで約40分。平日1時間に2本、日・祝は1時間に1本。OudewaterのMolenwal下車。魔女裁判所へは徒歩約10分。

魔女裁判所
住Leeuweringerstr. 2
☎0348.563400
開11:00～17:00
休月（7・8月を除く）、11～3月の月～金（開館する日もある）、1/1、カーニバルの土、一部の祝、12/24～26・31　料€7.50
URLheksenwaag.nl

アウデワーターは“古い水”という意味の、人口およそ1万人余りの小さな町。“魔女の町”として有名で、町の中ほどを流れる運河に面して、**魔女裁判所Museum de Heksenwaag**がある。魔女とおぼしき人はここで計量され、一定の体重以下だと火あぶりなどの重刑に処せられたとのこと。希望者には、計量のうえ「魔女に非ず」の証明書を発行してくれる。

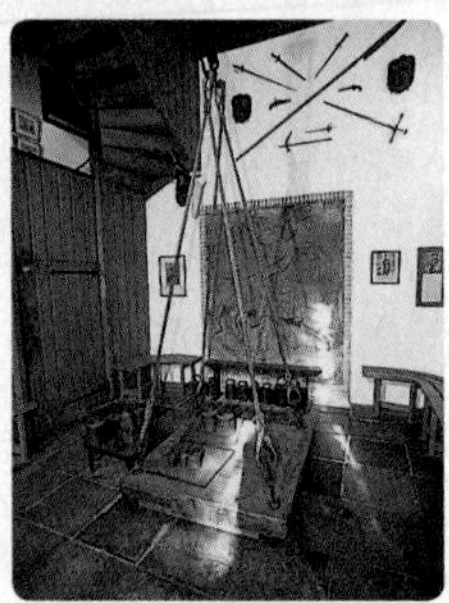
証明書を発行してもらえるかな？

アーメルスフォールト Amersfoort

➲Map P.179

ユトレヒト州第2の都市で、中世からの城壁や建物が残っている。エーム川に架かるコッペル門Koppelpoort、13〜16世紀に建てられた聖ジョリス教会Sint-Joriskerk、鐘楼があるゴシック様式の聖母の塔Onze Lieve Vrouwetoren、運河沿いの散策など、歩いて巡るのが楽しいコンパクトな町だ。

画家ピート・モンドリアンの生家モンドリアンハウスMondriaanhuisもあり、画家の生涯や変遷が紹介されている。

パリのアトリエの再現などもある

ACCESS

ユトレヒト中央駅からアーメルスフォールトAmersfoortまでICで約15分。アムステルダム中央駅から列車で約35分。

モンドリアンハウス
住Kortegracht 11
☎033.4600170
開10:00〜17:00
休月（学校休暇中を除く）、1/1、王の日、12/25　料€13
URL www.mondriaanhuis.nl
駅から徒歩約15分

お城のような水門コッペル門

聖母の塔

運河沿いなどに歴史ある家も残る

ユトレヒトのレストラン

Restaurant

スタッズカステール・アウダーン Stadskasteel Oudaen　カフェ

➲Map P.181-A

Oudegracht沿いにある。1階はカフェで夏にはテラスで楽しむこともできる。ハムとチーズのサンドイッチ€9.95、スープ€8.95など。併設のブリュワリーで醸造されたビールも飲める。

住Oudegracht 99
☎030.2311864
営11:00〜翌1:00
休基本的に無休
予望ましい
CC A.M.V.
URL oudaen.nl

デ・ムントケルダー De Muntkelder　パンケーキ

➲Map P.181-A

直径30cmくらいの薄くて巨大なオランダ風パンケーキを食べることができる。運河沿い、階段を下りた所にある。パネクック（オランダ風パンケーキ）€8、リンゴ付きパネクック€10.10。

住Oudegracht a/d Werf 112
☎030.2316773
営12:00〜21:00
休1/1、12/25・26
予予約が望ましい
CC M.V.
URL deoudemuntkelder.nl

シー・ソルト・サルーン Sea Salt Saloon　海鮮料理

➲Map P.181-B

ドム塔に近いシーフード専門レストラン。タパススタイルの魚介料理をいろいろ、お酒とともに楽しんで。エビコロッケ€12.75。マテ貝のボンゴレ€14.50。鯛のグリル€17.50。

住Wed 3　☎030.2340460
営12:00〜24:00（月17:00〜）
休1/1、王の日、12/25
予望ましい
CC M.V.
URL seasalt saloon.nl

※ホテル室料は目安。日程や予約方法、条件により大きく異なる場合もある。特記がないかぎり、税金（City Taxを含む）や朝食は別料金。

Hotel

ユトレヒトのホテル

ユトレヒトはビジネス滞在の人も多く、駅前に便利な大型チェーンホテルが固まっている。

パーク・プラザ Park Plaza ★★★★

➲Map P.181-A 外

中央駅の裏にある高級ホテル。観光に便利な立地であり、ショッピングセンターもすぐ近く。館内設備も充実しており、レストランなどもある。全室禁煙。120室。

住Westplein 50
☎020.2626872
料シャワー／バス・トイレ付き ⓈⓉ€95～　朝食€21
Wi-Fi無料
CCA.D.J.M.V.
URLparkplaza.com

マリー Malie ★★★★

➲Map P.181-B 外

緑に囲まれたクラシックなホテル。静かな環境で落ち着ける。庭に面した部屋やバルコニー付きの部屋もある。エアコンあり。2023年10月現在、改装のため休業中。詳細は要確認。

住Maliestr. 2　☎030.2316424
料シャワー／バス・トイレ付きⓈⓉ€85～185　朝食€15.50　税別 料金は目安　Wi-Fi無料
CCA.M.V.　URLwww.maliehotel.nl
B中央駅から28、51などで約10分、Oorsprongpark下車

NHセンター・ユトレヒト NH Centre Utrecht ★★★

➲Map P.181-B

聖ヤンス教会Janskerkの横にある、古きよきオランダの風情を伝えるホテル。旧市街の中心部に位置するので観光に便利。全室禁煙。47室。駅裏にあるNH系列の大型ホテルも便利。

住Janskerkhof 10　☎030.2313169
料シャワー／バス・トイレ付き Ⓢ€209～ Ⓣ€218.50～
Wi-Fi無料
CCA.M.V.　URLwww.nh-hotels.com
中央駅から徒歩約15分
B中央駅から8などでJanskerkhof下車

ホステル・ストローウィス Hostel Strowis ホステル

➲Map P.181-B

約300年前に建てられた歴史ある建物を利用した、バックパッカー向けのホステル。ひと部屋のみ女性専用ドミトリーも。ドミトリーのほか、2～3人部屋もある。全室禁煙。貸自転車あり（€10/日）。

住Boothstraat 8　☎030.2380280
料Ⓓ1人€28～32　ⓈⓉ€95～105 税込　Wi-Fi無料　CCA.J.M.V.
URLstrowis.nl
中央駅から徒歩約15分
B中央駅から8などでJanskerkhof下車

Column Netherlands

日本ゆかりのドイツハウス Het Duitse Huis

幕末維新の日本に、20名近くのオランダの軍医が来日して、近代医学を日本人に教授した。彼らの大半の出身校が、1822年から1868年までの間ここにおかれたユトレヒト陸軍軍医学校Rijkskweekschool voor militaire geneeskundigenだった。卒業生ポンペは長崎大学、ヌンスフェルトは熊本大学と京都府立医科大学、ロイトルは岡山大学、ボードインは大阪大学と東京大学、スロイスは金沢大学のそれぞれの前身で教えた。現在の日本の医科大学のカリキュラムが硬直的であるのは、軍医学校をモデルにした影響であるといわれる。

建物は、14世紀に修道院として建造されたドイツ騎士団ゆかりのもの。かつては、中世の騎士や司祭たちも宿泊したという。現在は5つ星ホテルのグランド・ホテル・カレルV Grand Hotel Karel Vとなっているが、文化財に指定されているため、その外観などは維持されている。

ドイツハウス（Grand Hotel Karel V）　➲Map P.181-A

※ホテル室料は目安。日程や予約方法、条件により大きく異なる場合もある。特記がないかぎり、税金（City Taxを含む）や朝食は別料金。

アーネム

Arnhem

ヘルダーランド州
Gelderland

ACCESS

アムステルダム中央駅からICで1時間強。1時間に2本。ユトレヒトからは約35分。1時間に4本。

ヘルダーランド州の州都アーネムは、ドイツとの国境に近い9世紀以来の古都。繊維や製鉄業の盛んな産業都市だが、第2次世界大戦中はドイツ軍と英国軍の激戦地となり、映画『遠すぎた橋』の舞台としても有名だ。現在は別名"パークシティ"と呼ばれるほど公園が多く、緑豊かな美しい町となっている。

アーネムの北、アペルドールンとの間にはオランダ最大の自然保護地区、**デ・ホーヘ・フェルウェ国立公園**がある。国立公園の大森林の真ん中にあるゴッホ・コレクションの双璧のひとつ**クレラー・ミュラー美術館**(→P.191)や、郊外の**オランダ野外博物館**方面へ向かうバスは、アーネム駅前のバス乗り場から発車する。

町の中心は、駅を出て左側、南東へ1kmほどの、ネーデルライン川に近いマルクト広場Markt。第2次世界大戦で大きな被害を受け、その後近代的な町並みに再建されたアーネムの町の中で、唯一昔の面影がしのばれるエリアだ。広場の周りには、大戦後に再建された**聖エウセビウス教会**や歴史を感じさせる州庁舎、昔の市壁の一部である14世紀の城門などが残されている。

聖エウセビウス教会内に観光案内所があり、広場の北側はショッピングセンターやブランドショップのほか、カフェやレストランも多い繁華街で、アーネムで一番にぎやかな地域。

聖エウセビウス教会の塔から見たジョン・フロスト橋

観光案内所 Visit Arnhem
住Kerkplein 1
☎0900-1122344(有料)
開10:00～17:00
休月、1/1、王の日、12/25・26
URL visitarnhem.com

野外博物館は1日でオランダを旅した気分

ブルガー動物園
Burgers' Zoo
サファリパークのようにライオンやキリンを観察できる。オランダ野外博物館(→P.188)に隣接している。
住Antoon van Hooffplein 1
☎026.4424534
開3月下旬～10月下旬
9:00～18:00
10月下旬～3月下旬
9:00～17:00
料€26.50
オランダ野外博物館とのコンビチケット€39.50
オンライン購入割引あり
URL burgerszoo.nl

Column
Netherlands

アーネム『遠すぎた橋』の町

ライン川はオランダに入ってふたつの川に分かれる。そのひとつがネーデルライン川。この川沿いの町アーネムは、国立森林公園を北部に控えた美しい町だ。ライン川を挟んで、第2次世界大戦で史上最大の空挺作戦「マーケット・ガーデン作戦」が繰り広げられ、しかも英国空挺部隊の悲劇の舞台となったとは思えない静かな町である。

1944年9月17日、英空軍の大編隊がライン川に架かる橋を確保するため、パラシュート部隊をアーネムの周辺に降下させた。そのうち、ジョン・フロスト中佐の一隊は橋まで進攻するが、ドイツ軍の猛烈な抵抗に遭って孤立、壮絶な戦闘の後、救援隊を待たずにほとんど戦死する。一部の兵士約500名は、オランダ人の住民にこっそりかくまわれたという。結局この作戦は失敗に終わり、このときの英軍司令官モンゴメリー将軍は、失敗を知って「作戦は成功した。しかし橋が遠すぎた」とつぶやいたという。連合軍がアーネムの町をドイツから解放したのは、1945年4月8日だった。

オランダ人の作家、コーネリウス・ライアンの作品『遠すぎた橋』は映画にもなり、アーネムの名は世界に広がった。この橋の名前は、部隊の指揮官ジョン・フロスト中佐の名前を取って「ジョン・フロスト橋」に変えられ、今もライン川に架かり当時をしのばせている。またアーネム近郊には英国軍司令部がおかれていた建物が残っており、この壮絶な空挺作戦を記録した空軍博物館になっている。

(猪瀬)

アーネムの見どころ

聖エウセビウス教会 De Eusebius-Glazen balkons

教会のホールと古い地下室、塔を巡り、中世後期の教会やアーネムの町の歴史を知ることができる。かつてこの地域で大きな力をもっていた、ヘルダー公国公爵らの墓碑や王家親族の埋葬室も残っている。地下室は、第2次世界大戦で教会が破壊された後の再建時に見つかったもので、前身の聖マルティン教会の基礎部分。

エレベーターで塔に上れば、ネーデルライン川を見渡す360度の眺望が開け、塔から伸びたガラス張りのバルコニーに出るというスリリングな体験も可能。『遠すぎた橋』についての展示や、戦争と復興を経験したアーネム住民の物語を観ることもできる。

聖エウセビウス教会
住Kerkplein 1
☎026.4435068
開10:00～17:00
最終入場16:00
休1/1、王の日、12/25・26など
料€16　教会に入るだけなら無料だが、地下室や塔に上って展示などを観るのは有料。
URLeusebius.nl

塔から突き出たガラスのバルコニー

教会内部

遺物が残る教会の地下室

オランダ野外博物館 Nederlands Openluchtmuseum

44haの広大な敷地の中に、80軒もの農家・民家といった歴史的な建物、風車などが各地方別に再現されている。それだけでなく、伝統的な織物職人、鍛冶屋、漁師、風車守、農民たちがいて、数百年前のオランダ人の暮らしを体験できる。園内にはハーブガーデン、手工芸の実演、オランダ名物のパンケーキ、パネクックが楽しめるカフェがあり、1日いても飽きない。

オランダ野外博物館
住Hoeferlaan 4
☎026.3576111
開10:00～17:00
(冬期11:00～16:00)
休1/1、1月中旬～2月中旬(要確認)、12/25
料€18(土・日・祝€21、冬期€10)
冬期(クリスマス前後を除く)は建物の展示はなく、園内散策のみ。クリスマス前後や週末、学校休暇中などには特別プログラムとなり開館日時や料金が異なる場合もある。冬期は要確認。
URLopenluchtmuseum.nl
行き方
アーネム駅前から3番のバスに乗り、Openluchtmuseum West下車。もしくは、8番のバスでOpenluchtmuseum Oost下車。いずれも1時間に2～4本で所要約10～15分。

アーネムのホテル

Hotel

ハールハイス Haarhuis ★★★★★

駅前の高級ホテル。ルーフトップバーのトイレは「オランダで一番美しいトイレ」に選ばれたこともある。レストランやバーも併設。サウナや大浴場(泡風呂)付きの部屋もある。全室禁煙。127室。

住Stationsplein 1
☎026.4427441
料シャワー/バス・トイレ付き
Ⓢ€91～　Ⓣ€119～　朝食€22.50
Wi-Fi無料　CCA.J.M.V.
URLhotelhaarhuis.nl
駅より徒歩約1分

ステイオケイ・アーネム Stayokay Arnhem YH

町から3kmほど離れているが、国立公園との境にあり緑が多く環境がいい。レストランで食事を取ることもできる。
B駅から3 Burgers Zoo行きでZiekenhuis Rijnstate下車。

住Diepenbrocklaan 27
☎026.4420114
料料金はステイオケイのウェブサイトで確認を
Wi-Fi無料
会員は10%割引　CCA.M.V.
URLwww.stayokay.com/arnhem

※ホテル室料は目安。日程や予約方法、条件により大きく異なる場合もある。特記がないかぎり、税金(City Taxを含む)や朝食は別料金。

アペルドールン

Apeldoorn

ヘルダーランド州
Gelderland

人口約16万人のアペルドールンの町は、オランダ王室と深い関わりをもつヘット・ロー宮殿があることから、"ロイヤルシティ"と呼ばれている。高級住宅街が広がり、緑の街路樹や公園の多い町並みは、その名にふさわしく洗練された雰囲気を醸し出している。

また、この町もアーネムと同じく、ゴッホのコレクションを数多く収蔵している**クレラー・ミュラー美術館**がある**デ・ホーヘ・フェルウェ国立公園**(→P.190)への起点となっている。

美しい庭園をもつヘット・ロー宮殿

アペルドールンの見どころ

ヘット・ロー宮殿 Paleis Het Loo

アペルドールンの駅から2km北に位置するヘット・ロー宮殿は、1685年から1692年にかけて、当時のオランダ総督ウィレム3世により、狩猟のための別邸として建てられた。19世紀初めのフランス占領時代には一時、ナポレオンの弟であるルイ・ボナパルトが城主となったこともあるが、3世紀にわたってオラニエ家の人々の邸宅として使われてきた。最近では、現国王の曾祖母であるウィルヘルミナ女王が晩年を過ごしたことでも知られている。

入口を入ると厩舎があり、王室の人々によって使われていた馬車やそり、1920年代のクラシックカーが並んでいる。前庭にはクジャクが放し飼いにされており、のどかな雰囲気。厩舎から真っすぐ続く並木道を歩いていくと、宮殿正面に出る。

ヘット・ロー最大の見どころである宮殿本館は、左右に分かれている。大ホール、ダイニングルーム、ウィレム3世とその妻メアリ・スチュワートの寝室など、贅を尽くしたインテリアがそのまま保存されており、王室の人々の華麗な暮らしがしのばれる。

内部を見終わったら、宮殿裏に広がる庭園に出てみよう。フランス人ダニエル・マロットの設計による、幾何学模様が美しいフランス式庭園には、色とりどりの花が植えられ、天気のよい日なら気持ちのいい散歩が楽しめる。

ACCESS

アムステルダム中央駅から、ICで約1時間。ユトレヒトからは約40分。

ヘット・ロー宮殿
住Koninklijk Park 1
☎055.5772400
開10:00～17:00
(月・1/1 13:00～)
休9/11、11/6・13('23)
料€19.50
URLpaleishetloo.nl
アプリをダウンロードして館内図を確認したり、説明を見たり聞いたりできる(日本語なし)。
行き方
アペルドールン駅前のバスターミナルから102、112番のバスでPaleis Het Loo下車。所要約10分。1時間に1～2本程度。

宮殿内部と美しい庭園

アペルドールンのホテル
●ゼンゼス Zenzez
1904年に建てられた、チャーミングなタウンハウス。オラニエ公園の近くにあり、町の中心部までは徒歩約5分。10室。
住Canadalaan 26
☎055.5222433
料シャワー/バス・トイレ付き
ⓈⓉ€100～　朝食€16.50
CCA.M.V.
URLzenzezhotelandlounge.nl
駅から徒歩約15分
B13、102などでOranjepark下車

●ステイオケイ・アペルドールン Stayokay Apeldoorn
デ・ホーヘ・フェルウェの森との境に位置するユースホステル。レストラン、バー、ラウンジなどがあり、夏にはテラスでくつろぐこともできる。夕食€17.50。YH会員は10%引き。
住Asselsestr. 330
☎055.3553118
料料金はステイオケイのウェブサイトで確認を
CCA.M.V.
URLstayokay.com/apeldoorn
B駅から1 Mandala下車

デ・ホーヘ・フェルウェ国立公園

De Hoge Veluwe

ヘルダーランド州 Gelderland

デ・ホーヘ・フェルウェ国立公園は、5500haにも及ぶ、オランダでも大きな自然保護区のひとつ。世界的に有名なクレラー・ミュラー美術館とともに、広大な国立公園の自然も堪能したい。まず、ビジターセンターBezoekerscentrumでウオーキングやサイクリングの情報を手に入れてから出発しよう。野生の動植物も自然のま

クレラー・ミュラー美術館

ACCESS

車が便利だが、公共交通機関の場合は、アペルドールンApeldoornかEde-Wageningenから108番のバスでオッテルローOtterloのRotonde下車。アーネムArnhemからなら105番のバスでオッテルローのRotondeまたはCentrumで下車。

オッテルローで106番のバスに乗り換え、国立公園内のビジターセンターDe Hoge Veluwe Visitor Center下車。クレラー・ミュラー美術館で降りる場合、オッテルローからならビジターセンターのひとつ手前のKröller Müller Museum下車。

ビジターセンターのバス停からクレラー・ミュラー美術館まで徒歩約20分。

オッテルローから美術館へは約3.5km。オッテルローCentrumから公園入口まで徒歩15分くらい。入園後に無料の白い自転車を使って園内を巡ることもできる。

デ・ホーヘ・フェルウェ国立公園
料€12.30
白い自転車の利用料込み（別料金の貸自転車もある）。白い自転車は、公園入口、美術館、ビジターセンター、狩猟館にある。
URL www.hogeveluwe.nl

ふたりで使える特別割引切符 Meermanskaart
ヘルダーランド州、オーバーアイセル州、フレボランド州のバスで最大6人まで使える1日券€20。運転手から購入可。

ミュゼオンダーMuseonder
ビジターセンターの地下に併設されている博物館で、地下にどんな生き物が生きているかということや、動物の骨なども展示してある。

ミュゼオンダー

広い公園内は自転車での散策が楽しい

ビジターセンターの隣にあるレストランのパンケーキ

ま保護されており、5〜6月にはシャクナゲの花、8月にはヒース(ヘザー)、秋には紅葉、冬には雪景色と、飽きることのない四季折々の顔を見せてくれる。ニレや白樺の樹々が茂る森には、野ウサギ、野生の鹿や羊が姿を見せることもある。また、クレラー・ミュラーが狩猟のために建設した聖ヒューベルトゥス狩猟館Jachthuis St. Hubertus内部も見学できる。

聖ヒューベルトゥス狩猟館

聖ヒューベルトゥス狩猟館
ガイドツアーでのみ見学できる。ガイドはオランダ語だが、日本語の無料オーディオガイドがある。要予約。所要約45分。チケットの予約購入はウェブサイト、公園入口、ビジターセンター、狩猟館脇のカフェで。
住Apeldoornseweg 250
➡Map P.190 ☎055.8330833
開4〜10月毎日、11〜3月火〜日
休特別イベント開催時、11〜3月の月曜 料€5
URL hogeveluwe.nl
ビジターセンターから徒歩約1時間。自転車なら約30分。

デ・ホーヘ・フェルウェ国立公園の見どころ

クレラー・ミュラー美術館 Kröller-Müller Museum ➡Map P.190

デ・ホーヘ・フェルウェ国立公園の真ん中に、クレラー・ミュラーの近代的な建物がある。この建物と美術品の一大コレクションを国に寄贈したクレラー夫妻の名を残した美術館で、世界的に知られるようになった理由は、多くのゴッホのコレクションだ。**『アルルのハネ橋』『糸杉』『ひまわり』『夜のカフェテラス』『郵便配達夫』『自画像』**など、有名な絵を所蔵しており、アムステルダムのゴッホ美術館と並んで、ゴッホコレクションの双璧といえる。ゴッホのほかにも、ヤン・ステーン、スーラ、ブラック、ピカソ、モンドリアンなど、オランダの黄金時代の作品から19世紀、20世紀の近代絵画まで幅広い作品が収集されている。さらに、ミレー、セザンヌなど印象派の作品も見逃せないだろう。

美術館の周りの美しい庭園は**屋外彫刻展示場Beeldentuin**になっている。ロダン、ブールデル、マリーニ、ムーアなど多くの彫刻があり、絵画と彫刻をゆっくり鑑賞すると1日では足りないほど。ゴッホだけのために1日たっぷり時間をかける人も多い。

見覚えのある名作のホンモノが目の前にずらりと並んでいると、誰でも思わず興奮するに違いない。興奮を落ち着けたい人は、館内のカフェへ行こう。ガラス越しに森の静けさが伝わってくるような雰囲気のカフェだ。

クレラー・ミュラー美術館
住Houtkampweg 6, Otterlo
☎0318.591241
開10:00〜17:00
休祝を除く月曜、1/1
料€12.50 オーディオガイド(日本語あり)€2.50 現金不可
時間指定制チケットの事前予約購入が必要。公園に入るときに、公園入場料も別途支払う必要がある。
URL kmm.nl
※2023年11月から2024年4月初旬まで、彫刻庭園にある一部の作品は見学不可。展示物は変更の可能性あり。

屋内の彫刻展示

自然のなかにある屋外彫刻

ゴッホコレクションは、ぜひ堪能しておきたい
左から『夜のカフェテラス』、『郵便配達夫』、『アルルのハネ橋』
©Kröller-Müller Museum

ヒートホールン

Giethoorn

オーバーライセル州
Overijssel

ACCESS

アムステルダム中央駅から列車でアルメーレAlmereで乗り換え、ステーンヴェイクSteenwijk駅まで、所要約1時間35分。
ステーンヴェイクから70番のバスで約15分。Dominee Hylkemawegで下車。降りる所がわかりにくいときには、運転手に頼んでおくといい。バスは1時間に1本程度なので、帰りのバスの時間を確認しておきたい。

観光案内所
住Ds. T.O. Hylkemaweg 1a
☎0521.360112
開1・2月 土11:00～15:00
3、11・12月
月・金・土11:00～15:00
4～6、9・10月
月～土10:00～17:00
7・8月 月～土10:00～17:00
日11:00～15:00
休1/1、12/25・26
URL touristinformationgiethoorn.nl

デ・アウデ・アールデ博物館
住Binnenpad 43
☎0521.361313
開4～9月 10:00～18:00
10～3月 10:00～17:00
休11～2月の月・火（学校休暇中を除く）、1/1、12/25
料€4.90
URL deoudeaarde.nl

ヒートホールンのホテル
デ・ダーメス・ファン・デ・ヨンゲ
De Dames van de Jonge
4つ星ホテル。レストランもあり、夏にはテラスで食事を取ることもできる。全16室。
住Beulakerweg 30
☎0521.361360
料シャワー・トイレ付き
ⓈⓉ€200～　朝食・夕食付き
税別　Wi-Fi無料　CC A.M.V.
URL dedamesvandejonge.nl
ステーンヴェイクから70番のバスで約10分のバス停Hotel Harmonie下車、バス停の目の前。このバスは、バス停Hotel Harmonieを経由して、観光の中心Dominee Hylkemawegへ向かう。

ヒートホールンは、オランダのヴェネツィアと呼ばれる小さな村。細い運河沿いのかや葺き屋根の民家は、オランダ北東部を代表する造りで、おとぎ話の家のよう。車の姿のないヒートホールンの村は時が止まってしまって、中世の農村にでもまぎれ込んだみたいだ。

750年の歴史を誇るヒートホールンの村は、最初の入植者たちがこの湿地帯に数多くのヤギの角を発見したことから始まる。ヒートホールンという地名は、オランダ語でヤギの骨を意味するGeithoorensが語源。この村に住み着いた人々はピート（泥炭）を採掘したのだが、このことによって多くの湖が形成され、またピートの運搬のために水路や運河が掘られた。現在ではウオータースポーツの楽しめるリゾート地として、夏休みになるとたくさんのオランダ人が車や自前のボートでやってくる。

バスを降りると、そこはただの一本道。いったいどこにヒートホールンの村があるの？と心配になるかもしれない。ステーンヴェイクからバスに乗った場合、バスの進行方向に向かって左側に、運河に沿って歩いて15分ほどで村に到着する。

村には自動車が走ることができるような道路がないので、自転車と小舟だけが交通手段。ただし小さな村なので、1時間も歩き回れば一周できる。自分の足で村を歩くのもいいが、縦横に走る運河をボートで行くのも楽しい。約1時間で村の主要な水路を抜ける。また村には、世界中の珍しい鉱石を集めたデ・アウデ・アールデ博物館Museum De Oude Aardeなどもある。

独特のかや葺き屋根の民家

小さくてかわいい家が運河沿いに並ぶ

細い運河をボートで巡る

ヒートホールンの祭りは手作りの船でにぎわう

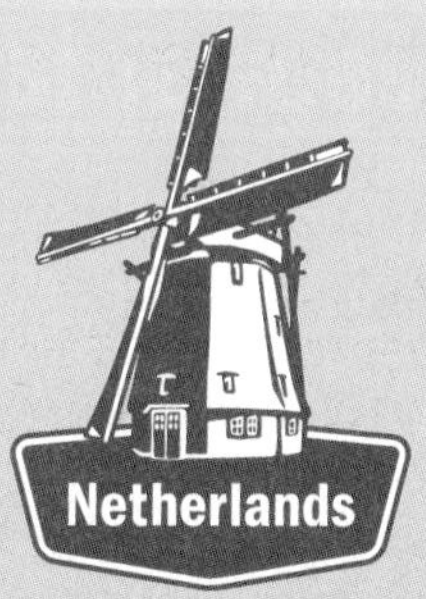

Netherlands

オランダ北部

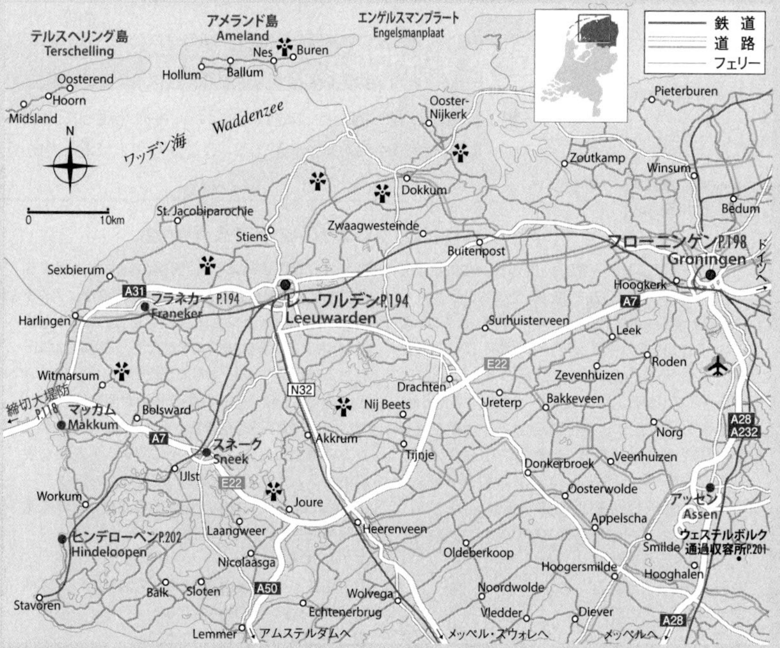

テルスヘリング島
Terschelling
アメランド島
Ameland
エンゲルスマンプラート
Engelsmanplaat
鉄道
道路
フェリー
Oosterend
Hoorn
Midsland
Hollum
Ballum
Nes
Buren
ワッデン海
Waddenzee
N
0
10km
Oostér-
Nijkerk
Pieterburen
Zoutkamp
Winsum
Bedum
Dokkum
St. Jacobiparochie
Stiens
Zwaagwesteinde
Buitenpost
フローニンゲンP.198
Groningen
ドイツへ
Sexbierum
Hoogkerk
A31
フラネカー P.194
Franeker
レーワルデンP.194
Leeuwarden
A7
Harlingen
Surhuisterveen
Leek
Roden
E22
Witmarsum
Zevenhuizen
Drachten
締切大堤防
P.118
マッカム
Makkum
Bolsward
N32
Nij Beets
Ureterp
Bakkeveen
A28
A232
A7
Akkrum
Norg
スネーク
Sneek
Tijnje
Veenhuizen
IJlst
Donkerbroek
E22
Oosterwolde
Workum
Joure
アッセン
Assen
Appelscha
ヒンデローペンP.202
Hindeloopen
Laangweer
Heerenveen
Smilde
ウェステルボルク
通過収容所P.201
Oldeberkoop
Nicolaasga
Hoogersmilde
Hooghalen
Balk
Sloten
A50
Noordwolde
Wolvega
Stavoren
Echtenerbrug
Vledder
Diever
A28
Lemmer
アムステルダムへ
メッペル・ズウォレへ
メッペルへ

レーワルデン Leeuwarden‥P.194

フローニンゲン Groningen‥P.198

ヒンデローペン Hindeloopen‥P.202

レーワルデン

Leeuwarden

フリースランド州
Friesland

フリースランドの州都が、人口約9万人のここレーワルデンだ。さすがにここまで来ると、ずいぶんと北上した気がする。中世の面影を残すこの町は、現王族オラニエ家の先祖が住んだ王室ゆかりの場所で、17～18世紀には金銀細工の中心地でもあった。

ここには少数民族のフリージアンが大勢住んでおり、1歩フリースランドへ入ると道標がオランダ語とフリースランド語の両方で書かれているのに気づく。フリージアンは、言語・文化ともにスカンジナビア諸国に近く、歴史的にもとりわけデンマークに近い。そして、自らの文化と言語に対して強い誇りをもち、オランダ人社会に対し厳としてその独自性を強調している。

日本人は自分自身をすぐ単一民族と考え、隣の日本人と異なった社会的行動をすることを避けがちだが、オランダの人々は、社会において個人個人の違いを認め尊重するので、フリージアンの同化はあまり進んでいない。

ACCESS

列車で‥アムステルダム中央駅からICで約2時間10～30分。途中アルメーレAlmereかユトレヒトで乗り換え。もしくはアルメーレとズウォレZwolleで乗り換え。フローニンゲンからは快速列車で約35分、各駅停車で約50分。1時間に3～4本。
バスで‥アルクマールから締切大堤防を通り、中距離バスQライナーで行くこともできる。詳細はP.118コラム参照。

観光案内所
住Heer Ivostraatje 1
➡Map P.195
☎058.2338545
開9:00～18:00
(日11:00～)
休一部祝
URL visitleeuwarden.com

レーワルデンの歩き方

駅前広場から北へ向かい、東西に横たわる運河を渡って東側にフリース博物館Fries Museumがある。ここからさらに北へ向かう

Column Netherlands

世界最古といわれるフラネカーのプラネタリウム

フリースランドの州都レーワルデンの郊外、短い車両の列車に揺られて15分ほどで、フラネカーFraneker ➡Map P.193という町に着く。ここは、人口約1万3000人の小さな町。今はのんびりとした田舎町という風情だが、かつてはライデンに次いで、オランダで2番目に古い大学ができた大学町だった。

小さな駅舎を出て、運河に架かるハネ橋を渡って5分ほど行くと、町の中心部に出る。教会のある広場近くの一角に、エイセ・エイシンガ・プラネタリウムKoninklijk Eise Eisinga Planetariumがある。

1774年、水星、金星、火星、木星と月の軌道が重なって見えるという珍しい天体現象が予測され、当時の人々はこれを恐れ、いろいろなうわさが流れパニック状態に。独学で数学や天文学を学んだエイシンガは、このパニックを鎮めようと、天体の動向を説明する装置を自宅のリビングルームに作り始めた。7年後の1781年にエイシンガが完成させたのは、今ある投影型のプラネタリウムではなく、惑星の動向がわかる惑星カレンダーのようなもの。リビングの天井裏では、今でもこの装置を動かす歯車が動いていて、その様子を見ることもできる。プラネタリウムの部屋以外に、天体などに関する小規模な展示もある。プラネタリウムの部屋のガイドツアー(英・独に対応)に参加すれば、その歴史など興味深い話を聞くことができる。

プラネタリウムの部屋

エイセ・エイシンガ・プラネタリウム
住Eise Eisingastraat 3　☎0517.393070
開10:00～17:00(日・月11:00～)
休11～3月の月曜、1/1、12/25
料€6　URL eisinga-planetarium.nl
レーワルデンからハーリンゲンHarlingen行きの列車で。1時間に2本程度。駅から徒歩15分ほど。
世界遺産 エイシンガ・プラネタリウム
Eisinga Planetarium　文化遺産 / 2023年

と、町の中心を流れるもう１本の運河に出る。左側にあるのは**計量所Waag**。1598年に建てられたルネッサンス様式の建物で、1884年までここでバターとチーズの計量が行われていた。現在はカフェになっている。

さらに運河を渡って進むと**ホフ広場Hofplein**に着く。駅からここまで10分ほど。広場に面して建っているのは**市庁舎Stadhuis**。1715年に建てられたバロック調の建物で、17世紀のカリヨンがつるされている。ホフ広場から東へ行くと、**旧裁判所Kanselarij**が目につく。これは1566年に建てられた、町で一番古くて美しい建物のひとつ。ホフ広場から西に行くと、Ⓥや**オルデホーフェ斜塔**、**プリンセッセホフ陶磁器博物館**がある。

レーワルデンの町はとても小さいので、だいたいの方向さえおさえておけば道に迷うことはない。古いたたずまいを残す小路を気ままに歩いてみれば、思いがけない所にしゃれた店やレストランを見つけたりする。そうした町歩きの楽しみがあるのがレーワルデンだ。

市庁舎

小路にあったアンティークショップ

運河沿いに建つ計量所。右は内部のカフェで、サンドイッチなどがあり、ランチも取れる

細い小径Kleine Kerkstraatにはセンスがよさそうな路面店が並ぶ

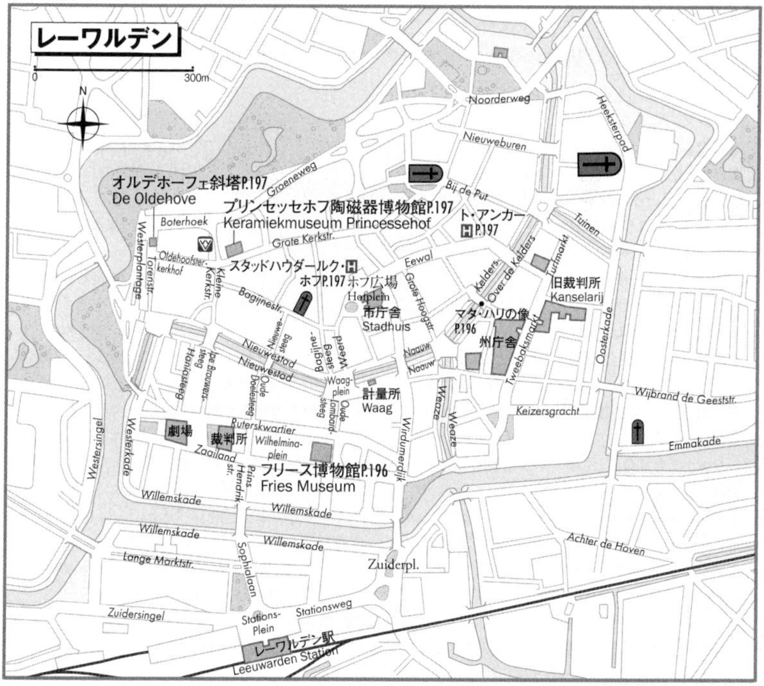

レーワルデン

0　300m
N
Noorderweg
Heeksterpad
Nieuweburen
オルデホーフェ斜塔P.197
De Oldehove
Groeneweg
Bij de Put
プリンセッセホフ陶磁器博物館P.197
Keramiekmuseum Princessehof
ト・アンカー
Ⓗ P.197
Tuinen
Boterhoek
Westerplantage
Grote Kerkstr.
Oldehoofster-kerkhof
Torenstr.
Kleine Kerkstr.
スタッドハウダールク・Ⓗ
ホフP.197
Eewal
Kelders
Over de Kelders
Turfmarkt
旧裁判所
Kanselarij
ホフ広場
Hofplein
Grote Hoogstr.
Bagijnestr.
市庁舎
Stadhuis
マタ・ハリの像
P.196
州庁舎
Oosterkade
Nieuwe-steeg
Baanj-steeg
Bagijne-steeg
Weerd
Naauw
Tweebaksmarkt
Haniasteeg
Ipe Brouwers-steeg
Nieuwestad
Oude Doelesteeg
Waag-plein
計量所
Waag
Oude Lombard-steeg
Weaze
Wijbrand de Geeststr.
Keizersgracht
Ruterskwartier
Westersingel
Westerkade
劇場
裁判所
Wilhelmina-plein
Wirdumerdijk
Emmakade
Zaailand
Prins Hendrik str.
フリース博物館P.196
Fries Museum
Willemskade
Achter de Hoven
Lange Marktstr.
Sophialaan
Zuiderpl.
Zuidersingel
Stations-Plein
Stationsweg
レーワルデン駅
Leeuwarden Station

レーワルデンの見どころ

フリース博物館 Fries Museum

Map P.195

フリース博物館
住Wilhelminaplein 92
☎058.2555500
開火〜日11:00〜17:00
休月、1/1、王の日、12/25
料€15　特別展開催中は特別料金　プリンセッセホフ陶磁器博物館とのコンビチケット€20
URL friesmuseum.nl
特別展開催時は、常設展示物の変更もあり。詳細は要確認。

フリージアンの文化に関するコレクションや絵画が展示されている。オランダの田舎の博物館のなかで、最も印象的なもののひとつだ。金銀製品、考古学的遺物、マッカムのタイル、ヒンデローペンの家具、フリースランドの衣装など、コレクションは幅広い。絵画セクションには、レーワルデン出身の妻を描いたレンブラントの『サスキアの肖像』など、歴史ある絵のほか、フリースランドを代表する画家による近代絵画もあり見応え十分。企画展もある。

パリで踊り子として名をはせ、第1次世界大戦中にドイツのスパイ容疑で処刑されたマタ・ハリは、1876年にレーワルデンで生まれた。そのマタ・ハリの遺品などのコレクションはフリースランドに関する展示「ferhaal fan fryslan」で観ることができる。

マタ・ハリの像
州庁舎に近い運河に架かる橋にある。
Map P.195

フリースランドに関する展示のほか、特別展も興味深いものが多い

Column Netherlands

海の中を歩いて渡る？　ワドローペン・ツアー

「ワドローペン」というのは、オランダの立派なスポーツ。潮の満ち引きを利用して、干潟となった海を歩いて渡ってしまおう、というもの。オランダ北部フリースランド州と北海に浮かぶフリーシェ諸島との間のワッデン海の距離は、一番遠い所でも20kmほど。干潮のとき、深さは人のひざぐらい。「島まで歩けるかどうかカケてみようぜ」などということで始まったかどうかはわからないが、常に海との共存を迫られてきたオランダ人らしい発想かもしれない。

リュックを背負い、足場の不安定な海の中を歩き続ける。干潟といっても途中深い所では、胸のあたりまで水が来る。苦難を乗り越えひたすら歩くのだが、海の中を自力で進んでいく快感は自然愛好者にとってはたまらない魅力。海鳥が飛び交い、アザラシが日なたぼっこしていたりする。ツアーには経験豊富なリーダーがおり、旅行者でも安心して参加することができる。忍耐力と時間のある人は挑戦してみては？

干潟を歩いてみよう

フリースランド州、グローニンゲン州の北部沿岸からアメランドAmeland島などに向け、11種類のルートが組まれている。ツアーは、5月から9月の金曜または土曜に催行される。

初心者は、往復12kmのエンゲルスマンプラートEngelsmanplaat行きツアーなどに参加するといいだろう。このツアーの場合、所要4時間ほどで€16.50。なかには、ワドローペン・ツアーの参加経験や健康証明書を提示しないと参加できないヘビーなものもあり、こうしたツアーでは年齢制限とともに“太り過ぎ”の人は拒否されることもある。また、簡単にぬげないハイカットのスニーカーで、ズボンは短パン（それでもぬれるので必ず着替えも持っていくこと）、食料や水も持参するといい。詳細や問い合わせ、参加申し込みはウェブサイトで。URL wadlopen.net

世界遺産　ワッデン海 The Wadden Sea
自然遺産 / 2009、2014年

プリンセッセホフ陶磁器博物館 Keramiekmuseum Princessehof

➲Map P.195

17世紀の宮殿が、世界でも有数の陶磁器のコレクションを展示する博物館として利用されている。ヨーロッパでは、スペインのマヨルカ焼をはじめとして、オランダのデルフト焼や美しい模様のタイルもある。これらのタイルのなかには、イランやトルコのものも含まれている。

博物館のコレクションのなかでも、特に広い展示面積を占めているのがアジアのコーナー。東南アジアから中国、日本の陶磁器がめじろ押しだ。日本のコーナーでは、志野、信楽、織部から伊万里にいたるまで展示されており、コレクションの幅が広い。

錯視の版画で有名なエッシャーの生家でもあるため、地下には若き日のエッシャーについて知ることができる小さな展示もある。

プリンセッセホフ陶磁器博物館

プリンセッセホフ陶磁器博物館
住Grote Kerkstr. 9
☎058.2948958
開火～日11:00～17:00
休月、1/1、王の日、12/25
料€15　フリース博物館とのコンビチケット€20
URLprincessehof.nl
※特別展開催時には展示内容が変更される。

さまざまな国の陶磁器が並ぶ

ショップには現代にマッチした陶磁器や小物も

オルデホーフェ斜塔 De Oldehove

➲Map P.195

斜塔はピサだけではない。1529年に教会の建設が開始されたが、地盤沈下のため、塔の一部が未完のまま残された。そういえばよく見るとこの町には傾いた家が多い。高さ40mの塔の上に上って、レーワルデンの町が一望できる（2023年9月現在、臨時閉鎖中）。

オルデホーフェ斜塔

オルデホーフェ斜塔
2023年9月より閉鎖されているが、2024年4月から再開予定。開館日時や料金は要確認。
住Oldehoofsterkerkhof
URLoldehove.eu

レーワルデンのホテル

Hotel

スタッドハウダールク・ホフ Stadhouderlijk Hof ★★★★

➲Map P.195

ホフ広場に面しており、オランダ王室が所有していた宮殿がホテルになっている。天蓋付きのベッドなど、お姫様気分を味わえる部屋もあり、設備のわりには比較的リーズナブル。78室。

住Hofplein 29　☎058.2162180
料シャワー／バス・トイレ付き
ⓈⓉ€100～　料金は目安
朝食€16.50　Wi-Fi無料
CCM.V.
URLwww.hotelstadhouderlijkhof.nl　駅から徒歩10～15分

ト・アンカー 't Anker ★★

➲Map P.195

こぢんまりとしたホテル。シャワー・トイレ共同の部屋もある。朝食はビュッフェスタイル。1階はカフェレストランになっている。全室禁煙。3～4人部屋もある。貸自転車あり（€13/日）。23室。

住Eewal 73　☎058.2125216
料シャワー・トイレ共同Ⓓ€27～29
Ⓢ€37～40　Ⓣ€65～69　シャワー・トイレ付きⓈ€51～55　Ⓣ€73～82　朝食付き（朝食なしにもできる）　Wi-Fi無料
CCA.D.J.M.V.　URLhotelhetanker.nl
駅から徒歩10～15分

※ホテル室料は目安。日程や予約方法、条件により大きく異なる場合もある。特記がないかぎり、税金（City Taxを含む）や朝食は別料金。

Netherlands

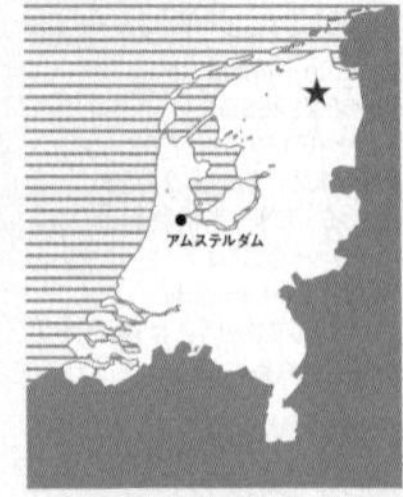

ACCESS

アムステルダム中央駅から、ICで約2時間25分。途中アルメーレAlmereもしくはユトレヒトで乗り換え。またはアルメーレとズウォレZwolleで乗り換え。1時間に3本。

観光案内所
住Nieuwe Markt 1
(Forum Groningen内)
Map P.199 ☎050.3139741
開月～金9:30～18:00
土・日 10:00～17:00(日12:00～) 祝日などは不定期
休1/1、12/25
URL visitgroningen.nl

星形の要塞
ブールタンゲBourtange
1568～1648年のオランダ独立戦争の頃に築かれたという独特の星形をした要塞で、先の所に砲台を取り付けて防御をした。風車やミュージアムのほか、レストランもあり、要塞が築かれた当時の戦争の様子を再現したイベントが開催されることも。入口の観光案内所やウェブサイトで詳細の確認を。ドイツとの国境近くにあり、フローニンゲンから車で約1時間。Emmen～Winschoenを走る72番のバスで行くこともできる。
Vesting Bourtange
住W. Lodewijkstraat 33
☎0599.354600
URL bourtange.nl

当時の姿がそのまま残るブールタンゲの要塞へのゲートはハネ橋を通って。外に向かって突き出した稜堡には風車や砲台も

フローニンゲン
Groningen

フローニンゲン州
Groningen

オランダの北東部フローニンゲン州の州都が、人口約20万人のこの町である。南に接するドレンテ州はオランダで一番ひなびた州であり、その風景を見ながらフローニンゲンに着くと、この町が意外に活力にあふれ若者の多いことに驚くだろう。それもそのはず、この町の周辺は有力な天然ガスの産地であり、製紙、機械工業が盛んで、また1614年から大学もおかれ、学問の北の中心となっている。しかも11世紀頃から交易の中心でもあったために、歴史的モニュメントも豊富だ。

フローニンゲンの歩き方

列車を降りたら、レトロな駅舎内も少し見学しておきたい。駅から町のヘソである**グローテ・マルクトGrote Markt**までは、歩いて15～20分ほど。駅を出て**フローニンゲル博物館**のある橋を渡り、真っすぐ歩いていくと突き当たるGed. Zuiderdiepで右折、ショッピング街のHerestr. へ左折してしばらく行くとグローテ・マルクトに着く。駅からCentrum方面行き3、4、5番などのバスで5分ほど。

"グローテ・マルクト"とは、固有名詞というより一般名詞に近く、オランダのたいていの田舎町にあるが、この町はその規模がかなり大きい。広場の中央に建っているのは**市庁舎Stadhuis**。ショップを兼ねた観光案内所(Groningen Store)は、グローテ・マルクトから**マルティニ教会**脇の小道を入った所に建つ文化施設、フォーラム・フローニンゲンForum Groningen内にある。

グローテ・マルクトの東端にある**マルティニ教会**の裏は公園になっており、その周りを**州庁舎Provinciehuis**、**プリンセンホフPrinsenhof**などの建物が取り囲み、とても静かな一角を造り出している。州庁舎の左の建物は16世紀のもので、正面を飾っているのはアレキサンダー大王、ダビデ王、シャルルマーニュ大王の像。町の北側を流れる運河に沿って西へ歩き、右側にかつて牛の市が開か

旧市街を囲む西側の運河沿いにはカフェのテラスも出てにぎやか

れていたというOssenmarktが見えてきたら、左に曲がってOude Boteringestr. に入ろう。この通りには旧裁判所などの古い建物がたくさん残っている。

旧裁判所を過ぎ、次の通りを右に入った所が**大学本部**。そのまま進むと、今度は町の西側を流れる運河に出る。運河沿いに南へ行き、野菜や魚などの屋台が出る市が立つフィスマルクト Vismarktを抜けると、グローテ・マルクトに戻る。

観光案内所があるフォーラム・フローニンゲンには映画館もあり多くの人が集っている

州庁舎

フローニンゲン駅舎内

フローニンゲンの見どころ

マルティニ教会 Martinikerk

➡Map P.199

15世紀に建てられたゴシック様式の教会。内部にはキリストの生涯を描いた16世紀のフレスコ画がある。高さ97mの鐘楼Martinitorenのてっぺんには、風見鶏ならぬ風見馬が付いている。

マルティニ教会
住Martinikerkhof 3
☎050.3111277
開13:00～16:00
不定期に休館または時間変更があるのでウェブサイトで要確認
休日・祝、イベント開催時　料€2
URL www.martinikerk.nl

鐘楼
住Martinikerkhof 1
☎050.3139741
開月～土10:00～18:00
(土～17:00、冬期11:00～17:00)
日12:00～17:00
天候により閉鎖されることもある
休一部の祝、12/31
料€6　チケットはⓋで購入

フローニンゲン

Yシンプロン・ホステルP.201
オッセンマルクト Ossenmarkt
プリンセンタウンP.200 Prinsentuin
プリンセンホフ Prinsenhof
州庁舎 Provinciehuis
旧裁判所
マルティニ教会P.199 Martinikerk
大学本部P.200 Academiegebouw
グローテ・マルクト Grote Markt
大学博物館P.200 Universiteitsmuseum
市庁舎P.201 Stadhuis
フィスマルクト Vismarkt
穀物取引所 Korenbeurs
シティホテルP.201
警察
劇場
Emmaplein
Hereplein
フローニンゲル博物館P.201 Groninger Museum
クルーズ発着所
フローニンゲン駅 Groningen Station
Nw. Boteringestr.
Nw. Kijk in 't Jatstr.
Grote Rozenstr.
Grote Leliestr.
Turfsingel
Spilsluizen
Hardewikerstr.
Hofstr.
Oude Ebbingestr.
Kattenhage
Oostersingel
Lopendediep
Muurstr.
Oude Boteringestr.
Butjesstr.
Sint Jansstr.
Schuitendiep
Damsterdiep
Nieuweweg
Poelestr.
Peperstr.
Guldenstr.
Hoge der A
Turftorenstr.
Stoeldraaierstr.
Luikenestr.
Akerkstr.
Akerkhof
Brugstr.
Herestr.
Gelkingestr.
Oosterstr.
Carolieweg
Ged. Kattendiep
Pelsterstr.
Folkingestr.
Hoddingestr.
Trompstr.
Nieuwstad
Ged. Zuiderdiep
Rademarkt
Herebinnensingel
Heresingel
Coehoornsingel
Ubbo Emmiussingel
Emmasingel
Emmaviaduct
Stationsweg
Zuiderpark
Herewee
0　200m　N

フィスマルクトに立つ市の魚屋

塔に上ると、途中には金庫室や装飾品、鐘などがあり、高さ39mのところで塔の周囲を歩ける場所もある。さらに数段上った時計の屋根裏部屋では、文字盤の間から町や遠くの田園風景を望むことができる。

上ることもできるマルティニ教会の鐘楼

プリンセンタウン Prinsentuin

➲Map P.199

16世紀以降、ナッソー家の王子たちの邸宅として使われたプリンセンホフPrinsenhofの庭。プリンセンホフはホテルやレストランとして使用されており、一般には入場できないが、裏にある庭園のみ自由に散策できる。四方を囲まれたオランダ・ルネサンスの庭園で、バラやハーブが植えられており、憩いのスペースになっている。

プリンセンタウン
住Martinkerkhof 203
開10:00～18:00
(日曜と10～3月～16:30)
休冬期は未定　料無料

きれいに刈り込まれた整形庭園

季節によってバラの花も咲いている

大学本部 Academiegebouw

➲Map P.199

フローニンゲン大学は1614年の創立。大学本部は1909年に建てられたネオ・ルネッサンス様式の建物で、正面にあるのが大学図書館。少し南には、**大学博物館Universiteitsmuseum**もあり、大学の歴史や数々のコレクションのほか、さまざまなテーマの入れ替え展示も開催している。

大学博物館
住Oude Kijk in 't Jatstraat 7a
➲Map P.199
☎050.3635083
開10:00～17:00
休月(7・8月と学校休暇中は除く)、1/1、王の日、12/25
料€7.50
URL rug.nl/museum

堂々とした大学本部の建物

フリースランドのスポーツ

体が大きく、もっそりしていて初めは取っつきにくいが、知り合いになるとけっこうちゃめっ気があるのがフリースランド人だ。

そんなフリースランド人らしさの漂うスポーツがフィーレヤッペン。棒高跳びならぬ棒幅跳びで水路を跳び越し、跳躍距離を競う競技である。昔は単に、広い農地を歩き回るときに、水路を跳び越す杖を使っていただけなのだが、誰が一番遠くまで跳べるかという競争になり、それが高じてクラブが作られてフリースランド・チャンピオンシップが開かれるようになった。けっこうおもしろいというのでフリースランド以外の人も参加するようになり、1972年からはオランダ全国大会も毎年開催されている。棒も、単なる木の杖から、今ではアルミニウムの、10mから15mもある長いものが使われるようになった。助走していってこれを水路に突き刺し、しっかり刺さったら棒をよじ登っていって向こう側に倒れながら棒を放して飛ぶ。チャンピオンはなんと19m以上跳ぶこともある。2000年には、日蘭交流400年ということもあって、大阪でもフィーレヤッペン国際チャンピオンシップが開かれた。

もうひとつフリースランド独特の競技はスクッチェシルン。平底で、焦げ茶色の帆を張った、フリースランド独特の帆船で行われるヨットレースである。毎年7月の終わりから8月初旬にかけて行われ、フリースランドにたくさんある湖を移動しつつ、得点を稼いでいく。派手さはないものの、どこの村のヨットが勝つか、フリースランドではおおいに盛り上がる。

競技場でフリージアンが誇るのは、毎年スケート大会が開かれる、スケートのティアルフ・スタジアムだ。ワールドカップでは、オランダ選手が大活躍しメダルを手にすることも多い。　(鈴紀)

フローニンゲル博物館 Groninger Museum

➲Map P.199

運河にボートが浮かぶかのように建つ博物館。アレクサンドロ・メンディーニをはじめとした4人の建築家がデザインした建物も見どころのひとつ。オランダの絵画などが多いが、メンディーニらイタリアデザイナーの作品のほか、中国や日本の陶磁器コレクション、考古学的な遺物などがある。

建物も見応えあり

肖像画のコレクション

陶器や絵画が並ぶ

市庁舎 Stadhuis

➲Map P.199

グローテ・マルクトの中央に建つ市庁舎は、19世紀初めに造られたネオ・クラシカル様式の建物。北側にある、貝の装飾が付いたルネッサンス様式の美しい建物は、17世紀に税務署として使われていたものだ。

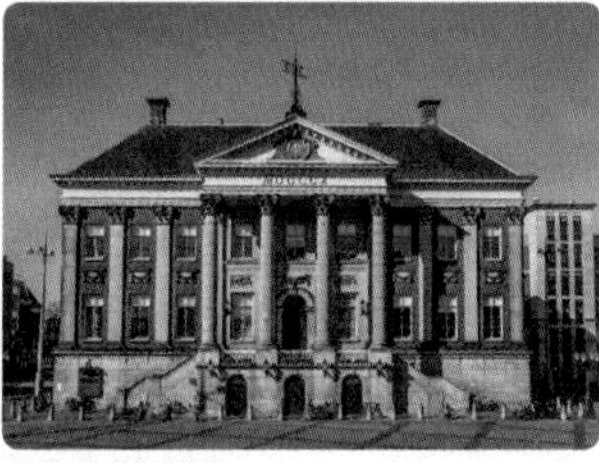
瀟洒な市庁舎の建物

フローニンゲル博物館
住Museumeiland 1
☎050.3666555
開10:00～17:00
休月（祝日と学校休暇中を除く）、1/1、12/25
料€15（特別展は追加料金）
URL groningermuseum.nl

アンネも収容されたウェステルボルク通過収容所 Herinneringscentrum Kamp Westerbork

第2次世界大戦中、ほかの強制収容所へ移送する前に、10万人以上のオランダ系ユダヤ人やロマなどがこの収容所に一時的に送られた。アンネ・フランク一家も1944年に1ヵ月間ここに収容されている。学校や診療所もあり、コンサートなどのエンターテインメントも上演される、普通の小さな村のような場所だったという。このような通過収容所は、大量虐殺用の収容所に送還する際に暴動などが起きないよう、強制収容所のイメージを悪くしないために作られたといわれている。

かつて収容所があった敷地と、博物館やモニュメントは全長3kmのルートでつながれており、メモリアルセンターとして公開されている。有名な「ウェステルボルク・メモリアル Nationaal Monument Westerbork」は、アウシュヴィッツ強制収容所へ向かう列車が出発した線路を切断し、先を折り曲げたもの。悲劇への道を絶つ、という祈りが込められている。

行き方 メモリアルや博物館などが3kmに渡って点在しているので車でのアクセスが便利。アムステルダムからアッセンAssen駅まで約2時間。アッセンから車で約20分。
➲Map P.193
URL kampwesterbork.nl

フローニンゲンのホテル

Hotel

シティホテル City Hotel ★★★

➲Map P.199

見どころが集まるグローテ・マルクトにも近い。部屋は狭めだが、機能的。部屋に無料のコーヒーメーカーあり。禁煙。エアコンあり、Wi-Fi無料。自転車レンタルあり。93室。

住Gedempte Kattendiep 25
☎050.5886565
料シャワー／バス・トイレ付き
ⓈⓉ€130～200　朝食€18.50
CC A.D.M.V.
URL cityhotelgroningen.com
駅より徒歩約10分

シンプロン・ホステル Simplon Hostel YH

➲Map P.199

市街地の端にある。全室シャワー・トイレ共同。ドミトリーはシーツと毛布代込み。3室あるドミトリーは男女混合。ランドリーあり。Wi-Fi無料。禁煙。隣のブリュワリーで昼食や夕食を食べられる。

住Boterdiep 73-2　☎050.3135221
料Ⓓ1人€26.35～
Ⓢ€50.85～　Ⓣ€73.70～
朝食€9（ⓈⓉは朝食付き）
CC A.D.J.M.V.
URL simplonhostel.nl　駅から徒歩約20分　Ⓑ1、2、10 Pijpstr.下車

※ホテル室料は目安。日程や予約方法、条件により大きく異なる場合もある。特記がないかぎり、税金（City Taxを含む）や朝食は別料金。

ヒンデローペン

Hindeloopen

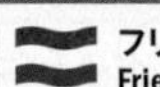

フリースランド州
Friesland

ACCESS

レーワルデンから列車で約45分。Hindeloopenという駅はあるが無人駅。1時間に1本なので帰りの列車の時間を確認しておくこと。エンクハイゼンEnkhuizen(→P.122)からスタフォーレンStavorenまで船でアイセル湖を渡ることもできる。所要約1時間20分。片道€16.50(ザウダーゼー博物館→P.122との共通券€32.50)。4月下旬～9月のみの運航で5～9月は毎日。詳細はURLveerboot.infoで要確認。スタフォーレンから列車でヒンデローペンまで約10分、1時間に1本。
アムステルダムからエンクハイゼンは列車で約1時間。

観光案内所
住Tuinen 8
一時的に移転中。ヒンデローペン博物館再開後は、博物館に移る可能性あり。
☎0514.521420
開10:00～16:00
(4・10月11:00～)
休11～3月

手描きの工房

ヒンデローペンは、アイセル湖畔に静かにたたずむ、手描きの絵が入る手作り家具で有名な町。テーブルや椅子に描かれた繊細な絵付けには思わずため息が出てしまう。描き方には伝統的なものと新しいものとがある。古い描き方のほうが、新しいものより色数が豊富で手数がかかっているため値段も高め。伝統的な手描きのものでハンガー€15～、トレイ€45～、木靴€65くらい。

駅から5分ほどポプラ並木を歩き、町までは20分ほど。道は自動車道とは別になっており、サイクリングを楽しむ人たちが通り過ぎていく。ヒンデローペンの町は、かわいらしいオレンジ色の家並み、木製の橋、小さな教会、絵付け家具の工房と、小さな額縁に収めてしまいたいくらいに愛らしい。町にはフリージアン・スケート博物館Friese Schaatsmuseumなどもある。

れんが造りの小さな家が並ぶヒンデローペンの町

手描きの模様がすばらしいヒンデローペンの家具

Column Netherlands

ヒンデローペンの代表的な工房

ヒンデローペン博物館Museum Hindeloopen
ヒンデローペンの歴史がわかる博物館。昔のままに再現された部屋に、当時の工房の作品がところ狭しと飾られている。2023年9月現在、改装のため休館中。2024年春頃、再開予定。開館日時や料金など詳細は要確認。
住Dijkweg 1　☎0514.521420
URLmuseumhindeloopen.nl

ローシェ・ヒンデローペンRoosje Hindeloopen
絵付けだけでなく家具製作も手がける。1894年創業、王室御用達の老舗。伝統的なものから現代的なデザインのものまで扱っている。
住Nieuwstad 44　☎0514.521251　開8:30～12:30、13:30～17:00 土10:30～12:30、13:30～16:30
休月・日・祝　料無料　URLroosjehindeloopen.com

ヒンデローパー・スヒルダークンスト Hindelooper Schilderkunst
フリージアン・スケート博物館の中にあるアトリエ兼ショップ。絵師がいるときは実演も見学できる。レストランもある。
住Kleine Weide 1-3　☎0514.521683
開10:00～18:00　日13:00～17:00　休1/1、12/25
料フリージアン・スケート博物館の入場料が€6
URLschaatsmuseum.nl

ヒンデローペンの家具の展示も

ヒンデローペンの伝統衣装

Belgium

ベルギー

Royaume de Belgique **Koninkrijk België**

ジェネラルインフォメーション

ベルギーの基本情報

▶旅の会話
→P.435～439

国　旗
ブラバン公爵家のライオンの旗に用いられた黒、黄色、赤がもとになっている。

正式国名
ベルギー王国
Royaume de Belgique（フランス語）
Koninkrijk België（オランダ語）

国　歌
ラ・ブラバンソンヌ　La Brabançonne

面　積
3万528km²。四国の約1.67倍

人　口
約1169万7560人（'23）

首　都
ブリュッセル Bruxelles（フランス語）
ブルッセル Brussel（オランダ語）
人口約124万1180人（'23）

元　首
フィリップ国王
Philippe Léopold Louis Marie

政　体
立憲君主制。EU（欧州連合）に加盟

人口構成
フランドル約55%、ワロン約30%、ブリュッセル首都圏10%、そのほか約5%。

宗　教
カトリック約45%、無宗教約41%、そのほか約14%。

言　語
フランス語、オランダ語（フランデレン語）が多い。ブリュッセルを中心に北部がオランダ語、南部がフランス語。ブリュッセルは2言語併用地域。一部ドイツ語圏もある。

通貨と為替レート

▶旅の予算とお金
→P.402

通貨単位はユーロ（€、Euro、Eurとも略す）、補助通貨単位はセント。オランダ語読みは「ユーロ」と「セント」、フランス語読みは「ウーロ」と「サンチーム」となる。1ユーロ＝100セント158円（'23年10月8日現在）。独自デザインの硬貨の裏面はフィリップ国王。
紙幣の種類は、€500、€200、€100、€50、€20、€10、€5。€500と€200紙幣は、一般にほぼ使われない。
硬貨の種類は、€2、€1、50セント、20セント、10セント、5セント、2セント、1セント。

5ユーロ

10ユーロ

20ユーロ

50ユーロ

100ユーロ

200ユーロ

500ユーロ

1セント

2セント

5セント

10セント

20セント

50セント

1ユーロ

2ユーロ

電話のかけ方

▶電話のかけ方、携帯電話紛失時の連絡先、インターネット
→P.431～432

日本からベルギーへかける場合

事業者識別番号		国際電話識別番号		ベルギーの国番号		エリア番号（頭の0は取る）		相手先の電話番号
0033（NTTコミュニケーションズ） 0061（ソフトバンク） 携帯電話の場合は不要	＋	010	＋	32	＋	XX	＋	1234567

※携帯電話の場合は010のかわりに「0」を長押しして「+」を表示させると国番号からのダイヤルでかけられる。
※NTTドコモ（携帯電話）は事前にWORLD CALLの登録が必要。

入出国

ビザとパスポート
180日のうちシェンゲン協定加盟国の滞在日数の合計が90日以内の観光目的の旅ならビザの取得は不要(日本国籍の場合)。

パスポートの残存有効期間は出国時3ヵ月以上必要(帰国日記載の往復の航空券所持)。

▶パスポートの取得→P.400
▶ベネルクスへの入国と出国→P.408
▶ETIAS導入について→P.408

日本からのフライト時間

日本からブリュッセルまでは直行便で約12時間。全日空が直行便を運航している。

▶ベネルクスへのアクセス→P.405

▶2023年9月現在、直行便の所要時間は2〜3時間長い。

気候

1年中比較的過ごしやすいが、5月下旬頃まで天候が変わりやすく、薄手のカーディガンなどを用意していったほうがいいだろう。6〜8月は乾燥していて過ごしやすい。9〜10月からは曇りの日や霧雨も多くなる。冬の寒さはそれほどでもないが、内陸に入ると寒さが厳しくなる。1年を通じて少量の降雨がある。

ブリュッセルと東京の気温と降水量

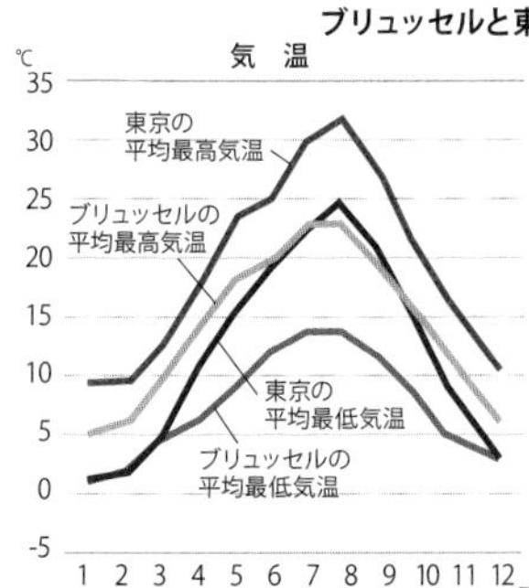

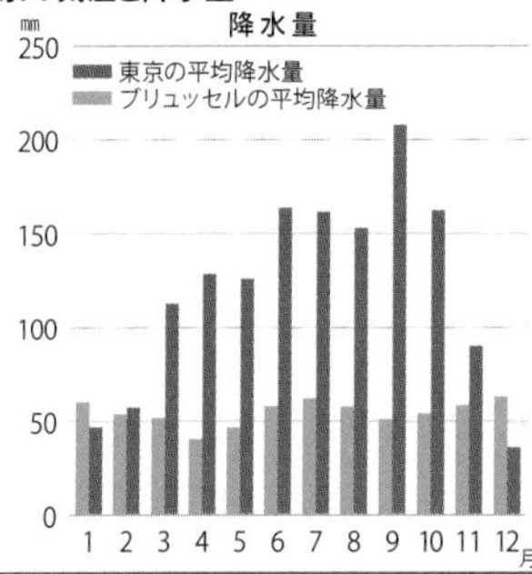

▶季節→P.211
▶旅のシーズン→P.401

時差とサマータイム

日本との時差は8時間で、日本時間から8時間引けばいい。つまり日本のAM7:00が、ベルギーでは前日のPM11:00。これがサマータイム実施中は7時間の時差になる。サマータイム実施期間は3月の最終日曜AM2:00(＝AM3:00)〜10月の最終日曜AM3:00(＝AM2:00)。※2024年以降のサマータイム実施は未定。

ビジネスアワー

銀　行
月〜金曜9:00〜16:00(昼休みを1時間取るところも多い)。

デパートやショップ
月〜土曜10:00〜18:00(デパートは10:00〜19:00)。日曜営業するスーパーも増えている。

レストラン
ランチ12:00〜14:30、ディナー18:30〜22:00頃。

カフェ、ブラスリー
10:00〜翌1:00

以上は一般的な営業時間の目安。店舗によって違いがある。

ベルギーから日本へかける場合

国際電話識別番号	+	日本の国番号	+	市外局番と携帯電話の頭の0は取る	+	相手先の電話番号
00	+	81	+	××	+	1234-5678

▶ベルギー国内通話
市内へかける場合も、市外へかける場合も、エリア番号からダイヤルする。

▶電話について
→P.431

祝祭日
（おもな祝祭日）

▶各地域と季節
→P.210～211

▶旅のプランニングカレンダー
→P.212～213

キリスト教に関する祝日が多い。年によって異なる移動祝祭日（※印）に注意。★印はナショナルホリデーではないが、官庁、公共機関、学校および同様の施設は休みとなる。以下は2024年の予定日。

1/1		新年
3/31	※	復活祭（イースター）
4/1	※	復活祭翌日の月曜日
5/1		メーデー
5/8	★	ブリュッセル首都圏の祝日
5/9	※	キリスト昇天祭
5/19	※	聖霊降臨祭
5/20	※	聖霊降臨祭の翌日
7/11	★	オランダ語圏共同体の記念日（黄金の拍車の日）
7/21		建国記念日
8/15		聖母マリアの被昇天祭
9/27	★	フランス語圏共同体の記念日
11/1		万聖節
11/11		第1次世界大戦休戦記念日（黄金の拍車の日）
11/15	★	ダイナスティ・デー（ドイツ語圏のみ）
12/25		クリスマス
12/26	★	ボクシング・デー

電圧とプラグ

電圧は大部分が230V、周波数は50Hz。プラグは2本足のCタイプ。カメラや携帯電話の充電などはプラグ変更のみでいいが、電化製品によっては変圧器が必要。電圧の確認を。

Cタイプ

映像方式

ベルギーのテレビ・ビデオ方式（PAL）は、日本（NTSC）と異なるので、一般的な日本国内用ビデオデッキでは再生できない。DVDソフトは地域コードRegion Codeが日本と同じ「2」と表示されていれば、DVDプレーヤー内蔵パソコンでは再生できるが、一般的なDVDプレーヤーでは再生不可。ブルーレイはリージョンコードがベルギーは「B」、日本は「A」で異なる。

チップ

原則としてチップは必要ない。特別なサービスを受けた場合はチップを渡すこともある。以下は目安。ホテル、レストランの格によって変化する。現地のガイドツアーでは、最後にお礼程度のチップを渡す人も多い。

タクシー
料金にサービス料が含まれているので、基本的に不要。荷物の積み降ろしなどをしてもらったときには€1～2。

レストラン
店の格にもよるが、料金にサービス料が含まれているので、一般的に不要。クレジットカードでの支払いでは、チップ相当額を伝えて、まとめて支払うこともできる。

ホテル
ベルボーイやルームサービスに対し、1回につき€1～2程度。

トイレ
サービス係がいて料金指定がない場合は€1程度。

飲料水

水道水は飲用が可能。硬質な水の味が気になる場合はミネラルウオーターの利用を。ミネラルウオーターは、炭酸入りがオランダ語でブライセンドBruisendまたはコールジュールハウデントKoolzuurhoudend、フランス語でガズーズgazeuse。炭酸なしはオランダ語でニェット・ブライセンドNiet-BruisendまたはコールジュールフライKoolzuurvrij、フランス語でプラットplate。500mℓ入りはスーパーマーケットで€0.70～1、駅の売店などで€1.50～2程度。

※本項目のデータはベルギー大使館、ベルギーの観光局、外務省などの資料をもとにしています。

郵便

ベルギーの郵便局はbpost。営業時間は店舗により異なるが平日9:30〜17:00。昼休みをとる場合も多い。主要郵便局のみ、土曜営業するところもある。

郵便料金

日本へのエアメールの場合、はがき、封書50gまで、ともに€2.87。5枚以上購入すると、1枚当たり€2.75。航空便希望の場合、切手に「PRIOR」という記載がなければ、青い「PRIOR」シールを貼る。5〜6日ほどで到着。

ビーパック・ワールドbpack Worldと呼ばれる小包もあり、郵便局ではパッキンの付いた封筒や小包用の箱なども購入することもできる。

▶郵便と小包
→P.431

税　金

ほとんどの商品にTVA（フランス語。オランダ語ではBTW）と呼ばれる標準付加価値税が21％（本、食料品などは6％）かかっている。ただし、EU滞在が3ヵ月未満の旅行者は手続きをすれば、手数料などを引かれて戻ってくる（還付はレシート1枚当たり€125を超える買い物をして使用せずに持ち出す場合のみ）。たばこ類やホテル、飲食など一部の食料品は還付されない。

▶ショッピングの基礎知識
→P.428〜429

安全とトラブル

ブリュッセルなど大都市では、数人のうちのひとりが話しかけた際に、ほかの人が荷物をひったくるといった手口もある。とにかく手荷物を体から離さない、貴重品の持ち方を工夫するなど、各自注意したい。

警察署 101

消防署・救急 100または112（112は英語可）

▶旅のトラブルと安全対策
→P.433〜434

▶緊急時の医療会話
→P.435

年齢制限

たばこ、酒ともに16歳から。スピリッツの酒は18歳から。また、レンタカーも会社によって年齢制限を設けている。下限、上限とも設定されていることもあるので、必ず事前に確認を。クレジットカードの提示が必要。

▶レンタカー→P.415

度量衡

日本と同じメートル法が採用されている。ショッピングの際は、必ず試着してから購入するよう心がけたい。

プレゼント用にダイヤモンドの指輪を買う予定がある場合、サイズチェックをしておきたい。

▶サイズ比較表
→P.429

その他

トイレ

トイレはオランダ語でトアレットToilet、フランス語でトワレットゥToilette。女性用はオランダ語でダーメスDames、フランス語でファムFemmesまたはダムDames。男性用はオランダ語でヘーレンHeren、フランス語でオムHommesまたはメッシュウMessieurs。デパートや博物館などのトイレはきれいなので、立ち寄るように心がけておくといい。

マナー

店に入ったら、店員やウエーターに「こんにちは」、サービスを受けたら「ありがとう」、出るときは「さようなら」と言おう。これだけで応対してくれる人の態度も変わってくる。

喫煙

公共の施設内での喫煙は禁止。レストラン、バー、カフェなども、完全禁煙なので、たばこを吸う人は注意するように心がけたい。

ベルギーへの誘い

飛行機がブリュッセル空港に近づいて高度を下げ始めると、森や牧草地、整然と耕された畑、
そしてその間に赤れんがでできたおもちゃのような家々が見えてくる。
幼い頃絵本で見たヨーロッパの風景にそっくりだ。
そして空港内に入り、各種標示がベルギーの公用語であるフランス語、オランダ語、ドイツ語で
記されているのを見て、この国の複雑な言語事情を実感することだろう。
現在のベルギーの言語境界線や文化の原形がつくられたのは、ローマ時代にまで遡る。
ベルギーはおもにフランデレンとワロンのふたつの民族によって構成されている国家だ。
フランデレン人はシーザーのガリア征服の際ゲルマンの領域にとどまった民族で、
オランダ語の方言であるフランデレン語を話す。
一方のワロン人はローマ領としてラテン化し、ラテンの言葉であるフランス語を話す
(ワロン語も存在するが、日常的に使われているのは完全にフランス語である)。
なお、第1次世界大戦後にベルギーとなったかつてのドイツ領に住む人々は、ドイツ語を母語としている。
1830年にオランダから独立して以後、フランデレンとワロンの両民族は、

ベルギーを旅していて感じるのは、フランドル地方とワロン地方では、言語だけでなく、
町の様子がずいぶんと違うことだ。 写真はワロン地方、ナミュール。

言語戦争と呼ばれる対立を繰り返しながらも、現在の豊かで安定したベルギーを築き上げてきた。
フランス、ドイツ、オランダ、ルクセンブルクと国境を接し、
ドーバー海峡によってイギリスと通じているベルギーは、“ヨーロッパの心臓”と呼ばれている。
首都ブリュッセルは、EU本部やNATOなどの機関が集まるヨーロッパきっての国際都市である。
これには地理的な条件もあるが、何よりベルギーがゲルマンとラテンという
ヨーロッパの2大民族が融合した国であるというのも、大きな要因となっているのだ。
ゲルマンとラテンの文化がたくみに調和したこの小さな国ベルギーは、
ここを訪れる私たちの心に、ヨーロッパの人々が長い歴史のなかで
大切につくり上げてきたものが何であるかをしっかりと刻み込んでくれる。
そして外国に侵略された歴史が長いだけに、外国人には開放的で親切だが、
自分たちの生活や伝統を頑として変えない一面ももっている。
ベルギーを訪れることなくしてヨーロッパを語ることなかれ、というのは大げさだとしても、
ヨーロッパを知りたかったらベルギーを旅するのが最も近道だとはいえそうである。

Belgium

各地域と季節

正式国名はベルギー王国で、フランス語で Royaume de Belgique（ベルジック）、
オランダ語では Koninkrijk België（ベルヒエ）と表記される。
九州よりやや小さい面積の中に10の州があるが、下の3つの地域に分けられる。
本書では使いやすいように、フランドル地方とワロン地方をさらに区切って4つのエリアに分けた。

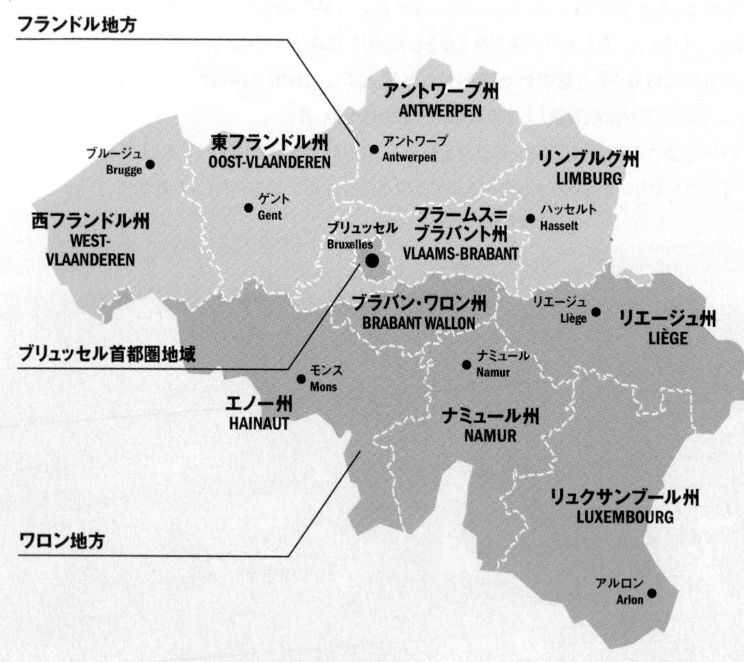

ブリュッセル首都圏地域 P.224～292

フランデレン語とフランス語の両方が公用語となっている。

フランドル地方

ベルギー北西部 P.293～328

ベルギー北東部 P.329～354

西フランドル、東フランドル、アントワープ、フラームス＝ブラバント、リンブルグの5つの州からなり、フランデレン人が多く住んでいる。オランダ語の方言であるフランデレン語がこの地域の公用語。ちなみにフランドルというのはフランス語で、オランダ語ではフランデレンと呼ぶ。

ワロン地方

ベルギー南東部 P.355～376

ベルギー南西部 P.377～382

エノー、ブラバン・ワロン、リエージュ、ナミュール、リュクサンブールの5つの州からなり、特に南東部3州はアルデンヌ地方と呼ばれる。フランス語を公用語とするワロン人が多く住むが、一部の地域ではドイツ語も使われている。

Region & Season

春 *Printemps*

ベルギーの春は、各地で催される華やかなカーニバルとともにやってくる。まだ肌に痛い冷気に当たりながら、町の朝市に出かけてみよう。驚くほど安値で並ぶ野菜や果物、色とりどりの花が、確実に春の訪れを告げている。復活祭Pâqueが近づくにつれ、お菓子屋さんのウインドーには卵形チョコレートが花のように飾りつけられる。恋人や友達にこのチョコレートを贈ることは幸せをもたらすと、誰もが信じている。赤・緑・青の銀紙に包まれたチョコレートの中に小さなひよこを見つけたら、日本に持ち帰って大事にしよう。きっと幸福をもたらすこと間違いない。また、毎年5月にブリュッセルで行われる、世界的に有名なエリザベート王妃国際音楽コンクールは、クラシック音楽ファンにとって絶対に聴き逃せないもののひとつだ。5月の微風が奏でる陽光と緑の影の音楽は、ヨーロッパを訪れた旅人の心を豊かなものにすることだろう。

夏 *Été*

夏の熱気は、ブリュッセルのグラン・プラスから広がっていく。まず大スペクタクル、オメガングだ。中世の騎士がグラン・プラスをところ狭しと舞う姿は圧巻。竹馬、仮装行列など、中世絵巻のような夏の祭典に夢中になり過ぎてのどの渇きを覚えたら、樽ビールKriek en tonneau（樽出しクリークの意）と書かれたビストロに入り、ラズベリービールやサクランボビールを飲んでみよう。フルーツビールがおいしく感じられる。

熱気冷めやらぬうちに、グラン・プラスでは次々と毎日のように催し物が繰り広げられる。また、偶数年に行われ、ギネスブックにも載った世界中に知られるイベント、フラワー・カーペットが一面に敷かれるのも、この広場だ。フラワー・カーペットがある期間は毎晩行われる、光のクラシックコンサートでは、市庁舎を浮かび上がらせる多彩な光の織りなすハーモニーが、永遠の感動を呼び起こすだろう。

秋 *Automne*

夏の名残を惜しむ間もなく、黄金色に染まった木々の葉が落葉になると、市場には多くの種類の海の幸 fruits de mer が出回る。アルデンヌ地方の野禽ジビエ gibier の肉もおいしくなる季節だ。食卓が活気づく頃、ちょうどバカンスに出ていた人々も帰ってきて、オフィス街がイキイキと生気を帯びる。昼食時にレストランを兼ねるカフェで見られるビジネスランチでは、山積みされたムール貝の鍋とフライドポテトをたいらげる大食家ベルギー人の胃袋の大きさには圧倒されることだろう。

夏時間から冬時間に変わると、日が極端に短くなる。秋の夜長、人々は芸術の秋に親しむ。ほぼ隔年開催されるユーロッパリアはテーマ国の文化紹介。選ばれたテーマ国の文化が、ブリュッセルの町のあちらこちらで徹底的に紹介される。また、夏の間閉まっていたオペラや演劇も再開される。

冬 *Hiver*

秋も終わりに近づくと、子供たちには、2度楽しみがある。11月から町の飾りつけが始まり、12月6日はいよいよ聖ニコラの祭り。前の晩から用意された皿の上には、3本のにんじんと3個のじゃがいもと砂糖が載っている。聖ニコラのおじいさんが乗っているロバの大好物なのだ。暖炉の前に供えて寝ると、目覚めたときには欲しかったプレゼントに変わっている。クリスマスは、家族ぐるみで祝うお祭り。晩餐の食卓には七面鳥の丸焼きに栗が添えられる。クリスマスもそうだが、大晦日réveillonも感心するほど時間をかけてベルギー人はごちそうを食べる。ごちそうのあとは、寒いのを我慢して町に出てみよう。通りのイルミネーションがまばゆいばかりだ。グラン・プラスではキリスト生誕の場面がろう人形で再現されている。年が明けたらクラクションを鳴らして、周りの人のほおにキスを2回しよう。ただし、キスの回数は土地によって異なるので念のため!

旅のプランニングカレンダー

※2023年の予定日。*の付いたものは2024年の予定日。 ※時期ごとの航空券の値段は大まかな目安です。

平均気温（1991-2022） ｜ イベント（●）と 祝祭日（●） ｜ 航空券値段の目安

1月 Jan.

最高 5.9 / 最低 0.6 ℃

● 新年［1日］

2月開催のアールストのカーニバル

上旬 ／ 中旬 ／ 下旬

2月 Feb.

最高 7.0 / 最低 0.4 ℃

● 冬の終わりのパンと火の祭り［25日予定*］
ゲントから南に40kmほどのヘラールツベルヘンGeraardsbergenである祭り。

● アールストのカーニバル［11～13日予定*］
ブリュッセルの西、約25kmのアールストAalstで。山車の行列や道化師が出る。

● ジルのカーニバル［11～13日予定*］ ➡P.379 バンシュ
ベルギー南西部の町バンシュで行われる、ベルギーで最も有名なカーニバル。

上旬 ／ 中旬 ／ 下旬

3月 Mar.

最高 10.8 / 最低 2.5 ℃

◎ サマータイム開始［31日午前2時*］
※2024年以降のサマータイムについては未定。

● 復活祭［31日*］

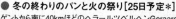

2月開催のジルのカーニバル

上旬 ／ 中旬 ／ 下旬

4月 Apr.

最高 14.8 / 最低 4.8 ℃

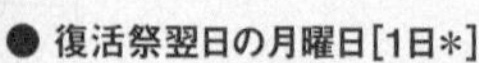

● 復活祭翌日の月曜日［1日*］

● ラーケン王宮温室の一般公開［15日～5月7日］ ブリュッセル
宮殿敷地内にある温室が、4月下旬～5月上旬のみ一般に公開される。

上旬 ／ 中旬 ／ 下旬

5月 May

最高 18.7 / 最低 8.4 ℃

● メーデー［1日］　● ブリュッセル首都圏の祝日［8日］

● エリザベート王妃国際音楽コンクール［6日～6月1日*］ ブリュッセル

● イーペルの猫祭り［12日*］ ➡P.327 イーペル

● 聖血の行列［9日*］ ➡P.299 ブルージュ　● キリスト昇天祭［9日*］

● 聖霊降臨祭［19日*］　● 聖霊降臨祭の翌日［20日*］

● 黄金の馬車行列とリュムソン［26日*］ ➡P.378 モンス

上旬 ／ 中旬 ／ 下旬

6月 Jun.

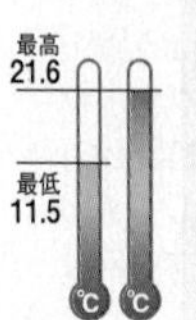

最高 21.6 / 最低 11.5 ℃

● エビ祭り［29～30日*］ オストダンケルク
名物の小エビ取り、エビ料理のコンテストやダンスパーティが行われるほか、エビに扮装した人々が町中をパレードする。

● オメガング［28～30日］
➡P.269 ブリュッセル

3年に一度、5月に開催される猫祭り

上旬 ／ 中旬 ／ 下旬

Planning Calendar

平均気温 (1991-2022)	月	イベント(◍)と 祝祭日(●)	航空券 値段の目安
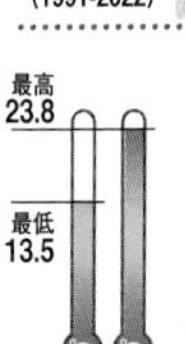 最高 23.8 最低 13.5	7月 Jul.	● オランダ語圏共同体の記念日[11日] ◍ ゲント・フェスティバル[19～28日＊] ゲント 市内中心部で行われる、ポピュラーな文化フェスティバル。10日間にわたり、ミュージカルや演劇的パフォーマンス、大道芸などが繰り広げられる。 ● 建国記念日[21日] ◍ F1グランプリ[26～28日＊] ➡P.363 スパ・フランコルシャン	上旬 中旬 下旬
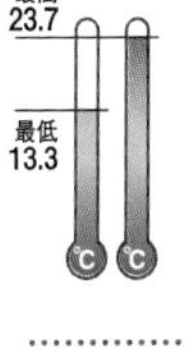 最高 23.7 最低 13.3	8月 Aug.	◍ メイブーム[9日] ブリュッセル ● 聖母マリアの被昇天祭[15日] ◍ フラワー・カーペット[8月中旬予定＊] ➡P.239 ブリュッセル ◍ 巨人祭り[23～25日予定＊] アト 旧約聖書に登場する巨人ゴリアテの伝説に基づく、中世から続く祭り。初日には巨人の結婚式、ゴリアテとダビデの戦いが再現。2日目には巨人のパレードが行われる。	上旬 中旬 下旬
最高 19.9 最低 10.3	9月 Sep.	◍ ビール・ウイークエンド[6～8日予定＊] ➡P.275 ブリュッセル ◍ 歴史大行列(ペストの行列)[8日＊] トゥルネー ● フランス語圏共同体の記念日[27日]	上旬 中旬 下旬
最高 15.0 最低 7.2	10月 Oct.	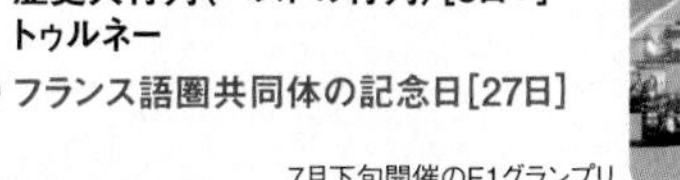◍ ジュネヴァ祭り[21・22日] ハッセルト ジュネヴァと呼ばれる独特のジンをウエーターが運ぶレースなどが行われる。 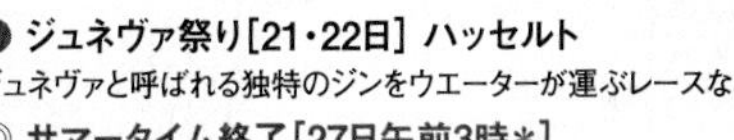◎ サマータイム終了[27日午前3時＊] ※2024年以降のサマータイムについては未定。	上旬 中旬 下旬
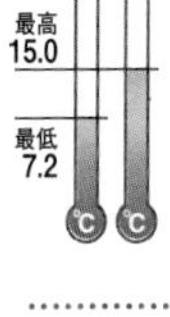 最高 9.8 最低 3.9	11月 Nov.	● 万聖節[1日] ● 第1次世界大戦休戦記念日[11日] ● ダイナスティ・デー(ドイツ語圏のみ)[15日] 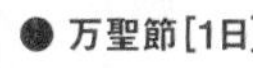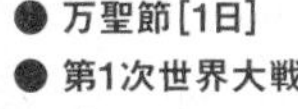◍ クリスマス市[24日～12月31日] ➡P.26 ブリュッセル	上旬 中旬 下旬
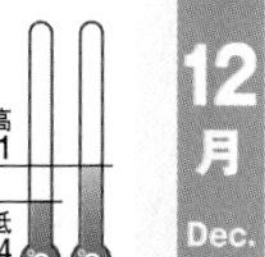 最高 7.1 最低 1.4	12月 Dec.	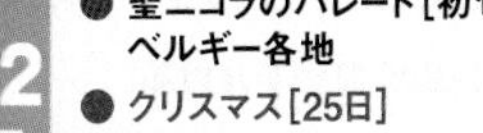◍ 聖ニコラのパレード[初旬～] ベルギー各地 ● クリスマス[25日] ● ボクシング・デー[26日]	上旬 中旬 下旬

7月下旬開催のF1グランプリ

ブリュッセルのクリスマス市

クリスマスのブリュッセル、グラン・プラス

TINTINを追って

Bruxelles
ブリュッセル

タンタンと相棒のミルゥ Milou(日本語版ではスノーウィ)の
名コンビが世界中を訪ねる、冒険物語「タンタン」シリーズ。
この物語が誕生したのは1929年のブリュッセル。新聞の増刊号にモノクロで
連載され、後にフルカラーの改訂本が出版された。著名人にもファンが多く、
スティーブン・スピルバーグとピーター・ジャクソン両監督が手がける
映画『タンタンの冒険 ユニコーン号の秘密』も制作された。
大人も楽しめるコミックとして愛されている「タンタン」シリーズの
奥深さとおもしろさの秘密を探りに出かけた。

「タンタン」シリーズで初出版された『タンタン ソビエトへ』のカラー版

作者エルジェ Hergé

ブリュッセル生まれで、本名はジョルジュ・レミ(1907〜1983)。ボーイスカウト誌に作品を発表し始めた頃からエルジェという名前を使用。「タンタン」シリーズは、彼自身が編集長を務めていた、週刊の子供向け増刊号『Le Petit Vingtième』紙で連載を開始。未完を含む24話にのぼる冒険シリーズは世界中で翻訳され、今も多くの人々に影響を与え続けている。

コミック風に描かれた、エルジェ自身のポートレート

エルジェ財団を訪ねて

エルジェ財団とは、エルジェの作品を世界中に普及させる目的で設立された機関(一般公開はされていない)。エルジェも会議に使ったという部屋で資料の一部を見せていただき、5cm四方のひとコマの向こうに、こんなにも莫大な資料の山があったのかと驚かされた。世界中から収集された写真雑誌、旅行に出るカメラマンに依頼した数々の写真だけでなく、難解な文章の合間に細かい書き込みとスケッチが散らばっている分厚い専門書。タンタンの力強い筋立ては、ジャーナリスト志望だったエルジェらしい、原資料の収集と科学をはじめとした専門知識の吸収に裏付けられたものなのだろう。晩年に顕著となる抽象芸術への志向と合わせ、ディズニーと並んで20世紀に生まれた9番目の芸術、「コミックの父」と呼ばれる理由がわかった気がした。

案内役をしてくれた
エルジェ財団のドミニクさん

エルジェが制作に使った膨大な資料が
スクラップされている

財団ではすべての資料を本として
出版する仕事もしている

「タンタン」シリーズに出てくる
車のミニチュアも飾られている

物語に登場する品々の模型なども並ぶ

マンガ博物館

オルタ設計のアールヌーヴォー建築。ホールではタンタンの胸像と有名な月ロケットの模型が出迎えてくれる。タンタンコーナーを一周すると、簡単に全体像がつかめる展示となっている。地階のショップでは、ほかでは見られない手頃な価格のフィギュアもある。図書館、カフェも併設されてマンガが大人の文化になっているのが実感できる博物館だ。詳細➡P.258

洗練されたフォルムが印象的な月ロケット
右手にはタンタンの胸像も

ホールはアールヌーヴォー建築の優雅な雰囲気が漂う

「タンタン」に関する展示コーナー

アールヌーヴォー調のしゃれたゲートのあるショップ入口

さまざまなコミックがぎっしりと並ぶ

どのフィギュアにしようかな?

壁画を見つけてみよう!

「マンガの町ブリュッセル」には有名な漫画家による壁画がたくさんあり、見学ツアーも企画されるほど。タンタンの壁画は、グラン・プラスから小便小僧に行く途中や南駅、メトロ1号線のストッケルStockel駅で見ることができる。

グラン・プラス近くにも

南駅とストッケル駅の壁面

エルジェ・ミュージアム

ワロン地方の大学都市ルーヴァン・ラ・ヌーヴにあり、ミュージアムの建つラブラドール通りLabrador St.は、タンタンがムーランサール城へ引っ越す前に住んでいたアパートの住所（ブリュッセルには実在せず）と同じというのも興味深い。
8つの部屋には膨大な写真や資料とともに、エルジェのさまざまな原画や作品が展示されている。ミュージアム内には、ショップやカフェもあり、存分に楽しめそうだ。

住 Rue du Labrador 26, 1348 Louvain-la-Neuve
➡Map 折込1表　☎010.488421
開火～金10:30～17:30（土・日～18:00）
チケット発売は閉館1時間前まで
休月、1/1、12/24・25・31　料€12（第1日曜は無料）
オーディオガイドのアプリあり　URL museeherge.com
ブリュッセルからLouvain-La-Neuve-Université駅まで列車で約1時間10分。1時間に2本程度。駅から徒歩5分ほど。

2024年5月22日で15周年！

© Nicolas Borel. Atelier de Portzamparc 2009

ブティック・タンタン［ブリュッセル］

タンタングッズを展開・運営するムーランサール社の直営店。壁のポスターやウインドーのオブジェに囲まれて、天井の高い空間はギャラリーのよう。ここでは絵はがき（€1.25）やクリアフォルダー（€2.95）などの文房具・小物からマニア向けオブジェまで幅広く売られている。おすすめは限定のフィギュアなど。部屋に飾って一緒に冒険に旅立とう。

間口は狭いが、奥が深い店内

La Boutique TINTIN　Bruxelles
住 Rue de la Colline 13
➡ Map P.234-B2　☎ 02.5145152
営 月～土10:00～18:00
（月12:00～）　日・祝11:00～17:00
休 1/1、12/25

ペルーの奥地での物語『太陽の神殿』を別の視点からとらえた解説本

全24話についての解説本（日本語版あり）まで読み切ったら、相当の「タンタン」通かも

時代を追ってエルジェの作品群を掲載した本や、物語に登場する車の説明本なども

タンタンオフシャルサイト URL www.tintin.com　日本公式サイト URL www.tintin.co.jp

Art Nouveau & Art Déco

アールヌーヴォーからアールデコへ

1890年代、多くの芸術のジャンルで過去の様式にとらわれない新しい芸術、アールヌーヴォー運動が盛んになった。ブリュッセルは、現在でも約500軒のアールヌーヴォー建築物を数え、文字どおりアールヌーヴォーの中心だった。産業革命の成功により大量生産された鉄と大きなガラスを使用し、そこに伝統的な職人技による流れるような草木模様を大胆に組み合わせることによって、新しい空間を創造した。

その代表的な建築家、ヴィクトール・オルタの私邸、オルタ美術館は、外観は簡素だが、一歩中に入ってみると、隅々にまで作り手のこまやかな思い入れが感じられる。アールヌーヴォーの時代とは、人間の日常と芸術が真に結びついた奇跡的な20年だったのかもしれない。

第1次世界大戦開始とともに姿を消したアールヌーヴォーに代わって、1930年代初めまで花開いたのがアールデコ（装飾芸術の意味）様式である。ラインはアールヌーヴォーの自然をモチーフにした有機的で自由な曲線から、円弧と直線の組み合わせによる幾何学的な模様へと変化した。特にニューヨークの摩天楼が代表的だが、ベルギーでも全建築物の約20%がこの時期に建てられているので、その例は数多い。最も巨大な例として挙げられる教会、クーケルベルクのバジリックは、20世紀初頭から建築が始まったもので、ここでもいたるところにアールデコの意匠が見いだせる。

●アールヌーヴォー&アールデコ Index

▷世紀末美術館➡P.252
▷オルタ美術館➡P.260
▷アールヌーヴォー散歩➡P.261
▷クーケルベルクのバジリック➡Map折込3裏A2
▷コーヘルス・オジレイ通り➡P.333

グラン・プラス周辺のオルタ建築

1. 中央駅はアールデコの代表作のひとつ ➡Map P.234-B2
2. かつては大型店&工房だったが、今は銀行 ➡Map P.234-B1
3. Frison Horta ➡Map P.234-B3 ガイドツアーで見学可（2人以上、要予約） URL foundation-frison-horta.be

町角で見つけたアールヌーヴォー

1. 古典美術館➡P.248のミュージアム・レストランの入口（改装中）。床のモザイクやステンドグラスが優雅
2. Marjolaineという雑貨屋。木造りのファサードがすてき➡Map P.234-B2
3. 証券取引所の向かいにあるブラスリー Le Cirio➡Map P.234-A1

アールヌーヴォー&アールデコ

興味をもって眺めてみると、ベルギーの町にはたくさんのアールヌーヴォーとアールデコを見つけることができる。

アールヌーヴォー

ファルスタッフ Falstaff
➡P.276　1903年 ウービオン作
正面の対称的で大きなウインドーにはめ込まれたステンドグラスはアールヌーヴォーの典型。店名の看板はアールデコ。店内のステンドグラスも優雅。

マンガ博物館
Centre Belge de la Bande Dessinée
➡P.258　1906年 オルタ作
オルタ最盛期の大規模建築。中央のガラス張りのドームや、花をモチーフにしたモザイクタイルに優雅さを感じる。

楽器博物館
Musée des Instruments de Musique
➡P.247　1899年 サントゥノワ作
ほぼ鉄とガラスだけでデパートとして建てられた。展望台やガラス張りのエレベーターなど、建築当時はたいへんな人気だった。

ドゥ・ウルティマ・ハルシナティ
De Ultieme Hallucinatie
➡P.259　1904年　アメス作
入口のサロンはマッキントッシュ風、レストランはアールヌーヴォー様式。ブラスリーにある列車ブースを模した椅子も有名。

メゾン・コーシー
Maison Cauchie
➡P.265　1905年　コーシー作
ズグラッフィート(化粧漆喰)という壁の装飾家コーシーの自宅兼アトリエ。ラファエル前派、グラスゴー派とともに、日本の影響も見られる。

旧ニゲ紳士用品店
Chemiserie　Niguet
➡P.259　1899年 アンカール作
カーブさせたマホガニー材とガラスで大胆にデザインしたファサードがいい。現在は有名フラワーアーティスト、ダニエル・オストの店。

アールデコ

パレ・デ・ボザール
Palais des Beaux-Arts
➡P.269 1919～1928年 オルタ作
オルタが2年のアメリカ滞在の後に設計した建物。新しい建築資材とアールデコの概念を取り入れたシンプルな装飾になっている。

アルシデュック
L'Archiduc
➡P.269　1937、1943年
ルイスケンスヴエルド作
客船をイメージしたインテリアと、壁に沿ったオリジナルのベンチなどの家具が見どころ。

ヴァン・ビューレン美術館
Musée & Jardins van Buuren
➡P.262　1928年　ビューレン考案
アールデコ調の洗練されたインテリアは、ベルギー、オランダ、フランスのデザイナーが担当したもの。デコ調の庭園もすばらしい。

Belgian Beer

ランビックかエールで乾杯!

ベルギーでビールを飲むなら、香りと味わいをゆっくりと堪能でき、ワインにも似た楽しみがあるという、自然発酵タイプのランビックか、上面発酵タイプのエールにトライしてみたい。ここではベルギー独特のビールの味わい方を紹介していこう。基本の種類は→P.229コラム参照。

まずはブラスリーでお気に入りを見つけるのもいい。ブラスリーでは、ベルギービールを正しく味わうため、そのビール用のグラスに、きちんとそそいでくれる。このグラスがベルギービールの味わいには重要。グラスの形によって、ビールの香りや味、泡立ちが左右されるというのだ。ここまでグラスにこだわるのは、ベルギービールそれぞれが個性的だから。原材料も違えば、酵母や発酵方法も違い、アルコール度数も違う。そのうえ、瓶内発酵するものも多く、製造年によっても味が変わってくる。といった具合で、実に奥深い。今度は、どのビールにチャレンジしようかな? という楽しみがあるのも、ベルギービールならではだ。

そして、もうひとつ大切なのが温度。ラガーのようにキンキンに冷やして飲むのではなく、適温はだいたい6〜15度の間といわれている。冷やし過ぎると、味も香りも飛んでしまうので、大まかな目安として、濃い色のものほど温かめの温度が合うと覚えておくのもいい。ただし、クリークなどフルーツ系のものは例外で適温が低い。

ベルギービールの醸造所紹介

カンティヨン醸造所(→P.277)
デ・ハルヴ・マーンビール醸造所(→P.301)
ヘット・アンケル醸造所(→P.352)
オルヴァル修道院、スクールモン修道院(→P.372〜373)
サン・レミ・ノートルダム修道院(→P.374)

2000種以上のビールが揃うビアカフェ
ブリュッセルのデリリウム(→P.277)

グラスにビールをそそぐ手つきも、実に鮮やか。
テ・ブルッフス・ベールティエ(→P.309)にて

グラスの形にこだわるのもベルギービールの特徴。
こんな形のグラスもある。デュル・グリート(→P.322)

品揃えの多いブラスリーではビールを選ぶのにも迷いそう。
ル・ヴォードゥレII(→P.358)で

個性豊かなベルギーのビール

ベルギーならではのビールのよさを知って、奥深い味わいを楽しみたい。

ベルビュー・クリーク
Belle-Vue Kriek
タイプ:ランビック
度数:5.2%　適温:3〜5度
チェリーの新鮮な香りと酸味を抑えた甘酸っぱい味で、女性にも人気が高い。ルビーレッドで、泡の色もピンク。

レフ・ブロンド
Leffe Blond
タイプ:アベイ
度数:6.6%　適温:5〜7度
かつてはディナンのレフ修道院で製造されたビールの製法を受け継ぐ。香ばしいモルトの香りが最初に漂う。

デュベル
Duvel
タイプ:ゴールデン・エール
度数:8.5%　適温:6〜10度
クリーミーでコシの強い泡立ち。甘い香りで口当たりよくスムーズに飲むことができる。Duvelとは「悪魔」の意味。

ヒューガルデン・ホワイト
Hoegaaden White
タイプ:ブランシュ
度数:4.9%　適温:3〜6度
コリアンダーやオレンジピールといったスパイスを使用し、新鮮でフルーティな飲み口はベルギーでも人気。

ローデンバッハ・クラシック
Rodenbach Classic
タイプ:ルージュ
度数:5.0%　適温:6〜10度
5〜6週間熟成させたビールと、2年間熟成させた古いビールを混ぜ合わせたもので、甘酸っぱくさわやかな味。

ブルージュ・トリプル
Brugge Tripel
タイプ:スペシャル・エール
度数:8.2%　適温:6〜10度
黄金色をしたアルコール度数の高いトリプルビール。モルトとホップの香りが合わさった、ブルージュの地ビール。

オルヴァル
Orval
タイプ:トラピスト
度数:6.2%　適温:12〜14度
伝説の「マチルドの泉」の水を使用。独自の酵母を3度加え、発酵から熟成まで10週間もの時間をかける。

セゾン・レガル
Saison Regal
タイプ:セゾン
度数:5.6%　適温:6〜10度
もとは季節限定だったが、現在は1年中飲むことができるワロン地方原産のビール。すっきりとした飲み口。

グーデン・カロルス・クラシック
Gouden Carolus Classic
タイプ:スペシャル・エール
度数:8.5%　適温:6〜10度
フルーティな香り。コクとドライなさわやかさが共存して、アルコール度数のわりに飲みやすい。

ブリュッセルを1日で巡る

Bruxelles
1 Day Plan

AM Start! ▶ PM Finish!

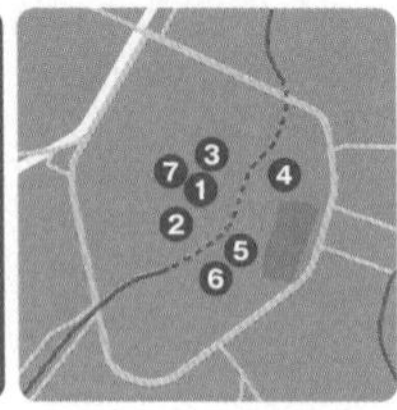

主要な見どころは、比較的こぢんまりとまとまっているので、徒歩で十分に回ることができる。時間があれば、ルイーズ広場南部のオルタ美術館やEU本部がある、東部のサンカントネールあたりまで、トラムなどを使って行くのもいい。

---

1 グラン・プラス Grand Place

P.238

細い路地を入って少し歩いたあと、この広場が目の前に開けたときは感動! 長方形の広場を埋め尽くす豪奢なギルドハウスの数々に、しばし立ち尽くすのでは。博物館になっている王の家で、ブリュッセルの歴史を観てみよう。

左：細かなレリーフや細工も堪能したい
右：優雅な市庁舎の1階にブリュッセルの観光案内所がある

徒歩約5分

2 小便小僧 Manneken Pis

P.244

願いがかなうというセルクラースの像（→P.243）を触ってから、ベルギーのアイドル、小便小僧にも会いに行っておきたい。衣装を着ていたらラッキーかも！ 途中にはチョコレートやワッフルの店がたくさんあって、なかなかにぎやか。

左：小便小僧前は、記念撮影をする人で混み合っている
右：トッピングの種類もいろいろあるワッフル屋

徒歩約10分

3 ギャルリー・サン・チュベール Galerie St. Hubert

P.245

中に入って、その優雅さにビックリ。天窓から降りてくる、緩やかな陽光が注ぐカフェのテラスで休憩するのもいい。グラン・プラスと並んでチョコレートショップが多く、おみやげ向きの店もあるのでショッピングに励んでみては?

左：天窓からの優しい光が、優雅なファサードをさらに引き立てている
右：ウインドーショッピングも楽しい

徒歩約10分

4 サン・ミッシェル大聖堂 Cathédrale St.-Michel

P.259

歴代国王が結婚式を挙げる王室御用達の大聖堂。伝説の少女、聖ギュデュルにちなんで、「サン・ギュデュル教会」と呼ばれたこともある。2本の塔があるゴシック様式の建築で、壮麗なステンドグラスの数々も見もの。

小高い丘に建つサン・ミッシェル大聖堂には、聖遺物が展示された宝物殿（左）もある

徒歩約15分

5 マグリット美術館 Musée Magritte Museum

P.253

ブリュッセル公園を散歩しながら、アールヌーヴォー建築の楽器博物館を眺め、マグリット美術館へ。開館以来、大人気の美術館で、マグリットの不思議な世界を味わうことができる。アールヌーヴォー好きなら世紀末美術館（→P.252）へも。

左：マグリット美術館の休憩ロビー
右：楽器博物館。屋上の眺めがいいテラスに上ったり、レストランでランチか休憩をしても

徒歩約3分

6 古典美術館 Musée Oldmasters Museum

P.248

フランドルを代表する画家の作品が多く揃っていて、ブリューゲル、ルーベンスの部屋もある。マグリット美術館と両方入館するなら共通券を。すぐ南のノートルダム・デュ・サブロン教会（→P.256）に立ち寄るのもいい。

左：ルーベンスの大作が集められた部屋
右：インフォメーションもある入口のホール

徒歩約15分

7 グラン・プラスの夜景 Grand Place

P.238

ライトアップされたグラン・プラスは、日中とは違った幻想的な雰囲気。クリスマスシーズンには音と光のショーもある。すぐそばのイロ・サクレ地区か、少し足を延ばして聖カトリーヌ教会あたりで夕食を取るのも楽しみ（→P.270）。

左：クリスマス時期にはもみの木やクレッシュも
右：イロ・サクレ地区などで夕食を済ませたあとに、グラン・プラスの夜景を見にいこう

Belgium

ACCESS

アムステルダム中央駅からブリュッセル南駅まで、高速列車ユーロスターで約1時間55分、1日15本。ICの直行便は約2時間50分、1日16本。ユーロスターはブリュッセル中央駅と北駅には停まらないので注意。ルクセンブルクからは、直行または乗り換えで約3時間20分、1日16本。
フランスのパリ北駅からブリュッセル南駅までユーロスターで約1時間25～35分、1日22本。
イギリスのロンドン・セント・パンクラス駅からブリュッセル南駅まで、ユーロトンネルでドーヴァー海峡を渡るユーロスターなら最短で約1時間55分～2時間5分、1日9本。
ドイツのケルンからブリュッセル南駅まで、ユーロスターは1日5本。ICEは1日7本。約1時間50分～2時間25分。
※所要時間は南駅を基準にしたもの。列車本数は最も多い運行本数。

各国語での表記と呼び方
(以降の各都市も同様)
仏●Bruxellesブリュッセル
蘭●Brusselブルッセル
英●Brusselsブラッセルズ

ブリュッセル

Bruxelles

ブリュッセル首都圏地域
Bruxelles-Capitale

ブリュッセルの名は、"湿地帯にある砦"を意味する"Brouscella"から由来している。今ではその影も形もないセンヌ川 la Senneの中のサン・ジェリー島に、領主ロートリンゲン公、シャルル・ド・フランスが小さな砦を築いたのが紀元979年。したがって1000年を超える歴史を誇る古い香りが町のあちこちに漂っている。

その後、ケルンとフランドル地方の毛織物通商の要衝地として発展したブリュッセルは、現在では経済ばかりでなく政治・文化の面でもヨーロッパの中心地となりつつある。世界各国の政府首脳が訪れたり、著名なアーティストがコンサートを開いたりするのも決して偶然ではなく、その地理的条件のよさによるものなのだ。

ブリュッセルの町の楽しみ方は多い。コンサート会場で熱狂するのもいいし、オペラ観劇もしゃれている。にぎわうレストラン街でベルギー料理に舌鼓を打ったり、ブラスリーでビールを飲みながら語り合うのもいい。高級ブランド品からのみの市の掘り出し物まで買いあさるのも楽しい。カンブルの森を散策したり、テニスコートで飛び跳ねるのも健康的。天気のよい日、静かな郊外にピクニックなどというのも一興。そのどれもがブリュッセロワ(ブリュッセル市民)の本来の生活の楽しみ方なのだ。さあ、郷に入っては郷に従えで、彼らのように楽しんでみよう。

芸術の町ブリュッセルらしい光景

アールヌーヴォー様式の建物も多い

ブリュッセルの中心 グラン・プラス

ブリュッセル到着

飛行機で着いたら

ブリュッセル空港 Brussels Airport-Zaventem/Bruxelles Aéroport

ベルギーの玄関、ブリュッセル空港は、市街から北東約15kmの郊外にある。ベルギーはオランダ語、フランス語、ドイツ語の3つの公用語があるというお国柄、空港内の案内も、すべて蘭・仏・独・英の4ヵ国語で表示されている。

飛行機を降りたら"Arrival"の表示に従う。入国審査Passport Controlは、90日以内の滞在なら入国カードは不要。パスポートとeチケット控え、または搭乗券を手元に準備しておこう(パスポートの残存有効期間は出国時3ヵ月以上必要)。続いて、預けた荷物を受け取るバゲージ・クレイムBaggage Claimに行き、便名が表示されたターンテーブルへ。近くに両替所があるので、必要であれば、荷物を待つ間に両替を(ただし、レートはよくない)。最後は税関Customsだが、申告するものがなければ、そのまま出口へ向かえばいい。なお、出国の際には、ゲートまでの距離が長いので、搭乗時間に間に合うように移動しよう。

空港にはタンタンに登場するロケットのオブジェも

ベルギー入国時の免税範囲(EU諸国以外からの入国)
●紙巻きたばこ200本、葉巻50本、葉巻(細巻き)100本、たばこの葉250gのいずれか。個人使用分にかぎる。規定量内なら複数の組み合わせも可能。
●蒸留酒などアルコール度22%を超える酒類1ℓ、または22%以下の酒類、発泡ワインなど2ℓ。
●無発泡のワイン4ℓ
●ビール16ℓ
●みやげ品などは、空路/海路からの入国の場合は€430相当まで、陸路からの入国/自家用飛行機での入国の場合は€300相当まで。
※たばこ、酒類は17歳未満不許可。
※みやげ品などは15歳未満は€150相当まで。
※動物由来の製品(肉、卵、ミルク、チーズなど)はEU域外からの持ち込み禁止。
※通貨持ち込み制限→P.408
URL europa.eu/youreurope/citizens/travel/carry/index_en.htm

ブリュッセル空港
URL www.brusselsairport.be

Column Belgium

ベネルクスの歴史

ヨーロッパの地図を広げてみよう。ほぼ中央に位置するオランダ、ベルギー、ルクセンブルクの3国を線で囲ってみると一辺400km、底辺300kmの二等辺三角形ができあがる。北西は穏やかな砂浜が続く海岸からドーバー海峡を渡ってイギリス、南はどこまでも続く平原を行くとフランス、そして東はなだらかな丘陵地帯がドイツへと続いている。イギリス、フランス、ドイツという常に世界の覇権を競った大国に挟まれたこの三角地域に「ベネルクス」は位置する。肥沃な土壌をもち人口密集地帯として栄えた歴史が悲劇の歴史と重なるのも、この地理的状況によるのである。

この地域は15世紀にブルゴーニュ公国として初めて国らしいまとまりをみせたが長続きはせず、1568年に始まるスペインからの独立戦争によって決定的に分裂することになる。北部オランダは当時ドイツに起こった宗教改革の波に乗りプロテスタントの国として独立を果たし、市民国家として独特の国をつくり上げた。多くの人文学者を出した風土からの進取の気性と外に開かれた精神は、厳しい歴史と自然環境との戦いのなかから得られたたくましさとともにオランダ繁栄の源泉である。フィリップスなど世界有数の大企業を生み出し、ヨーロッパでも経済の優等生として注目されている。

一方、スペイン領として残った南部カトリック地域は、その後オーストリア、フランス、オランダと外国からの過酷な支配を受け続け、1830年の独立戦争によって初めて歴史上にベルギーという名で登場することになる。大陸で最初に産業革命を導入し工業国として成功、現在ではEU統合の中心的役割を担っている。北部と南部の言語・民族問題の火種を抱えつつも、内政、外交ともに中庸をもって和をなしているのは、歴史のなかで培ったバランス感覚ならではのものといえよう。

ほぼベルギーと同じ道を歩んで1867年に独立したルクセンブルク大公国も、ベルギー独立時に分割されて現在の形となった。人口約66万人の小国は、国際金融センターという独自性を打ち出している。

(滝下)

シャルルロワ空港Brussels South Charleroi Airport
格安エアラインの発着が多い空港。ブリュッセル市内まではシャトルバスで1時間くらい。本数は時期により異なるが、1時間1～3本くらいで料金は片道€18.99～。市内の発着はブリュッセル南駅のRue de France。
URL brussels-charleroi-airport.com

市内から空港へ
南駅発　平日 4:04～23:23
週末・祝日 4:51～23:51
南駅発、中央駅、北駅の順に停車。中央駅なら南駅発の4分後、北駅なら南駅発の9分後に発車する。1時間に約4～6本（時間帯や、平日と週末・祝日では若干本数が異なる）。

ブリュッセル空港補助金
ブリュッセル空港発着の列車運営のために追加料金を徴収される。空港発着の切符には、通常この補助金Brussels Airport Supplement (Diabolo)€6.40が含まれているが、鉄道パスや一部割引パスを利用してブリュッセル空港に行き来するには、補助金のみを購入すること。駅の券売機でも購入可能。ブリュッセル空港発着のほとんどの航空券には上記料金は含まれている。
URL www.belgiantrain.be/en/tickets-and-railcards/airports/diabolo-fee

レンタルバイク Villo!
ブリュッセルの中心部で利用できるセルフのレンタル自転車。使用権料として1日€1.50、1ヵ月なら€4.50。さらにレンタル料が必要で、最初の30分が無料、次の30分は€0.50、その次の30分が€1、その次の30分が€2。支払い方法、レンタル方法など、詳細はウェブサイトなどで要確認。なお、車はけっこう乱暴な運転で走っているので、走行には注意したい。
☎078.051110
URL villo.be

Villo!の駐輪場

空港から市内へ

国鉄で

空港からブリュッセル市内へは、速くて安い列車が便利だ。到着ロビーからエスカレーターで地下に下りた所に国鉄駅があり、列車が概ね10～30分おきに運行している。平日4:31～23:53、週末・祝日5:24～23:52。北駅まで所要11～18分、中央駅まで16～24分、南駅まで20～29分。料金は1等で€11.50、2等で€10.30。

列車は北駅、中央駅、南駅の順に停まるので、目的地に近い駅で降りるようにしたい。中央駅はホームが複雑なので注意しよう。降りたときにホームの位置を確認しておけば、逆に中央駅から空港に向かうときに困らない。

バスで

到着ホールのひとつ下の階にあるバスステーションから発着している。Airport Lineと呼ばれるバスで、市内へは12番のBrussels City行きでシューマンやリュクサンブールを経由し、王宮近くのトローヌTroneまで行く。平日は1時間に2～7本、週末は1～3本。所要30～45分ほど、€7（カード利用の場合。自動券売機€7.50）。

またアントワープ中央駅まで直通バスが出ている。4:00から24:00まで（日曜、祝日7:00から）毎正時に出発、所要約45分、料金€10。このバスの切符は車内で購入できる（自販機はない）。

STIB（→P.235）のバス

タクシーで

無許可のタクシーもいるので、到着ロビーの外にあるタクシー乗り場を利用しよう。市内まで20分ほどだが、朝夕は30分以上かかることもある。料金はメーター制で一般的に€50～60。

屋根にあるTAXIのサインが目印

鉄道で着いたら

ブリュッセル市内にはいくつか駅があるが、国際列車が停まるのは北駅、中央駅、南駅の3つ。多くが3つの駅に順に停まるが、列車によって中央駅には停まらないことがあるので、時刻表で確認しておこう。また、ユーロスターとICEは南駅までの運行で、中央駅や北駅には停まらない。

北駅 Gare du Nord / Noordstation

➡Map P.232-B1

中央通路からメインホールに出ると、切符売り場と鉄道案内所、コインロッカーがある。

地上階にはバスの中央ターミナルがあり、さらにその下にプレメトロの駅がある。ここからグラン・プラスに行くには、3、4番のプレメトロに乗ってBourse/Beursで降りる。

中央駅 Gare Centrale / Centraalstation

➡Map P.234-B2

グラン・プラスへは歩いて5分ほど。グラン・プラスへ行く人はここで降りよう。グラン・プラスの市庁舎にはブリュッセルの観光案内所も設置されている。

ホームは地下2階にあり、メインホールは階段を上った1階で、中央が切符売り場になっている。地下1階にはコインロッカーがある。空港行きの列車のプラットホームは、変更の可能性もあるので掲示板などで確認を。

グラン・プラスへ行くには中央駅からが近い

南駅 Gare du Midi / Zuidstation

➡Map P.232-A3

ホームから階段を下りると長いコンコースがある。構内には、切符売り場のほか、両替所、レンタカーオフィス、荷物預かり所やコインロッカーが設置されている。端の方には、1・2番ホームに停車するユーロスターの乗降口もある。

2023年9月現在、南駅周辺および構内での事件が多く発生しており、治安に注意するよう、在ベルギー日本国大使館も情報を発信している。ユーロスターなどで到着する場合は、なるべく明るいうちに到着するようにスケジュールを組みたい。また、できれば南駅周辺には宿をとらないほうがいい。

地下はメトロとプレメトロの駅になっていて、ここからグラン・プラスへ行くには3、4番のプレメトロに乗ってBourse/Beursで降りる。ほかにも、メトロ2号線または6号線に乗ってルイーズ広場などに行くこともできる。地下から乗車することになる。

北駅周辺では治安に注意
北駅の北側にはホテルもあるが、いわゆる飾り窓（→P.71）と呼ばれるエリア。治安がいいとはいえないので注意。遅い時間にこのあたりを歩くときは特に用心したい。

中央駅の荷物預かり
コインロッカーは大きさにより€4.50、€6.50、€9。

北駅、南駅、中央駅でのスリやひったくりに要注意！
この3つの駅周辺は、スリなど盗難被害が続出するエリア。列車内での被害も多いので、常に気を抜かず行動しよう。
特に南駅構内での治安が悪化しているとの報道もある。暴力的な犯罪もおきているようなので、左記の南駅記述も確認して、利用は必要最小限にしたい。

南駅の両替所
開月～土7:00～20:30
（土 8:00～）
日・祝9:00～19:00
1/1と12/25 9:00～17:00
休無休
両替レートはあまりよくない。

南駅近くのビルに「タンタン」の看板あり！
ブリュッセル中央駅から南駅に向かう列車に乗ることがあったら、南駅に入る直前の右方向を注視していると、タンタンの看板が見つかる。ただし、南駅から乗る場合は、すぐに看板があるので、よほど注意していないと見落としそう。なお、南駅周辺は治安がよくないので、このあたりの散策はあまりしないほうがいい。

南駅近くのEditions Lombartビルにあるタンタンの看板

最新情報をキャッチ

ブリュッセルの観光案内所❶では、旅行者に必要な多くの情報を提供してくれる。必見の観光ポイント、グラン・プラスにあるので、観光がてらに立ち寄ってみよう。

ブリュッセル市観光案内所

グラン・プラスの市庁舎の1階にあり、簡単な地図なら€1、地図付きガイド€5。ほかにも、ブリュッセルの文化遺産、コミックやコミックが描かれた壁画、イベントガイドなどのパンフレットがあり、ブリュッセル・カードの購入もできる。

また、王の家の裏側の通り、Rue du Marché aux Herbesにある、フランダース観光局Visit Flandersやワロン観光局Espace Wallonieに立ち寄ってみるのもいい。観光パンフレットが置いてあり、ブリュッセルと各地域の観光情報を手に入れることもできる。フランダース観光局があるスペースには、ブリュッセル・シティ・ツアーズ→P.237の窓口もある。

ブリュッセル市観光案内所
住Hôtel de Ville de Bruxelles, Grand Place ●Map P.234-A2
☎02.5138940
開毎日 9:00〜18:00(12/24・31〜15:00) 休1/1、12/25
URL www.visit.brussels
下記のロワイヤル広場に面した場所にも案内所がある。
●Map 折込3表C3
住rue Royale 2 ☎02.5138940
開毎日 9:30〜17:30
休1/1、12/25

ブリュッセル・カード
市内のおもな美術館や博物館など50ヵ所の入場が無料になり、アトラクションやツアーが割引になる。マップと小冊子付き、24時間€32(€40)、48時間€42(€57)、72時間€49(€68)。( )内の料金は、公共交通機関STIBの料金込みの場合。購入はオンライン、市の❶、一部のミュージアムで。
URL www.brusselscard.be

フランダース観光局
住Rue du Marché aux Herbes 61 ●Map P.234-A1〜B1
☎02.5040300
開9:00〜17:00 休土・日・祝

ワロン観光局
住Rue du Marché aux Herbes 25 ●Map P.234-A1
☎02.5040300
開11:00〜16:00 休日・月

市庁舎1階にある市の観光案内所

Column Belgium

ブリュッセルの危険情報

ブリュッセルには、北駅や南駅周辺など、治安がよくないエリアもあるため、外務省の海外安全ホームページ(→P.433)のほか、下記の在ベルギー日本国大使館の「安全の手引き」を確認しておくといい。この「安全の手引き」には、被害状況の統計もふまえたうえで、注意すべき場所や具体的な回避策などが細かく書かれている。

「安全の手引き」URL www.be.emb-japan.go.jp/japanese/consular_j/anzennotebiki.html

以下のよくあるトラブル例や、旅のトラブルと安全対策(→P.433)も参考に、楽しい旅になるよう、気を引き締めて行動するように心がけたい。

スリなどに注意を！！
男のひとりが旅行者にわざとぶつかって混乱させ、別の仲間が貴重品を盗む手口のスリ。子供のスリのグループもいるようなので気を抜かないように。

グラン・プラス周辺のスリに要注意！
新聞紙を目の前に広げて、それに視線を向けさせ、その隙にバッグなど貴重品を取ろうとする。10代の子たち2〜3人で行っているようだ。貴重品を外側から取られることがないよう注意していたい。

現地警察からの危険情報
駅などで警官を装って財布を調べ、中身を抜いてしまう、という手口の事件が増加しているとのこと。本物の警察は身分証も提示せずに、一般の旅行者の財布を調べることは絶対にないとのこと。

自分の荷物は自分で守れる範囲に
クロークのないレストランやカフェでは、コートなどを自分で管理できる範囲に置き、貴重品は必ず身につけて。駅や列車内、ショップなどでも、少しの間でも、荷物から手を離すことがないように。

ビールの王国ベルギー

ランビック·ビールで知られるブラスリー、ア·ラ·ベカス→P.276

人口、国土面積ともに日本の約12分の1。その中に約110の醸造元があり、450種類を超えるバラエティに富んだ製法のビールが存在する。国民ひとり当たりの消費量は隣国ドイツをしのぎ、ベルギーはまさにビールの王国だ。各社で少しずつ製法は異なるが、基本は数種類。基本の種類を知ればより理解も早いだろう。　（安倍）

●自然発酵ビール(ランビック)

ランビック Lambic

ビールの古酒。空気中の自然の酵母だけを使用し、耐久年数を高めるために古いホップを使い、樽で寝かせて3年以上。ややワインに似た味わいだ。

グーズ Gueuze

ランビックの古酒1に対し、ランビックの新酒1～2年ものを3の割合で合わせ、瓶の中で2次発酵させたもの。際立った酸味が特徴。

クリーク Kriek

チェリービール。若いランビックの樽の中に生のサクランボを漬け込んだもので、フルーティな味わい。木苺、桃、苺などもある。食前酒向き。

ファロ Faro

グーズ·ビールを黒砂糖で仕上げたやや甘口のビール。よく冷やしてデザートとともに。

●上面発酵ビール(エール)

トラピスト Trappistes、アベイ Abbaye

修道院で造られたビール。厳密にはトラピスト派の修道院だけがトラピスト·ビールを名乗ることができる。ベルギーには、ワロン地方のオルヴァルOrval、シメイChimay、ロッシュフォールRochefort、フランドル地方のウェストフレッテレンWestvleteren、ウェストマールWestmalleの5つのトラピストが存在する。トラピスト·ビールの特徴は凝縮したヘビーな味わいで、アルコール度数の高いもの、苦味の強いものが多い。

アベイ·ビールは、一般的にトラピスト派以外の修道院から醸造法を受け継いだビール。濃縮した味わいを出しており、アルコール度数も8度前後と高い。

ブランシュ Blanches

白ビール。原料は小麦を使用し、色調は白みがかった黄色でにごっている。心地よい酸味と、ハーブ、オレンジ、柑橘系の香りが特徴。レモンの薄切りを添えて飲む、夏向きのビール。

ルージュ Rouges、ブリュンヌ Brunes

赤ビールと黒ビール。大麦の焙煎がやや強めなのが赤ビールで、かなり強いのが黒ビールだ。また最後に加える糖分、酵母、カラメルの量で性格が異なる。なおフランドル地方では、赤ビールをワインのように樫の大樽で2年ほど寝かせ出荷するものもある。

アルティザナール Artisanale

小規模の職人造りで、いわゆる「地ビール」。ビール本来の味を大切にし、フィルターを使わずに自然の成分だけでろ過したものや、瓶詰め後の熱処理をせず瓶内熟成を続けるものなど多種多様。アルコール度数も8度前後で、ワロン地方が盛ん。

アルティザナール“セゾン” Artisanale“Saison”

昔農家では次の年の夏に飲むビールを9月の下旬から年末にかけて仕込んでいたことがある。年末に取れる大麦は成分が豊かなビールに。

そのほかのエール

淡色でアルコール度数が比較的高いゴールデン·エールGolden Aleやストロング·エールStrong Aleのほか、さまざまなエールが存在する。

●下面発酵ビール(ラガー)

ピルス Pils、ピルスナー Pilsener

いわゆる世界各国で愛飲されているタイプで、日本でもおなじみのビール。ベルギーでも消費量が多い。ラガータイプは飲みやすくコシがある。アルコール度数は5度前後。

町の概略を知ろう Bruxelles

ブリュッセルの町は騎士の紋章

ブリュッセルの中心部は、"小さなベルト"と呼ばれるインナーリング（環状道路）に囲まれている。このインナーリングは14世紀に築かれた城壁の跡で、地図で見ると、中世の騎士の紋章旗のように五角形の形をしている。この五角形を縦につらぬくように鉄道が走り、上の部分には北駅、下の部分には南駅、そしてちょうど真ん中に中央駅がある。いわゆるグレーターブリュッセルと呼ばれるブリュッセル市は、このインナーリングをさらに大きく取り巻く高速道路の内側にあり、行政上19に区分されている。町の北・西部は工業地区で、南・東部は公園や池などが多い住宅地区だ。一見とてつもなく大きく思えるブリュッセルの町だが、おもな見どころはほとんどインナーリングの中に集まっており、旅行者にとっては実に歩きやすいサイズだ。

0
500m
1000m
1500m
2000m
2500m
N
ラーケン王宮へ
Serres Royales (Laeken)
P.263
ロジェ広場
Pl.Rogier
エリア4
Rue Neuve
ブルッケール広場
Pl.de Brouckère
コングレ記念塔
Colonne du Congrès
王立モネ劇場
Théâtre Royal de la Monnaie
聖カトリーヌ教会
Eglise Ste.-Catherine
サン・ミッシェル大聖堂
Cathédrale St.-Michel
エリア1
Rue Royale
サンカントネール公園へ
Parc du Cinquantenaire
P.264
Bld. Anspach
グラン・プラス
Grand Place
ブリュッセル中央駅
Bruxelles Gare Centrale
小便小僧
Manneken Pis
エリア2
インナーリング（環状道路）
グラン・サブロン広場
Pl.du Grand-Sablon
王立美術館
Musée Royaux des Beaux-Arts
ロワイヤル広場
Pl.Royale
王宮
Palais Royal
エリア3
ノートルダム・デュ・サブロン教会
Eglise Notre-Dame du Sablon
Avenue de la Toison d'Or
プラール広場
Pl.Poelaert
ジュ・ド・バル広場
Pl.du Jeu de Balle
エリア5
ルイーズ広場
Pl.Louise
カンブルの森へ
Bois de la Cambre

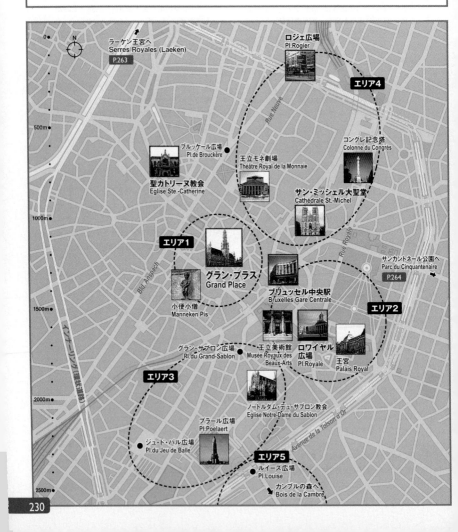

各エリアについて　ブリュッセルの町のヘソはグラン・プラス。ここを起点に、各地域ごとに中心となる広場をおさえておくといい。ポイントを絞って歩くか、メトロなどを使って効率よく巡ってみよう。

エリア1　P.238～245

グラン・プラス周辺

ここが旧市街の中心。近くにはレストラン街、イロ・サクレ地区があり、このあたりは観光客の集まる、町で最も にぎやかな地域だ。

壮麗な建物に四方を囲まれたグラン・プラス ➡

エリア2　P.246～253

ロワイヤル広場周辺

この周辺は"芸術の丘"と呼ばれ、美術館巡りやコンサートが楽しめる芸術的な地域。国会、各省庁、王宮などがある行政地区でもある。

山の手地区の中心にも当たるロワイヤル広場 ➡

エリア3　P.256～257

サブロンからマロール地区

サブロンはロワイヤルから続く山の手地区。プラール広場の西側は、庶民的なマロール地区で、ジュ・ド・バル広場ではのみの市も開かれる。

プラール広場前の最高裁判所 ➡

エリア4　P.258～259

ロジェ広場からサン・ミッシェル大聖堂へ

ロジェ広場から南に延びるヌーヴ通りは、にぎやかなショッピングストリート。ヌーヴ通りの南には王立モネ劇場もある。

内部の装飾も一見の価値がある王立モネ劇場 ➡

エリア5　P.260～262

ルイーズ広場からカンブルの森へ

高級ブランドのショップが軒を連ねるルイーズ広場から南へ抜けると、オルタ美術館もあるアールヌーヴォー建築が多い住宅街に出る。

アールヌーヴォーの邸宅、アノン邸 ➡

●歩き始める前に　ブリュッセルでは、フランス語とオランダ語のふたつの言語（北部に行くとオランダ語の比率が増えるが、85％以上がフランス語）が使われていることを覚えておこう。町のあちこちにある広告から映画の字幕、交通標識、メトロ標示にいたるまで、必ず両語で書かれている。メトロの駅などで、うっかりすると突然見知らぬ駅に迷い込んでしまって、不安になることがある。例えば、Arts-loi（仏）とKunst-wet（蘭）は同じ駅なのだ！

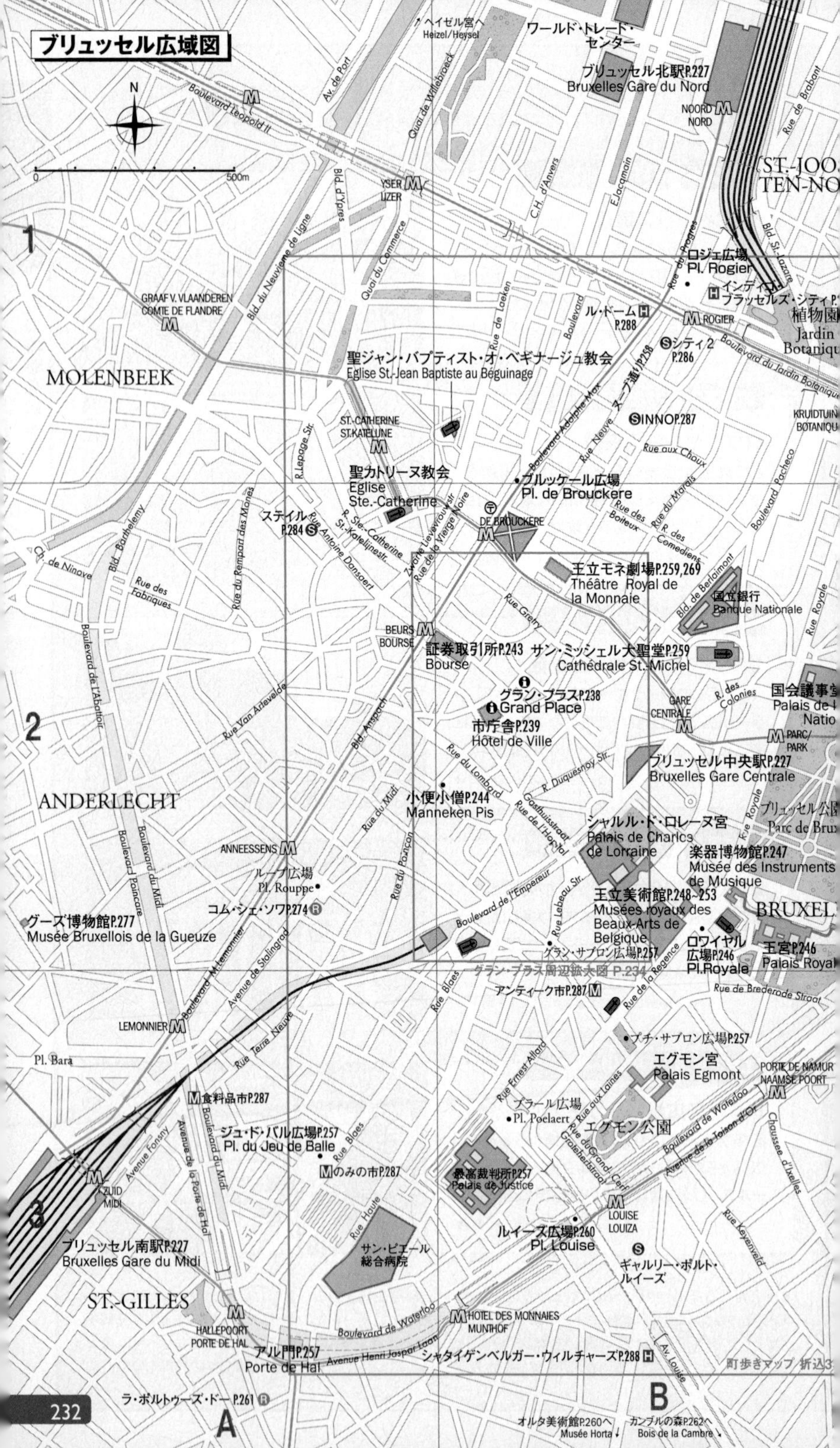

ブリュッセル広域図
N
0
500m
1
2
3
A
B
ヘイゼル宮へ
Heizel/Heysel
ワールド・トレード・センター
ブリュッセル北駅P.227
Bruxelles Gare du Nord
NOORD
NORD
ST.-JOOS-TEN-NO
Boulevard Leopold II
Av. de Port
Quai de Willebroeck
Bld. d'Ypres
YSER
IJZER
C.H. d'Anvers
E.Jacqmain
Rue de Brabant
Bld. St.-Lazare
Rue du Progrès
ロジェ広場
Pl. Rogier
インディゴ・ブラッセルズ・シティ
植物園
Jardin Botanique
ROGIER
Boulevard du Jardin Botanique
KRUIDTUIN
BOTANIQUE
ル・ドーム
P.288
シティ2
P.286
ヌーブ通りP.258
INNO P.287
Rue aux Choux
GRAAF V. VLAANDEREN
COMTE DE FLANDRE
Bld. du Neuvième de Ligne
Quai du Commerce
Rue de Laeken
Boulevard
MOLENBEEK
聖ジャン・バプティスト・オ・ベギナージュ教会
Eglise St.-Jean Baptiste au Béguinage
ST.-CATHERINE
ST.-KATELIJNE
R. Lepage Str.
Boulevard Adolphe Max
Rue Neuve
聖カトリーヌ教会
Eglise Ste.-Catherine
ブルッケール広場
Pl. de Brouckère
DE BROUCKERE
ステイル
P.284
Rue Antoine Dansaert
R. Ste.-Catherine
St.-Katelijnestr.
Zwarte Lievevrouwstr
Rue de la Vierge Noire
Rue des Boiteux
Rue du Marais
R. des Comediens
Boulevard Pacheco
Ch. de Ninove
Bld. Barthelemy
Rue des Fabriques
Rue du Rempart des Moines
王立モネ劇場P.259,269
Théâtre Royal de la Monnaie
Rue Gretry
Bld. de Berlaimont
国立銀行
Banque Nationale
Rue Royale
Boulevard de l'Abattoir
BEURS
BOURSE
証券取引所P.243
Bourse
サン・ミッシェル大聖堂P.259
Cathédrale St.-Michel
グラン・プラスP.238
Grand Place
市庁舎P.239
Hôtel de Ville
R. des Colonies
GARE CENTRALE
国会議事堂
Palais de la Nation
PARC/PARK
Rue Van Artevelde
Bld. Anspach
ANDERLECHT
Rue du Midi
Rue du Lombard
R. Duquesnoy Str.
ブリュッセル中央駅P.227
Bruxelles Gare Centrale
小便小僧P.244
Manneken Pis
Gasthuisstraat
Rue de l'Hôpital
シャルル・ド・ロレーヌ宮
Palais de Charles de Lorraine
ブリュッセル公園
Parc de Bruxelles
Rue Royale
Boulevard du Midi
Boulevard Poincaré
ANNEESSENS
ループ広場
Pl. Rouppe
Rue du Poinçon
楽器博物館P.247
Musée des Instruments de Musique
コム・シェ・ソワP.274
Boulevard de l'Empereur
Rue Lebeau Str.
王立美術館P.248~253
Musées royaux des Beaux-Arts de Belgique
BRUXELLES
グーズ博物館P.277
Musée Bruxellois de la Gueuze
Boulevard M.Lemonnier
Avenue de Stalingrad
グラン・サブロン広場P.257
ロワイヤル広場P.246
Pl. Royale
王宮P.246
Palais Royal
グラン・プラス周辺拡大図 P.234
アンティーク市P.287
Rue Blaes
Rue de la Régence
Rue de Brederode Straat
LEMONNIER
プチ・サブロン広場P.257
Pl. Bara
Rue Terre Neuve
Rue Ernest Allard
エグモン宮
Palais Egmont
PORTE DE NAMUR
NAAMSE POORT
食料品市P.287
Boulevard du Midi
Avenue de la Porte de Hal
Avenue Fonsny
プラール広場
Pl. Poelaert
Rue aux Laines
エグモン公園
Rue du Grand Cerf
Grotehertstraat
Boulevard de Waterloo
Avenue de la Toison d'Or
Chaussée d'Ixelles
ジュ・ド・バル広場P.257
Pl. du Jeu de Balle
Rue Blaes
のみの市P.287
ZUID
MIDI
最高裁判所P.257
Palais de Justice
Rue Haute
LOUISE
LOUIZA
Rue Keyenveld
ブリュッセル南駅P.227
Bruxelles Gare du Midi
サン・ピエール総合病院
ルイーズ広場P.260
Pl. Louise
ギャルリー・ボルト・ルイーズ
ST.-GILLES
HALLEPOORT
PORTE DE HAL
Boulevard de Waterloo
HOTEL DES MONNAIES
MUNTHOF
アル門P.257
Porte de Hal
Avenue Henri Jaspar Laan
シャタイゲンベルガー・ウィルチャーズP.288
Av. Louise
町歩きマップ 折込3
ラ・ボルトゥーズ・ドー P.261
オルタ美術館P.260へ
Musée Horta
カンブルの森P.262へ
Bois de la Cambre

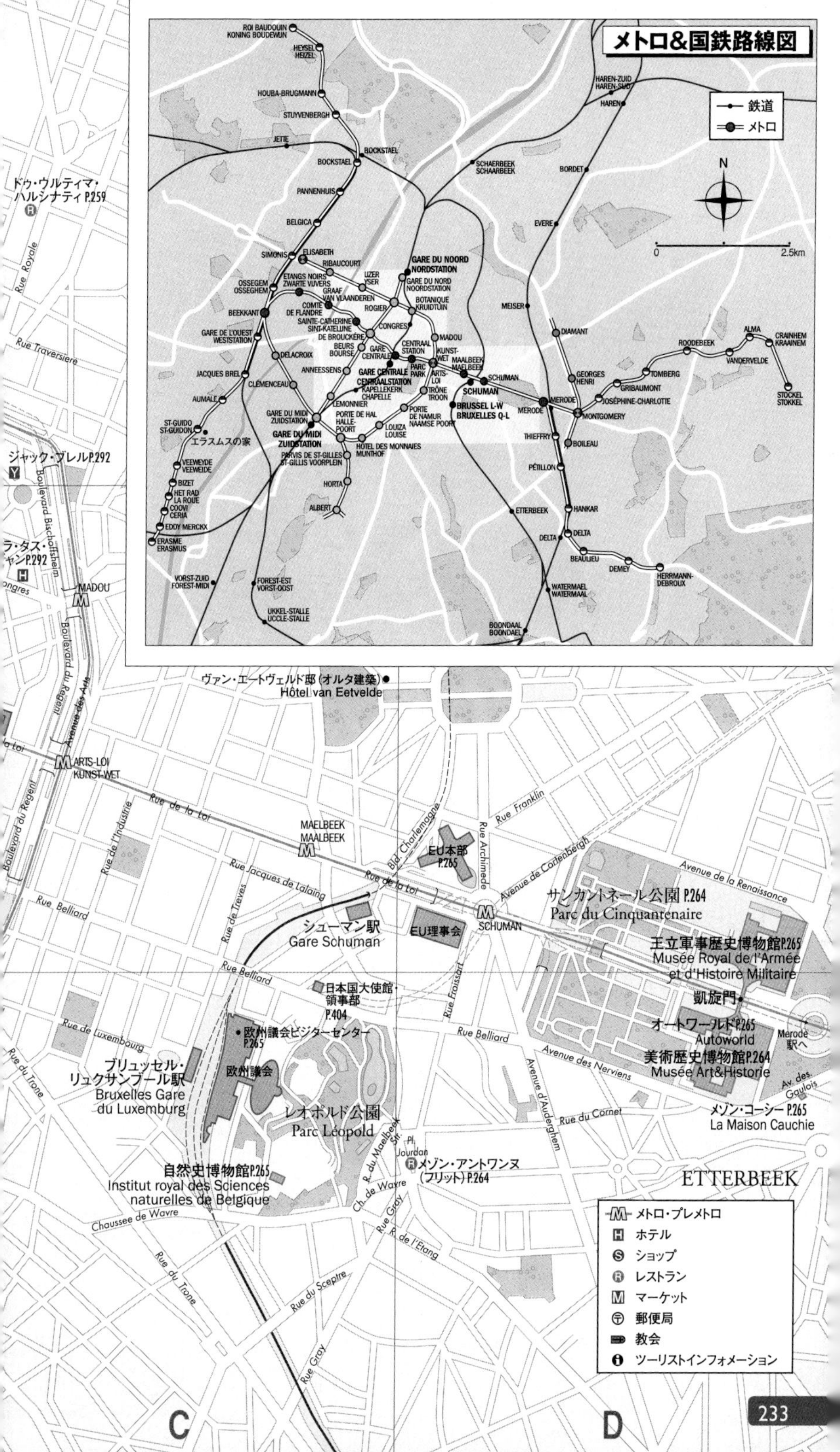

メトロ&国鉄路線図
鉄道
メトロ
N
0
2.5km
ドゥ・ウルティマ・ハルシナティ P.259
ジャック・ブレル P.292
ラ・タス・ャン P.292
ヴァン・エートヴェルド邸（オルタ建築）
Hôtel van Eetvelde
EU本部 P.265
シューマン駅
Gare Schuman
EU理事会
サンカントネール公園 P.264
Parc du Cinquantenaire
王立軍事歴史博物館 P.265
Musée Royal de l'Armée et d'Histoire Militaire
凱旋門
オートワールド P.265
Autoworld
美術歴史博物館 P.264
Musée Art&Historie
Merode駅へ
メゾン・コーシー P.265
La Maison Cauchie
日本国大使館・領事部 P.404
欧州議会ビジターセンター P.265
欧州議会
ブリュッセル・リュクサンブール駅
Bruxelles Gare du Luxemburg
レオポルド公園
Parc Léopold
自然史博物館 P.265
Institut royal des Sciences naturelles de Belgique
メゾン・アントワンヌ（フリット）P.264
ETTERBEEK
メトロ・プレメトロ
ホテル
ショップ
レストラン
マーケット
郵便局
教会
ツーリストインフォメーション
C
D

インターマルシェP.286
Pl. de la Monnaie
王立モネ劇場P.259、269
Théâtre Royal de la Monnaie
ウルフP.274
R. du Fossé aux Loups
ラディッソン・コレクションP.288
ムントプント・カフェ P.272
ドミニカンP.289
ホーム・オブ・クッキングP.285
カフェ・ジョルジェットP.274
デリリウムP.277
メトロ1号線・5号線
サン・ニコラ P.291
セーフステイP.291
マリオット・グラン・プラスP.288
カルフールP.286
ア・ラ・モール・シュビットP.27
ジャンネケ・ピスP.244
Jeanneke Pis
Le Cirio P.218
ア・ラ・ベカス P.276
フリットリー・タボラP.274
イロ・サクレ地区P.270
レストラン・ヴァンサンP.271
トロピズムP.285
モカフェP.276
ブルス Bourse
証券取引所(ブルス) Bourse P.243
ベルギー・ビール博物館 Belgian Beer World
聖ニコラス教会 St. Nicolas
オー・メルヴェイユ P.287
シェ・レオンP.271
ブイヨン・ブリュッセルP.272
ギャルリー・サン・チュベール
Galerie St. Hubert 拡大図P.245
フロリス・アルルカンP.290
オルタ作の P.218
ファルスタッフ P.276
アントワープ・ジュエルズ P.284
ディル&カミレP.285
トーヌ劇場 P.269
デルヴォーP.284
タベルヌ・デュ・パサージュ P.271
レオニダス
ダンドワP.286
ワロン観光局 P.228
フランダース観光局P.228
ブリュッセル・シティ・ツアーズ P.237
ノイハウスP.283
BS40 P.283
ガレー
ドゥ・ビール・テンペルP.285
ル・ロワ・デスパーニュP.276
アントワープ・ジュエルズ2号店P.284
王の家(市立博物館)P.242
Maison du Roi
ル・セルキュイユP.276
ミュージック・ビレッジP.269
ブティック・タンタンP.217,285
グラン・プラスP.238
Grand Place
イビス・オフ・グラン・プラスP.289
ブリュッセル市観光局P.228
ゴディバP.283
ブラッセルズ・グリルP.273
エクスキP.273
市庁舎P.239
Hôtel de Ville
ビール博物館 Maison des Brasseurs P.243
カルフール・ド・ローロップ
セルクラースの像P.243
Everard t'Serclaes
ブラバン公爵の館P.242
Maison des Ducs de Brabant
警察署
ホテル・レジデンス・ル・キャンズP.291
ノボテル・オフ・グラン・プラスP.289
Marjolaine P.218
ラ・スイートP.285
アミーゴP.288
ゴータム・ダイヤモンド P.284
ゴールデン・バーP.243
ゴーフル・ドゥ・ブリュッセルP.274
ダンドワP.286
プラネット・ショコラP.283
衣装・レース博物館
Musée du Costumeet de la Dentelle
モザールP.290
ル・ディッセティエムP.289
ヒルトン・ブラッセルズ・グラン・プラスP.288
ル・ロテュス・ブルー P.275
ラ・ルー・ドール P.272
ブリュッセル中央駅
Gare Central P.22
チョコストーリー・ブリュッセルP.282
アルマ P.290
小便小僧P.244
Manneken Pis
Blue-bike P.414
州庁舎
Conseil de Région
Palais des Con
小便小僧の衣装博物館P.244
Garderobe Manneken Pis
シャルル・ド・ロレーヌ宮
Palas de Charles de Lorraine
ラ・フルール・アン・パピエ・ドレ P.277
オルタ作
Frison Horta P.218
古典美術館P.248
Musée Oldmasters Museum
ブリューゲルP.292
ピエール・マルコリーニP.283
グラン・サブロン広場
Pl. du Grand-Sablon P.257
ノートルダム・ド・ラ・シャペル教会P.257
Eglise N. D. de la Chapelle
シャペル駅
Gare Chapelle
ヴィタメールP.287
グラン・プラス周辺拡大図
1
2
3
A
B
N
0
100m

ブリュッセルの市内交通

メトロ、トラム、バス

メトロ、トラム(その一部は地下を走るのでプレメトロとも呼ばれる)、バスが市内を縦横に走っていて便利。**ブリュッセル市交通局(STIB/MIVB)**の案内所BOOTIKが、ブルッケール、メトロのPorte de Namur駅、Rogier駅、Midi駅などにあり、メトロ、プレメトロ、トラム、バスの路線図は案内所や窓口などで手に入る。

切符について

切符はメトロ、トラム、バス共通。数回の利用なら、改札や読取器にタッチするだけで支払えるコンタクトレスカード(タッチ決済機能付きのクレジットカード)が便利。1日の上限金額があるので、たくさん乗ってもそれ以上の料金はかからない。紙のチケットは、自動券売機、メトロ駅窓口のKIOSK、交通局案内所などで買える。

1時間以内なら何度でも乗り換えができ、メトロ→トラム→バス→市内国鉄と乗り継ぐことも可能。乗車の際は読取器にタッチする。10回券を複数人で使う場合は、人数分のタッチをすること。

メトロの乗り方 Metro

メトロは路線もはっきりしており、観光には一番便利。1、2、5、6号線の4路線ある。1号線と5号線は中心部で一部同じ路線を走っている。2号線と6号線はインナーリング(環状道路)沿いに市内中心部を取り囲むように走っている。

❶メトロの駅は、青地に白のMマークが目印。階段を下りると切符売り場がある。改札、または改札がない場合は構内にある読取器にカードやチケットをタッチする。1回券は1時間以内なら1回分の料金だが、乗るたびにタッチする必要がある。Mobib Basic(赤)とコンタクトレスカードの読取器は別なので注意。

Mobib Basic(左)とコンタクトレスカード(右)の読取器

❷ホームに降りたら、停車駅の表示を確認して、メトロの行き先を確かめておきたい。

❸乗り降りの際は、ドアに付いているボタンを押して扉を開ける。自動ドアの車両もある。

メトロの入口

メトロ駅のホーム

交通局案内所 BOOTIK
Porte de Namur駅
➲Map 折込3表C4
開月～金8:00～18:00
土10:00～17:00 休日・祝
Rogier駅 ➲Map 折込3表B1
開月～金8:00～18:00
土10:00～17:00 休日・祝
Midi駅 ➲Map P.232-A3
開月～金7:30～17:30
土10:00～17:00 休日・祝
STIBオフィス ☎070.232000
URL www.stib.be

市内の主要駅にある窓口KIOSK

乗車券などの料金
コンタクトレスカード使用
1回€2.10 1日の上限€7.50
紙チケット
1回券€2.60 1日券€8
簡易な自動券売機が、おもなバスやトラムの停留所にも設置されている。
Mobib Basic使用(Brupass)
1回券€2.40 1日券€8.40
10回券€16.80

Mobib Basic
乗車券などをチャージできる交通カードで、交通局案内所か駅窓口で購入する(€5、5年有効)。複数人で1枚を使うこともできるため、10回券のほか、1枚のカードに1日券を3つチャージして、3人で一緒に使うことも可能。

Mobib Basicには限定販売のハドック船長の絵柄も

乗車券は国鉄SNCBでも有効
メトロ、トラム、バスに有効な乗車券は、ブリュッセル市内なら国鉄でも使用可能(空港行きは不可)。国鉄駅構内にも読取器がある。

メトロやプレメトロホームには終着駅を書いた表示がある

プレメトロ構内

トラムやバスの停留所にある
自動券売機

トラム停留所

バスの停留所

町なかのタクシー乗り場

おもなタクシー会社
Autolux ☎02.5123123
Taxis Bleus ☎02.2680000
Taxis Verts ☎02.3494949

プレメトロとトラムの乗り方 Pré-Métro & Tram

プレメトロはトラムが地下を走っているもの。トラム車両なので乗り降りは基本的にトラムと同じだが、駅の入口にはメトロと同じMのマークがあり改札などもメトロ同様。プレメトロは、北駅と南駅を結んで市内中心部を縦断しているため、観光に便利。メトロのように路線がはっきりしており、旅行者にも使いやすい。

色が違うタイプのトラムもある

ブリュッセル市中心部だけならメトロとプレメトロで事足りるが、ちょっと郊外に足を延ばすならトラムが便利だ。乗る前に、どちら方面に乗るのかを確かめておきたい。停車場には、路線番号と終点の駅名が書かれているので、反対路線に乗らないように注意。

❶乗るときは、ドアに付いているボタンを押して開ける。

❷チケットかカードを読取器にタッチする。1回券はタッチしてから1時間以内なら何度でも乗れるが、乗るたびにタッチする必要がある。トラムの読取器もメトロ同様、Mobib Basic(赤)とコンタクトレスカードの読取器は別。

❸次が降りる駅になったら、車内にあるボタンを押す。これをしておかないと、乗降者がいない駅は通過していってしまうので要注意。

トラム内のコンタクトレスカード
用読取器と降りる時に押すボタン

バスの乗り方 Bus

バスは慣れないと使いにくいが、勇気を出せば、目的地に向かうついでに市内観光バス代わりに使えて便利。

❶前扉から乗車する。その際に、車内の読取器にチケットやカードをタッチする。郊外まで行くバス(TEC:郊外とフランス語圏、De Lijn:郊外とオランダ語圏)は距離によって料金が異なる。

❷目指すバスが来たら手を軽く挙げて乗る意思を示すこと。日本のように立っているだけでは停まってくれない。降りるときに車内のボタンを押すのは日本と同じ。

タクシー

タクシー乗り場での乗車が原則だが、都市部では流しのタクシーも停まってくれる。助手席ひとり、後部座席3人の計4人が乗れる。運転はかなり乱暴なのでシートベルトは必ず締めよう。「＊＊＊、スィルヴプレ(＊＊＊へお願いします)」と言うか、ホテルカードやガイドブックを出して行き先を示そう。料金はメーター制で、基本料金€2.60(夜間22:00～翌6:00はプラス€2)、以後1kmごとに€2.30～、1分あたり€0.60が加算される。料金にサービス料が含まれているのでチップを払う必要はないが、トランクにスーツケースを載せてもらった場合などは、おつりの小銭をチップとして渡す。ドアは手動式なので、後ろの車に十分注意して開けよう。

ブリュッセルの大きなタクシー会社は、タクシー・ヴェール。ブリュッセルでは、スマートフォンのアプリからウーバーUberも利用することができる。使用にあたっては、評価をよく確認するなど、各自自衛をしたい。

ブリュッセルのタクシーは黄色の市松模様が入っているものが多い

ブリュッセルのフリーツアー
予約なしで基本無料の英語ガイドツアー。終了後€5くらいを、チップとして支払う人が多い。いくつかあるが、10:00～11:00くらいにガイドが大きなパラソルを広げてグラン・プラスにいる。グラン・プラス～王宮周辺を2時間くらいかけて歩く。1日1～2回。詳細は要確認。
URL www.vivastour.com
URL www.neweuropetours.eu

パラソルが目印のフリーツアー

観光ツアー

ブリュッセル・シティ・ツアーズ Brussels City Tours

下記の観光バスのほか、ベルギー国内ではゲントやブルージュ、ルクセンブルク、オランダなどへのツアーがある。

●グランド・シティツアー

ブリュッセルのおもな見どころを効率よく巡る徒歩とバスのツアー。グラン・プラスや小便小僧、王立美術館を観てまわった後、バスで移動。アトミウムなどの周辺、王宮、EU地区、ヨーロッパ議会などにも足を延ばす。

●アントワープ・シティ・オブ・ルーベンスツアー

港湾都市アントワープを訪れ、ギルドハウスの町並みを徒歩観光し、ノートルダム大聖堂ではルーベンスの祭壇画を鑑賞。マルクト広場のギルドハウスや美しい建築として知られるアントワープ中央駅なども訪れる。

●ブルージュ・ディスカバリー

愛の湖公園近くのベギン会院、ブルグ広場、鐘楼、聖母教会など、ブルージュのおもな見どころを歩いて巡るツアー。

●ゲント&ブルージュ

歴史ある建物が魅力のゲントとブルージュを1日かけて訪れる。

Brussels City Tours
住 Rue du Marché aux Herbes 61
☎02.5137744
➲Map P.234-A1～B1
予約は上記の窓口か❶などで。
URL brussels-city-tours.com
○グランド・シティツアー
火・木・土9:15発。所要約3時間。料金€30。
○アントワープ・シティ・オブ・ルーベンスツアー
火13:00発。所要約6時間。料金€40。
○ブルージュ・ディスカバリー
7・9月の水・土10:00発。所要約10時間。料金€46。
○ゲント&ブルージュ
毎日9:00発(11月・1～3月は月・水)。所要10時間30分。料金€48。

アロー Arau

ブリュッセルの都市保存・再開発にかかわる専門家集団アローが企画しているツアー。アールヌーヴォーの発祥地ならではの建築的・都市的側面を専門のガイドが案内してくれる。

アール・ヌーヴォー、アール・デコなど、歴史的な建物の歴史や起源、芸術的な特徴などの説明を聞きながら、いくつかの建築を訪れる。ツアーの中には、一般には立ち入れない建物も見学できる、アールヌーヴォーのファンなら必見のツアーもある。

英語のツアーは月1～2回ほどしか行われないが、アールヌーヴォーに興味がある人は検討してみたい。

Arau
住 Bd. Adolphe Max 55
☎02.2193345
URL www.arau.org
ツアーの内容は未定で日程は不定期。ウェブサイトに直近2ヵ月くらいに開催するツアーが掲載される。要予約。オンライン予約可能。

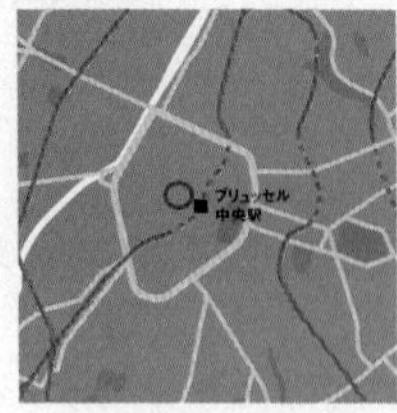

グラン・プラス周辺

何はともあれグラン・プラスから歩き始めよう。この近辺には見るものが山とあるので、少なくとも3時間は予定したい。グラン・プラスから町のシンボル**小便小僧**に向かう通りには、みやげ物屋がたくさん並ぶ。彼の愛らしい姿を見たら、右に曲がろう。ミィディ通りRue du Midiに出て、さらに右に曲がると証券取引所の裏に出る。

証券取引所をぐるりと回ってから、聖ニコラス教会がある小広場の北東に行くと、海の幸がきれいに並べられたレストラン街に出る。ここが町で一番にぎやかな**イロ・サクレ地区**だ。ジャンネケ・ピス(女の子版小便小僧)を見てから、ブッチャー通りRue des Bouchersをさらに真っすぐ歩くと、**ギャルリー・サン・チュベール**に中ほどから入ることになる。右に出れば、再びグラン・プラスに戻る。

グラン・プラス周辺の歩き方

グラン・プラス P.238~243
↓
小便小僧 P.244
↓
ジャンネケ・ピス P.244
↓
ギャルリー・サン・チュベール P.245

おもな見どころ

グラン・プラス Grand Place

➡Map 折込3表B2~3 ➡Map P.234-A2

ブリュッセルを訪れる人は誰もが必ず一度は足を運ぶ大広場、グラン・プラス。ヴィクトール・ユーゴーが"世界で最も美しい広場"と、またジャン・コクトーが"豊饒なる劇場"と称賛したグラン・プラスは、ギルドハウスに囲まれた約110m×70mの長方形の広場だ。

17世紀以前に建てられた大部分の建物は木造建築であった。1695年、フランスのルイ14世の命令によるヴィルロワ将軍の砲撃で、市庁舎を除いたほとんどが破壊されてしまう。しかし各同業組合(ギルド)は、集会場として使用する目的で、驚くべき早さで現在の石造りの建物を再建してしまった。

世界遺産
ブリュッセルのグラン・プラス
La Grand-Place, Brussels
文化遺産 / 1998年

クリスマス時期の音と光のショー

上:四方を歴史的な建物で囲まれたグラン・プラス　右上:夜のライトアップもきれい　右中:カフェでひと休み　右下:彫像なども眺めてみよう

この広場を訪れる多くの人は、あたりの壮麗さに圧倒され、記念写真を撮るだけで帰ってしまう。だが、せっかく遠くからやってきたのだから、タイムトンネルに入ったつもりで立ち止まって、丹念に歴史のひだの隅々まで観察してみよう。クリスマス・マーケット開催中の夜には音と光のショーが行われ、昼間とは違った美しさを見せてくれる。

便利なミニスーパー
日曜、祝日に開いているところも多く、日本のコンビニに似た感じ。水、ビール、パン、お菓子、サンドイッチなどを気軽に買える。中央駅前にカルフールの小型版、カルフール・エクスプレスがある。

市庁舎 Hôtel de Ville

➲Map 折込3表A3 ➲Map P.234-A2

15世紀に建てられたゴシック・フランボワイヤン様式の建物。15世紀の初めには、現在のライオンの階段と左翼(1402年、建築家Jacques Van Tienenによって建設される)しかなかったが、その後、多少短めの右翼(よって完全に左右対称ではないのだ！)が1445年に増築され、1455年には中央の塔が建築家Jan Van Ruysbroekによって建てられた。

ブリュッセル市観光案内所もある市庁舎

内部見学はガイドツアー(英、仏、蘭、スペイン語)のみ。受付は少々わかりにくいが、グラン・プラスから向かって中庭右側の扉を入った所。「マクシミリエンヌMaximilienne」の間に掛けられている美しいタペストリーは必見。

市庁舎
☎02.5480447
英語ツアー
月13:00、15:00、17:00
水14:00、17:00
金・土16:00、19:00
(土のパノラマ15:00、16:00)
日10:00、12:00、14:00、17:00
料€15　時間指定制
土のみのパノラマツアー€25
パノラマツアーとは、メインルーム2室のほか、市庁舎バルコニーからグラン・プラスの眺めを堪能できるもの。
オンライン予約か市庁舎の塔をくぐった中庭に面したレセプションホールでも空き状況に応じて時間指定制予約を受け付けている。現金不可。
URL bruxelles.be/hotel-de-ville
M Bourse下車

ツアー受付は市庁舎の中庭にある

花の祭典フラワー・カーペット

60万株を超える花々を敷き詰めたフラワー・カーペット。上から見ると絵柄がはっきりわかる

2年に一度、偶数年の8月中旬の数日間、グラン・プラスを一面の花で覆う人気イベント。毎回テーマに沿った花模様で彩られ、75×24mのカーペットには、1m²当たり約300の切り花が敷き詰められる。次回は2024年8月中旬開催予定。

上から見るならグラン・プラスに面した市庁舎のバルコニーから見学できるが、当日券は長蛇の列。チケットは右記ウェブサイトか、チケットオフィスで、通常5月中旬頃から販売される予定。

穴場の見学場所は王の家。博物館の入場料に追加料金を払えば、バルコニーから観賞できる(2024年は未定)。

URL flowercarpet.brussels

また、2年に一度のフラワー・カーペットがない奇数年には、市庁舎内が花々で飾られるフラワー・タイムというイベントが開催される。次回は2025年8月中旬開催予定。

URL flowertime.brussels

グラン・プラス建物マップ

西のグループ

7 番地
狐 昔の軒名
小間物商同業組合 昔のギルドや用途
ボタンやレースなどを扱 歴史や現在の用途

1 スペイン王
パン屋同業組合
砲撃後に再建された。3階中央にはスペイン王のシャルル2世の胸像も。現在はブラスリー、ル・ロワ・デスパーニュ（→P.276）。

7 狐
小間物商同業組合
ボタンやレースなどを扱う商人たちのギルドハウスで正面に守護聖人聖ニコラの像も。1階入口の上部には狐の像も鎮座。

6 小角笛
船頭同業組合
再建され、現在の建物は1697年に建てられたもの。屋根の左右には船乗りたちの像も添えられている。

5 雌狼
射手同業組合
2度も再建され、今のものは1695年建造。壁にある4つの像は、真実、嘘、対立、平和を表しており、屋根には不死鳥がいる。

4 袋
酒高級指物師
樽屋同業組合
1644年建造だが、1695年の砲撃で破損し上部のみ再建されている。2014年にスターバックスがここまで進出している。

2 3 スペイン王.猫車
油商同業組合
最上部には守護聖人聖ジャイルズの像があり、1・2階上部の楕円プレートにはチーズなどを運んだ手押し車が見てとれる。現在はカフェ。

南のグループ

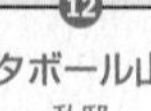

12 タボール山
私邸
聖書に登場するイスラエルの山の名前が軒名になっている。今はダイヤモンドも扱う宝飾店のゴータム・ダイヤモンド（→P.284）。

11 バラ
私邸
カフェ・レストランになっている。

10 黄金の木
絨毯販売業
ビール製造業者
今もベルギーのビール製造業者がオーナー。ビール博物館（→P.243）として使われている。

9 白鳥
酒場、肉屋同業組合
白鳥は肉屋のシンボル。マルクスやエンゲルスも通ったという酒場だったことも。カフェ・レストランになっている。

8 星
地方行政官の邸宅
広場で最古の家のひとつ。頂上に「星」の飾りがある。英雄セルクラースゆかりの家。側面にある像（写真上、→P.243）を見逃さないように。

北のグループ

34	兜	果物商同業組合	レストラン
35	孔雀	──	レストラン
36	子狐	靴下編み同業組合	レストラン
37	柏の木	──	チョコレート、カフェ
38	サント・バルブまたは丸テーブル	──	
39	ロバ	──	

28 ブラバン公の武器
執政官の邸宅
この家は当初「金の商人」と呼ばれていたが、砲撃後は陶器の商人がオーナーになった。

26 27 鳩
塗装職人同業組合
『レ・ミゼラブル』を書いたヴィクトル・ユーゴーが弾圧された時期に移り住んだ場所として有名。現在はチョコレート屋。

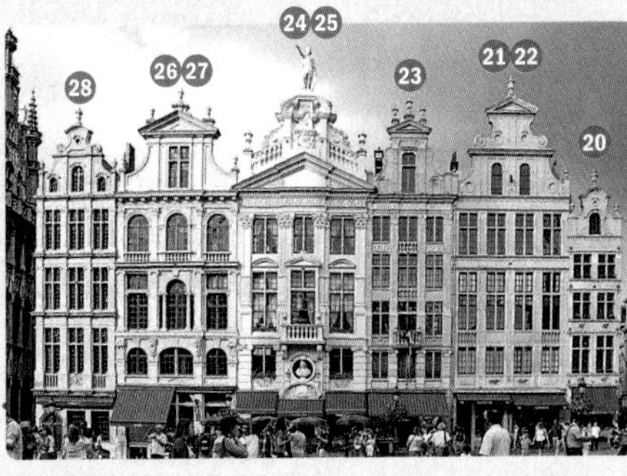

王の家(市立博物館)
P.242 Maison du Roi

グラン・プラス
Grand Place

市庁舎P.239
Hôtel de Ville

24 25 仕立屋の家、金のランチ
仕立職人同業組合
入口正面上部の胸像は仕立屋の守護聖人サント・バルブ。現在はテラスもあるブラスリーになっている。

23 天使
──
かつては陶器の貿易商人がオーナーだった。現在はチョコレート屋になっている。

21 22 ジョゼフ、アンナ
邸宅
ゴディバ(→P.283)

20 鹿
──
ブラスリー

東のグループ　ブラバン公爵の館(→P.242)

13	評判の女神	──	
14	エルミタージュ	ワイン商野菜商同業組合	カフェ・レストラン
15	運命の女神	皮なめし業同業組合	レストラン、ホテル ル・キャンズ→P.291
16	風車	製粉業者同業組合	
17	錫の壺	大工の同業組合	
18	丘	彫刻家・石工・左官・スレート採取工の同業組合	
19	取引所	──	

市立博物館
☎02.2794350
開10:00～17:00
休 月、1/1、5/1、11/1・11、12/25 料€10（小便小僧の衣装博物館との共通券）
URL www.brusselscitymuseum.brussels Ⓜ Bourse下車

市立博物館になっている王の家

上:オリジナルの小便小僧
下:タペストリーの修復アトリエ

歴代ブラバン公の彫像が並ぶ

グラン・プラスの脇にあるショッピングアーケード、ギャルリー・アゴラGalerie de l'Agora（Map P.234-B2）。ここにはトイレもある

王の家 Maison du Roi

➲Map 折込3表B2　➲Map P.234-A1～2

「王の家」と呼ばれているが、実際に王様が住んだことはない。かつてパン市場だった場所に公爵家の館が建ち、16世紀前半にはカール5世の命によって、現在ある後期ゴシック様式に変えられた。その後、スペイン・ハプスブルク家の支配時代にはスペイン政庁となり、新教徒を監禁する牢舎としても使われたという。1695年の砲撃で傷んだため修復され、1767年には現在と異なる外見となったが、1895年に建築家Victor Jamaerによってカール5世の時代の設計に忠実に再建された。

現在は**市立博物館Musée de la Ville**として使われている。1階にはピーテル・ブリューゲル（父）の『結婚式の行列』、サブロン教会の歴史を描いたタペストリー、彫刻、陶器など。2階には13世紀と17世紀のブリュッセル中心部の模型などがあり、現在と比べてみるのも楽しい。最上階には16世紀から栄えたブリュッセルのタペストリー産業の紹介と、ガラス越しに見学できる修復アトリエのほか、小便小僧のオリジナルの彫像と、衣装も少しある。

ブリュッセル中心部の模型

ブラバン公爵の館 Maison des Ducs de Brabant

➲Map P.234-B2

正面に歴代のブラバン公の胸像が飾られているため、この名前で呼ばれている。正面はコロサルという建築様式が用いられているが、この様式は古典建築と調和するようにバロックのイタリア・フラマン様式に変化をつけたもの。したがってイタリアの影響が強いが、駒形の屋根はフランスの影響でもある。広場に面して地下への入口があり、レストランなどになっている。また上階にはホテルもあり、朝に夜にグラン・プラスの雰囲気を味わいたい人におすすめ。

壮麗なブラバン公爵の館

ビール博物館 Maison des Brasseurs

➲Map P.234-A2

17世紀にビール醸造業者のギルドとして使われていた、「黄金の木」と呼ばれる建物の地下が博物館になっている。階段を下りると、そこは18世紀の醸造所。発酵用の桶など、ビールの醸造に使われる道具が置かれ、奥には映像を映し出すスクリーンがある。ただし、小規模なので、日本のビール工場見学のようなものを期待してはいけない。見学のあとは、博物館の片隅にしつらえられた酒場で、1杯のビールを飲みながらくつろごう。

ビール博物館

ビール博物館
住Grand Place 10
☎02.5114987
開11:00～18:00
最終入場17:00
休火・日、1/1、12/25
料€5(ビール込み)
URLbeermuseum.be
MBourse下車

✉ **ビール博物館で1杯**
博物館というほどでもないのですが、入場料€5でビール1杯飲めますので、ちょっと1杯飲むために寄っても良いかなと思います。
(むにゅ '20)

ゴールデン・バー
Golden Bar
グラン・プラスに面したゴータム・ダイヤモンド脇の小道を入ったところにあるパブ。ビールのテイスティングができ、6種類で€20。
➲Map P.234-A2
住Rue des Chapeliers

セルクラースの像 Everard t'Serclaes

➲Map P.234-A2

「星の家」の下の壁にあるセルクラースの像は、ブリュッセルを訪れこの像に触れる人々に幸福をもたらすと昔から言い伝えられている。セルクラースは1388年に暗殺された町の英雄。12世紀初頭から14世紀初頭まで、ブリュッセルの町はブラバン公によって統治されていた。ブリュッセルの繁栄をうらやみ、なんとかして王位を継承しようとたくらんだフランドル伯の旗を、1356年の嵐の晩、セルクラースは「星の家」に片手でよじ登り、正統な後継者のブラバン公の旗に取り替えてしまった。彼の英雄的な行為は市民の士気を高め、ブラバン公が正統な後継者として王位についたのである。

幸せを祈って像に触れてみよう

セルクラースの像(右側)の隣のレリーフはアールヌーヴォーの父オルタとヴィクトール・ルソーのコラボ作品

証券取引所(ブルス) Bourse-Beurs

➲Map P.234-A1

堂々としたネオクラシック様式の建物ブルスは、1873～1996年まで証券取引所として使用されていた。2023年、大改修を経てビール博物館を中心とした公共施設として生まれ変わった。広い階段を上ると豪華な内装のホールには、レストラン、2～3階にあるベルギー・ビール博物館Belgian Beer Worldの入口がある。18時30分以降はグラン・プラス側の無料エレベーターで屋上に出られ、テラスからの眺望や、Skybarでは約50種の樽出しビールを楽しむことができる。

彫像も見事な証券取引所

豪華な証券取引所のホール

証券取引所
住Boulevard Anspach 80
☎02.8804700
開9:30～22:00　屋上へのエレベーター18:30～
休1/1　料無料(1階と18:30以降の屋上)
遺跡のBruxella1238もある。
URLboursebeurs.be
MBourse下車

ベルギー・ビール博物館
住☎証券取引所と同じ
開10:00～17:30
最終入場17:00　休1/1
料€17(1ドリンク付き。屋上のスカイバーで150ccの好きなビールかソフトドリンクを飲める)
URLbelgianbeerworld.be

小便小僧の衣装は？
衣装の公式カレンダーは月1回発行される。下記、小便小僧の衣装博物館のウェブサイトで月ごとの着こなしカレンダーを見ることができる。

グラン・プラスから小便小僧まで行く途中にあるタンタンの壁画

ホテル・アミーゴ
グラン・プラスから小便小僧へ通じる道の途中にあるホテル・アミーゴ（→P.288）は、16〜19世紀に監獄として使われていた所。フランデレン語で監獄の意味をもつ“vrunte”という言葉が友達の意味の“vriendt”と発音が似ているため誤訳され、“アミーゴ”（スペイン語で友達）と呼ばれるようになった。1873年にフランスの詩人ヴェルレーヌが詩人ランボーに発砲しここに投獄されたことでも有名。

5つ星の高級ホテル・アミーゴ

ジャンネケ・ピス Jeanneke Pis
1987年に突然お目見えした比較的新しい名所。小便小僧の妹版というべき、女の子が小便をしている像。小便小僧を「かわいい!」と評していた人が、ここに来るとさまざまな表情になりおもしろい。パロディにしてはあまりにもまじめに作られ過ぎている。
➲Map P.234-B1

小便小僧 Manneken Pis

➲Map 折込3表A3　➲Map P.234-A2

“ブリュッセルの最長老市民”のキャッチフレーズで世界的に有名な小便小僧は、別名“ジュリアン君Petit Julien”としても親しまれている。1619年、デュケノワJérôme Duquesnoyによって作られた。彼が作られた由来については、いろいろと説があるのだが、定説はない。そのひとつは、ブリュッセルを敵軍が包囲し、城壁を落とそうと火薬の導火線に火をつけたが、ブラバン公の王子がおしっこをかけて消し、味方を勝利に導いたというもの。裸の彫刻というのは、この像が作られた当時流行していたルネッサンス様式に従えば珍しくはなく、現在ほど注目されることはなかった。しかし、その後小便小僧は急速に町のマスコット的存在になり、ルイ15世の酔っ払い兵士が小便小僧を盗み出したとき、市民のデモが起こったほどだった。王は謝罪のために、小便小僧に豪華な金の刺繍入りの宮廷服を贈った。これが起源で、この愛らしい像に世界中から衣装が贈られ、現在世界一の衣装持ちでもある。

周りまで飾られている日もある

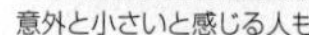
意外と小さいと感じる人も

どんな衣装かな？ 下は聖ニコラ仕様

小便小僧の衣装博物館
住Rue au Chene 19
☎02.5145397
開10:00〜17:00
休月、1/1、5/1、10/13、11/1・11、12/25　料€5（王の家の市立博物館との共通券€10）
URL mannekenpis.brussels
Ⓜ Bourse下車

たくさんの衣装が揃っている

小便小僧の衣装博物館 Garderobe Manneken Pis

➲Map 折込3表A3　➲Map P.234-A2

小便小僧が特別な日に衣装を着るという習慣は、17世紀頃から続いていて、現在は1年のうち半分くらいは衣装を着る日があるとのこと。小便小僧がもつワードローブは1000点以上あり、ここには、その一部のみが展示されている。

さまざまな国から贈られたコスチュームは、まるで民俗衣装の展示のよう。1915年に日本が寄贈した衣装には「大名」という名前がつけられている。18世紀にフランス国王から贈られたという衣装はレプリカの展示。

ギャルリー・サン・チュベール Galerie St. Hubert

➲Map 折込3表B2　➲Map P.234-B1

ギャルリーとは、ショッピングアーケードのこと。女王、王、王子(Galerie de la Reine、du Roi、des Princes)の3つのギャルリーに分かれており、雑貨や小物、チョコレートショップ、カフェなどが並んでいるなかに、映画館や劇場もある。1847年に完成した、ヨーロッパで最も古いギャルリーのひとつ。

ギャルリーを出た広場は、シーズン中はストリートミュージシャンがいたりして、にぎわっている

✉ **Le Roy d'Espagne**

グラン・プラスにあり、場所がよいためいつも混雑しています。事前に予約をするか早めの時間での来店をおすすめします。さまざまなベルギー料理とビールが揃っており、ビールの飲み比べ3種類セットもあります。おすすめは、ベルギー風ビーフシチューとオムレツです。

(むにゅ　'20)

➲Map P.234-A1
ル・ロワ・デスパーニュ→P.276

優雅なギャルリー・サン・チュベール

ウインドーショッピングも楽しい

上:内装が優雅な本屋トロピスム→P.285
下:グラン・プラス側のギャルリー入口

ギャルリー内にあるバッグの老舗デルヴォーのウインドー

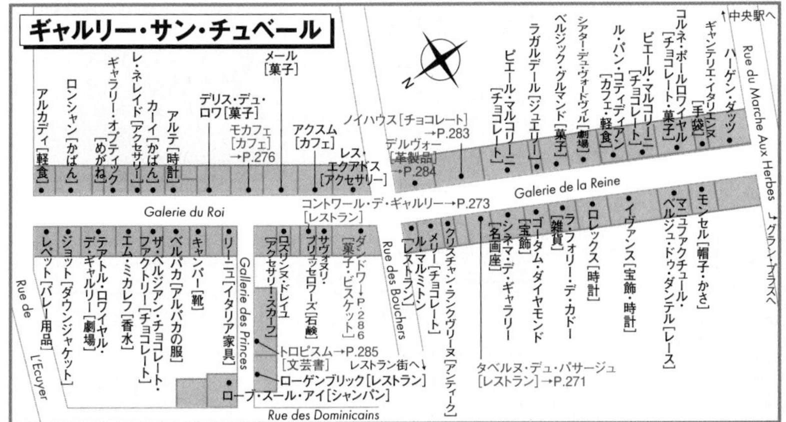

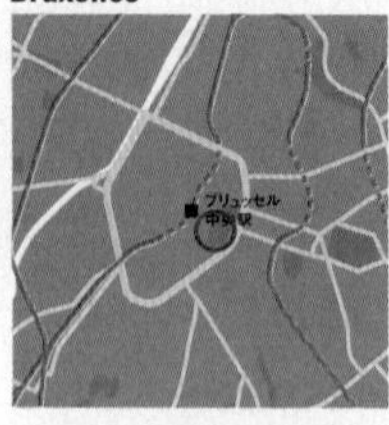

ロワイヤル広場周辺

ブリュッセルの山の手一帯には、あたりに漂う芸術的雰囲気に無味乾燥な官庁街をわざと結びつけたような、ベルギー人の"知恵"が見られる。そして彼らの企図は見事に当たって、そこに優美な調和が生まれ、よりいっそうの魅力を添えている。

ロワイヤル広場から西北に坂を下ると"芸術の丘"と呼ばれ、美術館、図書館、コンサート会場などがある地域。また、ロワイヤル通りRue Royaleを北に行くと**ブリュッセル公園**があり、画家がスケッチしているのがのぞける。この公園の北側には国会議事堂や王立パーク劇場があり、ロワイヤル広場側には壮麗な**王宮**がたたずんでいる。

ロワイヤル広場周辺の歩き方

ロワイヤル広場 P.246
↓
王宮 P.246
↓
楽器博物館 P.247
↓
王立美術館 P.248〜253

一般公開の期間は多くの観光客が訪れる王宮

ロワイヤル広場をグラン・プラス側に下りる「芸術の丘」の階段からは市庁舎の美しい尖塔も見える

ゴディバ・アウトレット
Godiva Outlet
シーズンが過ぎてしまったパッケージのものなど、ゴディバのチョコレートをお値打ち価格で買うことができる。観光からは少し外れたエリアにあるが、ついでに巨大なアールデコの教会クーケルベルクのバジリック(→P.218)を観てくるのもいい。
住Avenue de Jette 4
➲Map 折込3裏 A2
☎02.6470292
開月〜土11:00〜18:00
ⓂSimonis／Elisabeth下車

おもな見どころ

ロワイヤル広場 Place Royale

➲Map 折込3表 C3 ➲Map P.232-B2

広場の中央に、第1次十字軍(1096年)の指導者、ゴドフロワ・ド・ブイヨンの騎馬像がある。この広場の建物は、左右対称に配列され、簡潔さと単純さを追求する、18世紀に流行した新古典主義の様式の一例としても有名だ。

広場に面した聖ヤコブ教会

王宮 Palais Royal

➲Map 折込3表 C4 ➲Map P.232-B2

現国王はここに住まわれていないが、執務室などに使用されている。国内にいるときは国旗が掲揚される。ブラバン公爵の館があった所で、そのひとつをレオポルド2世がルイ16世風の建築様式に造り替えたもの。夏の間だけ一般公開される。

王宮
住Rue Brederode 16
☎02.5512020
開7月下旬〜9月上旬予定
10:30〜16:30(入場 〜16:00)
休8/15を除く月曜、9月初旬〜7月下旬頃 料無料
開館日時や料金は要確認
URL monarchie.be
T92、93 Palais下車

ベルヴュ博物館 Belvue Museum

➡Map 折込3表C3

1830年のベルギー独立から、歴代国王の治世ごとに、近代ベルギーの歴史を知ることができる。地下にはコーデンブルグ宮殿の遺跡を公開したCoudenbergもある。この宮殿跡は11世紀以降、この地を統治したブラバント、ブルゴーニュ公爵、ハプスブルグ家が城・宮殿として使用した巨大なもの。

歴史を追った展示

ベルヴュ博物館
住Place des Palais 7
☎02.5004554/5450800
開9:30～17:00（土・日11:00～19:00、12/24・31～16:00）
休1/1、7/21、12/25
料€10　水曜14:00～は無料
URL belvue.be
コーデンブルグ
開9:30～17:00（土・日と7・8月11:00～19:00、12/24・31～16:00）
休1/1、7/21、12/25
料€10（ベルヴュ博物館との共通チケット€18）
URL coudenberg.brussels
T92、93 Palais下車

ブリュッセル公園 Parc de Bruxelles

➡Map 折込3表C3　➡Map P.232-B2

昔はブラバン公の狩猟場であったが、1775年にフランス風の公園に造り替えられた。1830年の独立時には、オランダ軍との戦地となったが、今は緑と彫刻像と噴水が平和な時を刻んでいる。

ブリュッセル公園にはコミックで人気の猫ル・シャの像が並んでおり、記念写真をとる人も

楽器博物館 Musée des Instruments de Musique

➡Map 折込3表B3　➡Map P.232-B2

収容作品7000点を超える世界有数の楽器博物館。約1500点をテーマごとに展示している。古代エジプトからの楽器の歴史や、日本の三味線を含めた世界各地のさまざまな楽器を、無料のオーディオガイドでその音色を聴きながら楽しくたどることができる（木曜の夜には博物館内でコンサートも開かれる）。博物館の入っている鉄とガラスの異様な建物は、建築家サントゥノワが服のデパートとして設計した、1899年完成のアールヌーヴォー建築。かつて展望台として人気のあった最上階のレストランは、今でもブリュッセルの下町が一望できるとっておきのスポット。レストランのケーキもおすすめ。

最上階のレストランでランチでも

楽器博物館
住Montagne de la Cour 2
☎02.5450130
開9:30～17:00（土・日10:00～、12/24・31～15:00）
チケット発売は閉館1時間前まで
休 月、1/1、5/1、11/1・11、12/25
料€15　オーディオガイド€2
URL mim.be
T92、93 Palais/Royale下車
エレベーターで最上階（10階）のテラスのみ入場、またはレストラン利用のみも可能。2023年9月現在、レストランは改装のため休業中。

エラスムスの家 Maison d'Erasme

ブリュッセル中心部の南西約4kmの所に位置する観光客があまり行かない地域、アンデルレヒトAnderlechtに、エラスムスの家がある。偉大なヒューマニストとして知られるエラスムス（1469～1536年）はオランダのロッテルダム出身だが、ルーヴェン大学で教鞭を執るなどベルギーに多くの足跡を残している。ここもそのひとつ。1468年に建設され、1515年に増築された建物は、初め“白鳥館”と呼ばれ町の迎賓館だったが、1521年にエラスムスが数ヵ月住んだことで、後に“エラスムスの家”と命名された。現在は博物館として使用され、彼の書斎机、ボッシュの絵が飾られ、『愚神礼賛 L'Éloge de la folie』の初版本も展示されている。

近くにあるベギン会院が修復・復元され、2024年春にはMaison d'Erasme Béguinageとして一般公開される予定。

住Rue de Formanoir 31　☎02.5211383
開10:00～18:00　休月、1/1、12/25　料€1.25
URL erasmushouse.museum
M Saint Guidon下車　T81 Saint Guidon下車

古典美術館
住Rue de la Régence 3
☎02.5083211
開火～金10:00～17:00
土・日11:00～18:00
(12/24・31 ～14:00)
チケット発売は閉館30分前まで
休 月、1/1、5/1、11/1・11、12/25
料€10(常設展のみ。世紀末美術館との共通券。再入場可能で1日有効。第1水曜の13:00～17:00は無料) マグリット美術館との共通券€15
URL fine-arts-museum.be
T92、93 Royale下車
荷物はロッカーかクロークに預ける必要がある。ただし、スーツケースなど大型の荷物は預けられない。

館内案内
入口を入った所の案内所で館内の見取り図を入手できる(無料)。もっと詳しい作品の案内が欲しい人はミュージアムショップへ。

入口はRue Royaleから続くRue de la Régenceにある

古典部門の入口ホール

ミュージアムショップにはポストカードなども揃う

王立美術館 古典美術館 Musée Oldmasters Museum

➲Map 折込3表B4 ➲Map P.234-B3

フランス革命軍によるブリュッセル占領中の1799年に、パリの中央美術館(現在のルーヴル美術館)の分館として設立され、ワーテルローの戦い後、その所蔵作品のほとんどがフランスから返還された。現在の建物はAlphonse Balatによって1880年に完成した古典様式の宮殿で、フランドル派を中心とする15世紀から18世紀までの絵画の宝庫となっている。

王立美術館Musées royaux des Beaux-Arts de Belgiqueには、この古典美術館と後述の世紀末美術館、マグリット美術館、現代美術館(仮展示室で一部を公開)など6館がある。

古典美術館で見落とせないのはブリューゲルとルーベンスの大作だが、そのほかにもメムリンク、ボッシュ、ファン・デル・ウェイデン等々のフランドル絵画の名作や豊富な所蔵品を誇る。一つひとつじっくりと鑑賞しようと思ったら多くの時間が必要。世紀末美術館やマグリット美術館と合わせてなら、半日は時間を割きたい。

15～16世紀絵画

フランドル美術が黄金時代を迎えた15世紀、そしてブリューゲルが活躍した16世紀のフランドル絵画を中心に、そのほかドイツ、北ネーデルラントの絵画が展示されている。

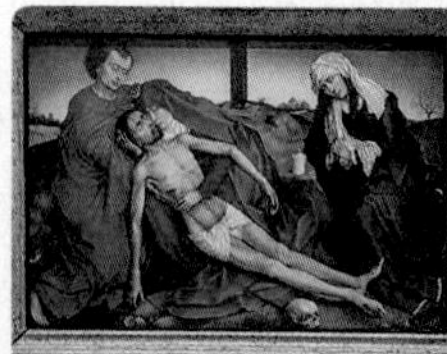
『ピエタ』ファン・デル・ウェイデン

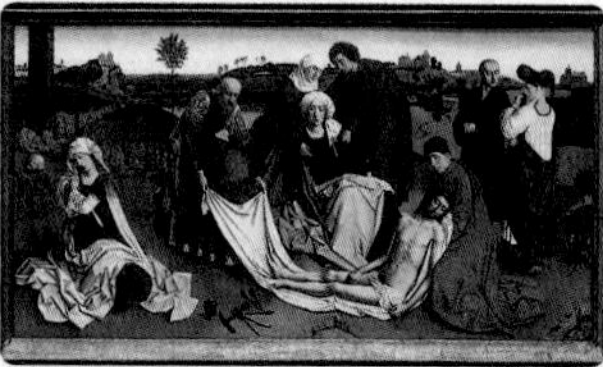
『哀歌』ペトルス・クリストゥス

● 初期フランドル、北ネーデルラント、イタリア、フランス

フレマールの画家(ロベルト・カンピン)による『受胎告知L'Annonciation』(→P.255)では、裕福なフランドルの住居を舞台に大天使ガブリエルがマリアに神の啓示を告知する場面が写実的に描かれている。弟子のファン・デル・ウェイデンの『ピエタPietà』や、ペトルス・クリストゥスの『哀歌Lamentation』は、さらに精緻な描写と精神性にあふれる作品となっている。

『オットー大帝の裁判Justice de l'Empereur Othon』(→P.255)はディーリック・バウツの作品。『無実の処刑』と『火の試練』の2部作で構成される。伝説によると、大帝の妻は家臣の伯爵に言い寄ったが拒絶され、虚偽の罪を大帝に言いつけ処刑してしまう。伯爵の妻は焼けた鉄の棒を持って夫の無実をはらし、大帝は自分の妻を焚刑に処するという物語。ほかに、『聖セバスチャンの殉教Le Martyre de Saint Sèbastien』(→P.254)は、作者ハンス・メムリンク独特の静謐な雰囲気に満ちた作品である。

● ドイツ

ドイツ・ルネッサンスを代表する画家ルーカス・クラナッハの『アダムとイヴAdame et Eve』がある。クラナッハは人間の理想的な裸体美を表現しようとした。イヴの体は不均整だが官能的だ。

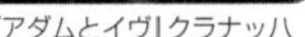
『アダムとイヴ』クラナッハ

『聖アントニウスの誘惑』
ヒエロニムス・ボッシュの祭壇画

● 16世紀フランドル、北ネーデルラント

16世紀に入ると、クエンティン・マセイス作『聖アンナの家族La Lignée de Ste. Anne』のように、イタリアの影響の強い作品が登場する。

そして、この美術館のハイライトともいえる、ピーテル・ブリューゲル(父)の絵画を忘れるわけにはいかない。

ブリューゲルと呼ばれる画家で有名なのは3人だが、一般にブリューゲルといわれるとき、父Pieter Brueghel l'Ancien(Pieter Brueghel Ⅰ)を指す。残りふたりは息子で、小ブリューゲルと呼ばれる長男Pieter Brueghel (Ⅱ) le Jeune、次男Jean Brueghel(Ⅲ)だ。

『聖アンナの家族』クエンティン・マセイス

父ブリューゲルは1525年頃、北ブラバント(現在のオランダ)のブリューゲル村に生まれたらしい。1551年にはアントワープの画家組合に登録されている。1563年にブリュッセルに移り住み、6年後、40代半ばで亡くなっている。彼は農民生活を高いヒューマニズムの精神で描き“農民画家”と呼ばれた。一方、彼の長男は、父親の絵の模写を数多く残したほか、空想的な絵やおばけの絵を描いて“地獄のブリューゲル“と称された。次男の作品には風景画や静物画が多く、なかでも花の絵を得意としたことから“花のブリューゲル“ともいわれ、ルーベンスと共作したことでも知られる。

有名な『ベツレヘムの戸籍調査Le Dénombrement de Bethléem』を描いたのは父親のほう(息子が描いた30点以上の模写のうちの1点も展示されている)。また、『イカロスの墜落Paysage avec la Chute d'Icare』は、父親が描いたものとされていたが、模写の可能性が高いという研究結果が発表されたことで話題になった。

『イカロスの墜落』ブリューゲルⅠ(未定)

ブリューゲルの作品が集まる68室

古典美術館 簡単ガイド

- **70室** 初期フランドル、ファン・デル・ウェイデン、ディーリック・バウツ
- **69室** ドイツのクラナッハ、ルネサンス、メムリンク、ボッシュ
- **68室** ブリューゲルの部屋
- **67室** 16世紀フランドル、クエンティン・マセイス
- **66室** フランドル、ヤコブ・ヨルダーンス
- **65室** ヴァン・ダイク
- **60室** ルーベンスの小品や素描、スケッチ
- **55室** フランスがメイン。ダヴィッド
- **53室** ルーベンスの大作
- **45室** オランダ。レンブラント、フランス・ハルス

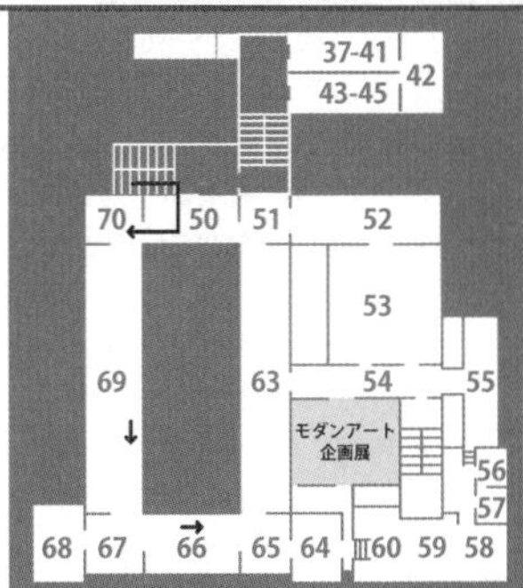

美術史を歩く

ブリュッセル

ベルギーのブリューゲル

Belgium
Bruxelles

No. 4

Pieter Brueghel

AD 1300 1400 1500 1600 1700 1800 1900 2000

15、16世紀にわたって現在のベルギー、オランダを中心とした地方に展開された絵画は、美術史の上では初期ネーデルラント絵画と呼ばれている。この画派の研究にその生涯を捧げ、14巻の大著を残したドイツの美術史家フリートレンダーに、この画派を代表する19人の画家をとりあげて簡潔に画家論を展開した『ファン・アイクからブリューゲルまで』という論考がある(邦訳『ネーデルラント絵画史』、岩崎美術社)。この本の原題が明快に述べているように、ブリューゲルはヤン・ファン・アイクに始まる初期ネーデルラント絵画の最後を飾る巨匠であった。

当時のフランドルは、世界に冠たる商業の中心地として繁栄を謳歌する一方、スペインの専制的支配に苦しんでもいた。後に神聖ローマ皇帝ともなったカルル5世(1500〜58年)は、ゲントに生まれたこともあり、フラマン語(オランダ語)を話し、必ずしもフランドルを弾圧したとはいえないが、その後継となったスペイン王フェリペ2世(1527〜98年)は異母姉マルガレータをネーデルラント総督とし、自らは生涯スペインを離れることがなかった。彼にとってネーデルラントは重税を課す対象でしかなく、ネーデルラントの悲劇はここに始まったのである。ブリューゲルが活動した16世紀半ばは、まさしくこのフェリペ2世の時代であった。

『ベツレヘムの戸籍調査』

数点の風景画を別にすれば、諷刺にあふれ、民族的エネルギーに形を与えたかのようなブリューゲルの騒然とした世界が、ヤン・ファン・アイクの静謐な世界の末裔であることを認めるのには大きな困難が伴う。初期ネーデルラント絵画は、その開始を告げるファン・アイクと最後を飾るブリューゲルとの間で相違ばかりが際立つのであるが、先に述べた政治・社会情勢の変化を考慮すれば、こうした変化をある程度は説明できるかもしれない。

現在ブリューゲルの作品の大半が「地元」であるベルギーにはなく、ウィーンにあるのはこうした当時の政治体制のためである。『バベルの塔』、『十字架を運ぶキリスト』『雪中の狩人』『農民の婚宴』などブリューゲルの代表作12点を所蔵するウィーン美術史博物館のブリューゲル・コレクションと比較するならば、ブリュッセル王立美術館、マイエル・ヴァン・デン・ベルグ美術館(アントワープ)などに合計10点近く所蔵されているとはいえ、ベルギーのブリューゲルはいささか影の薄いものになってしまう。ひとりの画家の作品をその故郷で見るということに重大な意味があるわけではない。しかし、ブリューゲルの作品はベルギーで見るからこそすばらしいと思うのは筆者ひとりだけではあるまい。今日も町のそちこちに息づくブリューゲル気質といったものを実感するためにも、ウィーンとともにベルギーのブリューゲル・コレクションはかけがえのない価値をもっているのである。

text 幸福 輝

『東方三賢王の礼拝』などがあるルーベンスの部屋は広々とした空間で迫力ある絵を鑑賞できる

ルーベンスの巧みさを感じさせる習作や素描

17～18世紀絵画

ルーベンスをはじめとするフランドル、オランダ、そのほかスペイン、イタリア、フランスの作品が揃っている。

『豊饒の寓意』ヤコブ・ヨルダーンス

『東方三賢王の礼拝』ルーベンス

ダヴィット『マラーの死』

● ルーベンス

アントワープの巨匠**ルーベンス**Peter Paul Rubensは、1577年にドイツのジーゲンスに生まれた。1587年に父の故郷のアントワープに帰り、1598年にはアントワープの画家組合に登録されている。1600年のイタリア留学から、1640年にその生涯を閉じるまで、約2250点という多くの作品を残した。

ルーベンスの大作が収められた大部屋には、**『東方三賢王の礼拝L'adoration des Mages』『リエバンの殉教Le Martyre de Liévin』**など大作7点がある。これ以外にも、4人の黒人の顔を描いた有名な習作、室内装飾のための素描画のひとつ『イカルスの失墜La chute d'Icare 』などの小品も興味深い。

『ヨハネス・ホルンベックの肖像画』レンブラント

● フランドル

『豊饒の寓意Allégorie de la Fécondité』など、**ヤコブ・ヨルダーンス**の大作が置かれている。

● フランス

フランスからブリュッセルに亡命し、ベルギー画壇に新風を吹き込んだ**ダヴィッド**の、有名な**『マラーの死Marat Assassiné』**が展示されている。

オランダ黄金時代の17世紀に活躍したフランス・ハルスの作品もある

世紀末美術館
※2024年1月8日より改装のため休館予定。
住Rue de la Régence 3
☎02.5083211
開火～金10:00～17:00
土・日11:00～18:00
チケット発売は閉館30分前まで
休月、1月第1と第2木曜、1/1、5/1、11/1・11、12/25
料€10（古典美術館との共通券。第1水曜の午後は無料）
URL fine-arts-museum.be
T 92、93 Royale下車

エミール・ガレのガラス工芸品

アルフォンス・ミュシャ作の像

アンソールの絵画も見どころ

後期ラファエル前派のエドワード・バーン＝ジョーンズの作品

王立美術館　世紀末美術館 Musée fin-de-siécle Museum

➲Map 折込3表B4

かつては王立美術館の中に古典部門と近代部門があるという形だったが、古典部門などが古典美術館となり、近代部門がマグリットを中心にマグリット美術館として独立した。さらに、近代美術部門の所蔵品の一部や新しい作品を合わせ、2013年に誕生したのが世紀末美術館だ。19世紀の世紀末にターゲットを絞った作品を集めた新しい試みからは、この時代に流れる独特の雰囲気を感じとることができる。

● アールヌーヴォー

イギリスのアーツ＆クラフト運動の影響を受けながら、ヨーロッパやアメリカで興ったアールヌーヴォー。なかでもベルギーは、「アールヌーヴォー建築の父」とも呼ばれるヴィクトール・オルタをはじめ、多くのアールヌーヴォー建築が残っている。

この美術館では、ベルギー中から集まってきたアールヌーヴォーの家具や工芸品、装飾品の数々から、えりすぐったものを展示している。**エミール・ガレのガラス工芸品**や**アルフォンス・ミュシャ作の像**など、ベルギーに残る作品の質の高さを感じさせてくれる。

● 19世紀絵画

近世ベルギーを代表する画家たちや、フランス印象主義の作品を観ることができる。ベルギー象徴主義の画家**クノップフ**の作品で特に有名なのは**『愛撫Les Caresses』**。シンボルの解釈をめぐって、さまざまな分析が行われた。

また、近世ベルギーを代表する画家**アンソール**の作品も置かれている。アンソールは1860年、イギリス人の父とベルギー人の母の間に港町オステンドで生まれた。**『腹を立てた仮面Les Masques Scandalisés』**に見られるように、仮面をモチーフにした作品を数多く残し、"仮面の画家"と呼ばれている。アンソールは現代ベルギー美術の基礎をつくり、その流れは20世紀の画家たちへと引き継がれていく。

スーラの**『グランド・ジャット島à La Seine a la Grande-Jatte』**や**ゴーギャン**の**『緑のキリストLe Christ vert』**のほか、モネ、ルドン、ボナードなど、フランスの代表的な画家の作品を観ることもできる。

独特の空気感が魅力的なクノップフの『愛撫』

『緑のキリスト』（左）などゴーギャンの作品もある

王立美術館 マグリット美術館 Musée Magritte Museum

➡Map 折込3表B3

ベルギー現代美術を代表するふたりの画家、ポール・デルヴォーとルネ・マグリットは、ベルギー・シュールレアリスムの声価を高めるのに多大な貢献をした。ポール・デルヴォーの作品は、王立美術館にも所蔵されているが、マグリットの作品は、2009年に誕生した、この美術館に集められている。

時間を守る几帳面な性格で、普通の日常生活を大切にしつつ、スーツを着て絵を描いたというマグリット。この不思議な世界観がどのようにしてつくり上げられたのか、観るたびに興味が尽きないのではないだろうか。

美術館入口から3階までエレベーターで上がり、あとは時系列に従って作品を観るようになっている。なお、1階の展示室は左右に分かれているので、少々回りづらいが、代表的な作品も多いので、どちらも忘れないように。改修のため展示については要確認。

『帰還』マグリット 1940年制作
©ADAGP,Paris & SPDA,Tokyo,2013
©Photothèque R. Magritte - ADAGP/DNPartcom,2013

マグリット美術館
住Place Royale 2
☎02.5083211
開火～金10:00～17:00
土・日11:00～18:00
(12/24・31 ～14:00)
チケット発売は閉館30分前まで
休月、1/1、5/1、9/14、11/1・11、12/25
料€10（第1水曜の午後は無料）
URL musee-magritte-museum.be Ⓣ92、93 Royale下車
オーディオガイド（日本語なし）€4
ミュージアムショップもある。
事前にオンライン予約している人のみPlace Royale 2の入口から入場できる。チケットを持っていない場合は古典美術館入口で購入する。古典美術館とマグリット美術館は内部でつながっているので、古典美術館から地下への通路を通って入場することもできる。

マグリット美術館入口

ガッツリ肉を食べたいときに
Ellis Gourmet Burger
若い客も多い、こだわりのハンバーガーを出すレストラン。食材すべてに高い品質を追求している。特に肉にこだわった"Meatlover" €16.95、ランチ€10.85、学生用コンボ€12。聖カトリーヌ教会(→P.270)前の広場に面している。
住Place Sainte-Catherine 4
➡Map 折込3表A2
URL ellisgourmetburger.be

マグリットの家 Musée René Magritte

マグリットが制作活動をしていた様子がうかがえる内部も興味深い

マグリットの暮らした家

シュールレアリスムの巨匠ルネ・マグリットが24年間住んだ家。ここで最も創作活動が盛んだった時期を過ごし、マグリットの絵でおなじみの扉や窓、家具などがそのまま保存されている。有名な作品はないが、展示のなかには、巨匠が若き日の作品もある。当時2階には週1回シュールレアリスムの画家仲間がハプニングの集いを催していたとか。隣の抽象絵画を集めた抽象美術館とつながっている。

住Rue Esseghem 137 ➡Map 折込3裏A2
☎02.4282626 開10:00～18:00 休月・火、1/1、12/25 料€10 URL www.magrittemuseum.be
Ⓣ19、51、93番 Cimetière de Jetteから約200m
ⓂBockstael下車 ※周辺は人通りがあまりない住宅街なので、明るいうちに行くようにするのがベスト。また、メトロはスリも多く、沿線の治安が不安なので、トラムで行くのがいい。

FLEMISH PAINTINGS

ベルギーを旅する楽しみのひとつは、宗教画を中心とした15世紀から16世紀初めのいわゆる「初期フランドル絵画」に出合えることである。板の上に描かれ運搬に不適切ということで、門外不出の傑作が多いこともあり、日本ではまず観られない。せっかくの機会に、じっくりと鑑賞しておきたい。

宗教画は難しいとよくいわれる。表現は平易だが内容がわかりにくいのも事実。しかし、その宗教画も、もともとは文字の読めない大衆を教化するために描かれたもので、難しい哲学が隠されているわけではない。描かれた場面、登場人物、置かれた事物の象徴の意味などが少しでもわかれば、絵としての美しさを純粋に楽しむことができる。

ここでは、代表的な絵を参照しながら、宗教画のテーマと「初期フランドル絵画」の特徴を4つに分けて紹介してみたい。

守護聖人

宗教芸術の主題を豊かにしているのは、2000人を超える守護聖人の存在である。個人の場合はクリスチャンネームをいただいた聖人に幸福を祈るが、聖人伝からのエピソードを起源としている町や職人組合の場合は、それぞれの守護聖人に繁栄と安全を祈願する。富裕な商人、職人組合は自らの教会や礼拝堂のために守護聖人の祭壇画を数多く描かせた。個々の聖人を表す持ち物は明確に規定されているので、いったん覚えると謎解きの楽しさも味わえる。

上:『聖カトリーヌの神秘の結婚』　左下:『キリスト降架』裏面の聖クリストフ　右下:『聖セバスチャンの殉教』(いずれも部分)

● 『聖カトリーヌの神秘の結婚』メムリンク

➡P.302 ブルージュの聖ヤン施療院ミュージアム

この絵の中での聖人の名前と象徴物は次のとおり。

後列左…洗礼者ヨハネ、子羊をともなう(聖書の記述から)。

後列右…使徒ヨハネと蛇の入った杯(毒殺されそうになった伝説から。蛇は毒を表している)。

前列…左側はカテリナと壊れた車輪(刃の付いた車輪で処刑されそうになった)。右側はバルバラと塔(キリスト教への改宗を危惧した父親によって幽閉された)。ふたりの聖女は、エピソードからそれぞれ車大工、建築業者の守護聖人となった。

● 代表的な聖人の持ち物とエピソード

▷ マグダラのマリア→香油壺

イエスの足に香油を塗った(聖書の記述)ことから香水業者の守護聖人とされる。「磔刑」の場面には必ず登場する。

▷ 聖女ウルスラ→矢とマント

巡礼中、蛮族に矢で射殺された。少女たちをマントで矢から守ったことから、少女と毛織物業者の守護聖人。聖ヤン施療院ミュージアムにある『聖ウルスラの聖遺物箱』(→P.303)が有名。

▷ 聖アントニウス→僧服とT字型の松葉杖

砂漠で修行中に襲われたとされる、悪魔のさまざまな誘惑の図で知られる。修道院の祖。ボッシュ(コピー)の絵がブリュッセルの古典美術館(→P.248)で観られる。

▷ 聖クリストフ→イエスを背負う巨人

渡し守として幼子イエスを運んだ。中世では巡礼者の、現在では旅行者の守護聖人。アントワープのノートルダム大聖堂にあるルーベンス『キリスト降架』(→P.334)の裏面に勇姿が見られる。

▷ 聖セバスチャン→矢による処刑の場面(生き残る)

疫病は神からの矢であると考えられていた中世では、矢(ペスト)による傷が致命傷にならなかったセバスチャンがペストに対する守護聖人となった。ブリュッセルの古典美術館(→P.248)にあるメムリンクの『聖セバスチャンの殉教』はその代表的作品。

ベルギー宗教絵画 鑑賞の手引き

イエスキリストの生涯

最も多く描かれる宗教画の主題である。有名なシーンはいくつかあるが、以下の3つもよく登場する。

上:『受胎告知』 左下:『三賢王の礼拝』 右下:『磔刑』(いずれも部分)

● 『受胎告知』フレマールの画家(ロベルト・カンピン)
➡P.248 ブリュッセルの古典美術館
大天使ガブリエルが処女マリアに聖霊の子を身ごもったことを告げる。白い百合はマリアの純潔を象徴している。マリアはわれ知らず、旧約聖書の中の自分の未来が予言された節を開けている。神の意志や聖なる霊が白い鳩として描かれることも多い。

● 『三賢王の礼拝』ダフィット
➡P.248 ブリュッセルの古典美術館
救世主の誕生を知った占星術師3人が贈り物を持って礼拝する。3人はそれぞれ当時の三大陸、アジア、ヨーロッパ、アフリカを象徴している。青年、壮年、老年の3世代を表すこともある。つまりイエスは全世界、全人類の王であるという意味。

● 『磔刑』ボッシュ
➡P.248 ブリュッセルの古典美術館
ゴルゴタの丘での処刑場面。十字架上のラテン語の頭文字"INRI"はイエスの罪状「ナザレの人イエス、ユダヤの王と語る」の意味。聖母マリア、弟子ヨハネが見守る。人類最初の罪人アダムを象徴する頭蓋骨が描かれている。向かって右側ふたりは絵の発注主とその守護聖人。

物語絵の手法

『オットー大帝の裁判』ディーリック・バウツ
連続したふたつの物語絵なので、同じ人物が登場する

かぎられた空間で多くのことを語る必要から、1枚の画面に複数の場面を描き込んだ。登場人物が多く、同じ人物が2度、3度と出てくれば注意してみよう。聖人伝のいくつかのエピソードを同一画面にちりばめてあったり、ひとつの伝説を時間を追って描いてあったりする。
ブリュッセルの古典美術館にある『オットー大帝の裁判』は後者の代表例。

三連祭壇画

北ヨーロッパでは、特に観音開き式の祭壇画が多い。普段は閉じられ、日曜日のミサや、宗教的行事の際に開帳された。左、中央、右に何を描くかは、特によく見られるパターンがあり、閉じられたときの表面にも絵は描かれているので、裏側にも回ってじっくりと鑑賞したい。

左に絵の発注主と男の子供たち、中央に受胎告知(または聖母子像のことも)、右に発注主の妻と女の子供たち(発注主夫妻はそれぞれの守護聖人に付き添われている)といった例も多い。このほか、左に受胎告知、中央に磔刑、右に三賢王の礼拝、裏面に絵の発注主またはその守護聖人というものもある

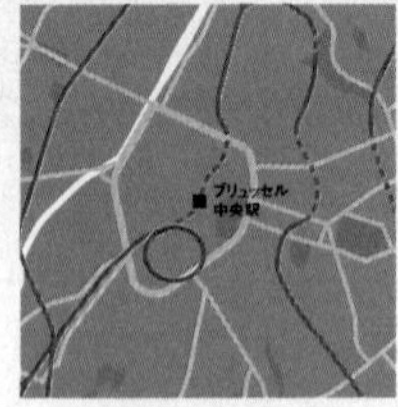

サブロンからマロール地区

ロワイヤル広場から南西に向かうと、**ノートルダム・デュ・サブロン教会**や**プチ・サブロン広場**があり、その先にグレコロマン様式の**最高裁判所**が威風堂々とそびえ立つ。レジャンス通りRue de la Régenceも、大蔵省、外務省などのある官庁街だ。

一方、**マロール地区**の名前は、現在の最高裁判所が建つ丘のあたりに、17世紀"マリオル姉妹Les Soeurs Mariolles"と呼ばれた尼僧院があったことに由来するといわれている。今から約800年前は城壁の外で、ブリュッセルの布類の通商が発展するとともに栄え、おもにワロン系の商人の住んだ地域であった。その後、労働者が多く住み、第2次世界大戦後はブラックマーケットが立った。今は闇市はないが、最も庶民的な地域として**ジュ・ド・バル広場**にはのみの市が立ち、ブラース通りRue Blaesは、日曜の午前から15:00頃まで骨董店が開いていて、にぎわっている。

サブロン～マロール地区の歩き方

ノートルダム・デュ・サブロン教会 P.256
↓
グラン・サブロン広場 P.257
↓
最高裁判所 P.257
↓
ノートルダム・ド・ラ・シャペル教会 P.257
↓
ジュ・ド・バル広場 P.257

おいしいパン屋
Le Pain Quotidien
焼きたてのパンを買うことができるだけでなく、カフェもあり、お店のおいしいパンを使った食事も取ることができる。ケーキなどもあるので、休憩にもいい。グラン・サブロン広場からプチ・サブロン広場に延びる通り沿い。1号店は→P.274。ギャルリー・サン・チュベールにもある。
住Rue des Sablons 11
➲Map 折込3表B4
☎02.5135154
営7:30～18:00（日8:00～）

ノートルダム・デュ・サブロン教会

おもな見どころ

ノートルダム・デュ・サブロン教会 Eglise Notre-Dame du Sablon

➲Map 折込3表B4

ゴシック・フランボワイヤン建築の美しい教会。特に夜は、教会全体が灯ろうのようにともり、中からの光が美しいステンドグラスを通って、幻想的な世界をつくり出す。1304年に射手組合（ギルド）の手で小さな礼拝堂が建てられたのが始まり。伝説によると、1348年にアントワープの女性Baet Soetkensは、天使のお告げに従いマリア像を舟でブリュッセルまでもたらし、射手にささげたという。以来、ここは巡礼地となり、急速に大きくなった。入口の上に（プチ・サブロン広場側）小舟のコピーがあり、その上のステンドグラスも美しい。

内部のステンドグラスは絶品

ノートルダム・デュ・サブロン教会
住Rue de la Régence 3B
☎02.5115741
開10:00～18:00（土9:00～19:00　日9:00～11:45、13:15～18:00）　休無休　料無料
T92、93 Petit Sablon下車

グラン・サブロン広場のアンティーク市

グラン・サブロン広場 Place du Grand-Sablon

➲Map 折込3表B4 ➲Map P.234-B3

サブロンとは砂あるいは砂地という意味で、昔ここが湿地の中の砂州だったことに由来している。広場周辺は骨董店もあり、土・日曜にはアンティーク市(→P.287)が開かれる。また、広場に面したヴィタメールWittamer(→P.287)で、おいしいケーキやペストリーを買うこともできる。

最高裁判所 Palais de Justice

➲Map 折込3表A5 ➲Map P.232-B3

下町と山の手をくっきりと分けるようにそびえ立つ、グレコロマン風の建物。中には27の大法廷と245の部屋があり、広場からの高さ104m、面積2万6000㎡の、19世紀最大の建築物だ。1866年から1883年にかけて造られたが、建築家プラールJoseph Poelaertは、1879年に精神を病み、死んでしまった。裁判所前のプラール広場Pl. PoelaertはかつてGaldenberg(絞首刑台の丘)と呼ばれ、絞首刑台が置かれていたという。広場の一方が展望台になっていて、ブリュッセルの下町が見渡せる。眺望のいい観覧車もある。

ノートルダム・ド・ラ・シャペル教会 Eglise Notre-Dame de la Chapelle

➲Map 折込3表A4 ➲Map P.234-A3

ブリューゲル(父)が1569年に埋葬された教会として有名。そのほか、スピノラ家の墓や17世紀のブリュッセルの英雄アネッセンを記念する碑がある。13世紀に建設された翼廊はロマネスク様式、15世紀に再建された内陣はゴシック様式だ。尖塔は16世紀に完成した。

ノートルダム・ド・ラ・シャペル教会

ジュ・ド・バル広場 Place du Jeu de Balle

➲Map 折込3表A4〜A5 ➲Map P.232-A3

マロール地区の中心となる広場。のみの市(→P.287)は毎朝開いているが、特に土・日曜の午前中(13:00まで)に広場に行くとにぎやか。骨董市というよりもガラクタ市。広場前のRue Blaesの通り沿いにおもしろいショップもあるので散策してみたい。

アル門 Porte de Hal

➲Map 折込3表A5 ➲Map P.232-A3

14世紀頃、現在は地下鉄の路線でもあるインナーリングが走る五角形の形に城壁が築かれていた。城壁の南端の門が、この小さなお城のようなアル門で、内部は中世の鎧や剣などの武具、装飾品、絵画などを観ることができる博物館になっている。

プチ・サブロン広場
この広場の周りには48本の柱が立ち、その上に中世のギルドを表すブロンズの像が載っている。そのなかにはスペインの圧政に抵抗して処刑されたエグモン伯とオルヌ伯の像があり、その背後にある館はエグモン宮だ。
➲Map 折込3表B4
Ⓣ92、93 Petit Sablon下車

最高裁判所
住Pl. Poelaert 1 ☎02.5086111
開8:00〜17:00 休土・日・祝、7月 料無料 Ⓣ92、93 Poelaert ⓂLouise下車
プラール広場の展望台の先にある無料のエレベーターでマロール地区へ下りることもできる。

ブリューゲルの家
Maison Brueghel
ピーテル・ブリューゲル(父)が実際に住んでいた家がマロール地区にある。内部見学は不可。
住Rue Haute 132
➲Map 折込3表A4

ノートルダム・ド・ラ・シャペル教会
住Place de la Chapelle 10
☎02.5114398
開10:00〜16:00
休月・日曜のミサ 料無料
Ⓣ92、93 Petit Sablon下車

ジュ・ド・バル広場ののみの市

アル門
住150 Boulevard du Midi
☎02.5341518 開9:30〜17:00 チケット販売〜16:00(土・日10:00〜、12/24・31〜15:00)
休金、1/1、5/1、11/1・11、12/25
料€7 URLhallegatemuseum.be ⓂPorte de Hal下車

上に上ってマロール地区を見渡すこともできる

Bruxelles

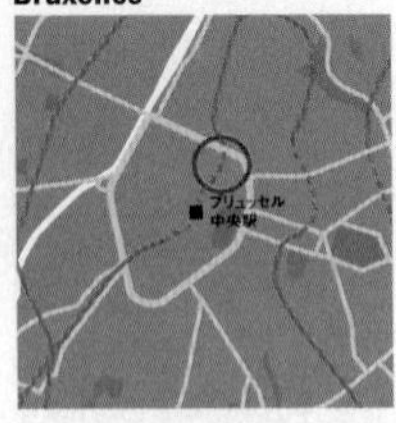

ロジェ広場〜サン・ミッシェル大聖堂の歩き方

ヌーヴ通り P.258、278
↓
王立モネ劇場 P.259
↓
サン・ミッシェル大聖堂 P.259
↓
コングレ記念塔 P.259

植物園。このあたりは、暗くなってからは危険なので注意が必要

気をつけたいエリア
ヌーヴ通りから1本東へ入った、格安ホステルのスリープ・ウェル（→P.292）からグラン・プラスへと行く道で、グループを組んだ男の子たちに取り囲まれたり、あやしげな人につきまとわれたりしたという投稿が届いている。中心部であっても、人通りの多いヌーヴ通りを通ったほうが安全。

ヌーヴ通りのデパートINNO前

ロジェ広場からサン・ミッシェル大聖堂へ

近代的なビルに囲まれた**ロジェ広場Pl. Rogier**から南西へ、ショッピング街**ヌーヴ通りRue Neuve**を抜けると、美しい**王立モネ劇場**がある。そこから東南方向へと坂を上る前にビールで英気を養って、ひと息にサン・ギュデュル広場Pl. Sainte-Guduleの上まで歩くと、そこに**サン・ミッシェル大聖堂**のふたつの鐘楼がそびえ立つ。

さらに上って、**ロワイヤル通りRue Royale**を左に曲がると、記念塔のある**コングレ広場Pl. du Congrès**から町の眺望を望むことができる。真っすぐ進んで環状道路にぶつかったら、少し横道にそれて**植物園**で休憩を。西へ坂を下ったらロジェ広場に再び帰る。約2時間の歩きで、俗界と天界の間を往復したような気がするだろう。

コングレ記念塔の前では記念撮影をする人も多い

おもな見どころ

ヌーヴ通り Rue Neuve

➲Map 折込3表B1〜2　➲Map P.232-B1

全長約600mの通りに、シティ2という大ショッピングセンターや百貨店、映画館、ブティックなどの集まったダウンタウン。華やかな通りの中ほどにある**ノートルダム・デュ・フィニステール教会**（1713年建築、聖母像で有名）と**マルチール広場**（1830年のベルギー独立時の犠牲者に対する記念碑）がアクセントをつけている。

マンガ博物館 Centre Belge de la Bande Dessinée

➲Map 折込3表C2

ヌーヴ通りから東に入った所にある、ベルギーのマンガに関する博物館。日本語にも訳されている人気キャラクターのタンタンをはじめ、ベルギーマンガ家の作品が展示されている。原画やア

タンタンの展示コーナーもある

マンガ博物館
住Rue des Sables 20
☎02.2191980
開10:00〜18:00
最終入場17:00
休月（7・8月を除く）、1/1、12/25
料€13　URL www.cbbd.be
T92、93 Congres下車
スマートフォンなどでQRコードを読み込んで日本語の説明にアクセスできる。

ニメの製作過程のコーナーのほか、特別展などもあり、ヴィクトール・オルタ設計による建物も一見の価値あり。アールヌーヴォーに興味があるなら訪れてみても。ミュージアムショップには、翻訳された日本のマンガやタンタングッズなども揃っている。

壁面にタンタンTINTINの絵があるメトロ駅
メトロ1号線の終点、ストッケルStockelのホームには、タンタンの壁画がある。タンタンファンなら足を伸ばしてみるのもいい。
タンタン特集→P.214～217

王立モネ劇場 Théâtre Royal de la Monnaie

➲Map 折込3表B2　➲Map P.234-B1

1819年に建てられたオペラハウス。同じ場所にブラバン公が1420年、初めて造幣局を造ったために、フランス語で貨幣のことをいうモネと呼ばれている。新古典様式のこの美しい建物で、ベルギー独立の火の手が上がったことは有名な話。

オペラやバレエの公演が行われる王立モネ劇場

王立モネ劇場の内部見学
劇場内部やオペラの舞台裏を見ることができる英・仏・蘭語のガイドツアーがある。英語ツアーは第1土曜12:00～。所要約1時間30分。ウェブサイトから予約したほうがいい。
☎02.2291211　料€15
URL lamonnaie.be
M De Brouckere下車

サン・ミッシェル大聖堂 Cathédrale St. -Michel

➲Map 折込3表C2　➲Map P.232-B2

1962年にメッヘレンをも含む大司教区の大聖堂に昇格し、1516年にカール5世がここで戴冠式をしたり、歴代王家が結婚式を挙げることでも有名。1999年2月には現国王フィリップとマチルド王妃の結婚式が行われた。13世紀に内陣が造られてから、15世紀に鐘楼ができるまで、約300年の年月がかかっている。

ゴシック様式の内部、南側廊の上には聖ギュデュル像が置かれている。伝説によると7世紀頃、この場所に小さな礼拝所があり、少女ギュデュルがろうそくの火を吹き消す悪魔の意地悪にもめげず、毎晩祈り続けていたという。その後、市民は大天使聖ミッシェル教会に聖ギュデュルの名前を付け加えることを望んだが、正式に法王の許可を得られなかった。1975年に44個のカリヨンを授かり、すでにあった6個の鐘とともに美しい音色を奏でている。

2本の塔が印象的

サン・ミッシェル大聖堂
住 Parvis sainte-Gudule
☎02.2178345
開 8:00～18:00(日13:00～)
休 イベントなどにより不定休あり
料 無料
URL cathedralisbruxellensis.be
T 92、93 Palais下車

アールヌーヴォー建築探訪
○ダニエル・オストDaniël Ost
(旧ニゲ紳士用品店)
日本でもよく知られるフラワー・デザイナー、ダニエル・オストのショップ。ポール・アンカールがデザインしたアールヌーヴォー建築でもある。
住 Rue Royale 13　☎02.2172917
➲Map 折込3表C2　開 9:00～18:00(土～14:00)
休 日・祝　URL danielost.be
T 92、93 Parc下車

○ドゥ・ウルティマ・ハルシナティ
De Ultieme Hallucinatie
内装を幾何学的なアールヌーヴォー様式に改装したレストラン&ブラスリーとサロン。内部はこの3つの部分に分かれており、各々違った雰囲気。ブラスリーの列車のブースのような椅子は有名なヴァンドヴェルドの設計。
住 Rue Royale 316
➲Map P.233-C1
☎02.8890316
開 水～金11:30～14:00、水・金18:00～22:00(金～23:00)　土12:00～23:00　休 日～火
T 92、93 Sainte-Marie下車
URL deultiemehallucinatie.be

コングレ記念塔 Colonne du Congrès

➲Map 折込3表C2

1831年の憲法発布を記念して、1859年に造られた。高さ25mの塔の上には、最初の国王レオポルド1世の像が置かれ、下は無名戦士の墓を永遠の炎とともに2頭のライオン像が守っている。

コングレ広場からの眺めも楽しみたい

Bruxelles

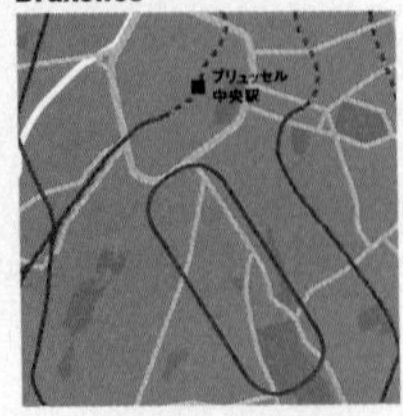

ルイーズ広場からカンブルの森へ

ルイーズ広場Pl. Louise あたりには、思わず目が輝いてしまうような高級ブランドのブティックが並んでいる。ショーウインドーの中をのぞき込むと、ここはパリかと錯覚してしまうほどだ。ブリュッセルが別名"小パリ"といわれるのも納得がいく。

ルイーズ通りを南に歩いて30分ほど行き(トラムなら20分ほど)、左の脇道にそれると都会のオアシス、**カンブル大修道院**がある。ルイーズ通りの突き当たりは、休日の午後散歩するにはもってこいの**カンブルの森**になっている。

ルイーズ広場〜カンブルの森の歩き方

ルイーズ広場 P.260、278
↓
オルタ美術館 P.260
↓
カンブル大修道院 P.262
↓
カンブルの森 P.262

ルイーズ広場の南部には魅力的なアールヌーヴォー建築が多い

おもな見どころ

オルタ美術館 Musée Horta

➲Map 折込3裏B4

アールヌーヴォーの父、ヴィクトール・オルタVictor Hortaが1919年まで妻子とともに住んだ家で、アトリエとしても使われていた。アールヌーヴォ全盛期の1898〜1901年にかけて建設された。らせん状の階段、美しいシャンデリアや家具など、直線を排したアールヌーヴォーの見本のような邸宅は、一見の価値あり。世界遺産にも登録されている。

オルタ美術館
住Rue Américaine 27
☎02.5430490
開14:00〜17:30
(土・日11:00〜) 最終入場は16:45
休月、1/1、イースター、5/1、キリスト昇天祭、7/21、8/15、11/1・11、12/25
料€12 要予約。
オンライン予約可能
URL hortamuseum.be
T81、92、97 Janson下車
ルイーズ広場からなら92、97番のトラムで3つ目の停留所 Jansonで下車。進行方向にさらに100mほど歩くと、日曜大工のスーパー「BRICO」がある。そこを左に折れて100mほど。

建築家ヴィクトール・オルタのおもな都市邸宅群(ブリュッセル)
Major Town Houses of the Architect Victor Horta (Brussels)
文化遺産 / 2000年

Column Belgium

アールヌーヴォー・パス

ソルヴェイ邸(→P.261)、アノン邸(→P.261)、メゾン・コーシー(→P.265)が修復・復元をほぼ終え、ほかにも内部見学できるアールヌーヴォー建築が増加中。オルタ美術館、ソルヴェイ邸、アノン邸、メゾン・コーシー、楽器博物館(→P.247)、マンガ博物館(→P.258)など9つのアールヌーヴォー建築と、特別展示会のうち3つに入場できるパスが発行されている。ガイド付きツアー、アールヌーヴォー様式のブラスリーやショップでの割引もある。

料€20(ソルヴェイ邸を加える場合は€30) 9ヵ月間有効。ソルヴェイ邸、メゾン・コーシー、オルタ美術館は要予約。オンラインまたは観光案内所で購入。

URL brusselsmuseums.be/en/our-projects/art-nouveau-pass URL shop.artnouveaupass.brussels

アールヌーヴォー散歩

ルイーズ広場の南、オルタ美術館があるエリアは、「アールヌーヴォー建築の宝庫」とも呼ばれる。なにげない通りにも優雅な意匠の扉や窓枠、バルコニーを発見することがある。

アノン邸の壁画。階段の手すりの装飾なども魅力的

ソルヴェイ邸　©Gilles van den Abeele - www.gnab.be

美しい壁画に魅了されるアノン邸Maison Hannon

オルタ美術館南西、徒歩10分ほどの場所にある。アールヌーヴォーの流行が頂点に達した後の1903年に建てられたもので、アールヌーヴォーの印象的な意匠をまとめて堪能できる。階段のボードゥアンの壁画やステンドグラスがすばらしい。ジュール・ブリュンフォー作。邸内では、この時代に関わる特別展が順次開催されている。

住Av. de la Jonction 1　MAP 折込3裏A4
開11:00～18:00(土・日10:00～)　休火
料€12　オンライン予約€14
URL maisonhannon.be

世界遺産にも認定されているオルタ建築

オルタ美術館の近くには、オルタ作の世界遺産、実業家のソルヴェイ邸Hôtel Solvayやタッセル邸Hôtel Tasselもある。ソルヴェイ邸のみ内部を公開しているが日時指定の予約が必要。開館日が少なく人気が高いので早めに予約をしたほうがいい。

ソルヴェイ邸　MAP 折込3裏B4
住Av. Louise 224　☎02.6405645　開10:00～16:00　開催日は不定期。木・土のどちらか1回が多い。
料€18　要予約　URL hotelsolvay.be

タッセル邸　MAP 折込3裏B4
住6 rue Paul-Emile Janson

ポール・アンカールの建築巡りなど

ドゥ・ファック通りRue Defacqz MAP 折込3裏B4には、オルタと並ぶアールヌーヴォーの建築家ポール・アンカール設計の建物が並んでいる。71番地にあるのがポール・アンカールの私邸 Maison Paul Hankar(1893年)。48番地にある画家シャンベルラーニの家Maison Chamberlani(1893年)と50番地の画家ルネ・ジャンセンの家Maison René Janssens(1898年)は隣同士。内部見学はできないが、「街路の芸術」を説き、ファサードを大切にしたポール・アンカールらしい、凝った壁面をじっくりと眺めてみたい。オルタ美術館を見学したあと、散歩がてら立ち寄ることができる。

少し離れるが、アル門南部のヴァンデルスクリック通りRue Vanderschrickの1～25番地にも、アーネスト・ブレロErnest Blérotによる優雅なアールヌーヴォー建築群がある。ベルギー料理のレストラン、ラ・ポルトゥーズ・ドーLa Porteuse d'Eauは、内装のステンドグラスなども素晴らしい。散歩の最後に、食事をしに訪れてみるのもいい。

ラ・ポルトゥーズ・ドー
住Jean Volderslaan 48　MAP P.232-A3
☎02.5376646　営12:00～15:00、18:00～23:00(金・土12:00～23:30、日12:00～22:30)
URL laporteusedeau.be　M Porte de Hal下車

左から、シャンベルラーニの家、ルネ・ジャンセンの家、ポール・アンカール私邸

レストランLa Porteuse d'Eauがある建物

カンブル大修道院 Abbaye de la Cambre

➲Map 折込3裏B5

大修道院は12世紀末に建てられ、その約200年後にノートルダム・ド・ラ・カンブル教会Abbaye de la Cambreが建てられた。ゴシック前期の建築様式の大修道院は、16世紀の宗教戦争で壊され、17～18世紀にバロック風に再建された。教会のほうはゴシック様式。現在学校として使用されているが、高い壁に囲われてここだけ俗世界と切り離された空間。絵画的なフランス式の庭園は、建物や中庭とよく調和して美しい。

カンブル大修道院

カンブル大修道院
Ⓣ8、93 Abbaye下車

ノートルダム・ド・カンブル教会

カンブルの森 Bois de la Cambre

➲Map 折込3裏B5

この大きな森も、広大なソワーニュの森の一部分にすぎない。休日にはブリュッセロワ（ブリュッセルの住民）が乗馬をしたり、犬を散歩させたりと思いおもいに過ごす。ソワーニュの森は全体の80％がブナの木といわれているほどで、夏は散歩やサイクリングをする人に涼しい陰をつくってくれる。森の中ほどにカンブル湖があり、レストランやキオスクも利用できる。

緑のなかでのんびりと

カンブルの森
Ⓣ7 Legrand/8、25 Marie-joseなど下車

世界遺産
ソワーニュの森 Sonian Forest
自然遺産 / 2017年

ヴァン・ビューレン美術館 Musée & Jardins van Buuren

➲Map 折込3裏A5

静かな住宅地に、資産家ヴァン・ビューレンの邸宅として1924～1928年に建てられた。アールデコ様式のインテリアのほか、エリック・サティが使っていたアールデコ調のピアノもある。自身も絵を描いていたというだけあって、ブリューゲル（父）の『イカロスの墜落』（コピーとみられる）をはじめ、ペルメーク、アンソール、フジタ、ゴッホ、エルンストなど、絵画の所蔵品も見事。アールデコ様式のバラ園や迷路もある広々とした庭園も見どころのひとつ。

ヴァン・ビューレン美術館
住Av. Léo Errera 41
☎02.3434851
開14:00～17:30（最終入場）
チケット発売は閉館30分前まで
休火
料€15　庭のみの場合€9
URLmuseumvanbuuren.be
Ⓣ3、4、7 Churchill下車、広場から南へAv. Léo Erreraを約100m

外観はシンプルだが、内部のアールデコの装飾は見事

有名なハートの庭のほか、広々とした庭にはハーブなども植えられている

ラーケン王宮周辺

　ヘイゼル駅Heizel/Heysel周辺には、ボードゥアン国王競技場Stade Roi Baudouinや、総合レジャーパークのブルパークBruparckがあり、伝統的なブリュッセルとは異なった一面を見せている。ブルパークには、ミニ・ヨーロッパやアトミウムのほか、レストランやカフェ、子供の遊び場のほか、巨大スクリーンの映画館、室内プールなどがある。

　ヘイゼルの南東には、ラーケン王宮と広大なラーケン公園が広がる。青々とした芝生が広がるラーケン公園を散歩すると、新鮮な空気を思う存分吸うことができる。

おもな見どころ

アトミウム Atomium

➡Map 折込3裏A1

　1958年の万国博覧会のために造られたモニュメント。銀色に光る9つの大きなボールが宙に浮かぶ。この銀の鉄球は、太陽の輝く日中には太陽の反射光線を四方八方にばらまき、夜はライトに照らし出されて幻想的な姿を現す。ボールからボールへは、エレベーターで移動できるようになっている。高さ92mの中央の展望台兼レストランからは、緑に包まれたラーケン公園が一望でき、すばらしい眺めが堪能できる。

アトミウムのモニュメント

ラーケン王宮 Serres Royales（Laeken）

➡Map 折込3裏B1

　ブリュッセル王宮が国王の執務用であるのに対し、こちらは居住用。1784年にオーストリアの総督の居城として造られた。独立の翌1831年から1930年代は国王と王妃の夏の離宮として使用され、その後、居城となっている。門前からはルイ16世様式の華麗な宮殿が見えるが、内部は非公開。王立温室庭園は、アールヌーヴォー様式のガラスの温室。

春には温室庭園が公開されるラーケン王宮

Bruxelles

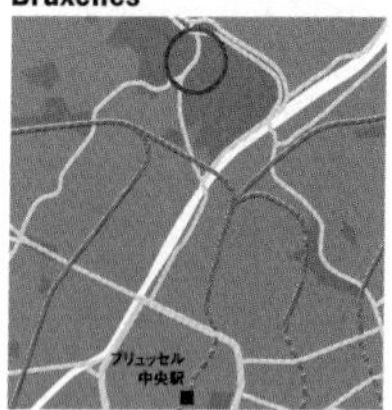

ラーケン王宮周辺の歩き方

アトミウム P.263
↓
ラーケン王宮 P.263

ミニ・ヨーロッパ

ブリュッセルのグラン・プラスのほか、ロンドンのビッグ・ベンやパリのエッフェル塔など、ヨーロッパを代表するモニュメントの25分の1のミニチュア版。

住Mini-Europe, Bruparck
➡Map 折込3裏A1
☎02.4780550　開9:30～18:00（7・8月～19:00、10月～1月初旬10:00～、12/24・31～17:00）
最終入場は閉館1時間前
休1月初旬～3月初旬予定
料€19　アトミウムとの共通チケット€31.30
URL minieurope.eu
M Heysel下車　T 7 Heysel下車

アトミウム

住Square de l'Atomium
☎02.4754775
開10:00～18:00　チケット発売～17:30（12/24・31～16:00、1/1・12/25 12:00～）
休無休 料€16
URL www.atomium.be
M Heysel下車　T 7 Heysel下車

王立温室庭園

住Domaine Royal de Laeken
☎02.5138940
開4月中旬～5月中旬の3週間の予定
2023年は4/14～5/7開催で€5。2024年以降の詳細は未定。ウェブサイトなどで要確認。
URL monarchie.be
T 3、7 De Wand下車

サンカントネール公園周辺

地下鉄シューマン駅Schumanで降りると、シューマン・ロータリーに出る。このあたりはEU関係のビルが集まる所。町で見かける、星印に囲まれた"EUR"のナンバープレートは、EU諸機関で働く人の車だ。東に向くと、遠く緑の向こうに美しい**凱旋門**が輪郭を際立たせている。次の駅、メロード駅Merodeで降りると、**サンカントネール宮**の入口近くに出る。でも天気がよかったら、シューマン駅から**サンカントネール公園**を通って、凱旋門に向かって散歩してみよう。徐々にはっきりしてくるサンカントネール宮に胸がときめくことだろう。

サンカントネール公園周辺の歩き方

サンカントネール公園 P.264
↓
美術歴史博物館 P.264
↓
王立軍事歴史博物館 P.265
↓
オートワールド P.265

サンカントネール公園の左右対称な凱旋門

ブリュッセルいちのフリット
メゾン・アントワンヌ
Maison Antoine
1948年創業で、親子3代にわたって続いているというフリットの店。ブリュッセルで一番という声も高く、日によっては並ばなくてはならないほど。20種類を超えるソースがあるが、基本はマヨネーズで、それにピクルスやケチャップ、香辛料などをプラスしたもの。サンドイッチやハンバーガーなどもある。
住Place Jourdan 1
➡Map P.233-D3
☎02.2305456
開11:30～翌1:00
URL maisonantoine.be
M Schuman下車

おもな見どころ

サンカントネール公園 Parc du Cinquantenaire

➡Map P.233-D2

独立50周年を記念して1880年に開催された博覧会の会場として造られた。アーチ状のサンカントネール凱旋門は、1905年にレオポルド2世の命により建築家ジローGiraultが建てたもの。

美術歴史博物館 Musée Art & Histoire

➡Map P.233-D3

凱旋門の右翼にあり、古代ペルシャ、エジプトなどから中国、マヤ、アフリカまで世界各地の発掘品、工芸品を収集する大博物館。もちろんベルギーの装飾工芸品も中世からアールデコまで充実している。なかでも1530年の大作『ヤコブの生涯』やサブロン教会の伝説をはじめとするゴブラン織りやレースの数々は有名。15、16世紀の木彫り彩色の祭壇も古典美術館にある油絵の祭壇画と比較すると興味深い。

凱旋門の一角にある

美術歴史博物館
住Parc du Cinquantenaire 10
☎02.7417331
開9:30～17:00（土・日・祝10:00～17:00、12/24・31～15:00）
チケット発売は閉館1時間前まで
休 月、1/1、5/1、11/1・11、12/25 料€10
王立軍事歴史博物館とオートワールドとの共通券€25（3ヵ月有効）
URL artandhistory.museum
M Merode、Schuman下車
サンカントネール博物館と呼ばれることもある。

王立軍事歴史博物館 Musée Royal de l'Armée et d'Histoire Militaire

➲Map P.233-D2

凱旋門の左翼にあり、中世から第2次世界大戦までの軍服、武器、資料の展示がある。スピットファイヤー(1943年)、モスキート(1945年)などの軍用機のコレクションは見応えあり。

軍用機コレクションもたくさんある

王立軍事歴史博物館
住Parc du Cinquantenaire 3
☎02.7377811
開9:00～17:00 最終入場16:00
休月、1/1、5/1、7/21、11/1、12/25 料€11(第1水曜13:00～無料) URL klm-mra.be
M Merode、Schuman下車
入口の左奥にある階段かエレベーターで凱旋門の屋上に出ることができる。

凱旋門の上からの眺め

オートワールド Autoworld

➲Map P.233-D3

サンカントネール博物館と同じく凱旋門の右翼にある。1886年から1970年代のクラシックカーが250台ほど展示されている。故ケネディ大統領のパレードに使用されたのと同型のキャデラック、戦前のベルギー製ミネルヴァなど、マニアにとっては興味が尽きない。

車好きならぜひ

オートワールド
住Parc du Cinquantenaire 11
☎02.7364165
開10:00～17:00
(土・日～18:00)
休12/25 料€15
URL www.autoworld.be
M Merode、Schuman下車

自然史博物館 Institut royal des Sciences naturelles de Belgique

➲Map P.233-C3

人類の歴史、鉱物、海洋生物などに分かれているが、地上階と地下1階の恐竜部門が有名。1878年、ベルギー南部の炭坑内で発見された30頭分以上のイグアノドンの化石の展示が圧巻。2足歩行していたという当時のままの復元や発掘現場の再現がある。

恐竜の展示室

自然史博物館
住Rue Vautier 29
☎02.6274211
開9:30～17:00
(土・日・学校休暇中10:00～18:00、12/24・31～15:00)
最終入場は閉館1時間30分前
休月、1/1、5/1、12/25
料€13(第1水曜13:00～無料)
URL naturalsciences.be
中心部からはバス38、95番でIdalieかLuxembourg下車
列車ならGare de Bruxelles-Luxembourg下車

自然史博物館

ヨーロピアン・ユニオン European Union(EU)

➲Map P.233-C3~D2

十字形の外観で有名なEU本部のほか、EU理事会、欧州議会など、EU関連の多くのビルが、このエリアに集まっている。EUに興味がある人は**欧州議会ビジターセンターParlamentarium**を見学してみてもいい。

EU本部

欧州議会ビジターセンター
➲Map P.233-C3
開9:00～18:00(月13:00～、土・日10:00～) 休1/1、5/1、11/1、12/24・25・31 料無料
パスポートなど身分証明書が必要。セキュリティチェックあり。
M Maelbeek、Schuman下車

メゾン・コーシー La Maison Cauchie

➲Map P.233-D3

1905年に壁などの装飾の専門家ポール・コーシーが建てた私邸。ファサードはアールヌーヴォー壁画で飾られている。内部は英・仏・蘭語のガイドツアーで見学可能。

ファサードの壁画はスグラッフィートという手法で描かれている

メゾン・コーシー
住Rue des Francs 5
☎0473.642697
開土・日に不定期開催。ウェブサイトの予約ページで確認。要予約。所要約1時間。
料€9.50 URL cauchie.be
M Merode下車

エクスカーション

ワーテルロー Waterloo

➡Map 折込1表

ブリュッセルの南約18kmに、小高い人工の丘がある。その頂上では、黒いライオン像がはるかかなたにあるフランスを遠目でにらみつけている。このあたり一帯にはナポレオンにちなんだみやげ物屋や博物館があり、夏の観光シーズンが到来すると当時の兵隊の格好をした人が出てくるほど、ナポレオン色に染まっている。

イギリス軍のウェリントン将軍が宿泊し司令本部ともなった建物を改装した、ウェリントン博物館 Musée Wellingtonなどもある。

●ライオン像の丘 La Butte du Lion

高さ40.5mの丘の頂上にある高さ4.5mの台座に、重さ28tのライオン像がある。1826年に、当時のオランダ・ベルギー軍の指揮官オラニエ公王子の名誉の負傷を記念して造られたもの。

226段の階段を苦労して上ったら、広大な平原を見ながら、戦いの場面を想像してみよう。約200年も前、広い戦場に、約30万人の兵士が結集し、半日の戦いで5万人近くが死傷した。ちょうど現在の丘あたりに、ナポレオン率いるフランス軍が横に隊列を組み、一方、ウェリントン率いるイギリス軍は1.5km離れた場所にモン・サン・ジャン農園を背にし、向かい合って横隊を組んでいた。そしてフランス軍の背後、ラ・ベル・アリアンス農場(丘の南)のあるあたりに、ナポレオンと砲撃隊が陣取っていた。援軍プロシア軍は、ネイ将軍率いる騎馬兵が窪地にはまってたじろいでいる間に、フランス軍の脇腹を突いたという。

像のある所まで上るのは、少々疲れる

ライオン像の丘へ

血なまぐさい戦いが行われたこの大平原も、今では青々とした草がそよそよと風に吹かれるばかりだ。

●パノラマ館 Panorama de la Bataille

幅110mの布に、迫真の戦闘場面が再現されている。1912年、フランスの画家Dumoulinによって描かれたものだが、円型の画面と遠近法のために人物が浮き出てくるようで、なかなか迫力がある。ライオン像の丘の麓にある。

また近辺にはナポレオン軍の司令部がおかれた**ナポレオン最後の司令本部 Dernier Quartier-Général de Napoléon**がある。

ACCESS

ブリュッセル南駅からTECのWまたは365番のバスが出ている。Avenue Fonsny側、ホテルIbis前に停留所がある。日曜はアル門方向にあるひとつ先の停留所に変更されるので要注意。工事で停留所が変更される可能性もあるので要確認。南駅の治安が心配なので、南駅ではなくアル門近くから乗車してもいい。ワーテルローの町まで所要40～50分。ライオン像の丘はワーテルローの町の中心からさらに5kmほどの所にある。一番近い停留所はMonument Gordonだが、バスの運転手に"La Butte du Lion"と言っておけば降ろしてくれる(バス停から丘は見えているが150mほど離れている)。

ウェリントン博物館
住Chaussée de Bruxelles 147 1410 Waterloo ☎02.3572860
開9:30～18:00
10～3月 10:00～17:00
(12/24・31～13:30)
休1/1、12/25
料€10(エジプト関連の展示は別途€6)
URL museewellington.be

メモリアル博物館
ワーテルローの戦いを3D映像などを使って追体験できる施設。軍服や武器などの展示もある。
住Route du Lion 315
☎02.3851912
開10:00～18:30(7・8月9:30～19:30、11～3月～17:30)
休無休
料11～3月€19.50 4～10月€23
ライオンの丘とパノラマ館、メモリアル博物館、ユーグモン農園の共通券。さらにウェリントン博物館、ナポレオン最後の指令本部へも入場できる共通券は€29。
URL www.waterloo1815.be

✉ ワーテルローの戦いの再現イベント
年に1度、6月頃、2日間にわたり、有名なナポレオンの「ワーテルローの戦い」の再現イベントが開催されます。イベント自体は1時間30分ほど。騎馬隊や大砲連発など、本物の合戦のような、ものすごい迫力です。チケットはオンラインで事前購入できます。
(YAMAN '23)

乗り物好きなら訪れたいトラム・ミュージアム Musée du Tram
トラムを中心に、1世紀以上にわたりブリュッセルの町を走ってきた車両コレクションを、町の発達などに合わせて見ることができる。
住Av. de Tervueren 354b
➡Map 折込3裏 C4外
URL trammuseum.brussels
M Trammuseum下車
T 8、39、44 Trammuseum下車

テルヴューレン公園 Le Parc de Tervuren

➡Map 折込3裏C4外

ブリュッセルから東へ約13km、ソワーニュの森の北東の一部分を占める広大な公園。13世紀にブラバン公の狩猟用の城があった所で、1879年に焼失したがその後再建された。この大きな宮殿には、手入れのよく行き届いた植木、芝生、運河をもつ典型的なフランス庭園があり、人々にやすらぎを与えている。散歩やジョギングをする人もいて、市民たちは思いおもいに楽しんでいる。

地元の人たちもピクニックに訪れる

公園にあるインフォメーションやカフェ

●王立中央アフリカ博物館 Musée royal de l'Afrique centrale

テルヴューレン公園の一角にある博物館。コンゴ民主共和国がベルギーの植民地だった時代に、レオポルド2世の命によって設立された。設計はサンカントネールの凱旋門と同じく、フランス人のジローGiraultが担当した。2018年にリニューアルオープンし、新しい建物と合体している。動植物に関するもの、民族学的なもの、アフリカ植民の歴史、生活道具などの展示があり興味深い。

ACCESS

メトロ1Bのモンゴメリー駅Montgomeryから44番のトラムに乗り、終点で下車。この44番のトラムは、木々の間を抜けるおすすめのコース。※44番のトラムは2024年3月まで運休。T-busが代替。

王立中央アフリカ博物館
住Leuvensesteenweg 13, Tervuren ☎02.7695211
開10:00～17:00(土・日・祝～18:00、12/24・31～14:00)
入場は閉館30分前まで
休月、1/1、5/1、12/25 料€12
URLafricamuseum.be

ストックレー邸Palais Stoclet
ベルギーの銀行家アドルフ・ストックレーAdolphe Stocletの私邸として、1905年から6年余りをかけて造られた館。オーストリアの建築家が設計指揮にあたり、内装はクリムトとクノップフが担当した。ウィーンの工房で手がけられた家具や調度品などは、機能性だけでない総合芸術となっている。内部への入場は不可。
住Avenue de Tervuren 281
➡Map 折込3裏C4
MMontgomery駅下車
T44 Leopold Ⅱ下車
世界遺産
ストックレー邸 Stoclet House
文化遺産 / 2009年

自然の力に癒やされる、ハルの森

ブリュッセルの南西約25kmの所に、552haの広大なハルの森Bois de Hal/Hallerbosがある。この自然に包まれた森には、4～5月の約2～3週間、鈴のような形のブルーベルの花が咲きほこり、黄緑色の新緑と相まって、青紫の絨毯を敷き詰めたような幻想的な光景が広がる。ブルーベルは野生のヒヤシンスの一種で、花が咲く時期は気候により前後するが、ハルの森のウェブサイトでは開花状況のほか、詳しいアクセス、ハイキングコースなどを確認できる。なお、森の中にはトイレがないので、ビジターセンター(週末のみ)かカフェで借りる。トイレチップをおくのを忘れずに。
➡Map 折込1表 ☎02.6582460 URLhallerbos.be

森の奥まで行くこともできるレンタカーが便利だが、公共交通機関の場合、ブリュッセル中央駅から列車でハルHalleまで行き(所要約15分)、ハルの駅から平日TEC114番のバス(1時間に約1本)で森の入口に当たるVlasmarkt下車、所要約10分 URLwww.infotec.be。またはハル駅から平日De lijn155番(Drogenbos経由Anderlecht行き)で15分、Essenbeek Mooi Vergezicht下車、森の入口まで徒歩約20分 URLwww.delijn.be。4月中旬から5月初旬の週末のみ、駅前からデ・レーンDe lijnの無料シャトルバスが出る。詳細は要確認。

ハル駅にはタクシーがいないのでタクシー利用は予約が必要。駅から10～15分、€15くらい。
タクシー会社:タクシー・ブロマール
ハレボスHallerbosに行きたいと、希望日時とともに、メールで予約の連絡(英語OK)を。
☎02.3654552 E-Mailinfo@taxiblommaert.be

ヴィレス修道院 Villers Abbey

➲Map 折込1表

ACCESS

中央駅から列車に乗りOttigniesで乗り換えVillers-la-Ville下車、合計約1時間。駅から少し行ったあとは、ほぼ1本道で徒歩約25分。少し遠いが、途中、視界が開けて修道院の跡が見えてくる様子が、なかなかいい。

ヴィレス修道院
住Rue de l'Abbaye 55
☎071.880980
開4～10月10:00～18:00
11～3月10:00～17:00
最終入場は閉館1時間前
休1/1、12/24・25・31
料€9　オーディオガイド€1.50
URL villers.be

12世紀末から建築が始まったため、ロマネスク様式と初期ゴシック様式が混在している。18世紀までは大修道院として権勢を誇ったが、その後フランス革命などの影響で解体されかけた。しかし、国が保全に乗り出し、遺構として残されている。ほぼ屋根の落ちた教会、ビール醸造所跡などを静かに散策するのもいいし、イベントやワークショップに参加するのもいい。

自給自足の生活をしていたシトー派修道士たちの暮らしがしのばれる

ガースビーク城 Kasteel van Gaasbeek

➲Map 折込1表

ACCESS

南駅からDe Lijn142番のバスLeerbeek行きに乗り、Gaasbeek Kasteel下車で城の入口前に着く。所要約30分、平日1時間に2本、土・日は2時間に1本程度。工事のためルートなどが変更されている可能性があるので要確認。ここから城まで徒歩10分ほど。南駅周辺は治安が良くないので気を付けたい。

ガースビーク城
住Kasteelstraat 40, Gaasbeek
☎02.5310130
開7/1～11/5('23)　10:00～18:00　最終入場は17:00
休月、上記以外　料€15
URL kasteelvangaasbeek.be
2020年から続く修復のため、内部コレクションが整うのは2024年以降の予定。詳細は要確認。

有名なエグモン伯が死刑になる直前まで、約3年間住んでいた城。ブリュッセルから約12km南西にあり、広大な庭園に囲まれている。城内の博物館にはタペストリー、中世の道具類などすばらしい展示品もある。ブリューゲルが絵を描いたといわれるテラスからの静かな田園風景はあまりにも美しく、風景画の世界にいるような錯覚を覚えてしまいそうだ。

周囲を森に囲まれた城

Column Belgium

フォロンの不思議な世界へ

ジャン・ミシェル・フォロンというベルギーの画家をご存じだろうか。彫刻、ポスター、雑誌の表紙、アニメーション制作など、幅広い活動を行ったが、やはり印象に残るのは、心に残像を残すかのような、彼の水彩画だろう。

ブリュッセルの郊外、お城もあるラ・ユルプLa Hulpeという公園内に、フォロンのミュージアムがある。大きな公園の散策に、ミュージアム見学、カフェレストランでランチと、半日～1日かけて、のんびりと訪れるのもよさそうな場所だ。

フォロン・ミュージアム Fondation Folon
住Ferme du Château de La Hulpe Drève de la Ramée 6 A, 1310 La Hulpe　➲Map 折込1表
☎02.6533456　開9:00～17:00（土・日・祝10:00～18:00。最終入場は閉館1時間前）　休月、1/1、12/24・25・31　料€12　URL fondationfolon.be

行き方　フラジェ広場Flagey➲MAP 折込3裏B4からTECバス366番でLa Hulpe Etangs Solvayという公園で下車。平日1時間に約1本、週末1～2時間に約1本程度、所要約25分。ここから約1.2km、徒歩20分強。帰りのバスの確認をしておこう。

フォロンの水彩画とミュージアムに隣接するカフェレストラン

ブリュッセルのエンターテインメント

国際色あふれるブリュッセルでは、質の高いコンサート、オペラ、バレエなどが日本に比べるとずっと安い料金で楽しめる。数あるコンサートホールや劇場以外にも、夏にはグラン・プラスでよくコンサートなどが開かれている。こうした情報は、ブリュッセル市観光案内のウェブサイト URL www.visit.brussels/en内のagendaやNightlifeのページで確認できる。このサイトでは、直前割引チケットが買えるLast-minute ticketsも紹介されている。
チケットはオンラインか劇場窓口で買う。本書に掲載している演奏日は予定なので、ウェブサイトなどで必ず確認を。

オペラハウス　グラン・プラス周辺

王立モネ劇場
Théâtre Royal de la Monnaie　Map P.234-B1

オペラ、バレエのおもな公演はここで行われる。オペラのシーズンは10～6月。歴史ある劇場で観劇を楽しんでみたい。人気がありすぐ席が埋まるので、早めの予約が望ましい。

©BI-TC

住Place de la Monnaie　チケット売り場住14 Rue des Princes　予約☎02.2291211　営 火～金12:00～18:00　土11:00～18:00　休日・月・祝、7・8月　URL lamonnaiedemunt.be　開演1時間前にもオープンし、空席があれば購入可能　M De Brouckere下車

多目的文化センター　ロワイヤル広場周辺

パレ・デ・ボザール
Palais des Beaux-Arts　Map 折込3表 C3

オルタHortaによって建てられた、多目的文化センター。ロワイヤル広場からロワイヤル通りに入ってすぐ左側。コンサート、演劇、映画など幅広い文化活動が行われている。

住Rue Ravenstein 16　☎02.5078200　営チケット売り場 10:00～18:00（木～20:30）　電話 火～金 11:00～19:00（土13:00～、7・8月～17:00）　開演1時間前にもオープンし、空席があれば購入可能　休日・月・祝　URL www.bozar.be　T 92 、93 Palais下車

劇場　グラン・プラス周辺

トーヌ劇場
Théâtre Toone　Map P.234-B1

子供から大人まで楽しめる人形劇の劇場。劇場も一見の価値あり。1830年に始まったというだけあって、古い山小屋風の内装が雰囲気を盛り上げている。併設のカフェバー利用と劇場見学のみも可。

住Rue Marché aux Herbes 66（入口Impasse Sainte Pétronille）　☎02.5135486　カフェバーと劇場見学営火～日12:00～深夜　休月、1月　上演 木～土20:30と土曜16:00から所要約2時間。ウェブサイトなどで要確認。言葉がわからなくてつらい場合は幕間で抜けてもいい。　料€12　URL www.toone.be　M Bourse下車

ナイトクラブ　グラン・プラス周辺

ミュージック・ビレッジ
The Music Village　Map P.234-A2

ジャズがメインだが、サルサ、ブルースなどの演奏もある。日曜の午後や木曜のランチタイムには、若手によるコンサートも不定期に行われている。軽食を取ることも可能（€14～15）。

住Rue des Pierres 50　☎02.5131345
営19:00～（通常は毎日、要確認）、コンサートは20:30または21:00から　約50分のセッションが2～3回
料€7.50～25　1日会員権€2が別に必要
URL themusicvillage.com　M Beurs下車

ナイトクラブ　グラン・プラス周辺

アルシデュック
L'Archiduc　Map 折込3表 A2

グラン・プラス近くの証券取引所からすぐの所にある老舗ピアノバー。アールデコの内装でも知られる。生演奏は9～4月の土曜が多い。ライブスケジュールはウェブサイトで確認を。

住Rue Antoine Dansaert 6
☎02.5120652
営16:00～翌5:00　ライブ土・日17:00
休12/24　URL archiduc.net
M Bourse下車

※休業日について‥祝日など、不定期営業や不定期休業することもある。

ブリュッセルのレストラン

フランスにも負けないという食通の国、ベルギー。その首都ブリュッセルでは、味に定評のあるレストランが数多くある。少々値が張ることもあるが、せっかく食通の国に来たのだから、レストランでの食事も楽しみたい。にぎやかなレストラン街のイロ・サクレ地区、魚料理の店が多い聖カトリーヌ教会周辺、そのほかグラン・サブロン広場周辺などにレストランが多く見られる。ボッタクリをする店もあるようなので、十分に気をつけて店を選びたい。店によっては夏や冬に長期休暇を取ることもある。

玉石混淆のなかから、おいしいレストランを見つけたい

イロ・サクレ地区

➲Map 折込3表B2

グラン・プラスを背にして王の家の左側の道を抜けていくと、Petite rue des Bouchersに入り、真っすぐ行って突き当たった道がRue des Bouchers。“Boucher(ブッシェー)”というのは肉屋のこと。つまりこれらの通りは、“肉屋通り”となる。名前から想像すると、肉料理のレストランばかりかと思うが、肉だけではなく魚料理も豊富。

有名なムール貝は旬の8～3月に味わいたい。夏のシーズン中は日も長く、道にはみ出すように並べられたテーブルで食事する人々でにぎやかだ。また、Rue des Bouchersを左に曲がって真っすぐ行くと、イタリアンレストランが並んでいる。

にぎやかなイロ・サクレ地区

ムール貝＋フリットを扱う店も多い

レストランのウエイター

魚介が食べたいなら、ここまで足を延ばして

聖カトリーヌ教会周辺

➲Map 折込3表A2

昔は聖カトリーヌ教会近くまで運河が来ていたため、魚料理のレストランが多い。現在はその運河も埋め立てられて噴水付きの池になっているが、魚料理のレストランはそのまま現在も残されている。少し高いかもしれないが、思いっきり魚料理を堪能したい人はぜひここまで足を延ばすべき。Quai aux Briquesは昔運河だった所にある道で、このレストラン街の中心。また、教会から北へ細長く延びる広場と並行して走るRue de FlandreとRue Ste. Catherineには庶民的なレストランやカフェ、ショップが並んでいる。

聖カトリーヌ教会

聖カトリーヌ教会前の広場で

魚屋が開いている立ち食いの店

気軽においしく。時間がないときにも

グラン・プラス南側

➲Map 折込3表A3～B3

グラン・プラスのビール博物館裏側の道Rue du Marché aux Fromagesには、地中海料理や中東料理のレストランが数軒ある。特に目につくのが、ピタPittaと呼ばれるハンバーガー。薄くて丸い形をしたパンに、牛肉あるいは羊肉と野菜を挟んで食べる。小さな店が多いが、中で座って食べられるし、テイクアウトすることもできる。

便利でおいしいピタの店

ベルギー料理　イロ・サクレ地区

シェ・レオン
Chez Léon

➲Map P.234-B1

ムール貝料理で有名な、1893年創業という歴史ある店。ベルギー各地にチェーン店をもつ。ムール貝は旬の季節に食べたい。少なめのムール貝とフリット＆ビールのセットFormule Léon€17.75。

住Rue des Bouchers 18　☎02.5111415
営12:00〜23:00（金・土〜23:30）　休無休
予不要（繁忙期は予約が望ましい）　CC A.D.J.M.V.
英語メニューあり　URL chezleon.be
M Gare de Bruxelles-Central下車

ベルギー料理　聖カトリーヌ教会周辺

ル・プレ・サレ
Le Pré Salé

➲Map 折込3表A2

昔ながらの食堂という感じのオープンキッチンの店。ベルギー料理専門の人気店で、地元の人でにぎわっている。500gのムール貝とフリットの平日ランチセットは€12.90。

住Rue de Flandre 20　☎02.5136545　営12:00〜15:00、18:00〜22:30　休無休（同じ通りの8番地にも店があり、必ずどちらかは開いている）
予不要　CC A.M.V.
URL www.lepresale.be　M Ste Catherine下車

ベルギー料理　イロ・サクレ地区

レストラン・ヴァンサン
Restaurant Vincent

➲Map P.234-B1

入口からすぐに調理場が広がっていて、なんとも活気のある様子が楽しく、かつ食欲をそそる。お得意は肉料理だが、ムール貝も魚も何でもござれ。各種ステーキが€29〜。

住Rue des Dominicains 8-10　☎02.5112607
営12:00〜15:00、18:30〜23:30　休日
ドスマートな服装で　予望ましい
CC A.M.V.　URL restaurantvincent.be
M Gare de Bruxelles-Central下車

ベルギー料理　イロ・サクレ地区

タベルヌ・デュ・パサージュ
Taverne du Passage

➲Map P.234-B1

1928年創業。アールデコ調のインテリアの庶民的なビストロといった雰囲気。エビコロッケ€18、ムール貝のセット€27〜29など。ギャルリー・サン・チュベール内にある。

住Galerie de la Reine 30　☎02.5123731
営12:00〜15:00、18:00〜23:00（土・日12:00〜23:00）
休無休　ドスマートな服装で　予望ましい　CC M.V.
英語メニューあり　URL latavernedupassage.be
M Gare de Bruxelles-Central下車

イロ・サクレ地区のレストランにご注意

イロ・サクレ地区のレストランでボラれたなどといった情報がたくさん編集室に寄せられている。そこで、注意すべき点を以下にまとめてみた。衛生上の理由などで強制的に閉鎖されたレストランもあり、多少は不安な店が減ってきているようだが、注意は怠らないようにしたい。

1. しつこい客引きには要注意。たくさん客が入っているからといって安心はできない。日本語で声をかけてくる店にもご用心。

2. 被害に遭った人の多くが、ウエーターがすすめる料理を注文し法外な料金を請求されている。料理を頼むときは、メニューをよく見て値段を確認しよう。また、頼みもしない料理を出された場合は、絶対に手をつけないこと。

3. 請求書はよく確認する。クレジットカードで支払うときも金額のチェックを忘れずに。

なおベルギーでは、料金にサービス料と税金（TVA）が含まれているので、特別なことを頼んでいなければ、原則としてチップは不要。

イロ・サクレ地区

※休業日について‥祝日やクリスマス〜年末年始など、不定期営業や不定期休業することもある。長期休暇をとる店もある。

ベルギー料理　イロ・サクレ地区

ブイヨン・ブリュッセル
Bouillon Bruxelles

Map P.234-B1

気軽にベルギー料理を食べられるだけでなく、ベルギーらしいランビックのビールを飲めるのもいい。ムール貝もランビックビール蒸しで€16.60。ほかにも、エビのコロッケ€11.10、トマトソースのミートボール€14.40などがある。一皿の分量が多過ぎず、日本人にはちょうどいいくらい。

住Rue des Dominicains 7-9　☎02.5122084
営12:00～14:30、18:30～22:15（金・土～22:30、日～22:00）　休月　予望ましい　CCM.V.　英語メニューあり　URLbouillonbruxelles.com
MGare de Bruxelles-Central下車

フランス料理　ロワイヤル広場周辺

ボザール・レストラン
Bozar Restaurant

Map 折込3表C3

若いスタッフの熱意が実り、ミシュラン2つ星を獲得。3コースランチ€90、夜のコースは€170と€210。コンサートなどが催されるパレ・デ・ボザールの中にあるが入口は別。

住Rue Baron Horta 3　☎02.5030000
営12:00～13:30、19:00～21:00
休火・土曜の昼、日・月　ドスマートな服装で
予要予約　CCA.M.V.　URLbozarrestaurant.be
T92、93 Palais下車

ヨーロピアン　イロ・サクレ地区周辺

ムントプント・カフェ
Muntpunt Café

Map P.234-B1

図書館に併設されているカフェレストラン。スープとパン€6の軽いランチ、ベジタリアンランチもあり気軽に入れる。ベルギーで一番重いといわれるドアを開けるのはさすがに力が必要。

住Rue Léopold 2　☎02.2171369
営10:00～23:00（土～翌1:00）　休日・祝
予不要　CCM.V.
夜は無料のジャズコンサートも頻繁に開かれている。
MDe Brouckere下車

ベルギー料理　グラン・プラス周辺

ラ・ルー・ドール
La Roue d'Or

Map P.234-A2

店のある通りRue des Chapeliersは帽子屋通りという意味。壁面に描かれた山高帽などは、マグリットの絵を思わせる。地元の人でにぎわっていて、メインの料理が1品€21～29くらい。

住Rue des Chapeliers 26　☎02.5142554
営12:00～15:00、18:00～22:30
休火
ドジャケット着用　予要予約
CCA.M.V.　MBourse下車

ベルギー料理　聖カトリーヌ教会周辺

フランソワ
François

Map 折込3表A2

魚屋と直結したレストラン。ブリュッセルの魚料理の伝統と、祖先から受け継いだレストランを誇りにしている。新鮮な魚、貝、カキなどがあり、英語メニューもあり。メイン€26～、肉料理€20～。

住Quai aux Briques 2　☎02.5116089
営12:00～14:30、18:30～22:30
休夏期休暇あり　ドジャケット着用　予望ましい
CCA.D.M.V.　URLrestaurant-francois.be
MSte Catherine下車

フランス料理　グラン・プラス周辺

コントワール・デ・ギャルリー
Comptoir des Galeries
➲Map P.245

ギャルリー・サン・チュベールにあるレストラン。手軽なフレンチで、前菜€17～、メイン€19～。グラン・プラスを訪れたあと、気軽に寄れる。上階は23室のホテルHôtel des galeriesになっていて、評判がいい。

住Rue des Bouchers 38　☎02.2137474
営12:00～14:30、19:00～22:00
休日・月、土の昼　予夜は予約が望ましい
CCA.D.M.V.　URLcomptoirdesgaleries.be
MGare de Bruxelles-Central下車

ハンバーガー　聖カトリーヌ教会周辺

ビー・バーガー
Be Burger
➲Map 折込3表 A2

ベルギーで急増しているバーガーレストランのなかでも人気店のひとつでハンバーガー€15.50～。大きさも選べる。子供用のメインとデザート€11.90があるのもうれしい。

住Pl. Sainte Catherine 2　☎02.8280162
営11:30～22:45　休無休
予不要　CCM.V.
URLbeburger.be
MSte Catherine下車

海鮮料理など　聖カトリーヌ教会周辺

ラ・ベル・マレシェール
La Belle Maraichère
➲Map 折込3表 A2

1974年創業の老舗。特に魚料理が有名。内装もビストロ風で気軽に入ることができる。定食は3コースで€50～。メインは€32～。魚のスープは€20～。

住Pl. Ste-Catherine 11A　☎02.5129759
営12:00～14:30、18:30～21:30(ラストオーダー)
休水・木・火の夜　ドジャケット着用　予要予約
CCA.D.M.V.　URLlabellemaraichere.com
MSte Catherine下車

ヨーロピアン　聖カトリーヌ教会周辺

ボンソワール・クララ
Bonsoir Clara
➲Map 折込3表 A2

この通りにたくさんあるブティックのおしゃれな店員さん御用達の店。モダンな内装で人気を呼んでいる。ランチ€19.50、メインディッシュ€23～32.50。英語メニューあり。

住Rue Dansaert 22-26　☎02.5020990
営12:00～14:30、19:00～23:30(金・土～24:00)
休土・日の昼　ドスマートな服装で
予望ましい　CCA.M.V.　URLbonsoirclara.com
MBourse下車

肉料理　聖カトリーヌ教会周辺

ブラッセルズ・グリル
Brussels Grill
➲Map 折込3表 B2
➲Map P.234-B2

市内に3店舗ある肉料理をメインにしたレストラン。写真付きのメニューが分かりやすい。メインだけで十分な量で、サラダ付き。ソース、付け合わせが選べて€19から。焼き加減を聞かれる。

住Place De Brouckère 19　☎02.2191219
営12:00～22:30　休無休　予不要　焼き加減:レアはセニャンSaignat、ミディアムはア・ポワンA point
CCA.M.V.　URLbrussels-grill.be
MDe Brouckère下車　右記、エクスキの並びにもある

セルフサービス　グラン・プラス周辺

エクスキ
Exki
➲Map P.234-B2

都市を中心にセルフサービスのレストランが増えている。そのなかでも、ここエクスキは自然派志向で人気がある。サラダの種類も豊富で、手軽に食べられるのでひとりでの食事にもピッタリ。

住Rue Marché aux Herbes 93　☎02.5028248
営7:00～20:00(金～21:00、土・日7:30～21:00)
休12/25　予不要
CCA.M.V.　URLexki.be
MGare de Bruxelles-Central下車

フランス料理　ループ広場

コム・シェ・ソワ
Comme Chez Soi　➡Map 折込3表 A3

ミシュランの1つ星を獲得している高級レストラン。町の中心からやや離れたループ広場にある。平日なら5コースが€170～。ランチは少しお手頃な€80～で味わえる。

住Pl. Rouppe 23　☎02.5122921
営12:00～13:00、19:00～20:30（最終オーダーの時間）
休日・月・火　ド正装
予要予約　CCA.D.M.V.　URLcommechezsoi.be
MAnneessens下車

フードコート　イロ・サクレ地区周辺

ウルフ
Wolf　➡Map P.234-B1

広い空間にいくつもの店が入っているフードコート。セルフサービスなので、気楽に利用できる。ピザ、飲茶、イタリアンなど、さまざまな味が揃う。ミックスジュースやクラフトビールなどもある。

住Rue du Fossé aux Loups 50
営12:00～14:30、18:00～22:00（土・日12:00～22:30）
休一部の祝　予不要　CCM.V.
URLwolf.be
MDe Brouckere下車

軽食　聖カトリーヌ教会周辺

ル・パン・コティディアン
Le Pain Quotidien　➡Map 折込3表 A2

多くの店舗があるが、ここが1990年開店の1号店。オープンサンドのタルティーヌや焼きたてパンがおいしい自然派レストラン。タルティーヌ€9.95～。スープ、タルティーヌ1/2、サラダのセット€15.95～。

住Rue Antoine Dansaert 16A　☎02.5022361
営8:00～18:00（食事～17:30）
休無休　予不要　CCM.V.
URLlepainquotidien.be　MBourse下車
サブロン店→P.256

ベルギー料理など　イロ・サクレ地区

カフェ・ジョルジェット
Café Georgette　➡Map P.234-B1

ムール貝やエビのコロッケ、ワーデルゾーイ、シコンのグラタンなど、ベルギー料理が食べられ、軽食もある。地元の人に人気のカフェレストランで、フリットをテイクアウトすることもできる。

住Rue de la Fourche 39　☎02.5121812
営12:00～22:00（金・土～23:00）　休無休
予望ましい　CCM.V.
URLcafegeorgette.be
MDe Brouckere下車

軽食　グラン・プラス周辺

ゴーフル・ドゥ・ブリュッセル
Aux Gaufres de Bruxelles　➡Map P.234-B2

軽食も取れる大きな店だが、ワッフルもおいしい。1階ではブリュッセル・ワッフル、リエージュ・ワッフルを焼いている。朝食、サラダ、サンドイッチ、クロックムッシュなど、軽食の種類も豊富。

住Rue Marché aux Herbes 113　☎02.5140171
営8:00～23:30
休無休　予不要　CCA.J.M.V.
URLbelgiumwaffle.com
MGare de Bruxelles-Central下車

フリット　イロ・サクレ地区

フリットリー・タボラ
Friterie Tabora　➡Map P.234-A1

行列のできるフリットの店。スモール、ミディアム、ラージの3つのサイズで、マヨネーズベースのソースは種類豊富。ソースは別添えにもできる。熱々の揚げたてがおいしい。コロッケなどもある。

住Rue de Tabora 2
☎047.9293310
営9:00～翌2:00（木～翌3:00、金・土～翌6:00）
休無休　予不要
CCM.V.　MBourse下車

巻き寿司など　　イロ・サクレ地区周辺

マキフォニア
Makifornia

➲Map 折込3表 B2

サーモンやチーズ、アボカドなどの巻き寿司カリフォルニアロールのほか、エビの天ぷら、唐揚げ、餃子、わかめサラダ、エダマメなど。照り焼き丼やカツ丼などの丼ものもある。テイクアウトも可能。

住Rue du Fossé aux Loups 14　☎02.5131063
営11:00～23:00（土・日11:30～）
休無休　予不要　CCM.V.
URLmakifornia.be
MDe Brouckere下車

ベトナム料理　　グラン・プラス周辺

ル・ロテュス・ブルー
Le Lotus Bleu

➲Map P.234-A2

いつも混んでいるが、回転が速いので少し待てば空くことが多い。3種類から選べる昼の定食€6、春巻きかスープの前菜付き€7。大盛りなので、前菜はなしでいいかも。生春巻き€7、牛肉のフォーPho Bo€13。

住Rue du Midi 70　☎02.5026299
営11:30～15:00、17:30～22:30
休日・祝
予不要（昼は不可）　CCM.V.
URLlotusbleu.biz　MBourse下車

中国料理　　聖カトリーヌ教会周辺

ベイジンヤ
Beijingya

➲Map 折込3表 A2

ベイジンヤとは北京ダックの意味。店先には北京ダックが並んでいる。手軽な料金で、おいしいと評判。胃を休めたいときには、お粥€12もよさそう。メインで€13～。

住Rue Melsens 8　☎02.5143688
営12:00～16:00、18:00～21:00
休木・祝　予不要
CCM.V.　URLbeijingyabrussels.com
MDe Brouckere下車

韓国料理　　ルイーズ広場周辺

ソウル
Seoul

➲Map 折込3表 B5

ソフィテル・ホテルのすぐそば。マダムは日本語がうまく、日本語のメニューもある。ビビンバやチヂミ、辛みのあるスープなど、野菜も取れてヘルシーなメニューが多い。カルビ焼肉が€21。

住Rue Capitaine Crespel 14　☎02.5131725
営19:00～22:00
休日・月・祝
予不要　CCA.M.V.
URLwww.seoul-resto.be　MLouise下車

ビール好きなら見逃せない！ビール・ウイークエンド

パレードなどもあり、グラン・プラスの広場には陽気に飲む人々が集う

大小合わせて53の醸造所が参加し、500種類ものビールを楽しめるイベント。多種多様なベルギー・ビールを試すことができるチャンス。通常はグラン・プラスで9月の第1金曜～日曜に開催される（2024年は9月6～8日の予定）。入場は無料だが、支払いカードを使ってビールの料金を払う。

Belgian Brewers　☎02.5114987
URLwww.belgianbeerweekend.be

ブリュッセルのカフェ&ブラスリー

カフェとブラスリーの違いは、コーヒーを飲む客が多いとカフェで、アルコール類を飲む人が多いとブラスリーという。コーヒーより普通のビールのほうが安いのだから、ブラスリーのほうが多いのは当然だ。450種類以上あるベルギー産ビールは、この国の国民的飲料水ともいわれている。ある種のビールを飲むには、それに見合ったブラスリーに足を運び、それに適したグラスで飲むのが通というもの。したがって、ビールとブラスリーとグラスは切っても切れない関係にある。
※掲載の営業時間は目安。日によって変更されることも多い。

ブラスリー&カフェ　グラン・プラス

ル・ロワ・デスパーニュ
Le Roy d'Espagne　➲Map P.234-A1

グラン・プラスで最もポピュラーなブラスリー兼カフェ。パン職人のギルドハウスがカフェになっている。窓側やテラスに座れば、王の家や壮麗なギルドハウスをゆっくりと眺めながら休憩できる。

住Grand Place 1　☎02.5130807
営8:00〜翌1:00　食事は8:00〜24:00（木〜土〜23:00）　休無休　CCA.D.M.V.
URLroydespagne.be
MBourse下車

ブラスリー　グラン・プラス周辺

ル・セルキュイユ
Le Cercueil　➲Map P.234-B1

フランス語のビールbiereには、"棺桶"の意味もある。店内は不気味な雰囲気。赤いランプの照明で、テーブルは棺桶、赤いビールをどくろのグラスで提供するなど、しゃれにしては凝り過ぎている。

住Rue des Harengs 10-12　☎02.5123077
営16:00〜翌2:00　金・土13:00〜翌4:00
日13:00〜翌1:00
休無休　CC不可
MBourse下車

ブラスリー&カフェ　グラン・プラス周辺

モカフェ
Mokafé　➲Map P.234-B1

ギャルリー・サン・チュベール内にある、カフェ兼ブラスリー。サン・チュベール内でショッピングを楽しんだあとや、観光で疲れたときに立ち寄りたい。

住Galerie du Roi 9　☎02.5117870
営7:00〜23:00
休無休
CCA.D.M.V.
MGare de Bruxelles-Central下車

ブラスリー&カフェ　グラン・プラス周辺

ファルスタッフ
Falstaff　➲Map P.234-A1

証券取引所の隣、便利な場所にある。アールヌーヴォー・スタイルのしゃれた内装。食事もでき、典型的なベルギー料理からハンバーガーや子供用メニューまで、手頃な値段で用意されている。

住Rue Henri Maus 19　☎02.5118789
営10:00〜24:00　食事は12:00〜23:00
休無休　CCM.V.
URLlefalstaff.be
MBourse下車

ブラスリー　グラン・プラス周辺

ア・ラ・ベカス
A La Bécasse　➲Map P.234-A1

シードルに似た甘酸っぱい味の軽いビール、ランビックが飲める。せっかくベルギーに来たのだから思いきって「Lambic please!」と頼んでみたい。小さめグラスのテイスティングセットもある。

住Rue de Tabora 11　☎02.5110006
営11:00〜23:00
休月　CCM.V.（€20以上）
URLalabecasse.com
MBourse下車

※休業日について‥祝日やクリスマス〜年末年始など、不定期営業や不定期休業することもある。長期休暇をとる店もある。

ブラスリー　グラン・プラス周辺

ラ・リュネット
La Lunette　➡Map 折込3表B2

王立モネ劇場の正面に向かって左脇の角にある。望遠鏡を意味するリュネットを注文すると、少なくとも1ℓは入った丸いグラスが出てくる。ビールで顔が洗えそう。

住Pl. de la Monnaie 3　☎02.2180378
営9:00～翌1:00(金・土～翌2:00、日11:00～)
休無休
CCM.V.(€15以上)
MDe Brouckere下車

ブラスリー　グラン・プラス周辺

ア・ラ・モール・シュビット
A la Mort Subite　➡Map P.234-B1

王立モネ劇場の南東側にあるブラスリー。店名と同じ名前のビールブランド(モール・シュビットは即死の意味)で、グーズ、クリークなどのビール名が壁のメニューに見つかる。

住Rue Montagne aux Herbes Potagères 7
☎02.5131318　営11:00～24:00
休日・祝　CCM.V.
URLalamortsubite.com
MGare de Bruxelles-Central下車

ビアカフェ　イロ・サクレ地区

デリリウム
Delirium　➡Map P.234-B1

2000種類以上のビールを揃えたカフェとしてギネスブックにも載っている。27種の生ビールも飲める。トラピスト、テキーラ、カフェなど、8つのフロアを展開する大型店。チェーン店もできている。

住Impasse de la Fidélité 4　☎02.5114434
営11:00～翌3:00(金・土～翌4:00、日～翌2:00)
休無休　CCA.D.M.V.　URLdeliriumvillage.com
MDe Brouckere下車

ビアカフェ　グラン・プラス南部

ラ・フルール・アン・パピエ・ドレ
La Fleur en Papier Doré　➡Map P.234-A3

かつてはシュルレアリストたちのたまり場だったという。アールヌーヴォーの内装で、壁に書かれた詩などから、マグリットが生きた時代を感じさせてくれる。甘味をつけてないランビックを飲むことができる。

住Rue des Alexiens 53-55　☎02.5111659
営8:00～24:00　休月・祝　CC不可
URLgoudblommekeinpapier.be
MAnneessens下車

Column Belgium

古代オリエントで飲まれたビールに最も近い自然発酵ビール

ブリュッセル西部の**カンティヨン醸造所**(グーズ博物館としても公開されている)は、ランビック・ビールの製法を100%守り続けている、家族経営の醸造所だ。

ここで最も神秘的な場所は、冷却槽のある屋根裏部屋。煮沸後の麦汁をここで冷却する間に、空気中の自然の酵母が落ちて根づくのだ。人工の酵母は一切使わない。「周りの家より酵母や微生物が倍くらい多いようですが、科学的にはまだ解明されていません」とのこと。階下の木の樽が並ぶ貯蔵室でおもしろい話を聞いた。自然の酵母と自然の果実を使ったランビック・ビール。だが、別の自然の力、天候にも左右される。「祖父の代には10月から4月が醸造の期間でしたが、今では1ヵ月短くなりました。これも地球の温暖化の影響なのです」。最後に「カンティヨン以外のおすすめビールは?」と尋ねると、「トラピストのロッシュフォールとウェストフェレン。ただし何年も寝かせた古いものしか飲みません」。頑固に物づくりをする、いかにも職人らしい答えが返ってきた。

立派な樽が並ぶ貯蔵室

グーズ博物館 Musée Bruxellois de la Gueuze
➡Map P.232-A2　住Rue Gheude 56
☎02.5202891　開10:00～17:00　最終入場16:00
休水・日・祝　料€8(テイスティング付き)
URLcantillon.be　MLemonnierより徒歩10分ほど
英・仏・蘭語のガイドツアー€12もある。要予約。

ブリュッセルのショップ

国際都市ブリュッセルは、ショッピングに関しても国際的。ブティックにはイタリア、フランス、イギリスの製品ばかりでなく、ヨーロッパ各国やアメリカなどの製品がずらりと並ぶ。まるで町自体が国際見本市なのだ！　そのうえ、旅行者にとってありがたい免税の手続きも気持ちよくやってくれるので、安心してショッピングができる。そして、何といってもお買い得なのはバーゲンセール。1月と7月の第1週からと決められているが、どこの国にも約束を破る者はいるもの。"ソルドSoldes"と張り紙されてなくても、だいたい1週間前から店内ではプライスダウンされている。
デパート、スーパー、多くの商店は一般に日曜、祝日は閉店。平日は10:00から18:30まで営業しているが、なかには月曜の午前中に閉店したり、夜遅くまで（スーパーは20:00頃まで）営業する店もある。

ヌーヴ通り　Rue Neuve　➲Map 折込3表B1〜2

ロジェ広場から王立モネ劇場前の広場まで続く、全長約600mの歩行者天国。大ショッピングセンター、シティ2もある。若者向けのファッションの大型店が多い。

人通りが絶えないヌーヴ通り

ショッピングセンターのシティ2にもさまざまなショップが入っている

ルイーズ広場 Pl. Louise　➲Map 折込3表B5〜C4、P.279

ルイーズ広場周辺のルイーズ通りAv. Louiseやワーテルロー通りBd. de Waterlooには、高級ブランドのブティックが集中しており、ウインドーショッピングだけでも楽しい。

ルイーズ広場近くのデパート INNO

アントワンヌ・ダンサール通り Rue Antoine Dansaert　➲Map 折込3表A2

証券取引所から北西に向かって延びる通り。レストランなどとともに、個性的な小物の店やおしゃれなブティックが並ぶ。高級ブランドの多いルイーズ広場周辺とはひと味違ったショッピングを楽しむことができるスポットになっている。

ウインドーショッピングも楽しい

デパート、スーパーマーケット

大手のデパートとしては、ヌーヴ通りやルイーズ広場近くにイノバションInnovation（通称INNO）がある。ヌーヴ通りのイノバションの隣にはショッピングセンターのシティ2が並び、地下1階にはスーパーのチェーン店で広めのカルフールが入っている。カルフールは証券取引所の北にも中くらいの店舗があり、グラン・プラスにも近いので便利。ヌーヴ通りの突き当たり、モネ劇場前のモネ・センター地下にはスーパーのインターマルシェがある。

スーパーのビールは銘柄も揃っているし、缶入り、瓶入り、グラス付きなど豊富

ギャルリー

グラン・プラス近くのギャルリー・サン・チュベールなど、ギャルリーと呼ばれるショッピングセンターがいくつかある。ルイーズ広場からポルト・ドゥ・ナミュールにかけては、ギャルリー・ポルト・ルイーズGalerie Porte Louise、ギャルリー・ド・ラ・トワゾン・ドールGalerie de la Toison d'Orがある➲Map P.279。ブティックのほかにも、劇場や映画館、ギャラリーも入っており、寒い冬の風を避けてショッピングやカルチャーを楽しむにも最適。

ギャルリーの入口

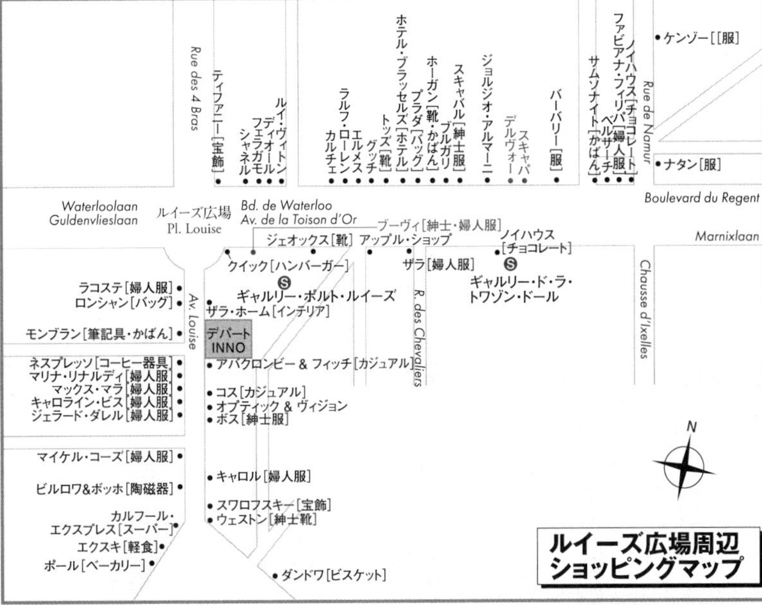

※赤色の店名の店はP.284〜285にショップ紹介あり

Column
Belgium

オランダとベルギー比べてみると…食文化

ムール貝の白ワイン蒸し(左)、オランダの伝統料理ヒュッツポットとエルテンスープ(中)

魚介の前菜(上)とハーリング(下)

こと食文化に関していえば、その昔オランダがプロテスタントを選んだのは完全に失敗だったといえる。質素・禁欲精神をたたき込まれたオランダ人は、締まり屋で外食もせず、だからレストランは数の点からも質の点からも発達しようがなく、結果、オランダは「食事では期待できない国」という烙印を押されてしまったではないか。オランダにも白アスパラやハーリング(生ニシン)などおいしいものはあるけれど、これはあまり手を加えず素材そのものの味を楽しむ食べ物だから「オランダ料理」と称することもはばかられる。

その点カトリックにとどまったベルギーには美食文化が受け継がれ、舌の肥えたベルギー人によってレストランは淘汰されている。平均点が非常に高いのだ。そのうえ、ムール貝の白ワイン蒸しからアルデンヌ地方のジビエまで万人をうならせるベルギー料理というものをもっている。そして、何といっても、チョコレートやワッフルといったスイーツがおいしいのもポイントが高い。

ただし、最近はオランダもおいしくてヘルシーな料理を出すカフェやレストランが増えてきているから、ベルギーもうかうかしていられないかも？

Diamond

ベネルクスのダイヤモンドが有名な理由

15世紀にブルージュで研磨技術が発明されてからダイヤモンドは最高の価値をもつ宝石と認められるようになった。ダイヤモンドの首都と呼ばれるアントワープでは、原石の80〜90%、研磨済み裸石（ルースloose）の50〜60%が取引されている。取引所が集まるアントワープ中央駅界隈だけでなく、地理的条件を生かしてブリュッセル、ブルージュ、さらに世界最古の取引所を有するアムステルダムにも多くの宝飾店が軒を連ねている。ベネルクスでダイヤモンドを買うのは確かに得なようだが、高い買い物ゆえ失敗したくない。そこで、これまでにない、買う立場に立ったアドバイスをまとめた。

ダイヤモンドの4C

ダイヤモンドの価値を決めるのは、カラットCarat（重さ）、クラリティ Clarity（透明度）、カラー Color（色）、カットCut（研磨）。この4つの言葉の頭文字が"C"であることから、「4C」と呼ばれる。「4C」についての鑑定書は、素人ではわかりにくいダイヤモンドの品質を知る唯一の手がかりといえるだろう。

ブルージュのダイヤモンド博物館➡P.305での研磨のデモンストレーション

ダイヤモンドに関わる歴史などもわかるブルージュのダイヤモンド博物館

クラリティ、カラー、カラットなどが明記された裸石。気に入ったデザインの台に日本で入れてもらうこともできる

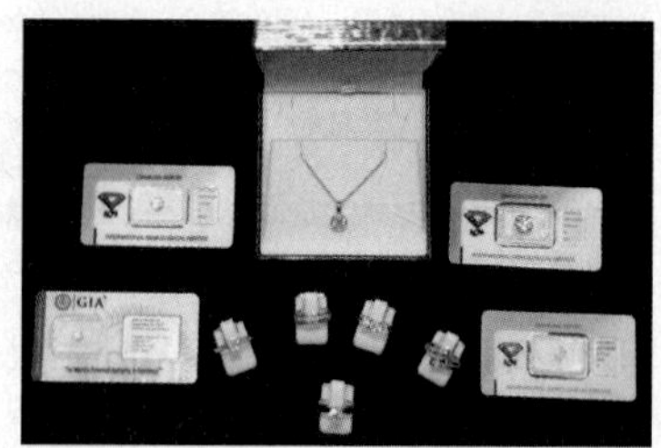

リングの色や形などにも、さまざまなデザインがある。ブリュッセルのゴータム・ダイヤモンド➡P.284にて

ダイヤモンドの基礎知識と購入の秘訣

ダイヤモンド取引の中心地ベネルクスで永遠の輝きを手に入れよう。

ダイヤモンドの失敗しない買い方

1‥まず、投資の対象と考えるのをやめる

今後は価格上昇が続くと考えられているが、素人が数十年単位で大きな利益を得られるほど簡単な世界ではない。透明で輝きがすばらしいひとつの宝石であるとの認識をもつこと。もちろんこれほどの輝きをもち、どんなファッションにもマッチする宝石はほかにない。

2‥信用できる店を選ぶ

ガード下の小さな店に掘り出し物はない。立地(一等地、高級ホテル内など)、構え、伝統(xxxx年創業)などを考慮して選ぶといい。いい店なら価値の基準となる「4つのC」についても説明してくれるはず。安全のためドアベルを使って入店制限をする店も多いが、見るだけでもいいので気後れしないで入ってみよう。

3‥鑑定書Certificateの仕組みを知る

店で受け取る鑑定書は店が作成したものなので、ここでも店の信用が大切になる。紙をもらってそれだけでありがたがってはいけない。ひとつ0.70カラット以上の裸石使用の場合には、鑑定機関発行の鑑定書が付くことが多い。HRD、GIA、IGIの3つが世界的に権威ある機関といわれている。

4‥気に入ったデザインがない場合は?

裸石を買って日本ではめ込むこともできる。日本との価格差を知るためにホームページを参考にするのも賢明な方法だ。

URL www.info-diamond.com/others/diamond-prices.html

5‥指輪のサイズ表記に注意

日本とヨーロッパでは少しサイズ表記が違うので、頼まれた場合は現物を持っていくこと。こっそりサイズを聞き出して旅行中に婚約指輪を買ったのに、映画のような最高の場面でサイズが合わなくて「本当は誰のために買ったの?」などということにならないように。

ブルージュのダイヤモンドハウス➡P.310の隣がダイヤモンド博物館になっている

ダイヤモンドの鑑定についてやサイズなど気になることがあったら、よく聞いておきたい

店構えは小さくても、在庫は豊富。
ブリュッセルのアントワープ・ジュエルズ➡P.284にて

ダイヤモンドの価値に惑わされず、本当に気に入ったものを選べば、自分だけの宝物になるはず

Chocolatier

ベルギーの人々にとってのチョコレート

スーパーのチョコレート売り場に、買い物にやってきたベルギー人家族が吸い寄せられていく。「ムースにしたり、飾り用に使ったりと、少しでもチョコレートを使わないとベルギーではケーキも売れないんですよ」。ブリュッセルでもいちばんと評判のケーキ屋で働くシェフも苦笑いする。年間ひとり当たり8.4kg、一家で約4万円のチョコレートを食する。食品支出として最も大きい肉の8万円と比べても、ベルギー人にとってチョコレートがどれだけ大切かがわかる。そのベルギーチョコレートの特徴は、何といっても、中に詰め物をした「プラリヌPraline」。20世紀初めにベルギーで開発され、現在では各社ともそのバラエティを競い合っている。さらに最高級カカオを極細にして使っているため、すばらしくまろやかであることなどだ。また、イースター、クリスマスなどのお祭りや季節ごとに変わるショーウインドーの飾りつけを見ているだけでも楽しい。仕事帰りのスーツを着たサラリーマンが店先で辛抱強く並んで、好きなチョコレートを選んで箱に詰めてもらう。その姿はチョコレートがベルギーの大切な食文化であることを語っているようだ。

王室御用達のチョコレート屋は次の8軒。Godiva、Galler、Mary、Neuhaus、Van Dender、Leonidas、Pierre Marcolini、Wittamer。

店に並んだチョコレートは多種多様。
少しずつ量り売りで買えるのもうれしい

プラネット・ショコラでのチョコレート作りの
実演に使われる道具や材料

チョコストーリー・ブリュッセル
Choco-Story Brussels

5000年前のマヤ文明の頃から、20世紀のベルギーでプラリヌが作られるまでのカカオチョコレートの歴史を、1階から順に簡単にたどることができる。最上階でプラリヌ作りの実演を観た後、そのまま試食することも可能。

住Rue de l'étuve 41 ➡Map P.234-A2
☎02.5142048 営10:00〜18:00
休1/1、12/25、1月初旬の数日 料€9.50
URL www.choco-story-brussels.be

英語のオーディオガイドを使って巡ることもできる

ベルギーのチョコレート

世界的に有名なベルギーのチョコレート。一度食べたら、そのとろけるような舌触りと甘さに、やみつきになるはず。

ノイハウス Neuhaus

1857年創業という、ベルギーの中でも老舗中の老舗。店舗はいくつかあるが、一番雰囲気があるのは、グラン・プラスの近くのギャルリー・サン・チュベールにあるこの店。

住Galerie de la Reine 25-27 ➲Map P.234-B1
☎02.5126359 営9:30〜21:00
休1/9〜16 CCA.J.M.V.

ゴディバ Godiva

ベルギーのチョコレートといえば、あまりにも有名なゴディバ。ベルギーでもゴディバは高級チョコレートで、お値段のほうも高級だが、日本で買うより種類が多い。プラリヌだけでなく板チョコなどもある。

住Grand Place 22 ➲Map P.234-A2~B2
☎02.5112537 営10:00〜22:00
休無休 CCA.D.J.M.V.

ビーエス40/イースク BS40 / JiTsk

若手で人気のショコラティエ、イースクのチョコを扱う。口溶けのよさと甘さ控えめなのがいい。カラフルなマカロンもある。ブリュッセル店は、日本語で相談しながら、安心して購入できる。

住Rue au Beurre 40 ➲Map P.234-A1
☎02.5021414 営11:00〜19:00(夏期〜20:00)
休無休 CCA.D.J.M.V.

プラネット・ショコラ Planète Chocolat

チョコレート作りの実演(土16:00、日15:00)を見ることができる。詰め物にこだわる従来のプラリヌのほか、レモンやシナモンなどさまざまな香料を加えた板チョコもある。シンプルなチョコレートが好みの人向き。

住Rue du Lombard 24 ➲Map P.234-A2
☎02.5110755 営11:00〜19:00(土10:30〜)
休1/1、5/1、12/25 CCA.J.M.V.

ピエール・マルコリーニ Pierre Marcolini

日本でも人気の店。1994年創業で、チョコレート界のニューウエイブとして、新しい味のプラリヌにチャレンジしている。2004年に、グラン・サブロン広場に面したこの場所に店を構えた。

住Pl. du Grand Sablon 39 ➲Map P.234-B3
☎02.5141206 営10:00〜19:30(金・土〜20:00、日〜19:00) 休無休 CCA.D.M.V.

バッグ　ルイーズ広場

デルヴォー
Delvaux

➲Map P.279

創業1829年の高級ブランド店。ベルギーのグッチともいわれ、シンプルで気品のあるデザインと作りの確かさでは定評がある。グラン・プラスに近いギャルリー・サン・チュベール内にも支店がある。

ルイーズ広場 住Bd. de Waterloo 27　☎02.5130502
営10:00〜18:30　休日・祝　CCA.D.J.M.V.　MLouise下車
ギャルリー・サン・チュベール店　住Gl. de la Reine 31
➲Map P.234-B1　☎02.5127198　営10:00〜18:30
(日・祝12:00〜18:00)　URLeu.delvaux.com

ファッション　聖カトリーヌ教会周辺

ステイル
Stijl

➲Map P.232-A2、折込3表 A2

おしゃれなショップが集まる通り、アントワンヌ・ダンサール通りでも老舗のセレクトショップ。ドリス・ヴァン・ノッテン、ブランキーノなど、アントワープデザイナー中心の品揃え。

住Antoine Dansaert 74
☎02.5120313
営10:30〜18:30
休日・祝　CCA.D.J.M.V.　URLstijl.be
MBourse下車

ファッション　ルイーズ広場

ブーヴィ
Bouvy

➲Map P.279

トラディショナルなデザインで人気がある、ベルギー・ブランドのブティック。メンズ、レディスとも扱っている。またトラッドの有名ブランドも揃っている。

住Av. Louise 4
☎02.5136391
営10:00〜18:30(月11:00〜)
休日・祝　CCA.D.J.M.V.　URLbouvy.com
MLouise下車

ファッション・雑貨　ルイーズ広場

スキャパ
Scapa

➲Map P.279

イギリスの伝統を感じさせるデザインと、品質のよさで人気。ベルギーで生まれたブランドで、今もデザイナーはベルギー人。2階はホームコレクション。

住Bd. de Waterloo 26
☎02.4690277
営10:00〜18:00(金・土〜18:30)
休日・祝　CCA.D.M.V.　URLscapaworld.com
MLouise下車

ダイヤモンド　グラン・プラス

ゴータム・ダイヤモンド
Gautam Diamonds

➲Map P.234-A2

日曜、祝日も開いていて、気軽に入れる宝飾店。世界で流通するダイヤモンドの70%がベルギーでのカットと研磨だとのこと。ダイヤモンド加工の本場の店をのぞいてみるのもいいかもしれない。

住Grand Place 12　☎02.5020965
営9:00〜20:00(土・日10:00〜)　休無休
CCA.D.J.M.V.　URLgautamdiamonds.com
MBourse下車
ギャルリー・サン・チュベール24番地に姉妹店あり

ジュエリー　グラン・プラス周辺

アントワープ・ジュエルズ
Antwerp Jewels

➲Map P.234-A1

小さな店構えだが、手頃なアクセサリーから数カラットのダイヤモンドまで幅広い品揃えの宝石店。アントワープ取引所会員の支店。

住Petite Rue au Beurre 11　☎02.5022188
営10:00〜19:00　休無休
CCA.D.J.M.V.　URLantwerpjewels.com
MBourse下車
2号店 ➲Map P.234-B1

※休業日について…祝日やクリスマス〜年末年始など、不定期営業や不定期休業することもある。長期休暇をとる店もある。

ビール全般　グラン・プラス周辺

ドゥ・ビール・テンペル
De Bier Tempel　➡Map P.234-B1

ビール専門店。トラピストビールをはじめ、ベルギー各地のビールとグラスが手に入る。ちょっとのぞいてみるだけでも楽しい。持ち帰るには少し重いが、いい思い出に。

住Rue du Marché aux Herbes 56
☎02.5021906
営10:00～19:00
休12/25　CCA.D.J.M.V.
MBourse下車

タンタングッズ　グラン・プラス周辺

ブティック・タンタン
La Boutique TINTIN　➡Map P.234-B2

タンタンは、ベルギーが生んだ世界的に有名な漫画のキャラクター。Tシャツや文房具など、タンタンのキャラクター商品が揃っており、ポストカード1枚でもタンタンの絵が付いた袋に入れてくれる。

住Rue de la Colline 13　☎02.5145152
営10:00～18:00(月12:00～)
日・祝11:00～17:00　休1/1、12/25　CCA.D.J.M.V.
URLboutique.tintin.com
MGare de Bruxelles-Central下車

キッチン雑貨・小物など　グラン・プラス周辺

ホーム・オブ・クッキング
Home of Cooking　➡Map P.234-B1

1階にはプロ用から一般のキッチン用品、たくさんの鍋やフライパンなどの調理器具、地下には食器が揃っている。お菓子の型やモダンな食器類のほか、小物も多いので、おみやげ用の雑貨を探してみよう。

住Rue Léopold 3　☎02.2188120
営10:30～18:30(土10:00～19:00)
休日・祝　CCM.V.
URLhomeofcooking.com
MDe Brouckere下車

デザイン小物　グラン・プラス周辺

ラ・スイート
La Suite　➡Map P.234-A2

ベルギー人だけでなく、ヨーロッパのデザイナーの小物、アクセサリー、カードなどを揃えている。少しおしゃれなおみやげが見つかる。グラン・プラスにも近く、立ち寄りやすい。

住Rue du Lombard 14-18
☎02.5036404
営月～土10:00～19:00　日・祝12:00～18:00
休無休　CCD.J.M.V.
MBourse下車

書籍　グラン・プラス周辺

トロピズム
Tropismes　➡Map P.234-B1

ギャルリー・サン・チュベール(→P.245)の小道を入ったところにある書店。鏡張りの壁、天井や柱の装飾、中2階など、華やかな内装は見応えあり。人文系や古典、アート関連のほか、コミックなどもある。

住Galerie des Princes 11　☎02.512 88 52
営10:00～18:30(土10:30～19:00、日13:30～18:30)
休一部の祝　CCM.V.
URLtropismes.com
MGare de Bruxelles-Central下車

雑貨の店ヘマとディル&カミレ

オランダ発のブランドで、お値打ちな雑貨を扱っているので人気が高い、ヘマHEMAとディル&カミレDille & Kamille(→P.96)。ブリュッセルをはじめ、ベルギー各地にも店舗がある。
ヘマはモネ劇場の前にあるビル1階、ディル&カミレはグラン・プラスの北側にあるので、観光のついでにショッピングも可能。

ヘマ 住Muntplein, Munt 21
➡Map 折込3表 B2　☎02.4288025
開月～土9:00～19:00
ディル&カミレ 住Rue Neuve 27-29
➡Map P.234-A1 B1　☎02.4288025
開9:30～18:30(日10:00～18:00)

スーパーマーケット　ロジェ広場周辺　グラン・プラス周辺

カルフール
Carrefour

シティ2 ➡Map 折込3表B1
グラン・プラス近く ➡Map P.234-A1

ヌーヴ通りのシティ2の地下にある、わりと大きなスーパーマーケット。生鮮食料品のほか、ビールやワッフル、チーズにチョコレートなど、おみやげになりそうな品もいろいろあって便利。
グラン・プラスにも近い証券取引所北側にも中規模のカルフールCarrefour marketがある。

シティ2 住Rue Neuve 123　☎02.2266611
営8:00～20:00　休日・祝　MRogier下車
グラン・プラス近く 住Rue du Marché aux Poulets 40
☎02.2035865　営7:00～23:00　MBourse下車
CCM.V.　URLcarrefour.eu

スーパーマーケット　グラン・プラス周辺

インターマルシェ
Intermarché

➡Map P.234-A1

モネ広場前のビル内、地下1階にある中規模のスーパー。グラン・プラス周辺の小さなスーパーでは水など必需品の価格が高騰しているなか、ここは良心的な値段で安心して買いものができる。

住Rue de l'Evêque 30　☎02.8999265
営7:00～20:00
休日・祝　CCM.V.
URLintermarche.be
MDe Brouckère下車

ショッピングセンター　ロジェ広場周辺

シティ2
City2

➡Map 折込3表B1

ロジェ駅に近い、ヌーヴ通りにある大型のショッピングセンター。おみやげによさそうな雑貨の店やちょっとした軽食を取れる店もあって、とにかく便利。隣のデパート、INNOと内部でつながっている。

住Rue Neuve 123　☎02.2114060
営10:00～19:00(土～19:30)　地下のレストラン、カフェ、スーパーなど、時間が異なる店もある
休日・祝　CC店によって異なる
URLcity2.be　MRogier下車

洋菓子　グラン・プラス周辺

ダンドワ
Dandoy

本店➡Map P.234-A1　小便小僧近くの店➡Map P.234-A2
ギャルリー・サン・チュベール店➡Map P.245

本店は小さいながらも、1829年創業というベルギー菓子の老舗らしい店構え。聖ニコラや動物など、時期によりさまざまな型を使って作った、ベルギー名物のビスケットのスペキュロスは、おみやげにもよさそう。小便小僧近くの店では、2階のカフェでベルギーワッフルを食べられる。

本店　住Rue au Beurre 31　☎02.5402702　営10:30～13:30、14:00～18:30　休1/1、12/25　CCA.D.J.M.V.
MBourse下車　小便小僧近くの店　住Rue Charles Buls 14　☎02.5126588
営10:00～18:00(金・土～19:00)　休1/1、12/25
CCA.D.J.M.V.(€10以上)　URLmaisondandoy.com
ギャルリー・サン・チュベール(→P.245)内にも支店あり

洋菓子　グラン・サブロン広場

ヴィタメール
Wittamer　➲Map P.234-B3

1910年創業のベルギー王室御用達。グラン・サブロン広場に面しており、さまざまなケーキや焼き菓子、ペストリーのほか、チョコレートやマカロンも扱っている。

住Pl. du Grand Sablon 12　☎02.5123742
営7:00～19:00(月9:00～18:00、日・祝7～18:30)
休無休
CCA.D.J.M.V.　URLwittamer.com
T92、93 Petit Sablon下車

洋菓子　グラン・プラス周辺

オー・メルヴェイユ
Aux Merveilleux　➲Map P.234-A1

ベルギーのフランダース地方の伝統菓子「メルヴェイユ」の専門店。北フランス出身のパティシエによってフランス風にアレンジされ、フワッと軽い食感。作り立てのおいしさを味わえる。

住Rue du Marché Aux Herbes 7　☎02.25402608
営8:00～19:45
休祝　CC店によって異なる
URLauxmerveilleux.com
MBourse下車

デパート　グラン・プラス周辺

イノバション
Innovation(INNO)　ヌーヴ通り➲Map 折込3表B1　ルイーズ広場➲Map 折込3表B5

ショッピングストリートのヌーヴ通りや、高級ブランドショップが並ぶルイーズ広場にあるデパート。何かを買い足したいというときにも、品質に問題ない物が、何でも揃っていて助かる。

ヌーヴ通り　住Rue Neuve 111-123　☎02.2112111
営9:30～19:00(金～20:00)　休日・祝　MRogier下車
ルイーズ広場　住Av. Louise 12　☎02.5138494
営10:00～19:00　休日　MLouise下車
CCA.D.M.V.　URLinno.be

アンティークなど　グラン・サブロン広場

アンティーク市
Marche Des Antiquaires du Sablon　➲Map 折込3表B4

アンティーク市が開かれるグラン・サブロン広場の周辺には骨董品店が多い。本格的アンティークからガラクタまであるが、掘り出し物に出合える可能性が大。広場周辺には雑貨などのショップもある。

住Pl. du Grand-Sablon
☎02.4782316
営土9:00～17:00　日9:00～15:00
T92、93 Petit Sablon下車

本・衣類・雑貨・家具など　マロール地区

のみの市
Marché aux Puces　➲Map 折込3表A5

マロール地区の中心、ジュ・ド・バル広場で開かれる。古本、衣類、家具、雑貨などすべてセカンドハンド。かけひきは半値から始めよう。最終的に、最初の言い値から2～3割安い値で落ち着くはず。

住Pl. du Jeu de Balle　☎0470541225
営9:00～14:00(土・日～15:00)
毎日開いているが、　土・日曜が活況。寒い朝、屋台の大きな鍋でぐつぐつと煮た貝を味わうのも楽しみのひとつ。
URLwww.marcheauxpuces.be　MPorte de Hal下車

食料品など　南駅周辺

食料品市
Marché de la Gare du Midi　➲Map P.232-A3

南駅周辺で開かれ、食料品にかぎらず、衣料品、雑貨、花などが売り買いされている。アラブ人が多くアラビア語が飛び交っている。品物はどれも新鮮で安い。特に、旬のもの(primeur)はお買い得。

住Bd. du Midi　☎02.5360211
営日 7:00～14:00
南駅周辺は治安が心配なエリア。人も多く、貴重品などには注意を払うこと。
MGare Du Midi下車

ブリュッセルのホテル

Hotel

市内には100軒以上のホテルがある。各国の企業が支社をおいているためか、国際会議の多い都市であるためか、ビジネスホテルがたくさん見受けられる。会議のシーズン(9～11月)やイースター、夏期休業期間などは特に混み合うので事前予約を入れておいたほうが無難。安いホテルが集まっている地域というのは特にない。価格は一定ではないので、日程が決まったら、ウェブサイトなどで確認してみるといい。ホテルに直接、またはオンラインで予約すると割安になる場合もある。
下記のホテルリストは、ツアーなどでも利用されることがある大型の高級ホテル。どこも設備は充実している。

高級ホテル名	住所・電話・URL	料金	
シャタイゲンベルガー・アイコン・ウィルチャーズ Steingenberger Icon Wiltcher's ★★★★★	➲Map 折込3表B5 ルイーズ広場南部 住Ave. Louise 71 ☎02.5424242 URLhrewards.com TStêphanie下車	€310～	
ラディッソン・コレクション Radisson Collection ★★★★★	➲Map P.234-B1 グラン・プラス北東 住Rue du Fossé-aux-Loups 47 ☎02.2192828 URLradissonhotels.com MCentrale下車	€112～	
アミーゴ Amigo ★★★★★	➲Map P.234-A2 グラン・プラス周辺 住Rue de l'Amigo 1-3 ☎02.5474747 URLroccofortehotels.com MBourse下車	€436～	
ル・ルイーズ・ブラッセルズ Le Louise Brussels ★★★★★	➲Map 折込3表B5 ルイーズ広場周辺 住Ave. de la Toison d'Or 40 ☎02.5142200 URLle-louise-brussels.com MLouise下車	€200～	
ヒルトン・ブラッセルズ・グラン・プラス Hilton Brussels Grand Place ★★★★	➲Map P.234-B2 中央駅周辺 住Carrefour de l' Europe 3 ☎02.5484211 URLhiltonhotels.com 中央駅より徒歩約1分	€250～	
ホテル・ブラッセルズ The Hotel Brussels ★★★★	➲Map 折込3表B4 ルイーズ広場周辺 住Bd. de Waterloo 38 ☎02.5011111 URLthehotel-brussels.be MLouise下車	€183～	
マリオット・グラン・プラス Marriott Grand Place ★★★★	➲Map P.234-A1 グラン・プラス周辺 住Rue Auguste Orts 3-7 ☎02.5169090 URLmarriottbrussels.com MBourse下車	€282～	
インディゴ・ブリュッセルズ・シティ Indigo Brussels City ★★★★	➲Map 折込3表C1 ロジェ広場 住Place Charles Rogier 20 ☎02.2033125 URLihg.com MRogier下車	€210～	
ル・ドーム Le Dôme ★★★★	➲Map 折込3表B1 ロジェ広場周辺 住Bd. du Jardin Botanique 9-12-13 ☎02.2180680 URLhotel-le-dome.be MRogier下車	€105～	

※ホテル室料は目安。日程や予約方法、条件により大きく異なる場合もある。特記がないかぎり、税金(City Taxを含む)や朝食は別料金。

★★★★★ 郊外

シャトー・デュ・ラック
Château du Lac ➲Map 範囲外

ブリュッセルの南東25kmほどの、ジャンバル湖畔にあるシャトーホテル。ホテル内のレストランも評判が高い（要予約）。城とはいっても、客室は近代的な設備が整えられている。121室。

住Ave. du Lac 87 Genval ☎02.6557111
料Ⓢ€139～ Ⓣ€189～ 週末割引あり 朝食別（朝食付きのプランもあり） Wi-Fi無料
CCA.D.M.V. URLmartinshotels.com
ブリュッセルからタクシーで30～40分ほど

★★★★ 空港周辺

シェラトン・ブラッセルズ・エアポート
Sheraton Brussels Airport ➲Map 範囲外

ブリュッセル空港の正面。朝早く出発するときなど、忙しい旅行者には便利な立地。プレミアム高速インターネットあり。客室はゆったりしており、ルームサービスは24時間。294室。

住Brussels National Airport, 1930 Brussels
☎02.7108000 料ⓈⓉ€185～400
週末料金あり 朝食€28
Wi-Fi30分無料 CCA.D.J.M.V.
URLsheratonbrusselsairport.com

★★★★ グラン・プラス周辺

ドミニカン
The Dominican ➲Map P.234-B1

元ドミニコ派修道院跡を改装したシックな雰囲気のホテル。王立モネ劇場の裏という便利な立地。シャワー中心だが、部屋はスタイリッシュで快適。ビュッフェ形式の朝食も充実。150室。

住Rue Léopold 9 ☎02.2030808
料ⓈⓉ€175～
朝食付き 週末料金あり Wi-Fi無料
CCA.M.V. URLthedominican.be
MDe Brouckere下車

★★★★ 中央駅周辺

ル・ディッセティエム
Le Dixseptième ➲Map P.234-B2

名前のとおり、17世紀の建物を利用したホテル。客室はエアコン完備、中庭に面した部屋もある。ルームサービスは8:00～24:00。TVはケーブル・衛星放送対応。37室。

住Rue de la Madeleine 25 ☎02.5171717
料ⓈⓉ€174～344
週末料金あり Wi-Fi無料 CCA.D.M.V.
URLledixseptieme.be
中央駅より徒歩約3分

★★★★ グラン・プラス周辺

ノボテル・オフ・グラン・プラス
Novotel off Grand Place ➲Map P.234-B2

中央駅とグラン・プラスの間にある、モダンなホテル。客室の内装はシンプルだが、設備は整っている。子供のためのスペースあり。料金体系は複雑なので、ウェブサイトなどで確認を。140室。

住Rue du Marché-aux-Herbes 120
☎02.6200429
料ⓈⓉ€175～275 朝食別
Wi-Fi無料 CCA.D.M.V. URLnovotel.com
中央駅より徒歩約4分

★★★ グラン・プラス周辺

イビス・オフ・グラン・プラス
Ibis off Grand Place ➲Map P.234-B2

中央駅とグラン・プラスの間にあり、すぐそばには、ノボテルも建っている。館内にレストランはないが、気軽に利用できるバーがある。料金体系は複雑なので、ウェブサイトなどで確認を。184室。

住Rue du Marché-aux-Herbes 100
☎02.5144040
料ⓈⓉ€142～ 朝食別 Wi-Fi無料
CCA.D.M.V. URLibis.com
中央駅より徒歩約4分

★★★ グラン・プラス周辺

アルマ
Alma ➲Map P.234-B2

グラン・プラスや中央駅からも近い抜群の立地。シャワー/バス・トイレ付き、Wi-Fiあり、エアコン付き。料金体系は複雑なので、ウェブサイトなどで確認を。40室。

住Rue des Eperonniers 42-44
☎02.5022828
料ⓈⓉ€115〜　朝食€30　Wi-Fi無料
CCA.D.M.V.　URLalmahotel.be
MGare de Bruxelles-Central下車

★★★ グラン・プラス周辺

モザール
Mozart ➲Map P.234-A2

グラン・プラスに近く、地中海料理レストランの多い通り沿いにある、17世紀の建物を利用したホテル。小規模ホテルだが、部屋のタイプはいろいろとある。裏側の部屋のほうが静か。47室。

住Rue du Marché-aux-Fromages 23
☎02.5026661　料シャワー・トイレ付きⓈⓉ€120〜
朝食付き　Wi-Fi無料
CCA.D.M.V.　URLhotel-mozart.be
MGare de Bruxelles-Central下車

★★★ グラン・プラス周辺

フロリス・アルルカン
Floris Arlequin ➲Map P.234-B1

グラン・プラスから徒歩約5分。レストランが集まるイロ・サクレ地区や中央駅にも近くて便利。場所によっては騒がしい部屋もある。料金体系は複雑なので、ウェブサイトなどで確認を。92室。

住Rue de la Fourche 17-19
☎02.5141615
料バス・トイレ付きⓈⓉ€99〜　割引・週末料金あり
朝食込み　Wi-Fi無料　CCA.D.J.M.V.
URLflorishotelarlequin.be　MBeurs下車

★★★ 聖カトリーヌ教会周辺

アトラス
Atlas ➲Map 折込3表 A2

おしゃれなショッピングストリートのアントワンヌ・ダンサール通りの近く。客室はモダンな内装で、キチネット付きの部屋もある(プラス€40/日)。全室禁煙。88室。

住Rue du Vieux Marché-aux-Grains 30
☎02.5026006
料バス付きⓈⓉ€135〜　週末料金あり　朝食付き
Wi-Fi無料　CCA.D.M.V.
URLatlas-hotel.be　MBeurs下車

★★★ ルイーズ広場南部

メイド・イン・ルイーズ
Made in Louise ➲Map 折込3裏 B4

ルイーズ広場から徒歩12分ほどで、ショッピングなどに便利なホテル。オルタ美術館へは徒歩約10分。内装はシンプルモダンで、シャワーまたはシャワー・バス付き。全室禁煙。48室。

住Rue Veydt 40　☎02.5374033
料シャワー/バス・トイレ付きⓈ€109〜　Ⓣ€118〜
朝食別　Wi-Fi無料　CCA.M.V.
URLmadeinlouise.com
T92、97 Faider下車

★★★ ロワイヤル広場周辺

シャンボール
Chambord ➲Map 折込3表 C4

官庁街の一角にあるが、ショッピング街も近く、美術館やアンティークショップが多いグラン・サブロン広場周辺など、観光ポイントへのアクセスも便利。部屋には直通電話、TV付き。66室。

住Rue de Namur 82　☎02.5489910
料バス付きⓈ€105〜　Ⓣ€130〜
朝食付き　Wi-Fi無料　CCA.M.V.
URLhotel-chambord.be
MPorte de Namur下車

★★★ 聖カトリーヌ教会周辺

ノガ
Noga ◯Map 折込3表 A1

家族経営の小規模ホテルで、聖ジャン・バプティスト・オ・ベギナージュ教会から放射状に延びる通りにある。各室TV、直通電話、ミニバーあり。3人部屋、4人部屋もある。19室。

住Rue du Béguinage 38 ☎02.2186763
料シャワー・トイレ付きⓈ€95～ Ⓣ€135～ 税込み
週末料金あり 朝食€8.50 Wi-Fi無料 CCA.M.V.
URLnoga.hotelsbrussels.net
MSte Catherine下車

★★★ グラン・プラス周辺

サン・ニコラ
Saint-Nicolas ◯Map P.234-A1

グラン・プラスから徒歩5分、証券取引所の1本北の通り沿い。便利な立地だが、部屋によっては騒がしい。隣はスーパーマーケット。客室の内装はシンプルモダン。受付は24時間。90室。

住Rue du Marché aux Poulets 32
☎02.2190440
料バス・トイレ付きⓈ€140～ Ⓣ€149～
朝食€15 Wi-Fi無料 CCA.D.M.V.
URLst-nicolas.be MBeurs下車

★★ グラン・プラス

ホテル・レジデンス・ル・キャンズ
Hotel Résidence le Quinze ◯Map P.234-A2

ブラバン公爵の館の一部で、旧サン・ミッシェルが改装し新しくなった。部屋数が少なめなので予約したほうがいい。特にグラン・プラスに面した部屋にしたい場合は早めに予約を。15室。

住Grand Place 15 ☎02.5110956
料グラン・プラス側ⓈⓉ€148～ 裏側ⓈⓉ€98～
朝食付き 週末料金あり Wi-Fi無料 CCA.M.V.
URLhotel-le-quinze-grand-place.be
MGare de Bruxelles-Central下車

★★ グラン・プラス周辺

セーフステイ
Safestay ◯Map P.234-A1

イロ・サクレ地区の入口にあり、グラン・プラスにも近く、とても便利な場所。道路に面した部屋はうるさいので、バックサイドの部屋を頼むといい。朝食はビュッフェ形式。4人部屋あり。49室。

住Rue Grétry 53 ☎02.2194343
料シャワー/バス・トイレ付きⓈⓉ€92～
Wi-Fi無料
CCA.D.J.M.V. URLsafestay.com/brussels
MDe Brouckere下車

Column Belgium

ベルギーの祭り① オメガング

6月終わりから7月の初め頃(2023年は6月28・30日開催)、ブリュッセルのグラン・プラスで、"オメガング"と呼ばれる時代祭りが盛大に行われる。"オメガング"とは"輪になって歩く"という意味で、14世紀にノートルダム・デュ・サブロン教会に祀られたマリア像の周りを行列したことに由来している。祭りは21:00、高らかに鳴り響くファンファーレで幕を開ける。ブリュッセルの旗と楽隊を従えたシャルル5世が行列の先頭に立ち、広場に据えられた高座に着く。そして次々に現れる宮廷貴族、馬にまたがった騎士、ギルド職人たちから忠誠の誓いを受ける。貴族諸侯に扮するのはベルギーの本物の貴族たちで、グラン・プラスを舞台に華麗な中世絵巻が繰り広げられる。フィナーレには、バンシュから駆けつけた"ジル"と呼ばれる道化師も登場して、祭りは最高潮に達する。

オメガングの騎士 ©BI-TC

広場には桟敷席が組まれ、座席料金は場所によって異なり€45～85くらい。要オンライン予約。詳細はウェブサイトで確認を。☎02.5111909
URLommegang.be

★ コングレ広場周辺

ラ・タス・ダルジャン
La Tasse D'Argent ➲Map P.233-C2

コングレ広場に近い静かな通りにある、小さな家族経営のホテル。部屋は少々古い感じだが清潔。英語OK。メトロ駅マドゥMadouに近い。8室。

住Rue du Congrès 48
☎02.2188375
料シャワー／バス・トイレ付き
Ⓢ€50～　Ⓣ€60～　朝食付き　Wi-Fiなし
CC不可　MMadou下車

アパート ルイーズ広場南部

メゾン・かなざわ
Maison Kanazawa ➲Map 折込3裏B5

日本人オーナーの金澤さんが応対してくれる中短期滞在型アパートホテル。食事は各自調達。調理器具や食器類、洗濯機など生活用品も完備。Wi-Fi無料。予約は入れておきたい。3室。

住Rue Vanderkindere 489　☎02.3441743
料シャワー・バス・トイレ付き　1週間当たりスタンダードB €490　朝食なし　CC不可
URLmaisonkanazawa.seesaa.net
T7 Bascule下車

YH グラン・サブロン広場周辺

ブリューゲル
Bruegel ➲Map P.234-A3

中央駅から徒歩6～7分。朝食・シーツ代込み。館内のレストランで軽食が€8.20～、夕食は€13.20～で食べられるほか、バー、ディスコではベルギービールも味わうことができる。48室。

住Rue du St. Esprit 2　☎02.5110436
料Ⓓ29歳以下€31.15、30歳以上€34.60　Ⓣ29歳以下€40、30歳以上€44
朝食付き　Wi-Fi無料　CCM.V.　URLvjh.be
T92、93 Petit Sablon下車

YH ロジェ広場周辺

ジャック・ブレル
Jacques Brel ➲Map P.233-C1

グラン・プラスまで徒歩約15分と、観光にも便利な立地。バリカード広場に面している。シーツ代・朝食込み。カフェテリアではベルギービールが飲める。12月は休業する日もある。47室。

住Rue de la Sablonnière 30　☎02.2180187
料Ⓓ1人€31.90～　Ⓣ1人€38.50～　会員は10%引き　朝食付き
Wi-Fi無料　CCM.V.　URLlaj.be
MMadou下車

ホステル グラン・プラス周辺

ラトループ・グラン・プラス
Latroupe Grand Place ➲Map 折込3表A3

グラン・プラスから500mほどの観光に便利な立地。ダイニングルーム＆バーを兼ねたラウンジ、ランドリーやロッカーを完備。ドミトリーのほか、個室やファミリールームもある。

住R 159-163 Boulevard Anspach,　☎02.3613966
料Ⓓ1人€41～　シャワー・トイレ付きⓉ€118～
朝食€11　Wi-Fi無料
CCM.V.　URLlatroupe.com/fr/hostel-grand-place/auberge　MBourse、Anneessens下車

ホステル ロジェ広場周辺

スリープ・ウェル
Sleep Well ➲Map 折込3表B1

料金の安さでバックパッカーに人気の宿。ショッピングモールのシティ2の近く。ヌーヴ通りRue Neuveの1本東側の通りにある。シーツ代込み、朝食付き。98室。

住Rue du Damier 23　☎02.2185050
料Ⓓ1人€31～　シャワー・トイレ付きⓈ€60～
Ⓣ1人€37.50～　朝食付き
Wi-Fi無料　CCM.V.
URLsleepwell.be　MRogier下車

ベルギー北西部

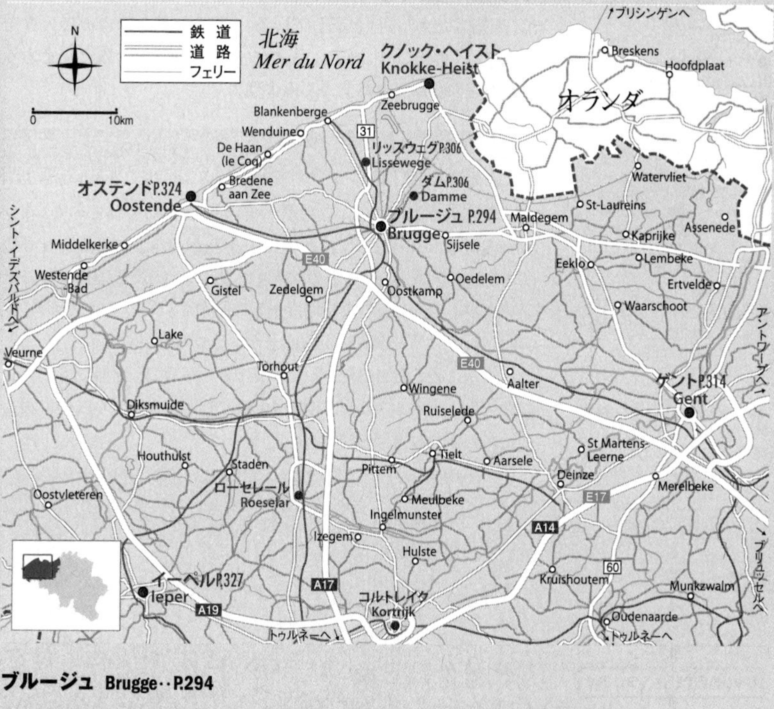

鉄道
道路
フェリー
北海
Mer du Nord
N
0
10km
クノック・ヘイスト
Knokke-Heist
Zeebrugge
Blankenberge
Wenduine
De Haan
(le Coq)
リッスウェグP.306
Lissewege
ダムP.306
Damme
オステンドP.324
Oostende
Bredene
aan Zee
ブルージュ P.294
Brugge
Sijsele
Maldegem
St-Laureins
Waterviet
Assenede
Kaprijke
Lembeke
Eeklo
Ertvelde
Waarschoot
Oedelem
Oostkamp
Zedelgem
Gistel
Middelkerke
Westende
-Bad
シント・イデスバルドへ
Lake
Veurne
Torhout
Wingene
Aalter
ゲントP.314
Gent
Ruiselede
Diksmuide
Houthulst
Staden
Pittem
Tielt
Aarsele
St Martens-
Leerne
Deinze
Merelbeke
Oostvleteren
ローセレール
Roeselar
Meulbeke
Ingelmunster
Izegem
Hulste
Kruishoutem
Munkzwalm
Oudenaarde
イーペルP.327
Ieper
コルトレイク
Kortrijk
トゥルネーへ
トゥルネーへ
ブリュッセルへ
アントワープへ
ブリシンゲンへ
Breskens
Hoofdplaat
オランダ
E40
E17
A14
A17
A19
31
60

ブルージュ Brugge‥P.294

ゲント Gent‥P.314

オステンド Oostende‥P.324

イーペル Ieper‥P.327

ブルージュ

Brugge

西フランドル州
West-Vlaanderen

ACCESS

ブリュッセル中央駅からICで約1時間、1時間に3本。ゲントのセント・ピータース駅からICで25～40分、1時間に5本。アントワープ中央駅からICで約1時間30分、1時間に1本。アントワープからゲントで乗り換える列車は1時間に2本、所要約1時間40分。

蘭● Bruggeブルッヘ
仏・英● Brugesブルージュ

観光案内所
●駅前　Map P.295-A2
開10:00～17:00
休1/1、12/25
●ザンド広場のi
住't Zand 34　Map P.295-A2
☎050.444646
開10:00～13:00、14:00～17:00（日10:00～14:00）　不定期で10:00～14:00になる日もある。
休1/1、12/25
●マルクト広場のi（Historium）
住Markt 1　Map P.296-A1
開10:00～17:00（12/24・31～16:00）　休1/1、12/25
URL visitbruges.be

世界遺産
ブルージュ歴史地区
Historic Centre of Brugge
文化遺産 / 2000年

ブルージュの歩き方

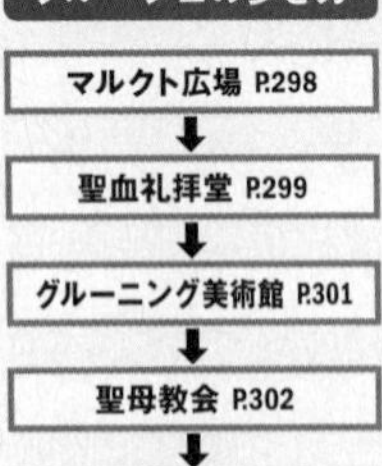

マルクト広場 P.298
↓
聖血礼拝堂 P.299
↓
グルーニング美術館 P.301
↓
聖母教会 P.302
↓
聖ヤン施療院ミュージアム P.302
↓
愛の湖公園 P.304
↓
ベギン会院 P.304

フランドルの"水の都"ブルージュ。Bruggeとは"橋"の意味で、町を縦横に流れる運河には、50以上の美しい橋が架かっている。北海と水路で結ばれていたブルージュは、12、13世紀には西ヨーロッパ第1の貿易港となり、中世ヨーロッパの商業の中心として繁栄した。しかし15世紀に入ると、ブルージュと北海とを結ぶ水路が沈泥のため浅くなり、商船が出入りできないようになってしまった。水路を閉ざされたブルージュは、都市としての機能まで喪失してしまう。しかしそのおかげで、ブルージュは中世の景観をそのままにとどめ、現在にいたったのだという。まさにブルージュは、中世の町が鍵をかけられ、ひっそりとしまわれてしまったような雰囲気をもっている。

19世紀末の詩人であり作家でもあったローデンバックは、『死都ブリュージュ』の中で、「人々の精神状態と結ばりあい、忠告し、行為を思いとどまらせ、決心させるひとりの主要人物のような『都市』を描きたかった」と記している。「風光と鐘とによって人々を育成する」都市ブルージュ。私たちもブルージュの風と光とカリヨンの音のなかへと旅立ってみよう。

ブルージュの歩き方

駅前にiがあるので、立ち寄って情報を手に入れるのもいい。駅から町なかに入るには、駅前の道を左へ行き、公園に沿って延びるKoning Albertlaan脇の緑地を抜ける。駅から10分ほどのザンド広場't Zand（この広場では土曜の午前中に青空市が開かれる）に面したコンサートホール内にもうひとつのiがある。

ここからZuidzandstr.に入って10分も歩けば、世界でも類いまれな美しさをもつ**マルクト広場Markt**に到着する。この広場に面したヒストリウム内にもiがある。

壮麗な建物が並ぶブルグ広場　Visit Bruges ©Jan D'Hondt

　または、駅から愛の湖公園やベギン会院方面に歩いて、聖母教会などを巡りつつマルクト広場に向かって北上してもいい。

　マルクト広場からは四方に道が延びているが、ザンド広場とマルクト広場を結ぶZuidzandstr.やSteenstr.がブルージュ随一の繁華街となっており、ブランド品を扱う店などが並ぶ。みやげ物屋は、マルクト広場の周囲や、マルクト広場からブルグ広場に抜けるBreidelstr.にも多い。

　駅からマルクト広場へ向かうバスは1、2番が便利。日時や工事などにより変更されるので、乗車時や停留所などで確認を。駅から聖母教会などに行くのに利用できる、無料の循環型シャトルバスも運行している。

無料のシャトルバス

フランドル地方の交通機関
フランドル地方のバス・トラム・地下鉄などの交通機関は、デ・レーンDe Lijnが統括している。チケットは、バスターミナルや停留所などの自動券売機で購入する。コンタクトレスカード（タッチ決済できるクレジットカード）も使用可能（車内の白い検札器にタッチする）。フランドル地方をいくつか巡るなら、何人でも使える回数券を買っておくのも便利。スーパーでも購入でき、アントワープやゲントなどでも使える。乗車時にチケットを検札器にタッチすること。
1回券（1時間） Biljet €2.50
10回券 Lijnkaart
（10-rittenkaart） €17
1日券 Dagpas €7.50
3日券 3 dagenpas €15
URL delijn.be

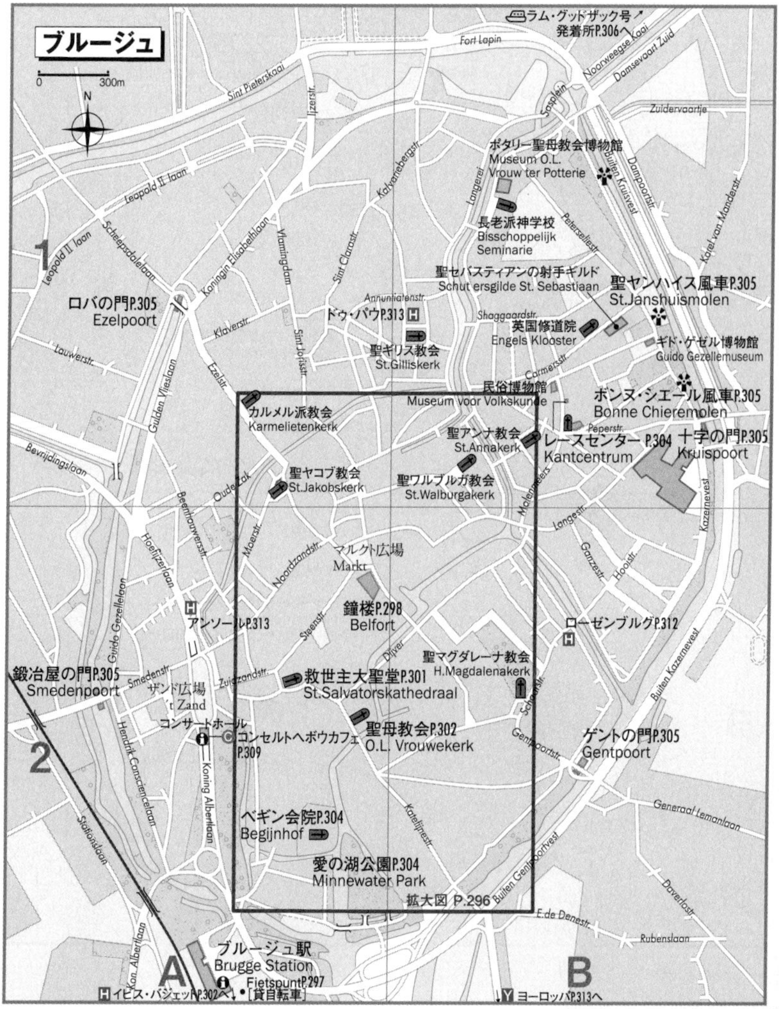

ブルージュ

0　300m
N

ラム・グッドザック号発着所P.306へ
Fort Lapin
Sint Pieterskaai
Noorweegse Kaai
Damsevaart Zuid
Zuidervaartje
Sasplein
Leopold II laan
Scheepsdalelaan
Koningin Elisabethlaan
Ijzerstr.
Vlamingdam
Kalvariebergstr.
Sint Clarastr.
Langerei
ポタリー聖母教会博物館
Museum O.L. Vrouw ter Potterie
Buiten Kruisvest
Dampoortstr.
Karel van Manderstr.
長老派神学校
Bisschoppelijk Seminarie
Peterseliestr.
聖セバスティアンの射手ギルド
Schutersgilde St. Sebastiaan
聖ヤンハイス風車P.305
St.Janshuismolen
1
ロバの門P.305
Ezelpoort
Annuntiatenstr.
ドゥ・パウP.313
Klaverstr.
Shaggaardstr.
英国修道院
Engels Klooster
ギド・ゲゼル博物館
Guido Gezellemuseum
Lauwerstr.
Sint Jorisstr.
聖ギリス教会
St.Gilliskerk
Carmersstr.
Ezelstr.
民俗博物館
Museum voor Volkskunde
ボンヌ・シエール風車P.305
Bonne Chieremolen
Gulden Vlieslaan
カルメル派教会
Karmelietenkerk
聖アンナ教会
St.Annakerk
レースセンター P.304
Kantcentrum
Peperstr.
十字の門P.305
Kruispoort
Bevrijdingslaan
聖ヤコブ教会
St.Jakobskerk
聖ワルブルガ教会
St.Walburgakerk
Oude Zak
Molenmeers
Langestr.
Kazernevest
Beenhouwersstr.
Hoefijzerlaan
Moerstr.
Noordzandstr.
マルクト広場
Markt
Ganzestr.
Hooistr.
Guido Gezellelaan
鐘楼P.298
Belfort
アンソールP.313
Steenstr.
ローゼンブルグP.312
Dijver
聖マグダレーナ教会
H.Magdalenakerk
鍛冶屋の門P.305
Smedenpoort
Smedenstr.
ザンド広場
't Zand
Zuidzandstr.
救世主大聖堂P.301
St.Salvatorskathedraal
Buiten Kazernevest
コンサートホール
聖母教会P.302
O.L. Vrouwekerk
Schouwstr.
コンセルトヘボウカフェ
P.309
2
Gentpoortstr.
ゲントの門P.305
Gentpoort
Hendrik Consciencelaan
Koning Albertlaan
Stationslaan
Generaal Lemanlaan
ベギン会院P.304
Begijnhof
Katelijnestr.
愛の湖公園P.304
Minnewater Park
Buiten Gentpoortvest
拡大図 P.296
Daverlostr.
E.de Denestr.
Kon. Albertlaan
ブルージュ駅
Brugge Station
Rubenslaan
A
FietspuntP.297
B
イビス・バジェットP.302へ
・[貸自転車]
ヨーロッパP.313へ

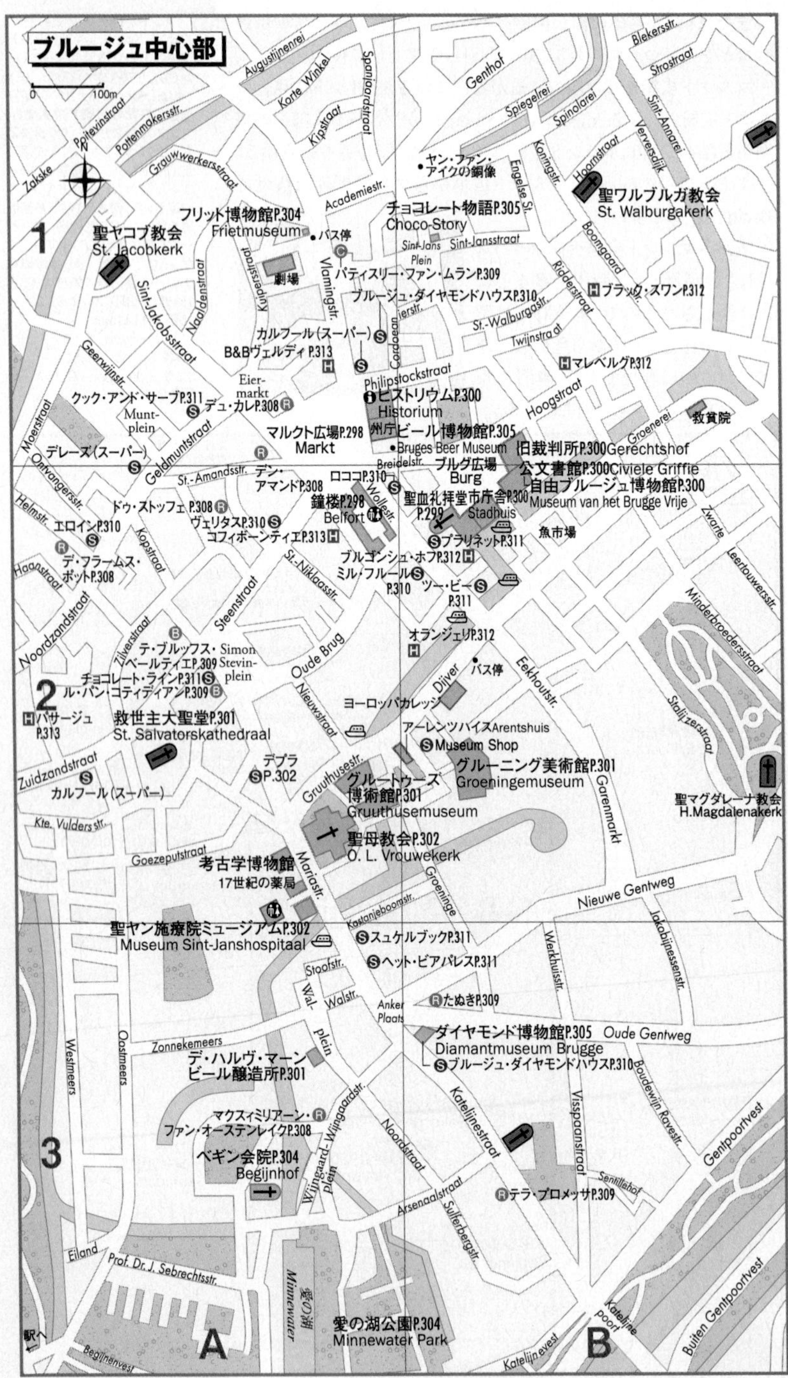
ブルージュ中心部
0 100m
N
1
2
3
A
B
Augustijnenrei
Korte Winkel
Spanjaardstraat
Kipstraat
Genthof
Spiegelrei
Spinolarei
Blekersstr.
Strostraat
Sint-Annarei
Verversdijk
Hoornstraat
Potterierei
Pottenmakersstr.
Grauwwerkersstraat
Zakske
ヤン・ファン・アイクの銅像
Koningstr.
Engelse St.
聖ワルブルガ教会
St. Walburgakerk
Academiestr.
フリット博物館P.304
Frietmuseum
バス停
チョコレート物語P.305
Choco-Story
Sint-Jans Plein
Sint-Jansstraat
聖ヤコブ教会
St. Jacobkerk
劇場
Kuipersstraat
Vlamingstr.
パティスリー・ファン・ムランP.309
ブルージュ・ダイヤモンドハウスP.310
Boomgaard
Riddersstraat
ブラック・スワンP.312
St.-Walburgastr.
Twijnstraat
Sint-Jakobsstraat
Naaldenstraat
カルフール（スーパー）
B&BヴェルディP.313
Cordoeaniersstr.
Philipstockstraat
マレベルグP.312
Geerwijnstr.
Eiermarkt
ヒストリウムP.300
Historium
クック・アンド・サーブP.311
デュ・カレP.308
Muntplein
Hoogstraat
Groenerei
救貧院
マルクト広場P.298
Markt
州庁
ビール博物館P.305
Bruges Beer Museum
旧裁判所P.300Gerechtshof
公文書館P.300Civiele Griffie
自由ブルージュ博物館P.300
Museum van het Brugge Vrije
Moerstraat
デレーズ（スーパー）
Geldmuntstraat
Ontvangersstr.
St.-Amandsstr.
デン・アマンドP.308
Breidelstr.
ロココP.310
ブルグ広場
Burg
聖血礼拝堂P.299
市庁舎P.300
Stadhuis
Wollestr.
鐘楼P.298
Belfort
ドゥ・ストッフェP.308
ヴェリタスP.310
コフィボーンティエP.313
エロインP.310
Helmstr.
Kopstraat
デ・フラームス・ポットP.308
Haanstraat
ブラリネットP.311
魚市場
Zwarte
Leertouwersstr.
ブルゴンシュ・ホフP.312
ミル・フルールP.310
ツー・ビーP.311
St.-Niklaasstr.
Steenstraat
Noordzandstraat
Minderbroedersstraat
オランジェリP.312
バス停
Zilverstraat
テ・ブルックス・ベールティエP.309
Simon Stevinplein
チョコレート・ラインP.311
ル・パン・コティディアンP.309
Oude Brug
Dijver
Eekhoutstr.
パサージュP.313
救世主大聖堂P.301
St. Salvatorskathedraal
ヨーロッパカレッジ
Nieuwstraat
Stalijzerstraat
アーレンツハイスArentshuis
Museum Shop
グルーニング美術館P.301
Groeningemuseum
デプラP.302
Zuidzandstraat
カルフール（スーパー）
Gruuthusestr.
グルートゥーズ博物館P.301
Gruuthusemuseum
聖マグダレーナ教会
H.Magdalenakerk
Garenmarkt
Kte. Vuldersstr.
聖母教会P.302
O. L. Vrouwekerk
Goezeputstraat
考古学博物館
17世紀の薬局
Mariastr.
Groeninge
Nieuwe Gentweg
Kastanjeboomstr.
聖ヤン施療院ミュージアムP.302
Museum Sint-Janshospitaal
スュケルブックP.311
ヘット・ビアパレスP.311
Werkhuisstr.
Jakobijnessenstr.
Stoofstr.
Walplein
Walstr.
Anker Plaats
たぬきP.309
ダイヤモンド博物館P.305
Diamantmuseum Brugge
Oude Gentweg
ブルージュ・ダイヤモンドハウスP.310
Westmeers
Oostmeers
Zonnekemeers
デ・ハルヴ・マーン ビール醸造所P.301
Wijngaard-plein
Wijngaardstr.
Noordstraat
Katelijnestraat
Vissparnstraat
Boudewijn Ravestr.
Gentpoortvest
マクスィミリアーン・ファン・オーステンレイクP.308
ベギン会院P.304
Begijnhof
テラ・プロメッサP.309
Sentillehof
Arsenaalstraat
Sulferbergstr.
Eiland
Prof. Dr. J. Sebrechtsstr.
Minnewater
愛の湖
愛の湖公園P.304
Minnewater Park
Katelijne poort
Buiten Gentpoortvest
駅へ
Begijnenvest
Katelijnevest

マルクト広場から南東に走るWollestr.を行くと運河に出て、最もブルージュらしい風景が広がる。運河巡りの船もこのあたりから出る。運河を渡って右折すると、美術館や教会の集まる界隈。このあたりはブルージュの芸術的な地域になっており、運河に沿ってかつての大邸宅が並び、散歩するだけでも楽しい一角だ。なお主要な美術館をいくつか巡るつもりなら、ミュージアムパスを買うと割安になることもある。

ブルージュの町の要は、何といってもマルクト広場。道に迷ったらまずマルクト広場にある鐘楼を探し、また振り出しに戻って歩き始めればいい。ブルージュの町は、足の向くまま、気の向くまま、のんびりと歩きたい。

愛の湖公園周辺は散策にもピッタリ

カルフール・エクスプレス
ブルージュの駅前（中心部方面）やマルクト広場にコンビニサイズのスーパーがあり、ちょっと買い物をするのに便利。

ミュージアムパス
Museumpas
市立の美術館または博物館13ヵ所に、3日間自由に入場できる。購入は各ミュージアムか❶で。
料€33

✉ ザンド広場ののみの市
ザンド広場では、6～9月の月に一度、日曜にのみの市Brugse-zandfeestenが開かれます。かなり大規模なのみの市で、日本から買い付けに来られる方もいます。
（ソラモカ　'23）
2024年は6/2、7/7、8/4、9/22の予定。
URL brugsezandfeesten.be

ヤン・ファン・アイクの像

➲Map P.296-B1がある北部の広場にも趣のある建物が並ぶ

シーズン中にはクルーズ待ちの列ができることも

ブルージュ巡りに利用したい乗り物 いろいろ

Visit Bruges ©Jan D'Hondt

●ミニバスツアー
ヘッドフォンによる説明（日本語あり）を聴きながらブルージュの町を回る。マルクト広場から出発。10:00～19:00（4月～18:00、10～3月日没まで）、30分ごと。所要約50分。
料€25

●運河クルーズ
3月上旬～11月中旬の毎日10:00から18:00まで運航。12～2月は天候により週末に運航されることもあるが未定。所要約35分。
料€12

●馬車
マルクト広場（曜日によりブルグ広場）から出発。ベギン会院の見学時間も入れて所要約30分。要チップ。☎050.345401　料1台€60　現金のみ

●貸自転車
ブルージュ駅前のFietspunt
➲Map P.295-A2　駅を出て右側奥の建物。5～9月は毎日、それ以外は月～金営業。　料半日€10、1日€15。要パスポート。詳細要確認。☎050.396826
コフィボーンティエ→P.313
料1時間€5、5時間€10、1日€15

※ガイドと一緒にブルージュ市内や近郊を巡る自転車ツアーについては、❶などで確認を。

ブルージュの見どころ

マルクト広場 Markt

➲Map P.296-A1

マルクト広場から出発する馬車

ブルージュの中心であるマルクト広場は、四方にそれぞれ魅力的な建物を配した、ヨーロッパでも5指に入る美しい広場。南側にはブルージュのシンボルである鐘楼、東にはネオゴシック様式の州庁とヒストリウム(→P.300)、北側と西側には切妻屋根のレストラン、カフェ、みやげ物屋、銀行などが並ぶ。

中心に立つブルージュの英雄ヤン・ブレーデルJan Breydelとピーテル・デ・コーニンクPieter de Coninckの銅像は、フランスの圧政に対して立ち上がった14世紀のブルージュ市民の心意気を思わせる。

マルクト広場に面して建つ州庁舎

町の中心マルクト広場

鐘楼
住Markt 7
開4月～11月初旬9:00～20:00
11月初旬～3月10:00～18:00
(土9:00～20:00、12/24･31～16:00、12/26～30 ～20:00)
最終入場は閉館1時間前まで
イベント開催時などは不定期。
休1/1、、キリスト昇天祭の午後、12/25
料€15　時間指定制チケット
カリヨンコンサート
開水･土･日11:00～12:00
URL museabrugge.be
※イベントのある日は中止になることもある。

世界遺産
ベルギーとフランスの鐘楼群
Belfries of Belgium and France
文化遺産 / 1999年、2005年拡張

夏場の蚊対策
ホテルにエアコンがない場合もあり、夏場の運河沿いの宿では蚊に悩まされることも。宿のオーナーにかけあえば蚊よけの器具を貸してもらえることもあるので、聞いてみよう。

鐘楼 Belfort

➲Map P.296-A2

美しい建物が並ぶマルクト広場でもひときわ目立っているのが、13～15世紀に建てられた鐘楼。高さ83mの塔へは、366段の石のらせん階段で上ることができる。運動不足の身にはかなりこたえるが、その代わりに上から見るブルージュの町とフランドル平原のパノラマは最高。2階には中世の宝物室がある。47個の鐘が組まれたカリヨン(組み鐘)は15分ごとに鳴るが、ヨーロッパでも、その音色は折り紙付き。カリヨンコンサートではその美しい音色を十分に楽しめる。

鐘楼に上ればブルージュの町が見渡せる

鐘楼はブルージュのシンボル

聖血礼拝堂 H. Bloedbasiliek

➡Map P.296-B2

12世紀に十字軍に参加したフランドル伯のティエリー・ダルザスが、コンスタンチノープルから持ち帰った「聖血の遺物」が奥の祭壇に納められている。礼拝堂はロマネスク様式の二重構造になっていて、上部の礼拝堂は15〜16世紀にゴシック様式に改装された。下部は聖バシリウスに献納された納骨堂になっている。隣接する聖血博物館Museum van de H. Bloedbasiliekには、1617年に作られた聖血の聖遺物箱、礼拝式用の衣装や絵画などが展示されている。

聖血礼拝堂
住Brug 13　☎050.336792
開10:00〜17:15
金〜日・祝、フェスティバルデーは10:45〜12:15の間、上部聖堂への入場不可。
最終入場は閉館15分前
休1/1、1/15〜20('24)
料博物館のみ有料で€5
URL www.holyblood.com
「聖血の遺物」の開帳は、14:00〜16:00(金10:15〜11:00)。階段を上がり司祭壇の横にある寄付箱に寄付金を入れてから観る。

ブルグ広場に面した聖血礼拝堂。ステンドグラスや内部の装飾も見応えがある

フリットも食べてみたい
マルクト広場に出る屋台はふたつあって、それぞれの店に常連がいるのだとか。フランス語圏のフリット屋にはない、ストーフフレース(肉が入ってない牛肉のビール煮のソース)を試してみて。

ベルギーの祭り② 聖血の行列

マルクト広場に着いた聖血の行列

©Heilige bloedprocessie vzw Frank Toussaint

ブルージュでは毎年キリスト昇天祭の日(2024年は5月9日)に、中世を華麗に再現する"聖血の行列"が行われる。この祭りは、現在ブルグ広場の聖血礼拝堂に納められているキリストの「聖血の遺物」に由来するもので、世界遺産にも登録されている。

伝説では1150年にフランドル伯ティエリー・ダルザスが第2回十字軍遠征の際にエルサレムからいただいたものとされるが、実際には13世紀の初めにコンスタンチノーブルから贈られたと考えられている。以来この聖宝を敬う人々が、町の城壁の周りを行列するようになった。

午前中は聖血礼拝堂で崇拝式、また救世主大聖堂でミサが行われる。午後はいよいよメインの行列(14:30ザンド広場発、17:30マルクト広場着)。聖書の物語や、十字軍の騎士をはじめとする中世の装束を再現しながら、市民たちがブルージュの町を練り歩く。その後聖歌と歓声のなか、聖血が納められているクリスタルの容器が登場する。なお、キリスト昇天祭の午後には、おもなミュージアムなど見どころは閉館となるところが多い。

市庁舎 Stadhuis

➡Map P.296-B2

聖血礼拝堂とは隣り合わせで、1376年から1421年にかけて建てられた、ベルギーで最も古い市庁舎のひとつ。フランボワイヤン・ゴシック様式の装飾が見事。建物正面の像やレリーフは、聖書の物語や歴史上のできごとを表している。1階内部(日本でいう2階に当たる)には、カシワ材の丸天井と町の歴史を描いた壁画で囲まれたゴシック様式のホールがある。

石の彫刻とでもいうべき市庁舎

市庁舎
住Brug 12　☎050.448111
開9:30～17:00
(12/24・31～16:00)
最終入場は閉館30分前まで
休1/1、キリスト昇天祭の午後、12/25　イベント開催時は不定期
料€8　(自由ブルージュ博物館と市庁舎の共通チケット)
URL museabrugge.be

運河側から見た公文書館の通り道

公文書館 Civiele Griffie

➡Map P.296-B2

ルネッサンス様式の建物は1537年に完成。正面に正義、向かって右にアーロン、左にモーゼの像がある。内部は**自由ブルージュ博物館 Museum van het Brugge Vrije**になっており、カール5世をたたえる目的で造られた。オーク、アラバスター、黒大理石の暖炉、王族の肖像などがある。

自由ブルージュ博物館

自由ブルージュ博物館
住Brug 11　☎050.448711
➡Map P.296-B2
開土・日9:30～17:00
最終入場は閉館30分前
休月～金、1/1、キリスト昇天祭の午後、イースターマンデー、聖霊降臨祭の翌日、12/25
料€8(自由ブルージュ博物館と市庁舎の共通チケット)。チケットは市庁舎で購入。
URL museabrugge.be

旧裁判所 Gerechtshof

➡Map P.296-B1

「自由ブルージュ Brugge Vrije」の館跡に1727年に建てられたもの。1984年まで裁判所として使われていたが、現在は市の行政センターになっている。

旧裁判所

ヒストリウム Historium

➡Map P.296-A1

ヒストリウム・ストーリーでは、中世のブルージュにタイムスリップし、青年ヤコブのラブストーリーを追いながら歴史的なテーマを追って行く。360度見渡せる展望台の塔と歴史展示室があるヒストリウム・タワーもある。マルクト広場を見渡せる2階のパノラマテラスへは無料入場できる。

ヒストリウム
住Markt 1　☎050.270311
開11:00～17:00
チケット購入は16:00まで
(土～22:00、最終入場20:00)
料ヒストリウム・ストーリー(日本語オーディオガイドあり)€19、ヒストリウムVR €10
ヒストリウム・タワー€10(ヒストリウム・ストーリーやVRのチケットがあれば€4)
URL www.historium.be
ベルギービールのデュヴェルが飲めるデュヴェロリウムDuvelorium もある。

マルクト広場の角にある建物

映像が巧みに組み合わされている

詳しいパネル展示

グルーニング美術館 Groeningemuseum

➡Map P.296-B2

運河に沿って邸宅が並んでおり、グルーニング美術館もそのひとつ。Arentsparkの緑のなかにあり、絵画鑑賞にはうってつけの環境。ファン・アイク、メムリンクなど15世紀初期のフランドル絵画、16世紀ブルージュのルネッサンス、ボッシュなど、粒よりの傑作を展示している。また、20世紀前半の表現主義、数は少ないがマグリットやデルヴォーなど近代ベルギー絵画もある。

美術館入口

フランドル絵画の名品を観ることができる

グルーニング美術館
住Dijver 12　☎050.448711
開9:30～17:00(12/24・31～16:00)　最終入場は閉館30分前
休水、1/1、キリスト昇天祭の午後、12/25
料€15　ヒストリウムとの共通チケットは€30
URL museabrugge.be
下記サイトで各部屋の説明を読みながら巡ることもできる(英語)。
URL www.museabrugge.be/en/visitorsguide-gro

グルートゥーズ博物館前にはブルージュのミュージアムなどのチケットを扱うミュージアム・パヴィリオンがある

グルートゥーズ博物館 Gruuthusemuseum

➡Map P.296-A2

もとは15世紀のグルートゥーズ侯の館で、1955年より博物館として使われている。彫刻、銀製品、ギルドの紋章、武器、楽器、陶器、レース、タペストリー、家具などのコレクションがあり、当時の生活がしのばれる。

歴史を感じさせる博物館入口

グルートゥーズ博物館
住Dijver 17　☎050.448711
開9:30～17:00(12/24・31～16:00)
最終入場は閉館30分前
休月(イースターと聖霊降臨祭の翌日を除く)、1/1、キリスト昇天祭の午後、12/25
料€15　聖母教会との共通チケット€17
URL museabrugge.be

救世主大聖堂 St. Salvatorskathedraal

➡Map P.296-A2

ブルージュ最古の教会で、12～13世紀のゴシック様式。17世紀のオルガンとそれに続く聖歌隊席、18世紀のタペストリーは必見。**聖堂博物館Museum van de Kathedraal**には、ファン・デル・フースなどフランドルの絵画や家具調度品、教具などが展示されている。

救世主大聖堂

救世主大聖堂
住Steenstr.17　☎050.336841
開月～土10:00～13:00、14:00～17:30(土～15:30)、日14:00～17:00
休1/1の午後、キリスト昇天祭の午後、12/24・25の午後
聖堂博物館
開10:00～12:30、14:00～17:00(土は午前のみ、日は午後のみ)
料無料(有料になる可能性あり)
URL sintsalvatorskathedraal.be

見学できるビール醸造所

1856年以来、代々受け継がれてきた伝統的な醸造所が公開されている。今でも仕込みが行われており、ビール醸造の説明後、上面発酵ビールを飲むことができる。800個ものビールグラスや世界の缶ビールのコレクションもあり、屋上からはブルージュの町が一望できる。ガイドツアーのみ(英・仏・蘭語)、所要約45分。

デ・ハルヴ・マーンビール醸造所 De Halve Maan
住Walplein 26　➡Map P.296-A3　☎050.444222
料€16(試飲付き)　URL halvemaan.be

ツアーで詳しい説明を聞いたら試飲を楽しもう

聖母教会 O. L. Vrouwekerk(Onthaalkerk)

➲Map P.296-A2

13～15世紀の建立。何度も改修が加えられ、さまざまな建築様式が交じっている。高さ122mの塔は独特な形で、塔の町ブルージュにふさわしい気品をもつ。内部には、ミケランジェロ作の『聖母子像』がある。また主祭壇とそれに続くパイプオルガンも必見。内陣にはブルゴーニュ公国のシャルル突進公と娘のマリーの霊廟も。

ブルージュの町のあちこちから見える

上部には歴史あるパイプオルガンも

霊廟は荘厳な雰囲気

聖母教会
住Mariastr. ☎050.448711
開9:30～17:00（日13:30～、12/24・31 13:00～16:00）
最終入場は閉館30分前
休日曜午前、1/1、キリスト昇天祭、12/25。冠婚葬祭などで入場不可になることもある。
料ミケランジェロの聖母子像やシャルル突進公とマリーの霊廟などがある内陣のみ€8
グルートゥーズ博物館との共通券€17（共通券はグルートゥーズ博物館隣のチケット購入窓口で）
URLmuseabrugge.be

ミケランジェロ作の聖母子像

聖ヤン施療院ミュージアム Museum Sint-Janshospitaal

➲Map P.296-A2

12世紀に造られた聖ヤン(＝ヨハネ)施療院の建物の一部を利用したミュージアム。ブルージュで活躍したメムリンクの主要作品や、当時の施療院の資料などを展示している。特にベルギー7大秘宝のひとつとされる『聖ウルスラの聖遺物箱』は必見。聖女ウルスラの巡礼の様子が描かれている。『聖カトリーヌの神秘の結婚』、『東方の三博士の礼拝』なども見逃せない。

隣接する修道院(入口は別。中庭に入口がある)には、家具や器具類を展示した17世紀の薬局がある。

上:メムリンクの絵がある部屋
下:17世紀の薬局

小さいながらも見逃せない美術館

建物自体の美しさを生かした展示室

聖ヤン施療院ミュージアム（旧メムリンク美術館）
住Mariastr. 38 ☎050.448711
開9:30～17:00
(12/24・31 ～16:00)
休月（イースターと聖霊降臨祭の翌日を除く）、1/1、キリスト昇天祭の午後、12/25 料€15
URLmuseabrugge.be

地元のチョコレート屋
デプラ depla
聖母教会近くにあるモダンな雰囲気の店。ガラスのカウンターの中に、さまざまなプラリヌなどのチョコレートが並んでいる。
住Mariastraat 20 ➲Map P.296-A2 ☎050.347412

欲しいチョコを選ぶと、グラムで箱詰めにしてくれる

イビス・バジェット
Ibis budget
ブルージュ駅のすぐそばにある、シンプルモダンなホテル。シャワー・トイレ・TV付きダブルの部屋が€73.32～（税別）。朝食は別料金で€9。全館禁煙。駐車場2階に階段とエレベーターがあるので、そこから上がる。
住Marie Popelinplantsoen 4
➲Map P.295-A2外
☎050.405120 URLibis.com

美術史を歩く

ブルージュ

メムリンクとブルージュ

Belgium
Brugge

No. 5

Hans Memling

AD 1300 1400 1500 1600 1700 1800 1900 2000

夏の間は観光客でにぎわいを見せるブルージュも、秋の深まりとともに静けさを取り戻す。冬にでも訪れるならば、その底知れぬ寂しさにあるいは驚きの声を発してしまうかもしれない。EU（欧州連合）やNATO（北大西洋条約機構）の拠点という国際政治都市の顔をもつブリュッセルを別にして、ベルギーの多くの町にある種の寂寥感を見出すのは筆者だけではあるまい。そして、その代表格がブルージュだ。

北海の河口に発達したブルージュは、フランドル特産の毛織物を中心に、すでに13世紀にはハンザ同盟にも加わり、ヨーロッパでももっとも栄えた貿易港のひとつとなっていた。こうした繁栄を背景とし、15世紀にはブルージュの黄金時代が生まれたのである。各国の商人、貴族がこの町に豪壮な建築物を建て、また、芸術活動も隆盛をきわめた（ちなみに、15世紀にはブルージュ、16世紀はアントワープ、17世紀にはアムステルダムと、ネーデルラントの最も重要な港が北進していくことは興味深い）。

初期フランドル絵画の巨匠ヤン・ファン・アイクがブルージュを活動のひとつの拠点としたことはよく知られている（現在もブルージュのグルーニング美術館で2点のヤンの傑作を鑑賞することができる）。けれども、ブルージュともっとも密接な関係をもった画家はハンス・メムリンク（1435年頃～1494年）であろう。ドイツ出身のこの画家は、あるいはそれゆえにこそ、ヤン・ファン・アイクやロヒール・ファン・デル・ウェイデンなどの先行するフランドルの画家たちから多くのものを吸収し、自らをフランドルの風土に同化していった。生真面目な祈りの精神、静けさに満ちた深いなごみの感情、いささか甘味な感傷性など、メムリンクの芸術はよくも悪くもフランドル絵画の典型を示しているといえよう。ドイツとアメリカで活動した20世紀の最も高名な美術史家パノフスキーがその大著『初期ネーデルラント絵画』のなかでメムリンクのことを「偉大な群小画家」と呼んだのは示唆的である。たしかに、今日の芸術的独創性という考え方からすれば、保守的性格の強いメムリンクの折衷的様式については、かなり限定を加えたうえでなければこれを称讃することは難しいかもしれない。しかし、穏やかな調和、落ち着いた清澄さといったものにひとつの美の規範を見出す人ならば、必ずやメムリンクの絵画に親しみを覚えるに違いない。

『聖ウルスラの聖遺物箱』

この町にある聖ヤン施療院ミュージアムほどブルージュとメムリンクとの絆をはっきりと実感させるものはあるまい。12世紀に創立された聖ヤン（＝ヨハネ）施療院は、現在、その一部がミュージアムとなっている。その規模こそ小さいものの、『聖ウルスラの聖遺物箱』や『聖ヨハネ祭壇画』などメムリンクの代表作を有するこのミュージアムで体験される作品と建物との調和は、近代的ミュージアムには望んでも求めることのできぬものといえよう。ヨーロッパを旅行する本当の喜びは、あるいはこうした小さなミュージアムを訪れることにあるのかもしれない。

text 幸福 輝

ベギン会院 Begijnhof

➡Map P.296-A3

1245年にフランドル伯夫人によって設立され、世界遺産にも登録されている。かつては敬虔な信者で独身の自立したベギン会の女性たちが住んでいたが、現在はベギン会の女性でなく、15世紀そのままの修道服を身につけたベネディクト派の修道女や未婚を決意したブルージュの女性たちが暮らしている。

時が止まったかのようなベギン会院

愛の湖公園 Minnewater Park

➡Map P.296-A3

中世ブルージュの内港だった所で、今では運河と水門で仕切られた湖となっている。ベギン会院につながる橋と緑に囲まれた公園、白鳥の遊ぶ湖はまさに一幅の絵のよう。

ベギン会院前に広がる愛の湖

レースセンター Kantcentrum

➡Map P.295-B1

19世紀頃のベルギーには、貧しい女性が自立するための手段として、修道女などがレース編みを教える学校が各地にあった。手間や技が必要とされる、当時の豪華なレースパターンや、現代になじむレースについてなどを見ていくことができる。展示は日本語もあるのでわかりやすい。さまざまなレースを観ることができ、2階ではレース編みの実演を兼ねた授業も見学できる。ドアをノックして入ると小学生から80代までの老若男女がボビン編みに挑戦している。

レース編みの授業風景

フリット博物館 Frietmuseum

➡Map P.296-A1

フライドポテト発祥の地ベルギーの誇りをかけた博物館といえるかも。「ジャガイモは、いつどこからやってきたのか?」というジャガイモの歴史から始まって、フライドポテトの起源、おいしいフライドポテトを作る秘訣などが豊富な展示物をとおして解説してある。

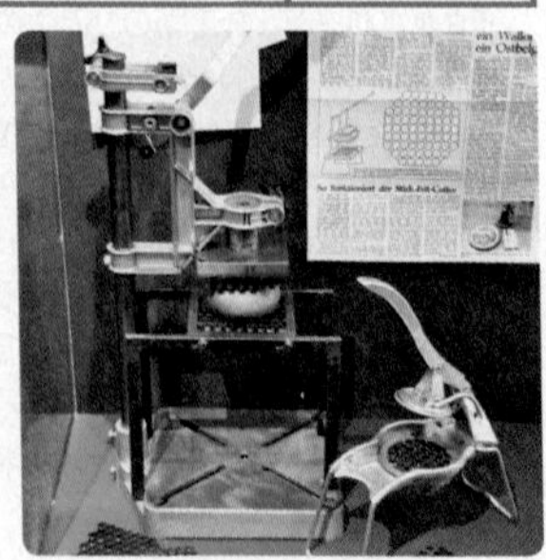
ジャガイモ切断機などの展示も興味深い

ベギン会院
住Begijnhof 24-28-30
☎050.330011
開6:30～20:30
(10月下旬～3月～18:30)

世界遺産
フランドル地方のベギン会院群
Flemish Béguinages
文化遺産 / 1998年

愛の湖公園周辺での注意
愛の湖公園周辺で、下記の手口が報告されている。観光客を狙ったものばかりなので、気を抜かないように注意したい。
▶自称警察官が警察手帳とおぼしきものを出し、「ドラッグの調査中」と言ってパスポートを調べるふりをして、お金を奪おうとする。
▶愛の湖公園近くで、ふたり組に道がわからないと地図を見せられ、気を引かれている隙にバッグを盗られそうになった。
▶グールトゥーズ博物館南の橋あたりの撮影スポットでスリが出没している。

公園前の客待ちの馬車

レースセンター
住Balstraat 16 ☎050.330072
開9:30～17:00
チケットの発売は～16:00
レース実演 月～土14:00～17:00
休日・祝、1/2、4/1～11/2の月、11/3～3/31の月・火 料€8
URL www.kantcentrum.eu
売店では、レースの本や材料のほか、小さなレースも扱っている。

フリット博物館
住Vlamingstraat 33
☎050.340150
開10:00～17:00
休無休
料€9.50 チョコレート物語との共通券€18
URL www.frietmuseum.be
見学時間は平均45分。地下で揚げたてのフリットも食べられる。

フリットも試してみて

チョコレート物語 Choco-Story

➡Map P.296-B1

チョコレートの歴史から、生産工程まで知ることができる。チョコレートが神の飲み物とされ、カカオ豆がお金の代わりとして通用していたマヤ族、古代アステカの時代まで遡って説明されており、興味深い。プラリヌなど、チョコレートづくりの実演や試食をしていることもある。

チョコレート物語
住Wijnzakstraat 2
☎050.612237
開10:00～17:00(7・8月～18:00)
最終入場は閉館1時間前
休1/1、1月第2週、12/25
料€13　日本語オーディオガイドあり　フリット博物館との共通券€18　ダイヤモンド博物館との共通券€22
URL choco-story-brugge.be

ダイヤモンド博物館 Diamantmuseum Brugge

➡Map P.296-B3

ダイヤモンドの研磨技術は、ここブルージュの金細工師が発明したとのこと。さまざまな視点からダイヤの歴史をたどることができる博物館。中世のように再現された工房でダイヤ研磨の実演を見ることもできる。

ダイヤモンドに興味がある人はどうぞ

ダイヤモンド博物館
住Katelijnestr. 43
☎050.342056
開10:30～17:30
休不定休
料€12　実演は12:15～
URL diamondmuseum.be

ビール博物館 Bruges Beer Experience

➡Map P.296-A1

ビールの種類や醸造方法、食べ物との組み合わせなどについて、クイズも取り入れ、五感を使って知ることができる。日本語あり。テイスティングは、16種類のビールから選べる。

マルクト広場近くの博物館

ビール博物館
住Breidelstraat 3
☎050.699229
開10:00～18:00
最終入場は閉館1時間前
休1/1、12/25
料テイスティング付き€18
テイスティングなし€12
URL mybeerexperience.com

城門 Poort

➡Map P.295

ブルージュの町は卵形の運河で囲まれており、町と外部を結ぶ橋には13～14世紀に築かれたたくさんの城門が残されている。自転車を借りて城門巡りをするのも一興。

町の西側の城門、**鍛冶屋の門Smedenpoort**(1297年)は、中世の要塞の様子がよくわかるように保存されている。東にある城門、**十字の門Kruispoort**(1403～1406年)は、大きな丸いふた付きの塔をもつ独特なもの。北西には**ロバの門Ezelpoort**、南東には**ゲントの門Gentpoort**がある。

十字の門

風車 Molen

➡Map P.295-B1

17世紀には30基の風車が城壁に沿ってあったというが、現在では数基が残されているのみ。独特な形の、1770年に建てられた**聖ヤンハイス風車St. Janshuismolen**は内部が見学できる。その少し南にある**ボンヌ・シエール風車Bonne Chieremolen**は1888年に東フランドルのオルスヌに建てられた風車で、1911年にブルージュに移された。

聖ヤンハイス風車

聖ヤンハイス風車
住Kruisvest
開4～10月 9:30～12:30、13:30～17:00　入場は閉館30分前
休月(イースターと聖霊降臨祭の翌日を除く)、キリスト昇天祭の午後、11～3月　料€5
URL museabrugge.be

風車に上るとブルージュの町も見渡せる

エクスカーション

ACCESS

ラム・グッドザック号
4月〜11月初旬11:00〜18:00、1日4往復。ブルージュの町を囲む運河の外、北東のNoorweegse-kaai 発 12:00、14:00、16:00、18:00。ダムからはDamse Vaart Zuid 12B 発11:00、13:00、15:00、17:00。片道約35分。片道€11、往復€16。
➲Map P.295-B1外
☎0471.194005
URL lammegoedzakdamme.com

観光案内所
住Jacob van Maerlantstraat 3
☎050.288610
開9:30〜12:30、13:00〜17:00（土・日は午後のみ）
休不定休
URL visitdamme.be

鐘楼の上から見たダム（上）とダムの市庁舎（下）

ダム Damme

➲Map P.293

ブルージュの北東7kmほどの所にあるダムは、12世紀にブルージュの外港として築かれた小さな町。ブルージュの町外れにあるNoorweegse Kaaiから「ラム・グッドザック号Lamme Goedzak」で、のどかな田園風景を見ながら運河を下っていくと、約35分で到着する。足に自信のある人なら、ウオーキングや自転車を借りてサイクリングを楽しむのもいい。

町の中心広場**マルクトMarkt**には、15世紀に建てられたゴシック様式の**市庁舎Stadhuis**があり、市庁舎に向かって右側に**i**がある。町にはこのほか、**風車Schellemolen**、**聖ヨハネ施療院博物館Museum Sint-Janshospitaal**、15世紀建造の**聖母教会O. L. Vrouwekerk**などがあり、聖母教会の塔の上からはフランドルの平原が見渡せる。ダムは小さな町なので2時間もあれば一周できてしまうが、本の町としても知られ、質の高いレストランや芸術家たちの作品を集めたギャラリーを巡ったり、のんびりと1日を過ごすのには楽しい所だ。毎年9月か10月の上旬には、チーズなどブルージュ周辺地域の特産品を集めた市もある。

左:ブルージュから運河を抜けてダムへ
上:ラム・グッドザック号

ACCESS

ブルージュからゼーブルージュZeebrugge行きの列車で約15分。1時間に1本ある。

観光案内所
住Walram Romboudtstraat 7
☎0468.078306
開7・8月 毎日14:00〜17:30
イースター前の土曜〜6月
土・日14:00〜17:00
9月は不定期
休上記以外
URL lissewege.be

リッスウェグ Lissewege

➲Map P.293

リッスウェグは、西フランドル平原の真ん中に位置するかわいらしい村。地面すれすれに運河が流れ、白壁の家が建つ。時間が許せばレンタサイクルなどで立ち寄るのもよさそうな小さな村だ。村の周りは牧草地で、牛や羊がのんびりと草を食んでいる。

村の真ん中には13世紀の**聖母教会O. L.Vrouwebasieliek**が建っており、50mの高さの塔からはのどかな田園風景が見渡せる。村から南へ並木道を20分ほど歩いていくと、12世紀にシトー派の修道院だった**テル・ドゥーストTer Doest**があり、巨大なゴシック様式の納屋と農場の一部が残っている。このほか村には、**歴史博物館Historisch Museum**などがある。

リッスウェグの家並み

自転車で出かけよう！ ～ベルギー～ ダムの町まで

ベルギー屈指の観光地ブルージュ。ホテルや見どころもたくさんあるし、何日か滞在して、サイクリングまで楽しんでみるのもいい。町なかには自転車道はあまりなく、一方通行や細い道路も多いため、やや走りづらいが、運河沿いは自転車や歩行者のみの道が整備されていて、サイクリングしやすい。

❶ 自転車を借りよう
ブルージュ駅前にあるFietspuntで。言えば地図ももらえる

❷ 城門を越えながら
旧市街を囲む運河沿いには、いくつも城門がある

途中、つり橋があったりして、ウオーキングでも楽しめそう

❸ ヤンハイス風車
風車の上からブルージュの町を眺めるのもいい

❹ のんびり走ろう
運河沿いのサイクリングルートは、とても快適

ダムまでは、この気持ちがいい並木道を真っすぐ進んでいく

❺ ダム到着
カフェや本屋もある、かわいらしい町（→P.306）

ダムまでの道のり

ブルージュ駅前のFietspunt（→P.297）で自転車を借りたら、そのまま運河沿いに走っていこう。ゲントの門より少し手前から、緑のなかのサイクリングルートを走ることができる。十字の門や風車を越え、途中、サイクリングルートの緑が途切れた所で、大きな道路を渡り並木道へ入っていく。約8.5km、往復で半日ほど。

注意ポイント：旧市街より運河沿いを走ったほうがわかりやすい。並木道への分岐点を間違えないこと。

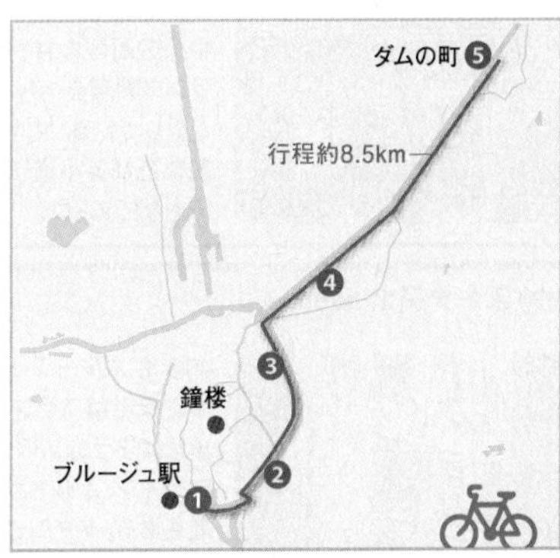

ブルージュのレストラン

ヨーロッパでも人気の高い観光地だけあって、レストランの数は多く、高級なレストランからカジュアルな店まで揃っている。運河沿いやマルクト広場周辺などのあちこちに店があり、ホテルに併設されたレストランには質の高い料理を出すところも。ミシュランの星をもつ店もあり、味のレベルが高い。

鐘楼前のフリッツの屋台

デ・フラームス・ポット De Vlaamsche Pot　ベルギー料理

➡Map P.296-A2

昔ながらのブルージュの郷土料理。ブルージュいちと評判の牛肉のビール煮込みは、特におすすめ。店の雰囲気と料理を味わうのに集中してほしいのであえてWi-Fiがない。入店は14歳以上。

住Helmstraat3-5
☎050.340086
営水～金17:30～深夜
土・日12:00～深夜
休月・火・祝、1/8～30、6/24～7/9('24)　予望ましい　CCM.V.
URLwww.devlaamschepot.be

デュ・カレ De Carré　ベルギー料理・軽食

➡Map P.296-A1

マルクト広場にあるカフェレストラン。軽食から郷土料理まで揃っている。テラスに座って鐘楼やマルクト広場の雰囲気を楽しめる。ムール貝や牛肉のビール煮のほか、パンケーキやワッフルも。

住Markt 26
☎050.335431
営10:30～22:00
休1/8～2/8('24)
予不要　CCM.V.
URLrestaurantbruges.be

マクスィミリアーン・ファン・オーステンレイク Maximiliaan van Oostenrijk　ベルギー料理

➡Map P.296-A3

ベギン会院に入る橋の手前にあるブルージュらしいレストラン。愛の湖近くの緑の多い一角に建つ。ランチは€19.80で豚肉のソテー、アラビアータ、サーモンのネギクリームソースから選ぶ。

住Wijngaardplein 16
☎050.334723
営10:00～22:30
休1/1、12/24
予不要　CCA.M.V.
URLmaximiliaanvanoostenrijk.be

デン・アマンド Den Amando　ビストロ

➡Map P.296-A1

肉料理や魚料理もあるが、野菜中心の新鮮な材料を使って、フランス料理をベルギー風にアレンジしている。マルクト広場から西に延びる小道にあり、静かで小さなビストロ。

住Sint Amandsstraat 4
☎050.340122　営12:00～14:00、18:00～21:00　休月・日、1/1、12/23～25、イースター前後の2週間、8月下旬の2週間、10月下旬の1週間
予必要　CCM.V.
URLdenamand.be

ドゥ・ストッフェ De Stove　フランス料理

➡Map P.296-A2

40年もブルージュで営業する、小さな老舗フランス料理店。ワインはフランスのものを中心にスペイン、ポルトガル、ベルギー産もある。メイン€28～。ランチメニュー€30～。

住Kleine St-Amandstraat 4
☎050.337835　営11:45～14:00、17:45～21:00　休水・木、1/1、3月下旬、6月中旬、8月中旬、12/25・31
ドスマートな服装で
予望ましい　CCM.V.
URLrestaurantdestove.be

※休業日について‥祝日やクリスマス～年末年始など、不定期営業や不定期休業することもある。長期休暇をとる店もある。

テラ・プロメッサ Terra Promessa
イタリア料理

地元商店街の人もよく食べにくるという、落ち着いた雰囲気の店。ていねいに作られた家庭的な料理で、ミックスサラダ€8、ピザやスパゲティ€14～。テイクアウトすることもできる。

Map P.296-B3

住Katelijnestraat 110
☎050.693867
営12:00～14:00、18:00～22:00
休水・日、1/1、1月2～3週、12/24・25・31　予繁忙期には予約が望ましい　CCM.V.
URLterra-promessa.be

たぬき Tanuki
日本料理

オーナー夫妻は日本で2年間修業したというベルギー人で、30年以上続く、地元でも人気のレストラン。混み合うことも多い。。ベギン会院の近く。ランチメニュー€34～38。日本語メニューあり。

Map P.296-B3

住Oude Gentweg 1　☎050.347512
営12:00～14:00、18:30～21:00
休月・火、7/5夜～21、10/26～11/10、12/24夜～25、12/31～1/5、2月下旬('23-'24)　ドスマートな服装で　予予約したほうがいい
CCM.V.　URLtanuki.be/ja

ル・パン・コティディアン Le Pain Quotidien
軽食

ブリュッセルに本店がある自然派志向のパン＆軽食のカフェ。広く明るいおしゃれな店で、昼なら軽くスープとパンのセット€6.95～8.95もいい。温かいキッシュとサラダのセットが€15.95～17.95。

Map P.296-A2

住Simon Stevinplein 15
☎050.342921
営月～土7:30～18:00
日・祝8:00～18:30
休1/1、12/25　予不要
CCA.M.V.(V.はICチップ付きのみ)
URLlepainquotidien.com

テ・ブルッフス・ベールティエ 't Brugs Beertje
ブラスリー

約300種のベルギービールを揃えている有名な店。ベルギービールを試してみたいのなら、ぜひ訪れてみたい。De Hobbitの向かい。サラダやチーズといったおつまみもある。

Map P.296-A2

住Kemelstraat 5
☎050.339616
営16:00～24:00(金・土～翌1:00)
休水
予不可
CCM.D.V.
URLbrugsbeertje.be

パティスリー・ファン・ムラン Patisserie Van Mullem
パティスリー・カフェ

キッシュとサラダやスープとパンの軽いランチのほか、クロワッサンなど焼きたてパンの朝食を食べることができる。おいしいケーキやペストリーと紅茶・コーヒーでひと息つくのもいい。

Map P.296-A1

住Vlamingstraat 56
☎050.688650
営8:00～11:00
(日はショップのみで～14:00)
休月・火、2・7・11月あたりに休暇をとることもある　CCM.V.
URLpatisserie-vanmullem.be

コンセルトヘボウカフェ Concertgebouwcafé
カフェ・軽食

観光案内所が入っているコンサートホール内にある気軽なカフェ。スープとパンの軽いランチやブルージュのチーズを使ったサンドイッチ、チーズやエビのコロッケのほか、ワッフルなどもある。

Map P.295-A2

住't Zand 34
☎050.476981
営11:00～18:00(土10:00～、日9:00～)　公演がある日は遅くまで営業　休月・火　予不要 CCM.V.
URLconcertgebouw.be/nl/concertgebouwcafe

Shop

ブルージュのショップ

ブルージュは西フランドル州のなかでも人気の高いショッピングの町として知られている。ショップもおみやげの店からブランド品まで多種多様で、予算と目的に合った買い物をすることができる。おもなショッピングストリートは、Steenstr.、Noordzandstr.、Geldmuntstr.、Mariastr.など。マルクト広場周辺にも多くのショップがある。

ロココ Rococo　レース

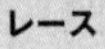

1833年から5代にわたって続く老舗のレースショップ。額に入ったアンティークレース、ブローチ、テーブルクロスやハンカチのほか、小物入れや、ゴブラン織りの小物などはおみやげにもいい。

Map P.296-A2

住Wollestraat 9　☎050.340472
営10:00～12:00、13:00～18:00（日・祝11:00～12:00、13:00～16:30）
休1/1、12/25、不定休あり
CCM.V.
URLrococobrugge.be

ヴェリタス Veritas　ファッション小物

戦前からある小物の店。手作りの服に合わせて自分の好みのバッグ、スカーフ、帽子、マフラー、手袋、アクセサリーなどが手頃な値段で買える。ビーズや裁縫用品、編み物用品もある。

Map P.296-A2

住Steenstraat 20
☎050.337790
営10:00～18:00（日11:00～、2月の日・祝は13:00～になるときもある。要確認）　休1/1、12/25
CCM.V.
URLveritas.be/nl_be

ミル・フルール Mille Fleurs　ゴブラン織り

オリジナルデザインも含めたゴブラン専門店。中世からゴブラン織りの中心地として栄えたフランドル地方では、今でもタペストリーから小物まで作られている。小物入れ€10～。

Map P.296-B2

住Wollesrtraat 18
☎050.345454
営10:00～18:00（夏期は～19:00）
休1/1、12/25
CCM.V.
URLmillefleurstapestries.com

エロイン L' Heroine　レディス

ベルギーデザイナーの老舗セレクトショップ。ドリス・ヴァン・ノッテン、マルタン・マルジェラなど有名なデザイナーから若手デザイナーまで個性的な服が揃う。オリジナルのスカーフやアクセサリーもいいものが多い。

Map P.296-A2

住Noordzandstraat 32
☎050.335657
営月～水10:30～13:00、14:00～18:00　木～土10:00～18:00
休日・祝、1/1、イースターとその翌日、12/25
CCA.M.V.

ブルージュ・ダイヤモンドハウス Brugs Diamanthuis　ダイヤモンド

中世の典型的な切妻風段々屋根の邸宅を店舗とした、伝統あるダイヤモンドの店。ダイヤモンド博物館の隣に2号店（写真）がある。

Map P.296-A1

住Cordoeaniersstr. 5
☎050.344160　CCA.M.V.
● Brugs Diamanthuis
住Katelijnestr. 43
Map P.296-B3　☎050.336433
URL diamondhouse.net（日本語ページあり）

※休業日について‥祝日やクリスマス～年末年始など、不定期営業や不定期休業することもある。長期休暇をとる店もある。

プラリネット Pralinette　チョコレート

➡Map P.296-B2

運河巡りのボート乗り場に近い。トップショコラティエが作る、原材料にもこだわった自家製のプラリヌやトリュフなどは、すべて手作り。チョコレートワークショップもあり。

住Wollestr. 31B　☎050.348383
営3～12月9:00～18:00（7・8月～19:00）　1・2月10:00～18:00（土～19:00、日～18:30）
1/1と12/25は変更の可能性あり
休無休　CCM.V.
URLpralinette.be

チョコレート・ライン The Chocolate Line　チョコレート

➡Map P.296-A2

マルクト広場の南西にある、小さな広場に面している。ベーシックなプラリヌのほか、チョコのリップクリーム€6や少し変わったフレーバーや形のチョコレートも扱っている。

住Simon Stevinplein 19
☎050.341090
営9:30～18:30
（日・祝・月10:30～）
休1/1、12/25
CCA.M.V.
URLthechocolateline.be

スュケルブック Sukerbuyc　チョコレート

➡Map P.296-A3

車の形をしたチョコやブルージュの景色を描いた箱に詰められたプラリヌなどがある。チョコレートは裏の工房で手作り。向かいのティーサロンでは本格的なホットチョコレートも楽しめる。

住Katelijnestraat 5-6
☎050.330887
営10:00～18:00
休月、1/1、12/25
CCM.V.（€5以上で使用可能）
URLsukerbuyc.be

クック・アンド・サーブ Cook & Serve　調理器具、食器、小物

➡Map P.296-A1

機能性やデザインにこだわったヨーロピアンブランドのものがセレクトされている。布巾やかわいらしいお皿などベルギー製もあり、ちょっとしたプレゼントを選ぶのも楽しい。

住Geldmuntstraat 16
☎050.695802
営10:00～18:30
（土・日13:00～）
休祝
CCM.V.
URLcookserve.be

ツー・ビー 2 be　食料品店

➡Map P.296-B2

ベルギーの食に関するものの多くが揃う大型店。ビールやジャムは1階と地下1階。最近評価が高くなってきたベルギーワインのコレクションも豊富。奥のカフェでベルギービールも楽しめる。

住Wollestraat 53
☎050.611222
営10:30～19:00（金・土～19:30）
休水、1/1、1月中旬～下旬の月～金、12/25
CCM.V.
URL2-be.biz

ヘット・ビアパレス Het Bierpaleis　ビールショップ

➡Map P.296-A3

実際に足を運んで選んだという醸造所の400銘柄ものビールのほか、ビールにまつわるアンティーク雑貨や大量のビアコースターなどもある。ビール好きはもちろん、おみやげ探しにも。

住Katelijnestraat 25
☎050.343161
営10:00～19:00
（3～12月～22:00）
休無休
CCA.D.M.V.

ブルージュのホテル

ブルージュには、アメリカンタイプの大ホテルよりも、ヨーロピアンタイプの小ホテルが多い。古い建物を改造した小ホテルは、運河沿いや広場に面していて、ブルージュの旅情にたっぷり浸ることができる。宿選びに迷ったら❶のウェブサイトにあるアコモデーションリストやホテル予約サイトの評判などを参考にしてもいい。朝食付きの小規模なB&Bもある。夏のシーズン中はたいへん混み合うので、予約しておくといいだろう。

オランジェリ De Orangerie ★★★★

➡Map P.296-B2

小規模だが設備の整った高級ホテル。館の正面が運河巡りのボート乗り場になっており、気軽に運河観光が楽しめる。朝食室も運河に面しており、風景を眺めながら味わえる。20室。

住Kartuizerinnenstr. 10
☎050.341649
料シャワー／バス・トイレ付き
Ⓢ Ⓣ€172～295
朝食€25　Wi-Fi無料
CC M.V.
URL hotelorangerie.be

ローゼンブルグ Rosenburg ★★★★

➡Map P.295-B2

観光地区から離れていて運河に面した静かなホテル。ファミリー向けの部屋や眺めがいい部屋もある。全27室。

住Coupure 30
☎050.340194
料シャワー／バス・トイレ付き
Ⓢ€97～　Ⓣ€165～
朝食付き　Wi-Fi無料
CC A.M.V.
URL rosenburg.be

ブルゴンシュ・ホフ Bourgoensch Hof ★★★

➡Map P.296-B2

マルクト広場近くの運河沿いにある、こぢんまりとしたファミリーホテル。運河に面したビストロでは、ベルギーらしい雰囲気と料理を味わえる。夏の間は戸外のテラスで運河の眺めを楽しめる。25室。

住Wollestr. 35
☎050.331645
料シャワー／バス・トイレ付き
Ⓢ Ⓣ€119～　朝食€16
Wi-Fi無料
CC A.M.V.
URL hotelbh.be

マレベルグ Malleberg ★★★

➡Map P.296-B1

ブルグ広場近くの中心地にありながら、とても静か。典型的なブルージュの古い家を使ったホテルで、フレンドリーなご夫婦が経営している。清楚で落ち着いた雰囲気のホテル。9室。

住Hoogstraat 7
☎050.344111
料シャワー・トイレ付き
Ⓢ Ⓣ€130～　朝食付き
Wi-Fi無料
CC A.M.V.
URL malleberg.be

ブラック・スワン The Black Swan ★★★

➡Map P.296-B1

マルクト広場から徒歩約5分という便利な立地。17世紀に建てられたという切妻屋根の建物もブルージュらしい。朝食室からはバラ園の眺めも楽しめる。20室。冬季の営業は未定。

住Riddersstr. 15
☎050.341374
料シャワー／バス・トイレ付き
Ⓢ Ⓣ€148～
朝食付き　Wi-Fi無料
CC M.V.
URL theblackswanhotel.com

※ホテル室料は目安。日程や予約方法、条件により大きく異なる場合もある。特記がないかぎり、税金（City Taxを含む）や朝食は別料金。

アンソール Ensor ★★

観光案内所があるザンド't Zand広場北側、Speelmansrei通りの中ほどの閑静な住宅地にある。客室は明るくシンプルな造り。3人部屋もある。12室。

➲Map P.295-A2
住Speelmansrei 10
☎050.342589
料シャワー／バス・トイレ付き
Ⓢ①€50～150　朝食付き
Wi-Fi無料
CC A.M.V.
URL ensorhotel.be

コフィボーンティエ 't Koffieboontje ★★

マルクト広場の鐘楼の隣に建つ。バックパッカーが宿泊するホステルのような宿で、3～6人部屋もある。レストランがあり、レンタサイクルも扱っているので便利。朝食はビュッフェ形式。38室。

➲Map P.296-A2
住Hallestr. 4
☎050.338027
料シャワー／バス・トイレ付き
Ⓢ①€50～150　朝食€10～
Wi-Fi無料
CC A.D.M.V.
URL hotel-koffieboontje.be

ドゥ・パウ de Pauw ★★

マルクト広場から徒歩約10分、聖ギリス教会の近くにあり、周りは比較的静か。小規模な家族経営のホテル。充実したビュッフェ形式の朝食込み。8室。

➲Map P.295-B1
住Sint-Gilliskerkhof 8
☎050.337118
料シャワー・トイレ付き
Ⓢ①€76～113　朝食付き
Wi-Fi無料
CC M.V.
URL hoteldepauw.be

パサージュ Passage ★★

町の中心に近く、観光に便利。Gran Kaffee Passageというベルギー料理やベルギービールを味わえるレストランも併設している。

➲Map P.296-A2
住Dweersstr. 26
☎050.340232
料シャワー・トイレ付き　ダブルのみ
①€95～（平日）　€110～（週末）
朝食€15　Wi-Fi無料
CC A.D.M.V.
URL passagebruges.com

B&Bヴェルディ B&B Verdi B&B

家族経営のレストラン＆ティールームの上階。レストランから入りチェックインする。レストランはベルギー・フレンチ料理。昼と夜以外はワッフルやエビコロッケ、スープなどの軽食が取れる。

➲Map P.296-A1
住Vlamingstraat 5
☎050.344243
料シャワー／バス・トイレ付き
Ⓢ①€125～　朝食付き
Wi-Fi無料　全3室
CC M.V.　URL verdibrugge.com
軽食はランチとディナーの時間以外

ヨーロッパ Europa YH

ランチのサンドイッチ€7.70、スープ、メイン、デザートの夕食は€12.40で食べられる。鍵のデポジットが必要。駅から2、20、21番のバスで3つ目の停留所Assebroek Wantestr.下車、徒歩約150m。

➲Map P.295-B2 外
住Baron Ruzettelaan 143 , Assebroek　☎050.352679
料Ⓓ29歳以下1人€32.10～、30歳以上1人€35.65～　会員10%引き
朝食付き　Wi-Fi無料
CC M.V.
URL jeugdherbergen.be

Belgium

ゲント

Gent

東フランドル州
Oost-Vlaanderen

ACCESS

ブリュッセル中央駅からICで約40分、1時間に4～5本。ブリュッセル空港から約1時間、1時間に1本程度。ブルージュからICで25～40分、1時間に5本。アントワープから約1時間、1時間に3本。

蘭●Gent ヘント
仏●Gand ガン
英●Ghent ゲント

観光案内所
住Sint-Veerleplein 5
➡Map P.318-A1
☎09.2665660
開毎日 10:00～18:00 休1/1、12/25 URLvisit.gent.be

ゲント工事情報
工事のため、トラム路線の変更あり。工事の進行状況に合わせて下車駅なども変更されていくため、乗車時に確認を。駅舎も工事中のため、ホームが閉鎖されたり、少し複雑になっているので注意。

駅からトラムで中心部まで

運河クルーズ
グラスレイから出発。所要約40分。運航は日程により異なる。
出4月～11月初旬11:00～18:00。11月初旬～3月11:00～16:00(12/24・31～14:00)の土・日。
料€9.50
休1/1、12/25、不定休あり
URLwww.gent-watertoerist.be

レンタル自転車
セント・ピータース駅と鐘楼のそばに自転車をレンタルできるFietspuntがある。2ヵ所のどこで返却してもいい。1日€13。保証金€40(返却時に払い戻し)。確実に借りたい場合は、48時間前までにウェブサイトで予約を。
URLfietsambassade.gent.be

中世以来ブルージュのライバルとして歴史に登場していた由緒ある町ゲント。現在は、東フランドル地方の中心都市として近代産業都市に生まれ変わり、中世の面影ばかりをしのんではいられない。しかし織物業が栄え、交易ギルドが活躍した頃のギルドハウスの名残に、生き残った"中世"に思いをはせることができる。

この町を訪れたら、聖バーフ大聖堂の『神秘の仔羊』を鑑賞したい。ブルージュがメムリンクの町だとしたら、ゲントはこの大傑作をものにしたファン・アイク兄弟の町といえるだろう。芸術家のパトロンとしても、このふたつの古都はライバルだったのである。

ゲントの歩き方

ゲントの中央駅であるセント・ピータース駅St. Pietersは町の南側にあり、旧市街へは2kmの距離。セント・ピータース駅から町の中心へは、駅舎を背に左側のバスターミナル近くからトラム1番で約10分(フランドル地方の交通機関→P.295)。進行方向を間違えないように確認して乗ろう。コーレン・マルクトKoren Marktで降りる。ここが旧市街の中心で、広場の東側には鐘楼と繊維ホール、市庁舎など歴史的な建造物がたくさん集まっている。鐘楼の隣には公共トイレもある。またコーレン・マルクトから南に延びるVeldstr.は、にぎやかなショッピング街になっている。

ゲント観光の目玉は、レイエ川沿いに並ぶギルドハウス。レイエ川を挟んで、東側をグラスレイ、西側をコーレンレイと呼ぶが、両側には往時の商人たちの富と力の象徴であったギルドハウスが建ち並んでいる。ギルドハウスを見ながらレイエ川沿いを北へ歩き、大肉市場、門をくぐった奥に❶もある旧魚市場、フランドル伯居城と訪ねるといい。時間がない場合は、コーレン・マルクトに戻り、市

中世の栄華を伝えるギルドハウスとレイエ川

庁舎や鐘楼の間を抜けて**聖バーフ大聖堂**へ急ごう。この教会の祭壇画ファン・アイクの傑作『神秘の仔羊』を見逃さないように。

時間があれば、町のあちこちに点在する教会や美術館を訪ねながらゆっくり歩いてみよう。石畳の残る道は複雑に入り組み、曲がりくねった狭い街路をトラムが走り抜けていく。いまだ中世の面影を色濃く残したゲントの旧市街は、町歩きが楽しい。疲れたら、きれいなカフェの並ぶ、鐘楼近くのBotermarktやコーレン・マルクトで小休止を。

コーレン・マルクトに面した旧郵便局がショッピングセンターDe Postとしてオープン（上階はホテル）。スーパーやコスメなどのショップのほか、カフェもあるので、ちょっとした休憩にもいい

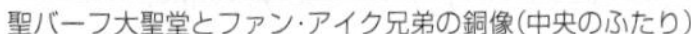

聖バーフ大聖堂とファン・アイク兄弟の銅像（中央のふたり）

聖ニコラス教会

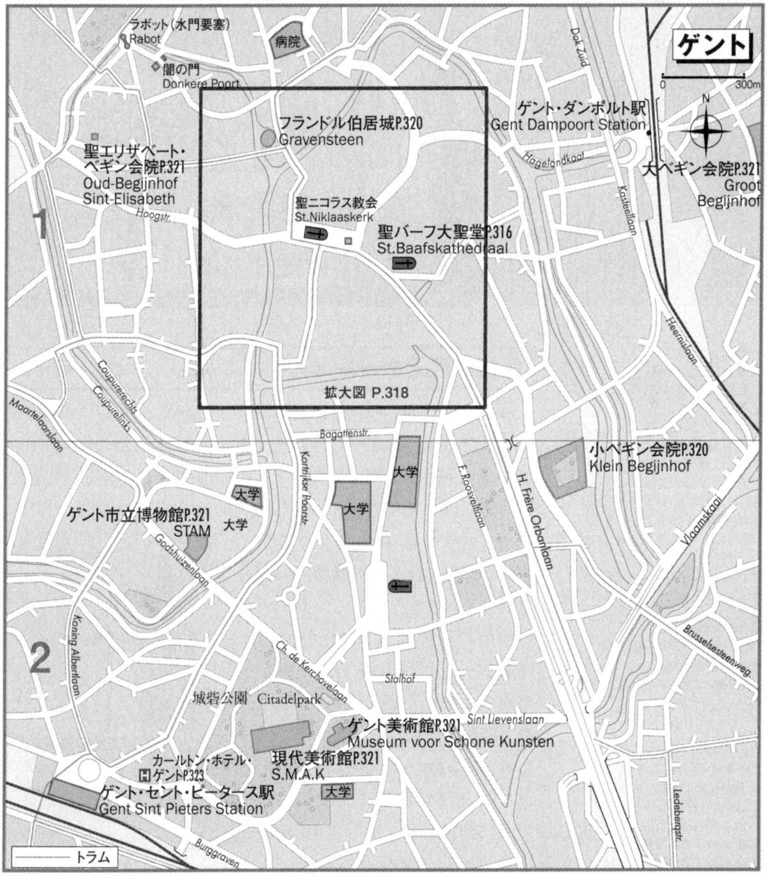

ゲント
0 300m
N
1
2
ラボット（水門要塞）
Rabot
闇の門
Donkere Poort
病院
Dok Zuid
ゲント・ダンポルト駅
Gent Dampoort Station
フランドル伯居城P.320
Gravensteen
聖エリザベート・ベギン会院P.321
Oud-Begijnhof
Sint-Elisabeth
Hoogstr.
Hagelandkaai
大ベギン会院P.321
Groot
Begijnhof
Kasteellaan
聖ニコラス教会
St.Niklaaskerk
聖バーフ大聖堂P.316
St.Baafskathedraal
Heernislaan
Coupure rechts
Coupure links
Maartelaarslaan
拡大図 P.318
Bagattenstr.
Kortrijkse Poortstr.
F. Rooseveltlaan
H. Frère Orbanlaan
小ベギン会院P.320
Klein Begijnhof
Vlaamskaai
大学
大学
大学
ゲント市立博物館P.321
STAM
大学
Godshuizenlaan
Koning Albertlaan
Brusselsesteenweg
Ch. de Kerchovelaan
Stalhof
城砦公園 Citadelpark
Sint Lievenslaan
ゲント美術館P.321
Museum voor Schone Kunsten
カールトン・ホテル・ゲントP.323
現代美術館P.321
S.M.A.K
大学
ゲント・セント・ピータース駅
Gent Sint Pieters Station
Ledebergstr.
Burggraven
トラム

聖バーフ大聖堂
住Sint-Baafsplein
☎09.3971500
開8:30～17:30（日～13:00）
最終入場16:30
休日・祝の午前中、1/1
料無料（『神秘の仔羊』やルーベンスの絵がある内陣は有料）

『神秘の仔羊』がある内陣
開10:00～17:00（日～13:00）
料ARツアーなし€12.50
ARツアー付き€16（日本語あり）
ARツアーは、初心者向けのスタンダード約40分と細部の説明があるマスター・オブ・ディテール約1時間の2コースがある。
チケットは日時指定制。

内部の装飾も見応えがある

ゲントの見どころ

聖バーフ大聖堂 St. Baafskathedraal

➡Map P.318-B2

12世紀に建設が始まり、16世紀に完成した聖バーフ大聖堂は、数々の傑作が収蔵されていることで名高い。ゲントの至宝、15世紀フランドル絵画の最高傑作といわれるヤン・ファン・アイク作の**『神秘の仔羊』**（1432年）をはじめ、ヨース・ヴァン・ワッセンボブ作の**『キリスト磔刑』**（1464年）、礼拝堂のP.P.ルーベンス作の**『聖バーフの修道院入門』**の絵画は必見。またL. デルボー作の**『真理の説教壇』**（1741年）などの彫刻や12世紀ロマネスク様式の礼拝堂も見逃せない。

地下聖堂では、拡張現実のグラスをつけて、ゲント祭壇画にまつわる歴史を、その時代にいるかのように3D体験できる。ARツアーに参加した場合、この後で、『神秘の仔羊』やルーベンスの絵がある礼拝堂など、内陣をゆっくりと見学できる。

小さな礼拝堂にあるルーベンスの作品

じっくりと鑑賞したい『ゲント祭壇画』

鐘楼
住Sint-Baafsplein
☎09.2668500
開10:00～18:00
休1/1、12/24・25・31
料€11（発売終了は17:20）
鐘楼には階段を上ってひとつ目の展示ホールのエレベーターを利用して上ることができる。改装中のため使用不可のこともある。
日曜11:00～12:00にカリヨンコンサートがある。
URL historischehuizen.stad.gent/nl/belfort

世界遺産
ベルギーとフランスの鐘楼群
Belfries of Belgium and France
文化遺産 / 1999年、2005年拡張

シティカードゲント
City Card Gent
ゲント中心部のバス、トラム、ボートに乗り放題で、聖バーフ大聖堂の『神秘の仔羊』、ミュージアムなど14ヵ所に入場できる。❶や参加ミュージアムで購入可能。
料48時間€38、72時間€44

鐘楼と織維ホール Belfort en Lakenhalle

➡Map P.318-B2

1300年頃に建てられた鐘楼の本来の目的は、非常時に軍隊を召集するためのものだったという。ゲント市民の自治のシンボルとして、またギルドの繁栄の象徴として、市民の生活を見守ってきた。16世紀には本格的なカリヨンが備えられ、現在にいたっている。ガイド付きの見学では、カリヨンが鳴る時刻に合わせて鐘楼内部を見ることができる。

東側に隣接する1425年建造の織維ホールは、市の有力者たちが事務所を構えた所であり、ラシャや毛織物の商人たちの会議場でもあった。華麗なゴシック様式のホールは、20本の円柱によって3つの広間に分けられており、18世紀には牢獄としても使われていた。

鐘楼へ上ることもできる

美術史を歩く

ゲント

ファン・アイクと『ゲント祭壇画』

Belgium Gent | **No. 6**

Hubert van Eyck & Jan van Eyck

AD 1300 1400 1500 1600 1700 1800 1900 2000

ブリュッセルからブルージュ方面へ向かう列車で約40分、ゲントの町に到着する。一般的な観光ルートからははずれており、訪れる日本人の数もブルージュほど多くはない。

ゲントは12世紀以来中世都市として発展をとげた歴史のある町であり、その繁栄の基盤であった毛織物は、現在の繊維産業に受け継がれている。かつての栄華は多くの歴史的建造物に名残りをとどめているが、ゲントの栄光を象徴するものは、何といっても『神秘の仔羊』とも呼ばれる『ゲント祭壇画』であろう。ゲントのほぼ中央にそびえる聖バーフ大聖堂に所蔵されるこの作品は、上下二層に分かれ、全体は12枚の独立した絵画から構成される大祭壇画である(しかも、開閉可能な翼画はその裏面にも絵が描かれており、画面の数をいうなら20面ということになる)。下層中央には黙示録に述べられる「神秘の仔羊」が描かれている。諸聖人による神秘の仔羊の礼拝と全人類の魂の救済を描いたこの作品は、主題的にみても最後の審判との強い関連を思わせるものではあるが、なごみの光に満ちた静澄な世界が描出されており、黙示録的幻想からは遠く隔たっている。現在は上下層が接合し、全体の構成は三連祭壇画に近づいているが、原構図については異論も多いし、また、どのような神学的背景に基づいて祭壇画全体が構成されたのかは、必ずしも明らかではない。

この祭壇画の額縁に銘文が残されており、そこから、この作品がフーベルト・ファン・アイクによって着手され、1432年、ヤン・ファン・アイクによって完成されたことが知られている。しかしながら、この銘文自体がまた多くの仮説を生む原因ともなった。というのも、この銘文はフーベルトを「古今並ぶことのない画家」と称讃し、ヤンを「これに次ぐ画家」と評価しているからである。ヤンについては現存作品も多く、また、ブルゴーニュ公国の宮廷画家としての生涯もある程度は知られているものの、フーベルトについては何ひとつ確実なことが知られていないのである。「古今並ぶことのない画家」という称讃を受けた人物の作品も記録もないなどということがありうるのだろうか。

中世フランドル絵画の傑作「神秘の仔羊」が描かれた中央のパネル

このように、『ゲント祭壇画』には解決されぬ多くの問題が残されているのであるが、この作品に観察される精緻な細部描写、個々の事物に対するみずみずしい現実感覚、光と大気まで描こうとする執拗なまでの再現的写実の魅力は、誰にも否定することができないものであろう。幾何学的遠近法などを拠りどころとして、イタリアにおいて近代美術が生まれようとしていた15世紀前半、フランドルの地でも『ゲント祭壇画』を源とする北方美術の大きな流れが胎動を始めていたのである。

text 幸福 輝

市庁舎
住Botermarkt 1
☎09.2265660（観光局）
内部見学は観光局主催のガイドツアーのみ。冬期は開催しない。日程などはウェブサイトで要確認。
URL visit.gent.be/en/see-do/ghent-town-hall

異なる様式をもつ市庁舎の建物

市庁舎 Stadhuis

➡Map P.318-B1

15世紀に建設が始まり、18世紀に完成したため、一番古い部分はフランボワイヤン・ゴシック様式、Hoogpoort通りに面した部分はフラマン・バロック様式の門衛所となっている。ほかにもルネッサンス様式の窓やロココ様式の「貧民の間」など、あたかも建築様式の変遷を見る思いがする。

聖ミヒエル橋 Sint Michielsbrug

➡Map P.318-A1

1905年から1909年にかけて、ルイ・クロケの設計により完成したもの。石造りのアーチ橋で、中央にある聖ミヒエルのブロンズ像が立つ街灯がすばらしい。橋の上からはレイエ川を挟んでグラスレイとコーレンレイが一望できる。

聖ミヒエルの像

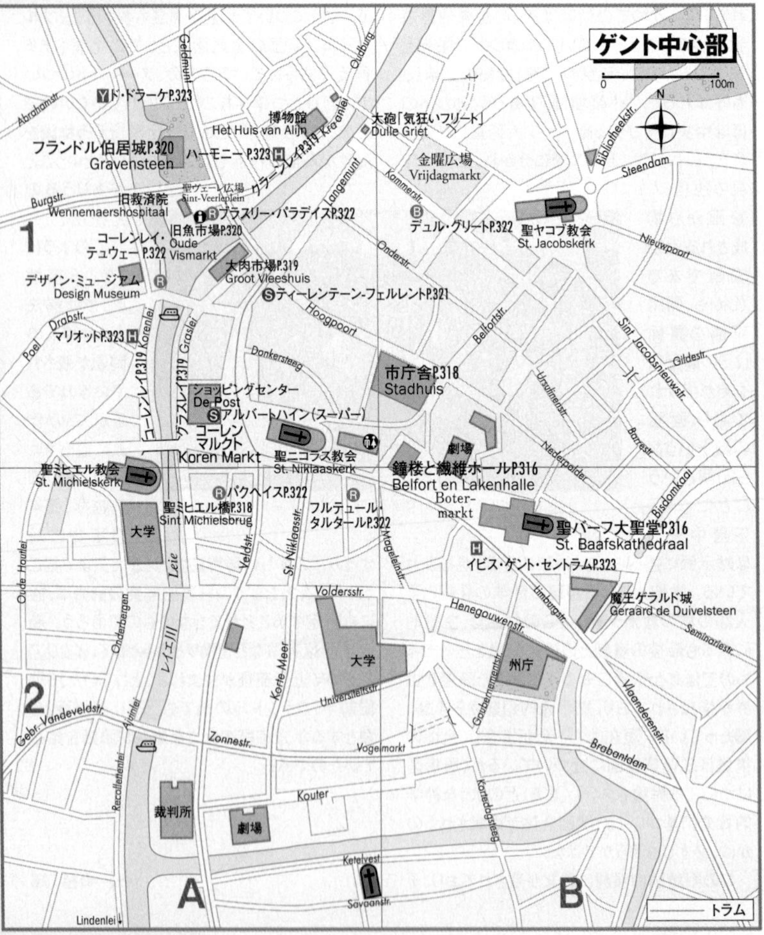

ゲント中心部

0　100m
N
ド・ドラーケP.323
博物館
Het Huis van Alijn
大砲「気狂いフリート」
Dulle Griet
フランドル伯居城P.320
Gravensteen
ハーモニー P.323
クラーンレイP.319 Kraanlei
金曜広場
Vrijdagmarkt
聖ヴェーレ広場
Sint-Veerleplein
旧救済院
Wennemaershospitaal
ブラスリー・パラディスP.322
デュル・グリートP.322
聖ヤコブ教会
St. Jacobskerk
旧魚市場P.320
Oude Vismarkt
コーレンレイ・テュウェーP.322
大肉市場P.319
Groot Vleeshuis
デザイン・ミュージアム
Design Museum
ティーレンテーン-フェルレントP.321
マリオットP.323
コーレンレイP.319 Korenlei
グラスレイP.319 Graslei
ショッピングセンター
De Post
アルバートハイン（スーパー）
市庁舎P.318
Stadhuis
コーレンマルクト
Koren Markt
聖ニコラス教会
St. Niklaaskerk
劇場
鐘楼と織維ホールP.316
Belfort en Lakenhalle
聖ミヒエル教会
St. Michielskerk
バクヘイスP.322
フルテュール・タルタールP.322
聖ミヒエル橋P.318
Sint Michielsbrug
Boter-markt
聖バーフ大聖堂P.316
St. Baafskathedraal
大学
イビス・ゲント・セントラムP.323
魔王ゲラルド城
Geraard de Duivelsteen
レイエ川
Leie
大学
州庁
裁判所
劇場
Kouter
Ketelvest
1
2
A
B
トラム

コーレンレイ Korenlei

➲Map P.318-A1

レイエ川の西側にあるのがコーレンレイ。番地に従って以下のように並ぶ。No.7は非自由船員組合のギルドハウス(バロック様式、1739年)。No.9は16世紀の元ビール醸造所(ファサードには2羽の白鳥が彫刻されている)。No.15は旧グルートフーズの館(ネオクラシック様式、1532年)。No.17-18-19はゲーリンク館(ネオクラシック様式)。No.24は「竜と地下室」と呼ばれていた、ロマネスクの城。20世紀初頭に17世紀の様式に修復された。

コーレンレイ

グラスレイ Graslei

➲Map P.318-A1

昔は港だったグラスレイには、当時の商人たちの富と力を象徴するかのような壮麗なギルドハウスが建ち並んでいる。ギルドハウスは南から、自由船員組合のギルドハウス(ブラバント・ゴシック様式、1531年)。小麦計量検査官のギルドハウス(後期バロック様式、1698年)。港使用税徴収官の小さな家(フランドル・ルネッサンス様式、1682年)。穀物倉庫(ロマネスク様式、1200年)。最初の穀物計量検査官のギルドハウス(フランドル・ルネッサンス様式、1435年)。メーソンのギルドハウス(ブラバント・ゴシック様式、1527年)。

グラスレイを眺めながら、レイエ川をボートで巡るのもおすすめ

クラーンレイ Kraanlei

➲Map P.318-A1

聖ヴェーレ広場の角から始まるクラーンレイにもゲントの黄金時代の家並みが残る。No.1「クラーネンブルグ」は、階段切妻の屋根をもつ典型的なゲントの昔の家。

水面に美しい影を映すクラーンレイ

大肉市場 Groot Vleeshuis

➲Map P.318-A1

中世の屋内肉市場。1406年から1410年にかけて建てられ、ギルドハウスと礼拝堂も併設。正面南には小さな家々が連なり、昔は貧しい人々がここで肉の臓物をもらったとのこと。

レイエ川に沿って建つ大肉市場

大肉市場
2023年9月現在、改装中のため内部見学不可。内部はレストランなどが入る施設になる予定。
☎09.2232324

ベルギーお菓子歳時記-1

イースターの卵

春はイースター(キリストの復活祭)とともにやってくる。お菓子屋のウインドーにはチョコレートのウサギや卵が並べられてにぎやかになる。これは土着の信仰がキリスト教の中に取り入れられたもの。先住民族のケルト人やゲルマン人の間では、ウサギはどんどん殖えるので繁殖を意味し、卵は富と繁栄の象徴だった。大人が家や庭に隠したチョコレートの卵を、子供たちは一つひとつ一生懸命探していく。全部見つけて初めて食べられるからだ。　(古賀)

旧魚市場 Oude Vismarkt

➲Map P.318-A1

食事ができる所も多い金曜広場
➲Map P.318-B1

ゲントで一番古い聖ヴェーレ広場にあり、17世紀建造のもの。バロック式の大きな入口は、レイエ川を象徴する女性像とスヘルデ川を象徴する男性像を両側に従えた海神ネプチューンの彫像で飾られ、古い広場の中でもひときわ目立っている。

観光案内所は門の奥、レイエ川側にある

フランドル伯居城
住Sint-Veerleplein 11
☎09.2268500 開10:00〜18:00
休1/1、12/24・25・31
料€13（発売は16:40まで）
URL historischehuizen.stad.gent/nl/gravensteen

フランドル伯居城 Gravensteen

➲Map P.318-A1

1180年、フランドル伯のフィリップ・ダルダスによって築城された。周囲を堀で囲まれた堅固なものだが、14世紀には軍事機能を失い、拷問室や牢獄はアウデブルグ学校、伯爵領の造幣局、裁判所などの公的機関として使用された。18世紀には綿製糸工場と工員の宿舎ともなったが、修復後、現在では一般公開されている。見張り台に立つと、ゲントの町の大パノラマが広がる。

レイエ川沿いに北上すると見えてくるフランドル伯居城

ベギン会院
「ベギン会修道院」ともいわれるが、Begijnhofはカトリックの独身女性たちが修道女のようなルールに基づいて暮らした場所で、必ずしも修道院ではなかった。ベギン会院の女性たちは宗教的な誓いを立てず、修道女と違い、自分で生計を立てる必要があった。このため、レース編みを学んで職業にする女性も多かった。
3つのベギン会院とも、現在では町の一部のようになっている。
小ベギン会院 URL kleinbegijnhof-gent.wixsite.com/home
聖エリザベート・ベギン会院
URL elisabethbegijnhof.be
大ベギン会院
URL grootbegijnhof.be

世界遺産
フランドル地方のベギン会院群
Flemish Béguinages
文化遺産 / 1998年

ベギン会院 Begijnhof

➲Map P.315

ゲントに3つあるベギン会院のうち、小ベギン会院Klein Begijnhofは旧市街の南東にあり、今は普通の住宅などになっている。現存する家の大部分は17〜18世紀の建設。1720年完成のバロック様式のファサードをもつテル・ホーエン聖母教会Kerk van O.L.V. ter Hoyenは壮麗。

Column Belgium

ゲント名物、ワーテルゾーイに舌鼓

ゲントの名物料理といえば、鶏肉の入ったクリームシチュー、ワーテルゾーイWaterzooi van Kipだ。日本のクリームシチューに似た味なので親近感がもてるけれど、ゲントのシチューは生クリームたっぷりの濃いめの味つけのこともある。寒い冬に合う料理だが、今では季節を問わず味わえる郷土料理の代表格だ。

店によって味つけは異なる

聖エリザベート・ベギン会院

町の西にあるのは、聖エリザベート・ベギン会院Oud-Begijnhof Sint-Elisabeth。13世紀の創設だが、偶像破壊の後、16〜17世紀に大部分再建された。段のある簡素な切妻屋根の小住宅のなかには白い壁をもつものもある。

町の東、ダンポルト駅Dampoort Stationの東には**大ベギン会院Groot Begijnhof**がある。100年ほど前に、聖エリザベート・ベギン会院の延長として建設されたもの。

現代美術館 S.M.A.K
ゲント美術館と同じ城砦公園内にある。伸びやかな現代美術が気持ちのいい空間に表現されている。
➡Map P.315-2
☎09.3266001 開9:30〜17:30（土・日・祝と学校休暇中は10:00〜18:00。毎月第1木曜〜22:00。12/24・31〜16:00）
休月、1/1・2、12/25・26
料€13 特別展開催時は変更もあり
URLsmak.be

ゲント美術館 Museum voor Schone Kunsten

➡Map P.315-2

見応えのあるゲント美術館

セント・ピータース駅の東側、城砦公園の緑深い一角にある美術館。15〜20世紀のフランドル絵画をはじめ、フランス、イタリアなど、ヨーロッパ絵画、彫刻、タペストリーなどが展示されている。なかでもボッシュの『十字架を担うキリスト』と『聖ヒエロニムス』は必見。

ゲント美術館
住Fernand Scribedreef 1
☎09.3236700
開9:30〜17:30
（土・日・祝、学校休暇中は10:00〜18:00、12/24・31〜16:00）
休月、1/1・2、12/25・26
料€13
URLmskgent.be

ゲント市立博物館 STAM

➡Map P.315-2

ゲントの黄金時代といわれる中世から、産業の町へと発展した近代まで、マルチメディアを駆使したビジュアルで、ゲントの歴史を知ることができる。13世紀に創立されたベイローク修道院内にあり、静かな中庭や趣のあるチャペルも保存されている。

ゲント市立博物館
住Godshuizenlaan 2
☎09.2671400
開9:00〜17:00（土・日・祝、学校休暇中は10:00〜18:00）
チケット発売は閉館30分前まで
休水、1/1、12/24・25・31
料€12 URLstamgent.be

ゲント市立博物館

ゲントのショップ

Shop

ティーレンテーン-フェルレント Tierenteyn-Verlent マスタード

➡Map P.318-A1

ゲントの老舗マスタード屋さん。昔は専用の壺に詰め替えて買っていたのだそう。今でも昔ながらの壺が飾ってある。紅茶やハチミツ、ビネガー、ジャムなど、おみやげにもなりそうな品が揃っている。

住Groetenmarkt 3
☎09.2258336 営10:00〜18:00（月13:00〜） 休日・祝、7月下旬のゲント・フェスティバル頃約2週間、11/11前後、2月初旬、そのほか不定休あり CCM.V.
URLtierenteyn-verlent.be

ゲントの伝統菓子 キューベルドン

キューベルドンCuberdonsは、三角帽子の形をしたお菓子。外側は砂糖でコーティングされていて、中にとろみがあるゼリーのようなものが入っている。伝統的なものはフランボワーズ味といわれるけれど、結構甘くて、好みが別れる不思議な味。

マスタード屋さんティーレンテーン-フェルレント（→P.321）あたりに出る屋台で買うことができる。

さまざまな色や味のものがある

※休業日について…祝日やクリスマス〜年末年始など、不定期営業や不定期休業することもある。長期休暇をとる店もある。

ゲントのレストラン

Restaurant

聖バーフ大聖堂の周辺、、グラスレイやコーレンレイ沿い、北東の金曜広場周辺などにレストランがいくつかある。ベルギー料理のほか、イタリアン、多国籍など、多種多様。グルメなレストランから軽食が取れるカフェ、ビール自慢の店もある。

テラスでくつろげる店が多い

コーレンレイ・テュウェー Korenlei Twee ベルギー・フランス料理

グラスレイとコーレンレイと聖ミヒエル橋が見える抜群の眺め。テラス席もある。ベルギーの素材を生かしたフレンチは地元の人に人気でランチ€26。上階は最高の眺めの部屋が3つあるB&B。

Map P.318-A1

住Korenlei 2 ☎09.2240073
営火～土12:00～14:00、18:00～21:00
休日・月・祝
ドスマート 予要予約
CCA.M.V.
URLwww.korenleitwee.be

ブラスリー・パラデイス Brasserie Paradijs ベルギー料理

前菜のゲント風コーンビーフCarpaccio van Uuflakkeやムール貝のほか、ゲントの地ビールを使った牛肉のビール煮Gents stoverij€26.50がおいしい。お茶だけでもOK。B&Bも併設。

Map P.318-A1

住Sint-Veerleplein 3
☎09.2243012
営12:00～22:00
休冬期の火（要確認）、1/1、12/25
予不要
Wi-Fiあり CCM.V.
URLbrasserieparadijs.be

パクヘイス Pakhuis 多国籍料理

聖ニコラス教会のそば、町の中心部にある。大きくモダンな店で、海の幸を使った料理が充実している。値段も手頃。ランチ€19.50～、3コース€41.70。英語メニューあり。ベジタリアンメニューあり。

Map P.318-A2

住Schuurkenstr. 4
☎09.2235555 営12:00～14:15、18:30～22:30（金・土～23:00）
14:30～18:30は軽食メニューのみ
休日・祝、1/1、12/25
ドスマートな服装で 予望ましい
CCA.M.V. URLwww.pakhuis.be

フルテュール・タルタール Frituur Tartaar 軽食

ヘルシーなソースのフリット。タルタルやストーフフレース（牛肉ビール煮のソースだけ）、野菜シチューソースも。ゲント名物ティーレンテーンマスタード添えのフリカンデール（揚げソーセージ）もおいしい。

Map P.318-A2

住Heilige Geeststraat 3
☎0467.051002 営11:00～22:00
休無休
予不要
CCM.V.
URLfrituur tartaar.be

デュル・グリート Dulle Griet ビアカフェ

「マックス」という変わった形のグラスに入ったビールは、かつて御者たちがいつでも飲めるようにと馬車に備えていたものだとか。注文すると、靴1足を保証金代わりに預けなければならない。

Map P.318-B1

住Vrijdagmarkt 50
☎09.2242455 営12:00～翌1:00（月16:30～、日～19:30） ラストオーダーは閉店30分前
休1/1、12/24・25・31 予不要
CC不可 URLdullegriet.be
500種類以上のビールがある

※休業日について‥祝日やクリスマス～年末年始など、不定期営業や不定期休業することもある。長期休暇をとる店もある。

ゲントのホテル

Hotel

ホテルは町なかに散らばっている。駅近くに宿を取り、身軽になって観光に行くのもいいが、ゲント独特の雰囲気を味わうにはやはり旧市街に宿を取りたい。レイエ川沿いに並ぶギルドハウスの眺めが楽しめるシチュエーションもいい。

鐘楼付近には高級ホテルも多い

ハーモニー Harmony ★★★★

➡Map P.318-A1

クラーンレイ沿いにある眺めのいい高級ホテル。内部はセンスよく、落ち着いた感じにまとめられている。いろいろなタイプの部屋があり、電子レンジなどを備えたタイプもある。25室。

住Kraanlei 37
☎09.3242680
料シャワー／バス・トイレ付き
Ⓢ Ⓣ€235～　朝食€25
Wi-Fi無料
CC A.M.V.
URL hotel-harmony.be

マリオット Marriott ★★★★

➡Map P.318-A1

ゲントの内港だったグラスレイの向かい側で、コーレンレイ沿いに建つ。運河に面した部分は昔のギルドハウスの前壁を使っているが、内部は新しくモダン。夜のライトアップもきれい。150室。

住Korenlei 10
☎09.2339393
料シャワー／バス・トイレ付き
Ⓢ Ⓣ€290～　朝食€29
Wi-Fiあり
CC A.D.M.V.
URL marriottghent.be

カールトン・ホテル・ゲント Carlton Hotel Ghent ★★★

➡Map P.315-2

セント・ピータース駅の近く。部屋は全室バスルーム付き。アメリカンスタイルで広く、TV、直通電話、ミニバーなどを備えている。3人部屋もあり。20室。

住Koningin Astridlaan 138
☎09.2228836
料バス・トイレ付き
Ⓢ Ⓣ€163～　朝食付き
Wi-Fi無料
CC A.D.M.V.
URL carltongent.be

イビス・ゲント・セントラム Ibis Gent Centrum St-Baafs Kathedraal ★★★

➡Map P.318-B2

聖バーフ大聖堂の前にある、モダンなホテル。イビスのチェーンホテルのひとつ。館内には地元のビールやベルギー料理が楽しめるバーもある。周辺にもレストランなどが多い。120室。

住Limburgstr. 2
☎09.2330000
料シャワー／バス・トイレ付き
Ⓢ Ⓣ€125～　朝食€16
Wi-Fi無料
CC A.D.M.V.
URL ibis.com

ド・ドラーケ De Draecke YH

➡Map P.318-A1

「ド・ドラーケ」とはドラゴン＝竜の意。フランドル伯居城の裏側にあるYH。各部屋シャワー・トイレ付き。シーツ代込み。予約すれば食堂でランチ€9.45、夕食€15.15が食べられる。30室。

住Sint-Widostr. 11
☎09.2337050　料Ⓓ29歳以下1人€33.70　30歳以上1人€37.45　Ⓣ29歳以下1人€38.85　30歳以上1人€42.70　朝食付き　会員10%引き　Wi-Fi無料　CC M.V.
URL jeugdherbergen.be

※ホテル室料は目安。日程や予約方法、条件により大きく異なる場合もある。特記がないかぎり、税金（City Taxを含む）や朝食は別料金。

ACCESS

ブリュッセル中央駅から1時間に1本あるICで約1時間20分。ゲントから約40分、1時間に2〜3本。ブルージュから約15分、1時間に3〜4本。アントワープからは約1時間45分、1時間に1本。

蘭● Oostendeオステンド
仏● Ostendeオスタンド

観光案内所
住Monacoplein 2
Map P.324
☎059.701199
開10:00〜18:00
(11/12〜3/31は〜17:30)
休1/1、12/25
URLvisitoostende.be

アンソールの家

オステンド

Oostende

西フランドル州
West-Vlaanderen

ベルギー最大のリゾート地として、夏のバカンスシーズンにはヨーロッパ諸国からの海水浴客でにぎわう、人口約7万人の港町オステンド。かつてはイギリスから船でドーヴァー海峡を渡ってヨーロッパ大陸に向かう、ベルギーの玄関口だった。海岸には美しいビーチが広がり、カジノなどのリゾート施設も多い。

またオステンドは、画家ジェームズ・アンソールが生まれた町でもある。冬のオステンドは、灰色の雲が低くたれこめ、夏のにぎわいがうそのように静かな町だが、アンソールが生涯愛し描いたそのままの風景に出合うことができる。

オステンドの歩き方

駅を出て橋を渡ると、正面に聖ピーターとポール教会があり、教会の横を抜けると、町いちばんのショッピングストリートKapellestr.に突き当たる。この通りを右に折れ真っすぐ進もう。3分くらいで、市も立つにぎやかな広場Wapenpleinに出る。広場からさらに、海岸へとつながるVlaanderenstr.を真っすぐ進むと、アンソールの家がある。一見するとただの店のようだが、その隣のコーナーにある建物が、アンソールの家への入館口になっている。ⓘは駅から歩いて10分ほど、海辺に近いカジノの前にある。

海岸沿いのプロムナードには高級ホテルやカジノが建ち並び、夏なら大勢の海水浴客でにぎわっている。散策に疲れたら、Visserskaai沿いのレストランで豊富な海の幸に舌鼓を打つのもいいだろう。

駅を降りると潮の香りが漂うオステンドの港

夏にはリゾート客でにぎわう

オステンドの見どころ

聖ピーターとポール教会 St. Petrus en Pauluskerk

➡Map P.324

1886年の火災で以前あった教会が焼失したあとに、1901年から1907年にかけて建てられたネオ・ゴシック様式の教会。内部は美しいステンドグラスで飾られている。

天高く伸びた2本の塔が印象的

教会の裏にある**聖ピーターの塔**は、前世紀に焼失した以前の聖ピーター教会の一部。火災を免れた唯一の部分で、その礎石は1478年に置かれたという古いもの。安全のため、内部の一般公開はしていない。

聖ピーターの塔

聖ポール教会
住Sint-Pietersstraat zn
☎059.701719
開9:00〜12:00、15:00〜17:00
休無休 料無料

アンソールの家 James Ensorhuis

➡Map P.324

ジェームズ・アンソールが1917年におじから譲り受け、1949年に亡くなるまで住んでいた家。1階には、おじとおばが営んでいたみやげ物屋が復元されている。アンソールの作品はベルギー各地の美術館に散らばっているため、わずかな絵画やエッチングが残されているにすぎないが、アトリエやリビングルームはアンソール独特の不思議な世界をよく再現している。この家と隣の建物はつながっており、アンソールについて知ることができる博物館のようになっている。

アンソールの家内部

アンソールの家
住Vlaanderenstr. 29
☎059.418900
開10:00〜18:00
最終入場16:45
休月(学校休暇中を除く)、1/1、12/25
料€12 現金不可
時間指定制
URL ensorhuis.be

アンソールの家の隣にある入館口

メルカトール Zeilschip Mercator

➡Map P.324

かつてベルギー海軍の訓練船として使われていた3本マストの帆船。54ヵ国、40回を超える航海を終え、1960年にアントワープに入港、1964年からオステンドで海洋博物館として公開されている。船の仕組みや船内での生活を垣間見ることができて興味深い。

メルカトール内部の部屋

メルカトール
住Jan Piersplein 2
☎059.701199
開10:00〜17:00
最終入場16:30
休月、1/1、12/25
料€7
URL zeilschipmercator.be

3本マストのメルカトール

現代美術館 Mu. ZEE

➡Map P.324

アンソール、コンスタント・ペルメークら、19世紀〜20世紀初めのベルギーの近現代アーティストによる作品が多く展示されている。展示は入れ替え制。

現代美術館
住Romestr. 11
☎059.508118
開10:00〜17:30
(12/24・31〜16:30)
休月、1/1、12/25
料€15
URL muzee.be

ACCESS

オステンドから西へ、De Panne行きの海沿いを走るトラムで、シント・イデズバルドSint-Idesbaldまで約1時間。シント・イデズバルドから徒歩10分ほど。

デルヴォー美術館
住Paul Delvauxlaan 42, Sint-Idesbald ☎058.521229
開10:30～17:30
最終入場16:45
開館日時はウェブサイトなどで要確認。
休月（イースター翌日と聖霊降臨祭翌日の月曜を除く）、10月～12月下旬（'23）の月～水、1/1、12/25
料€12
URL delvauxmuseum.com
軽食も取れるテラスのあるブラスリーがある。

庭に面したブラスリーで休憩することもできる

エクスカーション

デルヴォー美術館 Delvaux Museum

シュールレアリスムを代表するベルギーの画家、デルヴォーの美術館。晩年アトリエとしていた建物が美術館になっており、大きな美術館とはひと味違った、デルヴォーに関する展示を観ることができる。素描などを含め、初期から晩年まで、順を追って数々の作品を堪能できる。作品によく登場する列車や骨格模型などの収集品も展示されていて、デルヴォー好きなら訪れてみたい美術館。海岸沿いは、夏の間中、バカンスの海水浴客でにぎわう。

静かに鑑賞できる

デルヴォーらしい収集品

オステンドのホテル

Hotel

アンドロメダ Andromeda ★★★★

➡Map P.324

眺めがいい高級ホテル。海を望める部屋もあり、ビーチまで歩いて出られる。プールやサウナなどの設備も充実。レストランGloriaでは、ワインとともに北海産の海の幸が味わえる。111室。

住Kursaal Westhelling 5
☎059.806611
料ⓈⓉ€174～
朝食込み　Wi-Fi無料
CC A.D.M.V.
URL c-hotels.be/andromeda

バーリントン Burlington ★★★

➡Map P.324

駅から300mほどの所にあり、帆船メルカトール号も見える。ショッピングセンターに隣接しているので、買い物にも便利。部屋は全室バスルーム付き、TV、直通電話も設置されている。42室。

住Kapellestr. 90
☎059.550030
料ⓈⓉ€86～
朝食付き　Wi-Fi無料
CC A.M.V.
URL c-hotels.be/burlington

デ・プロート De Ploate YH

➡Map P.324

中心部にあるホステルで、全室シャワー・トイレ付きで快適。2～6人用の部屋がある。昼食€9.45、夕食€15.60、バーでベルギービールも飲める。11・12月は週末のみ、1月は休業予定。

住Langestr. 72　☎059.805297
料Ⓓ29歳以下1人€34.70　30歳以上1人€38.60　Ⓣ29歳以下1人€40　30歳以上1人€44　朝食付き
Wi-Fi無料
CC M.V.
URL jeugdherbergen.be

※ホテル室料は目安。日程や予約方法、条件により大きく異なる場合もある。特記がないかぎり、税金（City Taxを含む）や朝食は別料金。

イーペル

Ieper

西フランドル州
West-Vlaanderen

Belgium
ブリュッセル

西フランドル州の、広大なフランドル平野の真ん中にあるイーペルは、人口約3万5000人の小さな町。古くからリネン産業で栄え、町の中心にはその輝かしい歴史を物語るように、広大な繊維会館がそびえている。

フランスに近いイーペルは第1次世界大戦中にかなりの痛手を受けたが、その後再建され、今では中世の面影を残す町となっている。3年に一度、有名な「猫祭り」が行われ、このときばかりは静かな町も大勢の見物客でにぎわう。

ACCESS

ゲントから直通で約1時間、1時間に1本。ブルージュからコルトレイクで乗り換えて約1時間30分、1時間に1本。
ブリュッセル中央駅からゲントで乗り換えて約2時間、1時間に1本。

蘭●Ieperイーペル
仏●Ypresイープル

イーペルの歩き方

駅を出たら、正面の道を真っすぐ歩いていこう。途中、道がふたつに分かれるので左に折れ、Boterstr. に突き当たったら右に曲がり、さらに真っすぐ歩くと町の中心、グローテ・マルクトGrote Marktに出る。駅からここまで10分ほど。広場の中央にそびえているのが繊維会館。この建物の東側の一角にⓘがある。

繊維会館と聖マルティヌス聖堂

Column Belgium

ベルギーの祭り③　猫祭り

イーペルで1938年から続く猫祭りは、3年に一度、5月の第2日曜に開催される（次回は2024年5月12日の予定）。イーペルでは、毛織物をネズミから守るため多くの猫が飼われていたが、中世の頃には、魔女と猫、またはペスト由来の迷信により、鐘楼の上から猫が投げ落とされたこともあったと伝えられる。現在の猫祭りは、かつてのことを忘れないよう、平和と友好を願う祭りとしてスタートした。

祭りが近づくと、パン屋やケーキ屋のウインドーも猫のパン、ビスケット、チョコレートで飾られ、町中が猫一色で埋め尽くされる。

祭り当日は、猫に仮装した多くの人々が広場に集まってきて、踊りながら町をパレード。王様猫と王妃猫も登場し、大いに盛り上がる。その後、道化師によって、鐘楼の上から猫のぬいぐるみが投げ落とされる。それをひろった人には、幸運がもたらされるとか。日が暮れると、広場には薪が積まれ、魔女の人形を焼く炎とともに祭りは終わる。

イーペルは小さな町なので、半日もあればひととおり見て回ることができる。織維会館の北に建つ**聖マルティヌス聖堂**といくつかある博物館を見たあとは、町の南側を取り囲むように流れる運河に沿って駅まで戻ろう。緑豊かな公園内に遊歩道があり、気持ちのいい散歩を楽しむことができる。

観光案内所
住Grote Markt 34 ➲Map P.327
☎057.239220
開9:00～18:00
(土・日・祝 10:00～18:00)
11/16～3月は9:00～17:00
(土・日・祝10:00～)
休1/1、12/25
URLtoerismeieper.be

イーペルの見どころ

織維会館 Lakenhalle

➲Map P.327

1260年から1304年にかけて造られた、フランス・ゴシック様式の建物で、現在は市庁舎として使用されている。長さ125m、鐘楼の高さ70mという壮大な建物は、イーペルのかつての栄華を物語っている。48の入口をもつ1階は取引所、2階は倉庫として使われ、以前は運河とつながっていた翼廊の門から織物を運ぶ船が出入りしていたという。また、毛織物をネズミから守るために昔ここで猫に番をさせたといわれ、これが現在の「猫祭り」にもつながっている。

織維会館の塔と聖マルティヌス聖堂 ©Piet De Kersgieter

世界遺産
ベルギーとフランスの鐘楼群
Belfries of Belgium and France
文化遺産 / 1999年、2005年拡張

聖マルティヌス聖堂 St. Maartenskathedraal

➲Map P.327

13世紀に建てられたフランス・ゴシック様式の教会。大きなバラ窓が美しい光を投げかける堂内には、大司教ヤンセニウスJanseniusの墓や戦没者記念碑がある。

聖マルティヌス聖堂
開8:00～18:00
(土9:00～、日10:00～19:00)
休無休　料無料

聖堂内の身廊

©Stad Ieper, Tijl Capoen

猫祭りに登場する王妃猫

イン・フランダース・フィールズ博物館 In Flanders Fields Museum

➲Map P.327

織維会館の一部が、第1次世界大戦に関する博物館となっている。さまざまな武器、メダル、各国軍部の地図や記録をはじめ、イーペルの町が大戦中徹底的に破壊された様子を写した写真などが展示されている。戦争の悲惨さと人間の愚かさを考えさせられる博物館だ。またコンピューターやビデオ、模型を使って、さらに詳しい歴史を知ることもできる。見学は1時間30分～2時間ほどかかる。

考えさせられる展示も多い
イン・フランダース・フィールズ博物館

イン・フランダース・フィールズ博物館
住Grote Markt 34
☎057.239220
開10:00～18:00
(土・日と10～3月～17:00)
チケット発売は閉館1時間前まで
休11/16～3/31の月曜、1/1、12/24・25・31、1/8～2/5('23-'24)
料€10
URLinflandersfields.be

イーペルのホテル
イーペルは小さな町だが、ホテルは比較的多い。特にグローテ・マルクト近辺に数軒のホテルが集まっている。周辺にB&Bもある。

Belgium

ベルギー北東部

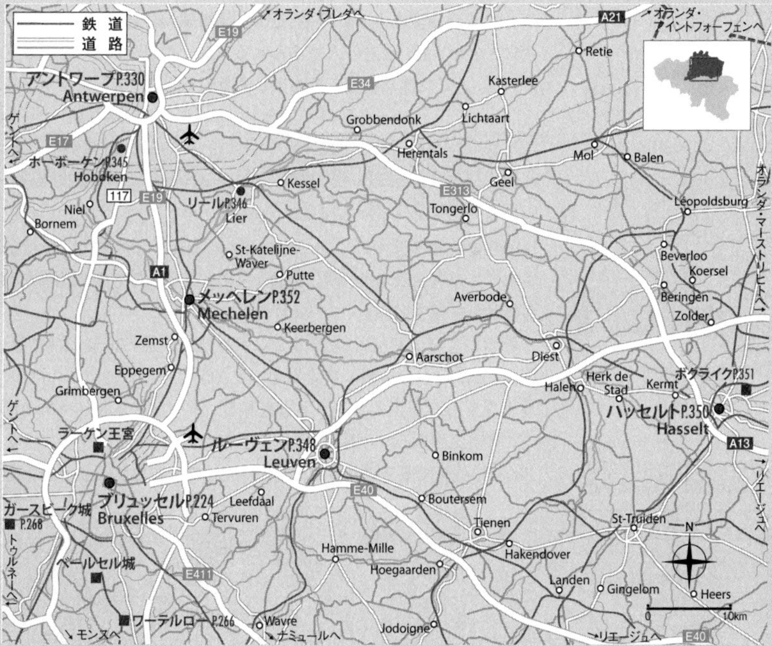

鉄道
道路
オランダ・ブレダへ
オランダ・アイントフォーフェンへ
E19
A21
E34
Retie
Kasterlee
Lichtaart
Grobbendonk
アントワープP.330
Antwerpen
ゲントへ
E17
ホーボーケンP.345
Hoboken
Herentals
Mol
Balen
Kessel
Geel
117
E19
E313
Niel
リールP.346
Lier
Tongerlo
Leopoldsburg
Bornem
オランダ・マーストリヒトへ
St-Katelijne-Waver
Putte
Beverloo
Koersel
A1
メッヘレンP.352
Mechelen
Averbode
Beringen
Zolder
Keerbergen
Zemst
Aarschot
Diest
Eppegem
Herk de Stad
ボクライクP.351
Grimbergen
Halen
Kermt
ゲントへ
ハッセルトP.350
Hasselt
ラーケン王宮
ルーヴェンP.348
Leuven
A13
Binkom
リエージュへ
ブリュッセルP.224
Bruxelles
E40
Leefdaal
ガースビーク城
P.268
Tervuren
Boutersem
トゥルネーへ
Tienen
St-Truiden
N
Hamme-Mille
Hakendover
ベールセル城
Hoegaarden
E411
Landen
Gingelom
Heers
0
10km
ワーテルローP.266
Wavre
モンスへ
ナミュールへ
Jodoigne
リエージュへ
E40

アントワープ

Antwerpen

アントワープ州
Antwerpen

Belgium

ACCESS

アントワープ中央駅へはブリュッセルからICで40～50分、1時間に4本。ゲントから約1時間、1時間に約3本。ブルージュからはICで約1時間30分、直通は1時間に1本、ゲント乗り換えなら1時間に2～3本。中央駅でなくアントワープ・ベルヘムAntwerpen Berchemという駅に停まる列車もある。ベルヘム駅から中央駅へは列車で所要約5分。

蘭●Antwerpenアントウェルペン
仏●Anversアンヴェルス
英●Antwerpアントワープ

観光案内所
☎03.2211333
URL visitantwerpen.be
●中央駅 ➡Map P.331-A3
開9:00～17:00 休1/1、12/25
●ステーン城
住Steenplein 1 ➡Map P.332
開10:00～18:00(7月初旬～8月の金曜～20:00)
休1/1、12/25

アントワープ・シティ・パス Antwerp City Pass
16のミュージアムと3つの教会へ入場でき、バスやトラムに自由に乗れる。マップ&ガイド付き。ⓘで購入可能。
料24時間€45、48時間€55、72時間€65
URL visit.antwerpen.be/en/antwerp-city-pass-en

アントワープの歩き方

フルン広場 P.333
↓
ノートルダム大聖堂 P.334
↓
市庁舎 P.334
↓
プランタン・モレトゥス博物館 P.338
↓
マイエル・ヴァン・デン・ベルグ美術館 P.339

ブリュッセルから北へ45km、オランダ国境までわずか30kmのベルギー北部に位置する、人口約50万の町アントワープ。この町は港、ダイヤモンド、ルーベンスの3つに代表される。

15世紀から商業・金融の中心地として発展し、現在も世界有数の港として名高いアントワープ港は、港湾地域の面積だけでブリュッセル市の3倍あり、ヨーロッパ最大のコンビナートを形成している。また、ベルギーの代表的な産業のひとつでもあるダイヤモンドも、その原石の約80%がアントワープを経由するといわれ、アントワープは世界のダイヤモンド取引の中枢となっている。アントワープなしにベルギーの歴史・経済は語れない、重要な町だ。

経済のみならず、17世紀にはバロック期最大の画家ルーベンスや、彼の弟子ヴァン・ダイクのほか、フランドル派といわれる多くの画家が活躍。以来今日まで、未来のルーベンスを目指して世界各地から芸術家の卵たちの訪れが絶えない。

その昔から変わらずに今も、商人、芸術家、船乗り、観光客などさまざまな人種、階層の人があふれるコスモポリタンな町、アントワープ。どこに焦点を当てても楽しめる町だ。

アントワープの歩き方

これぞヨーロッパの駅といった感じのアントワープ中央駅は、1895年から10年間かけて建てられ、現在は国の重要文化財に指定されている壮大なもの。駅にもⓘがあるので、立ち寄って地図をもらうと歩きやすい。

町のおもな公共交通機関(フランドル地方共通の交通機関はDe Lijn。チケットの種類や料金など→P.295)はトラムとバスのほか、地下をトラムが走るプレメトロもある。1回券、トラムとバスの両方に使える10回分の回数券、1日券などは、駅の切符売り場やキオスク、券売機で買っておくこともできる。このほか観光トラムも運

壮麗なアントワープ中央駅のホール、天井の高いカフェも雰囲気がいい

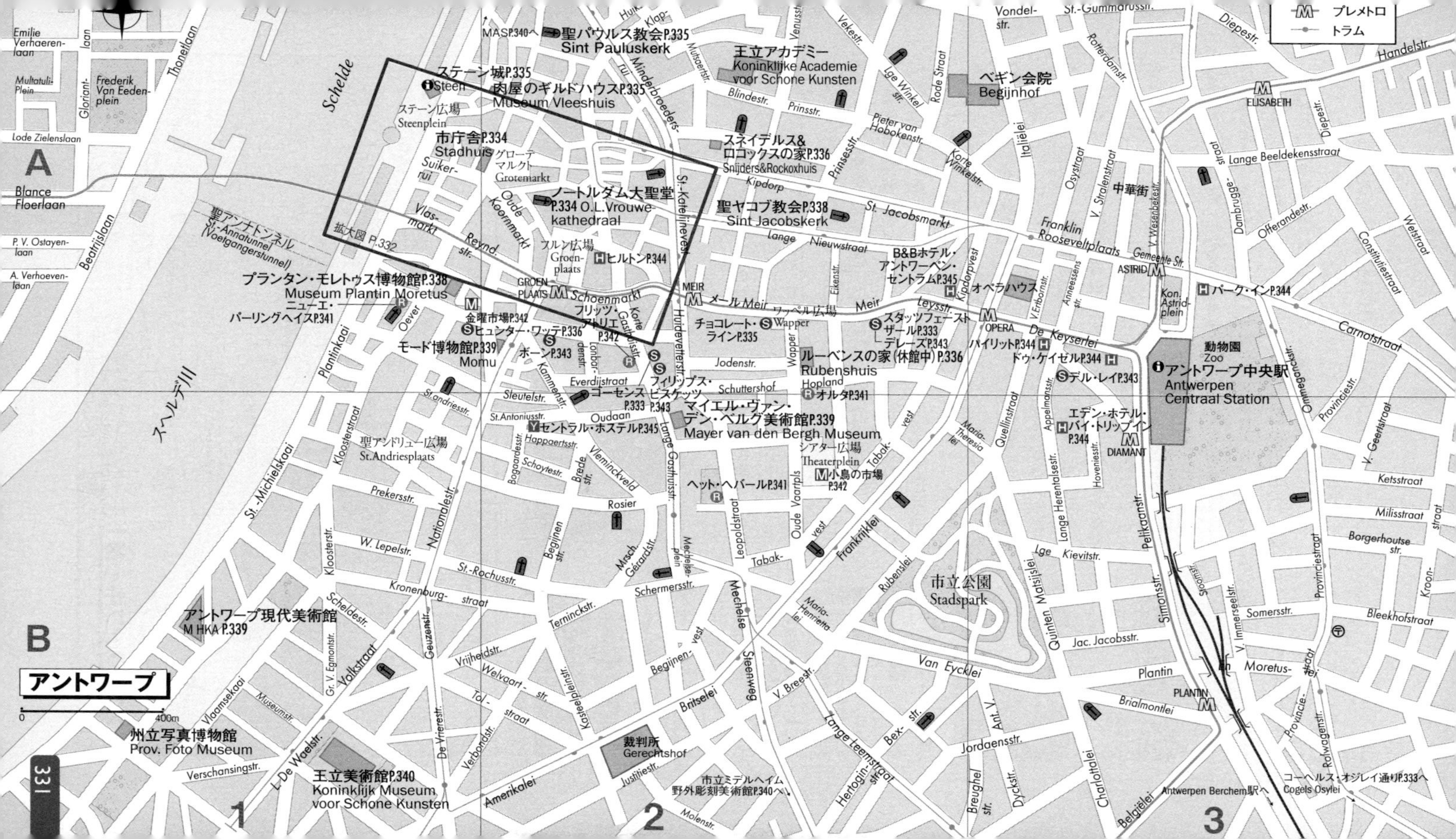

アントワープ
プレメトロ
トラム
0
400m
ステーン城P.335
Steen
肉屋のギルドハウスP.335
Museum Vleeshuis
ステーン広場
Steenplein
市庁舎P.334
Stadhuis
グローテマルクト
Grotemarkt
ノートルダム大聖堂
P.334 O.L.Vrouwe-kathedraal
フルン広場
Groenplaats
ヒルトンP.344
拡大図 P.332
聖パウルス教会P.335
Sint Pauluskerk
MASP.340へ
王立アカデミー
Koninklijke Academie voor Schone Kunsten
スネイデルス&ロコックスの家P.336
Snijders&Rockoxhuis
聖ヤコブ教会P.338
Sint Jacobskerk
ベギン会院
Begijnhof
中華街
B&Bホテル・アントワーペン・セントラムP.345
オペラハウス
パーク・インP.344
プランタン・モレトゥス博物館P.338
Museum Plantin Moretus
ニューエ・パーリングヘイスP.341
金曜市場P.342
ヒュンター・ワッテP.336
モード博物館P.339
Momu
ボーンP.343
フリッツ・アトリエP.342
メール Meir
ワッペル広場
Wapper
チョコレート・ラインP.335
スタッツフェーストザールP.333
デレーズP.343
ハイリットP.344
ドゥ・ケイゼルP.344
デル・レイP.343
ルーベンスの家(休館中)P.336
Rubenshuis
オルタP.341
フィリップス・ビスケッツP.343
ゴーセンスP.333
マイエル・ヴァン・デン・ベルグ美術館P.339
Mayer van den Bergh Museum
シアター広場
Theaterplein
小鳥の市場P.342
セントラル・ホステルP.345
ヘット・ヘバールP.341
聖アンドリュー広場
St.Andriesplaats
エデン・ホテル・バイ・トリップインP.344
アントワープ中央駅
Antwerpen Centraal Station
動物園
Zoo
聖アンナトンネル
St.-Annatunnel (Voetgangerstunnel)
スヘルデ川
Schelde
市立公園
Stadspark
アントワープ現代美術館
M HKA P.339
州立写真博物館
Prov. Foto Museum
王立美術館P.340
Koninklijk Museum voor Schone Kunsten
裁判所
Gerechtshof
市立ミデルヘイム野外彫刻美術館P.340へ
Antwerpen Berchem駅へ
コーヘルス・オジレイ通りP.333へ
Cogels Osylei
ELISABETH
ASTRID
OPERA
MEIR
GROEN PLAATS
DIAMANT
PLANTIN
Frederik Van Eeden-plein
Lode Zielenslaan
Blance Floerlaan
Beatrijslaan
Thonetlaan
Plantinkaai
St.-Michielskaai
Nationalestr.
Volkstraat
Amerikalei
Britselei
Mechelse Steenweg
Lange Gasthuisstr.
Huidevettersstr.
St.-Katelijnevest
Schoenmarkt
Oude Koornmarkt
Vlasmarkt
Suikerrui
Minderbroedersrui
Lange Nieuwstraat
St. Jacobsmarkt
Kipdorp
Franklin Rooseveltplaats
De Keyserlei
Leysstr.
Carnotstraat
Quellinstraat
Lange Herentalsestr.
Pelikaanstr.
Simonsstr.
Frankrijklei
Van Eycklei
Quinten Matsijslei
Rubenslei
Italiëlei
Kon. Astrid-plein
Provinciestraat
Lange Leemstraat
Kronenburgstraat
St.-Rochusstr.
Kloosterstraat
Leopoldstraat
Jodenstr.
Schuttershof
Oudaan
Everdijstraat
Charlottalei
Belgiëlei
Plantin
Moretus-lei
1
2
3
A
B

観光トラム
出11:00～17:00（冬期12:00～16:00、冬期は週末のみなどになることもある）。所要約40分、1時間に1本。フルン広場発。
料€10　URLtouristram.be

中央駅構内の優雅な内装のカフェ

ドームの天窓から光が注ぎ、装飾も見事なスタッツフェーストザール

対岸から町を眺める
対岸へはステーン城前から無料のフェリーが出ている。対岸に渡ると旧市街からとは違ったノートルダム大聖堂の姿を見ることができる。
また、歩行者と自転車用の聖アンナトンネルSt-Annatunnelで、町を縦断するスヘルデ川を渡ることも可能。31.57mの地下トンネルまで降りるエスカレーターは、1931～1933年建造らしく木造。エレベーターもあるので、どちらかを利用して、地下トンネルへ。

ステーン城前から出るフェリー

行されており、旧市街のフルン広場を出発して港方面、旧市街などを一周する。

駅から旧市街の中心にあるフルン広場までは、まっすぐな大通り。徒歩20分ほどでなので、歩いたほうがわかりやすいが、荷物の重い人はプレメトロを利用してもいい。アントワープ中央駅の地下にあるDiamantから、9番Linkeroever行き、または15番Regatta行きに乗り、Groenplaatsで降りる。

この町を見て歩くのは実に簡単。中央駅からスヘルデ川にいたるまでの、真っすぐに延びた20～30分ほどの道のりに、ゴシック期の教会や17世紀バロックの頃の歴史ある建築物が数多く残されている。1日はミュージアム、あとの1日を町なかの見学として、2日あれば主要な見どころは見て回れる。

まず中央駅を背に、メインストリートであるドゥ・ケイゼルレイDe Keyserleiを歩いていく。プレメトロのオペラ駅がある広場の右側には、どっしりとしたオペラハウスがある。イタリアレイItaliëleiを横断し、レイス通りLeysstr.から**メールMeir**のにぎやかなショッピング街を進んでいくと、左に大きな鷲の像のあるワッペル広場Wapperに着く。ここを左に曲がった左側が、ルーベンスが没するまでの30年間を過ごした**ルーベンスの家**（改修のため休館中）。メール沿いにある、スタッツフェーストザールStadsfeestzaalというショッピングセンターに立ち寄るのもいい。新古典主義様式の建物の中に、いくつものブランドショップなどが並び、瀟洒な天窓の下にはカフェもある。

中央駅からのプレメトロ（左）とアントワープの目抜き通りメール（右）

グローテマルクトの市庁舎とブラボーの噴水

ここから少し先の**フルン広場Groenplaats**の中央には、ルーベンスの銅像が**ノートルダム大聖堂**を背に"ようこそアントワープへ"といわんばかりに手を広げて立っている。この大聖堂周辺が、旧市街の観光の中心で、レストランやショップも多い。

大聖堂のすぐ裏側、**グローテマルクトGrotemarkt**に、アントワープの名前の由来になったという伝説を表した**ブラボーの噴水**が、堂々とした**市庁舎**や**ギルドハウス**に取り囲まれ、ふんだんに水を噴き出している。市庁舎に向かって右側にⓘがある。

このほか、**王立美術館**や**市立ミデルヘイム野外彫刻美術館**は町の中心から少し離れているので、トラムやバスを利用するといい。

瀟洒なショッピングセンター
スタッツフェーストザール

スタッツフェーストザール
スーパーのデレーズ（→P.343）もあり便利。地下にきれいな有料トイレもあり。
住 Meir 78　➲Map P.331-A2
URL www.stadsfeestzaal.com

グラン・バザー
フルン広場に隣接したショッピングセンター。雑貨や服の店、カフェなどが集まっており、スーパーのカルフールも地下に入っている。有料トイレもある。
住 Beddenstraat 2
➲Map P.332

おいしいパン屋ゴーセンス
手作りのパン屋Goossensは、地元の人が行列を作るほど。ケーキやクッキーもある。
住 Korte Gasthuisstraat 31
➲Map P.331-A2
☎03.2260791

アンティークな町並み

アールヌーヴォーの邸宅

レストランもある、ブラーイケンスハングの静かな小径

国の重要文化財となっている**コーヘルス・オジレイ通りCogels Osylei**➲Map P.331-B3外に、20世紀初期、金持ち階級が競い合って、アールヌーヴォー、アールデコ、ネオルネッサンス、ネオクラシック調などの様式を取り入れ、それまでに存在しないユニークな家並みを造り上げた。中央駅近くのGemeentestr.からExterlaan行きのトラム11番に乗り5分ほどで、電車はこの華やかな家並みを通り抜けていく。ベルヘムBerchemで下車して歩くのも楽しい。建築に興味のある人は、見逃せない通りといえるだろう。

これとは反対に、かつて貧しい人々が暮らしていた路地裏も残されている。ノートルダム大聖堂近くOude Koornmarktの16番地から入る**ブラーイケンスハングVlaaikensgang**➲Map P.332。ここでは、50年ほど前まで、ひとつの井戸とトイレを、路地裏に住む人々が共用して暮らしていたという。現在は美しく情緒あふれる小路だ。ここにアントワープでも有名な高級レストラン「サー・アンソニー・ヴァン・ダイク」のほか、「テ・ホフケ」（→P.341）が静かに営業している。入口が少々わかりずらいが、路地が見えたら入ってみよう。

※見どころの公共交通は特記がない限り中央駅からのもの。

アントワープの見どころ

ノートルダム大聖堂 O.L.Vrouwekathedraal

➡Map P.332

ノートルダム大聖堂
住Groenplaats 21
☎03.2139951
開10:00～17:00
　土10:00～15:00
　日・祝13:00～17:00
※冠婚葬祭などで不定期に閉館することもある。
休1/1　料€12
URL dekathedraal.be
M9、15 Groenplaats下車

世界遺産
ベルギーとフランスの鐘楼群
Belfries of Belgium and France
文化遺産 / 1999年、2005年拡張

ノートルダム大聖堂をバックに立つルーベンスの像

ネロ少年が永遠の眠りにつく前に見たという『キリスト降架』

1352年から約170年の歳月をかけて建設された、ベルギーで一番大きなゴシック教会。塔の高さは約123mで、かつては船がアントワープの港に入ってくるときの、よい目印だったという。ルーベンスの最高傑作である祭壇画『キリスト昇架』『キリスト降架』『聖母被昇天』など、『フランダースの犬』の少年ネロが観たかった絵も鑑賞できる。

『キリスト降架』とは対照的な構図の『キリスト昇架』

市庁舎 Stadhuis

➡Map P.332

市庁舎
住Grote Markt 1
ガイドツアーを希望する場合は、観光案内所に問い合わせを。
M9、15 Groenplaats下車

世界遺産
ベルギーとフランスの鐘楼群
Belfries of Belgium and France
文化遺産 / 1999年、2005年拡張

1561年から1565年にかけて建てられたルネッサンス建築。市庁舎前の広場中央にはブラボーの像が付いた噴水がある。ブラボーBraboとは、ブラバントという名の起源となった古代ローマの兵士の名前。スヘルデ川で猛威を振るっていた"巨人の手ant"を切り取って"投げたwerpen"という伝説があり、これがアントワープ(アントウェルペン)の由来とされている。

アントワープのおみやげ
この町の名前は、「手を投げた」という意味。お菓子屋などで、手の形をしたビスケットAntwerpse Handjesが売られている。バター風味の味でなかなかおいしい。ビスケット以外に手の形のチョコレートなどもあり、おみやげにも最適。

手の形のチョコレート

ブラボーの像と市庁舎

市庁舎のあるグローテマルクトのクリスマスの様子

聖パウルス教会 Sint Pauluskerk

➡Map P.331-A2

13世紀にドミニコ会修道院の教会として3haの敷地に築かれたが、たび重なる火災に見舞われ、現在は17世紀建造の教会のみが残る。白と黒の大理石で造られたベルギーで一番高い祭壇、200の大きな彫像、ルーベンス、ヴァン・ダイク、ヨルダーンスなど60の絵画、そして教会内部のすばらしい彫刻がこれらと溶け合い、修道会約700年の歴史のなかで1700人の僧侶が暮らしていたというその気配が感じられる。

聖パウルス教会
住Sint-Paulusstraat 22
☎03.2313321
開14:00～17:00
11～3月 土・日14:00～17:00
変更の可能性あり。
休11～3月の月～金(12月下旬～1月初旬は開館)
料€5(カトリックの祝日、第1火曜、宗教儀式やイベント開催時は無料になることもある)
URL sintpaulusantwerpen.be
M9、15 Groenplaats下車

聖パウルス教会

ルーベンスなどの絵画が並ぶ

チョコレート・ライン
The Chocolate Line
ブルージュ店(→P.311)に続く2番目のショップで、宮殿を改装したゴージャスな空間。
住Paleis op de Meir 50
➡Map P.331-A2
☎03.2062030
URL thechocolateline.be

肉屋のギルドハウス Museum Vleeshuis

➡Map P.331-A2

1503年に肉屋のギルドハウスとして建てられた、後期ゴシック様式の建物。19世紀中頃まで肉の取引が行われていたが、現在は800年にわたるアントワープの音楽とダンスにに関する博物館になっている。音に耳を傾けながら巡ったり、世界的に知られるチェンバロコレクションなども観ることができる。

肉屋のギルドハウス

肉屋のギルドハウス
住Vleeshouwersstr. 38
☎03.2926101
開10:00～17:00
(12/24・31～16:00)
チケット販売は閉館30分前まで
休月(イースターと聖霊降臨祭の翌日は除く)・火・水、1/1、5/1、キリスト昇天祭、11/1、12/25
料€8
URL museumvleeshuis.be
M9、15 Groenplaats下車

ステーン城 Het Steen

➡Map P.332

10世紀から16世紀まで使われていた要塞の一部で、約500年間にわたり牢獄、刑場として使用後、19世紀に修復が行われた。さらに改修され、現在では、観光案内所とクルーズターミナルに加えて、アントワープの町の歴史や城について知ることができるアントワープ・ストーリーThe Antwerp Storyが入っている。屋上テラスに上れば、町やスヘルド川、港方面など、360度を見渡せる。

アントワープ・ストーリー
住Steenplein 1
開10:00～18:00
休1/1、12/25
料€7
URL museumvleeshuis.be
M9、15 Groenplaats下車

屋上テラス
開10:00～22:00(12/24・31～16:00) 料無料

スヘルデ川沿いにたたずむステーン城

対岸や町を見渡すテラスもある

ゲートのあたりにある古代の像

ルーベンスの家
2023年9月現在、改修のため休館中。再オープンは数年後の予定。休館中は王立美術館(→P.340)、プランタン・モレトゥス博物館(→P.338)、スネイデルス&ロコックスの家(→P.336)などで、順次絵画などのコレクションが展示される。
住Wapper 9-11
☎03.2011555
M9、15 Meir下車

17世紀当時の暮らしぶりがわかるダイニングルーム

ヒュンター・ワッテ Günther Watte Chocolade Cafe
アントワープ生まれのショコラトリーで、カフェも併設している。
住Steenhouwersvest 30
➡Map P.331-A1 ☎03.2935894
URL watte.be
M9、15 Groenplaats下車

スネイデルス&ロコックスの家
住Keiserstraat 10-12
☎03.2019250 開10:00〜17:00
休月(イースターと聖霊降臨祭の翌日は除く)、1/1、5/1、8/15、11/1、12/25
料€10
URL snijdersrockoxhuis.be
M9、15 Meir下車

ルーベンスの家 Rubenshuis ➡Map P.331-A2

画家としての才能ばかりか、7ヵ国語を自由に操り外交官としても活躍したルーベンスが、1610年から5年間かけて築き上げた、アトリエ兼住居。当時からすでに名声の高かった彼のもとへ、ヨーロッパの貴族、芸術家がよく訪ねてきた。ルーベンス自らが改築や増築にかかわったという建物は、1939年から1946年にかけて修復が行われ、市立美術館となった。

調度品ばかりでなく、ルーベンスの残した数少ない自画像の1枚がダイニングルームにかけられ、2階の寝室には、彼が53歳のときに結婚した16歳の2度目の妻、エレーヌ・フールマンの肖像画もある。63歳で彼が亡くなるまでの10年間で、5人の子供をもうけた。ほかにも、一時はルーベンス工房の一番弟子として活躍した、若き日のアンソニー・ヴァン・ダイクの自画像や絵画も見どころ。

美しい庭園は当時のものではないが、庭の正面中ほどにある柱廊はそのまま。この門は、ローマの凱旋門の影響を受けているといわれており、ルーヴル美術館所蔵の『マリー・ド・メディシスの生涯』の背景にも使われている。新しい建物はルーベンス研究所だ。

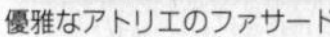
優雅なアトリエのファサード

17世紀そのままの姿を残す柱廊

スネイデルス&ロコックスの家 Snijders&Rockoxhuis ➡Map P.331-A2

17世紀前半に活躍したアントワープの市長ロコックスが、1603年から1640年にかけて住んだ邸宅。ロコックスは、ルーベンスの友人でもありパトロンでもあった。コレクターだった彼が集めた、ルーベンス、ヴァン・ダイク、ヨルダーンス、ブリューゲルなどの絵画のほか、17世紀の家具調度や彫像なども見応えがある。改修工事により、隣に住んだ画家スネイデルスの家ともつながり、黄金時代と呼ばれる17世紀上流階級の優雅な邸宅を堪能することができる。

中庭もある

17世紀当時、このあたりは上流階級の人々が住むエリアであり、豪奢な調度品も置かれている

アントワープ

美術史を歩く

ルーベンスと工房

Belgium
Antwerpen

No.
7

Petrus Paulus Rubens

AD 1300 1400 1500 1600 1700 1800 1900 2000

ヨーロッパの美術館を訪れると、いたるところでルーベンスの作品、それも相当な大作に出会う。しかも、ルーベンスが描くのは多くの場合、豊満な肉体をもつ多数の男女によって繰り広げられる壮大な神話劇であるから、そのあまりの濃厚な演劇空間に困惑し、拒絶反応をおこす人も多いに違いない。

ルーヴル美術館に所蔵される『マリー・ド・メディシスの生涯』はその典型ともいえる作品群である。大広間の両側に飾られた大連作は、通常我々が体験する絵の鑑賞というものからは、はるかに隔たっているように思われる。近づいても絵が大きすぎて何が描かれているのかよくわからないし、遠くからなかば唖然としながら構想の雄大さに感嘆するというのが一般的な反応であろう。

ルーベンスはその生涯に油彩画だけで2000点を超える作品を制作したともいわれている。ここで寡作家として知られるフェルメールと比較するのは極端であるかもしれないが、珠玉のような作品を残したこの17世紀オランダの画家の作品総数が35点あまりであることを考えるならば、ルーベンスの2000という数字がいかに途方もないものであるかが理解されよう。

ルーベンスは厖大な数にのぼる油彩画を独力で描いたのだろうか。この設問に答えを出すのは予想されるほど簡単ではない。なぜならば、ルーベンスの作品は彼自身の作品であると同時に、弟子たちの手を借りて作られたルーベンス工房の作品でもあるからである。

芸術創造は孤独な芸術家のアトリエで行われるきわめて個人的な作業であり、作品の独創性とは個性的な創造力にほかならないと考えがちな我々にとって、大勢の助手を使って大作を量産するルーベンスという存在はきわめて理解しにくいものである。しかし、「芸術創造が個人的作業である」という認識が定まるのは19世紀のことでしかないことを確認することは、ルーベンスの作品を理解するうえで少なからぬ意味をもつものと思われる。

画家として活躍するために親方画家の工房で修業することは、中世以来のギルドの伝統であり、ルーベンスが大きな工房の主宰者であったことは決して特殊な例外であったわけではない。画家によって状況は異なるものの、多くの画家に工房作といわれる作品があるのはこのためである。我々の眼からみると、孤独な夢想に生きていたように思われるスペインの画家、エル・グレコが大きな工房をかかえていたことは、多数の工房作が示すとおりである。

ルーベンスの家のアトリエ

残念ながら、ルーベンスの工房の実態はあまり知られていない。しかし、肝心なことは、最初の構想から最後の仕上げまでほとんどルーベンスが独力で描いた作品も、下絵だけを描き、仕上げ以外は弟子たちの手に委ねられた作品も、等しくルーベンスの作品として世に送られたという事実である。同じルーベンスの作品といっても、必ずしも均質ではない最大の理由は、ここに求められるだろう。

ルーベンスの絵を見る楽しみのひとつは、質の違いを識別することであるといってしまってはあまりに逆説的であろうか。いずれにせよ、ルーベンスは我々の考える個性などというものを軽く一蹴してしまう桁はずれの存在である。

text 幸福 輝

聖カロルス・ボロメウス教会 Sint-Carolus Borromeuskerk

➲Map P.332

1621年イエズス会によって建てられたもので、ファサードのデザインにルーベンスが携わったことでも知られる。天井画もルーベンスが手がけたが、1718年、落雷による火事で、天井画を含む内部の多くが焼失した。2017年には、売却されてしまったルーベンスの絵画『エジプトから帰還する聖家族』が、教会に戻ってきている。この絵は、1620年にロコックスから教会に寄進されたもの。

優雅で壮麗なバロック建築

聖カロルス・ボロメウス教会

聖カロルス・ボロメウス教会
住Hendrik Conscienceplein 6
☎03.2313751
開月～土10:00～12:30、14:00～17:00　レース展示室は水曜のみ(～16:00)
最終入場は閉館15分前
料無料　レース展示室のみ€5
URLscba.be
M9、15 Groenplaats下車

ルーベンス作『エジプトから帰還する聖家族De Terugkeer van de Heilige Familie』

プランタン・モレトゥス博物館 Museum Plantin Moretus

➲Map P.332

世界でも珍しい活版印刷博物館。1576年にスペイン人の商人から、プランタン家とモレトゥス家の活版印刷の仕事場兼住居として買い取られたもので、1605年にはここからヨーロッパ初の活版印刷の新聞が発行された。19世紀までここで印刷の仕事が営まれていたが、当時は商人、知識人階級、芸術家のサロンでもあり、ルーベンスの手による同家の人たちや哲学者など多くの肖像画も残されている。

活版印刷の仕事場のほか、豪華な内装の部屋やアントワープの古地図など興味深い資料も多い

プランタン・モレトゥス博物館
住Vrijdagmarkt 22
☎03.2211450
開10:00～17:00(12/24・31～15:00)チケット発売は16:30まで
休月(イースターと聖霊降臨祭の翌日は除く)、1/1、5/1、11/1、12/25
料€12　現金不可
URLmuseumplantinmoretus.be
M9、15 Groenplaats下車

世界遺産
プランタン・モレトゥスの家屋・工房・博物館複合体Plantin-Moretus House-Workshops-Museum Complex Stoclet House
文化遺産 / 2005年

中庭でひと息

聖ヤコブ教会 Sint Jacobskerk

➲Map P.331-A2

15～17世紀に建てられたゴシック建築。バロック様式の内部には金・銀製の装飾品、ルーベンスやヨルダーンスの絵など、数多くの芸術作品を所有している。主祭壇の裏側にはルーベンス家の礼拝堂があり、ルーベンスの遺体もここに埋葬されている。

内部の雰囲気が荘厳な聖ヤコブ教会

聖ヤコブ教会
住Sint-Jacobstraat 9
☎03.2321032
開14:00～17:00　休無休
料内部は修復中のため無料
URLsintjacobantwerpen.be
M9、15 Meir下車

内陣の奥は修復中

マイエル・ヴァン・デン・ベルグ美術館 Mayer van den Bergh Museum

➲Map P.331-B2

20世紀初めのネオゴシックの館。貴族のヴァン・デン・ベルグが晩年の10年足らずで熱狂的に古いものを収集。そのコレクションを展示する私立美術館だったが、1951年からは市の所有となっている。なかでも彼がドイツの"のみの市"でタダ同然で手に入れたという、有名なピーテル・ブリューゲルの『狂女フリート Dulle Griet』の絵は、多くの人をひきつけている。

『狂女フリート』(右)とともに、多くの調度品や絵画が展示されている

モード博物館 Momu

➲Map P.331-A2

2002年に開館した比較的新しい博物館。アントワープファッションの発信源フランダース・ファッション・インスティチュートFFIの卒業生など、デザイナーによるグッズが買えるショップ、カフェなどが併設されている。現代ファッションだけでなく、アンティークレースやファッションの歴史といった展示会も開催される。

アントワープファッションのほか、斬新な企画内容が楽しみ

アントワープ現代美術館 M HKA

➲Map P.331-B1

ベルギーのほか、インターナショナルなアーティストたちによる前衛的で革新的な作品が、広々とした空間に展開されている。イメージ、アクション、社会という3つの軸によって集められた、5000点を超えるコレクションをもつ現代美術館で、静かにゆっくりと楽しめるのがいい。見学後には、屋上のテラスでお茶ができる、おしゃれなティールームもある。人混みや古典的で重厚な絵画に少し疲れてきたら、ここでひと息つくのもいい。

展示は期間ごとに入れ替わる

マイエル・ヴァン・デン・ベルグ美術館
住Lange Gasthuisstr. 19
☎03.3388188
開10:00～17:00　最終入場16:00　時間指定制入場
休月（イースターと聖霊降臨祭の翌日は除く）、1/1、5/1、11/1、12/25
料€10　現金不可
URL museummayervandenbergh.be
M9、15 Meir下車

マイエル・ヴァン・デン・ベルグ美術館

モード博物館
住Nationalestr.28
☎03.4702770
開10:00～18:00
入場券販売は閉館30分前まで
休月（聖霊降臨祭の翌日は除く）、1/1、11/1、12/25
料€12
URL momu.be
M9、15 Groenplaats下車

モード博物館

アントワープ現代美術館
住Leuvenstraat 32
☎03.2609999
開11:00～18:00
(12/24･31～16:00)
休月、1/1、12/25
料€14 1階のコレクションは無料
URL muhka.be
Tフルン広場から4番Hoboken方面に乗りMuseum下車
スヘルデ川から1本市街へ入った道を歩いていくのもおすすめ。グローテマルクトあたりから南へ約20分。途中ショップやカフェが並び、Kloosterstraatあたりにはアンティークショップもある。

美術館の一部である、円柱形の建物にあるロゴが印象的

王立美術館
住Leopold de Waelplaats 1-9
☎03.2247300
開10:00～17:00（7･8月を除く木～22:00。土･日･祝と7･8月を除く学校休暇～18:00）
休1/1、12/25　料€20 現金不可
URLkmska.be
Ｔフルン広場から4番Hoboken方面に乗りMuseum下車

重量感がある王立美術館の建物

近代絵画のフロア

市立ミデルヘイム野外彫刻美術館
住Middelheimlaan 61
☎03.2283360
開10:00～17:00（4･9月～19:00、5～8月～20:00）
入場は閉館1時間30分前まで
休月（イースターと聖霊降臨祭の翌日は除く）、1/1、5/1、11/1、12/25。悪天候の日
料特別展を除き無料
URLmiddelheimmuseum.be

MAS
住Hanzestedenplaats 1
☎03.3384400
開10:00～17:00（12/24･31～15:00）　最終入場は閉館1時間前　休月（イースターと聖霊降臨祭の翌日は除く）、1/1、11/1、12/25
料€12(特別展がないときは€10) 現金不可　URLmas.be
ＴMeir通りにある、メトロMeir駅そばの停車駅Meirbrugからトラム7番でMAS下車。徒歩の場合、MAS南部に赤線地帯があるので、スヘルデ川沿いの道を行くのがおすすめ。ステーン広場から約15分。カフェやレストランもある。
屋上パノラマ
9階からは町を一望できる。無料。9:30～24:00（11～3月～22:00、12/24･31～15:00）。閉館30分前までに入場すること。

ポートハウス
住Zaha Hadidplein 1
内部見学は要予約･確認。詳細はウェブサイトで確認を。
URLexperienceantwerp.be/en/venue/port-house
MASから徒歩25分ほど。

王立美術館 Koninklijk Museum voor Schone Kunsten

➲Map P.331-B1

ヨーロッパ有数の美術館のひとつで、ネオクラシック様式の建物の内部には、フランドル派、中世イタリア、ドイツ、オランダ派の巨匠の作品1000点以上と、現代絵画を1500点以上所蔵。オステンド生まれの画家ジェームズ･アンソールの作品もある。特にルーベンスは世界有数のコレクションを誇っており、改修中のルーベンスの家のコレクションも展示されている。ほかにメムリンク、ブリューゲル、ヴァン･ダイク、マグリットの作品など。ブランドル絵画やバロックの名品も多く、ゆっくり観ると2時間以上かかる。

ブリューゲル（父）の『結婚式のダンス』

ルーベンスの作品が集まる部屋

市立ミデルヘイム野外彫刻美術館 Openluchtmuseum voor Beeldhouwkunst Middelheim

➲Map P.331-B2外

14haの園内に、ロダン、ヘンリー･ムーア、ザドキンなど、320点もの現代彫刻が緑のなかに点在する（うち半数は園内の野外美術館に固まっている）。とにかく広い公園なので、のんびりと過ごしたいときにでも行ってみるといいだろう。中央駅からEdegem行き32番のバスならKoninklijkelaan下車。15分ほど歩くと、大きな木の茂るミデルヘイム公園に出る。

MAS MAS (Museum aan de Stroom)

➲Map P.331-A2外

旧市街の北、旧アントワープ港があった再開発地区エイランチェに、2011年にできた博物館。芸術、民族、歴史、海事について、中世から現代までの作品を、新しい見せ方で展示している。ハンザ同盟の建物跡地にできたモダンな建築の最上階から楽しめる360度のパノラマも人気。

港を見渡せるMAS

MAS北部の港湾局本社ポートハウスPort Houseまで足を伸ばしてみても。消防署として使われていた建物にガラス張りの新建築を加えた設計は、ザハ･ハディド建築事務所。ランドマークとして話題になった。

ザハ･ハディドらしいデザイン性の高い建築

アントワープのレストラン

Restaurant

ノートルダム大聖堂周辺や中央駅から延びるDe Keyserleiなどにたくさんのレストランが並んでいる。また洋食でないものを食べたくなったら、中央駅のそばの中華街V.Wesenbekestr.に足を延ばし、おいしい焼きそばや炒飯をほお張るのもいい。ヨーロッパで中国語と格闘するのも楽しい。

テ・フォルノイス 't Fornuis

フランス料理

➡Map P.332

地元の食材を使ったフランス料理の店。ミシュランの1つ星で、アントワープで一番との評価もある。メインディッシュが€60〜。コースメニューは€90〜(ドリンク付きは€170)。

住Reyndersstr. 24
☎03.2336270
営12:00〜14:30、19:00〜21:00
休土・日・祝、7月下旬〜8月中旬頃
ドタイまたはジャケット着用
予要予約 CCA.D.M.V.
M9、15 Groenplaats下車

ニューエ・パーリングヘイス Het Nieuwe Palinghuis

魚料理

➡Map P.331-A1

1983年創業の地元でも定評のある魚料理の店。ベルギーのうなぎ料理でも有名。ムール貝や季節によってオマール海老も。うなぎのグリーンソース€37、自家製エビコロッケ€26、カキもおいしい。

住Sint Jansvliet 14 ☎03.2317445
営12:00〜14:00、18:00〜21:00(日〜20:30) 休月・火・金、1月2〜4週、6月3・4週頃〜7月1週、9月2〜4週
ドスマートな服装で 予要予約
CCM.V. URLhetnieuwepaling huis.be
M9、15 Groenplaats下車

ヘット・ヘバール Het Gebaar

フレンチ&ベルギー料理

➡Map P.331-B2

デザートで有名なシェフ、ロジェ・ファンダムのレストラン。時間はかかるが、シェフの芸術作品を楽しもう。値段はひと皿€40からと高め。公園の中の静かな一角にある。

住Leopoldstraat 24 ☎03.2323710
営11:00〜18:00 休土・日・祝、4月中旬、8/5〜19、11/2〜8、12/21〜1/3 要確認
ドスマートな服装で 予要予約
CCA.M.V. URLhetgebaar.be
M9、15 Meir下車

テ・ホフケ 't Hofke

軽食

➡Map P.332

ブラーイケンスハング(→P.333)の小道にある。16世紀の建物で、当時の雰囲気を残した、趣のある店。中庭に小さなテラスもある。パスタ€24ほど、メイン€25〜、サラダ€18.50〜。

住Oude Koornmarkt 16
☎03.2338606 営12:00〜15:00、18:00〜23:45 土・日12:00〜23:45(食事は〜22:00) 休1/1、12/24・25・31 予要予約 CCM.V.
URLthofke.com
M9、15 Groenplaats下車

オルタ Horta

カフェレストラン

➡Map P.331-A〜B2

解体されたオルタの代表建築「人民公会堂」(1897年)の建材を使って造られたモダンなカフェレストラン。喫茶・軽食からフレンチまで、豊富なメニューが自慢。子供メニュー€12もある。

住Hopland 2 ☎03.2035660
営9:00〜22:00(12/24・31は〜17:00、12/25は10:00〜、1/1は11:00〜) 休無休
予望ましい CCA.D.M.V.
URLgrandcafehorta.be
M9、15 Meir下車

※休業日について‥祝日やクリスマス〜年末年始など、不定期営業や不定期休業することもある。長期休暇をとる店もある。

デズィレ・ドゥ・リール Désirée de Lille 軽食

➡Map P.332

ブリュッセル・ワッフルやクレープがメイン。パスタやパンケーキもあり、軽い昼食にもいい。秘伝の蜜が入ったラックモンLacquemantという堅めの薄くてとても甘いワッフルが名物。

住Schrijnwerkersstr. 16 ☎03.2336226
営11:00〜19:00（土・日9:00〜20:00）
休1/1、12/25 予不要 CCM.V.
URLdesiree.be M9、15 Groenplaats下車 ※2023年9月現在、改装のため一時移転中（住Suikerrui 32 ➡Map P.332）。2024年春頃再開予定。

エルフデ・ヘボット Elfde Gebod ブラスリー

➡Map P.332

聖人の木像がいたるところに置かれ、いかにも教会のそばにあるといった感じあふれる、素朴なアントワープならではのブラスリー。ビール、ベルギー料理、サラダ、パスタなどが楽しめる。

住Torfburg 10 ☎03.2885733
営12:00〜22:00
食事は閉店1時間前まで
休無休
予不要 CCM.V.
URLelfdegebod.com
M9、15 Groenplaats下車

ドゥ・ペーデスタル De Peerdestal ブラスリー

➡Map P.332

ノートルダム大聖堂近くの小径にあり、伝統的なベルギー料理のほか、馬肉のステーキ、熟成肉の料理なども食べられる。エビコロッケ€19.50、ムール貝とフリッツ€29〜、スープ€7.50〜。

住Wijngaardstraat 8
☎03.2319503
営11:30〜14:00、17:00〜21:00
休無休 予不要
CCM.V.
URLdepeerdestal.be
M9、15 Groenplaats下車

フリッツ・アトリエ Frites Atelier フリッツ

➡Map P.331-A2

選び抜かれたジャガイモを使用。マヨネーズソースにもこだわりがあり、トッピングの追加もできる。エビやチーズ、ビーフのコロッケもある。ゲント、ブリュッセルほか、オランダにも店舗あり。

住Korte Gasthuisstraat 32
☎03.34303872
営12:00〜20:00
休祝は要確認
予不要 CCM.V.
URLfritesatelier.com
M9、15 Meir下車

アントワープの市

市民の生活に触れるには、毎週日曜にTheaterpleinで行われる小鳥の市場Vogelenmarkt ➡Map P.331-B2に行くといい（8:00〜13:00）。広場いっぱいに、その名のごとく愛玩用の小鳥から犬猫、食料用のウサギ、鶏、そしてベルギーの有名な伝書鳩などの生き物から、アンティーク、衣料雑貨、生鮮食料品、花など、生活必需品のすべてが勢揃い。ベルギーの車のナンバープレートは白地に赤の数字で書かれているが、この日はオランダからわざわざ市場見物に来る、黄色のオランダのナンバーを付けた車で町の通りが埋まるくらいで、すごい人混みだ。

活気あふれる金曜市場

プランタン・モレトゥス博物館前の金曜市場Vrijdagmarkt ➡Map P.331-A1では、金曜（9:00〜13:00）に中古の家具などが競売にかけられる。広場周辺にはアンティークの店も多い。

そのほか、ノートルダム大聖堂北側のLijnwaadmarktでは土曜（9:00〜17:00。祝日は休み。天候によって変更あり）にアンティーク市➡Map P.332が開かれる。

アントワープのショップ

Shop

アントワープがベルギーファッションの発信源として注目を集めだしたのは、アントワープ王立芸術アカデミーのファッション科を卒業した6人の作品が、1988年にロンドンで脚光を浴びた頃から。ワルターをはじめとするこの6人が「アントワープ6人衆」と呼ばれ、ベルギーファッション界を一躍有名にした。モード博物館の周辺や少し東のLombardenstraatなどに、立ち寄ってみたくなるようなショップが並んでいる。高級ブランドならルーベンスの家南西側のSchuttershofstraat周辺の通りへ。

ヘット・モードパレス Het Modepaleis　服

➡Map P.332

アントワープ出身のファッションデザイナーのなかでも国際的に知られるアントワープ6人衆。その第一人者、こだわりのテキスタイルやデザインで有名なドリス・ヴァン・ノッテンの店。

住Nationalestraat 16
☎03.4702510　営10:00～18:30
休日(第1日曜を除く)・祝、1/1、12/25
CCA.D.M.V.
URLdriesvannoten.com/pages/het-modepaleis
M9、15 Groenplaats下車

フィリップス・ビスケッツ Philip's Biscuits　ビスケット

➡Map P.331-A2

アントワープでも評判が高いビスケットの専門店。アントワープの町名の由来となった手の形をしたビスケットもある。箱の大きさにより、さまざまなビスケットを詰めてくれる。

住Korte Gasthuisstraat 39
☎03.2312660　営10:00～18:00
休日・祝、1/1、12/25　CCM.V.
URLphilipsbiscuits.be
M9、15 Meir下車
ノートルダム大聖堂そばの2号店
➡Map P.332は日・祝も営業。

デル・レイ Del Rey　チョコレート

➡Map P.331-A3

手作りチョコレートのほか、ペストリー、ケーキ、ビスケット、ジャム、チョコペースト、アイスクリーム、総菜などもある。250g入りの箱入りプラリヌチョコが€24。

住Appelmanstraat 5-9
☎03.4702861
営9:00～18:00
休日・祝、1/1、8/5～19('24)、12/25
CCA.M.V.
URLdelrey.be
アントワープ中央駅より徒歩

ボーン Boon　革手袋

➡Map P.331-A2

1884年創業の革手袋の老舗で店内は1920年から同じアールデコ調。厳選された素材を使い、熟練した職人によるハンドメイド。クラシックからトレンドを取り入れた新しいデザイン、カラフルな色も。

住Lombardenvest 2
☎03.2323387
営11:00～18:00
休日
CCD.M.V.
URLglovesboon.be
M9、15 Groenplaats下車

デレーズ Delhaize Hopland　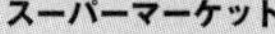スーパーマーケット

➡Map P.331-A2

ショッピングセンターのスタッツフェーストザール(→P.333)内にあり、サンドイッチ、果物、サラダ、寿司などを手軽に調達できる。板チョコやワッフルなど、おみやげになりそうなものもある。

住Meir 78　☎03.2322909
営8:00～20:00(金～21:00、12/24・31 9:00～14:00)
休日、1/1、11/1・11、12/25
CCM.V.　URLstores.delhaize.be/nl/delhaize-hopland
M9、15 Opera下車

※休業日について‥祝日やクリスマス～年末年始など、不定期営業や不定期休業することもある。長期休暇をとる店もある。

Hotel

アントワープのホテル

規模の大きな高級チェーンホテルから、ファミリー経営のホテルやB&Bまで、多種多様なホテルが揃っている。ホテルの数は多いが、YHやいいホテルは、午後になると満室のことが多いので、なるべく午前中に探すか予約することをすすめる。深夜に着いても、中央駅周辺にホテルが集中しているので比較的安心だ。なお、中央駅近くの安ホテルには、安全面からおすすめできないホテルもあるので、予約サイトで評判を確認したり、フロントの雰囲気や部屋の事前チェックをして判断しよう。

ドゥ・ケイゼル De Keyser ★★★★

➲Map P.331-A3

中央駅から近く、目抜き通りにあるのでとても便利。館内のヘルス&リラクセーションセンターには、フィットネスルームやプール、サウナなどがあり、宿泊者は無料で使うことができる。123室。

住De Keyserlei 66-70
☎03.2067460
料シャワー/バス・トイレ付き
ⓈⓉ€129～　朝食付き
Wi-Fi無料　CCA.D.M.V.
URLhoteldekeyserantwerp.com
アントワープ中央駅より徒歩

ヒルトン Hilton Antwerp Old Town

➲Map P.332

町の中心、フルン広場に面して建つ抜群の立地。客室はエアコン完備で広々としている。高速インターネット接続可能。レストラン、バーのほかフィットネスルームもある。210室。

住Groenplaats 32
☎03.2041212
料シャワー/バス・トイレ付き
ⓈⓉ€156～　週末料金あり　朝食€27　Wi-Fiロビーのみ無料
CCA.D.M.V.　URLhiltonhotels.com
M9、15 Groenplaats下車

ハイリット Hyllit

➲Map P.331-A3

部屋も広く、モダンで快適なホテル。中央駅からも比較的近い。入口はAppelmansstraatからエレベーターで2階へ。12mプールもある。全200室。

住De Keyserlei 28-30
☎03.2026800
料バス・トイレ付きⓈⓉ€141～
朝食€23　週末料金あり
Wi-Fi無料
CCA.D.M.V.　URLhyllit.com
M9、15 Opera下車

エデン・ホテル・バイ・トリップイン Eden Hotel by Tripinn ★★★

➲Map P.331-B3

ダイヤモンドの店が多いエリアにあるホテル。中央駅にも近くて便利。客室はモダンなイメージでエアコン付き。朝食は別料金だがビュッフェ式。66室。

住Lange Herentalsestr. 25-27
☎03.3393023
料シャワー/バス・トイレ付き
Ⓢ€84～　Ⓣ€127～　朝食付き
Wi-Fi無料
CCA.M.V.　URLtripinn.com
アントワープ中央駅より徒歩

パーク・イン Park Inn by Radisson Antwerp

➲Map P.331-A3

中央駅を出てすぐのアストリッド広場に面しており、列車で到着した場合、荷物を置いて中心部へ移動できる。ダイヤモンド街にも近い。59室。

住Koningin Astridplein 14
☎03.2023170
料シャワー・トイレ付きⓈⓉ€105～
朝食付き　Wi-Fi無料
CCA.M.V.
URLradissonhotels.com
アントワープ中央駅より徒歩

※ホテル室料は目安。日程や予約方法、条件により大きく異なる場合もある。特記がないかぎり、税金(City Taxを含む)や朝食は別料金。

オー・カテドラル Hotel. O Kathedral ★★★

➲Map P.332

ルーベンスの絵が壁紙になっているデザインホテル。アントワープで有名な建築家のデザインで、全室窓から大聖堂が見える。併設のコーヒーバーはコーヒーやホットチョコレートがおいしい。33室。

住Handschoenmarkt 3
☎03.5008950
料シャワー/バス・トイレ付き
ⓈⓉ€85～　朝食€17.50
Wi-Fi無料　CCA.M.V.
URLhotelokathedral.com
M9、15 Groenplaats下車

B&Bホテル・アントワーペン・セントラム B&B HOTEL Antwerpen Centrum ★★★

➲Map P.331-A3

オペラハウスに近い大きな交差点の角にあるビル内。1階はオランダ系スーパーのジャンボJumboが入っており、その右手に入口がある。テラスやバーがあり、エレベーター、エアコンも完備。

住Frankrijklei 36　☎03.3280630
料シャワー・トイレ付き
ⓈⓉ€75～
朝食€17　Wi-Fi無料
CCA.M.V.　URLhotel-bb.com/en/hotel/antwerpen-centrum
M9、15 Opera下車

セントラル・ホステル Central Hostel Antwerpen YH

➲Map P.331-B2

にぎやかな通りに近いが、静かな一角にある、落ち着いた雰囲気のユースホステル。プレメトロ駅Groenplaatsから歩いて約10分。モード博物館から路地に入って5分くらい。ベッド数162 。

住Bogaardeplein 1　☎03.2340314
料Ⓓ1人€35.40(30歳以上€39.40)
Ⓣ1人€42(30歳以上€44)
朝食付き　会員割引あり
Wi-Fi無料　CCM.V.
URLjeugdherbergen.be
M9、15 Groenplaats下車

『フランダースの犬』異聞

アントワープといえば、まず『フランダースの犬』を思い浮かべる方々も多いのではないだろうか。ベルギーでもさぞや有名かと思いきや、少し前まで、この物語の存在は、まったく知られていなかったようだ。というのも、『フランダースの犬』は、もともと英国人女性がアントワープに住んだ経験をもとに書いたもの。イギリスや日本で出版されただけで、ベルギーでは本になっていなかったからだ。

そんななか、アントワープにやってくる日本人が揃って、ノートルダム大聖堂の絵画を観て感激し、『フランダースの犬』の足跡を知りたがったことで、アントワープでもこの物語が知られるようになり、フランデレン語版も出版された。

そして、ネロが住んでいた所が、アントワープ市南西のホーボーケンであることもわかり、今ではホーボーケン市にネロとパトラッシュの銅像が立ち、ノートルダム大聖堂の前には「ネロとパトラッシュ」のモニュメントも横たわっている。

しかし、日本人と違って、どうも地元の人たちの、この物語に対する反応は冷ややかなようだ。その理由は、最後が悲惨な結末で終わるこの物語は、ベルギー人にはネガティブ過ぎるととらえられ、子供たちも好まない傾向にあるためだという。

日本では、昔から悲しい結末を美しく語る物語が数多くあり、子供の頃から違和感なく親しんできた。日本とベルギーの文化や価値観の違いが表れているようで興味深い。

ホーボーケン市へのアクセス ➲Map P.329

トラム4番のHoboken行きでHoboken Kioskplaats下車、トラムが走るKioskplaatsを南へ行きKapelstraatに折れるとすぐにネロとパトラッシュの銅像がある。停車駅から徒歩3分ほど。

2016年にノートルダム大聖堂前に誕生した「ネロとパトラッシュ」のモニュメント

ホーボーケンに立つ銅像。犬はパトラッシュと同じ犬種といわれるブービエ・デ・フランダーズ

リール

Lier

アントワープ州
Antwerpen

公式の記録によると1212年にリール市誕生とあり、中世には貿易ルートの一拠点として繁栄した。第1次世界大戦の空襲による被害を受けたが、修復された建物からも中世の町の面影をしのぶことができる。アントワープやメッヘレンのような歴史の主役的なきらびやかさはないが、今日まで淡々と町を流れるネーテ川周辺の静かなたたずまいの美しさに誘われ、数多くの画家がここを訪れ作品を残してきた。

Belgium

ACCESS

アントワープから列車で約20分。1時間に5～6本。

蘭●Lier リール
仏●Lierre リエール

観光案内所
住Stadhuis, Grote Markt 58
☎03.8000555 ➲Map P.346
開9:00～16:30（土・日・祝9:00～12:30、13:00～16:00）
休一部の祝
URLvisitlier.be

市庁舎と鐘楼
世界遺産
ベルギーとフランスの鐘楼群
Belfries of Belgium and France
文化遺産 / 1999年、2005年拡張

運河クルーズ
ジンメルの塔の南側からガイド付きのボートが出ている。約45分かけてリールの見どころやネーテ川の美しさを堪能できる。
☎03.4808075
営4～10月 土・日・祝14:00～17:30（7・8月は毎日14:00～）
料€5
URLbootjevareninlier.be

リールの歩き方

駅を出て左斜め前の道を真っすぐ歩いていくと、約10分で町の中心広場、グローテ・マルクトGrote Marktに到着。広場の中央には、「1369」という年号の入ったかわいらしいゴシック様式の鐘楼をもつ市庁舎Stadhuisが、その横には1418年に建てられたネオゴシック様式の肉屋のギルドハウスVleeshuisがある。ⓘは市庁舎の中にあり、向かって右横の入口から入る。

にぎやかな町の中心にある市庁舎と鐘楼

グローテ・マルクトから、さらに橋を渡ってRechtestr.を行くと聖グマルス教会が正面に現れる。もう一度同じ通りを戻り、今度は橋を渡らずにネーテ川に沿って左にWerfを歩いていこう。

次の橋を渡った対岸のジンメル広場Zimmerpleinには、リール最大の見どころ、世界天文時計がはめ込まれたジンメルの塔が建っている。広場の反対側にあるのは、1375年に築かれた城壁の一部、牢屋の門Gevangenenpoort。この門の所を右に曲がるとグローテ・マルクトに戻り、また左に曲がってBegijnhofstr.を真っすぐ進むと、静かなベギン会院に着く。

リール
リール駅 Lier Station
Antwerpsestr.
Kartuizersvest
Lisperstr.
N
肉屋のギルドハウス Vleeshuis
市立ミュージアム Stedelijk Museum
聖グマルス教会P.347 St.Gummaruskerk
Mechelsestr.
グローテ・マルクト Grote Markt
市庁舎 Stadhuis
Kapucijnenvest
Rechtestr.
牢屋の門 Gevangenenpoort
Werf
Zimmerpl.
ジンメル博物館P.347 Zimmertoren
K.Davidlaan
Begijnhofstr.
ボート乗り場
ベギン会院P.347 Begijnhof
リール・テキスタイル・アート・センター P.347
Netelaan
ネーテ川 Nete
0 200m

静かなたたずまいのネーテ川

リールの見どころ

聖グマルス教会 St. Gummaruskerk

Map P.346

14世紀から16世紀にかけて建てられた、美しいステンドグラスをもつ、ブラバント・ゴシック様式の教会。カール5世の両親がここで結婚式を挙げたことで知られている。

聖グルマスの祭りも10月に催される

ジンメル博物館 Zimmertoren

Map P.346

1888年にリールで生まれた時計作りの名人ルイス・ジンメルが、5年の歳月をかけて造った100年単位の天文時計。"20世紀最大の発明"といわれるこの時計は1930年に完成し、リールに残っていた中世の塔に取り付けられた。13個の文字盤は時刻、日付、月の満ち欠け、潮の干満などを示しており、内部の複雑な仕掛けも見ることができる。

ベギン会院 Begijnhof

Map P.346

建物内には入れないが、バロックスタイルの門の中へ足を踏み入れると、かつての女性たちの住まい、教会、病院、そして1970年まで200年以上も続いた少女の孤児院など、小さな町のまたその中に女性だけの特殊な社会が形成されていた様子を感じられる。かつてここに住んだベギンの女性たちは、独特のリール編みなどをして生計を立てていた。修復工事が進められている。

聖グマルス教会
住Kardinaal Mercierplein 8
開修復中のため、2024年12月まで自由入場不可だが、閲覧ボックスからの見学はできる。修復は2029年まで段階的に続くため、見学方法など変更あり。
ガイドツアーや塔の一般公開もある。
詳細は現地または観光案内所で要確認。

ジンメル博物館
住Zimmerplein 18
☎03.8000395
開10:00～12:00、13:00～17:00
最終入場は16:00
休月　料€5

リール・テキスタイル・アート・センター Liers Centrum voor Textiele Kunsten
ベルギーはボビンレースが盛んだが、リールにはかぎ針のようなもので編む独特の編み方がある。このセンターでは、リール編みのデモンストレーションを見学できる。
住Begijnhofstr. 24
Map P.346
☎03.486715227
開月・火・木13:30～16:30

ベギン会院
世界遺産
フランドル地方のベギン会院群
Flemish Béguinages
文化遺産 / 1998年

ベギン会院の小道

オランダとベルギー比べてみると…屋台の食べ物

オランダの屋台で食べるものといえば、軽く塩漬けしたニシンが有名。タマネギのみじん切りと一緒に食べるとなおおいしい。しかも、通はしっぽを持ってそのまま口に入れて食べる。なかなか楽しい。でもベルギーには、フリットと呼ばれるフライドポテトがある。オランダにもあるが、本場はベルギー！何といっても世界で初めてジャガイモをフライにして食べ始めたのは、ベルギーといわれている。だからベルギー人は英語でフライドポテトをフレンチフライと呼ばれることに憤慨してこう言う、「そうじゃない、ベルジアンフライだって！」。

もちろん屋台だけでなく、レストランでもつけ合わせとしてよく出てくるが、やはりアツアツの二度揚げを、歩きながらモグモグほお張るのが、なぜか一番おいしい。ただ塩を振っただけのプレーンもいいけれど、ベルギー人みたいにマヨネーズをつけてみて！　マスタードやケチャップソースも悪くない。さらに、たいていの家には電気フライヤーがあって週1回は自家製のフリットを食べているとか。しかもそれぞれ代々伝わるオリジナルのレシピをもっている。う～ん、この情熱、やはり頭が下がる。フリットはベルギー人の胃袋の友なのである。　（佐々）

Belgium

ルーヴェン

Leuven

フラームス＝ブラバント州
Vlaams-Brabant

ACCESS

ブリュッセル中央駅からICで約30分、1時間に5本。リエージュからは約30～35分、1時間に1～2本。

蘭●Leuvenルーヴェン
仏●Louvainルーヴァン

観光案内所
住Naamsestr. 3 ➲Map P.348
☎016.203020
開10:00～17:00
休1/1・2、12/25
URL visitleuven.be

世界遺産
ベルギーとフランスの鐘楼群
Belfries of Belgium and France
文化遺産 / 1999年、2005年拡張

ドムス Domus
古都ルーヴェンには巨大ビール会社インベブがある。この町で有名なのが、醸造所付属のブラスリーとして始まった大型店「ドムス」。料理の値段も手頃だが、オリジナルビールCon Domusが500ccで€4.60、Nostra Domusが€4.80。
住Tiensestraat 8
➲Map P.348 ☎016.201449
営火～木10:00～23:00 金～日9:00～24:00(日～23:00)
休月、12月下旬

13～14世紀、ルーヴェンの町はブラバン公の居住地として、首都の地位をブリュッセルと張り合っていた。13世紀に毛織物産業で栄えた後、14世紀の市民と貴族との覇権争いで急速に衰える。ちょうどそんなとき、さびれた毛織物マーケット跡地にルーヴェン大学が設立される。18世紀になるとルーヴェンの町は、14世紀にはすでに始まっていたビール産業で再び活気を取り戻した。

ルーヴェンの町をひと言でいうならば、宗教と学生とビールの町。中世以来の古い町並みがそのことを裏づけるかのように、そのままの形で保存されている。宗徒が祈り、学生が学び、市民が人生を謳歌するのに変革はいらない。つつましやかな生活と静かな環境と1杯のビールがあればそれだけで十分……と町自体が語っているようだ。

ルーヴェンの歩き方

駅を出たら正面の道を真っすぐ歩いていこう。遠くに(といっても歩いて10分ほどだが)市庁舎の尖塔が見えるので、それを目指して歩いていけばいい。市庁舎の建つグローテ・マルクトGrote Markt が町の中心。ⓘは市庁舎の一角にある。おもな見どころは、この広場から徒歩5分以内の所に集まっている。

歩き疲れたら、市庁舎南西の広場アウデ・マルクトOude Markt へ行ってみよう。午後から夜中まで、ときには翌朝まで、世界中の若者がビールを飲んでいる。さすがビールの町ルーヴェン、夏場はテラスが広場いっぱいにせり出してきて、すごいエネルギーを発散する。ルーヴェンでビール産業が栄えた理由は、ブラバントの森の下を流れる上質の水がビール醸造に適しているからだといわれている。が、この広場に来ると、ルーヴェンが学生町であったことと無縁ではないように感じられる。確かに、学生にビールはよく似合うのだ。

グローテ・マルクトに建つ、優雅な石の彫刻のような市庁舎

ルーヴェンの見どころ

市庁舎 Stadhuis

Map P.348

町の中心グローテ・マルクトに面して建つフランボワイヤン・ゴシック様式の市庁舎は、ヨーロッパでも指折りの美しい建物。15世紀の半ばに、ブルゴーニュ・フィリップ善良公の命により、建築家マシュー・ド・レイエンスによって建てられた。"石のレース"とも呼ばれる建物の正面には、聖書や町の歴史からテーマを取った彫像が、合計236体飾られている。ブリュッセルの王立美術館(古典)にあるディーリック・バウツDieric Boutsの『火の試練』は、もともとこの市庁舎にあったもの。現在その場所にはコピーが掛けられている。

市庁舎(ガイドツアー)
開月～土16:00～、日11:00～(英語)　チケットは❶のウェブサイトから予約購入する。
修復中のため要確認。結婚式、公式行事などのときには見学不可になる。休不定休　料€4
URL visitleuven.be/en/town-hall

レストラン エッセンシエル EssenCiel
駅から中心へ向かう通り沿い。ミシュラン1つ星を獲得。ランチ3コース€60、4コース€80、5コース€112。予約したほうがいい。
住Bondgenotenlaan 114
Map P.348外 ☎0474.261864
営12:00～13:15、19:00～20:15
休土～月　URL essenciel.be

聖ペテロ教会 St. Pieterskerk

Map P.348

市庁舎の向かい側にあるブラバント・ゴシック様式の教会。1176年に焼失した古いロマネスク教会の跡に、1425年から1497年にかけて建てられた。最初の設計では正面に3つの塔が建つ予定だったが、地盤が弱いため未完成。

礼拝堂には、ディーリック・バウツの描いた有名な『最後の晩餐Cene』(1468年作)がある。この絵の中で、右端に立って赤い帽子をかぶっているのがバウツ自身だという。

『最後の晩餐』(上)のほか、バウツ作の『聖エラスムスの殉教』もある

聖ペテロ教会
住Grote Markt 3
開10:00～16:30(日 11:00～)
休10～3月の水
料無料　デジタル体験付き(要予約)は有料　教会の歴史や物語を体験できるタブレット付き€5、3D画像やアニメーションが見れるホロレンズ付き€12

世界遺産に登録されている、静かなベギン会院も訪れてみたい

世界遺産
フランドル地方のベギン会院群
Flemish Béguinages
文化遺産 / 1998年

ルーヴェン・カトリック大学 Katholieke Universiteit Leuven

Map P.348

1425年、法王マルティウス5世によって創立され、後には、エラスムス、トーマス・モア、メルカトール、ヤンセニウスなどが教鞭を執った。現在はベルギー最大の総合大学として2万7000人ほどの学生を有するが、1968年以来オランダ語とフランス語の対立により、フランス語を母語とする学生はすべて、ブリュッセル～ナミュール間にある大学都市ルーヴァン・ラ・ヌーヴに移転した。

かつて繊維会館だった**大学ホール**の一部や、ネオクラシック様式の**大学図書館と塔**は見学可能。図書館は、ふたつの大戦で破壊された後、アメリカを中心に、さまざまな援助を得て再建されたもの。木造の閲覧室のほか、鐘のある塔からの眺めもすばらしい。

左:大学図書館前の広場には巨大な虫に針が突き刺さるシュールなオブジェも
中:天井が高く、あたたかみがある内装の閲覧室　右:町を一望できる塔からの眺め

大学ホール
住Naamsestr. 22　開8:00～17:00　休土・日、7/10～9/6、11/1～5、12/25～1/7('23)
コーヒーバーや大学ショップのみ入場可。

大学図書館と塔
開月～金9:00～18:00
土・日10:00～18:00
(12/24・31～14:00)
図書館のみ10:00～19:00
タワー最終受付は閉館1時間前
休1/1、12/25
料図書館€2　塔と図書館€7
オーディオガイド付き
URL bib.kuleuven.be/english/about/index

プロフェソール Professor
マルクト広場、市庁舎のほか、レストランやショップが多いエリアにも近い便利なホテル。コンチネンタルの朝食込み。8室。
住Naamsestr. 20
Map P.348 ☎016.201414
料シャワー/バス・トイレ付き
Ⓢ①€108～　朝食付き
URL hotelprofessor.be

Belgium

ACCESS
ブリュッセルからICで約1時間～1時間20分、1時間に2本。アントワープからは約1時間、1時間に1本。

蘭・仏● Hasseltハッセルト

観光案内所
住Maastrichterstraat 59
➡Map P.350　☎011.239540
開10:00～17:00
休1/1、イースター、11/1、12/25・26　URL visithasselt.be

Maasmechelen Village
ブランド品がお値打ち価格で買えるアウトレットショップビレッジ。
住Zetellaan 100, 3630 Maasmechelen（ハッセルトの北部）
☎089.774000
URL thebicestercollection.com/maasmechelen-village

ハッセルト
Hasselt

リンブルグ州 Limburg

中世にはリエージュ司教区に属し、またオランダの支配下におかれた歴史をもつハッセルトだが、現在はオランダと国境を接するリンブルグ州の州都として、産業育成に力を入れている。特に商業の分野での発展がめざましく、"ファッションの町"として知られる。

ハッセルトはまた、ジュネヴァと呼ばれるジンの産地でもある。町にはベルギー唯一のジン博物館もあり、10月半ば頃に行われるジュネヴァ祭りになると町は活気を帯びる。

ハッセルトの歩き方

駅を出て右方向へ歩いていくと、町をぐるりと取り囲んで走っている環状道路に突き当たる。この内側がハッセルトの旧市街。細い道路を抜けさらに歩くと、駅から10分ほどで町の中心グローテ・マルクトGrote Marktに着く。この広場の周辺が、ハッセルト随一の繁華街。たくさんのブティックが建ち並び、いつも買い物客でにぎわっている。また、町なかを歩いているとあちこちに、町の規模に不釣り合いな高級ブランド店もあり、"ファッションの町"ともいわれる。

ⓘは、グローテ・マルクトや聖クインティヌス聖堂St. Quintinuskathedraalの近くにある。見どころは旧市街に集中しているうえ、さほど大きな町ではないので、半日もあればひととおり見て回れるだろう。

国立ジン博物館

ハッセルトの見どころ

聖母大聖堂 Virga Jessebasiliek
➡Map P.350

18世紀に建立され、内部はハッセルト郊外にあったヘルケンロード修道院から移された祭壇や彫刻などで飾られている。このバロック様式の主祭壇は、ベルニーニの弟子だった17世紀のリエージュの彫刻家、ジャン・デルクールによるもの。

聖母大聖堂
住Kapelstraat 18
開8:00～18:00（日13:00～）
料無料

聖母大聖堂は祭壇なども見事

聖クインティヌス聖堂 St. Quintinuskathedraal

➡Map P.350

グローテ・マルクトの北にそびえる、ゴシック様式の教会。11世紀に建設が始まり、塔は13世紀、尖塔部分は18世紀に造られた。このカリヨン塔Beiaard-torenの内部では、カリヨンの仕組みを見学することもできる。

聖クインティヌス聖堂

聖クインティヌス聖堂
住Vismarkt 開9:30～17:30
休日曜午前 料€4
カリヨン塔はメンテナンスのため休業中。見学はガイドツアーのみ。

かわいらしい印象の市庁舎

国立ジン博物館 Nationaal Jenevermuseum

➡Map P.350

ジュネヴァは、1660年にオランダのライデン大学の医師がアルコール液に杜松(ねず)の実を漬けて蒸留したのが、その起こりとされている。これがイギリスに渡り、ジンとして世界中に広まったわけだ。ハッセルトは17世紀以降、ベルギーのジュネヴァの主要生産地であった。この博物館はかつての醸造所をもとに造られており、昔のひき臼や醸造釜、ジュネヴァに使われる材料や蒸留法、歴史などの展示がある。見学の最後は、ジュネヴァを1杯試飲できる。

国立ジン博物館
住Witte Nonnenstr. 19
☎011.239860 開10:00～17:00 最終入場は16:00
休月、1月、12/24･25･31
料€7 URL jenevermuseum.be

国立ジン博物館

ベギン会院 Begijnhof

➡Map P.350

中庭を取り囲むようにして、18世紀のベギン会の建物が残っている。それぞれの部屋は現在オフィスなどとして使われており、玄関や庭先にオブジェが飾られている。歴史を感じさせるクラシックな建物とモダンアート、その対比がおもしろい。

奥まった中庭のような場所を家が取り囲むベギン会院

日本庭園 Japanse Tuin

➡Map P.350外

どうしてこんな所に日本庭園が？と不思議に思うかもしれないが、実はハッセルトは伊丹市と姉妹都市の関係。伊丹市の援助により、町の中心から北東にあるカペルモーレン公園の中に祝賀館、茶室、庭園、滝などが造られ、市民の憩いの場となっている。

日本庭園
住Gouverneur Verwilghen-singel 15 ☎011.239666
開3/28～10/31 10:00～17:00（イースターと聖霊降臨祭を除く祝13:00～）最終入場は閉館30分前 休月、11～3月 料€6
URL japansetuin.be
グローテ・マルクトから徒歩約20分

ブーンBoon
チョコレートの店で、チョコレート作りの様子が店内から見える。
住Paardsdemerstraat 13
➡Map P.350 ☎011.422199
営火～土 10:30～18:00

野外博物館 ボクライク Bokrijk Park Open Air Museum

90haという広大な敷地に水車小屋や風車などが建ち、博物館の周囲も森林や湖沼になっている。この地方の人々のかつての暮らしぶりを紹介した野外の博物館。自然のなかを散歩しながら、のんびりと楽しみたいときにはおすすめ。

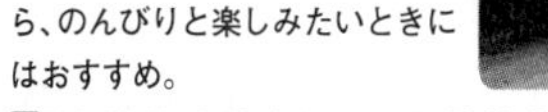
住Bokrijk Park, Bokrijklaan 1, 3600 Genk
➡Map P.329 ☎011.265300 開4/4～11/5('23) 10:00～18:00 休月（祝と学校休暇中を除く）、イベント以外の11月初旬～4月初旬 料€13 公園のみは無料 URL bokrijk.be
行き方 ハッセルトからGenk行きの列車で約10分、Bokrijk下車。ブリュッセルから直通列車もあり、1時間に1本、所要時間約1時間35分。無人駅なので往復切符の購入を。駅から野外博物館まで、徒歩5分くらい。

Belgium

メッヘレン

Mechelen

アントワープ州
Antwerpen

ACCESS

ブリュッセル中央駅、アントワープ中央駅から、ともに約20～25分、1時間に4～6本。

蘭● Mechelenメッヘレン
仏● Malinesマリーヌ

観光案内所
住Vleeshouwersstr. 6
➲Map P.353-A ☎015.297654
開4～10月 月～金 10:00～17:00
土 10:00～16:00
日・祝12:30～16:00
11～3月 月～土 10:00～16:00
日・祝12:30～16:00
休1/1、12/25
URL visit.mechelen.be

王立タペストリー工房

アントワープとブリュッセルの中間に位置する人口約8万人の町メッヘレン。町としての歴史は8世紀まで遡る。12～13世紀には繊維産業で大きな発展を遂げるが、何といってもメッヘレンの歴史のなかで華麗な時代は、ネーデルラント(現在のオランダ・ベルギー両国)の首都として君臨した時代だろう。マキシミリアン皇帝の娘マルガレータが、幼い神聖ローマ帝国皇帝カール5世に代わり政治を司った1506年からの25年間、町はヨーロッパの政治、文化、芸術の中心地として栄えた。

第2次世界大戦で町は大きな痛手を受けたが、その後建物は修復され、今では14世紀の頃からのものがよく保存されている。

メッヘレンの歩き方

駅を出たら右斜め前方に延びる道Consciencestr.を、真っすぐ歩いていこう。途中で運河を渡り、商店の並ぶにぎやかな通りを抜け、15分ほどで町の中心グローテ・マルクトGrote Marktに到着する。バスなら3つ目の停留所で下車。どのバスもここに向かう。

グローテ・マルクトを囲み、右側に現在の市庁舎、左側に14世紀の市庁舎(現在は郵便局)、ふたつの市庁舎の間にあるのは13世紀の市庁舎(Scheperhuis)と、計3つの市庁舎がひしめく。旧市庁舎Scheperhuisに❶があり、おもな見どころは広場周辺に集まっているので歩いて回ることができる。美術館を訪れる時間を含めて半日くらい、ベギン会教会のほうまで足を延ばすともう少しかかる。

グローテ・マルクトから市庁舎東に行き、現在は裁判所として利用されている中庭の美しい16世紀のゴシック建築、マルガレータの宮殿Paleis van Margarethaへ。そこから北西へ向かい、れんが

ヘット・アンケル醸造所 Brouwerij Het Anker

ベルギー最古といわれるビール醸造所で、代表ブランドは、古くから伝わるレシピをもとに醸造されたグーデン・カロルスGouden Carolus(現地の発音はホウデン・カロルス)。ソフトな口当たりで、ワインのようなあたたかみとしっかりとしたボディを兼ね備えていると評判のビール。

醸造所の見学だけでなく、ここのビールを味わえるブラスリーのほか、小さなショップやホテル(22室)もある。宿泊しがてら、ブラスリーでおいしいビールと食事を楽しむのもよさそうだ。

住Guido Gezellelaan 49 ➲Map P.353-A
☎0032.15287141

醸造所の見学は電話かウェブサイトから要予約。
ブラスリー営食事 12:00～21:00 休月、1/1、12/24・25・31 ホテル料Ⓣ€98～ 朝食込み CC M.V.
詳細は要確認 URL hetanker.be

ブラスリーでの食事と醸造所

おとぎの館のような市庁舎

聖ロンバウツ大聖堂と旧市庁舎

造りでバルコニーも美しい**ホフ・ヴァン・ビュスレイデン博物館**、ルーベンスの祭壇画がある**聖ヤン教会Sint Janskerk**を経て南へ下り、**聖ロンバウツ大聖堂**、グローテ・マルクトに戻ってくる。

グローテ・マルクトから南西へ向かうと、IJzerenleenのショッピング通り沿いに美しい館が並び、目を楽しませてくれる。橋を渡った左側の川沿いの塩の埠頭Zoutwerfは中世の頃には港として繁栄した。右側は大麦埠頭Haverwerfで、この両側の埠頭を見ながら石橋を渡り、Hoogst.を真っすぐにしばらく進むと、町の南西に残る**ブリュッセル門Brusselsepoort**に突き当たる。この門は、1300年に築かれた城壁の一部で、1810年にこの門のみを残して取り壊された。

王立タペストリー工房
De Wit Royal Manufactures n.v.
土曜の10:30からガイドツアーで見学可能（7月とクリスマス～新年、祝日は除く）。所要1時間30分。アンティークタペストリーの購入もできる。予約不可。ガイドは英・仏・蘭・独のいずれか2言語。詳細は要確認。
住Schoutetstr. 7 Map P.353-A
☎015.202905 料€12
URL dewit.be

時間が許すなら、静かなたたずまいのベギン会院や、内部の彫刻などもすばらしいベギン会教会も訪れてみたい

世界遺産
フランドル地方のベギン会院群
Flemish Béguinages
文化遺産 / 1998年

ベギン会教会
Map P.353-A
開13:00～16:00 休月
料無料

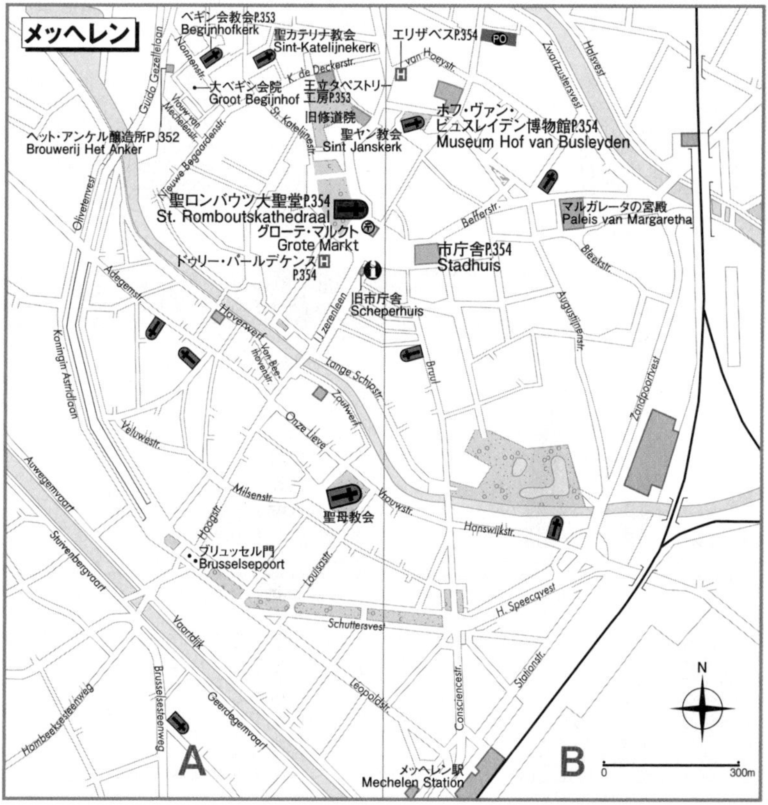

メッヘレン

ベギン会教会P.353 Begijnhofkerk
聖カテリナ教会 Sint-Katelijnekerk
エリザベスP.354
PO
大ベギン会院 Groot Begijnhof
王立タペストリー工房P.353
旧修道院
ヘット・アンケル醸造所P.352 Brouwerij Het Anker
聖ヤン教会 Sint Janskerk
ホフ・ヴァン・ビュスレイデン博物館P.354 Museum Hof van Busleyden
聖ロンバウツ大聖堂P.354 St. Romboutskathedraal
グローテ・マルクト Grote Markt
ドゥリー・パールデケンスP.354
マルガレータの宮殿 Paleis van Margaretha
市庁舎P.354 Stadhuis
旧市庁舎 Scheperhuis
聖母教会
ブリュッセル門 Brusselsepoort
メッヘレン駅 Mechelen Station
Guido Gezellelaan
Nonnenstr.
K. de Deckerstr.
van Hoeystr.
Vrouw van Mechelenstr.
St. Katelijnestr.
Nieuwe Begijnenstr.
Zwartzustersvest
Hallsvest
Olivetenvest
Befferstr.
Bleekstr.
Adegemstr.
Haverwerf
Van Beethovenstr.
IJzerenleen
Augustijnenstr.
Lange Schipstr.
Zoutwerf
Bruul
Koningin Astridlaan
Onze Lieve Vrouwstr.
Zandpoortvest
Veluwestr.
Auwegemvaart
Milsenstr.
Vrouwstr.
Hanswijkstr.
Hoogstr.
Stuivenbergvaart
Louisastr.
H. Speecqvest
Schuttersvest
Vaartdijk
Brusselsesteenweg
Leopoldstr.
Consciencestr.
Stationstr.
Hombeeksesteenweg
Geerdegemvaart
N
A
B
0
300m

メッヘレンの見どころ

市庁舎 Stadhuis

➡Map P.353-B

中央部は、繊維取引所として1370年に建てられたもの。塔が低いのは、景気が悪くなって資金が続かなかったためとか。正面左側の宮殿も下半分は16世紀に造られたが、上部は20世紀まで未完のままだった。

市庁舎の鐘楼
世界遺産
ベルギーとフランスの鐘楼群
Belfries of Belgium and France
文化遺産 / 1999年、2005年拡張

聖ロンバウツ大聖堂 St. Romboutskathedraal

➡Map P.353-A

13世紀から約300年の歳月をかけて建設されたゴシック様式の教会。内部にはヴァン・ダイクの『十字架のキリスト』の祭壇画がある。538段、97mの高さの塔は、合計80tのヨーロッパで最重量級のカリヨンがかけられている。運がよければ王立カリヨン学校の生徒たちの練習を聴けるかも。

大聖堂の塔上部にある展望台から

聖ロンバウツ大聖堂
住Onder-Den-Toren 12
開8:30～17:30
休1/1　料無料
URLkathedraalmechelen.be
聖ロンバウツ塔
20分おきに25人ずつ上ることができる。所要1時間～1時間30分。
開13:00～18:00
（土10:00～、最終入場17:00）
休1/1、12/25　不定休あり
料€8
世界遺産
ベルギーとフランスの鐘楼群
Belfries of Belgium and France
文化遺産 / 1999年、2005年拡張

ホフ・ヴァン・ビュスレイデン博物館 Museum Hof van Busleyden

➡Map P.353-B

16世紀にメッヘレンの総督に任命された貴族の館に、ブルゴーニュ地方の宮廷文化の品々、フランデレン地方の絵画などが展示されており、この地方の歴史や文化を知ることができる。

絹などで作られた庭園の細工と祭壇画が合体した16世紀の精緻な工芸も

ホフ・ヴァン・ビュスレイデン博物館
修復のため休館中。2024年春に再開予定。詳細は要確認。
住Sint Jansstr. 2a
☎015.294030
開10:00～17:00（第1木曜～22:00）　休月、1/1、12/24・25・31　料€12　聖ロンバウツ塔のチケットを見せると割引あり
URLhofvanbusleyden.be

優美な外観のホフ・ヴァン・ビュスレイデン博物館

メッヘレンのホテル

Hotel

ドゥリー・パールデケンス 3 Paardekens ★★★

➡Map P.353-A

かつてメッヘレンで一番古いホテルとして営業していた建物を、2010年に改装オープン。朝食は最上階のガラス張りの部屋で食べる。大聖堂の塔の入口を背にして左の細い道を入る。33室。

住Begijnenstraat 3
☎015.342713
料シャワー・トイレ付き
Ⓢ€59～ Ⓣ€79～
朝食€16　Wi-Fi無料
CCA.M.V.
URL3paardekens.com

エリザベス Elisabeth ★★★

➡Map P.353-B

駅から少し遠いが、マルクト広場や聖ロンバウツ大聖堂、ベギン会院など、見どころに近い。モダンな内装で、静かな落ち着いたホテル。コーヒーマシンやミニ冷蔵庫あり。禁煙、全61室。

住Goswin de Stassartstr. 26-28
☎015.288400
料シャワー・トイレ付きⓈⓉ€117～
週末割引あり　朝食€20
Wi-Fi無料
CCA.M.V.
URLelisabethhotel.be

※ホテル室料は目安。日程や予約方法、条件により大きく異なる場合もある。特記がないかぎり、税金（City Taxを含む）や朝食は別料金。

Belgium

ベルギー南東部

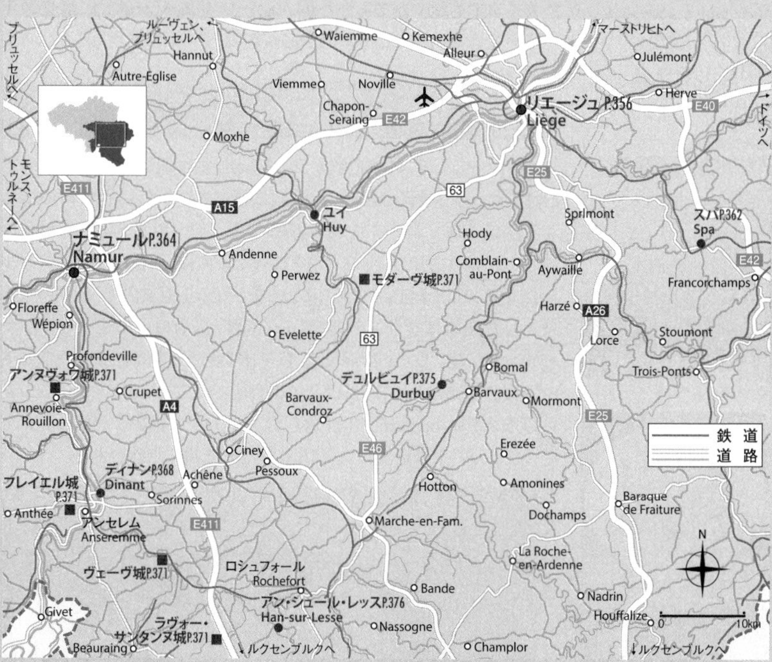

ルーヴェン、ブリュッセルへ
ブリュッセルへ
マーストリヒトへ
Waiemme
Kemexhe
Alleur
Julémont
Hannut
Autre-Eglise
Viemme
Noville
Herve
Chapon-Seraing
E42
リエージュ P.356
Liège
E40
ドイツへ
Moxhe
モンス、トゥルネーへ
E411
E25
63
A15
ユイ
Huy
Sprimont
スパ P.362
Spa
ナミュール P.364
Namur
Hody
Andenne
Comblain-au-Pont
Aywaille
E42
Perwez
モダーヴ城 P.371
Francorchamps
Floreffe
Wépion
Harzé
A26
Lorce
Stoumont
Evelette
63
Profondeville
Bomal
アンヌヴォワ城 P.371
デュルビュイ P.375
Durbuy
Trois-Ponts
Crupet
Barvaux
Mormont
Annevoie-Rouillon
Barvaux-Condroz
A4
E25
鉄道
道路
Ciney
Erezée
Pessoux
E46
ディナン P.368
Dinant
Achêne
フレイエル城 P.371
Hotton
Amonines
Sorinnes
Baraque de Fraiture
Anthée
アンセレム
Anserremme
E411
Marche-en-Fam.
Dochamps
N
La Roche-en-Ardenne
ヴェーヴ城 P.371
ロシュフォール
Rochefort
Bande
Nadrin
Givet
アン・シュール・レッス P.376
Han-sur-Lesse
Houffalize
0
10km
ラヴォー・サンタンヌ城 P.371
Nassogne
Beauraing
ルクセンブルクへ
Champlor
ルクセンブルクへ

リエージュ

Liège

リエージュ州
Liège

丘陵地に囲まれ、ムーズ川に抱かれた町リエージュは、古くからヨーロッパ各地の交易の中継地として繁栄してきた。現在ではブリュッセル、アントワープ、ゲント、シャルルロワに次いで国内第5の都市である。ベルギー国内では何かと対立するフランドル(北部)とワロン(南部)の両地域であるが、リエージュはワロンの中心都市だ。

近隣地域の鉱物資源とムーズ川の水上輸送をバックに、巨大な製鉄所を有するリエージュをはじめとする、ベルギー重工業の中心ワロンは、長らくベルギー国内での政治力も強かった。しかし、オイルショック以来、重工業は牽引車から転じてお荷物となり、逆にフランドル地域でハイテク産業群が台頭するに及んで、ワロンの立場は相対的に弱まってきている。

しかし、リエージュの町を歩いていて、誰がそんなことを感じるだろうか。そこにあるのはただ、落ち着いたたたずまいの町並みと、あくまでも穏やかであたたかい人たち。リエージュには、観光地化されていないヨーロッパの素顔がある。

ACCESS

ブリュッセル中央駅からICで約1時間、30分おき。オランダのマーストリヒトからは約35分、1時間に1本。ルクセンブルクからはナミュールで乗り換えて約3時間、1時間に1本程度。

仏●Liège リエージュ
蘭●Lüik ルーク

観光案内所
住Quai de la Goffe 13
➡Map P.358 ☎04.2219221
開5月中旬〜9月 9:30〜17:00
(土・日〜16:00)
10月〜5月中旬 9:30〜16:30
(日・祝9:00〜15:00)
休1/1、11/1、12/25
URL visitezliege.be
ギーメン駅内の🛈は開9:00〜16:00 休日、1/1、11/1、12/25

市内交通
2024年にはトラムが開通する予定。

リエージュの歩き方

リエージュには鉄道駅が5つあるが、主要駅は町の南西に位置するギーメン駅Guillemins。駅内に🛈があるので、地図や町の情報を手に入れておくのもいい。駅から旧市街の中心へは1番か4番のバスに乗り約10分、トンネルを抜けた後の停留所サン・ランベール広場Pl. St. Lambertで降りる。ここが町の正面玄関で、北側の堂々とした建物はプランス・エベック宮殿。広場の東に接するのがマルシェ広場Pl. du Marché。17〜18世紀の建物に囲まれたこの小さな広場は、いってみれば昔の寄合所で、ここに立っている**ペロンの噴水Perron**は1698年に造られ、リエージュ市民の自由のシンボル。この噴水の南東、ムーズ川に面した広場にも🛈がある。

現代彫刻のようなギーメン駅

名物リエージュ・ワッフル(→P.20)も食べてみたい

ペロンの噴水

要塞跡にある展望台から聖バルテルミー教会を望む

歩き出す前に、高い場所から町の全貌を眺めてみるのもいいのでは？　あと回しにすると疲れてしまって「もういいや」ということになるから。町の北側の要塞跡には大きな病院があり、近くの展望台からの眺めはなかなかのもの。周辺は公園のようになっていて、ぐるりと一周できる。上り道はいくつもあるが、脚力に自信のある人なら、最短コースの石段**モンタニュ・ビューラン Montagne de Bueren**➲Map P.357-B1へ。En Hors Châteauの途中に上り口がある。373段の階段は1875年に造られたもので、石段の両側には家がびっしり。ピクニック気分で上るなら、プランス・エベック宮殿の裏側のRue Pierreuseを上り、道が少し開けたら小道Au Pèrîへ右折、緩やかな坂を上っていくと白いモニュメントの塔が建つ高台に出る。

モンタニュ・ビューランの上りにチャレンジしてみる？

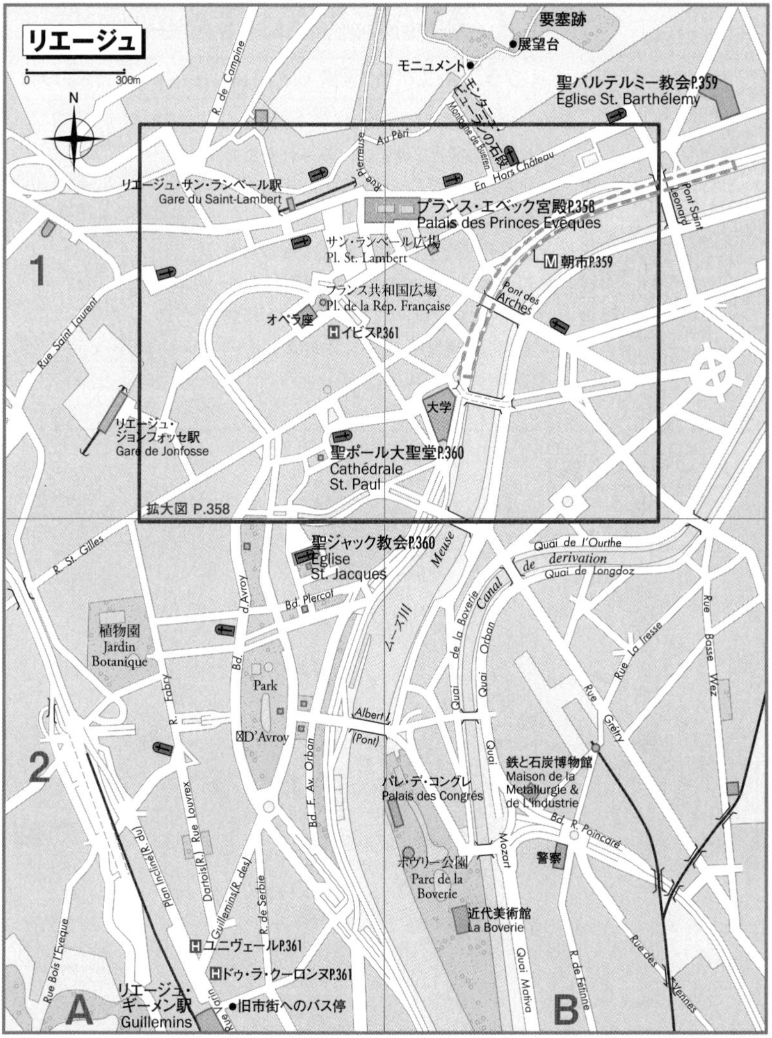

リエージュ

0　300m
N
要塞跡
●展望台
モニュメント●
モンタニュ・ビューランの石段
Montagne de Bueren
聖バルテルミー教会P.359
Église St. Barthélemy
R. de Campine
Au Pèrî
Rue Pierreuse
En Hors Château
Pont Saint Leonard
リエージュ・サン・ランベール駅
Gare du Saint-Lambert
プランス・エベック宮殿P.358
Palais des Princes Évêques
サン・ランベール広場
Pl. St. Lambert
M 朝市P.359
Pont des Arches
プランス共和国広場
Pl. de la Rép. Française
オペラ座
H イビスP.361
Rue Saint Laurent
大学
リエージュ・ジョンフォッセ駅
Gare de Jonfosse
聖ポール大聖堂P.360
Cathédrale St. Paul
拡大図 P.358
1
R. St. Gilles
聖ジャック教会P.360
Église St. Jacques
Meuse
Quai de l'Ourthe
Canal de derivation
Quai de Longdoz
Bd. Piercot
Bd. d'Avroy
ムーズ川
Quai de la Boverie
Quai Orban
植物園
Jardin Botanique
Rue La Tresse
Rue Basse Wez
R. Fabry
Park
Rue Grétry
Albert I (Pont)
D'Avroy
2
Bd. F. Av. Orban
鉄と石炭博物館
Maison de la Métallurgie & de L'industrie
パレ・デ・コングレ
Palais des Congrès
Quai Mozart
Bd. R. Poincaré
Rue Louvrex
警察
Plan Incliné(R. du)
Dartois(R.)
Guillemins(R. des)
R. de Serbie
ボヴリー公園
Parc de la Boverie
近代美術館
La Boverie
Rue Bois l'Eveque
H ユニヴェールP.361
H ドゥ・ラ・クーロンヌP.361
Quai Mativa
R. de Fétinne
Rue des Vennes
リエージュ・ギーメン駅
Guillemins
●旧市街へのバス停
Rue Varin
A
B

ブラスリー ル・ヴォードゥレ II
Le Vaudrée II
地下の貯蔵室には常時2万本をストック、世界中から集めたビールは1000種類を超える。ビール・カクテルが多いのもこの店の特徴。
住Rue Saint Gilles 149
➡Map P.358 ☎04.2231880
開11:00～24:00
（金・土～翌1:00）

おいしいお菓子の店
Une Gaufrette Saperlipopette
ワロン生活博物館を出て少しだけ下った所にあるお菓子の店。並んでいるときもある。ワッフル、サブレ、ケーキなど、どれもおいしい。箱詰めもしてくれる。
住Rue des Mineurs 7
➡Map P.358 ☎04.2223713
営10:00～18:00 休月

ワッフルだけでなく、サブレやシュクレもサックリおいしい

リエージュの町は小さい。なかでも、ペロンの噴水から東へ延びるEn Féronstréeあたりを中心とした一帯には古びたれんが造りの建物が数多く残され、しっとり落ち着いたムードが漂う。このエリアには博物館もいくつかあり、散策には絶好。少し北にある**ワロン生活博物館Musée de la Vie Wallonne**では、リエージュ市民の愛するチャンチェTchantchèsが主人公の人形芝居も上演されている。さらに東には、博物館の**グラン・クルティウスLe Grand Curtius**もある。この町では、足に勝るものはない。

リエージュで一番にぎやかなのは、オペラ座周辺から南側と東側の一帯。おなかが減ったらこのあたりへ行ってみよう。

リエージュの見どころ

プランス・エベック宮殿 Palais des Princes Evêques ➡Map P.358

11世紀にノジエ司教によって建てられ、16世紀と18世紀に改修されたこの建物は、リエージュの歴史的建造物のなかでもひときわ威風堂々としている。中庭の柱廊も見事で、柱頭の奇妙な彫刻はエラスムスの『愚神礼賛』に想を得たものといわれている。現在は州政府庁舎、裁判所であり、中庭以外の内部は一般公開されていない。

プランス・エベック宮殿

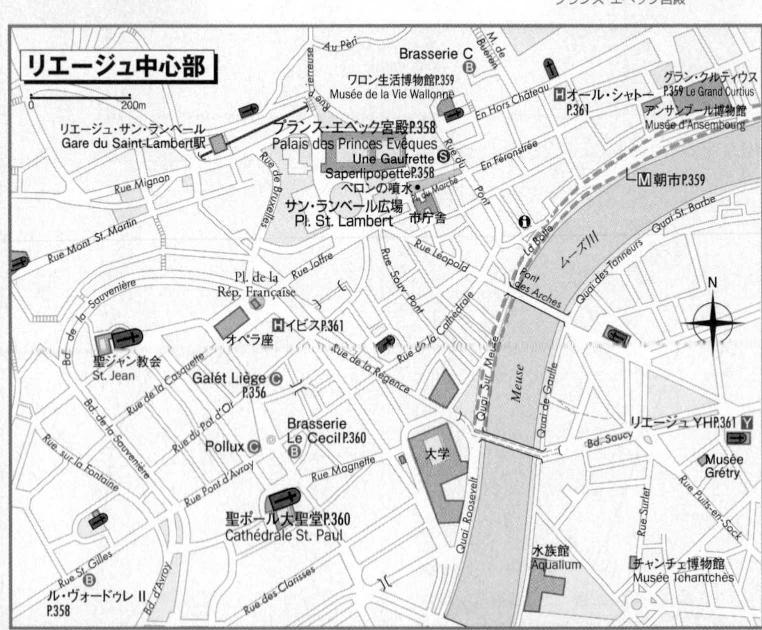

ワロン生活博物館 Musée de la Vie Wallonne

➲Map P.358

ワロン地方の民俗・文化・歴史にかかわる生活用具が集められた、ワロンの風俗を知るためには必見の博物館。リエージュの人気者、お人好しのチャンチェが登場する人形芝居も上演しており、人形の展示もある。17世紀に女子修道院として使われていたモザン・ルネッサンス様式の建物も美しい。

上:人形の展示室もある　右下:博物館入口付近
左:人形劇では「チャンチェ！」のかけ声で盛り上がる

ワロン生活博物館
☎04.2792031
開9:30〜18:00
休月、1/1、5/1、11/1、12/25
料€7(特別展を除く)
人形劇　開9月中旬〜4月の水14:30と日10:30からが多いが不定期のため要確認。☎04.2792031
料€3.50　事前予約かチケット売り場で劇の予約が必要
URL provincedeliege.be/en/viewallonne

中庭など、建物自体も趣がある

聖バルテルミー教会 Eglise St. Barthélemy

➲Map P.357-B1

12世紀に建立されたロマネスク様式の教会。ベルギー7大秘宝のひとつ、レニエ・ド・ユイ作の『聖バルテルミーの洗礼盤』があることで有名。12世紀に造られたこの洗礼盤は、新約聖書に関連した4つの洗礼と、洗礼者ヨハネの予言という5つの場面を浮き彫りにしていて、12頭のブロンズ製の牛がこれを支えている(現存するのは10頭)。

聖バルテルミーの洗礼盤

聖バルテルミー教会
☎04.2502372
開10:30〜12:30、13:30〜16:30
火・金・日13:30〜16:30
休火・金・日の午前
料€3　URL st-barthelemy.be

グラン・クルティウス Le Grand Curtius

➲Map P.358

400年前の貴族の館をモダンに改装した博物館。パネルに従って進めば、旧石器時代の発掘品からローマ時代、中世・近世、100年前のアールヌーヴォーまで、リエージュの歴史を追いながら、

ムーズ川側から見た博物館

グラン・クルティウス
住Féronstrée 136
☎04.2216817
開10:00〜18:00
最終入場は閉館30分前
休火、1/1、5/1、11/1・2・11、12/25
料€9　第1日曜は無料
URL grandcurtius.be

Column Belgium

リエージュの朝市 Marché la Batte

通り沿いには、さまざまな屋台が並ぶ。花や苗なども

朝市といっても、一般的なものとはスケールが違う。約2km、ベルギー最大にして最古の朝市なのだ。もし、リエージュにいる日をまだ決めていなくて、そして日程が許すなら、日曜の午前中はリエージュにいてほしい。毎週日曜8:00〜14:30頃、ムーズ川北西岸の広い道路に巨大な市場が出現する。しゃれた物があるわけではないが、精肉店、鮮魚店に青果店、ガラクタショップから衣類・雑貨、はてはペットにいたるまで、とにかく何でも売っている。混雑がまたたいへんなもので、ドイツやオランダあたりからも人が集まってくるのだそうだ。端から端まで全部見て歩くと2〜3時間はかかる。

市場にはおいしい食べ物が並んでいるので、朝食を取らずに出かけ、現地で食べるのもいいかもしれない。混雑するのでスリには要注意。

➲Map P.358　(→P.25)

Brasserie Le Cecil
聖ポール大聖堂の広場に面した、地ビールや郷土料理を味わえるレストラン。テラス席もある。斜め向かい側にはリエージュワッフルやサンドイッチがおいしいSandwicherie Polluxもある。
住Place de la Cathédrale 1
➡Map P.358 ☎04.2232575

観ていくことができる。また、近代リエージュの経済を支えたガラス工芸、武器産業のセクションもある。ベルギーの歴史を少し勉強しておくと、さらに興味が深まりそうだ。

儀式の部屋やガラス工芸に関する展示

聖ポール大聖堂 Cathédrale St. Paul

➡Map P.358

971年に建てられた最初の教会が、13～15世紀にかけて建て替えられたもの。1530年に作成された、高さ18m、幅6mのステンドグラスは、ベルギーで現存する最古級のもののひとつ。聖ランベールの厨子のほか、宝物殿内には、金・銀製の聖遺物箱、リエージュやビザンチンの象牙細工などの見事な作品が並ぶ。

聖ポール大聖堂
住Rue Bonne-Fortune 6
☎04.2326131
開8:00～17:00
宝物殿 10:00～17:00
(日13:00～)
休月(宝物殿のみ)、1/1、12/24・25、12/31
料€8(宝物殿)
URLcathedraledeliege.be

見事なステンドグラス

大聖堂内部

聖ランベールの厨子

聖ジャック教会 Eglise St. Jacques

➡Map P.357-A2

尖塔と玄関廊は12世紀のロマネスク様式、ほかの部分はゴシック建築、ルネッサンス様式というように、建物の部分ごとにさまざまな建築様式が混在しているユニークな教会。内部は彩色された天井と16世紀のステンドグラスが特にすばらしい。

聖ジャック教会

聖ジャック教会
住Place Saint-Jacques 8
☎04.2221441
開9:30～12:00　週末はミサの1時間前まで。係員の状況により開館は不定期。
企画展が開催されるときには下記の日程になることもある。
10:00～12:00、14:00～17:00
(土～16:00、日は午後のみ)
休上記以外。不定休あり。
URLsaintjacquesliege.be

ベルギーお菓子歳時記 -2

聖ニコラ祭のスペキュロス

12月6日は子供たちが大好きな聖ニコラ祭。この聖人は4世紀の小アジアの司教で、貧しく嫁入り支度のできない姉妹の家に金のどっさり入った袋を窓から投げ込んだ、という子供たちの守護聖人。今では、ベルギーにもやってきて子供たちの枕元にそっとプレゼントを置いていく。昔、人々はこの日にスペキュロス(ショウガやシナモンなどのスパイスの効いた黒砂糖のクッキー)を食べたという。今では1年中食べられるが、特にこの時期には祭りを祝って特大聖ニコラの形でお目見えする。

クリスマスの薪

聖ニコラ祭が終わると、次はいよいよクリスマス。家族で集まり、食事を楽しむ。そして最後に「クリスマスの薪(ブッシュ・ド・ノエル)」と呼ばれるケーキを食べる。ロールスポンジケーキにバタークリームか生クリームで薪の形にデコレーションしたもの。北ヨーロッパでは昔、暖炉に桜や樫の薪をくべ1月6日の「三賢王の祭り」まで燃え尽きないようにした。これはゲルマン人の樹木信仰に関係し、清めの意味があったらしい。今では、クリスマスの薪は暖炉にはくべずに皿にのり、あっという間に胃袋の中に消えていく。(古賀)

リエージュのホテル

リエージュはベルギー第5の都市にしてはホテルの数が少ない。高級ホテル(4つ星)は4軒のみ。経済的なホテルはギーメン駅前付近に多い。ギーメン駅に着いたら、ホテルに荷物をおろして観光に出かけるのもいいかもしれない。

駅前から中心部へ向かうバス

ユニヴェール Best Western Univers ★★★

Map P.357-A2

ギーメン駅前にある。手頃な料金のわりには設備がしっかりしている。TV、直通電話、ティーセットあり。館内のバーは7:00から23:00まで営業していて便利。禁煙室あり。50室。

住Rue des Guillemins 116
☎04.2545555
料バス/シャワー・トイレ付き
Ⓢ€59～　Ⓣ€63～　朝食€13
Wi-Fi無料
CCA.M.V.
URLunivershotel.be

イビス Ibis Liège Centre Opéra ★★★

Map P.358

旧市街の中心、オペラ座前にある3つ星のチェーンホテル。おもな観光ポイントは徒歩圏内、レストラン街も近いという、便利な立地。客室設備も充実。館内にはバーもある。79室。

住Pl. de la République Française 41　☎04.2303333
料シャワー・トイレ付き
ⓈⓉ€72～　朝食€14
Wi-Fi無料
CCA.D.M.V.
URLall.accor.com

ドゥ・ラ・クーロンヌ Hôtel de la Couronne ★★★

Map P.357-A2

ギーメン駅前にあり、室内のモダンなデザインが人気のホテル。比較的安心して宿泊することができそう。駅前なので、荷物を置いて、中心部に出かけることもできる。77室。

住Place des Guillemins 11
☎04.3403000
料シャワー・トイレ付き
ⓈⓉ€87～
朝食€18　Wi-Fi無料
CCA.M.V.
URLhoteldelacouronne.be

オール・シャトー Hors Château ★★★

Map P.358

歴史的な地区の中心にある18世紀の建物を改装した人気のホテル。9室と小規模ながらも、部屋はすっきりとしたモダンなデザインで快適。

住Rue Hors Château 62
☎04.2506068
料シャワー・トイレ付き Ⓢ€79～
Ⓣ€109～(ダブルのみ)　朝食€14
Wi-Fi無料
CCM.V.
URLwww.hors-chateau.be

リエージュYH Auberge de Jeunesse de Liege YH

Map P.358

町の中心、サン・ランベール広場まで徒歩約10分。シーツ代・朝食込み。館内にはバー、キッチン、ランドリーなどもある。インターネット使用可。1月の2～3週間は閉館予定(日程は要確認)。

住Rue Georges Simenon 2
☎04.3445689
料Ⓓ1人€33～　シャワー・トイレ付きⓈ€70～　Ⓣ€82～
Wi-Fi無料　CCM.V.
URLlaj.be　Bギーメン駅から4番Rue J. d'Outremeuse下車

※ホテル室料は目安。日程や予約方法、条件により大きく異なる場合もある。特記がないかぎり、税金(City Taxを含む)や朝食は別料金。

Belgium

スパ

Spa

リエージュ州
Liège

ACCESS

ブリュッセルからPepinsterかVerviers Centralで乗り換え。約1時間45分～2時間20分、1時間に1本。

蘭・仏● Spa スパ

世界遺産
ヨーロッパの大温泉保養都市群
The Great Spa Towns of Europe
文化遺産 / 2021年

リエージュから列車で乗り換えも入れて約1時間、ドイツとの国境に近いスパは温泉の町として有名だ。英語や日本語にもなっている"スパ(温泉)"は、実はこの町の名が起源。ローマ時代から温泉地として知られ、16世紀以降は王侯・貴族・芸術家たちの集まる高級温泉保養地としてにぎわった。今では温泉のみならず、緑の森に囲まれたリゾート地としてホテルの数も多い。またモータースポーツの開催地として、世界中から観光客を集めている。

スパの歩き方

駅を出て斜め右方向へ行き、大通りに突き当たったらそのまま右へ進むと、3分くらいでPl. Royaleに出る。このあたりが町の中心で、カジノやレストランも集まっている。

スパに来たら何はともあれ源泉というわけで、Pl. Royaleの北側にあるマリエ・ヘンリエッタ源泉へ。噴水から湧き出す源泉を自由に飲める。決しておいしいとはいえないが、スパの水は鉄分を多く含み、心臓病、リウマチ、呼吸器疾患によいそうだ。ちょっと豪華版だが、テルム・ドゥ・スパLes Thermes de Spaで温泉気分を味わう

テルム・ドゥ・スパで温泉体験

スパまで来たからにはやっぱり温泉に入りたい！　という人は、テルム・ドゥ・スパの体験コースにトライしてみては？　ここでは湯治を目的としたさまざまなプログラムが用意されており、旅行者が気軽に参加できるものもある。屋内外に浴場やサウナがあり、ジャクージや温水プールだけの利用も可能。高台から見渡せるカフェ・パノラマも併設している。

基本的に要予約。空いていれば入れるが、予約が望ましい。水着やバスタオルは、購入やレンタルもできるが、数が限られているため、持参するといい。

まる1日かけて優雅にお風呂につかれば、旅の疲れも取れてすっかりリフレッシュすることだろう。

旅行者でも利用しやすいミニパッケージ
・日帰り入浴＋ランチバイキング€59
・3時間の入浴＋マッサージ€65
・3時間の入浴＋トリートメントなど€54

テルム・ドゥ・スパ Les Thermes de Spa
住Colline d' Annette et Lubin ➲Map P.362☎087.772560 URLthermesdespa.com
開9:00～21:00(金～22:00、日～20:00、12/24・31～18:00、12/25・1/1～19:00)
休6月の1週間、不定休あり　15歳未満入場不可。
プールの入場料3時間€30。
Pl. Royaleの北側にあるマリエ・ヘンリエッタ源泉の奥からテルム・ドゥ・スパへ上るケーブルカーが出ている。

©Les Thermes de Spa

眺めのいい高台にあるテルム・ドゥ・スパ

こともできる。さらに少し歩いて❶があるピエール・ル・グラン源泉へ向かおう。

スパの町自体はとても小さいが、この町の魅力はむしろ郊外にある。森の中に点在する源泉や城、そして湖などを巡るには、できれば車があると便利だ。また町の南東約10kmの所にはスパ・フランコルシャン・サーキットがある。

マリエ・ヘンリエッタ源泉

観光案内所
住Rue du Marché 1a
➲Map P.362
☎087.795353
開9:30～13:00、13:30～18:00（10～5月～17:00）
休1/1、12/25
URL visitspa-hautesfagnes.be

瀟洒なカジノの建物

スパの見どころ

ピエール・ル・グラン源泉 Pouhon Pierre-le-Grand

➲Map P.362

1880年に建てられたネオクラシカル様式の建物。有名な温泉水が最初に採取されたと考えられている場所で、ピョートル大帝が訪れて飲んだという。その水源には彼の碑などが残されているが、現在は源泉を飲むことはできない。

ピエール・ル・グラン源泉
住開休観光案内所と同じ
料無料

ピョートル大帝の記念碑

スパ博物館 Musée de la Ville d'Eaux

➲Map P.362

スパの町や歴史をたどることができる博物館。かつての湯治に関する品々も展示されている。特に、ピョートル大帝のお気に入りでもあったという、スパの名産品で"Jolités"と呼ばれる、美しい絵柄が施された木製の小箱などのコレクションも観られる。

スパ博物館
住Avenue Reine Astrid 77b
☎087.774486
開13:00～17:00
休1/1・2、12/24～26
料€5 第1日曜は入場無料
URL spavillaroyale.be

スパ博物館

スパ・フランコルシャン・サーキット Le Circuit de Spa-Francorchamps

➲Map 範囲外

ベルギーを代表する、国際的なモータースポーツサーキット。アルデンヌの山間部の自然の地形を生かした全長約7kmのコースは、高低差があり変化に富んだ美しいコースといわれている。

スポンサーなどの関係で一時は開催されないこともあったが、F1グランプリの開催コースとしても有名。2024年のF1グランプリは7月26～28日に開催予定。

スパ・フランコルシャン・サーキット
URL spa-francorchamps.be

スパのホテル

Hotel

ローベルジュ L'Auberge ★★★

➲Map P.362

町の中心部にある広場に面して建つホテル。部屋は明るい雰囲気。1階はフランス料理のレストランになっており、ここでの食事付き（2食）のプランもある。12室。

住Pl. du Monument 3
☎087.774410
料バス/シャワー・トイレ付き
Ⓢ Ⓣ €121～
朝食付き Wi-Fi無料
CC A.M.V.
URL auberge-spa.be

※ホテル室料は目安。日程や予約方法、条件により大きく異なる場合もある。特記がないかぎり、税金（City Taxを含む）や朝食は別料金。

Belgium

ACCESS

ブリュッセルから1時間に2本出ているICで約1時間10分。

仏● Namur ナミュール
蘭● Namen ナーメン

ナミュール

Namur

ナミュール州
Namur

深い岩肌のムーズ渓谷に抱かれたナミュールは、シーザー軍との戦いに備えてこのあたりのアトゥアトゥーキー族が砦を築いた町ともいわれる。フランスに源を発するムーズ川とサンブル川が合流する地点に位置しているため、地形的な要衝として戦禍が絶えず、破滅と再建が繰り返されたが、今では"ムーズ川の真珠"とたたえられる美しい町に変わった。

ブリュッセルから列車でナミュールに向かうと、ナミュールを境にベルギーの風景が一変することに気づく。ベルギー中央部の少し起伏のある平野は突然消え、ムーズ川の造る渓谷が現れてくる。ケルト語で"Ward(守る・見張る)"の意味をもつアルデンヌ地方Ardennes。その玄関口として、ナミュールはベルギー観光の要の町でもある。

観光案内所
住Rue du Pont 21
➡Map P.365-2 ☎081.246449
開9:30～18:00
(10～3月の日・祝、11/2、1/2、12/26は11:00～15:00)
休1/1、12/25
URL namurtourisme.be

ナミュールの歩き方

駅からから南東のR. de Ferを進み、市庁舎の先にナミュール古典美術館がある。ナミュールの町は、サンブル川を挟んで北と南に分かれる。町の概要を知るためにも、まずはシタデル(城砦)に向かおう。駅からゆっくり歩いても15分ほど。途中、繁華街Rue de l'Angedを抜ける。ブティックのほか、カフェ、レストランも多く、フランドル地方の町とはひと味違う。シタデルの手前にはケーブルカー乗り場があり、その近くの❶も利用できる。

シタデルへは、歩いて登ると、しだいに視界が開けてくる様子を楽しめ、ケーブルカーなら上からの絶景を眺めることができる。歩く場合、眺望が抜群なのは、少しきついが、シタデル中央の階段を上るルート。右側の緩やかな坂道を行くこともできる。シタデルのある山の上は緑豊かな公園で、市民の憩いの場となっている。

そのほかの見どころは、すべてサンブル川の北側に集まっている。旧市街のしっとりしたたたずまいの路地を抜け、点在するいくつもの教会や美術館を巡ってみよう。

市庁舎付近での蚤の市

ナミュール古典美術館の建物入口付近

ナミュール劇場

シタデルから見たナミュールの町

ナミュールの見どころ

シタデル(城砦) Citadelle

➲Map P.365-2

17世紀に築城され、ルイ14世やオラニエ公ウィレムが所有していたこともある。ムーズ川とサンブル川の合流する高台にあり、ふたつの川とナミュールの町との調和の取れた風景が広がる。カフェで休憩もできるTera Novaというビジターセンターで、ナミュールやシタデルの歴史を見学したり、17世紀から第2次世界大戦までの地下要塞をガイドツアーで巡ることもできる。ここからツーリストトレインに乗ってシタデルを一周するのもいい。

左:サンブル川沿いのシタデル
上:オーディオガイドを聴きながらシタデルを一周できるツーリストトレイン

ビジターセンターTera Nova
住Route Merveilleuse 64
➲Map P.365-2　☎081.247370
開10:00～18:30
(9月末～10月下旬の月～金～17:00、土・日～18:00。10月下旬～1月初旬～18:00)
休1/1、12/25
料€6　ツーリストトレインと地下要塞も合わせたシタデルパス€18
URL citadelle.namur.be

地下要塞ガイドツアー(英語)
4～9月14:30発(7・8月は12:00発もあり)、10月～1月初旬12:30発。受付でツアー時間の確認を。料€12

ツーリストトレイン
出10:30～17:30(冬期の月～金は13:00～)、1時間おき程度の運行が多いが、細かく異なるので要確認。料€6

ケーブルカー
出9:30～18:00(10～3月～17:00)　休1/1、2/20・27、10/24・31、12/25　料€5

上記は2024年1月初旬までの予定。以降は未定のため要確認。

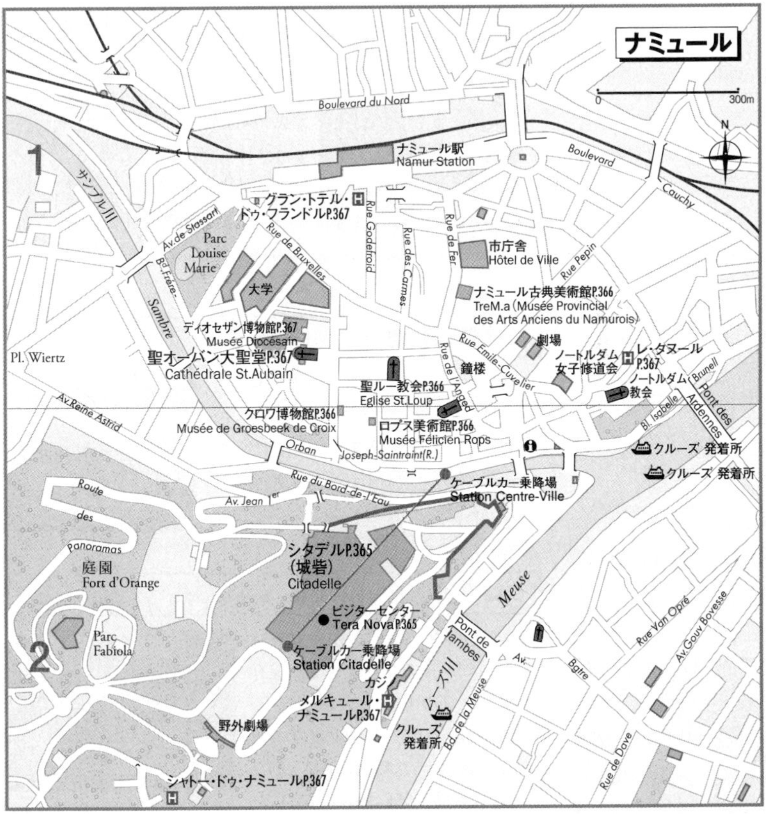

ナミュール

0　300m
N
1
2
Boulevard du Nord
ナミュール駅 Namur Station
Boulevard Cauchy
グラン・ホテル・ドゥ・フランドルP.367
Rue Godefroid
Rue des Carmes
Rue de Fer
Rue de Bruxelles
Av.de Stassart
Bd.Frère-Orban
サンブル川 Sambre
Parc Louise Marie
大学
市庁舎 Hôtel de Ville
Rue Pepin
ナミュール古典美術館P.366 TreM.a (Musée Provincial des Arts Anciens du Namurois)
ディオセザン博物館P.367 Musée Diocésain
聖オーバン大聖堂P.367 Cathédrale St.Aubain
Pl. Wiertz
劇場
Rue Emile-Cuvelier
Rue de l'Ange
鐘楼
ノートルダム女子修道会
レ・タヌールP.367
ノートルダム教会
聖ルー教会P.366 Eglise St.Loup
Av.Reine Astrid
クロワ博物館P.366 Musée de Groesbeek de Croix
ロプス美術館P.366 Musée Félicien Rops
Joseph-Saintraint(R.)
Bl. Isabelle Brunell
Pont des Ardennes
クルーズ発着所
クルーズ発着所
Rue du Bord-de-l'Eau
ケーブルカー乗降場 Station Centre-Ville
Route des Panoramas
Av. Jean 1er
シタデルP.365 (城砦) Citadelle
庭園 Fort d'Orange
Parc Fabiola
ビジターセンター Tera NovaP.365
ケーブルカー乗降場 Station Citadelle
Meuse
ムーズ川
Pont de Jambes
Av. Bgfre
Rue Van Opré
Av.Gouv.Bovesse
カジノ
メルキュール・ナミュールP.367
野外劇場
クルーズ発着所
Bd. de la Meuse
Rue de Dave
シャトー・ドゥ・ナミュールP.367

ナミュール古典美術館 TreM.a (Musée Provincial des Arts Anciens du Namurois)

➡Map P.365-1

ナミュール古典美術館
住Rue de Fer 24
☎081.776754
開10:00〜18:00
休月、1/1、9月の第3週、12/24・25・31　料€3(特別展込み€5)
URL museedesartsanciens.be

18世紀の貴族の館を美術館として公開したもので、この地方で作られた中世からルネッサンス期までの彫刻、絵画、銅細工などを所蔵している。なかでも、中世の修道士で金細工師でもあったユーゴ・ドニーHugo d'Oigniesの手による福音書カバー、聖遺物箱などの宝飾品は必見。ベルギー7大秘宝のひとつ。

時代を感じさせる木製彫刻

福音書カバーなどすばらしい金細工の品々

門を入った中庭にある美術館の入口

聖ルー教会 Eglise St. Loup

➡Map P.365-1

聖ルー教会
住Rue du Collège 17
☎0499.363781
開土11:00〜17:00
(1・2月〜16:00)
入口がガラスのドアになっているため、閉館時でも天井などを観ることができる。ガラスドアからの見学は火〜金10:00〜16:00
休不定休
URL eglise-saint-loup.be

18世紀に建てられたイエズス会の教会。華麗なバロック様式で、黒とコーラル色の大理石を使ったダブルトーンの柱の上にある、彫刻を施した砂岩の天井には、ため息がもれる。このあたりから東にはカフェやレストランも多い。

バロック様式の教会

天井を見上げてみよう

ロプス美術館 Musée Félicien Rops

➡Map P.365-2

ロプス美術館
住Rue Fumal 12
☎081.776755
開10:00〜18:00
最終入場17:00
休7・8月を除く月、1/1、12/24・25・31　料€5
URL www.museerops.be

1833年にナミュールで生まれたロプスは、ブリュッセルやパリで画家として活躍した。この美術館には油絵、版画、風刺漫画、スケッチなど、写実主義的な初期の作品から、印象派の影響を受けた晩年の作品までが一堂に集められている。

独特の雰囲気があるロプスの作品

クロワ博物館 Musée de Groesbeek de Croix

➡Map P.365-2

クロワ博物館
住Rue J. Saintrain 3
☎081.248720
URL museedesartsdecoratifsdenamur.blogspot.com
※改装中のため、特別展のときのみ一部開館。開館日程はウェブサイトなどで要確認。
装飾博物館と考古学博物館(隣の建物)としてリニューアルオープン予定。

特別展開催中の室内

18世紀の貴族の邸宅が博物館になっている。内部はそのままに保存され、ルイ王朝様式の装飾が見事。17〜18世紀のナミュール出身の画家、彫刻家、ガラス職人、金細工師などの作品が陳列されている。

豪華なインテリアのほか中庭も見どころ

聖オーバン大聖堂 Cathédrale St. Aubain

➡Map P.365-1

18世紀にイタリアの建築家によって建てられたクラシック様式の教会。隣接するディオセザン博物館Musée Diocésainには、フランク王朝時代(6～7世紀)の金銀工芸品、象牙細工などの財宝コレクションがある。

どっしりとした聖オーバン大聖堂

教会内部

ディオセザン博物館
住Place du Chapitre 1
➡Map P.365-1
☎081.444285
開4～10月中旬 木14:00～17:00
料€3
URL musee-diocesain.be

ナミュールのホテル Hotel

駅前と町なかにいくつかホテルが散らばっているが、お値打ちな宿は多くない。ムーズ川沿いの景色のいい郊外(町より2～5km)にはリゾートホテルがある。

レ・タヌール Les Tanneurs ★★★★

➡Map P.365-1

旧市街、ノートルダム教会のすぐそばにある、17世紀の建物を改造したホテル。客室の内装デザインはそれぞれ異なるが、いずれも近代的で使いやすい。併設レストランの評判も高い。35室。

住Rue des Tanneries 13
☎081.240024
料Ⓢ€100～ Ⓣ€150～
朝食€17 Wi-Fi無料
CC A.M.V
URL www.tanneurs.com

シャトー・ドゥ・ナミュール Château de Namur ★★★★

➡Map P.365-2

シャトー・ホテルのひとつ。シタデルのある山の上に建っており、花咲く庭もある。野外劇場に近い。内部は優雅で落ち着いた雰囲気。おいしいレストランがあることでも有名。29室。

住Ave. de l'Ermitage 1
☎081.729900
料ⓈⓉ€115～222
朝食€20 Wi-Fi無料
CC A.D.M.V.
URL www.chateaudenamur.com
B 駅から3番(1時間に1～2本)

グラン・トテル・ドゥ・フランドル Grand Hôtel de Flandre ★★★

➡Map P.365-1

駅を出てすぐ目の前にある。設備が整った3つ星ホテルで、各室にTV、直通電話、ティーセット、ミニバー設置。トリプル、4人部屋もある。併設のレストランもお値打ち価格。33室。

住Pl. de la Station 14
☎081.231868
料シャワー／バス・トイレ付き
ⓈⓉ€95～
朝食€14 Wi-Fi無料
CC A.M.V.
URL www.hotelflandre.be

メルキュール・ナミュール Mercure Namur ★★★★

➡Map P.365-2

ムーズ川沿いの土手、シタデルの麓にある。川側の部屋からはムーズ川の美しい眺めを、反対側の部屋からはシタデルの城壁の眺めを楽しめる。カジノやレストラン、スパやサウナも併設。

住Ave. Baron de Moreau 1
☎081.649221
料ⓈⓉ€112.50～
朝食€24 Wi-Fi無料
CC A.M.V.
URL all.accor.com

※ホテル室料は目安。日程や予約方法、条件により大きく異なる場合もある。特記がないかぎり、税金(City Taxを含む)や朝食は別料金。

Belgium

ACCESS

ブリュッセル中央駅からブリュッセル・リュクサンブール駅またはナミュールで乗り換え。所要約1時間45〜55分、ナミュールから1時間に1〜2本。ナミュールからムーズ川沿いを走るバス433番で約50分、1日10本ほど。

蘭・仏● Dinant ディナン

観光案内所

住Ave. Cadoux 8 ➲Map P.368
☎082.222870
開月〜金9:00〜17:00
(7・8月〜17:30)
土9:30〜17:00
(11〜3月〜16:00)
日10:00〜16:30
(11〜3月〜16:00)
休1/1、11/11、12/25
URL explore meuse.be

ノートルダム教会のステンドグラス

ディナン

Dinant

ナミュール州
Namur

ムーズ川が造った断崖の下に開けたディナンの町。"絵のような町"という形容が少しもオーバーでないこの町は、数多の画家や詩人たちの創造力をかきたててきた。

しかし、町の歴史は血なまぐさいものだった。15世紀の半ばにはブルゴーニュ公国のシャルル突進公による住民の大虐殺があり、ふたつの世界大戦では多くの犠牲者を出した。

だが、中世以来の町の伝統はあらゆるものに残っている。世界的にも有名な"ディナンドリー"と呼ばれる銅細工や、"クック・ド・ディナンCouque de Dinant"という堅焼きの大きなビスケットなどの名物にも事欠かない。

ディナンの歩き方

ディナンの最大の見どころはシタデル(城砦)。駅を出たら右に行き、ムーズ川に架かる橋を渡る手前にある❶で資料を手に入れておくのもいい。川を越えるとタマネギ形の尖塔が美しいノートルダム教会Collégiale Notre-Dameがあり、その右側がシタデルへ上るロープウエイの乗り場。

シタデルを見たあとは、この町で生まれたサクソフォーンの発明者にちなんで名づけられたアドルフ・サックス通りRue Adolphe Saxへ。サックスを持ったアドルフ像が座るベンチもある。ほかに、ディナンのメインストリートRue Grandeを歩いたり、ムーズ川の遊覧船に乗るのも楽しい。夏のシーズン中には、アンセレム行きなど、いくつかのコースがある。6つの水門を抜け、別荘地

絵のような町ディナン

ディナン名物の
堅焼きビスケット

帯や城壁跡を間近に眺めながらの船旅だ。

ディナンの近郊にも見どころは多い。南へ3km行けば、カヤック乗りが楽しめるアンセレムAnseremme➡Map P.355だ。ラ・メルヴェイユーズの洞窟Grotte La Merveilleuse や、アルデンヌに点在する古城を訪ねる(→P.370)のもおもしろい。

アンセルムへのクルーズ
ディナン〜アンセレム
4〜9月11:00〜17:00、10月〜11月中旬13:00〜16:00。1時間おきに出航。往復約45分。
☎082.223970 料€11
URL croisieres-mosanes.be

ラ・メルヴェイユーズの洞窟
住Route de Philippeville 142
➡Map P.368 ☎082.222210
開12:00〜16:00(土・日11:00〜)
日時など詳細はⓘなどで要確認。
休不定休 料€15

ディナンの見どころ

シタデル Citadelle

➡Map P.368

高さ約100mの絶壁にはロープウエイで上れるが、足に自信のある人なら408段ある石段を歩いて上るのもいい。切り立った岩の上からは、ディナンの町とムーズ川の大パノラマが楽しめる。

城が築かれたのは1050年のことだが、現在の姿は19世紀のもの。その支配者は、17世紀にはフランス、19世紀初めにはオランダ、そして第2次世界大戦中にはドイツと、波乱に富んだこの国の歴史を物語るかのようにめまぐるしく変わっている。オーディオビジュアルによるディナンの町の歴史のほか、銃弾跡やギロチン、爆撃で傾いた第1次世界大戦の塹壕(ざんごう)を再現したもの、城内の生活に関する展示などを観ることができる。

シタデル
住Chemin de la Citadelle 1
☎082.223670
開4〜9月 10:00〜18:00
10月〜11/11 10:00〜17:30
11/12〜3月 10:00〜16:30
(1月は土・日・祝のみ)
チケット購入は閉館1時間前まで。
休11月中旬〜3月の金、1月の月〜金 料€12 ケーブルカーとボートクルーズを合わせて€20
URL citadelledinant.be
11月中旬〜3月のケーブルカーの運行は週末と学校休暇中のみ。

シタデル内部

シタデルへ上る入口

シタデルから見下ろしたディナンの町とムーズ川

ディナンのホテル

Hotel

ラ・メルヴェイユーズ La Merveilleuse ★★★

➡Map P.368

ムーズ川沿いの高台に建ち、部屋によっては眺望を楽しむこともできる。古い修道院を改装した建物と新しい建物があり、ビールが飲めるテラス、カフェバーなどもある。駅から南へ500mほど。

住Charreau Des Capucins 23
☎082.229191
料シャワー・トイレ付き
Ⓣ€94〜 朝食付き
Wi-Fi無料
CC M.V.
URL infiniti-resort.be

Column Belgium

ディナンのレストラン＆展望台のカフェ

ケーブルカー乗り場の手前にあるレストランでは、ベルギー料理とフランス料理を食べることができる。日替わり料理が€13。ワッフルやクレープもある。また、ディナンの町やムーズ川沿いの渓谷を見下ろすことができるシタデルの展望台には、カフェテリアLes Canonsもあり、テラスで休憩できる。

La Citadelle
住Place Reine Astrid 3 ➡Map P.368
☎082.223670
URL restaurantlacitadelle-be

※ホテル室料は目安。日程や予約方法、条件により大きく異なる場合もある。特記がないかぎり、税金(City Taxを含む)や朝食は別料金。

アルデンヌの古城巡り

les Châteaux des Ardennes

ナミュール&リエージュ州 Namur & Liège

ACCESS

アルデンヌの古城を訪れる際の起点となるのは、ナミュールかディナン。モダーヴ城にも行くなら、ナミュールからリエージュへ(またはその逆)抜けてもいい。
交通に関しては、残念ながらバスなどの公共交通機関が少ないため、レンタカーを利用することが多くなるだろう。リエージュにはAvisがオフィスをもっている。
またブリュッセルから100kmほどの距離なので、ブリュッセルで借りて南下してきてもいい。

おもなレンタカー会社
○リエージュ Avis
住Rye Serrurier Bovy Local 330　☎04.2525500

ベルギー南東部、国土の3分の1を占めるナミュール、リュクサンブール、リエージュの3州をアルデンヌ地方という。西と南はフランス、東はドイツとルクセンブルクに国境を接し、古代ローマの時代から交通、軍事の要衝として栄えてきた。そのため、中世からさまざまな城や要塞が造られ、現在も貴族の流れをくむ人々が住み、あるいは博物館として残っている。そして広大な地に残る自然。緑深い丘陵地帯、ムーズ川やその支流によって造られた渓谷や洞窟。残念ながら交通の便が悪いので訪れにくいが、それだけに、ゆっくりと中世の古城の雰囲気が味わえる。ほんの少し時間に余裕をもって、アルデンヌの古城を訪ねてみよう。

おすすめは、ラヴォー・サンタンヌ城とモダーヴ城。この2つの城はゆっくりと見学したい。

ラヴォー・サンタンヌ城内部

古城巡りのドライブルート

車を使ってアルデンヌの古城を巡るのなら、1日で主要なものは見ることができる。ルートは、ナミュールからムーズ川沿いにN92を南下して行くと右側にアンヌヴォワ城の標識があるので、それを頼りに走ろう。次は、再びN92に戻り南下を続け、ディナンを過ぎ少し走ると右側にフレイエル城が見えてくる。

ヴェーヴ城へは、N92をディナンに戻りN97で右折しセルCellesの町を目指す。途中、標識が出ている。ラヴォー・サンタンヌ城は、フリーウェイE411を南下、アルロンArlon方向に向かえばすぐにたどり着く。

以上が主要な古城をレンタカーで効率よく回るルートだが、城や中世史に興味がなければ飽きてしまうかもしれないので、自分の興味のあるものを選んで訪ねるのがいい。

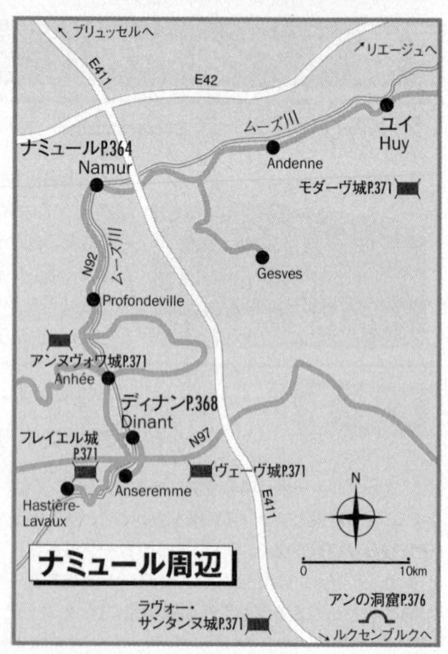

アンヌヴォワ城庭園 Les Jardin d'Annevoie

➲Map P.370

ナミュールの町からムーズ川沿いに、車で20分ほど走ると、途中山側に折れた所にアンヌヴォワ城がある。18世紀の荘園領主の館のような建物と広大な庭園は、ヨーロッパでも有数のものだ。庭園のみ公開されており、傾斜を利用して造られた滝、季節ごとの花を配置した花壇、彫刻なども置かれ、気持ちよく散策できる。

ヴェーヴ城 Château de Vêves

➲Map P.370

ディナンの町から8kmほど丘陵地帯をぬうように走ると、小高い丘の上に五角形のヴェーヴ城が見えてくる。

18世紀の調度類で飾られた部屋からは、当時の貴族の生活がしのばれる。そのほか、銃剣類のコレクションも見応えがある。

五角形の城ヴェーヴ城

ラヴォー・サンタンヌ城 Château de Lavaux-Ste.-Anne

➲Map P.370

ナミュールの町からフリーウェイE411を走っていくと城のサインが出ているので、指示どおりに走る。しばらくすると城が見えてくる。周囲は牧場になっているが、すべて城主の領地で、驚くほど広大。城内は、自然史博物館、生活博物館、狩猟博物館に分けられている。城のレストランも有名。

モダーヴ城 Château de Modave

➲Map P.370

オユー川沿い約60mの断崖の上に建つモダーヴ城の歴史は、13世紀にまで遡る。17世紀には城主のマルシャン伯爵によって再建され、その優美な姿を今に伝えている。天井にマルシャン家の紋章と家系図が彫られた大広間、ゴブラン織りのタペストリーが掛かった「ゴブランの間」、ダイニングルームとして使用された「ヘラクレスの間」、金と真紅の家具やローズウッドのピアノが美しく調和した「ルイ14世の間」などが見もの。

モダーヴ城内部

フレイエル城 Château de Freÿr

➲Map P.370

ディナンの南西に位置する。16世紀のルネッサンス様式の城館と18世紀クラシック様式の庭が見どころ。庭園は迷宮のようになっている。

※下記の古城はイベントなどにより不定休もあり。要確認。

アンヌヴォワ城の庭園

アンヌヴォワ城庭園
住Rue des Jardins d' Annevoie 37a
☎082.679797
開3月下旬～11月初旬 9:30～17:30 最終入場は16:00
休上記以外 料€10
URL annevoie.be

ヴェーヴ城
住Rue de Furfooz 3, Celles
☎082.666395
開4月上旬～11月上旬
土・日・祝10:00～17:00
(7・8月と学校休暇期間は毎日)
休上記以外 料€9
URL chateau-veves.be

ラヴォー・サンタンヌ城
住Rue du Château 8, Lavaux-Sainte-Anne
☎084.388362
開水～日10:00～18:00(学校休暇期間は毎日) 最終入場16:45
休月・火、1/1、4/5、10/27、11/1、12/24・25・31 料€8
URL chateau-lavaux.com

ラヴォー・サンタンヌ城

モダーヴ城
住Rue du Parc 4, Modave
☎085.411369
開4/1～11/15 10:00～18:00
最終入場17:00
休月(祝日と7・8月は除く)
料€9.50(オーディオガイド込み)
URL modave-castle.be

フレイエル城
住Freÿr 12, 5540 Hastière
☎082.222200
開4/1～11/15 土・日・祝
11:00～17:00(7・8月は火～日)
最終入場は閉館45分前
休上記以外 料€9
URL freyr.be

Drive to Wallon

渓谷のドライブを堪能したい

アルデンヌの森と細くうねる渓谷が織りなす景観は、ドライブでしか味わえない魅力。人里離れた修道院のチーズやビールも味わいながら、ドライブ旅行を楽しみたい。

ルートプラン

ブリュッセルかナミュールからオルヴァルへ。高速E411でNeufchâteauまで行くと速い。オルヴァルからはFlorenvilleを通り、景観がすばらしいスモワ渓谷Semoisを走りながら、ゆっくりブイヨンへ。ブイヨンからの途中、小高い丘から川に囲まれた村を望むことができる、ロシュオーの町に立ち寄ってもいい。その後、いったんフランスに入ってシメイへ。国境では検問などはない。

注意点

1. 詳しい地図などを用意して出かけること。後ろから車が迫ってきたら、道路脇にあるスペースで停車して先に行ってもらおう。焦らず安全運転で。自動車旅行（→P.415）も参考に。
2. スモワ渓谷やブイヨンの高台にあるホテルまでは、細い道やカーブもあるので気をつけて。できれば明るいうちに移動を（特に冬期）。

伝統が息づくオルヴァルの修道院へ

1. 修道院の隣のカフェでは、オルヴァル・グリーンという修道士が飲むビールを味わえる
2. マチルドの泉の伝説に出てくる、指輪をくわえたマスがオルヴァルのトレードマーク
3. ビールやチーズのほかに、季節限定の黒ハチミツなどもあり、おみやげ選びも楽しみ

オルヴァル修道院

Abbaye Notre-Dame d'Orval

1132年にシトー派の修道士によって設立された修道院で、トラピストビールの有名ブランドOrvalが醸造されていることで知られる。昔と変わらず、旧修道院跡にある伝説の「マチルドの泉」の水を生活やビール造りに使用している。

住Orval, n°1, Villers-devant-Orval
☎061.311060　開11～2月 10:30～17:30、3～10月 9:30～18:00（6～9月は～18:30）
休無休　料€7　博物館や庭、ショップなどのみ入場可　URLorval.be

マチルドの泉の伝説とは？

泉に結婚指輪を落としてしまったマチルド夫人が「指輪が返ってきたなら、ここに修道院を建てます」と願うと、マスが指輪をくわえて姿を現した。夫人は「ここは黄金の谷（Val d'Or）だわ!」と喜び、これ以降この一帯をオルヴァルと呼ぶようになったという。

国境沿いを往く。スモワ渓谷をドライブ

自然が造り出した類いまれなる景色を味わう小旅行へ出かけよう。

取材・文：古賀リリ子

スモワ川に囲まれた城塞ブイヨン城へ

1. 夜にはライトアップされたロマンティックなブイヨン城を見ることもできる
2. 木々が紅葉する秋に行くのもいい
3. ホテルのレストランでいただいた夕食のサーモンとアルデンヌの薫製ハムのグリルは絶品のおいしさ
4. 城を望める高台のホテル・パノラマに着いて、マダムの笑顔にホッとひと息。ブイヨンはフランスからの観光客も多く、ホテルやレストランが充実している

ブイヨン城

Château Fort de Bouillon

第1次十字軍を指揮し、エルサレムの王を名のった英雄ゴドフロワの居城。中世の雰囲気が残る大きな城跡で、ゆっくり見ると1時間近くかかる。中は滑りやすいので注意。2/18～11/12('23)なら1日3～4回鷹匠のショーもある。

住Esplanade Godefroid 1, Bouillon
☎061.464202　開10：00～17：00(シーズン中や週末～18：00/18：30)、冬期の月～金13：00～17：00　開館日時は細かく異なるので要確認
入場は閉館45分前まで
休1月2～4週の月～金、1/1、12/25・31
料€11(シティパス)　URL chateaudebouillon.com

シメイのビールと修道院

1. 修道院は日中の時間であれば見学できる。ビール醸造所見学は要予約でグループのみ
2. エスパース・シメイがある建物の上階はホテル
3. 試飲のビールも楽しみ。アルコール度数が異なる4種類から選べる
4. シメイチーズのコロッケもおいしい

エスパース・シメイ

Espace Chimay

シメイビールやチーズのほか、修道院と町の歴史などがわかりやすく展示されている。最後にカフェレストランで試飲ができる。シメイの町から8kmほど南、シメイのビール醸造所があるスクールモン修道院Abbaye Notre-Dame de Scourmontへは徒歩10～15分。

住Auberge de Poteaupré,
Rue de Poteaupré 5, Bourlers
☎060.211433
開10：00～17：00(1/2～1/8と7/3～9/13('23)～18：00)　最終入場は閉館30分前
休1/9～4/2と10/23～12/14の月曜
料€6.50(試飲あり)　€4(試飲なし)
URL chimay.com

ベルギービールの醸造所を訪ねる

左:戒律が厳しく外部に門を開くことが少ないロシュフォールの修道院
右:静けさに包まれる祈りの時間

澄んだ空気のなかで生み出されるトラピストビール

1230年創建のサン・レミ・ノートルダム修道院は、ロシュフォールRochefort➲Map P.355の町の北側に広がるアルデンヌの森の中に、ひっそりとある(一般入場不可)。

醸造所では全15名の修道僧のうち3名と外部雇用者4名が働いている。修道院の生活時間に合わせて運営され、仕事は毎朝3:30に始まる。伝統的な製法を守り、多くの工程を人手に頼るため、これ以上の増産は望めない。案内をしてくれたフレール(修道士)・ピエールは、「一次発酵ではキャンディシュガー、瓶内二次発酵ではトウモロコシの砂糖を使います。原料の大麦は世界中から取り寄せ、国内の大手企業で麦芽にされます。本来ならすべて修道院内でやるべきことなのですが」と、すべての作業を院内でできないことが、いかにも罪なことのように繰り返した。

「途中ですみませんが、お勤めがありますので少し失礼します」。12:15、祈りのため仕事は中断された。飾り気のない教会の白い壁と全身白の僧服。厳かな祈りの声が壁にこだまし、時間の流れが止まった。

午後、庭を散策しながら、士は遠くに見えるトラクターを指さした。「今は多くを外部に頼るしかありませんが、以前は修道院の200haの土地を修道僧が耕していたのです。われわれトラピスト会では、農作業を大切な営みと考えています。大地から収穫した大麦を原料とするビール造りは、修道僧の農作業の一環だったのです」。なるほど「液体のパン」とも呼ばれるビールは、農作物と人の手の営みによって生み出されるものだと再認識させられた。

(滝下)

マッシング

ボイリング機械前のピエール士

上面発酵しているところ

ボトリング

ロシュフォールのトラピストビール

デュルビュイ

Durbuy

リュクサンブール州
Luxemborg

ベルギー南部のアルデンヌ丘陵を刻んで流れるウルト川。このウルト渓谷にすっぽりと包まれるようにして、"世界で一番小さな町"デュルビュイがある。標高は400mほどだが夏は涼しく、緑深い森やウルト川の清らかな流れを求めて、多くのリゾート客がやってくる。

石畳の小道、石造りのかわいらしい家々、窓辺を飾る色とりどりの花……絵本の世界から抜け出したような町並みは、観光客だけでなく、芸術家たちをも魅了してきた。今では住民の多くが芸術家で、年に20回以上もクラシックコンサートが開かれている。

車があれば、山の上にある展望台に行ってみよう(シーズン中なら町の広場から出るミニトレインで往復することもできる)。17世紀に建てられたウルセル伯の居城や小さな教会を中心に、箱庭のようにまとまったデュルビュイの町は、まるでおとぎ話の中の一光景のようだ。

デュルビュイは10分もあれば端から端まで歩けてしまうような小さな町だが、本格的なフランス料理を食べさせてくれるレストランも多く、ちょっとしゃれた休日を過ごすにはピッタリの所。貸カヤックやハイキングコースもあるので、アウトドア派の人にもおすすめだ。

展望台から見たデュルビュイの町

Belgium

ACCESS

リエージュのギーメン駅からMarloie行きの列車に乗り約55分でバルボーBarvauxへ。1時間に1本。ブリュッセルからもリエージュ経由になる。
バルボーからデュルビュイへは約5kmでタクシーなら€15ほど。自分で呼ぶか、駅から10分ほど歩いた町なかにあるカフェなどで呼んでもらう必要がある。
Taxilux Durbuy
☎0495.472273

レンタカーを借りるならリエージュが便利。→P.370

観光案内所
住Place aux Foires 25
☎086.212428
開9:00～12:30、13:00～17:00
(土・日・祝は10:00～18:00)
URL durbuytourisme.be

絵のような町並み

デュルビュイのホテル

Hotel

ル・サングリエ・デ・ザルデンヌ Le Sanglier des Ardennes ★★★★★

ウルト川に面して建つ5つ星の高級ホテル。1階のレストランは本格的なフランス料理を出すことで有名。4つのレストランがありミシュランスターのシェフもいる。ディナー込みのプランもある。

住Rue Comte d'Ursel 14
☎086.213262
料Ⓢ Ⓣ€262～　週末は割高になる
朝食€32　Wi-Fi無料
レストラン€112～
CC A.M.V.
URL sanglier-durbuy.be

ル・クロ・デ・レコレ Le Clos des Récollets ★★★

B&Bが基本。併設レストランではモダン・フレンチの料理を堪能できる。宿泊せず、レストランに食事に来る人も多い。朝食にはホームメイドのジャムやアルデンヌ産のハムなども。8室。

住Rue de la Prévôté 9
☎086.212969
料Ⓢ€110～　Ⓣ€125～
朝食€12.50
Wi-Fi無料　1月初旬～2月初旬は休業　CC M.V.
URL closdesrecollets.be

※ホテル室料は目安。日程や予約方法、条件により大きく異なる場合もある。特記がないかぎり、税金(City Taxを含む)や朝食は別料金。

アン・シュール・レッス

Han-sur-Lesse

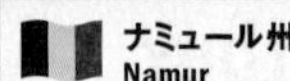

ナミュール州
Namur

ディナンからレッス川の渓谷に沿って南東へ約40kmの所に、アン・シュール・レッスという小さな村がある。ここは、レッス川が地下に潜って造り上げた、長さ14kmという巨大な**アンの洞窟Grottes de Han**で有名な所。

ジュメル駅からのバスは、村の中心にある教会の前に停まる。バス停の隣には❶、そして正面にはチケット売り場がある。洞窟の入口までは、チケット売り場から出るミニトレインで行く。洞窟内のガイドツアー(約2km)は約1時間15分。高さ約145mの鍾乳のドームと呼ばれる空間や、地底を流れる川を渡る橋など、日本の鍾乳洞とはスケールが違う。ツアーの途中には音と光のショーなどもあり、スリリングな探検気分が味わえる。帰りは橋を渡って、地上に出る。

鍾乳洞ツアーのほか、アン・シュール・レッスのもうひとつのアトラクションが**野生動物公園Réserve d'Animaux**。こちらはミニトラックに乗り、250haという広大な公園を1時間30分かけて回る。敷地内には鹿、馬、猪、牛などアルデンヌ地方に生息する動物が放し飼いにされ、ちょっとしたサファリ気分が味わえる。

村には農場などもあり、アルデンヌの自然のなかでのんびりと1日を過ごしたい所だ。

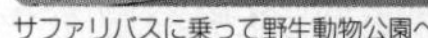

サファリバスに乗って野生動物公園へ

演出がおもしろい洞窟のツアー

ACCESS

アン・シュール・レッスまでは、ナミュール～ルクセンブルク間にあるジュメルJemelleという駅から29番のバスで約15分、1日7本程度。ナミュールからジュメルは列車で約40分、1時間に1本。バスの本数は少なく、必ずしも列車と連絡していないので、時間に余裕をもって出かけること。

観光案内所
住Pl. Théo Lannoy 2
☎084.377596
開9:30～16:00
(土・日9:00～17:00)
休冬期は要確認、1/1、12/25・31

アン・シュール・レッスのホテル
YHのほか、ホテルも数軒ある。

アンの洞窟
➲Map P.370
☎084.377213
開ハイシーズン
9:30～17:30、30分おき
ローシーズン
10:00～16:00、1時間おき
(11～2月～15:00)
4～10月はほぼ毎日(学校休暇中を除く月曜は休業することもある)、3月は火・金・土・日、11・12・2月は土・日のみが多い。
混雑が予想される場合は開館日やツアーが増えることもある
休1/1、1/8～31、12/25
営業日時や休業日は細かく異なり、気候や天候によって変更の可能性もあるのでウェブサイトなどで事前に確認を。
料€27　アン先史博物館と野生動物公園を合わせて€39.50
URLgrotte-de-han.be

アン先史博物館では、洞窟に存在した人類の歴史的痕跡をたどったり、考古学的な発掘の様子を写真や映像、遺物などをとおして知ることができる。

ベルギーお菓子歳時記 -3

三賢王のパイ

1月6日はキリスト誕生を献納品を持って祝ったとされる三賢王の祭り。この晩、子供たちは3人1組になって賢者に仮装し、歌を歌って家々を回りお菓子をもらう。13世紀の記録にも見られる古い祭りだ。人々は親しい仲間で集まり食事をして、大きな「三賢王のパイ」を切り分けて食べる。パイの中にはアーモンドか陶器の人形がひとつ入っていて、これに当たった人は王冠をいただき、その日1日王様として皆に命令できる。

聖燭祭のクレープ

2月2日はキリストが生まれて40日後に神殿を訪れた日。民間信仰とも結びつき、ろうそく行列を行ったあと、冬のろうそくを消し新たにろうそくに灯をともすという清めの祭りだ。昔この日には、親類が集まってクレープを食べる習慣があったそうだ。今ではこの日だけでなく、クレープは冬の子供のおやつとして人気がある。特に週末の午後には大人も交えてのクレープパーティになることがしばしば。体を暖めるにはこれがいちばん。　(古賀)

ベルギー南西部

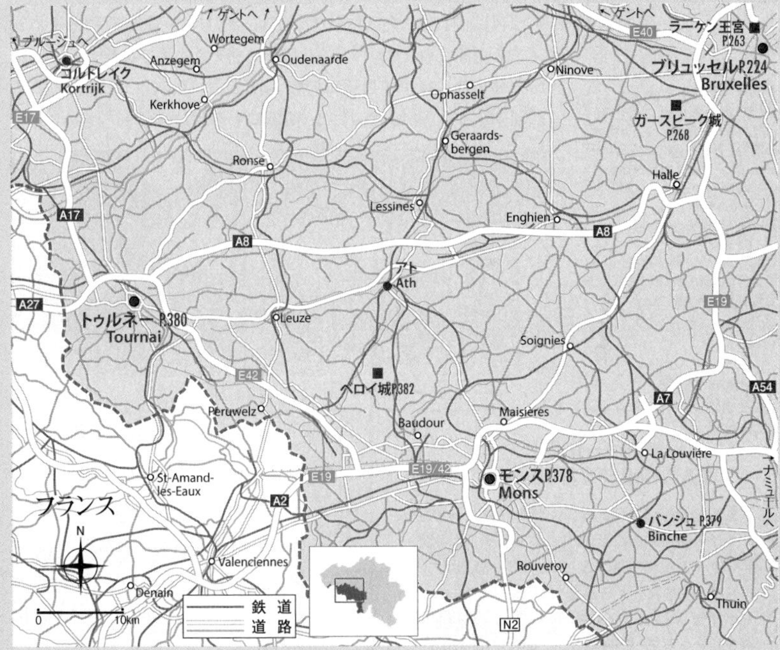

ゲントへ
ゲントへ
ブルージュへ
コルトレイク
Kortrijk
Wortegem
Anzegem
Oudenaarde
Kerkhove
E17
Ronse
Ophasselt
Ninove
E40
ラーケン王宮
P.263
ブリュッセル P.224
Bruxelles
ガースビーク城
P.268
Geraards-
bergen
Halle
A17
Lessines
Enghien
A8
A8
アト
Ath
A27
トゥルネー P.380
Tournai
Leuze
E19
Soignies
E42
ベロイ城 P.382
A54
A7
Peruwelz
Maisières
Baudour
La Louvière
ナミュールへ
E19
E19/42
モンス P.378
Mons
St-Amand-
les-Eaux
A2
フランス
バンシュ P.379
Binche
N
Valenciennes
Rouveroy
Denain
Thuin
0
10km
鉄道
道路
N2

モンス Mons‥P.378

トゥルネー Tournai‥P.380

モンス
Mons

エノー州
Hainaut

エノー州の州都であるモンスの歴史は古い。町の起源は、650年に僧院が創立されたときに遡る。9世紀にはエノー伯の居城が築かれ、15世紀にはブラバント・ゴシック様式の傑作といわれる聖ウォードリュ教会が建立された。17世紀末には一時フランスの支配を受け、どこかフランス風の雰囲気をも残している。

坂の多い石畳の残るモンスの町を歩くと、人にもめったに出会わず、古い時代の町角に迷い込んだような錯覚に陥る。そんな町並みに美しい鐘楼の音がときたま響き、まさにエノーの珠宝という形容がぴったりの古都だ。

ACCESS

ブリュッセルからICかIRで約55分、1時間に2～3本。フランスとの国境駅へは約15分なので、モンス経由でフランスに抜けてもよい。

仏● Monsモンス
蘭● Bergenベルゲン

観光案内所
住Grand Place 27
➡Map P.378 ☎065.335580
開9:30～17:30
(日・祝と10～3月 ～16:30)
休1/1・2、11/1、12/25・26
URL visitmons.be

ホテル ドリーム Dream
かつてはチャペルとしても使用された、19世紀ネオ・ゴシック様式の建物を改装。趣のある建物とモダンなデザインの組み合わせがおもしろい。グルメなレストランやバーもある。62室。
住Rue de la Grande Triperie 17 ➡Map P.378
☎065.329720 料ⓈⓉ€118～朝食付き CCA.M.V.
URL martinshotels.com

モンスの歩き方

聖ウォードリュ教会や鐘楼までは、けっこうな坂道。その後は、坂を下りながらグラン・プラスGrand Placeを目指そう。グラン・プラスは、町の中央に位置する広場。四方は荘麗な建物とモニュメントで囲まれており、正面に建つ市庁舎の並びに❶がある。市庁舎の裏側にはマイヨールの庭Jardin du Mayeurと呼ばれる小庭園が広がり、その周辺には、博物館や美術館が集まっている。

町の中心グラン・プラスの市庁舎

マイヨールの庭

ベルギーの祭り④ 黄金の馬車行列とリュムソン

聖霊降臨祭の次の日曜(2024年は5月26日予定)にモンスで開催される「黄金の馬車行列」は、1349年にペスト根絶の祈願のため、町の守護聖女ウォードリュにちなんだ行列を行ったのが始まり。午前中は聖ウォードリュの聖櫃を載せた馬車行列が繰り広げられ、午後にはグラン・プラスで「リュムソン」と呼ばれる聖ジョルジュとドラゴンの戦いが行われる。

黄金の馬車

URL www.processionducardor.be

モンスの見どころ

聖ウォードリュ教会 Collégiale Ste. Waudru

Map P.378

ブラバント・ゴシック様式の教会。15世紀に創建された教会で、内部は贅が尽くされている。特に地元の彫刻家ジャック・ドゥ・ブルック作の数多くの彫刻品は必見。宝物殿には金の皿や聖遺物などが納められている。教会内の一角には、**"黄金の馬車Car d'Or"**と呼ばれる装飾豊かな大きな馬車が置いてある。これは18世紀のもので、毎年5〜6月頃の**「黄金の馬車行列とリュムソン」**の祭りに使われる。

聖ウォードリュ教会内部

鐘楼 Beffroi

Map P.378

1662〜1672年にかけて建てられたベルギーで唯一のバロック様式の鐘楼。エレベーターで上ることができ、高さ87m、365段、49個の鐘をもつ。カリヨンコンサートも開催される。鐘楼の周りは見晴らしのいい公園のようになっているので、散策するだけでも気持ちがいい。隣にYHもある。

鐘楼周辺は眺めのいい公園

ゴッホの家 Maison Van Gogh

Map P.378外

ゴッホが数ヵ月暮らした小さな家。地域の労働者たちの状況を憂えつつ、芸術家を志した場所とされる。ゴッホが興味をもった本の展示、この地域で体験したことなどの映像も上映されている。

かつてゴッホが暮らした家

エクスカーション

バンシュ Binche

Map P.377

モンスの東15kmにあるバンシュは、何の変哲もない田舎町だが、毎年謝肉祭(カーニバル)の頃になると世界中からの観光客でにぎわう。彼らのお目当ては、ユネスコの無形文化遺産にも登録された、白いダチョウの羽の付いた帽子をかぶった"ジル"たちの踊り。

"ジル"の踊りの起源は、16世紀に遡る。カール5世(スペインのカルロス1世)の妹マリアが、スペインのペルー征服を祝って開いた舞踏会だとのこと。この舞踏会では、インカ帝国の王侯に扮した踊り手たちが金貨をばらまいたといわれるが、今は金貨の代わりにオレンジが投げられる。16世紀のカルロ(祝歌)が流れる町のいたるところで、"ジル"たちの踊りは真夜中まで続く。

聖ウォードリュ教会
住Rue du Chapitre 2
☎065.844694
開9:00〜18:00(日9:30〜)
休無休　不定休あり　料無料
URL waudru.be

ル・サン・ジェルマン
Le Saint-Germain
モンスは食通の町としても有名。このカフェレストランでは、ワッフルから食事まで取れる。
住Grand Place 12
Map P.378　☎065.335448
営8:00〜24:00(冬期 〜23:00)
URL www.le-saint-germain.be

鐘楼
チケットは坂の下にある建物で買う(ここも世界遺産の一部)。オンライン購入も可能。
住Rue des Clercs 32
☎065.335580
開10:00〜18:00
最終入場17:15　料€9
URL www.beffroi.mons.be

世界遺産
ベルギーとフランスの鐘楼群
Belfries of Belgium and France
文化遺産 / 1999年、2005年拡張

ゴッホの家
住Rue du Pavillon 3
☎065.335580
開10:00〜16:00
最終入場15:15
休月、1/1、12/25　料€4
URL www.maisonvangogh.mons.be
モンス駅から6番のバスで5分、CUESMES Grand Marais下車。

ACCESS
ブリュッセルから列車で約1時間20分。1時間に1本ある。モンス、ナミュールから行く場合はLa Louvière-Sudで乗り換える。

観光案内所
住Grand Place 5
☎064.311580
URL www.binche.be

バンシュのカーニバル
開2/11〜13('24)開催予定
URL www.carnavaldebinche.be

大きなダチョウの羽飾りが印象的

トゥルネー

Tournai

エノー州
Hainaut

ACCESS

ブリュッセルからICかIRで約1時間10～15分、1時間に2～3本。フランスとの国境駅へは約15分。

仏● Tournai トゥルネー
蘭● Doornik ドールニック

観光案内所
ノートルダム大聖堂やトゥルネーに関する物語映像も公開している。
住Place Paul-Emile Janson 1
Map P.381-2 ☎069.222045
開4～10月 月～金9:00～17:30
土・日9:30～12:30、13:30～17:30
11～3月 月～金9:00～17:00
(12/24・31～16:00)
土9:30～12:30、13:30～17:00
日13:30～17:00
休11～3月の日曜午前中、1/1・2、3月のカーニバルの日、5/1、11/1、12/25・26
URL www.visittournai.be

ロマネスクの家

鐘楼
かつては監視塔や刑務所、市庁舎としても使われたという。鐘は、人々に裁判や処刑を知らせたり、侵略や火事を警告するものでもあった。

世界遺産
ベルギーとフランスの鐘楼群
Belfries of Belgium and France
文化遺産 / 1999年、2005年拡張

トゥルネーのあるベルギー南西部、フランスと国境を接するエノー州は、たおやかな丘陵地や森林の緑に染まるパステル画の世界だ。トゥルネーは、ベルギーでもトンゲレンTongerenと並んで古い町。5世紀にフランク王国を建てたクローヴィスが生まれた所で、王国の首都となった。このため「フランス揺籃の地」と呼ばれることもあり、市の紋章にはフランス王家のユリの花もあしらわれている。

また、中世にはフランスのフランドル攻略の拠点で、後に英国、フランス、オランダの領地となり、19世紀にベルギーに帰属した。17～18世紀の民家は戦火で大半が破壊されてしまったが、聖ブリス教会そばには、ロマネクスの家Maisons Romaines(1172～1200年)というヨーロッパでも古い民家などが残っている。15～16世紀はタペストリー、18世紀は磁器を主要産業として栄えた。

歴史的な祭りもあり、聖母マリア生誕の日とされる9月8日に近い第2日曜には、ペストの行列(歴史大行列)が行われる。1092年にペストの病禍から救われたことを記念しての行列で、聖エルテールの聖遺物箱を含む、大聖堂の宝物が行列とともに町を練り歩く。

トゥルネーの歩き方

駅前から続くRue Royaleを歩き、エスコー川Escautを渡る頃になると、目の前に奇妙な塔をもつ大聖堂が飛び込んでくる。これが5つの塔で知られる**ノートルダム大聖堂**だ。ⓘはこの大聖堂の手前にある。大聖堂近くには、ベルギー最古の1188年建造で、高さ72mの**鐘楼Beffroi**もある。

道なりに**グラン・プラスGrand Place**に出て、広場の一角にある**繊維ホール**や古い家並みを眺めたあとは、市内に点在する美術館や博物館に足を向けよう。**トゥルネー美術館**への道すがら町の中心部の方向を眺めると、5つの塔が町を見下ろしていて、ノートルダム大聖堂に妙な威圧感を感じてしまう。

グラン・プラス

トゥルネーの見どころ

ノートルダム大聖堂 Cathédrale Notre-Dame

➲Map P.381-2

西ヨーロッパのロマネスク建築を代表する教会。12〜13世紀の建立で、聖堂内部にはルーベンスなどの傑作のほか、12世紀のフレスコ画が飾られている。内陣は13世紀に初期ゴシック様式で建て替えられたもので、ロマネスク様式の身廊と比較すればゴシックとの違いがよくわかる。見事なバラ窓のステンドグラスも必見。

宝物殿には、ベルギーの7大秘宝のひとつである、1205年にニコラ・ドゥ・ヴェルダンが作った聖母マリアの聖遺物箱がある。ほかに、6世紀の初代司教だった聖エルテールSt. Eleuthereの聖遺物箱や象牙のマリア像、聖ピアSt. Piatと聖エルテールの生涯を描いた15世紀のタペストリーも見逃せない。

ノートルダム大聖堂の5つの塔(左)と大聖堂内内部(右)

ノートルダム大聖堂
☎069.222045
開9:00〜18:00(土・日・祝9:00〜12:00、13:30〜18:00。11〜3月〜17:00)
宝物殿9:00〜17:45(11〜3月〜16:45。土・日・祝・第1月曜13:00〜) 最終入場は閉館30分前
料宝物殿のみ有料€4
URLcathedrale-tournai.be
※改修工事中のため、内部見学は制限されており、絵画なども観られない場合がある。

世界遺産
トゥルネーのノートルダム大聖堂
Notre-Dame Cathedral in Tournai
文化遺産 / 2000年

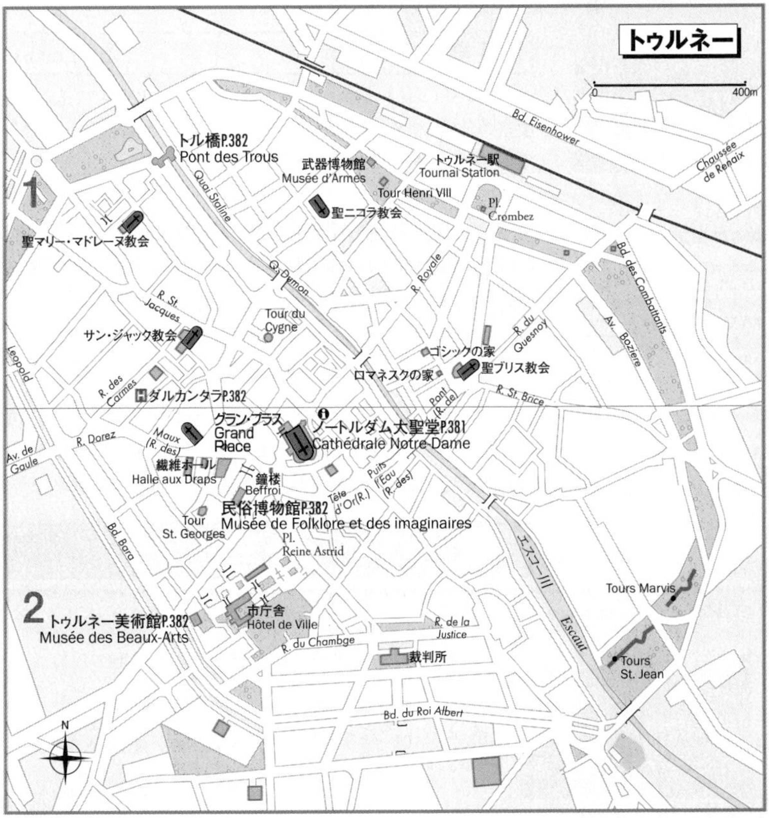

トゥルネー

0 400m

1
2

トル橋P.382 Pont des Trous
Quai Staline
武器博物館 Musée d'Armes
トゥルネー駅 Tournai Station
Bd. Eisenhower
Chaussée de Renaix
Tour Henri VIII
聖ニコラ教会
Pl. Crombez
聖マリー・マドレーヌ教会
Q. Dumon
R. Royale
Bd. des Combattants
Av. Bozière
R. St. Jacques
Tour du Cygne
サン・ジャック教会
R. du Quesnoy
ゴシックの家
ロマネスクの家
聖ブリス教会
Leopold
R. des Carmes
Hダルカンタラ P.382
Pont (R. de)
R. St. Brice
グラン・プラス Grand Place
ノートルダム大聖堂P.381 Cathédrale Notre-Dame
Av. de Gaule
R. Dorez
Maux (R. des)
織維ホール Halle aux Draps
鐘楼 Beffroi
Tête d'Or(R.)
Puits l'Eau (R. des)
民俗博物館P.382 Musée de Folklore et des imaginaires
Tour St. Georges
Bd. Bara
Pl. Reine Astrid
エスコー川 Escaut
Tours Marvis
トゥルネー美術館P.382 Musée des Beaux-Arts
市庁舎 Hôtel de Ville
R. de la Justice
R. du Chambge
裁判所
Tours St. Jean
Bd. du Roi Albert
N

民俗博物館 Musée de Folklore et des Imaginaires

➲Map P.381-2

かつてのトゥルネー市民の邸宅を博物館にしたもの。昔の民家、酒屋、織物屋などが忠実に再現され、往時のトゥルネー周辺の人々の暮らしぶりがうかがえる。

かつての民家の台所

歴史を感じさせる建物

民俗博物館
☎069.224069
開9:30～12:30、13:30～17:30（11～3月 9:30～12:00、14:00～17:00）
チケット販売は閉館30分前まで
休火、11～3月の日曜午前、1/1·2、カーニバルの土曜、5/1、9月の第2月曜、11/1、12/25·26
料€4（第1月曜は無料）

トゥルネー美術館 Musée des Beaux-Arts

➲Map P.381-2

ヴィクトール・オルタ設計で、彫刻専用の天井が高いホールは自然光が差し込む空間。ヴァン・ダイク、マネ、アンソールなど、フランドルやフランスの古今の巨匠たちの絵が所蔵されている。

美術館内部

トゥルネー美術館
☎069.332431
開休料民俗博物館と同じ

優雅なトゥルネー美術館

トル橋 Pont des Trous

➲Map P.381-1

エスコー（シュヘルド）川に架けられた橋は、13世紀に造られた要塞の名残。橋の両側には古い民家が軒を連ね、古都トゥルネーならではの趣を伝えている。

トル橋

エクスカーション

ベロイ城 Château de Belœil

➲Map P.377

トゥルネーとモンスのちょうど中間にあるベロイ城は、14世紀から続くリーニュ侯爵家の居城。城内には15～17世紀にかけて収集された財宝類や絵画、タペストリーが展示されている。城の周辺には広大な17世紀風のフランス庭園があり、水と緑が織りなす印象派の世界が広がっている。

ACCESS
Blatonまで列車を利用し、ここからバス81番で約15分、ベロイプレイス下車。バスは1～2時間に1本程度。

ベロイ城
住Rue Du Château 11, Beloeil
☎069.689426
開4～9月の土・日・祝（7・8月は毎日）13:00～18:00
最終入場は17:15
休上記以外　不定休あり　料€12
URLwww.chateaudebeloeil.com

トゥルネーのホテル

Hotel

ダルカンタラ D'Alcantara ★★★

➲Map P.381-1

中心部にあり便利な小規模ホテル。ダブルとツインのほか、4人部屋もある。各部屋バスルーム付き。アパートメントタイプの部屋もある。自転車の貸し出しあり。

住Rue des Bouchers, St-Jacques 2
☎069.212648
料シャワー／バス・トイレ付き
Ⓢ Ⓣ€146～　朝食付き
Wi-Fi無料　CCM.V.
URLwww.hotelalcantara.be

※ホテル室料は目安。日程や予約方法、条件により大きく異なる場合もある。特記がないかぎり、税金（City Taxを含む）や朝食は別料金。

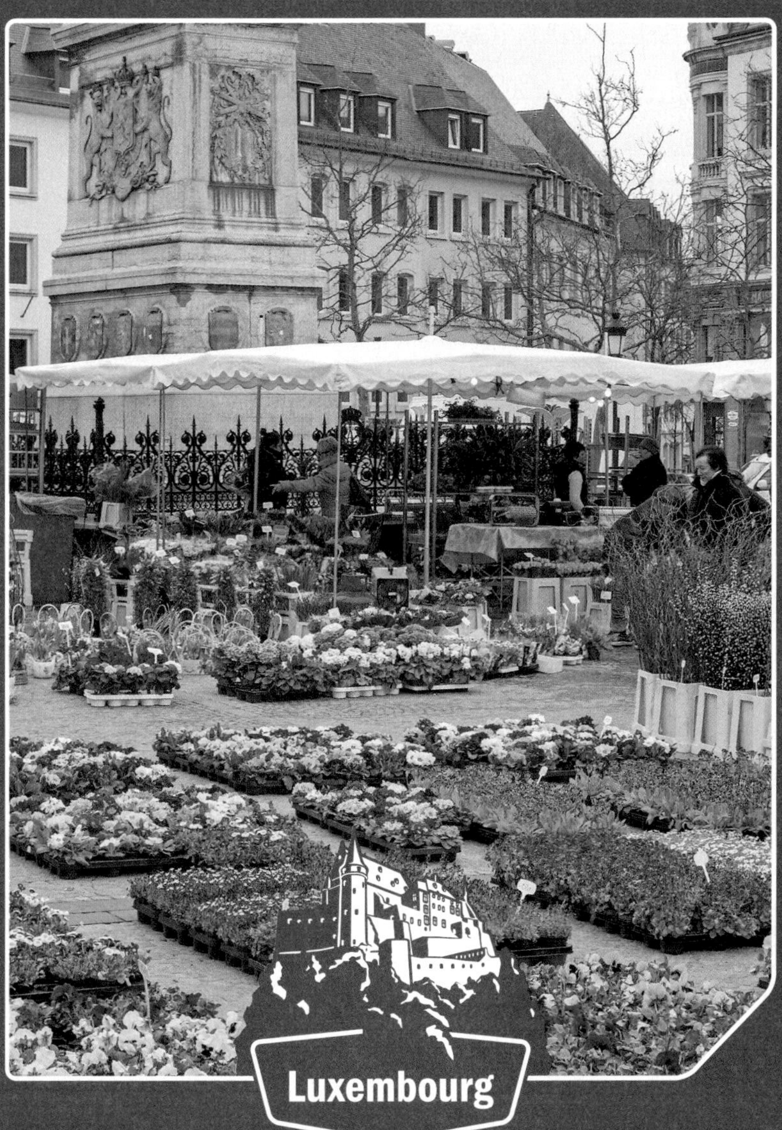

Luxembourg

ルクセンブルク

Grousserzogtum Lëtzebuerg　Grand-Duché de Luxembourg

ジェネラルインフォメーション

ルクセンブルクの基本情報

▶旅の会話
→P.435〜439

▶旅の予算とお金
→P.402

国　旗
赤白青の3色は、13世紀の大公の紋章に描かれている青い縞模様のある銀の台の上のライオンに由来する。赤はライオン、白と青は銀の台を表す。

正式国名
ルクセンブルク大公国
Grousserzogtum Lëtzebuerg
（ルクセンブルク語）
Grand-Duché de Luxembourg
（フランス語）

国　歌
我が祖国　Ons Heémécht

面　積
2586km^2。神奈川県ほどの面積

人　口
約66万800人（'23）

首　都
ルクセンブルク　Luxembourg

元　首
アンリ大公　Grand-Duc Henri

政　体
立憲君主制。EU（欧州連合）に加盟

人口構成
ルクセンブルク人53%

宗　教
キリスト教約75%（カトリック約45%）、そのほか約25%。

言　語
ドイツ語と似たルクセンブルク語が母国語。司法や行政の場などではフランス語が多い。ドイツ語を話す地域もある。多くの町で英語も通用する。

通貨と為替レート

通貨単位はユーロ（€、Euro、Eurとも略す）、補助通貨単位はセント。それぞれのルクセンブルク語読みは「ユーロ」と「セント」となる。1ユーロ＝100セント≒158円（'23年10月8日現在）。独自デザインの硬貨の裏面はルクセンブルク大公アンリの横顔。紙幣の種類、硬貨の種類はベルギーと同じ→P.204。

日本からのフライト時間

▶ベネルクスへのアクセス→P.405
▶2023年9月現在、直行便の所要時間は2〜3時間長い。

ルクセンブルクへの直行便はない。ヨーロッパ主要都市まで11〜12時間。そこからルクセンブルクまで1時間程度。

入出国

▶パスポートの取得→P.400
▶ETIAS導入について→P.408

ビ ザ
180日間のうちシェンゲン協定加盟国の滞在日数の合計が90日以内の観光目的の旅ならビザの取得は不要（日本国籍の場合）。パスポートの残存有効期間はシェンゲン協定加盟国出国時3ヵ月以上必要。

ビジネスアワー

銀　行
月〜金曜 8:30〜16:30（1時間ほど昼休みを取る場合も多い）。

ショップ
月〜土曜 10:00〜18:00（月曜の午前中は休むところも多い。ショップによっては月曜休み。昼休みを取る場合もある）。

レストラン
ランチ12:00〜14:30、ディナー19:00〜22:00頃。
以上は一般的な営業時間の目安。店舗によって違いがある。

電話のかけ方

▶携帯電話紛失時の連絡先→P.431

日本からルクセンブルクへかける場合

事業者識別番号		国際電話識別番号		ルクセンブルクの国番号		エリア番号		相手先の電話番号
0033（NTTコミュニケーションズ） 0061（ソフトバンク） 携帯電話の場合は不要	＋	010	＋	352	＋	なし	＋	1234567

※携帯電話の場合は010のかわりに「0」を長押しして「+」を表示させると国番号からのダイヤルでかけられる。
※NTTドコモ（携帯電話）は事前にWORLD CALLの登録が必要。

※時差、映像方式、チップ、飲料水については、ベルギーのジェネラルインフォメーションP.204~207とほぼ同様。

祝祭日（おもな祝祭日）

※印は年によって異なる移動祝祭日。土・日曜と祝日が重なる場合、その翌日が振替休日となる。★印は公的な祝祭日ではないが休日となる。以下は2024年の予定日。

日付		祝祭日
1/1		新年
2/11	★	カーニバル
3/31	※	復活祭（イースター）
4/1	※	復活祭翌日の月曜日
5/1		メーデー
5/9	※	キリスト昇天祭
5/19	※	聖霊降臨祭
5/20	※	聖霊降臨祭の翌日
6/23		建国記念日
8/15		聖母マリアの被昇天祭
11/1		万聖節
11/2	★	万聖節の翌日
12/25・26		クリスマス

▶旅のシーズン
→P.401

気候

気候、気温、降水量は、ベルギーとほぼ同じなので、P.205のベルギーの気候を参照のこと。

郵便

一般的な営業時間は平日8:00～12:00、13:30～17:00。大きな郵便局は7:00～19:00（土曜9:00～18:00）。

郵便料金
日本へのエアメールの場合、はがき、封書50gまで€1.75。

電圧とプラグ

電圧は大部分が230V、周波数は50Hz。プラグはCタイプ。日本国内用の電化製品を使うためには変圧器が必要。

安全とトラブル

それほど治安が悪くはないが、置き引きなどに注意を。

警察署 113
救急・消防 112

▶旅のトラブルと安全対策
→P.433～434

税金

TVAと呼ばれる付加価値税が標準で16%（'23年）かかっている。この税金は手数料などを引かれて戻ってくる（最低€74以上の買い物をして使用せずに持ち出す場合のみ）。

▶ショッピングの基礎知識
→P.428～429

年齢制限

たばこは18歳から許可、酒は16歳未満への販売は禁止されている。レンタカーも年齢制限の確認を。

▶レンタカー→P.415

度量衡

日本と同じメートル法が採用されている。ショッピングの際は、必ず試着してから購入するよう心がけたい。

▶サイズ比較表
→P.429

ルクセンブルクから日本へかける場合

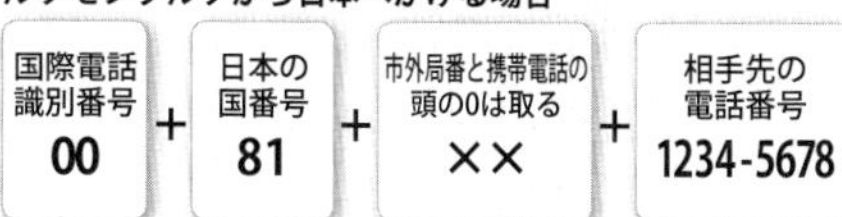

国際電話識別番号
00
+
日本の国番号
81
+
市外局番と携帯電話の頭の0は取る
××
+
相手先の電話番号
1234-5678

▶ルクセンブルク国内通話
市外局番はないので、国内では市外と市内の区別なくダイヤルすればいい。

※本項目のデータはルクセンブルク大使館、ルクセンブルクの観光局などの資料をもとにしています。

Luxembourg

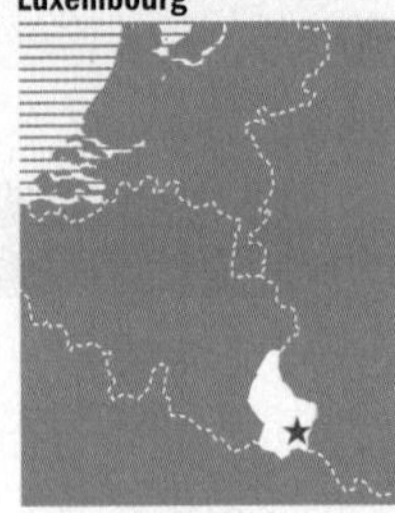

ルクセンブルク

Luxembourg

ACCESS

ブリュッセルからは直通列車で約3時間10分、1時間に1本程度。リエージュからはナミュールで乗り換えて約3時間、1時間に1本程度。

世界遺産

ルクセンブルク:その古い街並みと要塞群City of Luxembourg:its Old Quarters and Fortifications
文化遺産 / 1994年

グルント散策も楽しい

ヨーロッパセンター

ヨーロッパセンター方面にある、変わった外観の3つのドングリ。ルクセンブルクの歴史などがわかる博物館になっている

ベルギー、フランス、ドイツに囲まれたルクセンブルク大公国は、面積約2600km²(神奈川県とほぼ同じ)、人口66万人ほどの、深い渓谷と緑の森に覆われた小国だ。

首都ルクセンブルクは、"北のジブラルタル"の異名をもつ、堅固な城砦都市。長い間難攻不落だった城砦は、断崖を利用した城壁に囲まれ、ペトリュッス川とアルゼット川のふたつの小さな川がえぐった岩山の上にあり、自然にできた水濠が町の三方を囲んでいる。

城壁に沿った旧市街と近代的な高層ビルが建ち並ぶ新市街を併せもつのが、ルクセンブルクの町だ。西側の旧市街と東側の新市街は高架橋で結ばれ、新市街には欧州裁判所や欧州議会事務局などの国際機関が集まっている。

一方、旧市街のメインストリートには欧米の一流銀行が軒を連ねている。鉄鋼不振で低迷した経済を立て直すため、ルクセンブルクは金融王国を目指した。現在ではその成果も実を結び、ロンドンに次ぐユーロ市場、ヨーロッパを代表する国際金融センターを形成している。日本からも多くの金融機関が進出し、ときおり日本のビジネスマンやその家族たちと出会うこともある。そして、労働力としてポルトガルなどからの移民を受け入れてきたことから、外国人が約40%を占める。

緑に包まれたアドルフ橋。橋の構造体が美しい

ルクセンブルク到着

飛行機で着いたら

フィンデル空港 Findel Airport

市内から北へ6kmくらいの所にある。規模が小さな空港で、ターミナルはAとBがあり、ひとつながりになっている。地上階にチェックインデスクやラウンジがある。カフェやレストラン、免税店などもあり、ATMも設置されている。入国時には簡単なチェックがあるのみで、厳しい審査はない。

空港から市内へ

バスで

空港から旧市街へは、6番か16番のバスで。6番は月～土曜5:17～22:47、日曜9:47～22:47。16番は月～土曜5:02～翌0:11、日曜5:32～翌0:11。いずれも15～30分おき。所要約30～35分。

タクシーで

荷物が多い場合やバスルートから離れた場所に行くなら、タクシーを利用するのもいい。市内まで約10分、料金は€25～35程度。

鉄道で着いたら

ルクセンブルク中央駅 Gare Centrale

駅構内にはレストラン、荷物預け、飲み物や軽食を買えるショップなどの施設が揃っている。駅を出た所には、市内を走るトラムの停車場、バスのターミナル、タクシーや長距離バスの乗り場がある。

ルクセンブルクの玄関、ルクセンブルク中央駅

ユースフルアドレス
●日本国大使館
住Ave. De la Faïencerie 62, L-1510, Luxembourg
Map P.389-1 ☎4641511
URL www.lu.emb-japan.go.jp

こぢんまりとしたフィンデル空港

便利なルクセンブルク・カード
ヴィアンデン城や博物館など、90以上のアトラクションに入場できる。オンライン購入も可能。
1日券€13、2日券€20、3日券€28。アプリでも利用できる。
URL www.visitluxembourg.com

国内公共交通の料金
鉄道のほか、トラムやバスを含め、公共交通機関は原則無料。ただし、1等のみ有料。
ルクセンブルク国鉄
URL www.cfl.lu 鉄道→P.414

市内交通
中央駅から旧市街へは、駅前のトラム停車場から、駅を背にして右側（北）へ向かうトラムに乗車。3つめの駅（アドルフ橋を越えてすぐ）、Hamjlusで降りる。
市バスは中央駅を起点に出発する。タクシーは中央駅前広場や主要な広場で客待ちをしている。

駅前から乗れる便利なトラム

中央駅の店
ルクセンブルク中央駅構内に、オーベルヴァイス（→P.393）の支店やサンドイッチの店、キオスクなどがある。

中央駅構内

ルクセンブルクの歩き方

国全体の観光情報
URL visitluxembourg.com

観光案内所
住 30 Place Guillaume II
Map P.391 ☎222809
開 9:00～18:00
(日・祝11:00～16:00)
休 1/1、12/25
URL luxembourg-city.com

ダルム広場

3つの塔の門

グルントを抜けるコース

- ダルム広場 P.388
- ↓
- 憲法広場 P.388
- ↓
- ノートルダム大聖堂 P.390
- ↓
- ボックの砲台 P.391
- ↓
- 高架橋 P.388
- ↓
- アドルフ橋 P.388
- ↓
- ブリュッセル広場

旧市街へは、駅前からトラムで行けるが(→P.387)、徒歩なら右斜め前方に延びるリベルテ通りAv. de la Libertéを真っすぐ歩いていく。通り沿いには銀行や鉄鋼会社旧アルベット本社の建物が並ぶ。10分ほどで、ペトリュッス渓谷に架けられた**アドルフ橋Pont Adolphe**に到着。1900年から3年をかけて完成したこの大きなアーチをもつ美しい橋は、高さ42m、全長153m。ルクセンブルクの下町(駅近く)と旧市街を結んでおり、橋の上からは、眼下にペトリュッス川の造る緑の渓谷が見下ろせ、ルクセンブルクの町の独特な地形が理解できる。2014～2017年に改築され、橋の下に自転車と歩行者専用の橋が吊り下げられた。橋を渡った先のロワイヤル通りBd. Royalは各国の銀行が集まる銀行街になっている。

アドルフ橋を渡り、渓谷を右側に望むように100mほど歩くと**憲法広場Pl. de la Constitution**がある。谷間に突き出た大きな広場で、中央には第1次世界大戦の慰霊塔が建っており、ここからアドルフ橋などを望む眺めはすばらしい。

憲法広場から北へ行くと、旧市街の中心、にぎやかな**ダルム広場Pl. d'Armes**に出る。この広場の南、ギヨーム広場には市庁舎Hôtel de Villeや市の❶がある。

川と渓谷に囲まれた丘の町は、ゆっくり歩いて回るのが楽しい。

グルントを抜けるコース

第1のおすすめルートは、ダルム広場→憲法広場→**ノートルダム大聖堂**→エスプリ広場Pl. du St. Espritまで進み、崖の上のプロムナードChemin de la Cornicheを抜け、**ボックの砲台**を見物して、Bd. Victor Thornを歩き、11世紀の城門であった**3つの塔の門Porte des Trois Tours**まで。その後、来た道を戻って、Rue Sosthene Weisを歩きグルント(低地)に下りる。

アルゼット河畔の道を、対岸にある**サン・ジャン教会Eglise St. Jean du Grund**と、空に伸びる尖塔をもつチャペルを眺めながら歩こう。エスプリ広場の下まで河畔沿いの道を歩くと、そこで川はペトリュッス川に変わる。24のアーチをもつ**高架橋Viaduc**の下からの眺めはすばらしい。ペトリュッス渓谷の中心部を抜けると、今度は前方にアドルフ橋の雄姿が飛び込んでくる。そこから小さな橋を渡り、崖を登りブリュッセル広場Pl. de Bruxellesに出て、この小旅行は終わる。

ルクセンブルクの名所を残らず巡る全長5kmのこのコースは、人影の少ないグルントを抜けるのが目玉。ただし、早朝や遅い時間、暗くなってからグルントに行くのは危険をともなうので注意。

グルントを見下ろす

旧市街を巡るコース

もうひとつのコースは、中央駅から出発しアドルフ橋→憲法広場→ノートルダム大聖堂→**ギヨーム広場Pl. Guillaume**へと進む。ギヨーム広場の中央には、オランダとルクセンブルク大公国の王であったウィリアムⅡ世の彫像がある。その南側、市庁舎の正面には大きなライオンの像が市庁舎を守るかのように鎮座している。広場を一周し、東に向かうRue de la Reineを抜けて大公の住む**大公宮Palais Grand Ducal**へ。大公宮からは、南側を走るRue de l'Eau、さらにRue du Rostを歩き、右に曲がってRue de la Boucherieを抜けると、そこがかつての魚市場。そのままサン・ミッシェル**教会Saint Michel**の脇を抜けるとボックの砲台だ。

さらに、ルクセンブルク市博物館を見学し、エスプリ広場から駐車場へのエレベーターでグルントに下りるのもいい。

このコースは前のコースに比較して、ルクセンブルクの古い面影を求めるコースとなる。

旧市街を巡るコース

アドルフ橋 P.388
↓
憲法広場 P.388
↓
ノートルダム大聖堂 P.390
↓
ギヨーム広場 P.389
↓
大公宮 P.390
↓
ボックの砲台 P.391

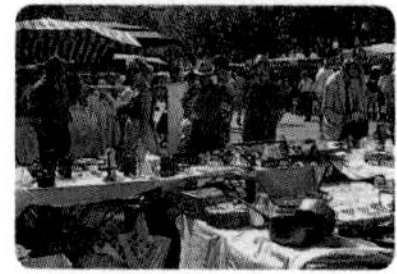

ギヨーム広場での市

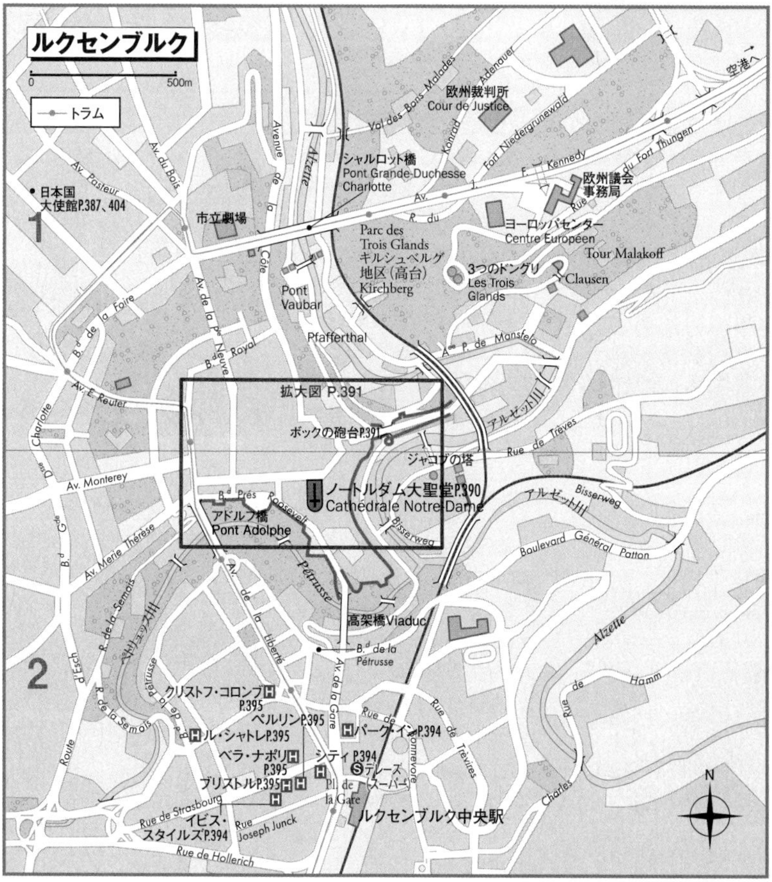

ルクセンブルク
0
500m
トラム
1
2
日本国
大使館P.387、404
Av. Pasteur
Av. du Bois
市立劇場
Avenue de la Côte
Alzette
シャルロット橋
Pont Grande-Duchesse Charlotte
Val des Bons Malades
Adenauer
欧州裁判所
Cour de Justice
Konrad
Fort Niedergrunewald
Av. J. F. Kennedy
Rue du Fort Thüngen
空港へ
欧州議会
事務局
R. du
Parc des
Trois Glands
キルシュベルグ
地区（高台）
Kirchberg
ヨーロッパセンター
Centre Européen
Tour Malakoff
3つのドングリ
Les Trois
Glands
Clausen
Pont
Vaubar
Pfafferthal
Av. de la Pte Neuve
Bd de la Foire
Bd Royal
A. P. de Mansfeld
Av. E. Reuter
拡大図 P.391
ボックの砲台P.391
アルゼット川
Rue de Trèves
ジャコブの塔
Bd Charlotte
Av. Monterey
Bd Prés Roosevelt
ノートルダム大聖堂P.390
Cathédrale Notre-Dame
アドルフ橋
Pont Adolphe
Bisserweg
アルゼット川
Boulevard Général Patton
Av. Marie Thérèse
Bd Gde
Pétrusse
ペトリュッス川
R. de la Semois
Av. de la Liberté
高架橋Viaduc
Bd de la Pétrusse
Alzette
Rue de Hamm
d'Esch
クリストフ・コロンブ
P.395
ペルリンP.395
ル・シャトレP.395
ベラ・ナポリ
P.395
ブリストルP.395
Av. de la Gare
Rue de Bonnevoie
Rue de Trèves
パーク・インP.394
シティ P.394
テレーズ
（スーパー）
Pl. de la Gare
Route
Rue de Strasbourg
イビス・
スタイルズP.394
Rue Joseph Junck
Rue de Hollerich
ルクセンブルク中央駅
Rue Charles
N

ルクセンブルクの見どころ

ノートルダム大聖堂
住Rue Notre Dame
開8:00～18:00
休日曜午前、ミサが行われているときなど不定期　料無料

ギョーム広場(写真上)に面したフランス系のスーパー モノプリ Monoprix➲Map P.391には食料品のほか生活雑貨も揃っており、テラスのあるカフェもある

ノートルダム大聖堂 Cathédrale Notre-Dame ➲Map P.391

憲法広場の東にある、17世紀建立の教会。イエズス会の教会で、1935～1938年に再建された。北側入口部分は、ルネッサンスとバロックの様式からなる。細い尖塔、丸天井、放射状に延びた祭室が特徴的。地下礼拝堂には歴代司祭や王家の墓がある。この巨大な教会は、ジャン前大公とジョセフィーヌ・シャルロット(ベルギーの前王女)の婚礼が行われた公室ゆかりの場所でもある。

細い尖塔が美しいノートルダム大聖堂は町歩きの目印にもなる。内部の装飾なども見応えがある

大公宮
開7月中旬～9月初旬　休水
料€15　所要約1時間15分。ツアーは❶発、情報確認や予約も❶で。

趣のあるレストランがある大公宮の裏あたりも散策してみたい

大公宮 Palais Grand Ducal ➲Map P.391

大公宮といっても、かつては市庁舎だったという。1554年に火薬の爆発があり破壊されたが、20年後にアダム・ロベルティによって再建されたもの。1890年から大公宮となり、大公の執務室兼迎賓館として使われている。夏には大公宮の内部を巡るツアーが実施される。

夏の間だけ内部を見学できる

ルクセンブルク市博物館
住Rue du St. Esprit 14
☎47964500
開10:00～18:00(木～20:00)
休月、1/1、12/25
料€5　木曜18:00～は無料
URLwww.citymuseum.lu

Grand' Rueあたりは歩行者天国のショッピングストリート

ルクセンブルク市博物館 Lëtzebuerg City Museum ➲Map P.391

歴史的建造物を改築し、一部は岩を掘って造ったというルクセンブルクらしい博物館。マルチメディアや独特の地形のモデルなどを使った展示で、ルクセンブルク市の歴史、経済などがわかるようになっている。また、常設展以外に企画展スペースもあり、現代アーティストの企画のほか、さまざまなものが開催される。

城壁に囲まれたルクセンブルク市のかつての模型(上)なども あり、興味深い

ボックの砲台 Casemates du Bock

➡Map P.391

アルゼット川を眼下に見下ろし、グルント(低地)の上に架かるシャトー橋Pont du Châteauを渡った所にボックと呼ばれる断崖絶壁がある。ここからの眺めは、恐ろしいくらいに絶景。北には新市街へと続くモダンなシャルロット橋が横たわり、高層建築の集まるキルシュベルグ(高台)が望める。手前に広がる深い緑の森の中には、3つのドングリLes Trois Glandsと呼ばれるかわいらしい塔が見えるが、このあたり一帯はかつて城壁だった所。

このボックには10世紀中頃、アルデンヌ地方の領主ジーグフロイト伯によりルクセンブルク城が築かれたが、現在は跡形もない。要塞としての利点をすべて兼ね備えたこの断崖は各国の支配下におかれたが、そのたびに強化され、"北のジブラルタル"といわれるほどの堅固な砦となっていった。

この断崖の下には巨大な地下要塞があり、**ボックの砲台**と呼ばれている。最初の地下トンネルはスペインの支配の時代の1644年に建設され、18世紀にフランスの軍事技術者ヴォーバンVaubanとオーストリアの兵士たちの手によって拡張された。夏でもヒヤリとする地下は、小さい石段を上がったり下ったりする迷路のよう。ところどころに大砲が備えつけられ、穴からの眺めがすばらしい。狭くて足場がよくない場所もあるので歩きやすい服装と靴で。

ボックの砲台
住Montée de Clausen
☎222809
開10:00～17:00(最終入場)
時間指定制で15分ごとに入場できる。所要45分。
休無休　料€8

ボックの砲台

デコボコ道で細い階段もあり

砲台からの眺め

断崖にあるボックの砲台内部のあちこちに、大砲が置かれた穴がある

内部の穴からグルントを見下ろす

ルクセンブルクのレストラン

ルクセンブルクの郷土料理は、ベーコンや豆、野菜などがたっぷり入ったスープや、スパイスが効いたソーセージなど、周辺国のものと似ている。ダルム広場周辺には、レストランが軒を連ね、各国料理のレストランが集まる。ルクセンブルクの田舎を巡ると、ワインの原料となるぶどう畑が続いており、ルクセンブルク産のモーゼルワインやビールなども試してみたい。また、肉のパテとリースリングワインのジュレを詰めたパテ・オ・リースリングという細長いパイ包みも名物。パン屋や総菜屋で買うことができる。

アム・ティルムシェン Am Tiirmschen　ルクセンブルク料理

Map P.391　旧市街

イロ・ガストロノミックと呼ばれる、この町最古の一角にあり、奥まった入口。新鮮なローカル食材を使っていて、いつも地元の人でいっぱいなので予約したほうがいい。ランチはメイン€23くらいから。

住Rue del'eau 32　☎26270733
営12:00～14:30、19:00～22:00
休日・祝、月・火の昼、12/23～1/2（要確認）
予望ましい
CCA.D.M.V.
URLamtiirmschen.lu

チョコレート・ハウス Chocolate House　軽食

Map P.391　旧市街

大公宮を眺めながらいろいろな味のホットチョコレートが楽しめる。ホットミルクにチョコを溶かして飲む。大きなケーキ、サラダ、キッシュやスープもある。1階はチョコレートショップ。

住Rue Marché aux Herbes 20
☎26262006
営10:00～20:00（土9:00～、日10:00～、祝11:00～）
休12/25
予不要　CCM.V.
URLchocolate-house-bonn.lu

ケンプ・ケーラー Kaempff-Kohler　ヨーロピアン

Map P.391　旧市街

ルクセンブルク料理もメニューにあるカフェレストラン。本日のメニュー€15.80～、シェフのおすすめメニュー€23～。1922年創業のテイクアウトできる総菜店やチーズ専門店もある。

住Rue du Curé 10　ギヨーム広場側にも出入口がある　☎26202047
営10:00～18:30（土8:00～、日～16:00）　アラカルトの食事11:30～16:00　休不定休
予不要　CCM.V.
URLkaempff-kohler.lu

パレ・ドゥ・シヌ Palais de Chine　中国料理

Map P.391　旧市街

大公宮の裏側にあり、外観からは中国料理の店とはわかりにくい。上海料理をベースにした上品なレストランで、落ち着いて食事を取ることができる。€25くらいから。

住Rue de l'Eau 18-20
☎460283
営12:00～14:15、18:30～22:15
休旧正月に休みの可能性あり
予望ましい　CCM.V.
URLpalaisdechine.lu

かまくら Kamakura　日本料理

Map P.391　グルント

ルクセンブルク大公もおしのびでやってくるという、ルクセンブルクでも老舗のレストラン。ちょっと高めだが、日本語OKで味もなかなかのもの。平日の昼の日替わり定食なら€15～。

住Rue Münster 4　☎470604
営12:00～13:45、19:00～21:15
休土の昼、日・祝、3月末あたりの約2週間、8月の約3週間、年末年始の約2週間　Dスマートな服装で　予要予約　CCA.D.J.M.V.
URLkamakura.lu

※休業日について‥祝日やクリスマス～年末年始など、不定期営業や不定期休業することもある。長期休暇をとる店もある。

ルクセンブルクのショップ

Shop

ビルロワ&ボッホ Villeroy & Boch

陶器　Map P.391　旧市街

ヨーロッパでは有名な、ルクセンブルクにもゆかりがあるビルロワ＆ボッホ社の陶器。伝統的な図案からモダンでシンプルなものまで幅広く取り扱っている。コーヒーカップ€16ぐらいから。

住Rue du Fossé 2
☎463343
営10:00〜18:00
休日・祝
CCA.D.M.V.
URLvilleroy-boch.lu

オーベルヴァイス Oberweis

菓子　Map P.391　旧市街

ルクセンブルクでは有名な菓子店。1階でチョコレートやケーキ、サンドイッチなどを売っている。ルクセンブルク名物のパイ、パテ・オ・リースリングを買うこともできる。

住Grand-Rue 16
☎470703
営7:45〜18:00
休日・祝　CCA.M.V.
中央駅構内にも支店あり
URLoberweis.lu

アリマ Alima

スーパーマーケット　Map P.391　旧市街

ダルム広場北部のスーパー。歩行者天国の通りに面したビルの中庭のような所にある。日用品、果物など何でも揃うので便利。このほか、駅前にもスーパーのデレーズがある。

住11 Avenue de la Porte-Neuve
営7:45〜18:30
休日・祝
CCA.M.V.
URLalima.lu

ルクセンブルクを巡る、頼もしい味方たち

●ウオーキングツアー

公式ガイドとともに、ルクセンブルクの市街を歩いて巡る、❶主催のCity Promenadeという名のウオーキングツアー。ギョーム広場の❶からスタート。所要約2時間。詳細は❶で要確認・要予約。
出英語ツアー月・土14:00発、日13:00発
料€15

●ホップ・オン・ホップ・オフhop on hop off

24時間有効の切符で、乗り降り自由の市内観光バス。駅前やアドルフ橋の南、ヨーロッパセンター方面にも停車し、1周1時間ほど。英語など7ヵ国語のオーディオガイドあり（日本語なし）。チケットはオンライン購入、❶またはボックの砲台近くのチケット売り場などで買う。中央駅にもバス停があるので、列車を降りたら、このバスに乗ってヨーロッパセンター方面を1周して、旧市街で下車することもできる。
☎266511-2200　料€22（24時間）　出3月末〜10月
URLwww.sightseeing.lu

●シティ・トレインCity Train in the Old Town

ボックの砲台入口近くのMontée de Clausen（虫歯と呼ばれる要塞跡の一部）を出発。北部のシャルロット橋あたりのグルントを抜け、ボックの砲台近くまで約40分かけて走るので、グルント探索が手軽に楽しめる。オーディオガイドやチケット購入については、ホップ・オン・ホップ・オフのバスと同じ。
出3月末〜11月11:00〜16:30（11月は週末のみ）、30分〜1時間ごとに運行（シーズンによって運行日や時間などの詳細は変更あり）
☎266511-2200
料€15
ホップ・オン・ホップ・バスとの共通チケット€34
URLwww.sightseeing.lu

シティ・トレインでグルント探索

Hotel

ルクセンブルクのホテル

駅周辺と旧市街のホテルは、こぢんまりとした古いホテルが中心。金～日曜はビジネス客がいなくなるため、週末割引料金を設定しているホテルもある。旅情を楽しむなら、駅から少し離れるが、旧市街に宿を取るのもいい。駅近くの格安ホテルは、駅前広場から西に延びるRue Joseph Junckや、リベルテ通りと直交するRue de Strasbourgなどに密集している。ただし、風俗店があるなど、あまり治安がいい地域ではないので気をつけて利用したい。特に夜間は事件も散発しているようなので要注意。

グランド・ホテル・クラヴァット Grand Hotel Cravat ★★★★

Map P.391 旧市街

ルクセンブルクの歴史を感じさせる、重厚なヨーロピアン・スタイルの建物。ペトリュッス渓谷が眼下に見渡せる最高の立地を誇る。レストラン＆バーも併設している。60室。

住Boulevard F.D. Roosevelt 29
☎221975
料シャワー／バス・トイレ付き
Ⓢ Ⓣ€150～
朝食€27　Wi-Fi無料
CC A.D.M.V.
URL hotelcravat.lu

シティ City Hotel ★★★

Map P.389-2 中央駅周辺

歴史を感じさせる建物の内部は、2018年に改装。モダンシンプルな内装で居心地がいい部屋になっている。ハイスピードWi-Fi、エアコン完備。トリプルやジュニアスイートもあり。32室。

住Rue de Strasbourg 1
☎291122
料シャワー／バス・トイレ付き
Ⓢ Ⓣ€158～　週末料金あり
朝食€20　Wi-Fi無料
CC A.M.V.
URL cityhotel.lu

パーク・イン Park inn by Radisson Luxemburg City ★★★

Map P.389-2 中央駅周辺

中央駅から近く、ショッピング通りに面した便利なロケーション。レストランもある。2011年に改装し、モダンな内装に。1階は家電店で、2階から上がホテル。99室。

住Av. de la Gare 45-47
☎2689181
料シャワー／バス・トイレ付き
Ⓢ Ⓣ€130～　週末料金あり
朝食€22　Wi-Fi無料
CC A.D.M.V.
URL www.parkinn.com

フランセ Français ★★★

Map P.391 旧市街

ダルム広場に面した、フランス＆ルクセンブルク料理のレストランの上階。天気がいい日などは、テラスで食事を取るのもいい。駅からのトラムが停まる停留所にも近く、とても便利。22室。

住Place d'Armes 14
☎474534
料シャワー・トイレ付き
Ⓢ€110～　Ⓣ€145～
週末料金あり　朝食付き
Wi-Fi無料　CC A.D.M.V.
URL www.hotelfrancais.lu

イビス・スタイルズ Ibis Styles Luxembourg Centre Gare ★★★

Map P.389-2 中央駅周辺

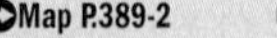

客室はエアコン完備。館内のスナックバーは営業時間が長く気軽に利用できる。ただし、この通りの周辺には風俗店などもあるため、安全には十分気をつけたい。68室。

住Rue Joseph Junck 30
☎492496
料シャワー・トイレ付き
Ⓢ Ⓣ€105～
朝食€13.50　Wi-Fi無料
CC D.M.V.
URL all.accor.com

※ホテル室料は目安。日程や予約方法、条件により大きく異なる場合もある。特記がないかぎり、税金（City Taxを含む）や朝食は別料金。

ペルリン Perrin ★★★

Map P.389-2　中央駅周辺

駅を背に斜め前方に延びるリベルテ通りを歩くと、すぐ左側にRue de Strasbourgがある。この通り沿いだから、駅に近くて便利。旧カールトンホテル。49室。

住Rue de Strasbourg 7-9
☎299660
料シャワー／バス・トイレ付き
Ⓢ€105～　Ⓣ€145～
朝食€20　Wi-Fi無料
CCD.M.V.
URLhotel-perrin.lu

ル・シャトレ Le Châtelet ★★★

Map P.389-2　中央駅周辺

本館と別館があり、設備は意外と充実。小規模ながらフィットネス施設もあり、サウナやジムなど無料で利用できる。2018年に改装し、寝具や家具などを含めリニューアルした。

住Boulevard de la Pétrusse 2
☎402101
料シャワー・トイレ付き
ⓈⓉ€148～　週末料金あり
朝食€18　Wi-Fi無料
CCA.M.V.
URLwww.chatelet.lu

クリストフ・コロンブ Christophe Colomb ★★★

Map P.389-2　中央駅周辺

中央駅から500mほど。部屋は広めで静か。室内にはミニバー、直通電話、TV、インターネットなどの設備が整っている。近くで滞在型のホテルも経営している。全室禁煙。24室。

住Rue d'Anvers 10
☎4084141
料シャワー／バス・トイレ付き
Ⓢ€85～　Ⓣ€95～
朝食€15　Wi-Fi無料
CCA.D.M.V.
URLchristophe-colomb.lu

ボーバン Vauban ★★★

Map P.391　旧市街

旧市街の中心地、観光案内所もあるギョーム広場に面した立地。1階はレストランになっている。ボックの砲台やグルントなど、おもな観光地を巡ったり、食事をとるのも便利。

住Place Guillaume II 8
☎220493
料シャワー・トイレ付き
Ⓢ€150～　Ⓣ€195～
朝食付き　Wi-Fi無料
CCA.M.V.
URLhotelvauban.lu

ブリストル Bristol ★★

Map P.389-2　中央駅周辺

駅から300mの小規模なエコノミーホテル。部屋はスモールシングル、ダブル、ツインのほか、スタジオタイプもある。1階はスピリッツなどを飲んでくつろげるバーになっている。

住Rue de Strasbourg 11
☎485829
料シャワー・トイレ付き
（共用の部屋もあり）
Ⓢ€75～　Ⓣ€90～　朝食付き
Wi-Fi無料　CCA.M.V.
URLhotel-bristol.lu

リュクサンブール Luxembourg City-Hostel YH

Map P.391　旧市街

旧市街の東端にある。レストランでは、景色を楽しみながら、ルクセンブルクの郷土料理や軽食、夕食なども取れる。ドミトリーのほか、シングルやツインの部屋も利用できる。

住Rue du Fort Olisy 2
☎262766650
料Ⓓ1人€35～
朝食付き　Wi-Fi無料
CCM.V.　URLyouthhostels.lu
Bルクセンブルク中央駅前から9か14 Plateau Altmünster下車、約150m

ヴィアンデン
Vianden

ACCESS

ルクセンブルク中央駅からエテルブルックEttelbruckまで、列車で30～40分、そこからバスで約25分。

観光案内所
住Grand Rue 18 ☎834257
開月～金9:00～12:00、12:30～17:00 土・日10:00～16:00
休無休 URLvisit-vianden.lu

ヴィアンデン城
住Les Amis du Château de Vianden ☎8341081
開10:00～18:00(2・11・12月～16:00、3・10月～17:00)
休1/1、12/25 料€10 オーディオガイド(日本語あり)€2
URLcastle-vianden.lu
イベントなどにより変更もあり

ユーゴー博物館
開12:00～18:00
(11～3月 11:00～17:00)
休月、不定休あり 料€5
URLvictor-hugo.lu

ルクセンブルク市から北へ約40km、ウール川Ourの両岸に開けた町。この町は、ヴィクトル・ユーゴーが亡命中の1871年に、一時的に滞在した地としても知られており、橋を渡った所に、ユーゴーの像とユーゴー博物館Musée Littéraire Victor Hugoもある。

ウール川からRue de Royaleを上るとすぐにⓘがある。さらに10分ほど上って、途中を右側に曲がると、9世紀からのローマ要塞の跡地に11～14世紀にかけて建てられたヴィアンデン城Château de Viandenが残っている。ロマネスク様式の教会や騎士の部屋Knights' Hallなど興味深い場所が多いので、内部見学には2～3時間ほどみておこう。また町の外れから出ているリフトで、標高440mの山の頂上まで上って、森に囲まれたヴィアンデンの町とウール川のすばらしい眺めを堪能しておきたい。なお、このリフトの発着所近くにもバス停があるので、ここからバスに乗ることもできる。町にはYHやリゾート地らしいすてきなホテルもあるので、ウオーキングを含めゆっくりと過ごすのもいい。

ヴィクトル・ユーゴーの像

ヴィアンデン城

各国要人が訪問した際の写真や城修復の展示もある

Column Luxembourg

ルクセンブルクの田舎巡り ①

“森と渓谷の国”といわれるルクセンブルクには、自然美に恵まれたすばらしい田舎の町や村が多い。伝説や古いたたずまいが生きる、緑豊かで新鮮な空気のルクセンブルクの田舎を回ってみよう。

鉄道は南北を走るだけなので、これらの田舎町に行くにはレンタカーかバスしか方法はない。交通の便は悪いが訪れてみる価値はある。

エッシュ・シュル・シュール Esch-sur-Sure

ルクセンブルク市の北、シュール川上流に、独特の地形を誇る小さな村エッシュ・シュル・シュールがある。小さな箱庭のようにまとまった村へは、Ettelbruckから131番か133番のバスで30分ほど。レンタカーの利用が便利。

左:蛇行した川沿いにできた町エッシュ・シュル・シュール
右:町には古い城壁が残る

クレルボー
Clervaux

ルクセンブルクの北部、クレルブ川Clerve沿いの谷の中の町。駅を出たら、左側に15分ほど歩くとクレルボーの町に着く。ⓘが町の真ん中、**クレルボー城Château de Clervaux**の近くにあるので、城に入る前にここで情報を入手してもいいだろう。城内には、3つの展示室がある。ひとつは、"Family of man"と呼ばれるドキュメンタリー写真の展示。68ヵ国、273人の写真家が撮影した503枚の写真を集めた展示は、文化遺産にも登録されている。あとのふたつは、この城にも甚大な被害をもたらした、第2次世界大戦のバルジの戦いに関する展示とルクセンブルク内の城塞模型の展示。

城から徒歩15分ほど、教会を抜けて丘を登った所にある、20世紀初めに建てられたサン・モーリス・エ・サン・モール修道院Abbaye St. Maurice et St. Maurも訪れてみたい。修道院のクリプトには、修道士たちの日々の慎ましい生活を伝える写真紹介もある。また、この修道院近くからはクレルブ川とクレルボーの町が一望できる。

Luxembourg

ACCESS
ルクセンブルク中央駅から列車で約1時間。

観光案内所
住11 Grand-Rue ☎920072
開10:00～12:00、12:30～18:00
休日(7・8月を除く)・祝
URL visit-clervaux.lu

クレルボー城
住Château de Clervaux
ファミリ・オブ・マン(写真展)
☎929657
開水～日12:00～18:00
休月・火、1/3～2/28 料€6
バルジの戦いとルクセンブルクの城塞模型
☎26910695
開火～日10:00～18:00(12/24・31～16:30) 休月、11月上旬～4月の月～金、1/2、12/25
料各展示€3.50 共通券€5

真っ白な外観といくつもの塔が印象的なクレルボー城

クレルボー城近くにある教会。この裏から修道院へと抜けることができる

ルクセンブルクの田舎巡り ②

エヒテルナッハEchternach

ルクセンブルク大公国の東部、ウール川がモーゼル川と名を変える少し北側に、人口約5200人のエヒテルナッハの町がある。見どころは、7世紀に創設されたベネディクト派の修道院と、11世紀に建てられた教会。

また、この一帯は"ルクセンブルクの小スイスPatite-Suisse"と呼ばれている。山あいの道をドライブし、たまには停車して山と渓谷に沿って走る遊歩道を歩いてみる。透明な流れが渓谷を刻み、滝となって流れ落ち、緑の美しい林が目の前に広がる。ルクセンブルクが"森の国"であることが実感できるだろう。

行き方 ルクセンブルク中央駅からトラムで旧市街北部Limpertsberg, Theatreへ。201番のバスに乗り替え。所要約1時間。 URL visitechternach.lu

教会の前には観光案内所もある

エヒテルナッハのYH

町の中心から徒歩15分ほど。湖のそばにあるユースで、自然に囲まれた静かな環境。ひとり€29。
住100 rue Grégoire Schouppe, Echternach
☎262766400
URL youthhostels.lu

マルクト広場

あなたの**旅の体験談**をお送りください

「地球の歩き方」は、たくさんの旅行者からご協力をいただいて、
改訂版や新刊を制作しています。
あなたの旅の体験や貴重な情報を、これから旅に出る人たちへ分けてあげてください。
なお、お送りいただいたご投稿がガイドブックに掲載された場合は、
初回掲載本を1冊プレゼントします！

ご投稿はインターネットから！

URL www.arukikata.co.jp/guidebook/toukou.html
画像も送れるカンタン「投稿フォーム」
※左記のQRコードをスマートフォンなどで読み取ってアクセス！

または「地球の歩き方　投稿」で検索してもすぐに見つかります

▶投稿にあたってのお願い

★ご投稿は、次のような《テーマ》に分けてお書きください。

《新発見》――ガイドブック未掲載のレストラン、ホテル、ショップなどの情報
《旅の提案》――未掲載の町や見どころ、新しいルートや楽しみ方などの情報
《アドバイス》――旅先で工夫したこと、注意したこと、トラブル体験など
《訂正・反論》――掲載されている記事・データの追加修正や更新、異論、反論など

※記入例「○○編20XX年度版△△ページ掲載の□□ホテルが移転していました……」

★データはできるだけ正確に。
ホテルやレストランなどの情報は、名称、住所、電話番号、アクセスなどを正確にお書きください。
ウェブサイトのURLや地図などは画像でご投稿いただくのもおすすめです。

★ご自身の体験をお寄せください。
雑誌やインターネット上の情報などの丸写しはせず、実際の体験に基づいた具体的な情報をお待ちしています。

▶ご確認ください

※採用されたご投稿は、必ずしも該当タイトルに掲載されるわけではありません。関連他タイトルへの掲載もありえます。
※例えば「新しい市内交通パスが発売されている」など、すでに編集部で取材・調査を終えているものと同内容のご投稿をいただいた場合は、ご投稿を採用したとはみなされず掲載本をプレゼントできないケースがあります。
※当社は個人情報を第三者へ提供いたしません。また、ご記入いただきましたご自身の情報については、ご投稿内容の確認や掲載本の送付などの用途以外には使用いたしません。
※ご投稿の採用の可否についてのお問い合わせはご遠慮ください。
※原稿は原文を尊重しますが、スペースなどの関係で編集部でリライトする場合があります。

Travel Information

ベネルクスを旅するための

旅の準備と技術

旅の必需品

パスポート（旅券）の取得

住民登録している各都道府県のパスポート申請窓口に必要書類を提出して申請する。申請してからだいたい1～2週間で発給される。更新は、マイナンバーカードを使えばオンライン申請可能。

パスポートには5年有効旅券と10年有効旅券の2種類があり、手数料は5年用1万1000円（12歳未満6000円）、10年用1万6000円。

表紙の色は濃紺が5年用、えんじが10年用

海外旅行保険の加入

旅行先で思いがけないけがをしたり病気になった場合、治療費や入院費は日本と比べてはるかに費用がかかる。また、オランダは「海外旅行保険の加入」が、ビザ免除の渡航条件になっている。出発前に海外旅行保険にはぜひ加入しておこう。

海外旅行保険には、一般的に必要な保険と補償が組み合わせてある「セット型」保険と、ニーズと予算に合わせて補償内容を選択できる「オーダーメイド型」保険に大別される。

損害保険会社を選ぶ場合は、商品の特徴や保険料の違いに加えて、現地連絡事務所の有無、日本語救急サービスの充実度なども検討したい。大手なら、損保ジャパン、東京海上日動、外資系のAIG損害保険など。下記の「地球の歩き方」ホームページで海外旅行保険情報を紹介している。保険のタイプや加入方法の参考に。

URL www.arukikata.co.jp/web/article/item/3000681/

旅の道具

日本で購入できるものは、だいたいベネルクスの国々でも買うことができるので、お金さえ持っていれば、そんなに困ることはない。事前準備がベストだが、現地調達するのも旅の思い出になるだろう。

薬は余分に持っていこう

体の大きな現地の人に合わせた薬のせいか、痛み止めなどをうっかり飲むと、ものすごい睡魔に襲われ観光どころではなくなることも。風邪薬、咳止め、痛み止め、胃腸薬など、必要になりそうな薬は、飲み慣れたものを持参したほうが安心だ。ほかにも、医師の処方箋が必要な常備薬があるようなら、それも忘れずに。

ほかにあると便利なもの

裁縫用具のセットは意外と便利（はさみは機内持ち込みできないので注意）。また、生理用品は慣れたもののほうがいいという声も。スーパーの買い物袋は有料なので、手軽な買い物袋があるといい。

パスポート申請に必要な書類
①一般旅券発給申請書（1通）
②戸籍謄本（1通）
③写真（4.5×3.5cm1葉）
④本人確認書類
※②③は6ヵ月以内のもの。
住民基本台帳ネットワークを利用している場合、原則として住民票の写しは不要。また、切替申請の場合はその時点で持っているパスポートも必要。②は新規または記載事項に変更がある場合のみ必要。④で印鑑登録証明書を提示する場合は登録印鑑が必要となる。
音声＆FAXサービス☎(03)5908-0400（東京都。24時間）。
URL www.mofa.go.jp/mofaj/toko/passport/index.html

必要なパスポートの残存期間
日本国籍者の場合、それぞれ180日以内で、シェンゲン協定加盟国（→脚注）の滞在日数の合計が90日以内の観光ならビザは不要でパスポートのみあればいい。ただし、パスポートの残存期間が、シェンゲン協定加盟国圏からの出国予定日時点で3ヵ月以上必要。基本的に日付入りの往復航空券（またはトランジット券）が必要。滞在先を聞かれることも多く、1泊目の宿泊先が決まっているといい。90日以上の滞在には各国大使館が発行するビザまたは滞在許可証が必要になる。予防接種は原則として必要ない（2023年8月現在）。また、2024年（予定）より、日本国民がビザなしでシェンゲン協定加盟国に入国する際、ETIAS電子認証システムへの申請が必須となる見込み（→P.408脚注）。
各大使館の連絡先→P.404

パスポートに関する注意
2015年11月25日以降は機械読取式でない旅券（パスポート）は原則使用不可となっている。機械読取式でも2014年3月19日以前に旅券の身分事項に変更のあった人は、ICチップに反映されていない。渡航先によっては国際標準外と判断される可能性もあるので注意が必要。

ベネルクスの医療制度
原則として、最初にかかりつけのホームドクターに診てもらい、症状に応じた専門医や医療機関を紹介するシステム。旅先で急病の際には、ホテルのレセプションなどで連携している病院を紹介してもらうといい。
ベネルクスの健康保険制度では、旅行者への医療は対象外。このため高額な治療費になる可能性もあり、海外旅行保険に入っておいたほうが安心。

Tips シェンゲン協定加盟国はアイスランド、イタリア、エストニア、オーストリア、オランダ、ギリシャ、クロアチア、スイス、スウェーデン、スペイン、スロヴァキア、スロヴェニア、チェコ、↗

旅のシーズン

ほかのヨーロッパ諸国と同様に、ベネルクスの旅には6～8月が最適だ。近年は30℃を超える日もあるが、日中の最高気温は真夏でも平均25℃くらいで、乾燥しているためカラッと気持ちがいい。また高緯度にあるため21:00頃まで明るく、観光に十分時間をかけることができる。ただ、日中は半袖でもOKだが、朝夕や雨が降ると気温がぐっと下がるので、カーディガンやトレーナーが必要。

しかし、オランダの観光シーズンは花々(特にチューリップ)の咲き揃う4月から(5月中旬にはチューリップは終わる)、ベルギーの観光シーズンはブルージュの聖血の行列やイーペルの猫祭りが行われる5月からともいえる。この季節は天気も変わりやすいので、半袖からセーターまでの用意を忘れずに。

9月から3月までは、どんよりとした曇りの日が多く、霧雨もよく降るようになる。しかし、オランダ南部の丘陵地帯やベルギーのアルデンヌ地方、ルクセンブルクの秋はすばらしい。紅葉の森と晴れ渡った秋空のもとでのドライブも楽しめる。この頃から、狩猟も始まり、ジビエのおいしい季節となる。北海沿岸では、ムール貝やカキなどの魚介に舌鼓を打つことになるだろう。

冬の寒さはかなり厳しいので、コートはもちろん手袋、マフラーなどを持っていったほうがよい。日照時間は短く16:00頃には暗くなってしまううえ、小さなミュージアムや運河クルーズなども休業してしまうところが多い。観光にはあまり向かないが、本格的なオペラやコンサートの季節の到来。芸術を楽しみたい人には、観光客も少なく、よいシーズンかもしれない。

春が近づくと、2月中旬～3月に行われる各地でのカーニバルが心待ちにされる。オランダではマーストリヒトが有名。ベルギーでは、バンシュの町でジルたちの夜を明かしての踊りが見られる。

花のパレード

秋は魚介がおいしい季節

マーストリヒトのカーニバル

海外旅行の最旬情報はここで！
「地球の歩き方」公式サイト。ガイドブックの更新情報や、海外在住特派員の現地最新ネタ、ホテル予約など旅の準備に役立つコンテンツ満載。
URL www.arukikata.co.jp

気になる服装の準備は？

年によって気候が大きく変わることもあるので、旅行前にウェブサイトなどで、1週間の気温や天気を確認しておきたい。それを参考に服装を調整しよう。

夏でも肌寒い日があるし、少し寒いとき用に軽いストールなどがあると、機内でもサッとはおれて便利。

1年を通じて天気が変わりやすいので雨具は必携。フードが付いた防水性の高いジャケットや、軽量で小さな折りたたみ傘をかばんにひとつ入れておくのもいい。

あると便利なアプリ6選

現地でスマートフォンを活用する場合、よく使うアプリを入れておくと便利。

- Google 翻訳‥カメラを使ってレストランのメニューにかざすと画面上で翻訳してくれる。日本語で話しかけると現地語の音声で返してくれる。
- Google Map‥道案内はもちろん、レストラン探しもできる。
- 9292‥オランダの国内交通を一括で検索可能→P.410
- SNCB‥ベルギー鉄道のアプリで列車旅行のプラン作りに最適。
- Currency‥ユーロから円への換算が簡単にできる。
- Weathernews‥日本だけでなく海外の都市の天気予報を確認できる。

↘デンマーク、ドイツ、ノルウェー、ハンガリー、フィンランド、フランス、ベルギー、ポーランド、ポルトガル、マルタ、ラトビア、リトアニア、リヒテンシュタイン、ルクセンブルク（2023年8月現在）

旅の予算とお金

✉ 現金不可が多い
オランダとベルギーはキャッシュレス化が進んでいます。特にオランダの美術館では、現金はほとんど使えません。絵ハガキ1枚でもクレジットカードで買うしかなかったです。1枚はタッチ決済できるカードを持って行くことをおすすめします。
(K·K '23)

デビットカード
使用方法はクレジットカードと同じだが支払いは後払いではなく、発行金融機関の預金口座から即時引き落としが原則となる。口座残高以上に使えないので予算管理をしやすい。加えて、現地ATMから現地通貨を引き出すこともできる。現地では、マスターカード系列のマエストロのカードが多い。

トラベルプリペイドカード
2023年8月現在、発行されているのは下記のカードなど。
・アプラス発行
「GAICA ガイカ」
「MoneyT Global マネーティーグローバル」
・トラベレックスジャパン発行
「Multi Currency Cash Passport マルチカレンシーキャッシュパスポート」

おもなGWK
アムステルダム中央駅
(アイ湾側、IJ出口)
営11:00～18:00
スキポール空港スキポールプラザ内　営6:00～22:00

駅などにあって便利なGWK

ATM機を使用する場合、屋外のものより、デパートなど屋内にあるもののほうが安心。オランダはスーパーのアルバート・ハインや雑貨店ヘマの中にはたいていある

相場を知ろう

ベネルクスの旅で思いがけず出費してしまうのが、レストランでの食事代。ディナー代は、カジュアルな店でも4000～5000円ほどはみておく必要がある。ただし、スーパーや市場の総菜、テイクアウトを利用して少し節約することも可能。

バスや地下鉄などの交通費は、ベネルクスの国々では比較的低く抑えられているので、鉄道を除けば1日800～1500円程度。

お金の持っていき方

クレジットカード

多額の現金を持ち歩かなくてよく、主要都市のATM機からの現地通貨の引き出し(キャッシングについては発行金融機関に確認、金利には留意を)、レンタカー借用時に身分証明書の代わりに提示するなど、利用範囲が広い。国際ブランドのカードなら、多くの見どころ、レストラン、ショップなどで使え、現金不可の場合も増えている。タッチ決済機能付きのコンタクトレスカードは、公共交通機関で交通カードと同様にタッチするだけで使えることも多い。

便利な必須アイテムだが、現金払いのみの場合もまだ少しあるし、控えのカードを用意する、現金と併用するなど、紛失や盗難に備えた対策も考えておこう。必ず海外からの非常時連絡先を控えておきたい。ICカード(ICチップ付きのカード)で支払う際は、サインではなくPIN(暗証番号)が必要だ。日本出発前にカード発行金融機関に確認し、忘れないようにしよう。ICチップが付いたカードでないと受け付けてくれないことも多い。

トラベルプリペイドカード

外貨両替の手間や不安を解消してくれる便利なカードのひとつ。多くの通貨で国内での外貨両替よりレートがよく、出発前にコンビニのATMなどで円をチャージ(入金)し、その範囲内で渡航先のATMで現地通貨の引き出しができるので(要手数料)、使い過ぎや多額の現金を持ち歩く不安もない。

両替

オランダ、ベルギーとも、現金の日本円からユーロへの両替が可能だが、日本の空港で両替しておくと、現地での手間が省ける。

オランダの両替所は、手数料などを考えると、GWKを利用するのが無難。鉄道駅など全国に40ヵ所以上のオフィスがある。

ベルギーやルクセンブルクでは、両替所、空港などで両替できる。店によってレートなどにばらつきがあり、レートが悪かったり手数料が高いところもあるので、事前に確認を。

ベネルクスを巡るための

旅の最新＆重要Tips

時代の変化に伴って旅の形や持ち物、注意することも変わってきている。
知っておいたほうがいい旅のTipsをまとめたので参考にしてほしい。

Tips1 キャッシュレス払いが増加中

ベネルクスの国々では、カード払いが主流。現金不可でキャッシュレス支払いのみのミュージアムもあるので、クレジットカードは必須。現金とうまく併用したい。

Tips2 タッチ決済のカードが便利

コンタクトレスカードと呼ばれるタッチ決済できるクレジットカードが使いやすい。一部の交通機関は（オランダでは鉄道を含む大部分）、タッチ式で乗れる。

Tips3 営業時間が流動的

見どころや店舗の営業日時などは、混み具合や人手の有無によって変更される場合も多い。交通機関を含む各種情報は、ウェブサイトで最新情報を確認したい。

Tips4 見どころの予約について

人気が高いアムステルダムの国立美術館やゴッホ美術館、アンネ・フランクの家、マウリッツハイスは要予約なので注意。入口に予約用券売機がある施設も。

Tips5 何かと役立つスマートフォン

ルートの検索、メニューや展示品の解説を日本語表示したりなど、とにかく便利。時間指定制の見どころでも、空きがあれば、その場でスマホから予約ができる場合も。

Tips6 盗難や治安に要注意！

スリや置き引きなどの盗難は、日本に比べて多いので、荷物の管理を厳重に。暴力的な事件も増えているようなので、治安が悪いエリアにはなるべく近づかないように。

旅の準備と技術 最新＆重要 Tips INDEX

旅の情報収集とユースフルアドレス

現地の観光案内所は、オランダでは多くが🆅だが、ℹなど独自のものを使っていることもある。ベルギーとルクセンブルクではℹのマークが目印。駅の近くや町の中心に位置し、地図をもらったり（有料の場合も）、おすすめレストランや郊外へのバスなどについて聞くこともできる。大きな町の観光局は、充実したウェブサイトがあるので、ホテル探しやレストラン探しにも利用したい。

ルクセンブルク市の観光案内所

ユースフルアドレス

日本でのユースフルアドレス

● オランダ王国大使館
住〒105-0011　東京都港区芝公園3-6-3
☎(03)5776-5400
URL www.orandatowatashi.nl

● ベルギー大使館（ビザに関する問い合わせ）
住〒102-0084　東京都千代田区二番町5-4
☎(03)3262-0191(代)
URL japan.diplomatie.belgium.be/en

● ルクセンブルク大公国大使館
住〒102-0081　東京都千代田区四番町8-9　ルクセンブルクハウス1階　☎(03)3265-9621
URL tokyo.mae.lu

オランダのユースフルアドレス

● オランダ政府観光局
URL www.holland.com

● 日本国大使館・領事窓口（デン・ハーグ）
住Tobias Asserlaan 5　➲Map P.142-A2
☎070.3469544
夜間・週末など閉館時でも、緊急の場合は、音声ガイダンスに従い連絡をとることができる。
URL www.nl.emb-japan.go.jp（日本語あり）

※以下はアムステルダム

● 日本航空　☎020.5829477

● KLMオランダ航空　☎020.4747747

● アムステルダム中央駅の郵便局
中央駅IJ出口にある、スーツケースなどを売っているショップService Pointで郵便も扱っている。

● エアポート・メディカル・サービス
Airport Medical Services
スキポール空港出発ホール2階
☎020.6481450/020.6492566 当日払い

● アムステルダム大学医療センターAmsterdam UMC
住Amstelveenseweg 587, Amsterdam
➲Map P.54-A3外　☎020.4444444(代表)
☎020.4443636(救急)

● セントラル・ドクターズ Central Doctors
中央駅IJ出口にある、旅行者でも利用できるホームドクター。併設の薬局で簡単な市販薬も買える。
URL www.centraldoctors.nl
☎020.2357823／☎020.4275011(旅行者用)

ベルギーのユースフルアドレス

● ベルギー・フランダース政府観光局
URL www.visitflanders.com

● ベルギー観光局ワロン地方
URL www.visitwallonia.com

※以下はブリュッセル

● 日本国大使館
住Rue Van Maerlant/Van Maerlantstraat 1
➲Map P.233-C3　☎02.5132340
URL www.be.emb-japan.go.jp（日本語あり）

● 日本国大使館領事部
住日本国大使館と同じ　➲Map P.233-C3
☎02.5000580(領事部直通)

● 郵便局 ドゥ・ブルッケール De Brouckere
住Boulevard Anspach 1　➲Map 折込3表A2

● クリニック・サン・ジャン Clinique Saint-Jean
住Boulevard du Jardin Botanique 32
➲Map 折込3表C1　☎02.2219111
URL www.clstjean.be

● サン・ピエール総合病院 CHU Saint-Pierre
住Rue Haute 322　➲Map 折込3表A5
☎02.5353111(大代表)
URL www.stpierre-bru.be

ルクセンブルクのユースフルアドレス

● ルクセンブルク観光局
URL www.visitluxembourg.com

● 日本国大使館
住Ave. De la Faïencerie 62, L-1510 Luxembourg
➲Map P.389-1　☎4641511
URL www.lu.emb-japan.go.jp

ベネルクスへのアクセス

空路で

どの航空会社を選ぶか

日本からベネルクス3国へ入るには、オランダのアムステルダムかベルギーのブリュッセルまで飛行機で飛ぶのが最短の方法。

2023年9月現在、アムステルダムまではKLMオランダ航空、ブリュッセルへは全日空が直行便を運航している。いずれも所要11〜12時間ほど(2023年9月現在、直行便の所要時間は2〜3時間ほど長い)。日本を昼前後に出発してその日の夕方にはアムステルダムやブリュッセルに到着する。ルクセンブルクへは、日本からの直行便がないので、近隣国での乗り継ぎとなる。

日本航空、ヨーロッパ系の航空会社で近隣国の都市まで飛んで、そこからベネルクスの国々へ飛行機を乗り継ぐのも一手。ヨーロッパ内は便数も多いので、その日のうちにアムステルダムやブリュッセルに到着することも可能だし、乗り継ぎ都市でストップオーバー(途中降機)することもできる。これらのヨーロッパ系と日本の航空会社、いわゆるメジャーキャリアの場合、格安航空券はFIX(帰りの予約を出発前に入れておき、現地での変更はできない)という設定になる。長く旅行する人には向かないが、オーバーブッキングなどのリスクが少なく便数も多いので、日程に余裕のない人はこちらのほうが確実でいい。

一方、より安く、より長期に、というのであれば、アジア系の航空会社が、自国の都市を経由してアムステルダムあるいはブリュッセルまで飛んでいる。アジア系の航空会社は、ほとんどが南回りのため時間がかかるが、こちらなら1年間オープンというチケットもある。また、途中ストップオーバーできることが多いので、アジアの旅も同時に楽しめる。

航空券の種類

航空券は、大きく分けて、正規運賃航空券(ノーマル航空券)、正規割引航空券(ペックスPEX航空券)、格安航空券(IT航空券)」の3種類がある。ほかにも、各社独自の運賃体系をもっている場合もあるが、このなかで、実際に利用する価値があるのは、おなじみの格安航空券と、ゾーンPEXと呼ばれるPEX運賃による航空券だ。正規運賃航空券は、さまざまな面で自由度が高いが、割引がないので価格が高い。

詳しい情報はそれぞれの航空会社や旅行会社の人に尋ねたり、旅行情報などをじっくりと読んで、常によい旅を作るための情報を探すようにしたい。

KLMオランダ航空
☎(03)5767-4149
URL www.klm.co.jp
<成田→アムステルダム>
毎日　KL862便
11:30発→17:30着
<アムステルダム→成田>
毎日　KL861便
12:30発→翌日9:45着
<関西国際→アムステルダム>
火・木・土　KL868便
11:05発→17:30着
<アムステルダム→関西国際>
月・水・金　KL867便
12:55発→翌日9:35着
('23年10/29〜'24年3月の予定)

全日空
☎0570-029-333
URL www.ana.co.jp
<成田→ブリュッセル>
水・土　NH231便
10:50発→17:30着
<ブリュッセル→成田>
水・土　NH232便
20:50発→翌日18:25着
('23年10/29〜'24年2月の予定)

日本航空
☎0570-025-031
URL www.jal.com

オランダの空港
スキポール空港のほか、ロッテルダム、アイントホーヘン、マーストリヒトなどに空港がある。ロッテルダム、アイントホーヘンはロンドンなどヨーロッパの都市からの便もある。

ベルギーの空港
ブリュッセルのほか、アントワープ、オステンド、シャルルロワ、リエージュなどに空港がある。国内線やヨーロッパ線がおもな運航路線。

スキポール 空港

Tips　2019年1月7日より、日本人(2歳以上)を含むすべての日本出国者にひとり当たり1000円の日本出国税が課せられた。航空券購入時などに合わせて請求される。

国際列車の予約と料金
ユーロスター（タリスはユーロスターに名称変更された）、TGVは要予約で、鉄道パスを持っていても追加料金がかかる場合があるが、ICは国内列車同様で予約・追加料金は不要。

オンラインでチケット購入
オランダ鉄道のウェブサイトでは、一部のチケットを除くユーロスター、ICでのドイツやベルギーへのチケットがオンラインで購入できる。マスターカードかビザ、アメックスのクレジットカードが必要。
国際線の問い合わせ、チケット予約（有料）はNSインターナショナル・サービスセンターで。
☎030.2300023
URL www.nsinternational.com

オランダ鉄道NSのアプリ
列車のスケジュール検索、チケット購入、最新運行情報などがわかる。国際列車用のNS Internationalのアプリもある。

列車で

ヨーロッパ各国間を結ぶ国際列車網の発達はめざましく、ヨーロッパの主要都市とベネルクス各国を結ぶ国際列車も多い。国際列車の高速列車化も進んでいる。

オランダへ

ブリュッセル〜アムステルダム間は、国際高速列車ユーロスター（所要約1時間50分）とIC（所要約2時間50分）が走っている。ドイツのフランクフルト、ケルンからは高速列車ICEが結んでいる。フランクフルトからは約4時間。ケルンからは約2時間50分。ベルリンからはICで約6時間25分。フランスのパリからはユーロスターが運行。ブリュッセル経由で所要時間は約3時間20分。

オランダの普通列車

ベルギーへ

ブリュッセル 中央駅のホーム

首都ブリュッセルまで、フランスのパリからは国際高速列車ユーロスターが運行。所要時間は約1時間30分。このほかにも、パリCDG空港、南仏方面からのTGV国際線の運行がある。イギリスのロンドンからもユーロスターが運行。所要時間は約2時間。ドイツのケルンからはユーロスターとICEが運行。

ルクセンブルクへ

ルクセンブルク中央駅まで、フランスのパリからTGV国際線が運行。所要時間は約2時間10分。ブリュッセルからは直通列車で約3時間。ベルギーのリエージュからは約2時間40分。ドイツのコブレンツからはREが運行している。

フリックスバスの便数
●アムステルダムから
ブリュッセルまで…毎日17〜36本ほど、2時間45分〜4時間35分。
パリまで…毎日10〜19本ほど（夜行もあり）、6時間35分〜8時間45分。
ロンドンまで…毎日2〜7本（夜行もあり）、11時間〜12時間35分。
●ブリュッセルから
アムステルダムまで…毎日21〜30本ほど、2時間40分〜4時間15分。
パリまで…毎日15本ほど、3時間50分〜5時間15分。
ロンドンまで…毎日5〜7本ほど、約8時間〜12時間20分。夜行あり。
※上記、フリックスバスの便数、料金などは2023年9月現在。ハイシーズンとローシーズンで料金などは異なる。詳細はウェブサイトやオフィスで確認を。
URL www.flixbus.com

バスで

フリックスバスFlixbusは、ヨーロッパの主要都市を結んで走る長距離バス。時間は鉄道よりかかるものの料金は安く、アムステルダム、ブリュッセル、パリ、ケルン、ロンドンなど、ヨーロッパの主要都市をダイレクトに結んでいる。夜行バスも多く、時間の節約になるのも魅力のひとつだ。

空きがあれば、その場で運転手からチケットを購入して乗車することもできるが、夏休みなどハイシーズンや現地の学校休暇の時期は混み合うことも多いので、早めに予約するのが無難。

鉄道旅行を便利にするフリーパス

ベネルクスを鉄道で旅するためのフリーパスには以下のものがある。決められた期間内なら乗り降り自由、急行・特急料金も不要という便利なものだが、旅行日程によってはモトが取れないこともあるので、よく考えて購入しよう。

ユーレイルパスは、28歳以上の大人のほか、12～27歳のユース、4～11歳の小児、60歳以上のシニアで料金設定が異なる。

● ユーレイル 1ヵ国パス　ユーレイルベネルクスパス

オランダ、ベルギー、ルクセンブルクの3ヵ国で通用（オランダ、ベルギー、ルクセンブルクは、ベネルクスとして1ヵ国扱いとなる）。有効期間1ヵ月のうち、3・4・5・6・8日分利用できるフレキシータイプの鉄道パス。料金は3日分の場合1等€174、2等€137。8日分で1等€329、2等€259。日本の旅行会社などで購入可能。

● ユーレイルグローバルパス

オランダ、ベルギー、ルクセンブルクをはじめ、ヨーロッパ33ヵ国で使用できる。連続する15日・22日・1ヵ月・2ヵ月・3ヵ月有効のパスのほか、好きな日を選んで乗れるフレキシータイプのパスもある。フレキシーパスは、有効期間1ヵ月のうち4・5・7日間利用できるもの、有効期間2ヵ月で10・15日間使用できるものがある。

1ヵ月有効で4日分の場合1等€359、2等€283。7日分で1等€484、2等€381。連続する15日有効のものは1等€605、2等€476。

ユーレイル加盟国
オランダ、ベルギー、ルクセンブルク、ドイツ、フランス、スイス、オーストリア、イタリア、スペイン、ギリシア、ポルトガル、アイルランド、デンマーク、ノルウェー、フィンランド、スウェーデン、ハンガリー、ルーマニア、クロアチア、スロベニア、チェコ、スロヴァキア、ブルガリア、トルコ、ポーランド、セルビア、モンテネグロ、ボスニア・ヘルツェゴビナ、北マケドニア、イギリス、リトアニア、エストニア、ラトビアの33ヵ国。
URL www.eurail.com

左記のパスは、オランダ鉄道（NS）、ベルギー国鉄（NMBS/SNCB）、ルクセンブルク国鉄（CFL）の鉄道で利用できる。ユーロスター（旧タリス）を利用する場合は、座席予約と追加料金が必要。またスキポール空港～ロッテルダム間の高速新線経由のICDを利用する場合も追加料金が必要。

鉄道パスもアプリに
左記の鉄道パスは「Eurail/Interrail Rail Planner」というスマートフォンのアプリで使うタイプになっている。アプリで乗車区間や時間を検索して指定しておき、改札でタッチをするか、検札の際に画面を見せる。

鉄道パスが購入できる
EURO RAIL by World Compass（株式会社ワールドコンパス）
ヨーロッパ鉄道の手配豊富なスタッフが対応。鉄道パス、ユーロスターなどのヨーロッパの鉄道チケットを扱っている。
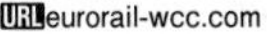eurorail-wcc.com

ベネルクスとは何か？

あなたはベネルクスとは何か、知っていますか？ ベルギー、オランダ（ネーデルラント）とルクセンブルクのことで、その頭文字を合わせてBENELUXと呼ぶ。それは正しい。しかし、日本人にとってはなじみの薄いBENELUXというこの名前は、いつ、なぜ、どうして使われるようになったのでしょう。

ベネルクスはもともとはベルギーとオランダ、ルクセンブルクの経済同盟のことを指します。ベルギーのブリュッセルはEUの本部がある「欧州の首都」であることはよく知られていますが、欧州全体の統合に先駆けて、この3国が経済同盟をつくることを決めたのは第2次世界大戦中のこと。ベルギー・オランダ両国の経済対立を回避するため、3国の亡命政権の間で話がまとまりました。後にベネルクス経済同盟の成功の経験が欧州統合へと発展していったのです。これが3国が今でも欧州統合に熱心であることの理由のひとつです。

では、なぜ一緒にならないか？　確かに中世に栄えたブルゴーニュ公国（美食とワイン！）はブリュッセルを首都とし、現在のベネルクスからディジョンまでの版図を誇ったのは事実です。しかし、かつて3国がナポレオン戦争後にひとつの国として独立したとき、王ウィレム１世がオランダ中心の、今でいえば「イジメ」に近い政治を行ったことが、直接の3国分裂の原因です。

また、おおざっぱにいえば、オランダはゲルマン・プロテスタント中心の海洋国家なのに、ベルギーとルクセンブルクはラテン・カトリックが中心の内陸国家でもあります。

3国は、それぞれの国民性を生かしつつ、戦後お互いの間でパスポート・コントロール、関税、為替変動といったヒト・モノ・カネの「壁」を取り除いてきました。「壁」のない領域は、EC/EUに代表される西欧へ、そして中・東欧へと広がっていきました。欧州全体に先駆けて国境を取り去った「欧州統合の実験室」、それがベネルクスなのです。

(Masahide KOBAYASHI)

ベネルクスへの入国と出国

入国について
各国の入国時の免税範囲や入国・空港情報は下記を参照。
オランダ→P.47～48
ベルギー→P.225～226
ルクセンブルク→P.387

ベネルクス3国への通貨持ち込み、持ち出しについて
€1万以上に当たる通貨などのEU圏内への持ち込み、持ち出しについては、税関への申告が必要。多額の現金を持ち込む場合には注意をしておきたい。
なお、スキポール空港にて、€1万以内の外貨持ち込みであったにもかかわらず、空港で罰金の支払いを要求されたという読者からの報告もある。このようなことがあった場合、現地の日本国大使館・領事館などに事情を伝え、できるだけ早めの対処を求めるのが良策といえるだろう。

日本への持ち込み制限品
機内で配られる「携帯品・別送品申告書」に記入して、日本の空港の税関に提出する。課税された場合は税関前の銀行で所定の税金を納める。
別送品のある人も申告する必要がある。別送品の申告は、入国(帰国)後にはできなくなるので注意すること(その後は一般貿易品と同じ扱いになる)。
●税関 URL www.customs.go.jp
また、「動物検疫」や「植物検疫」についても注意したい。肉・肉製品の持ち込みには日本向けの検査証明書が必要だが、取得は困難。免税店で販売されているものを含め、基本的に持ち込みは不可と考えたほうがいい。乳製品は、チーズは個人使用で10kg以下ならOKだが、生乳はNG。植物についても出発前に要確認。ほとんどの植物については、輸出国政府機関が日本向けに発給する検査証明書が必要。
●動物検疫に関する情報
(農林水産省動物検疫所)
URL www.maff.go.jp/aqs/
●植物検疫に関する情報
(農林水産省植物防疫所)
URL www.maff.go.jp/pps/

免税店の球根など
免税店で販売されているチューリップの球根などの植物類については、輸出国政府機関が日本向けに発給する検査証明書(Phytosanitary Certificate)を取得したものでなければ持ち込みできないので注意。

入国に当たって

オランダのスキポール空港での入国審査は、パスポートを見せるほか、場合によっては滞在場所、滞在期間、帰りの航空券を持っているかなどの質問があることも。入国カードは必要ない。

ベルギーのブリュッセル空港からの場合、シェンゲン協定加盟国(→P.400)経由で入国すると(ターミナルA)原則として入国審査は行われないが、イギリス経由の場合(ターミナルB)は入国審査がある。日本からは入国審査がある。入国カードは不要。

ベネルクス3国間を列車で移動する場合は、一般的に入国審査などはない。

スキポール空港の荷物受け取り所(左)と出口付近(右)

出国に当たって

出国時のリコンファーム

リコンファームとは、出国の72時間前までに航空会社に連絡を取り、予約を確認すること。これをしておかないと、予約が取り消されてしまうこともあるので、注意したい。現在KLMオランダ航空や全日空をはじめ、日系やヨーロッパ系の航空会社はリコンファーム不要となっているが、要不要がわからない場合、出発前の搭乗手続きの際に、航空会社のカウンターで確認しておくといいだろう。帰国の日時が決まった航空券を持った短期滞在なら、到着した空港の当該カウンターで済ませてしまうと簡単だ。

リコンファームの仕方は、電話または各航空会社の窓口で、氏名、搭乗日、行き先、便名を告げる。

空港へ

出発する都市によって異なるが、シャトルバスや列車を利用する場合には、時刻などを確認しておくと安心。空港には、搭乗の2～3時間前には着いておくといいだろう。空港で付加価値税の払い戻し(→P.428～429)や、免税店での買い物を予定している人は、

Tips 2024年(予定)より、日本国民がビザなしでシェンゲン協定加盟国(→P.400)に入国する際、ETIAS電子認証システムへの申請が必須となる見込み。

早めに到着しておきたい。

空港までタクシーを利用する予定で、早朝に出発する場合は、ホテルのフロントでタクシーを予約してくれるよう頼んでおこう。

出国手続き

通常は航空会社のカウンターで搭乗手続きをし、スーツケースなど機内預けの荷物を預ける。窓口でeチケットの控えか印刷した搭乗券とパスポートを提示すること。スキポール空港のKLMでは機械でのセルフサービスのチェックイン後、荷物を預ける。

出発30分前には搭乗ゲートに着いているようにしよう。搭乗ゲートまで時間がかかることもあるので、自分のいる位置と搭乗ゲートまでの距離を確認しておくといいだろう。免税店での買い物は、搭乗ゲートに行く前に済ませよう。なお、空港使用税は航空券に含まれている。

日本への持ち込み規制に注意したい。植物や畜産物には日本への持ち込みができないものもある。検査対象品は、日本入国時の税関検査の前に動物検疫・植物検疫カウンターにて検査が必要。

免税店で

ヨーロッパ最大規模のスキポール空港の免税店には、ダイヤモンド、デルフト焼をはじめ、チョコレート、チーズなどのオランダの名産物に加え、酒、たばこの種類も多い。日本へのおみやげになりそうな品もあるので、早めに空港に到着して探してみるのもいい。ユーロが余っているのなら、空港内のカジノに繰り出すという手もある。

出国審査後にある、ミッフィーグッズも買えるおもちゃ屋

ブリュッセル空港には、種類はかぎられるが、ゴディバ、ノイハウスなど、さまざまなチョコレートも売っているので、空港で追加購入することもできる。

機内　日本入国

荷物を別便で日本に送付した人や免税範囲を超えた買い物をした場合は「携帯品・別送品申告書」に記入しておこう。免税範囲内でも申告書を書き提出する必要がある。また、機内でも免税品を購入できる。

携帯品・別送品申告書

この申告書に記載したとおりである旨申告します。

署名

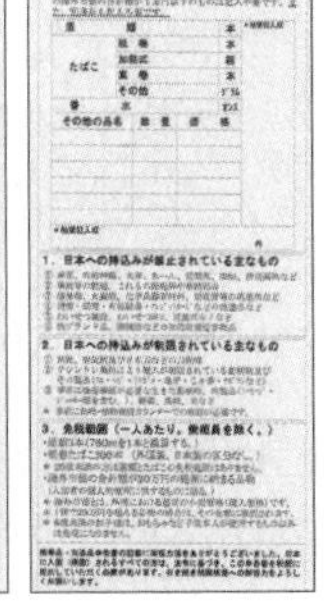

酒類		本
たばこ	紙巻	本
	加熱式	箱
	葉巻	本
	その他	グラム
香水		オンス

その他の品名　数量　価格

1. 日本への持込みが禁止されている主なもの

2. 日本への持込みが制限されている主なもの

3. 免税範囲（一人あたり。乗組員を除く。）

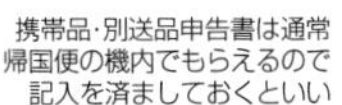

携帯品・別送品申告書は通常帰国便の機内でもらえるので記入を済ましておくといい

Tips 日本出入国の際に顔認証ゲートを利用すると、パスポートへのスタンプは省略される。顔認証ゲートは、成田、羽田、関西空港などに設置されている。

日本帰国時の免税基準
紙巻きたばこのみの場合200本、加熱式たばこのみの場合は個装など10個（1箱あたりの数量は紙巻きたばこ20本に相当する量）、葉巻たばこのみの場合50本、2種類以上のたばこがある場合は250gまで。酒類は760mℓ程度のもの3本。香水2オンス（約56cc）。その他の品目は海外市価の合計額20万円まで。ただし、1品目ごとの海外市価の合計額が1万円以下のものは合計額に含まれない。
※未成年者の場合は、酒類とたばこは免税にならない。

機内持ち込み手荷物の制限
あらゆる液体（歯磨き、ジェル、スプレーを含む）は、100mℓ以下の容器に入れ、再封可能なプラスチック製の袋（ジップロックなど。マチのない袋20cm×20cm）に余裕をもたせて入れること。袋はひとりひとつのみ。ただし、医薬品、乳幼児食品（ミルク、離乳食）などは除外される（客室内で必要な量のみで申告が必要）。詳細や最新情報は、利用航空会社や下記ウェブサイトなどで確認を。
また、預け入れ荷物の中にライターを入れることはできないので要注意。リチウム電池を内蔵した電子機器を預け荷物にする場合は電源を切るなどの規定あり。
国土交通省
URL www.mlit.go.jp
成田空港
URL www.narita-airport.jp/jp/security/homework

電圧について
日本とは異なるので、電気製品を持っていく場合には確認を。変圧器は成田空港などでも購入可能。

ビデオ、DVDに注意
ベネルクスで購入したDVDやブルーレイは、基本的に日本のデッキで観ることはできない。

スキポール空港の出国審査前、到着口あたりにあるスーパー、アルバート・ハイン

コピー商品の購入は厳禁！
旅行先では、有名ブランドのロゴやデザイン、キャラクターなどを模倣した偽ブランド品や、ゲーム、音楽ソフトを違法に複製した「コピー商品」を、絶対に購入しないように。これらの品物を持って帰国すると、空港の税関で没収されるだけでなく、場合によっては損害賠償請求を受けることも。「知らなかった」では済まされないのだ。

ベネルクスの国内交通

普通列車Sprinter。1等か2等かは車両に書いてあるので確認を

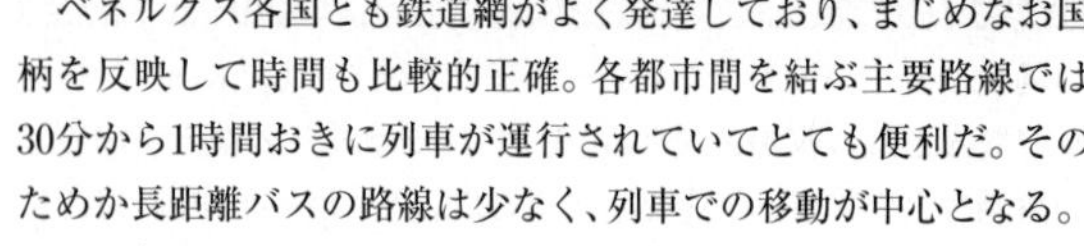

ベネルクス各国とも鉄道網がよく発達しており、まじめなお国柄を反映して時間も比較的正確。各都市間を結ぶ主要路線では30分から1時間おきに列車が運行されていてとても便利だ。そのためか長距離バスの路線は少なく、列車での移動が中心となる。

また各国の都市を結ぶ国際列車の本数も多く、出入国手続きも不要。ヨーロッパにあって日本にないもの、陸続きの国境を実感することだろう。

1等の車内

オランダ

鉄道

オランダ鉄道の名称はNederlandse Spoorwegen、略してNS(一部は別会社の運営だが、連絡切符を購入することができる。OVチップカールトの場合はP.411の注意点参照)。主要都市間では15~30分間隔、ローカル路線でも1時間に1本と運行本数も多く、発着時刻も正確。駅構内に黄色の時刻表が張られているが、事前に詳しく調べたい場合にはNSのウェブサイトで検索することもできる。

鉄道チケット売り場

オランダの鉄道料金
アムステルダム中央駅から(2等)
~ロッテルダム　€17.90
~ユトレヒト　€8.80
~マーストリヒト　€29.40
~グローニンゲン　€29.40
乗車券の有効期間は印字日付の翌朝4:00まで。往復切符は、その日のうちに往復する場合に有効。途中下車も可能。なおオランダ国内の列車は、国際列車ユーロスター、ICE(予約も可)を除き、すべて自由席。
URL www.ns.nl

とっても便利な9292.nl
このウェブサイトでは、オランダの鉄道だけでなく、バス、トラム、メトロなども含むドアツードアのルートや発着時刻などを検索できる。また、最新の運行情報も確認できるので、運行が乱れがちなバスに乗るときにも心強い。スマートフォン用のアプリをダウンロードすることも可能。
URL 9292.nl

列車の種類

オランダの高速新線を走る国際特急ユーロスターやICEのほかに、次のような列車が走っている。

■Intercity Direct(特急列車)

高速新線を使っており、スキポール~ロッテルダムに乗車する場合は、特急料金が加算される。アムステルダム~スキポール~ロッテルダム~ブレダで運行。

■Intercity(急行列車)　IC

オランダ国内の主要都市間を結ぶ。ICと表示されることもある。

■Stoptrein、Sprinter(普通列車)

各駅停車。ICとの接続はよい。

黄色い2階建ての車体が印象的

切符の種類

片道・往復の紙の使い捨てIC切符のほか、オランダ全国共通のOVチップカールト、1日乗り放題の特別切符(いずれも現地で購入)などがある。NS以外のオランダの列車でも有効。また、OVチップカールトの代わりに、コンタクトレスカード(タッチ決済付きのクレジットカード。ビザかマスター)を使うこともできる。

■OVチップカールトOV-chipkaart

オランダ全国の公共交通機関で使える交通ICカード。日本のSuicaと同じようなカードで、一定の金額をチャージしておけば、切符を購入する手間なしに、公共交通機関に自由に乗り降りできる。列車だけでなく、トラムやメトロ、オランダ全国のバスでも使用可能。購入は駅窓口のTickets & Serviceか券売機などで。

▶ OVチップカールトの種類と料金

旅行者は無記名タイプを使う。乗車時の読取器にタッチ(チェックイン)すると、初乗り料金として必要な金額(NSは€20、おもなトラムやバスでは€4)が差し引かれ、降車時の読取器へのタッチ(チェックアウト)で距離に応じた乗車料金が精算される仕組み。そのため乗車前に初乗り料金以上の金額をチャージしておく必要がある。カード購入は€7.50(4〜5年有効)。

▶ OVチップカールトの使い方

券売機などで必要金額をチャージ(英語表示はTop up、Reload、Add Valueなど)し、乗降時に読取器にタッチする。なお、鉄道利用の前に、NSの券売機で1等料金か2等料金かを登録して、カードを有効化(Activate)すること。ただし、NSの券売機でチャージをしたらその時点で2等利用が有効になっている。

OVチップカールト使用の注意点

▶降車時にも必ず読取器にタッチ!
改札があればいいが、ホームに立つ読取器では忘れがちなので注意。チェックアウトした時点で料金が精算される仕組みなので、降車時に読取器にタッチしないと、チェックイン時の乗車料金(€20。おもなトラムやバスは€4)が引かれたままで精算されない。何回も忘れて利用停止になった場合は窓口へ。なお、チェックアウトをし損ねた場合でも、チェックインから6時間以内だったら、チェックアウトできる。
また、列車からメトロなど、違う乗り物に乗り換えるときや、NSから別会社の列車に乗り換えるときは、つながった駅であっても、それぞれの乗降時に読取器にタッチするのを忘れずに。

▶特急列車に乗車するときの注意
特急列車Intercity Directに乗車する際には、乗車料金用の普通の読取器にタッチする以外に、特急料金(サプリメント料金)用の「Toeslag」と上部に書かれた、赤い円の読取器にもタッチしなければならない。これは乗車時のみでOK。

▶紛失・盗難に注意
無記名のOVチップカールトは、紛失・盗難時の補償はされないので取り扱いに注意。

自動改札でも、読取器に切符やカードをタッチして通る

券売機は、OVチップカールト専用(右)と紙の切符も購入できるタイプ(左)などがある

切符は乗車前に購入を
無人駅で自動券売機が壊れていたり、小銭がなくて切符が購入できなかった場合は、出発前に車掌に申し出ること。出発後に切符を持たずに乗車したことがわかった場合、€50の罰金と切符代を徴収される。

紙の使い捨てIC切符
窓口でも券売機でも、1枚につき追加料金が€1かかるので、往復する場合は往復切符を買ったほうがお得。OVチップカールトは追加料金がかからない。購入は乗車当日のみで、途中下車可能。

OVチップカールトについて
オランダ鉄道のウェブサイトにはOVチップカールトの買い方や使い方、チャージの説明がある。
URL www.ns.nl/en/travel-information/traveling-with-the-ov-chipkaart

バス、トラム、メトロの乗り換え
OVチップカールトを使って乗り換える場合、35分以内に乗り換えれば、2度目の基本料金を払わなくてもいいので割安。

OVチップカールトの返金
公共交通機関の窓口でのカード内の残金払い戻しは、€30まで。€30以上の残金の返金を希望する場合は、カードを無効化することを条件に、指定用紙に記入し、OVチップカールトを提出すると返金してもらえる。

改札にある読取器(上)と駅構内に立っているタイプの読取器。いずれもタッチ決済式のクレジットカードでも使える。乗降時にタッチするのを忘れずに

降車時にタッチし忘れた場合
オンラインで返金請求ができる。下記のウェブサイトで詳細を入力し、OVチップカールトにリチャージできるが、乗車情報の確認に2週間以上がかかることもある。
URL www.uitcheckgemist.nl

ホームナンバーに注意
ホームではaかbかも注意したい。同じホームをふたつに区切って利用しているので、aとbでは行き先が違う。また同じ列車でも途中の駅で切り離されることがあるので、行き先をよく確かめること。

オランダ駅構内のコインロッカーについて
おもな町には駅構内にコインロッカーが設置されている。ただし、コイン使用不可。ビザとマスターカードのクレジットカードは使用できる。

このサインがある車両では、おしゃべりせず静かに

ホーム付近

Qライナー
アルクマールから大堤防を渡ってフリースランドに向かうときにはQライナーQ Linerと呼ばれる快速バスを利用する。

締切大堤防を渡ることができるQライナー

列車を利用しながら自転車でオランダを回る
鉄道の駅で自分のものと一緒に自転車用の切符を買い、自転車のマークが付いた車両に自転車を積む。土・日曜、祝日と7・8月は無条件で、オランダ中に自転車を運ぶことができるが、これ以外の時期は6:30〜9:00と16:00〜18:30のラッシュアワーには自転車を列車に積むことはできない。目的地にかかわらず自転車用切符は1日券で€7.50。

■**1日券 Dagkaart**　列車が1日乗り放題で1等€99.96、2等€58.80。

■**ホランド・トラベル・チケット Holland Travel Ticket**

オランダ国内の公共交通(列車、バス、トラム、メトロ)に乗れる1日券。6:30以前と9:00以降のOffPeakが€48(土・日曜は1日中有効)、時間制限がなく1日中使える1日券が€70。ユーロスター乗車不可。Intercity DirectやICEに乗る場合は追加料金が必要。

利用の仕方

先述のOVチップカールトやコンタクトレスカードを利用するか、紙の使い捨てIC切符などを購入する。切符の購入は駅窓口のTickets & Serviceか券売機で。アムステルダム中央駅の裏出口側のOV Service & Ticketsでは、鉄道と市内交通の窓口が1ヵ所にあり便利。券売機は、現金(コインのみ)、ICチップ付きのクレジットカード(アメックス、ビザ、マスター)が使用できる。切符なしで乗車した場合、罰金€50と切符代を支払うことになる。窓口では、行き先と乗車日、1等First classか2等Second classか、片道Singleか往復Returnかを告げればいい。

大都市には、中央駅CS(Centraal Station)のほかにいくつかの駅があるので注意したい。構内には黄色に青文字の出発用vertrekの時刻表がある。乗り場を確かめてホームSpoorへ。

自動改札の駅も多いが、そうでなければ、読取器に、乗降時とも忘れずにタッチすること。検札はよくある。列車に乗る際には、扉の上か横にあるボタンを押してドアを開ける。降車の際も同様に、自分でドアを開けること。

時刻表で列車を確認

バス

都市間を結ぶバスが、小さな地方都市まで路線を延ばしているので便利。インターライナーInterliner、QライナーQ linerなど、運営会社によって呼び名が違い、料金体系なども路線や区間によって異なる。OVチップカールトやコンタクトレスカードが使用できるが、ない場合は、行き先を告げ運転手から1回券などを購入する。チケット購入は、多くのバス路線で車内での現金払いは不可。クレジットカードなど、カード類での支払いとなる。

自転車

一部の鉄道駅に併設されている自転車店では、いくつかのタイプの自転車が用意されており、1日€10(盗難保険付き)ほどでレンタルすることができる。町なかの自転車店でもレンタルでき、料金は€12〜15前後。ただし、デポジットとして現金かクレジットカードの提示やパスポートなど身分証明書が必要。

自転車を載せてもいい車両

Tips オランダでは、アムステルダム、デン・ハーグ、ロッテルダムなどのエリアで、配車サービスUberが利用できる。ドライバー評価を確認するなどトラブル防止に努めよう。URL www.uber.com

ベルギー

鉄道

ベルギー国鉄はSNCB(フランス語。オランダ語ではNMBS)と呼ばれる。ベルギーの鉄道網は、ブリュッセルを中心に四方に延びている。北部のフランドル地方を列車で旅するのに不便はないが、ベルギー南東部のアルデンヌ地方の鉄道旅行となると、運行本数も少なく、鉄道網も完璧とはいえない。

列車の種類

国際特急TGV、THA(タリス)、ICEなどのほかに、次のような列車が走っている。

■Intercity(IC 都市間快速急行)

ベルギー国内の主要都市間を結んで走る。

■Local(L 普通列車)　地方の小都市を結ぶ。各駅停車。

切符の種類

片道・往復切符のほか、以下の割引切符がある。購入は現地またはオンライン(Go Pass 10とStandard Multiは不可)で。

■ゴー・パス 10(ユース・マルチ)　Go Pass 10(Youth Multi)

10回分列車(2等車)に乗れる。26歳未満のみ。何人かでひとつのパスを使うことができ、乗車前に曜日、年月日、出発・到着駅名を券に記しておく。乗車当日に書き込むこと。料金は€59、1年間有効。26歳未満のみで1回分列車(2等)に乗れるYouth Ticket€7.10もある。26歳以上の場合は、Standard Multi(1年に10回乗車可能、グループで使用可能。1等€146、2等96)で。

■ウイークエンド料金　Week-End Ticket

金曜19:00以降に出発し、その週の日曜までに帰着する場合、往復切符が約50%割引になる。購入の際には、いつ帰るか告げておくといいだろう。日帰りの場合は、土・日曜のみが対象となる。

ほかに、65歳以上のシニアチケット1回券2等€7.80(往復、当日利用、平日は9:00以降のみだが週末は時間制限なし)などもある。

白のベースに黄・赤・青が効いたデザイン

ベルギーの鉄道料金
ブリュッセルから(2等)
〜ブルージュ　€16
〜ゲント　€10.20
〜アントワープ　€8.40
〜リエージュ　€16.80
〜ナミュール　€10.20
乗車券の有効期間は当日かぎり(週末の往復チケットは除く)。なおベルギー国内での座席の予約はできない。
URL www.belgiantrain.be

ベルギー駅構内のコインロッカーについて
ブリュッセルのほか、ブルージュ、ゲント、アントワープ、リエージュ、ナミュールなど、おもな町には駅構内にコインロッカーが設置されている。コインのみ使用可。大型スーツケース用は数がかぎられているうえ、故障中のものもある。

ベネルクスの鉄道は全面禁煙
ユーロスターをはじめ、オランダ、ベルギー、ルクセンブルク各国で、列車内は禁煙となっている。

自動券売機

ブリュッセル中央駅の窓口

列車の扉はボタンを押して開ける

ベルギーではオランダ語圏の駅から出る場合、駅名表示はオランダ語になる。たとえばルーヴェン駅ホームの表示板では、リエージュ・ギーメン駅Liège-GuilleminsはLuik-Gullemins なので注意

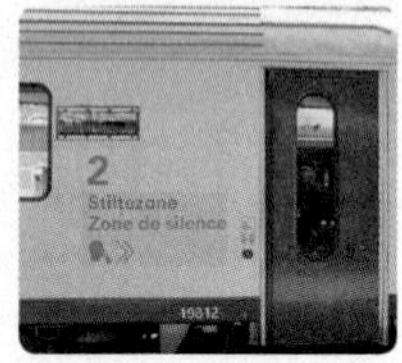

ベルギーの列車にも静かに過ごすサイレントゾーンの車両がある

自転車レンタル Blue-bike
ブリュッセル中央駅近くのPoint Velo内にあるレンタル店。事務所のすぐ裏に駐輪場があり、サドルの高さの調節もやってくれる。
住Carrefour de l'Europe 2
➡Map P.234-B2
営月～金 7:00～19:00
料契約料1年€12。24時間€1.50、24～48時間プラス€3.50。料金は変更もあるので要確認。
URLwww.blue-bike.be

ブリュッセル(上)とブルージュ(下)の駅前の自転車レンタル

ルクセンブルク国鉄
☎24892489
URLwww.cfl.lu

ルクセンブルクの鉄道料金
2020年3月から、ルクセンブルクの国内公共交通機関は、すべて無料化された。ただし、1等のみ有料。

利用の仕方

大都市には複数の駅があり、メインの駅が必ずしも中央駅とは呼ばれていないので注意が必要。切符の窓口は、大きな駅の場合、国内線と国際線に分かれている。

切符は窓口や自動券売機で購入できる。窓口では、行き先、乗車日、片道Singleか往復Returnか、1等First classか2等Second classかを告げること。自動券売機でも同様に買うことができ、英語表示にして、クレジットカードも使える。Go Pass(Youth Multi)やStandard Multiなども購入可能。

切符を受け取ったら、内容の確認をしておこう。改札口はないので、モニターや時刻表で乗り場を確かめ、直接ホームVoie/Spoorへ。ホームの番号のあとにaかbが付いていたら、ホームの前後2ヵ所から異なった行き先の列車が発車するので注意すること。オランダほど厳しくないが検札もある。

自転車

鉄道駅から町の中心まで距離があるときには自転車の利用が便利。田舎に行くとバスの便も少なく、自転車はベルギーの田舎巡りにはとても役立つ。

ベルギーの41の国鉄駅に設けられた、Point Velo(オランダ語はFietspunt)という看板がある所で自転車をレンタルできる。ブリュッセル中央駅、ゲントのふたつの駅(→P.314)、ブルージュ駅前(→P.297)でもレンタル可能。いくつかのレンタル会社がある場合、レンタル会社によって契約手数料や利用の仕方、レンタル料金が異なる。

ルクセンブルク

ルクセンブルク国鉄CFLと国鉄バスCFL Busが国内の主要路線を走っている。主要な地方都市には国鉄が通っているが、本数は多くない。国鉄バスも国内各地に路線をもつが、やはり便は多くない。道路が整備され、自動車で国内を動くのが一般的なルクセンブルクでは、必ずしも旅行者が利用しやすいように国鉄や国鉄バスが用意されていないのが実情だ。

ルクセンブルク駅に停車する列車

Tips ベルギーでは、ブリュッセル、アントワープ、ゲント、ハッセルト、ルーヴェンなどのエリアで、配車サービスUberが利用できる。

ベネルクスの自動車旅行

レンタカーや地図の準備

レンタカーを借りる場合、日本で手続きをしておくと安心。日本でもおなじみのアメリカ資本のエイビスAvisやハーツHertzはヨーロッパ中にネットワークをもっているので、ベルギーで借りてオランダで返すこともできる(乗り捨て=Rent it hereまたはRent it thereあるいはOne wayと表示)。地元資本のEuropcarなども全ヨーロッパに支店があり、乗り捨て料は国内の主要都市間では不要。国外への持ち出しは車種にもより、条件や手数料など要確認。

大手のレンタカー会社ほど、借りる際の年齢制限や身分証明書などを厳しくチェックしている。一般に23歳以上、ドライブ歴1年以上が条件。年齢の上限が設定されている場合もある。身分証明書の代わりにもなるクレジットカードの提示が必要。

保険には必ず入ること。それもすべてのケースに補償のある完全な保険をかけること(Whole Insurance またはFull Protectionなど)。保険で、お金を惜しむことがないようにしたい。

ベネルクスは各国とも国土面積が小さいので、国単位で1枚物のできるだけ詳しい地図を書店で買うか、現地で使えるスマートフォンの地図アプリも便利。カーナビ付き(GPS)をレンタルしてもいい。

ベネルクスの走り方

高速道路(無料)の制限速度は、オランダ、ベルギーでは基本的に時速100～130キロ(状況などにより異なる)。合流のときはアクセル全開で十分スピードにのせる。減速はスピードメーターを見てしっかり落とすこと。なお、オランダでもベルギーでも、スピード違反の取り締まりは厳しいので要注意。高速道路でも、時速80キロ、100キロ制限の区間がある。

一般道路はローカルな道も含め状態は良好で、田舎でも急カーブなどはあまりない。スピードの目安は、ブリュッセル旧市街は時速30キロ、市街地で一般に時速50キロ、それ以外のローカルな道で時速80キロくらい。日本より速めな場合もあるが無理せず、マイペースで安全運転を心がけたい。

右側通行だが、曲がり角を曲がったときに反対車線に行きそうになるので注意。また、オランダ、ベルギーとも直進車優先道路以外では、原則として右から来た車が優先である。

走行中に道を教えてくれる表示板は、地名と道路番号。前もって途中の町の名を全部紙に書き出しておくといい。慣れない(読めない?)表記のうえ、表示板から分岐点まで全然余裕がない(交差点の向こう側に出ていることも!)ので、考えているヒマはない。アレッ、と思ったらとにかく少し行ってから車を停め、現在位置を確認しよう。慣れない横文字の洪水プラス右側通行で、予想以上に疲れてしまうかもしれないので、時間にも気持ちにも余裕をもとう。

国外運転免許証取得に必要な書類
1.現在有効な免許証
2.パスポート(ビザ申請などで手元にない場合はコピーなどでOK)
3.申請書(窓口にある)
4.写真1枚(タテ5cm×ヨコ4cm。無帽、正面無背景で胸から上が写っているもの。6ヵ月以内に撮影したもの)
5.手数料2350円
現在有効な国外運転免許証、古い国外運転免許証がある場合には、それも持参する。
詳しくは警察庁のウェブサイトで情報を得られる。
URL www.npa.go.jp

日本で予約できるレンタカー会社
3国とも原則25歳以上。21～24歳はヤング・ドライバー料金が必要で一部車種制限あり。いずれも免許取得後1年以上のドライバー歴が条件。年齢の上限制限はなし。身分確認のためJCB以外のクレジットカードが必要。オートマチック車を希望する場合は早めの予約が必要。各社年齢や車種など細かな規程があるので要確認。
ハーツ ☎0800-999-2408(カスタマーサービス)
URL hertz-japan.com
エイビス ☎0120-311911
URL www.avis-japan.com

ベネルクスのレンタカー会社
エイビス(オランダ・コールセンター)
電気自動車(EV)もレンタル可能。
☎088.9005555
URL www.avis.nl
エイビス(ベルギー・ブリュッセル)
住 Amerikaansestr. 145
☎02.5371280
このほか、ブリュッセル南駅にも事務所がある。
南駅 ☎02.5271705
URL www.avis.be

ガソリンを入れるときの注意
オランダ、ベルギーともに、セルフサービスでガソリンを入れたあと、料金を支払う。クレジットカードで支払う場合は、先にカードの暗証番号を入力したあと、ガソリンを入れる。給油機の番号を入力することもある。

オランダとベルギーのガソリンの種類
スーパーSuper95/ユーロEuro95/E10(無鉛)、スーパー・プラスSuper Plus(無鉛ハイオクEuro98/E5)、ディーゼル、LPGの4種類。

荷物にも注意!
ベネルクスでは、車内に置いた荷物の盗難なども多い。車を離れる際、車内の座席などに荷物を置いたままにしておかないように。大きな荷物はトランクに入れ、貴重品は必ず持ち出すこと。

ホテルの基礎知識

ホテルの混雑状況
オランダ、ベルギー、ルクセンブルクとも、イベントなどが催される時期や観光客が多いイースターや夏のホリデー期間には、宿泊施設が非常に混み合う。
アムステルダムやマーストリヒトでは、週末やシーズン中には、ホテルが混み合うことも多い。
また、シャトーホテルなど、部屋数の少ないホテルでの宿泊を希望している場合も予約しておきたい。

ホテルの料金
ブリュッセルなど、ビジネス客が多い大都市では、平日料金よりウイークエンド料金のほうが安く設定されている場合もあるが、ブルージュなどの観光地ではその逆で、週末にホテルが混み合う。
また、多くの大規模チェーンホテルでは、混雑状況により、料金を設定している。このため、閑散期には4つ星や5つ星ホテルに格安で宿泊できる可能性もある。
なお、ベネルクスでは多くのホテルで、料金に宿泊税が加算される。加算される税額は、地域やホテルのクラスによって異なる。

エアコンについて
ベネルクスでは、夏でも日本のような酷暑になることは少ないため、ホテルによってエアコン設備がないことも多い。高級ホテルではエアコン完備のところも増えたが、中級クラス以下ではエアコンがないホテルもある。

ベネルクスの国々を旅してみて最も感心するのは、あらゆるタイプの宿泊施設が整っているという点だ。大都市にしろ小都市にしろ、旅行者は財布の中身と相談して自分の予算に合った宿を選ぶことができる。

ホテルの基準は、5つ星から1つ星まで、設備に重点をおいて定められており、星の数が多いほど高級。しかし、星なしホテルでも一般的に清潔で、居心地のよいところが多い。また、オランダでは星を表示するかは任意のため、記載しないところもある。

ホテル紹介をしてくれる観光案内所もあるが、希望のホテルに泊まりたい場合や、ホテル探しの時間を節約したい場合は、ホテルのウェブサイトなどで事前に予約することもできる。ブッキングドットコムやエクスペディアなど、オンラインの宿泊予約サイトでは、値段やサービスなどを比較検討しながらホテル選びをすることも可能。

一般にベネルクスのホテルは清潔で快適

オランダ

ホテルの料金は、アムステルダムなどの都市でシングル1泊€100くらいから、田舎に行けば€80くらいからある。料金は付加価値税(オランダ語でBTW)、朝食、宿泊税(付加価値税とは別)を含んでいるホテルもあるが、別料金になっているものも多い。

オランダの本当の姿を見たいという人には、オランダ人の家庭に滞在するベッド&ブレックファスト(B&B)がおすすめ。オランダに18000軒ほどあり、1泊€50〜120という手頃な料金で泊まれるうえ、ホテルでは味わえないあたたかいもてなしが受けられる。このほか農場に滞在するファームステイなどもある。

部屋に貴重品を入れるロッカーやネスプレッソなどがあるホテルも

ワロン・ブリュッセルのホテルマーク

高級ホテルでのビュッフェ形式の朝食

ベルギー

大ざっぱにいえば、ホテルHôtel、ベッド&ブレックファストB&Bに分けられる。B&Bは小規模な家族経営で経済的なところが多い。ベルギーの宿泊施設で特筆すべきは、シャトーホテルと呼ばれる、本物の城を利用したホテル。アルデンヌ地方の深い森の中に多く、料理の水準も高く優雅な気分に浸れる。

ホテルの多くは客室数100以下の規模で、家庭的な小ホテルが多い。料金はブリュッセルでシングル1泊€100くらいから、地方の町に行けば€80くらいからある。付加価値税(フランス語でTVA、オランダ語でBTW)や宿泊税、朝食は別料金になっているものも多い。

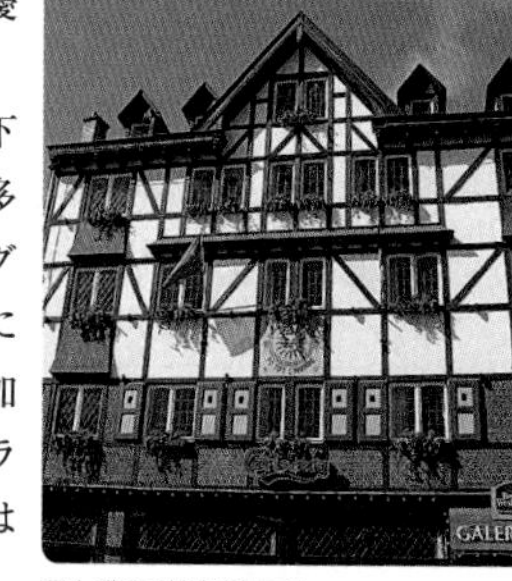
アルデンヌ地方のホテル

ホテルは禁煙
全室禁煙、または全館禁煙というホテルがほとんど。

ヨーロッパのB&Bが検索できるサイト
URL bedandbreakfast.eu

観光局のウェブサイトを利用してみる
各町の観光案内所のウェブサイトで宿泊施設を紹介していることも多い。予約までオンラインでできる場合もある。

ルクセンブルク

オランダやベルギーの大都会と比較すると、首都ルクセンブルクのホテルの料金はだいたい同じくらい。田舎には、レストランとホテルが一緒になったリゾートホテルが多い。

ユースホステル

国際ユースホステル連盟の運営するユースホステル(YH)のほか、会員でなくても利用できる民営のユースアコモデーションなどがある。ベネルクス3国のYHは一般的に清潔で設備も充実しているので、積極的に利用したい。シーズンや混み具合によって違うが、比較的安い料金で泊まれるうえ、世界中から集まってくる若者たちと知り合える。

なお、オランダのYHは"StayOkay"、フランス語でYHのことは"Auberge de Jeunesse"という。

StayOkayカード
オランダのYH会員証。1泊につき10%割引になる。カードを提示すればStayOkay内のバーでも10%割引。カード作成料€20。また、ほかの国のYHでも宿泊料が10%割引になる(または割増料金を取られない)。StayOkay各施設またはウェブサイトで購入できる。割引はURL stayokay.comまたはURL hihostels.comでブッキングした場合のみ。

日本ユースホステル協会
会員登録を申請する際には、住所・氏名を確認できる書類(身分証明書、運転免許証など)と、会員登録会費2500円(19歳未満対象の青年パスは1500円)を用意して、全国各地のユースホステルまたは入会案内所の窓口で手続きする。近くに窓口がない場合、サイトからの申し込みも可能。詳しくはホームページを参照するか、直接協会に問い合わせを。
代表(問い合わせ)
住 〒151-0052 東京都渋谷区代々木神園町3-1 国立オリンピック記念青少年総合センター内
☎(03)5738-0546
URL www.jyh.or.jp

日本から予約する

4〜5つ星クラスから小規模ホテルまで、ほとんどのホテルがウェブサイトで予約できる。ホテルのウェブサイトで直接予約、またはブッキングサイトを通じて予約することも可能。週末や閑散期に割安料金になっていたり、リゾート地では夕食がセットされているものなどもあるので、自分の日程に合わせて選ぼう。

キャンセル不可のものや、早めの予約の場合、お値打ち設定になっていることが多い。ほかにも、朝食付きかなど、よく条件を確認してから、安さだけでなく自分に合うものを申し込むようにしたい。

オランダの世界遺産

ワッデン海 The Wadden Sea
2009、2014年 自然遺産
➡P.124, 196

貴重な生態系が残る

エイジンガ・プラネタリウム
Eisinga Planetarium in Franeker
2023年 文化遺産➡P.194

コロニー・オブ・ベネヴォランス
Colonies of Benevolence
●印　2021年 文化遺産

Ir.D.F.ヴァウダヘマール
(D.F.ヴァウダ蒸気水揚げポンプ場)
Ir.D.F. Woudagemaal (D.F. Wouda Steam Pumping Station)
1998年 文化遺産

スホクラントとその周辺
Schokland and Surroundings
1995年 文化遺産

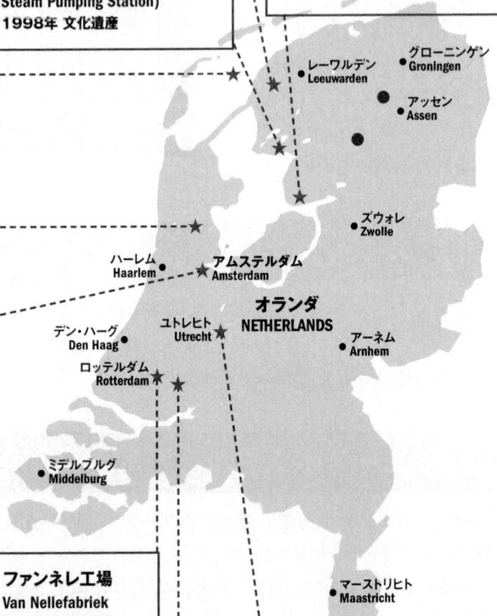

ベームスター干拓地
Droogmakerij de Beemster
(Beemster Polder)
1999年 文化遺産

17世紀に建設されたアムステルダム・シンゲルの運河網
Seventeenth-century canal ring area of Amsterdam inside the Singelgracht
2010年 文化遺産 ➡P.77

アムステルダムの運河

オランダの水防線
Dutch Water Defence Lines
オランダ各地　1996年 文化遺産

ローマ帝国のフロンティア
Frontiers of the Roman Empire – The Lower German Limes
オランダ各地　2021年 文化遺産

ファンネレ工場
Van Nellefabriek
2014年 文化遺産

キンデルダイク=エルスハウトの風車網
Mill Network at Kinderdijk-Elshout
1997年 文化遺産 ➡P.133

現役の風車もある

リートフェルト設計のシュローダー邸
Rietveld Schröderhuis
(Rietveld Schröder House)
2000年 文化遺産 ➡P.41,183

内部も興味深い、モダンな邸宅

オランダ領アンティル、キュラソー島の港町ヴィレムスタッド歴史地域
Historic Area of Willemstad, Inner City and Harbourr, Curaçao
1997年 文化遺産　(カリブ海地域)

世界遺産のリスト
URL whc.unesco.org
日本ユネスコ協会連盟
写真提供　オランダ政府観光局
URL www.holland.com

ベルギー&ルクセンブルクの世界遺産

フランドル地方のベギン会院群
Flemish Béguinages
フランドル地方各地
1998年 文化遺産 ➡P.304, 320, 347, 353

ブルージュのベギン会修道院

コロニー・オブ・ベネヴォランス
Colonies of Benevolence
●印　2021年 文化遺産

ブルージュ歴史地区
Historic Centre of Brugge
2000年 文化遺産 ➡P.294

トゥルネーのノートルダム大聖堂
Notre-Dame Cathedral in Tournai
2000年 文化遺産 ➡P.381

珍しい5つの塔をもつ

モンス市スピエンヌの新石器時代の火打石採掘地
Neolithic Flint Mines at Spiennes (Mons)　2000年 文化遺産

ラ・ルヴィエールとル・ルーにあるサントル運河の4つのリフトとその周辺（エノー州）
The Four Lifts on the Canal du Centre and their Environs, La Louvière and Le Roeulx (Hainault)
1998年 文化遺産

プランタン・モレトゥスの家屋・工房・博物館複合体
Plantin-Moretus House-Workshops-Museum Complex Stoclet House
2005年 文化遺産 ➡P.338

ルーベンスゆかりの品々も多い

ル・コルビュジエの建築作品-近代建築運動への顕著な貢献 ギエット邸
The Architectural Work of Le Corbusier, an Outstanding Contribution to the Modern Movement
2016年 文化遺産

ブリュッセルのグラン・プラス
La Grand-Place, Brussels
1998年 文化遺産 ➡P.238

グラン・プラスのフラワー・カーペット

建築家ヴィクトール・オルタのおもな都市邸宅群（ブリュッセル）
Major Town Houses of the Architect Victor Horta (Brussels)
2000年 文化遺産 ➡P.260

ストックレー邸 Stoclet House
2009年 文化遺産 ➡P.267

カルパチア山脈とヨーロッパ地域の古代及び原生ブナ林
Ancient and Primeval Beech Forests of the Carpathians and Other Regions of Europe
2007、2011、2017年 自然遺産
（ソワーニュの森→P.262）

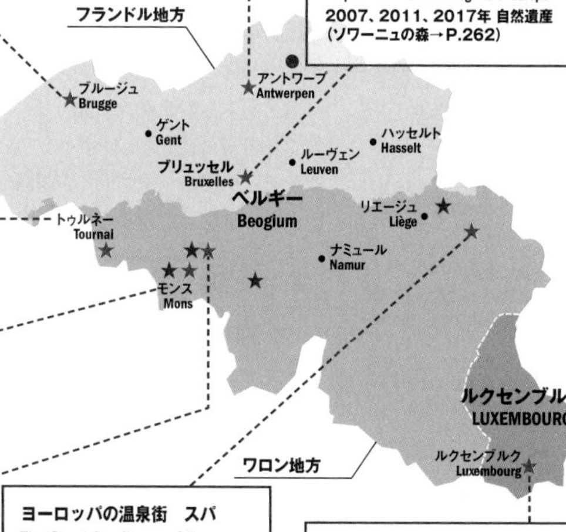

ヨーロッパの温泉街　スパ
The Great Spa Towns of Europe
2021年 文化遺産 ➡P.362

ワロン地域採掘場
Major Mining Sites of Wallonia
★印が主要採掘場　2012年 文化遺産

ルクセンブルク：その古い街並みと要塞群
City of Luxembourg: its Old Quarters and Fortifications
1994年 文化遺産 ➡P.386

ボックの砲台がある崖

ベルギーとフランスの鐘楼群
Belfries of Belgium and France
1999年/2005年拡張 文化遺産 ➡P.298, 316, 328, 334, 346, 348, 354, 379, 380

オランダでのサッカー観戦

日本でも注目を集めているオランダのサッカー。国内トップリーグは18チームで構成されるエールディビジだ。シーズンはおおむね8月から翌年5月まで(クリスマス後に約1ヵ月の中断)。基本的に週末、一部が金曜など平日に行われる(日曜の試合は午後、土曜や平日の試合は夜が一般的)。なお、オランダ語でサッカーは「Voetbal(フットバル)」という。

このチームを見てみたい

左記の2チームにPSV(アイントホーフェン)を加えた「ビッグ3」と呼ばれる3チームの人気が高い。ヘーレンフェーン、フィテッセ(アーネム)、ユトレヒト、AZ(アルクマール)あたりが中位を構成する。

チケットは買えるの?

チケットを買うには、「クラブカード」(会員証のようなもの)が必要、というのが基本。とはいえ、ビッグ3絡みの試合でなければこれなしで買えることも多い。ビッグ3の試合でも、対戦相手しだいでは買える場合も。チケットは€20〜50程度。ビッグ3同士の対戦は通常の方法ではまず取得できない。

チケット売り場とオンライン購入

スタジアムのチケット売り場は「Kassa」。各クラブのウェブサイトでも購入可能(ウェブサイトでしか買えないチケットもある)。エールディビジのウェブサイト URL www.eredivisie.nl/tickets で見たいクラブを探してみよう。クラブカードの要・不要も確認できる。

寒さ対策を忘れずに

冬の観戦は寒さとの戦い。たとえ昼の試合でも甘くみないで。マフラー、ニットの帽子、手袋はホームチームのものを購入。真冬や夜の試合の場合はさらなる対策を。下着や靴下の重ね着のほか、携帯カイロも有効。

フェイエノールトvsフィテッセの試合

デカイプ前で盛り上がるファン

ベルギーでのサッカー観戦

ベルギーリーグはジュピラー・プロ・リーグといい、シント=トロイデンVVをはじめ、各地のチームに日本人選手が在籍する。オランダと同様、チケット購入には会員登録が必要。現地で登録する場合、身分証として、旅行者ならパスポートがいる。スタジアムへは基本的に荷物の持ち込みは不可。ロッカーもないので注意。

アヤックス　Ajax
ホームスタジアムはアムステルダムのヨハン・クライフ・アレーナJohan Cruijff ArenA。リーグ優勝36回を誇る、オランダを代表する名門クラブ。若手の育成システムは世界のトップクラスにある。クラブ出身の名選手は数えきれぬほど。
M 中央駅からGein行きのメトロ54番に乗り、Bijlmer/Arena駅下車。所要約15分。Zuid/WTC駅方面からの50番を利用してもいい。
住 Johan Cruijff Boulevard 29
☎ 088.1831900
URL www.ajax.nl

フェイエノールト　Feyenoord
ホームスタジアムはロッテルダムのデカイプ De Kuip。アムステルダムに対抗するロッテルダムの象徴。下町の熱心なファンに支えられている。リーグ優勝16回。
T ロッテルダム中央駅からトラム23番で、Feyenoord Stadion下車。所要約15分。
住 Van Zandvlietplein 3
☎ 0900.1908(有料)
URL www.feyenoord.nl

※各スタジアムとも荷物チェックあり。瓶等持ち込めないものもあるが、個人のかばん(A4サイズ以下)などの持ち込みは可。

スタジアムツアー
選手のロッカールームやVIP室など、通常なかなか見ることのできない所に入れるチャンスも。

アレーナのツアー
基本的に毎日催行。受付はスタジアム西側の入口E(Hoofd Ingang)から入った所。ガイドツアー9:30、11:30、13:30、15:30。試合やイベント開催日にはツアー催行がない日や時間帯もあるのでウェブサイトで確認を。
料 €27.50　☎ 020.3111333
自由に見学できるClassic Tourもあり、9:30〜16:30、30分おきの時間指定制　料 €20
現金不可。
URL www.johancruijffarena.nl

デカイプのツアー
水〜土曜(一部祝日と試合・イベント開催日は除く)。出発時間は日によって異なるので、ウェブサイトで確認を。所要約1時間30分。
料 €17.50　チケット購入はウェブサイトからのみ
☎ 0900.1908(有料)
URL www.dekuip.nl

オランダでの食事

どこで食べるか？

オランダで何を食べるのか？ と思ったときに、すぐに料理が頭に浮かぶ人は少ないのではないだろうか。元来は食というものに、あまり興味を抱かなかったオランダ人だが、コスモポリタンな町アムステルダムではさまざまな料理を楽しむことができる。

グランカフェ Grand Café

アルコールやコーヒーも飲めるし、食事もできる、しかも安い、と3拍子揃ったところ。おしゃれな内装で広々とした空間は、レストランでの食事よりも気軽な感じで、入りやすい。ステーキやグリルチキン、ムール貝、魚料理などが一般的。

ブラウンカフェ Brown Café

ビールやジュネヴァ（ジンの元祖）といったアルコールが中心。ただし、ちょっとした軽食（ブローチェ、コロッケなど）もあり、コーヒーを飲むこともできる。地元の人が多いこともあり、旅行者には少し入りにくいかもしれないが、慣れると気楽で心地いい空間。10:00くらいから翌1:00くらいまで開いている。

レストラン Restaurant

オランダらしい料理には、スープなど煮込み料理が多い。もともと外食の習慣がなかったオランダで、オランダらしい料理を食べようとすると、家庭の煮込み料理をフランス料理風にアレンジしたものになる。こうした店では、季節に合わせてオランダらしいメニューを用意している。また、アムステルダムには、インドネシア料理をはじめとして、フランス、ギリシア、イタリア、スペイン、モロッコ、タイ、ベトナムなど、世界各国の料理のレストランがひしめき合っている。こうした各国の料理を食べることこそが、アムステルダムらしい食事をしたことになるのかもしれない。

オランダ料理を食べることができるレストラン

レストランでの喫煙はNG
2008年より、オランダのバー、カフェ、レストランは完全禁煙。愛煙家の方はご注意を。

町のあちこちで売られているコロッケ。ちょっとおなかがすいたときに。中にバミ・ゴレン（焼きそば）が入ったものなど多種多様で、いろいろ試してみるのも楽しい

オリボレンOliebolen
冬によく見かけるひと口サイズの粉砂糖がかかった丸いドーナツ。オランダでは大晦日に食べる習慣がある。レーズン入りもあり。クリスマスマーケットの屋台にも、よく登場する。

ストロープワーフェル Stroopwafel
丸く薄くて固いワッフルを2枚重ね、その間にキャラメル（シロップ）クリームを挟んだ、ちょっとずっしりしたお菓子。スーパーや空港などで手軽に買うことができるので、甘いもの好きな人に、日持ちするおみやげとして購入するのもいい。メーカーによって味が多少違うので、食べ比べるのも楽しい。
各地のマルクト（青空市）で買うもの（上）はスーパーで売っているものの1.5倍くらいの大きさ。しかも、焼きたてでカリっとした生地にトロトロの蜜入りで食べることができる。市販のもの（下）は、オーブントースターで少し温めるか、温かい飲み物が入ったカップ上にフタのように置くと、中のクリームが軟らかくなっておいしくなる。ただし温め過ぎるとクリームがドロドロに溶け出すので要注意。

✉ **おいしいオランダの味**
ハーリング（塩漬けして軽く発酵させた若いニシン）は、タマネギのみじん切りをのせたものを、屋台でもよく売っています。ハーリングを挟んだブローチェがあることも。どこで食べてもおいしい！ おつまみにもよさそうです。
（めぐみ　'18）['23]

［オランダのお酒］
ビール
オランダといえばハイネケンのグリーンの缶が有名。ハイネケン以外ではアムステル、グロールシュ、ヘルトホヤン、バヴァリアなどがオランダでおなじみのブランド。地ビールもあるので、カフェのマスターにそれとなく尋ねてみては？ 土地のビールを探す旅もなかなかオツなもの。

アムステルダムの地ビール詰め合わせ。スキポール空港の免税店で

ジュネヴァ Jenever
オランダ庶民のお酒。ジンは、これがイギリスに渡ってできたもの。穀物の粉を蒸留して、ジュネヴァリー（ネズの実）を入れることからこの名前がついた。ジンは軽くてカクテルにも向いているが、ジュネヴァはもっと濃厚でクセがあるので、冷蔵庫でキリッと冷やしたものをストレートでいくのがいい。オランダではビタース（苦味が強い酒）を少し加える人も多い。

リキュール Likeur
フルーツ系のリキュールには、オレンジリキュール（キュラソー）をはじめとしてオランダ生まれのものが多い。リキュール界の老舗デ・カイパー社の「オリジナル・ピーチツリー」は、日本で爆発的な人気商品となった「ピーチツリー・フィズ」のベースともなっている。

チェリーなどフルーツ味のリキュールもあるフォッキンク蒸留所（→P.51）

アポステルフーフェ Apostelhoeve
珍しいオランダ産のワイン。南部マーストリヒトの丘陵地で育ったブドウで造られた中辛の白ワイン。"グルメが集まる"ことで有名なこのあたりのレストランで食事をすることがあったら挑戦してみては？

メニューについて

オランダ語、フランス語、英語のメニューが合体したものが多い。オランダ語だけだったとしても、ほとんどの店員が英語を話すことができるので安心だ（ただし、オランダ北部など、大きな町以外では英語が通じにくい場合もある）。

コースメニュー

中級レストランなどでは、おすすめのメニューというのを用意しているところが多い。こうしたメニューを利用すれば、メニューを見てアレコレ悩まなくてもいいからラクなのだが、量を考えて注文するようにしよう。

注文してみよう

体の大きなオランダ人に合わせた分量だから、ひと皿が日本と同じと考えてはいけない。また、油の多い、重たい料理もあるので、自分の体調ともよく相談して選んでいこう。必ず、前菜、メイン、デザートと3コース頼む必要はない。毎食3コースを食べていたら、胃もたれしてしまう人も多いのではないだろうか。メインディッシュとコーヒーというパターンでもOKだし、何人かでひと皿をシェアするというのもいい。よほどの高級レストランに行かないかぎり、あまり格式ばった考えをする必要はない。

支払いとチップ

ウエーターに軽く手を挙げて、何か書くようなしぐさを見せると勘定書を持ってきてくれる。品目や金額をきちんとチェックして、カードか現金を勘定書とともに置く。チップはサービス料に含まれているということになっているが、レストランでの食事では、おつり程度のチップを置いていく慣習も根強く残っている。なお、高級フランス料理店などでは、多めのチップが必要になる。クレジットカードでチップもまとめて支払いたい場合には、チップを含んだ金額を伝えて支払う。最後にチップのみ現金で支払ってもいい。

屋外のカフェで軽食を取るのもいい

ほとんどのウエーターが英語でも大丈夫

オランダ語のメニューを読む

前菜 Voorgerechten

Erwtensoep met spek en rookworst＝グリーンピースのスープとベーコン・ソーセージ添え
Garnalenkroketjes＝エビのコロッケ
Kaassoufflé＝チーズスフレ
Pate＝パテ
Rollade van Zalm,palingen garnalen＝サーモン、ウナギ、エビのロール
Tartaartje van haring＝ニシンのマリネ

スープ Soepen

Heldere bospaddestoelenbouillon＝茸のコンソメスープ
Romige aardappelsoep＝クリームポテトスープ
Soep uit een van onze provincies＝オランダの郷土スープ

魚介料理 Visgerechten

メニュー例）**Gebbaken kabeljauw met een kruidenkorstje geserveerd met zuurkool met masterdsaus**＝タラのハーブ風味マスタードソース、ズールコール添え
メニュー例）**Zeetong a la meuniere, geserveerd met een spinazie timbaaltje**＝舌平目のムニエルとほうれん草のパイケース詰め
Forel フォレル＝マス
Garnaal ハナーレン＝小さいエビ
Haring ハーリング＝ニシン
Inktvis インクトフィス＝イカ
Kabeliauw カーベリヨウ＝タラ
Kaviaar カフィヤー＝キャビア
Kreeft クレーフト＝ロブスター
Mossel モッセル＝ムール貝
Oester ウースター＝カキ
Paling パーリング＝ウナギ
Rose Garnaal ロセ・ハレナーレン＝車エビ
Sardine サルディン＝イワシ
Schelp スヘルプン＝貝
Schol スホル＝平目
Tonijn トナイン＝ツナ
Vis フィス＝魚
Zalm ザルム＝サケ
Zeetong ゼートング＝舌平目
Zeekreeft ゼークレーフト＝伊勢エビ

肉料理 Vleesgerechten

メニュー例）**Gebakken tournedos met groene pepersaus**＝サーロインステーキのグリーンペパーソース添え
メニュー例）**Varkenshaasje op een husselpotje van kool en spek**＝豚ヒレ肉のキャベツとベーコン添え
Achterham アフテルハム＝ロースハム
Biefstuk ビーフスタク＝ビーフステーキ
　Rood ロード＝レア
　Lichtgebakken＝ミディアム
　Doorbakken＝ウェルダン
Duif ドゥイフ＝ハト
Ham ハム＝ハム
Kip キップ＝鶏肉
Lamsvlees ラムスフレース＝仔羊肉
Lever レファー＝レバー
Rundvlees ルンドフレース＝牛肉
Spek スペック＝ベーコン
Tong トング＝舌
Varkensvlees ファルケンスフレース＝豚肉
Worst ヴォルスト＝ソーセージ

野菜類 Groenten フルンテン

Aardappel アーダペル＝ジャガイモ
Bleekselderij ブリークセルデライ＝セロリ
Bloemkool ブルムコール＝カリフラワー
Broccoli ブロッコリ＝ブロッコリー
Flits フリッツ＝フライドポテト
Komkommer コムコマー＝キュウリ
Kool コール＝キャベツ
Nieuweoogt ニューエオーグスト＝新ジャガ
Paprika パプリカ＝ピーマン
Peterselie ペーターセリ＝パセリ
Raap ラープ＝カブ
Radijs ラダイス＝ラディッシュ
Tomaat トマート＝トマト
Ui アイ＝タマネギ
Witlof ウィットロフ＝エンダイブ
Wortel ウォルテル＝ニンジン

インドネシア料理

Ajam Goreng アヤム・ゴレン＝鶏の唐揚げ
Bami Goreng バミ・ゴレン＝焼きそば
Gado Gado ガド・ガド＝インドネシア風サラダ
Goreng ゴレン＝炒める、揚げる
Nasi ナシ＝ご飯
Sate Ajam サテ・アヤム＝鶏の串焼き
Sate Sapi サテ・サピ＝牛肉の串焼き
Sate Udang サテ・ウダン＝エビの串焼き
Soto Ajam ソト・アヤム＝鶏肉のスープ
Tjap Tjoy チャプ・チョイ＝野菜炒め

アムステルダムの朝市

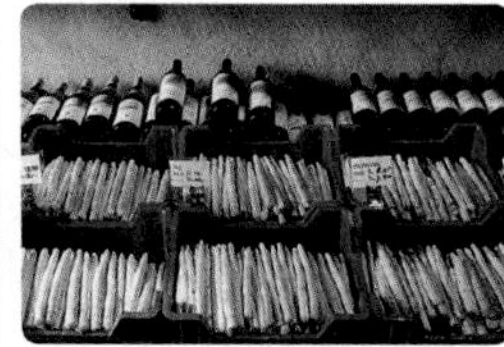
春になると店先に並ぶ白アスパラガス

オランダ名物のニシンの塩漬け

Tips オランダは約300年間インドネシアを植民地としていたため、インドネシア系移民も多く、インドネシア料理が強く根付いている。

ベルギーでの食事

レストランでの喫煙はNG
2007年1月より、ベルギーのレストランは完全禁煙。愛煙家の方はご注意を。

長期休暇について
ベルギーのレストラン、ブラスリーなどでは、夏期と冬期に長期休暇を取るところもある。

クロックムッシュー
Croque-Monsieur
チーズとハムを挟んで焼いたトーストだが、サラダが付いている場合も多いのでこれだけで十分かもしれない。パイナップルを入れた「ハワイアン」などバラエティ豊富。ブラスリーで食べられることが多いが、飲み物はアルコールでなくても大丈夫。

ウエーターのサービスもレストランの格によって違う

どこで食べるか?

食通の国ベルギーへ来たならやっぱりおいしいものを上手に食べたい。ではいったい、どこで何を食べたらいいのだろう。

重たい食事ばかりで胃が疲れてしまったときなどに利用したい、ブラスリー/タベルナでは、サンドイッチのほか、クレープ、タルティーヌ、オムレツ、クロックムッシューなどがある。

ブラスリー/タベルナ Brasserie/Taverne

ブラスリーとはもともとビール醸造所の意味で、現在では小さなビアホールという感じ。どこも数十種類のビールを置いていて、ビールとともに軽食も取れる。コーヒーやソフトドリンクだけでもOK。昼休みがなく、夜遅くまで営業しているのが普通だ。タベルナは日本の「食堂」のイメージに近く、もう少ししっかりした食事ができると考えていいだろう。

カフェ Café

コーヒー、紅茶をはじめとしてビールなどアルコール類も置いている。ブラスリーとの区別は曖昧だ。ケーキ類のほか、サンドイッチやボリュームたっぷりのサラダなど一品料理もあるので、簡単に食事をしたいときには便利。朝早くから夜遅くまで開いているところが多い。

レストラン Restaurant

ブリュッセルでは、昼は12:00〜15:00、夜は18:30〜22:00くらいの営業時間が一般的。

円滑な受け答えができるフランス語のヒント

Nous sommes pressés. ヌ・ソム・プレッセ
=私たちは急いでいます。
Non merci. ノン・メルシー=もうけっこうです。
Je n'ai pas commandé ça. ジュネパ・コモンデ・サ
=(指しながら)注文したものと違います。
ウエーターが「C'est bon ? (おいしい?)」と言ったら
ーOui, c'est bon. ウィ、セ・ボン
=はい、おいしいです(まあまあかな)。
ー Oui, c'est délicieux. ウィ、セ・デリシュー
=はい、すばらしいです(うまいよ)。
ー nnnnn ンンンンン
=んんんんん(本当はまずいけど、そうは言えないし)

＊＊＊, s'il vous plaît. ＊＊＊スィルヴプレ
=＊＊＊をいただけますか。
[＊＊＊の例]
Couteau クトー=ナイフ
Cuillère キュイエール=スプーン
Fourchette フルシェット=フォーク
Pain パン=パン
Sel セル=塩
Sucre シュークル =砂糖
Poivre ポワーヴル=コショウ
L'addition ラディション=勘定書

メニューCarte(フランス語でカルト)について

フランス語、オランダ語だけの店も多いが、一応「イングリッシュ・メニュー、プリーズ」と頼んでみよう。ただし、英語や日本語メニューは内容が古かったりする場合もある。

ツーリストメニュー

前菜、メイン、デザートのコース。言葉が不自由な場合は便利だし、一見お得に見える。だが、実際には選択の幅が狭い、量が少ない、作り置きのものが多いなど、レストランによっては問題も多いので注意したい。

コースメニュー

中級クラス以上のレストランでは、いろいろな料理を味わいたい人のためにおすすめのコースメニューを2種類ほど用意している。懐石料理のように4品から6品のコースとなっているので、おなかの具合と時間を考えて選ぼう。ワイン込みの値段を別に設定している場合もあるが、酒豪の人以外にはお得ではない。

ランチ

Plat du jour(プラ・ドゥ・ジュール)は日替わり料理のことで、大皿にメインとサラダがのってくる。Menu du jour(ムニュ・ドゥ・ジュール)は、前菜、メイン、デザートまたはコーヒーの日替わり定食。日本人にはPlat du jourで十分な量だ。このふたつが毎日替わるのはよいレストランの証拠といっていいだろう。

食前酒 アペリティフ Apéritif

ある程度以上のレストランでは、メニューを持ってきたときに必ず食前酒をすすめる。自家製の食前酒Apéritif Maison(アペリティフ・メゾン)はシャンパンとフルーツジュースのカクテルの場合がほとんど。アルコールに弱い人はジュースや水を頼んでもいいし、直接ワインから始めても差し支えない。

付け合わせにいかが？
ストゥンプ　Stoemp
Stoempとは、圧すという意味のブリュッセルの方言。その名のとおり、ゆでたジャガイモと野菜を押しつぶし、塩、こしょうで味つけしたブリュッセルならではの付け合わせ。フリットに胃がもたれた人は「ストゥンプ」と注文しよう。

ソーセージの付け合わせにも

ウナギのグリーンソース煮
Anguilles au vert
ぶつ切りにしたウナギをパセリ、エストラゴンなどの香草やほうれん草で煮込んだ料理。油分が残っていていかにも元気が出そうだ。ぐっと冷やしたピルスナービールと楽しみたい。

ロティスリー・ヴァンサンの厨房

いいレストランと悪徳レストランを見分ける法

[その1] ネクタイをしたサラリーマンがたくさん入っている店はおいしい。よく外食をする彼らは味と値段に厳しい。

[その2] 大通りから1歩入った所にあって、店構えの簡素なレストランもいい。地元の人の圧倒的な支持があるのだ。

[その3] 表に出したメニューがきれいな店は大丈夫。オーナーが隅々まで気を配っているのがわかる。

[その4] 変な日本語で書いた看板のある店は避ける。悪くないレストランもあるが、日本語で呼び込むようならXXと思って間違いない。

[その5] 店頭でウエーターが親しげに30cm以内に近寄ってくるレストランは危ない。気の弱いあなたは、いったん入ってしまうともう逃げられない。

[その6] 店内はがらがらなのに、ウエーターが通りに面したテーブルに着かせようとする店は要注意。何とかあなたを客寄せのサクラにしようとしている。

たくさんの経験でおいしい顔をしたレストランがわかってくるはず。それではみなさん、ボナペティ(召し上がれ)！

野菜不足のときにはうれしいピタがテイクアウトできる店

注文してみよう

まずひと皿の量が多いことを考えて組み立てるのが大切。毎食、前菜、メイン、デザートと取っていたのではフォアグラ状態になってしまう。高級レストランでのディナーを除けば、メインディッシュとコーヒーだけでも失礼にはならない。地元の人でもそうする場合がけっこうあるのだ。また、前菜をふたりで分けるのもいいし、例えばムール貝を前菜として取るなら、4人で1人前が適量だろう。

サンドイッチの頼み方

「(1本指を出しながら)アン・サンドウィッチ・＊＊＊、アヴェック・サラダ、アンポルテ(テイクアウト)またはイシ(ここで)」。＊＊＊の部分に好きなメインディッシュを入れる。一番人気は「アメリカン(牛ひき肉のタルタル)」。そのほか「トン(ツナサラダ)」、「クラブ(カニサラダ)」、「プレ・キュリー(チキンカレー風味)」などなど。いろいろと目の前に並んでいるので、指さすだけでもちろんOK。両手で少し押しつぶす感じで、端から大きな口でかぶりついてみよう。

生の牛肉フィレ・アメリカン

味つけした生の牛肉、タルタルステーキは、フィレ・アメリカンFilet Americanと呼ばれ、オランダやベルギーではパンにのせたり、挟んだりしてよく食べる。ミートサンドイッチと書かれていこともあるので、生肉が苦手な人は要注意。

支払いとチップ

ウエーターに「ラディション(勘定書)、スィルヴプレ」と頼むか、手を少し挙げて何か書くようなしぐさをすれば、勘定書を持ってきてくれる。品目と金額をチェックして、カードか現金を置く。基本的にサービス料が加算されるので、チップを置く義務はないが、高級レストランの場合はテーブルにつき€5ほど、そのほかのレストランでも気持ちのいいサービスを受けたときに、チップを置くこともある。クレジットカードでチップもまとめて支払いたい場合には、チップを含んだ金額を伝えて支払う。チップのみ現金支払いでもいい。

代表的なメニューと食材

高級レストランではひと皿の料理名が長い。メニューがフランス語の場合は、最初に食材、次に調理法、最後に付け合わせの順に書かれていることが多い。また、「＊＊＊風」、「ファンタジー」など説明なしには誰も理解できないものもたくさんあるので、あまり気にしないこと。食材と調理法だけをキーワードとして探そう。

[例]ノワ・ドゥ・サン・ジャック・カラメリゼ・オー・ゼピス **Noix de Saint-Jacques caramériséss aux épices** ＝ホタテ貝(Saint-Jacques)の貝柱をハーブ(épices)風味のカラメルソース(caramérisé)をつけて焼いたもの

メニューを読むヒント

1. aux ＊＊＊＝＊＊＊を使った、添えた食材、または付け合わせ

[例]前菜　クロケット・オー・クルヴェット **Croquettes aux crevettes**＝小エビを使ったコロッケ

2. de (d') (du) (des) ＊＊＊＝＊＊＊の、＊＊＊産の(英語のof に当たる)

[例]前菜　ジャンボン・ダルデンヌ **Jambon d'Ardenne**＝アルデンヌ地方の生ハム

[例]スープ　スープ・デ・ポワソン **Soupe des poissons**＝魚のスープ

3. 両方合わせて

[例]前菜　ラヴィオール・ドゥ・セルリ・オー・トゥリュッフ **Ravioles de céleri aux truffes**＝セロリを使ったラビオリ・トリュフ添え

前菜はフランス料理風にアレンジしたものも多い

前菜のアルデンヌの生ハム

フランス語のメニューを読む

前菜 アントレ Entrée

Escargot エスカルゴ＝カタツムリ
Foie gras d'oie フォア・グラ・ドワ＝フォアグラ（ガチョウの）
Fondu au fromage フォンデュ・オー・フロマージュ＝チーズコロッケ
Grenouille グルヌイユ＝食用カエル
(des) Huître デ・ユイットル＝カキ（牡蠣）
Paté de Capmpagne パテ・ドゥ・カンパーニュ＝田舎風パテ
Salade サラダ＝サラダ
Saumon fumé ソーモン・フュメ＝スモークサーモン
Teriine テリーヌ＝テリーヌ
Tomate aux Crevettes トマト・オー・クルヴェット＝小エビ詰めトマト

スープ・ポタージュ Soupe/Potage

Bisque de homard ビスク・ドゥ・オマール＝オマールエビのポタージュ
Consommé コンソメ＝コンソメ
Soupe des légumes スープ・デ・レギューム＝野菜のスープ

魚介料理 Poissons et Crustacés

Anguilles au vert アンギィーユ・オー・ヴェール＝ウナギのグリーンソース煮
Bar バー＝スズキ
Cabillaud/Morue カビヨー／モルュ＝タラ
Coquille St.Jacques コキーユ・サン・ジャック＝ホタテ貝
Crabe クラブ＝カニ
Ecrevisse エクルヴィス＝ザリガニ
Homard オマール＝ロブスター
Langouste ラングストゥ＝伊勢エビ
Langoustine/Scampis/Gambas ラングスティヌ／スカンピ／ガンバ＝中型のエビ
Lotte ロット＝アンコー
Moule ムール＝ムール貝
Plie プリ＝カレイ
Raie レ＝エイ
Sardine サルディン＝イワシ
Sole Meunière ソル・ムニエール＝舌平目のムニエル
Solette ソレット＝小舌平目
Thon トン＝マグロ
Truite aux amandes トゥルイット・オーザモンド＝マスのアーモンド風味焼き
Turbot/Barbeu チュルボー／バルビュ＝平目
Turbotin チュルボッタン＝子平目

肉・家禽料理 Viandes et Volailles

Boef ブッフ＝牛肉
- **chateaubriand** シャトーブリアン＝フィレの一部
- **filet pur** フィレ・ピュール＝同上
- **filet mignon** フィレ・ミニョン＝同上
- **tournedos** トゥルヌド＝同上
- **contre-filet** コントゥルフィレ＝サーロイン
- **entrecôte** アントゥルコット＝リブロース
  - 焼き方
  - **saignant** セニャン＝レア
  - **à point** ア・ポワン＝ミディアム
  - **bien cuit** ビヤン・キュイ＝ウェルダン

Caille カイユ＝ウズラ
Carré d'agneau grilé カレ・ダニョー・グリエ＝仔羊の背肉のステーキ
Cheval シュヴァル＝馬
Filet américain フィレ・アメリケン＝タルタルステーキ（生肉を刻んだもの）
Foie フォア＝肝臓
Jambonneau ジャンボノー＝豚のすね肉
Lapin à la kriek ラパン・ア・ラ・クリーク＝ウサギのクリークビール煮
Magret de canard マグレ・ドゥ・カナール＝カモのフィレ肉
Pigeonneau ピジョノー＝子鳩
Poitrine ポワトリヌ＝胸肉
Porc ポーク＝豚
Poulet プレ＝鳥
Veau ヴォー＝仔牛

野鳥獣 ジビエ Gibiers

Bécasse ベカス＝山シギ
Chevreuil シュヴルイユ＝小鹿
Faisant フザン＝キジ
Lièvre リエーヴル＝野ウサギ
Sanglier サングリエ＝イノシシ

野菜 Légumes

Artichaut アルティショー＝アーティチョーク
Asperge アスペルジュ＝アスパラガス
Carotte カロット＝ニンジン
Champignon シャンピニオン＝マッシュルーム
Chicon シコン＝アンディーブ
Chou de Bruxelles シュー・ド・ブリュッセル＝芽キャベツ
Chou-fleur シューフルール＝カリフラワー
Concombre コンコンブル＝キュウリ
Courgette クールジェット＝ズッキーニ
Epinard エピナール＝ほうれん草
Gingembre ジャンジャンブル＝ショウガ
Haricot アリコ＝インゲン豆
Navet ナヴェ＝カブ
Oignon オニヨン＝タマネギ
Pomme de terre ポム・ドゥ・テール＝ジャガイモ
Radis ラディ＝大根

デザート Desserts

Assortiment de Glaces アソルティモン・ドゥ・グラス＝アイスクリームの盛り合わせ
Crème au caramel クレーム・オー・カラメル＝カスタード・プリン
Fruits フルイ＝フルーツ
- **cerise** スリーズ＝サクランボ
- **citron** シトロン＝レモン
- **fraise** フレーズ＝イチゴ
- **poire** ポワール＝洋なし
- **pommes** ポム＝リンゴ

Mousse au chocolt ムース・オー・ショコラ＝チョコレートムース
Sorbets ソルベ＝シャーベット

調理法

A l'ail ア・ライユ＝ニンニク風味
A la Crème ア・ラ・クレーム＝クリームで
Au beurre オー・ブール＝バターで
Braisé ブレゼ＝蒸し煮にした
Brochette ブロシェット＝串焼き
Fricassée フリカセ＝ホワイトソース煮
Frit フリ＝揚げた
Fumé フュメ＝薫製にした
Gratiné グラティネ＝グラタンにした
Grillé グリエ＝網焼きした
Poélé ポワレ＝炒めた
Roti ロティ＝ローストした
Sauté ソテー＝炒めた

ショッピングの基礎知識

ショッピングのマナー
入店するときには、「こんにちは(ハローのひと言でもいい)」と店員にあいさつをしておこう。また、特にブランド店など高級品店では、スカーフなどの商品に勝手に触れるのはマナー違反。手に取ってみたい場合は、店員にひと声かけてからにしたい。店を出るときにも、何も買わなかったとしても「ありがとう」のひと言を忘れずに。

スーパーの袋はタダじゃない
オランダ・ベルギーともスーパーマーケットで商品を入れるポリ袋は有料(オランダでは小売店での無料配布は法律で禁止されている)。また、スーパーのレジ付近では、しっかりしたショッピングバッグを売っているから、これを買うのも記念になっていい。

スーパーで水を買うには
ベルギーのスーパーでは、水のボトルが6本などでひとまとめにくくられたまま置かれているが、必ずしもまとめて買う必要はない。1本だけ欲しいときには、このビニール包装を勝手にビリビリと破って取り出しても大丈夫。
オランダでも1本売りのものがなければバラしてもいいようだ。
オランダのスーパーやキオスクなどで売っている、ほとんどのペットボトルや缶、ビンの飲料には、ボトル代が上乗せされており、指定の場所に返却すると返金される。

スーパーで買えるおみやげ
スペキュロスのペースト…ベルギー名物でもあるシナモン味のクッキー、スペキュロスをペーストにしたもので、パンに塗って食べる。クランキータイプがおすすめ。
カップスープ…オランダ名物、青豆がベースのエルテンスープのほか、マスタードスープなども。

付加価値税が低いものもある
オランダでは食品類の付加価値税は9%。ベルギーでは食品類および書籍の付加価値税は6%となっている。

アムステルダムのショッピングストリート、カルファー通り

ショッピングのポイント

ベネルクスの主要都市には、ショッピングストリート、ショッピングセンター(ベルギーではギャルリーという)、デパートなどがあり、おみやげを含めた買い物をすることができる。

アムステルダムやブリュッセルの場合は、ブランド品を扱うショップが軒を連ねる通りもあり、何を買うかによって訪れる場所が違ってくるので、ある程度計画を練っておいたほうがいい。

また、買いやすく便利なのがスーパーマーケット。総菜が豊富な店も多く、サラダバーがあったり、パックの寿司を販売しているスーパーも多い。チョコレートやクッキー、各国ならではのスープ缶など、おみやげの購入にもおすすめ。

付加価値税について

EU諸国では、商品の価格の中に付加価値税(オランダではBTW 21%、ベルギーではBTW/TVA 21%、ルクセンブルクでは16%)が含まれている。EU諸国外の国籍、EU滞在期間が3ヵ月未満の旅行者(15歳以上)で、対象商品をEU諸国外へ未使用で持ち出す場合にかぎって、帰国のとき税金の払い戻しを受けられる。

免税を受けられる金額と還付金について

店により手続きを行わないこともあるが、基本的には以下の金額以上の商品を購入した場合に免税が適用される。

オランダはレシート1枚で€50以上の買い物をした場合。ベルギーはレシート1枚で€125を超えた買い物をした場合。ルクセンブルクは1日1店舗で€74以上の買い物をした場合。デパートなら、そのデパートで購入した合計金額が、上記金額を超えればいい。また、食品や飲食費、サービス料など、免税対象外のものもある。

手数料などを差し引いた払い戻し金額は、店や購入額によって違ってくるが7～16%ほど。税金還付Tax Refundの返金方法は、

ブランドショップが軒を連ねるアムステルダムのペー・セー・ホーフト通り

現地空港のリファンドカウンターでの現金受け取りや、銀行振り込み、クレジットカードへの返金など。クレジットカードへの返金が手間がかからずおすすめ。還付金は帰国後1ヵ月半〜3ヵ月くらいで戻ってくる。

免税手続きの一般的な手順

❶ 支払いの際に"Tax Refund, please."と告げると、払い戻しに必要な書類Tax Refund Form、返信用封筒などを受け取ることができる。購入時のレシートも必要なので大切に保管を。
❷ 3ヵ月以内にEU諸国から出国の際、書類(住所、氏名、パスポート番号などと返金の方法を記入し、署名しておく)、パスポート、未使用の商品、レシートなどを空港の税関Douaneに提示。税関でスタンプを押してもらった書類を、空港のポストに投函する。
❸ 後日、免税額から手数料を引いた金額が払い戻しされる。

ただし、右記のようなVAT処理方法もあり、購入店によって手順や方法が異なることもあるので、ダイヤモンドなど高額な買い物の際には、よく確認を。

また、免税還付を請け負う会社グローバル・ブルーGlobal Blueの加盟店で買い物をした場合、以下の手順で払い戻しが受けられる。詳細はウェブサイトなどで要確認。
❶ "Tax Free Shopping, please."と告げ、Global Blue Tax Free Formと呼ばれる書類や返信封筒をもらう。
❷ お店でもらった書類に必要事項を記入しておき、EU圏の最終出国税関で、パスポート、未使用の購入商品とともに提示し、確認スタンプをもらう。
❸ 税関近くにグローバル・ブルー専用ボックスがあれば、そこに投函する。または、成田空港、関西空港などにもグローバル・ブルー専用ボックスがある。専用ボックスを使わない場合は郵送となる。

●日本とベネルクスのサイズ比較表

婦人服							
日本	7	10	11	13	15		
ベネルクス	34	36	38	44	46		

紳士服					
日本	M		L		LL
ベネルクス	38	40	42	44	46

靴							
日本	22.5	23	23.5	24.5	25	25.5	26.5
ベネルクス	35	36	37	38	39	40	41

指輪							
日本	7	8	9	10	11	12	13
ベネルクス	47	48	49	50	51	52	53

Tips 税金還付金を現地空港カウンターで現金で返金してもらう場合、長い行列で待たされることも多いので、早めに空港へ向かおう。

ブリュッセル空港の税関の標識

✉ **ブリュッセル国際空港(Zaventem)でのおみやげ**
出国フロアではなく、到着フロアにあるLouis Delhaizeがお得です。出国フロアからひとつ下に降りるだけで、現地のスーパー価格でベルギービール、チョコレート、ビスケットなどが購入できます。(テルタマ '23)

最初に税金を支払わないVAT処理方法
1. 購入店では、税金を含まない購入商品の額と、税金のみの額に分けた、2枚のクレジットカードを切る。商品の額はその場で引き落とされるが、税金分はこの時点では引き落とされない。
2. 税関で手続きした書類が店に届いた段階で、税金分のクレジットカードの用紙は破棄Voidされ、引き落とされないので、税金を支払っていないことになる。
ただし、2ヵ月たっても、税関手続き済みの書類が店に届かない場合は、税金分が引き落とされるので、きちんと空港での手続きを済ませること。
グローバル・ブルーのように、一度支払った税金を、後日戻すタイプのやり方よりも、上記のほうが手数料を取られないなどメリットもあるという。店によって免税処理の方法が違うので、よく説明を聞くようにしたい。

グローバル・ブルー
URL www.globalblue.com

マーケットに行ってみよう
ベネルクス3国では、市が開かれる町が多い。アンティークから日用品、食料品、花、本、切手、はてはガラクタまで。とにかくいろいろな市がある。値段は要交渉で、見ているだけでも楽しめる。ただし、人出が多い市ではスリも多いので、貴重品には十分に注意を払うこと。

アムステルダムのワーテルロー広場で開かれるのみの市

郵便・通信事情

オランダ

郵便と小包

郵便局はPostNL。切手はスーパーや本屋などでも買える。日本への航空便は、はがき、封書(20gまで)ともにプライオリティーで€1.65。投函後、6～8日で日本に届く。郵便局でもらえるプライオリティーPriorityのシールを張るか、専用の切手を購入のこと。

小包は、大きさによって3種類に分かれる。郵便ポストに入れられる小包(最大38×26.5×3.2cm、2kgまで)、小さい小包(3辺合計が90cm以下で、1辺最大90cm、2kgまで)、通常の小包(最大100×50×50cm、20kgまで)。いずれも航空便(プライオリティ)のみ。郵便ポストに入れられる小包と小さい小包の場合、追跡サービスなし(zonder track & trace)も選べるが、追跡サービスあり(met track & trace)を選べばオンラインで追跡できる。追加料金を払えば、紛失・破損時の補償も受けられる。

横長のオランダのポスト

電話のかけ方

現地での電話のかけ方

市内通話は市外局番を外して押し、市外通話は市外局番の0を含めてすべてを押す。公衆電話はほとんどなく、ホテルの部屋からかける場合、通常の約3倍の料金がかかる。日本語ガイダンスや日本語オペレーターを利用してかけるサービスの詳細は、出発前にKDDIに問い合わせを。

● 日本からオランダにかける

日本からアムステルダム020.1234567に電話をかける場合

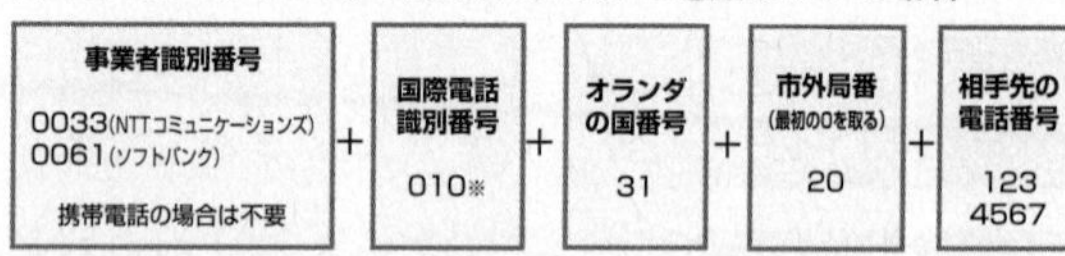

事業者識別番号
0033(NTTコミュニケーションズ)
0061(ソフトバンク)
携帯電話の場合は不要
+
国際電話識別番号
010※
+
オランダの国番号
31
+
市外局番(最初の0を取る)
20
+
相手先の電話番号
123 4567

※携帯 電話の場合は 010 のかわりに「0」を長押しして「+」を表示させると、国番号からかけられる
※NTTドコモ(携帯電話)は 事前に WORLD CALL の登録 が 必要

● オランダから日本へかける

オランダから東京(03)1234-5678に電話をかける場合

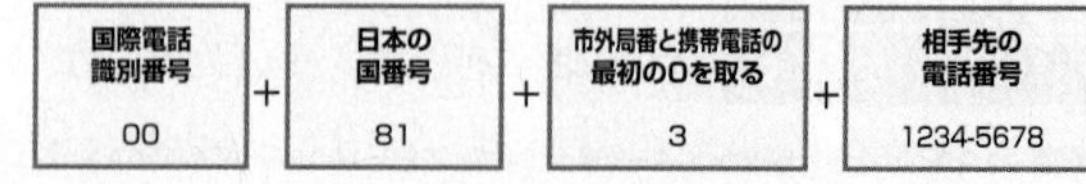

国外向け切手について
通常販売されているのは、国外向け郵便の場合、5枚で1セット。ただし、カードなどを売る店では、1枚で販売してくれることもあるので、絵はがきなどを買うときに聞いてみるといい。

小包の料金の目安
通常の小包(追跡サービスあり)
0～2kg€26
2～5kg€39
5～10kg€75
10～20kg€130
小さい小包(追跡サービスなし)
0～0.5kg€18.25
0.5～1kg€18.75
1～2kg€22
急ぐ場合は、料金はかかるが日本まで3日で届くPakket met spoed serviceもある。小包を送る場合、送り主の住所と氏名、内容物、宛先の住所と氏名を専用の送付ラベルに書くことになる。旅行者の場合、送り主の住所は「＊＊＊Hotel, Amsterdam」などとホテルの名前と住所を書いておくだけでもいい。また、内容物の欄は日本の税関係員が読むものなので日本語でもかまわない。なお、郵便局ではパッキンの入った封筒や箱などを購入することができる。
URL www.postnl.nl

オンラインで買える切手コード
切手が手元にない時は、オンラインで「切手コード Postzegel-code」を購入し、通常切手を貼る場所に、そのコードを手書きで書くだけで送ることができる(ビザかマスターのクレジットカード使用可)。
郵便局の場所を探したい場合は、下記のウェブサイトで。
URL postnl.nl/en/location-finder

オランダ国内の電話番号案内
☎1888 ☎1850

有料通話
市外局番でなく、0900番から始まっている場合は、通話料以外にも課金され、金額は最初にオランダ語でアナウンスされる。0900番が使用できるのはオランダ国内のみ。

ベルギー

郵便と小包

日本への航空郵便は、はがき、封書50gまで、ともに€2.87(5枚以上購入する場合は1枚当たり€2.75)。所要5〜6日で日本に到着。少量の本や資料などを送る場合は、パッキンの入った封筒を郵便局で購入して送ることができる。ただし、最大重量2kgまで、3×23×35cmまでの大きさのもの。

海外への小包は、B Pack World Expressや、B Pack Worldで送ることができる。B Pack World Expressは、中5〜6日で日本に到着するという速達便で、日本へは最大重量30kg、長さの最大1.5m、3辺合計最大3mのものを送れる。B Pack Worldは、B Pack World Expressほど重量による料金設定が細かく分かれておらず、到着までの時間も少しかかる。

B Pack World Express
0.5kgまで€48.62。これ以降、500gごとに料金が変わり、これに燃料サーチャージ分が少し追加される。

B Pack World
料金は0〜350g €14.35、350g〜1kg €28.70、1〜2kg €57.40。
☎02.2785044(英語)
URL www.bpost.be

ベルギー国内の電話番号案内
☎1307(フランス語)
☎1207(オランダ語)
☎1405(英語)
(いずれも有料)

「bpost」の文字表記がなく、マークだけが出ていることもあるので、郵便局マークを覚えておくと便利

電話のかけ方

現地での電話のかけ方

ベルギーの電話番号には、エリア番号はあるが、日本のように市外局番扱いになっていない。ベルギー国内での通話は、エリア内でもすべてエリア番号からプッシュすること。公衆電話はなく、ホテルの部屋からかける場合、通常の約3倍の料金がかかる。日本語ガイダンスや日本語オペレーターを利用してかけるサービスの詳細は、出発前にKDDIに問い合わせを。

日本での国際電話の問い合わせ先
・KDDI ☎0057(無料)
URL www.kddi.com
・NTTコミュニケーションズ
☎0120-506506(無料)
URL www.ntt.com
・ソフトバンク(国際電話)
☎0120-0088-82(無料)
URL tm.softbank.jp/consumer/0061_intphone
・au ☎0077-7-046(無料)
URL www.au.com/mobile/service/global
・NTTドコモ
☎0120-800-000(無料)
URL www.docomo.ne.jp
・ソフトバンク(モバイル)
☎0800-919-0157(無料)
URL www.softbank.jp/mobile/service/global

● 日本からベルギーにかける

日本からブリュッセル02.1234567に電話をかける場合

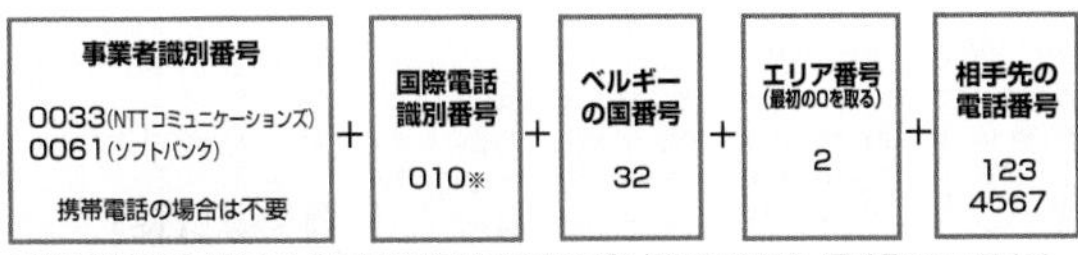

※携帯 電話の場合は 010 のかわりに「0」を長押しして「+」を表示させると、国番号からかけられる
※ NTTドコモ(携帯電話)は 事前に WORLD CALL の登録 が 必要

● ベルギーから日本へかける

ベルギーから東京(03)1234-5678に電話をかける場合

国際電話識別番号		日本の国番号		市外局番と携帯電話の最初の0を取る		相手先の電話番号
00	+	81	+	3	+	1234-5678

携帯電話を紛失した際の、オランダ・ベルギー・ルクセンブルク(海外)からの連絡先(利用停止の手続き。全社24時間対応)
・au (国際電話識別番号00)+81+3+6670-6944 ※1
・NTTドコモ (国際電話識別番号00)+81+3+6832-6600 ※2
・ソフトバンク (国際電話識別番号00)+81+92+687-0025 ※3
※1 auの携帯から無料、一般電話からは有料。
※2 NTTドコモの携帯から無料、一般電話からは有料。
※3 ソフトバンクの携帯から無料、一般電話からは有料。

オランダ・ベルギー・ルクセンブルク

インターネット

スマホの通信設定
海外で使用する場合、利用したい機能によって通信設定をしておかないと、高額利用料がかかる恐れがあるので注意。出発前に海外使用時の設定を確認しておこう。

現地で設定に困った場合
機内モードをONに設定しておくと、携帯電話の音声通話、データ通信がオフになるので高額請求は避けられる。

フリーWi-Fi利用の注意
フリーWi-Fiは無料で使えて便利だが、セキュリティ面で心配がある。たとえば、クレジットカード情報などを入力して美術館のチケットを予約する、パスワードを入れて利用するといった使い方は情報漏洩につながる可能性がある。

現地でインターネットを利用するには、

フリーWi-Fi、海外モバイルWi-Fiルーター、携帯電話会社の国際ローミング(海外パケット定額サービス)を利用、現地で使えるSIMカードに変更、概ね上記4つの方法で使うことができる。

インターネットを使える環境なら、「LINE」、「Messenger」、「Face Time」などのアプリを使ってIP通話をすることも可能(パケット通信料がかかることもある)。

フリーWi-Fiが使える場所

多くのホテルでWi-Fiに対応しており、宿泊者は無料で使用できるが、高速インターネットは別料金になっていることもある。

美術館や博物館などの見どころでは、フリーWi-Fiが使える場合も多く、QRコードで展示物の説明を確認したり、アプリのガイドで解説を読んだり聞いたりしながら展示を観ることができる所も増えている。

ファストフード店、レストラン、駅構内などでも使えることが多い。ルクセンブルク市では、市内全体がフリーWi-Fiに対応している。

INFORMATION

オランダ・ベルギー・ルクセンブルクでスマホ、ネットを使うには

スマホ利用やインターネットアクセスをするための方法はいろいろあるが、一番手軽なのはホテルなどのネットサービス(有料または無料)、Wi-Fiスポット(インターネットアクセスポイント。無料)を活用することだろう。主要ホテルや町なかにWi-Fiスポットがあるので、宿泊ホテルでの利用可否やどこにWi-Fiスポットがあるかなどの情報を事前にネットなどで調べておくとよい。ただしWi-Fiスポットでは、通信速度が不安定だったり、繋がらない場合があったり、利用できる場所が限定されたりするというデメリットもある。そのほか契約している携帯電話会社の「パケット定額」を利用したり、現地キャリアに対応したSIMカードを使用したりと選択肢は豊富だが、ストレスなく安心してスマホやネットを使うなら、以下の方法も検討したい。

☆ 海外用モバイルWi-Fiルーターをレンタル

オランダ・ベルギー・ルクセンブルクで利用できる「Wi-Fiルーター」をレンタルする方法がある。定額料金で利用できるもので、「グローバルWiFi(【URL】https://townwifi.com/)」など各社が提供している。Wi-Fiルーターとは、現地でもスマホやタブレット、PCなどでネットを利用するための機器のことをいい、事前に予約しておいて、空港などで受け取る。利用料金が安く、ルーター1台で複数の機器と接続できる(同行者とシェアできる)ほか、いつでもどこでも、移動しながらでも快適にネットを利用できるとして、利用者が増えている。

▼グローバルWiFi

海外旅行先のスマホ接続、ネット利用の詳しい情報は「地球の歩き方」ホームページで確認してほしい。
【URL】http://www.arukikata.co.jp/net/

旅のトラブルと安全対策

ベネルクスの治安

ベネルクスでは、スリや置き引きなどが日本よりはるかに多い。日本にいるときと比べて、多少の緊張感をもって行動するだけで、事故を未然に防げることも。ただし、万一、強盗やひったくりの被害に遭いそうになった場合は、無理に抵抗しないこと。

旅行中に心がけたいこと

● 荷物は必ず身につけて離さない。足元に置かないこと。椅子に置いていても持ち手に腕をしっかり回しておくなど、体から離さずに。ホテルのチェックイン、チェックアウト時やレストランでも注意。
● クレジットカード、パスポートなど、重要なものの控えは、いくつかに分散させて持っていること。多額の現金を持ち歩かないこと。
● 知らない人に声をかけられたら、注意をそらそうとしているのではないかと気をつける。
● 知らない人からすすめられたものを、むやみに口にしない。
● 公共交通機関(列車、バス、メトロ、トラム)や人が多いマーケットなどでは、ひったくりやスリがとても多い。被害に遭わないように荷物を体の前でしっかり抱えておくこと。
● ATMで暗証番号を打ち込むときには、手などで隠す。

日程が決まったら、「たびレジ」に登録しよう

外務省が運営する「たびレジ」は、事前に旅行日程や滞在先、連絡先などを登録すると、滞在先の緊急事態発生時に連絡メールが届くシステム。いざというときには、登録した電話番号や宿泊先をもとに、緊急時の連絡を受け取れるので安心感がある。
URL www.ezairyu.mofa.go.jp/tabireg

緊急時に役立つ電話番号

●オランダ
○日本国大使館・領事部
☎070.3469544(デン・ハーグ)
URL www.nl.emb-japan.go.jp
(日本語あり)
○警察・火事・救急車 ☎112

●ベルギー
○日本国大使館
☎02.5132340(ブリュッセル)
URL www.be.emb-japan.go.jp
(日本語あり)
○日本国大使館領事部
☎02.5000580
○警察 ☎101
○火事 ☎100または112
○救急車 ☎100または112
火事と救急の☎112は、ヨーロッパ共通の緊急時の番号。英語での対応が可能

●ルクセンブルク
○日本国大使館 ☎4641511
URL www.lu.emb-japan.go.jp
○警察 ☎113
○救急車 ☎112

安全情報を国内で入手する

外務省の「海外安全ホームページ」で詳しい情報が得られる。テロや誘拐対策のPDF資料もあるので渡航前に見ておこう。
URL www.anzen.mofa.go.jp

増加中のトラブル事例

被害が多い地域

アムステルダム中央駅、スキポール空港駅など乗降客が多い駅や駅ホーム、オランダ～ベルギー間の国際列車内、ブリュッセルの南駅・中央駅・北駅の構内と周辺での被害が多い。特にブリュッセル南駅と北駅周辺は治安がよくないエリアなので要注意。このほか、アムステルダムならダム広場周辺や飾り窓一帯と国立美術館周辺、ブリュッセルのグラン・プラス周辺、ブルージュ、アントワープなどの観光地でも多く報告されているようだ。下記の実際にあった被害例を参考に注意をしておきたい。

ふたり乗りオートバイ、スクーターによるひったくり

▶ 後方から近寄ってきたオートバイ、スクーターのふたり乗りによるひったくり。

何かで気をそらしておいて、その隙に盗られる

▶ 背中に故意にアイスクリームなどをつけ、親切を装って被害者の上着の汚れを拭うのを手伝う間に、共犯者が荷物を持ち去る。
▶ 犯行グループのひとりが「ライターを貸してください」などと言ってくる、小銭をばらまく、故意に忘れ物をして立ち去る、などで気を引いている隙に、共犯者が足元に置かれた荷物を持ち去る。
▶ 駅構内で「時間を教えて」などと話しかけられ、携帯電話で時間を確認しようとすると、突然その携帯電話を奪って逃走する。
▶ 私服警官を装った偽警察官が「麻薬の取り締まり」などと言って職務質問を行い、パスポートや財布の提示を要求し、確認するふりで中身などを抜き取る。

首絞め・睡眠薬強盗

▶ 路上で口を押さえたり、首を絞めたり、体を引き倒したりしたうえで金品を強奪する。
▶ 路上で話しかけられ親しくなったあと、飲食物(クッキーなど)をすすめられ、それを食べて昏睡状態に陥ってから、金品を奪い盗られる。

レンタカーでも注意

▶ 駐車中の車の窓ガラスが割られ、車内に置いてあったかばんなどを持ち去られる。
▶ 車に乗ってすぐや信号待ちをしている間に、ドアを突然開けたり、窓ガラスを割り、バッグを持ち去る。

新規旅券の申請に必要な書類
①一般旅券発給申請書（1通）
②戸籍謄本（1通）
③写真（縦4.5cm×横3.5cm 1葉）
④必要に応じて本人確認、国籍確認ができる書類
手数料：10年用旅券は1万6000円相当の現地通貨現金、5年用旅券は1万1000円相当の現地通貨現金（12歳未満の場合は6000円相当）

「旅券申請手続きに必要な書類」の詳細は、下記の外務省のウェブサイトまたは現地大使館に直接確認を。
URL www.mofa.go.jp/mofaj/toko/passport/index.html

別にしておきたい控えの書類
- パスポートのナンバーや発行年月日が入ったページのパスポートのコピー
- クレジットカード番号とカード発行金融機関の海外専用連絡先
- eチケットの控え

✉ ホテルの部屋の荷物からPCと現金が盗まれました
チェックアウト前におみやげを買うため、リュックやトランクを部屋においたまま、鍵をしめてほんの30分だけ外出しました。次の宿泊地に着いてから、リュックからPCと現金が消失していることに気が付きました。ホテルへメールで連絡しましたが、犯人はわからずじまいでした。ホテルの部屋には、宿泊者以外でも入れるので、気を抜かないようにした方がいいです。
（匿名　'23）

ブリュッセルのグラン・プラスを見回る警察官

スキポール空港では機械を使って、自分で座席やトランスファーなど、チケットの確認や変更もできる

紛失と盗難

パスポートをなくしたら

まずは現地の警察署へ行き、紛失・盗難届出証明書（焼失の場合は消防署で罹災証明書）を発行してもらう。次に最寄りの在外公館（日本国大使館、総領事館）で旅券の紛（焼）失の届出を行い、新規旅券の発給、または帰国までに新規発給が間に合わないときは、「帰国のための渡航書」を申請する。手続きをスムーズに進めるためにも、旅券（写真のあるページ）や航空券、日程表はコピーを取っておき、原本と別の場所に保管しておこう。これにプラスして、日本出発前に戸籍謄本を入手し、旅行に携帯しておくといい。

紛（焼）失届出に必要なもの

1. 写真（縦4.5cm×横3.5cm）1葉
2. 紛失・盗難届出証明書（現地の警察で発行）または罹災証明書（現地の消防署で発行）
3. 本人確認書類（運転免許証など。持っていない場合は在外公館に問い合わせる）
4. 紛失一般旅券等届出書など。

「渡航書」申請に必要なもの

1. 写真（縦4.5cm×横3.5cm）1葉
2. 渡航書発給申請書1通
3. 日本国籍があることを確認できる書類（戸籍謄本など）
4. その他帰国日程等が確認できる書類（航空券や旅行会社が作成した日程表など）。

手数料は2500円相当をユーロ現金で支払う。渡航書での帰国は日本直行が基本。
※新規旅券の申請に必要な書類と手数料について →左記欄外。

クレジットカードをなくしたら

クレジットカードを紛失した場合は、一刻も早くカード会社に連絡を取らなければならない。たいていのカードブランドは、海外専用の日本語で応対してくれる連絡先をもっているので、その連絡先を控えておくこと。カードを発行した金融機関の連絡先でもいい。カードとは別にカード番号を控えておこう。カード番号さえ伝えれば、すぐにカード失効の手続きをしてくれる。

また、旅行中に、どうしてもクレジットカードが必要な人には、緊急再発行をしてくれるカード発行金融機関もある。その際の手数料などは各金融機関によって異なる。

飛行機でのトラブル

空港で預けた荷物が出てこない、いわゆるロストバゲージLost Baggageは、運送協約のなかで補償されることになっている。もし、荷物が出てこなかったら、荷物を預けたときに渡されたClaim Tagという預かり証を持って、空港内の遺失物係（Lost & Found）のカウンターへ行き、補償を要求すること。事後のクレームについては取り合ってくれないので、すぐに対応しよう。

航空会社では、荷物が見つかりしだい宿泊場所に送ってくれる。移動した宿泊先で受け取ることもできるが、荷物のありかがわかるまでは、なくした空港近くにとどまるのがベター。

緊急時の医療会話

●ホテルで薬をもらう

具合が悪い。
アイ フィール イル
I feel ill.

下痢止めの薬はありますか？
ドゥ ユー ハヴ ア アンティダイリエル メディスン
Do you have a antidiarrheal medicine ?

●病院へ行く

近くに病院はありますか？
イズ ゼア ア ホスピタル ニア ヒア
Is there a hospital near here ?

日本人のお医者さんはいますか？
アー ゼア エニー ジャパニーズ ドクターズ
Are there any Japanese doctors ?

病院へ連れていってください。
クッデュー テイク ミー トゥ ザ ホスピタル
Could you take me to the hospital ?

●病院での会話

診察を予約したい。
アイドゥ ライク トゥ メイク アン アポイントメント
I' d like to make an appointment.

グリーンホテルからの紹介で来ました。
グリーン ホテル イントロデュースド ユー トゥ ミー
Green Hotel introduced you to me.

私の名前が呼ばれたら教えてください。
プリーズ レッ ミー ノ ウ ウェン マイ ネイム イズ コールド
Please let me know when my name is called.

●診察室にて

入院する必要がありますか？
ドゥ アイ ハフ トゥ アドミッテド
Do I have to be admitted?

次はいつ来ればいいですか？
ホェン シュッダイ カム ヒア ネクスト
When should I come here next ?

通院する必要がありますか？
ドゥ アイ ハフ トゥ ゴー トゥ ホスピタルレギュラリー
Do I have to go to hospital regularly?

ここにはあと2週間滞在する予定です。
アイル ステイ ヒ ア フォー ア ナ ザ ー トゥ ウィークス
I' ll stay here for another two weeks.

●診察を終えて

診察代はいくらですか？
ハ ウ マッチ イズ イット フォー ザ ド ク タ ー ズ フィー
How much is i t for the doctor' s fee?

保険が使えますか？
ダズ マイ インシュアランス カバー イット
Does my insurance cover it ?

クレジットカードでの支払いができますか？
キャナイ ペイ イット ウィズ マイ クレディットカード
Can I pay it with my credit card ?

保険の書類にサインをしてください。
プリーズ サイン オン ザ インシュアランス ペーパー
Please sign on the insurance papar.

※該当する症状があれば、チェックをしてお医者さんに見せよう

- ☐ 吐き気 nausea
- ☐ 悪寒 chill
- ☐ 食欲不振 poor appetite
- ☐ めまい dizziness
- ☐ 動悸 palpitation

- ☐ 熱 fever
- ☐ 脇の下で計った armpit ________°C ／°F
- ☐ 口中で計った oral ________°C ／°F

- ☐ 下痢 diarrhea
- ☐ 便秘 constipation
- ☐ 水様便 watery stool
- ☐ 軟便 loose stool　1日に　回　times a day
- ☐ ときどき sometimes
- ☐ 頻繁に frequently　絶え間なく continually

- ☐ 風邪 common cold
- ☐ 鼻詰まり stuffy nose
- ☐ 鼻水 running nose
- ☐ くしゃみ sneeze
- ☐ 咳 cough
- ☐ 痰 sputum
- ☐ 血痰 bloody sputum

- ☐ 耳鳴り tinnitus
- ☐ 難聴 loss of hearing
- ☐ 耳だれ ear discharge
- ☐ 目やに eye discharge
- ☐ 目の充血 bloodshot eyes
- ☐ 見えにくい visual disturbance

※下記の単語を指さしてお医者さんに必要なことを伝えよう

●どんな状態のものを

生の　raw
野生の　wild
油っこい oily
よく火が通っていない uncooked
調理後時間がたった
a long time after it was cooked

●けがをした

刺された・噛まれた bitten
切った cut
転んだ　fall down
打った　hit
ひねった　twist
落ちた　fall
やけどした　burn

●痛み

ヒリヒリする　tingling
刺すように　sharp
鋭く　keen
ひどく　severe

●原因

蚊　mosquito
ハチ　wasp
アブ　gadfly
毒虫　poisonous insect

●何をしているときに

道を歩いていた
walk up the road
車を運転していた
drive a car
レストランで食べていた
eat at the restaurant
ホテルで寝ていた
sleep in the hotel
トラムに乗っていた
ride on the tram

[旅の会話]

日本語	英語
いいんですよ	That's all right. / That's OK.
～をお願いします、～してください	名詞＋please.
コーヒーをください	Coffee, please.
えっ？　もう一度言ってください	Pardon me? / I beg your pardon?
もっとゆっくり話してください	Please speak more slowly.
英語が話せますか？	Do you speak English?
知りません	I don't know.
わかりません	I don't understand.
ここに書いてください	Please write it down here.
わかりました	I see.
確かに／もちろん	Exactly. / Of course.
ほんと？／たぶん	Really? / Maybe.
～が欲しい／～したい	I want ～. / I want to ～.
やり方を教えてください	Please tell me how to do it.
～してもいいですか？	May I ～? / Can I ～?
これ、もらえますか？	Can I have this?
窓を開けてもいいですか？	May I open the window?

旅のオランダ語

vertrek フェルトレック…出発
aankomst アーンコムスト…到着
heren ヘーレン…男性用
dames ダーメス…女性用
ingang インハング…入口
uitgang アウトハング…出口
nooduitgang ノートアウトハング…非常口
verboden toegang フェアボードゥン トゥハング…立ち入り禁止
open オープン…営業中
gesloten ヘスロートゥン…閉店中
zondag ゾンダフ…日曜
maandag マーンダフ…月曜
dinsdag ディンズダフ…火曜
woensdag ウーンズダフ…水曜
donderdag ドンデルダフ…木曜
vrijdag フライダフ…金曜
zaterdag ザーテルダフ…土曜
vandaag ファンダーフ…今日
gisteren ヒステルン…昨日
morgen モルヘン…明日
januari ヤニュアリ…1月
februari フェブリュアリ…2月
maart マールト…3月
april アプリル…4月
mei マイ…5月
juni ユニ…6月
juli ユリ…7月
augustus アウグストゥス…8月
september セプテンベル…9月
oktober オクトーベル…10月
november ノーフェンベル…11月
december デセンベル…12月
lente レンテ…春
zomer ゾーメル…夏
herfst ヘルフスト…秋
winter ウィンテル…冬
station スタション…駅
perron ペロン…駅のホーム（～番線）
bagagedepot バハージュデポ…荷物預かり所
bushalte ブスハルト…バス停
oost オースト…東
west ヴェスト…西
zuid ザウト…南
noord ノールト…北
recht レフト…右
links リンクス…左
boven ボーフェン…上
onder オンデル…下
voor フォール…前
achter アハテル…後ろ
duwen デューエン…押す
trekken トレッケン…引く
groot フロート…大きい
klein クライン…小さい
duur デュール…（値段が）高い
goedkoop フードコープ…安い
een/eerst エーン / エールスト…1 / 1番目の
twee/tweede トゥウェイ / トゥウェイデ…2 / 2番目の
drie/derde ドリー / デルデ…3 / 3番目の
vier フィーア…4
vijf ファイフ…5
zes ゼス…6
zeven ゼーフェン…7
acht アハト…8
negen ネイヘン…9
tien ティーン…10
Goedemorgen フーデンモルヘン…おはよう
Hallo / Goedendag ハロー／フーデンダハ…こんにちは
Ja / Nee ヤー / ネー…はい／いいえ
Goedenavond フーデナーフォント…こんばんは
Welterusten ウェルテルステン…おやすみなさい
Tot ziens.トット・ツィーンス…さようなら
Dank u(wel). ダンク・ウ（ヴェル）…ありがとう（ございます）
Graaggedaan フラーフヘダーン…どういたしまして
Nee, dank u.ネー、ダンク・ウ…けっこうです
Pardon…すみませんが
Het spijt me ヘット・スパイト・メ…申しわけありません
Alstublieft アルストゥブリーフト…～お願いします／～してください

フランス語	フランス語の読み方
D'accord.	ダコール
名詞＋s'il vous plaît.	名詞＋スィル・ヴ・プレ
Un café, s'il vous plaît.	アン・カフェ、スィル・ヴ・プレ
Pardon?	パルドン?
Parlez plus lentement, s'il vous plaît.	パルレ・プリュ・ラントゥマン、スィル・ヴ・プレ
Parlez-vous anglais?	パレル・ヴ・アングレ?
Je ne sais pas.	ジュ・ヌ・セ・パ
Je ne comprends pas.	ジュ・ヌ・コンプラン・パ
Ecrivez ça ici, s'il vous plaît.	エクリヴェ・サ・イスィ、スィル・ヴ・プレ
Je vois.	ジュ・ヴォア
Certainement. / Bien sûr.	セルテヌマン / ビャン・シュール
C'est vrai? / Peut-être.	セ・ブレ? / プー・テットゥル
Je voudrais ＋名詞 / Je voudrais ＋動詞の原形	ジュ・ヴードレ＋名詞 / ジュ・ヴードレ＋動詞の原形
Dites-moi comment faire ça, s'il vous plaît.	ディット・モワ・コマン・フェール・サ・スィル・ヴ・プレ
Pourrais-je ＋動詞の原形	プゥレー・ジュ＋動詞の原形
Pourrais-je avoir cela ?	プゥレー・ジュ・アヴォワール・スラ?
Pourrais-je ouvrir la fenêtre?	プゥレー・ジュ・ウヴリール・ラ・フネトル?

旅のフランス語

départ デパール…出発
arrivée アリヴ…到着
Hommes / Messieurs オム / メッシウ…男性用
Femmes /Dames ファム/ダム…女性用
entrée アントレ…入口
sortie ソルティ…出口
Sortie de secours ソルティ・ドゥ・スクール…非常口
Défence d'entrer デファンス・ダントレ…立ち入り禁止
ouvert ウーヴェール…営業中
fermé フェルメ…閉店中
dimanche ディマンシュ…日曜
lundi ランディ…月曜
mardi マルディ…火曜
mercredi メルクルディ…水曜
jeudi ジュディ…木曜
vendredi ヴァンドルディ…金曜
samedi サムディ…土曜
aujourd'hui オージュルドゥイ…今日
hier イエール…昨日
demain ドゥマン…明日
janvier ジャンヴィエ…1月
février フェヴリエ…2月
mars マルス…3月
avril アヴリル…4月
mai メ…5月
juin ジュアン…6月
juillet ジュイエ…7月
août ウ(ウットゥ)…8月
septembre セプタンブル…9月
octobre オクトーブル…10月
novembre ノヴァンブル…11月
décembre デサンブル…12月
printemps プランタン…春
été エテ…夏
automne オートヌ…秋
hiver イヴェール…冬
gare ガール…駅
quai～ ケ～…駅のホームの(～番線)
consigne コンシーニュ…荷物預かり所
arrét d'autobus アレ・ドトビュス…バス停
est エスト…東
ouest ウエスト…西
sud シュドゥ…南
nord ノール…北
droite ドロワット…右
gauche ゴーシュ…左
sur シュール…上
sous スー…下
devant ドゥヴァン…前
derrière デリエール…後ろ
poussez プーセ…押す
tirez ティレ…引く
grand(e)グラン(ドゥ)…大きい
petit(e) プティ(ットゥ)…小さい
cher(chère)シェール… (値段が)高い
moins cher モワン・シェール…(値段が)もっと安い
un(une)/ premier (première) アン(ユヌ)/プルミエ(プルミエール)…1/1番目の
deux / deuxière(seconde) ドゥー / ドゥーズィエーム(スゴンド)…2/2番目の
trois/troisième トロワ/トロワズィエーム…3/3番目の
quatre カトル…4
cinq サンク…5
six スィス…6
sept セット…7
huit ユィト…8
neuf ヌフ…9
dix ディス…10
Bonjour. / Salut. ボンジュール / サリュ…おはよう。こんにちは
Oui. / Non. ウィ/ノン…はい / いいえ
Bonsoir. / Bonne nuit. ボンソワール / ボンヌ・ニュイ…こんばんは / おやすみなさい
Au revoir. /A bientôt. オ・ルヴォワール / ア・ビヤント…さようなら
Merci(beaucoup). メルスィ(ボークー)…ありがとう(ございます)
Je vous en prie. ジュ・ヴ・ザン・プリ…どういたしまして
Non, Merci. / Jamais ! ノン・メルシイ/ジャメ!…けっこうです
Pardon./Excusez-moi. パルドン/エクスキュゼ・モワ…すみませんが/申しわけありません
S'il vous plaît シル・ブ・プレ…～お願いします/～してください

日本語	英語
荷物を預かってくれませんか?	Will you look after this baggage?
ちょっと待ってください	Just a moment, please.
誰?/いつ?/どこ?	Who? / When? / Where?
何?/なぜ?	What? / Why?
どのように?/どのくらい(時間)?	How? / How long?
いくつ(数)?/どのくらい(量)?	How many? / How much?
どちら?/どっちの道ですか?	Which? / Which way?
ここはどこですか?	Where am I ?
トイレはどこですか?	Where is the rest room?
これは何ですか?	What is this?
何時ですか?	What time is it?
今夜の宿を予約してください(観光案内所で)	Will you reserve a room for tonight?
今夜泊まれますか?	Do you have a room for tonight?
シャワー付きの部屋をお願いします	With a shower, please.
1泊いくらですか?	How much for a night?
朝食代は含まれていますか?	Is breakfast included?
部屋を見せてください	May I see the room?
お湯が出ません	No hot water is running.
最寄りの駅はどこですか?	Where is the nearest station?
この車両(バス)は〜へ行きますか?	Does this go to 〜?
そこに着いたら教えてください	Will you let me know when I arrive there?
〜へ行くにはどこで乗り換えるのですか?	Where should I change trains to get to 〜?
ここで写真を撮ってもいい?	May I take pictures here?
すみませんが私の写真を撮ってください	Excuse me, will you take a picture of me?
この席誰かいますか?	Is this seat taken?
メニューを見せてください	May I see a menu?
定食はありますか?	Do you have any special set menues?
これをください	I'll have this.
お勘定をお願いします	May I have the check, please?
このクレジットカードは使えますか?	Do you accept this credit card?
私は日本人です	I'm Japanese.
私の名前は〜です	My name is 〜.
あなたのお名前は?	What's your name?
助けて!/開けて!	Help ! / Open up !
出て行け!/警察に電話して!	Get out ! / Call the police, please !
パスポートをなくしました	I lost my passport.
気分が悪いんです	I feel sick.
医者を呼んでください	Call a doctor, please.

フランス語	フランス語の読み方
Pouvez-vous garder ce bagage?	プヴェ・ヴ・ギャルデ・ス・バガージュ?
Un moment.	アン・モマン
Qui? / Quand? / Où?	キ? /カン? /ウ?
Quoi? / Pourquoi?	コワ? /プルコワ?
Comment / Combien de temps ～?	コマン /コンビヤン・ドゥ・タン～?
Combien?	コンビヤン?
Lequel(Laquelle)? / Quel chemin?	ル・ケル(ラ・ケル)? /ケル・シュマン?
Où suis-je ?	ウ・スュイ・ジュ?
Où sont les toilettes?	ウ・ソン・レ・トワレットゥ?
Qu'est-ce que c'est ?	ケス・ク・セ?
Quelle heure est-il ?	ケルー・レティル?
Pouvez-vous réserver une chambre pour ce soir?	プヴェ・ヴ・レゼルヴェ・ユヌ・シャンブル・プール・ス・スワール?
Avez-vous une chambre libre ce soir?	アヴェ・ヴ・ユヌ・シャンブル・リーブル・ス・スワール?
Avec une douche, s'il vous plaît.	アヴェキュンヌ・ドゥーシュ、スィル・ヴ・プレ
Combien est-ce la nuit?	コンビヤン・エ・ス・ラ・ニュイ?
Le petit déjeuner est compris?	ル・プティ・デジュネ・エ・コンプリ?
Pouvez-vous me montrer la chambre?	プヴェ・ヴ・ム・モントレ・ラ・シャンブル?
Il n'y a plus d'eau chaude.	イル・ニヤ・プリュ・ドー・ショードゥ
Où est la station la plus proche?	ウ・エ・ラ・スタッスィオン・ラ・プリュ・プロッシュ?
Ce train (Cet autobus) va à ～?	ス・トラン(セットートビュス)ヴァ・ア～?
Dites-moi quand on y arrive, s'il vous plaît.	ディトゥ・モワ・カン・トン・ニ・アリーヴ、スィル・ヴ・プレ
Où change-t-on de train pour aller à ～?	ウ・シャンジュ・トン・ドゥ・トラン・プール・アレ・ア～?
Est-ce qu'on peut prendre des photos ici?	エス・コン・プ・プランドル・デ・フォト・イスィ?
Excusez-moi, pouvez-vous me prendre en photo?	エクスキュゼ・モワ、プヴェヴ・ム・プランドゥル・アン・フォト?
Est-ce que cette place est libre?	エ・ス・ク・セットゥ・プラス・エ・リーブル?
Pourrais-je voir la Calte?	プゥレー・ジュ・ヴォワール・ラ・カルト?
Avez-vous un menu?	アヴェ・ヴ・アン・ムニュ?
Je prends ceci.	ジュ・プラン・ススィ
L'addition, s'il vous plaît.	ラディスィオン、スィル・ヴ・プレ
Est-ce que vous acceptez cette carte de crédit?	エ・ス・ク・ヴ・ザクテプテ・セット・カルトゥ・ドゥ・クレディ?
Je suis japonais(e).	ジュ・スュイ・ジャポネ(男)ジャポネーズ(女)
Je m'appelle～.	ジュ・マペール～
Quel est votre nom?	ケ・レ・ヴォートル・ノン?
Au secours ! / Ouvrez !	オ・スクール! /ウーヴレ!
Sortez ! / Appelez-moi la police !	ソルテ! /アプレ・モワ・ラ・ポリス!
J'ai perdu mon passeport.	ジェ・ペルデュ・モン・パスポール
Je me sens mal.	ジュ・ム・サン・マル
Pouvez-vous appeler un médecin pour moi, s'il vous plaît.	プヴェ・ヴ・アプレ・アン・メドゥサン・プール・モワ、スィル・ヴ・プレ

ベネルクス史

B.C.

56　カエサル（シーザー）のベルガエ人征服
51　全ガリア、ローマの属州となる

A.D.

5世紀　この頃、フランク族ガリアに侵入
481　メロヴィング家のクローヴィス、フランク王となる
751　小ピピン、カロリング朝を創始
800　カール大帝、西ローマ帝国皇帝として戴冠
843　ヴェルダン条約締結、フランク王国は三分される
870　メルセン条約締結、東・西フランク王国に分かれる
963　フランク王国分裂後、アルデンヌ・カロリング家のジークフリートが小さな城を支配。ルクセンブルクの起源となる
1302　フランドル諸都市の市民軍、フランス軍に大勝（黄金拍車の戦い）
1425　ルーヴァン大学創設
1428　ホラント、ゼーラント、エノーがブルゴーニュ家の支配下に入る
1477　ブルゴーニュ公領、ハプスブルク家に帰属
1511　エラスムス、『愚神礼賛』をパリで上梓
1543　カール5世、ヘルデルラントを獲得し、全ネーデルラントを支配
1545　この頃、フランデレン地方にカルヴァン派広がる
1555　フェリペ2世、ネーデルラント統治権を継承し、翌年スペイン王に即位
1565　ブリュッセルで中・下級貴族が貴族同盟を結成
1566　貴族同盟、ブリュッセルの執政に請願書提出、乞食党（ヘーゼン）と称す
1568　オランダ独立戦争（～1648）
1572　海乞食党、ホラント・ゼーラント両州を占拠し、オラニエ公ウィレム1世を州総督に推戴
1575　ライデン大学創設
1576　「ゲントの平和」成立
1579　エノー、アルトワのカトリック貴族「アラス同盟」結成。これに対し北部7州「ユトレヒト同盟」結成
1581　ユトレヒト同盟、フェリペ2世に対して臣従拒否宣言
1584　ウィレム1世暗殺される
1585　オランダ連邦共和国成立。スペイン軍、アントワープとブリュッセル占領
1596　英・仏、オランダの独立承認
1598　フェリペ2世、娘のイサベラとその夫アルブレヒトに南ネーデルラントを委譲
1602　オランダ東インド会社設立
1609　オランダ連邦共和国とスペインとの間に12年間の休戦条約。日本の平戸にオランダ商館設置。アムステルダム振替銀行設立
1618　総督マウリッツ、議会派指導者ファン・オルデンバルネフェルトを逮捕、翌年処刑する
1619　オランダ東インド会社、バタヴィア城建設
1621　オランダはスペインとの戦争を再開
1641　日本のオランダ商館、平戸から長崎出島に移転（～1859）
1648　「ミュンスターの講和」でスペインはオランダ連邦共和国の独立を承認
1650　ウィレム2世没。第1回無提督時代（～1672）
1652　第1次イギリス・オランダ戦争（～1654）
1665　第2次イギリス・オランダ戦争（～1667）
1667　フランス国王ルイ14世、スペインに南ネーデルラント割譲を要求、ネーデルラント戦争勃発（～1668）
1672　第3次イギリス・オランダ戦争（～1674）
1688　イギリス議会の要請を受け、総督ウィレム3世と妃メアリ2世、イギリス本土へ上陸（名誉革命）
1701　スペイン継承戦争（～1713）
1702　ウィレム3世没。第2回無提督時代（～1747）
1713　「ユトレヒト条約」によりスペイン継承戦争終了、南ネーデルラントはオーストリア領となる
1747　フランス軍、オランダ領フランデレン占領。ウィレム4世、総督に任ぜられる
1781　オーストリア皇帝ヨーゼフ2世、南ネーデルラントのプロテスタントに礼拝の自由を認める
1789　ブラバント革命勃発、革命軍は南ネーデルラント全土を制圧
1790　1月、ブリュッセルの三部会はベルギー共和国の独立を宣言。12月、オースト

世界史

B.C.

27　ローマ帝政開始

A.D.

395　ローマ帝国東西に分裂
794　日本、平安京遷都
962　神聖ローマ帝国成立
1096　第1回十字軍
1337　百年戦争（～1453）
1361　ブルゴーニュ公国成立
1453　東ローマ帝国滅亡
1492　コロンブス、北米発見
1517　ルターの宗教改革
1526　インド、ムガール帝国成立
1558　英、エリザベス1世即位
1571　レパントの海戦
1589　仏、ブルボン朝成立
1600　英、東インド会社設立
1603　日本、江戸幕府成立
1613　英、日本に平戸商館開設
1618　独、三十年戦争
1635　日本船海外渡航、帰国を禁じる
1637　日本、島原の乱
1642　英、清教徒革命
1648　仏、フロンドの乱
1651　英、「航海条例」
1661　仏、ルイ14世親政開始
1683　清の中国統一
1740　オーストリア継承戦争
1776　アメリカ独立宣言
1789　フランス革命勃発
1792　仏、王権停止、共和政宣言

ベネルクス史

リア軍、ブリュッセルを奪還し、ブラバント革命失敗
1794 フランス、全ベルギーを征服、オーストリアのベルギー統治終わる
1795 フランス軍、ユトレヒト占領。オランダ連邦共和国倒れて、バタヴィア共和国成立
1798 オランダ東インド会社解散
1810 オランダ、フランスに併合される。ジャワ島、イギリスに占領される
1813 フランス軍、オランダより撤退。ウィレム6世、イギリスより帰国
1814 オランダの名士会議、新憲法を承認。ウィレム6世、ベルギーの主権を受け入れる
1815 ベルギー代表を加え、新たに憲法を制定、オランダ王国成立。ウィレム6世、オランダ国王ウィレム1世となる
1824 「ロンドン条約」で、イギリスはジャワ島を返還
1830 ベルギーで独立運動が起き、10月、独立を宣言。オランダ、東インド植民地に強制栽培制度を導入
1831 Ⓑ 憲法制定。ベルギー国王レオポルド1世即位
1839 Ⓝ ベルギー独立を承認。ルクセンブルクはドイツ連邦に属し、主権はウィレム1世に属す
1856 Ⓝ 「日蘭和親条約」締結
1858 Ⓝ 「日蘭通商航海条約」締結
1867 Ⓛ ルクセンブルク大公国の独立
1873 Ⓝ アチェ戦争(〜1904)
1878 Ⓑ 行政における2言語主義採用
1883 Ⓝ 北海運河開通 Ⓑ 教育における2言語主義採用
1885 Ⓑ ベルリン会議でレオポルド2世のコンゴ自由国の領有が認められる
1899 Ⓝ ハーグ平和会議開催
1901 Ⓝ 常設仲裁裁判所開設
1908 Ⓑ コンゴ植民地、国王の個人的所有を離れ、ベルギー領植民地となる
1914 Ⓑ ドイツ軍侵入し、国土の大半を占領
1917 Ⓝ 憲法改正(普通選挙権、比例代表制、公・私立校の全額国庫負担を実現)
1920 ⓃⒷ 国際連盟参加
1921 Ⓑ 憲法改正。週48時間労働制採用、ストライキ禁止法の撤廃。ルクセンブルクとの経済同盟成立
1927 Ⓝ ザイデル海干拓工事始まる
1940 ⓃⒷ ドイツ軍の機甲部隊侵入
Ⓝ 女王、政府はイギリスへ亡命。オランダ降伏
Ⓑ レオポルド3世、ドイツに無条件降伏
1944 Ⓑ 9月、連合軍がブリュッセル入城
1945 Ⓝ 5月、オランダ解放。8月、インドネシア共和国の独立を宣言
1946 Ⓝ インドネシア独立政府と協定成立
1948 ⓃⒷ ベネルクス関税同盟成立
1949 ⓃⒷⓁ NATOに加盟
Ⓝ 12月、インドネシアへの主権委譲
1951 Ⓑ 7月、国王復位反対運動激化し、レオポルド3世は退位、ボードゥアン1世即位
1952 Ⓝ アムステルダム=ライン運河開通
1957 ⓃⒷⓁ 「EEC」および「ヨーロッパ原子力共同体(EURATOM)」の条約に調印
1960 Ⓑ コンゴへの主権委譲
1961 Ⓑ 「言語境界確定法(ジルソン法)」制定
1963 Ⓑ 「言語法(第2ジルソン法)」制定
1968 ⓃⒷⓁ EEC関税同盟発足
1970 Ⓑ 憲法改正(4つの言語地域、3つの地域社会が定められる)
1972 Ⓝ 選挙年齢、21歳から18歳に引き下げ
1980 Ⓑ 憲法改正(2言語共同体、3地域共同体成立)
1992 ⓃⒷⓁ マーストリヒト条約調印
1993 Ⓑ 憲法改正(連邦制国家と規定)。ボードゥアン1世死去し、アルベール2世即位
1994 Ⓑ 徴兵制廃止
2002 ⓃⒷⓁ 欧州統一通貨ユーロの本格導入
2010 Ⓝ リュッテ内閣成立
2013 Ⓝ ウィレム=アレクサンダー国王即位
2013 Ⓑ フィリップ国王即位
2020 Ⓑ ドゥ=クロー内閣成立

Ⓝ…オランダ史 Ⓑ…ベルギー史 Ⓛ…ルクセンブルク史

世界史

1793 仏、ルイ16世処刑
1804 仏、ナポレオン、皇帝となる
1806 神聖ローマ帝国滅亡
1813 諸国民解放戦争
1814 ナポレオン退位。ウィーン会議開催
1823 フォン・シーボルト来日
1830 仏、七月革命
1840 中国、アヘン戦争
1848 仏、二月革命
1853 日本、ペリー来航
1868 日本、明治維新
1870 普仏戦争
1871 スタンレーのアフリカ探検
1877 露土戦争
1894 日清戦争
1904 日露戦争(〜1905)
1914 第1次世界大戦
1917 ロシア革命
1919 ヴェルサイユ条約調印
1929 世界恐慌起こる
1931 満州事変起こる
1939 第2次世界大戦
1941 太平洋戦争始まる
1943 イタリア降伏
1944 パリ解放
1945 ドイツ、日本降伏
1946 第1回国連総会開催
1949 中華人民共和国成立
1950 朝鮮戦争(〜1953)
1956 ハンガリー動乱
1959 キューバ革命
1967 EC(ヨーロッパ共同体)発足
1973 第1次オイルショック
1975 ベトナム戦争終結
1978 第2次オイルショック
1989 東欧の社会主義体制崩れる
1990 ドイツ再統一。中東湾岸戦争(〜1991)
1991 ソビエト連邦消滅
1993 EU(ヨーロッパ連合)発足
2020 新型コロナウィルスの世界的流行

地名索引インデックス

※(N)はオランダ、(B)はベルギー、(L)はルクセンブルクにあることを示しています。

ア

カ

サ

タ

地球の歩き方 シリーズ一覧

2024年1月現在

＊地球の歩き方ガイドブックは、改訂時に価格が変わることがあります。＊表示価格は定価（税込）です。＊最新情報は、ホームページをご覧ください。www.arukikata.co.jp/guidebook/

地球の歩き方 ガイドブック

A ヨーロッパ

A01	ヨーロッパ	¥1870
A02	イギリス	¥2530
A03	ロンドン	¥1980
A04	湖水地方&スコットランド	¥1870
A05	アイルランド	¥1980
A06	フランス	¥2420
A07	パリ&近郊の町	¥1980
A08	南仏プロヴァンス コート・ダジュール&モナコ	¥1760
A09	イタリア	¥1870
A10	ローマ	¥1760
A11	ミラノ ヴェネツィアと湖水地方	¥1870
A12	フィレンツェとトスカーナ	¥1870
A13	南イタリアとシチリア	¥1870
A14	ドイツ	¥1980
A15	南ドイツ フランクフルト ミュンヘン ロマンチック街道 古城街道	¥2090
A16	ベルリンと北ドイツ ハンブルク ドレスデン ライプツィヒ	¥1870
A17	ウィーンとオーストリア	¥2090
A18	スイス	¥2200
A19	オランダ ベルギー ルクセンブルク	¥2420
A20	スペイン	¥2420
A21	マドリードとアンダルシア	¥1760
A22	バルセロナ&近郊の町 イビサ島／マヨルカ島	¥1760
A23	ポルトガル	¥2200
A24	ギリシアとエーゲ海の島々&キプロス	¥1870
A25	中欧	¥1980
A26	チェコ ポーランド スロヴァキア	¥1870
A27	ハンガリー	¥1870
A28	ブルガリア ルーマニア	¥1980
A29	北欧 デンマーク ノルウェー スウェーデン フィンランド	¥1870
A30	バルトの国々 エストニア ラトヴィア リトアニア	¥1870
A31	ロシア ベラルーシ ウクライナ モルドヴァ コーカサスの国々	¥2090
A32	極東ロシア シベリア サハリン	¥1980
A34	クロアチア スロヴェニア	¥2200

B 南北アメリカ

B01	アメリカ	¥2090
B02	アメリカ西海岸	¥1870
B03	ロスアンゼルス	¥2090
B04	サンフランシスコとシリコンバレー	¥1870
B05	シアトル ポートランド	¥2420
B06	ニューヨーク マンハッタン&ブルックリン	¥1980
B07	ボストン	¥1980
B08	ワシントンDC	¥2420
B09	ラスベガス セドナ&グランドキャニオンと大西部	¥2090
B10	フロリダ	¥2310
B11	シカゴ	¥1870
B12	アメリカ南部	¥1980
B13	アメリカの国立公園	¥2640
B14	ダラス ヒューストン デンバー グランドサークル フェニックス サンタフェ	¥1980
B15	アラスカ	¥1980
B16	カナダ	¥2420
B17	カナダ西部 カナディアン・ロッキーとバンクーバー	¥2090
B18	カナダ東部 ナイアガラ・フォールズ メープル街道 プリンス・エドワード島 トロント オタワ モントリオール ケベック・シティ	¥2090
B19	メキシコ	¥1980
B20	中米	¥2090
B21	ブラジル ベネズエラ	¥2200
B22	アルゼンチン チリ パラグアイ ウルグアイ	¥2200
B23	ペルー ボリビア エクアドル コロンビア	¥2200
B24	キューバ バハマ ジャマイカ カリブの島々	¥2035
B25	アメリカ・ドライブ	¥1980

C 太平洋／インド洋島々

C01	ハワイ オアフ島&ホノルル	¥2200
C02	ハワイ島	¥2200
C03	サイパン ロタ&テニアン	¥1540
C04	グアム	¥1980
C05	タヒチ イースター島	¥1870
C06	フィジー	¥1650
C07	ニューカレドニア	¥1650
C08	モルディブ	¥1870
C10	ニュージーランド	¥2200
C11	オーストラリア	¥2200
C12	ゴールドコースト&ケアンズ	¥2420
C13	シドニー&メルボルン	¥1760

D アジア

D01	中国	¥2090
D02	上海 杭州 蘇州	¥1870
D03	北京	¥1760
D04	大連 瀋陽 ハルビン 中国東北部の自然と文化	¥1980
D05	広州 アモイ 桂林 珠江デルタと華南地方	¥1980
D06	成都 重慶 九寨溝 麗江 四川 雲南	¥1980
D07	西安 敦煌 ウルムチ シルクロードと中国北西部	¥1980
D08	チベット	¥2090
D09	香港 マカオ 深圳	¥2420
D10	台湾	¥2090
D11	台北	¥1980
D13	台南 高雄 屏東&南台湾の町	¥1650
D14	モンゴル	¥2090
D15	中央アジア サマルカンドとシルクロードの国々	¥
D16	東南アジア	¥
D17	タイ	¥
D18	バンコク	¥
D19	マレーシア ブルネイ	¥
D20	シンガポール	¥
D21	ベトナム	¥
D22	アンコール・ワットとカンボジア	¥
D23	ラオス	¥
D24	ミャンマー（ビルマ）	¥
D25	インドネシア	¥
D26	バリ島	¥
D27	フィリピン マニラ セブ ボラカイ ボホール エルニド	¥
D28	インド	¥
D29	ネパールとヒマラヤトレッキング	¥
D30	スリランカ	¥
D31	ブータン	¥
D33	マカオ	¥
D34	釜山 慶州	¥
D35	バングラデシュ	¥
D37	韓国	¥
D38	ソウル	¥

E 中近東 アフリカ

E01	ドバイとアラビア半島の国々	¥
E02	エジプト	¥
E03	イスタンブールとトルコの大地	¥
E04	ペトラ遺跡とヨルダン レバノン	¥
E05	イスラエル	¥
E06	イラン ペルシアの旅	¥
E07	モロッコ	¥
E08	チュニジア	¥
E09	東アフリカ ウガンダ エチオピア ケニア タンザニア ルワンダ	¥
E10	南アフリカ	¥
E11	リビア	¥
E12	マダガスカル	¥

J 国内版

J00	日本	¥
J01	東京 23区	¥
J02	東京 多摩地域	¥
J03	京都	¥
J04	沖縄	¥
J05	北海道	¥
J07	埼玉	¥
J08	千葉	¥
J09	札幌・小樽	¥
J10	愛知	¥
J12	四国	¥
J13	北九州市	¥

地球の歩き方 aruco

●海外

1	パリ	¥1650
2	ソウル	¥1650
3	台北	¥1650
4	トルコ	¥1430
5	インド	¥1540
6	ロンドン	¥1650
7	香港	¥1320
9	ニューヨーク	¥1320
10	ホーチミン ダナン ホイアン	¥1650
11	ホノルル	¥1650
12	バリ島	¥1320
13	上海	¥1320
14	モロッコ	¥1540
15	チェコ	¥1320
16	ベルギー	¥1430
17	ウィーン ブダペスト	¥1320
18	イタリア	¥1760
19	スリランカ	¥1540
20	クロアチア スロヴェニア	¥1430
21	スペイン	¥1320
22	シンガポール	¥1650
23	バンコク	¥1650
24	グアム	¥1320
25	オーストラリア	¥1430
26	フィンランド エストニア	¥1430
27	アンコール・ワット	¥1430
28	ドイツ	¥1430
29	ハノイ	¥1430
30	台湾	¥1650
31	カナダ	¥1320
33	サイパン テニアン ロタ	¥1320
34	セブ ボホール エルニド	¥1320
35	ロスアンゼルス	¥1320
36	フランス	¥1430
37	ポルトガル	¥1650
38	ダナン ホイアン フエ	¥1430

●国内

東京	¥1540
東京で楽しむフランス	¥1430
東京で楽しむ韓国	¥1430
東京で楽しむ台湾	¥1430
東京の手みやげ	¥1430
東京おやつさんぽ	¥1430
東京のパン屋さん	¥1430
東京で楽しむ北欧	¥1430
東京のカフェめぐり	¥1480
東京で楽しむハワイ	¥1480
nyaruco 東京ねこさんぽ	¥1480
東京で楽しむイタリア&スペイン	¥1480
東京で楽しむアジアの国々	¥1480
東京ひとりさんぽ	¥1480
東京パワースポットさんぽ	¥1599
東京で楽しむ英国	¥1599

地球の歩き方 Plat

1	パリ	¥1320
2	ニューヨーク	¥1320
3	台北	¥1100
4	ロンドン	¥1320
6	ドイツ	¥1320
7	ホーチミン／ハノイ／ダナン／ホイアン	¥1320
8	スペイン	¥1320
10	シンガポール	¥1100
11	アイスランド	¥1540
14	マルタ	¥1540
15	フィンランド	¥1320
16	クアラルンプール／マラッカ	¥1100
17	ウラジオストク／ハバロフスク	¥1430
18	サンクトペテルブルク／モスクワ	¥1540
19	エジプト	¥1320
20	香港	¥1100
22	ブルネイ	¥1430
23	ウズベキスタン サマルカンド ブハラ ヒヴァ タシケント	¥
24	ドバイ	¥
25	サンフランシスコ	¥
26	パース／西オーストラリア	¥
27	ジョージア	¥
28	台南	¥

地球の歩き方 リゾートスタ

R02	ハワイ島	¥
R03	マウイ島	¥
R04	カウアイ島	¥
R05	こどもと行くハワイ	¥
R06	ハワイ ドライブ・マップ	¥
R07	ハワイ バスの旅	¥
R08	グアム	¥
R09	こどもと行くグアム	¥
R10	パラオ	¥
R12	プーケット サムイ島 ピピ島	¥
R13	ペナン ランカウイ クアラルンプール	¥
R14	バリ島	¥
R15	セブ&ボラカイ ボホール シキホール	¥
R16	テーマパークin オーランド	¥
R17	カンクン コスメル イスラ・ムヘーレス	¥
R20	ダナン ホイアン ホーチミン ハノイ	¥

地球の歩き方　御朱印

御朱印でめぐる鎌倉のお寺　三十三観音完全掲載　三訂版	¥1650
御朱印でめぐる京都のお寺　改訂版	¥1650
御朱印でめぐる奈良の古寺　改訂版	¥1650
御朱印でめぐる東京のお寺	¥1650
日本全国この御朱印が凄い！　第壱集　増補改訂版	¥1650
日本全国この御朱印が凄い！　第弐集　都道府県網羅版	¥1650
御朱印でめぐる全国の神社　開運さんぽ	¥1430
御朱印でめぐる高野山　改訂版	¥1650
御朱印でめぐる関東の神社　週末開運さんぽ	¥1430
御朱印でめぐる秩父の寺社　三十四観音完全掲載　改訂版	¥1650
御朱印でめぐる関東の百寺　坂東三十三観音と古寺	¥1650
御朱印でめぐる関西の神社　週末開運さんぽ	¥1430
御朱印でめぐる関西の百寺　西国三十三所と古寺	¥1650
御朱印でめぐる東京の神社　週末開運さんぽ　改訂版	¥1540
御朱印でめぐる神奈川の神社　週末開運さんぽ　改訂版	¥1540
御朱印でめぐる埼玉の神社　週末開運さんぽ　改訂版	¥1540
御朱印でめぐる北海道の神社　週末開運さんぽ	¥1430
御朱印でめぐる九州の神社　週末開運さんぽ　改訂版	¥1540
御朱印でめぐる千葉の神社　週末開運さんぽ　改訂版	¥1540
御朱印でめぐる東海の神社　週末開運さんぽ	¥1430
御朱印でめぐる京都の神社　週末開運さんぽ　改訂版	¥1540
御朱印でめぐる神奈川のお寺	¥1650
御朱印でめぐる大阪　兵庫の神社　週末開運さんぽ	¥1430
御朱印でめぐる愛知の神社　週末開運さんぽ　改訂版	¥1540
御朱印でめぐる栃木　日光の神社　週末開運さんぽ	¥1430
御朱印でめぐる福岡の神社　週末開運さんぽ　改訂版	¥1540
御朱印でめぐる広島　岡山の神社　週末開運さんぽ	¥1430
御朱印でめぐる山陰　山陽の神社　週末開運さんぽ	¥1430
御朱印でめぐる埼玉のお寺	¥1650
御朱印でめぐる千葉のお寺	¥1650
御朱印でめぐる東京の七福神	¥1540
御朱印でめぐる東北の神社　週末開運さんぽ　改訂版	¥1540
御朱印でめぐる全国の稲荷神社　週末開運さんぽ	¥1430
御朱印でめぐる新潟 佐渡の神社　週末開運さんぽ	¥1430
御朱印でめぐる静岡 富士 伊豆の神社　週末開運さんぽ　改訂版	¥1540
御朱印でめぐる四国の神社　週末開運さんぽ	¥1430
御朱印でめぐる中央線沿線の寺社　週末開運さんぽ	¥1540
御朱印でめぐる東急線沿線の寺社　週末開運さんぽ	¥1540
御朱印でめぐる茨城の神社　週末開運さんぽ	¥1430
御朱印でめぐる関東の聖地　週末開運さんぽ	¥1430
御朱印でめぐる東海のお寺	¥1650
日本全国ねこの御朱印＆お守りめぐり　週末開運にゃんさんぽ	¥1760
御朱印でめぐる信州 甲州の神社　週末開運さんぽ	¥1430
御朱印でめぐる全国の聖地　週末開運さんぽ	¥1430
御船印でめぐる全国の魅力的な船旅	¥1650
御朱印でめぐる茨城のお寺	¥1650
御朱印でめぐる全国のお寺　週末開運さんぽ	¥1540
日本全国 日本酒でめぐる　酒蔵＆ちょこっと御朱印〈東日本編〉	¥1760
日本全国 日本酒でめぐる　酒蔵＆ちょこっと御朱印〈西日本編〉	¥1760
関東版ねこの御朱印＆お守りめぐり　週末開運にゃんさんぽ	¥1760
52　一生に一度は参りたい！　御朱印でめぐる全国の絶景寺社図鑑	¥2479
53　御朱印でめぐる東北のお寺　週末開運さんぽ	¥1650
54　御朱印でめぐる関西のお寺　週末開運さんぽ	¥1760
D51　鉄印帳でめぐる全国の魅力的な鉄道40	¥1650
御朱印はじめました　関東の神社　週末開運さんぽ	¥1210

地球の歩き方　島旅

1	五島列島　3訂版	¥1650
2	奄美大島　喜界島　加計呂麻島（奄美群島①）4訂版	¥1650
3	与論島　沖永良部島　徳之島（奄美群島②）改訂版	¥1650
4	利尻　礼文　4訂版	¥1650
5	天草　改訂版	¥1760
6	壱岐　4訂版	¥1650
7	種子島　3訂版	¥1650
8	小笠原　父島　母島　3訂版	¥1650
9	隠岐　3訂版	¥1870
10	佐渡　3訂版	¥1650
11	宮古島　伊良部島　下地島　来間島　池間島　多良間島　大神島　改訂版	¥1650
12	久米島　渡名喜島　改訂版	¥1650
13	小豆島～瀬戸内の島々1～　改訂版	¥1650
14	直島　豊島　女木島　男木島　犬島～瀬戸内の島々2～	¥1650
15	伊豆大島　利島～伊豆諸島1～　改訂版	¥1650
16	新島　式根島　神津島～伊豆諸島2～改訂版	¥1650
17	沖縄本島周辺15離島	¥1650
18	たけとみの島々　竹富島　西表島　波照間島　小浜島　黒島　鳩間島　新城島　由布島　加屋	¥1650
19	淡路島～瀬戸内の島々3～	¥1650
20	石垣島　竹富島 西表島 小浜島 由布島 新城島 波照間島	¥1650
21	対馬	¥1650
22	島旅ねこ　にゃんこの島の歩き方	¥1344

地球の歩き方　旅の図鑑

W01	世界244の国と地域	¥1760
W02	世界の指導者図鑑	¥1650
W03	世界の魅力的な奇岩と巨石139選	¥1760
W04	世界246の首都と主要都市	¥1760
W05	世界のすごい島300	¥1760
W06	地球の歩き方的！　世界なんでもランキング	¥1760
W07	世界のグルメ図鑑　116の国と地域の名物料理を食の雑学とともに解説	¥1760
W08	世界のすごい巨像	¥1760
W09	世界のすごい城と宮殿333	¥1760
W10	世界197ヵ国のふしぎな聖地＆パワースポット	¥1870
W11	世界の祝祭	¥1760
W12	世界のカレー図鑑	¥1980
W13	世界遺産　絶景でめぐる自然遺産　完全版	¥1980
W15	地球の果ての歩き方	¥1980
W16	世界の中華料理図鑑	¥1980
W17	世界の地元メシ図鑑	¥1980
W18	世界遺産の歩き方　学んで旅する！　すごい世界遺産190選	¥1980
W19	世界の魅力的なビーチと湖	¥1980
W20	世界のすごい駅	¥1980
W21	世界のおみやげ図鑑	¥1980
W22	いつか旅してみたい世界の美しい古都	¥1980
W23	世界のすごいホテル	¥1980
W24	日本の凄い神木	¥2200
W25	世界のお菓子図鑑	¥1980
W26	世界の麺図鑑	¥1980
W27	世界のお酒図鑑	¥1980
W28	世界の魅力的な道	¥1980
W29	世界の映画の舞台＆ロケ地	¥2090
W30	すごい地球！	¥2200
W31	世界のすごい墓	¥1980

地球の歩き方　旅の名言＆絶景

ALOHAを感じるハワイのことばと絶景100	¥1650
自分らしく生きるフランスのことばと絶景100	¥1650
人生観が変わるインドのことばと絶景100	¥1650
生きる知恵を授かるアラブのことばと絶景100	¥1650
心に寄り添う台湾のことばと絶景100	¥1650
道しるべとなるドイツのことばと絶景100	¥1650
共感と勇気がわく韓国のことばと絶景100	¥1650
人生を楽しみ尽くすイタリアのことばと絶景100	¥1650
今すぐ旅に出たくなる！　地球の歩き方のことばと絶景100	¥1650
悠久の教えをひもとく　中国のことばと絶景100	¥1650

地球の歩き方　旅と健康

地球のなぞり方 旅地図 アメリカ大陸編	¥1430
地球のなぞり方 旅地図 ヨーロッパ編	¥1430
地球のなぞり方 旅地図 アジア編	¥1430
地球のなぞり方 旅地図 日本編	¥1430
脳がどんどん強くなる！　すごい地球の歩き方	¥1650

地球の歩き方　旅の読み物

今こそ学びたい日本のこと	¥1760
週末だけで70ヵ国159都市を旅したリーマントラベラーが教える自分の時間の作り方	¥1540

地球の歩き方　BOOKS

BRAND NEW HAWAII　とびきりリアルな最新ハワイガイド	¥1650
FAMILY TAIWAN TRIP　#子連れ台湾	¥1518
GIRL'S GETAWAY TO LOS ANGELES	¥1760
HAWAII RISA'S FAVORITES　大人女子はハワイで美味しく美しく	¥1650
LOVELY GREEN NEW ZEALAND　未来の国を旅するガイドブック	¥1760
MAKI'S DEAREST HAWAII	¥1540
MY TRAVEL, MY LIFE Maki's Family Travel Book	¥1760
WORLD FORTUNE TRIP　イヴルルド遙華の世界開運★旅案内	¥1650
いろはに北欧	¥1760
ヴィクトリア朝が教えてくれる英国の魅力	¥1320
ダナン＆ホイアン　PHOTO TRAVEL GUIDE	¥1650
とっておきのフィンランド	¥1760
フィンランドでかなえる100の夢	¥1760
マレーシア　地元で愛される名物食堂	¥1430
やり直し英語革命	¥1100
気軽に始める！大人の男海外ひとり旅	¥1100
気軽に出かける！　大人の男アジアひとり旅	¥1100
香港　地元で愛される名物食堂	¥1540
最高のハワイの過ごし方	¥1540
子連れで沖縄　旅のアドレス＆テクニック117	¥1100
食事作りに手間暇かけないドイツ人、手料理神話にこだわり続ける日本人	¥1100
総予算33万円・9日間から行く！　世界一周	¥1100
台北　メトロさんぽ　MRTを使って、おいしいとかわいいを巡る旅	¥1518
北欧が好き！　フィンランド・スウェーデン・デンマーク・ノルウェーの素敵な町めぐり	¥1210
北欧が好き！2　建築＆デザインでめぐるフィンランド・スウェーデン・デンマーク・ノルウェー	¥1210
地球の歩き方JAPAN　ダムの歩き方　全国版　初めてのダム旅入門ガイド	¥1712
日本全国　開運神社　このお守りがすごい！	¥1522

地球の歩き方　スペシャルコラボ BOOK

地球の歩き方　ムー	¥2420
地球の歩き方　JOJO　ジョジョの奇妙な冒険	¥2420
地球の歩き方　ディズニーの世界　名作アニメーション映画の舞台	¥2420
地球の歩き方　宇宙兄弟　We are Space Travelers!	¥2420

地球の歩き方 関連書籍のご案内

ベネルクスとその周辺諸国をめぐるヨーロッパの旅を「地球の歩き方」が応援します!

地球の歩き方 ガイドブック

- A01 ヨーロッパ ¥1,870
- A02 イギリス ¥2,530
- A03 ロンドン ¥1,980
- A04 湖水地方&スコットランド ¥1,870
- A05 アイルランド ¥1,980
- A06 フランス ¥2,420
- A07 パリ&近郊の町 ¥1,980
- A08 南仏 プロヴァンス ¥1,760
- A09 イタリア ¥1,870
- A10 ローマ ¥1,760
- A11 ミラノ ヴェネツィア ¥1,870
- A12 フィレンツェとトスカーナ ¥1,870
- A13 南イタリアとシチリア ¥1,870
- A14 ドイツ ¥1,980
- A15 南ドイツ フランクフルト ¥2,090
- A16 ベルリンと北ドイツ ¥1,870
- A17 ウィーンとオーストリア ¥2,090
- A18 スイス ¥2,200
- A19 オランダ ベルギー ¥1,870
- A20 スペイン ¥2,420
- A21 マドリードとアンダルシア ¥1,760
- A22 バルセロナ&近郊の町 ¥1,760
- A26 チェコ ポーランド ¥1,870
- A29 北欧 デンマーク ノルウェー ¥1,870

地球の歩き方 aruco

- 01 aruco パリ ¥1,650
- 06 aruco ロンドン ¥1,650
- 15 aruco チェコ ¥1,320
- 16 aruco ベルギー ¥1,430
- 17 aruco ウィーン ブダペスト ¥1,320
- 18 aruco イタリア ¥1,760
- 20 aruco クロアチア ¥1,430
- 21 aruco スペイン ¥1,320
- 26 aruco フィンランド エストニア ¥1,430
- 28 aruco ドイツ ¥1,430
- 36 aruco フランス ¥1,430

地球の歩き方 Plat

- 01 Plat パリ ¥1,320
- 04 Plat ロンドン ¥1,320
- 06 Plat ドイツ ¥1,320
- 08 Plat スペイン ¥1,320
- 14 Plat マルタ ¥1,540
- 15 Plat フィンランド ¥1,320

地球の歩き方 旅と健康

地球のなぞり方 旅地図 ヨーロッパ編 ¥1,430

※表示価格は定価(税込)です。改訂時に価格が変更になる場合があります。

\ 日本のよさを再発見！ /

地球の歩き方 国内版シリーズ

Secret of Success

ヒットの秘密

1979年の創刊以来、海外ガイドブックの発行を続けてきた「地球の歩き方」。2020年に初の国内版「東京」を創刊。これまでの海外取材で培った細かな取材力、その土地の歴史や文化、雑学などの情報を盛り込むことで、地元在住者に支持され大ヒット。次の新刊もお楽しみに！

地球の歩き方国内版シリーズ
定価：2020円（税込）～
https://www.arukikata.co.jp/web/catalog/directory/book/guidebook-j/

この本の制作によせて

本書は、オランダ、ベルギー、ルクセンブルクをこよなく愛する人々によって作られています。
オランダの項は、鈴紀礼子さん、坂本卓さん、猪瀬脩一さん、石田純郎さん、倉持早苗さん、ベルギーの項は、神藤勇さん、三井孝次さん、滝下良文さん、佐藤京子さん、大喜多正巳さん、作山昇さん、阿部知彰さん、古賀リリ子さんが寄稿してくださいました。また、「美術史を歩く」などベネルクス美術の歴史は美術史家の幸福輝さん、「オランダとベルギー比べてみると」は佐々さんと河原さん、「ベルギーお菓子歳時記」は古賀リリ子さん、「ベネルクスとは何か?」のコラムはMasahide KOBAYASHIさんが書いてくださいました。なお、本書全体にわたる執筆および加筆・修正などは、飯島千鶴子、中田瑞穂、平林加奈子、現地調査スタッフも担当いたしました。さらに、滝下良文さん、古賀リリ子さんは現地調査を担当してくださいました。このほか、たくさんの情報を送ってくださった読者のみなさんや観光局の方々に心から感謝を申し上げます。

制作・・上原康仁　Producer:Yasuhito Uehara
編集・・平林加奈子(カース)、澁谷正子(オフィス・オズ)
Editor・・Kanako Hirabayashi(Kaas Inc.), Shoko Shibuya(Office-OZ)
デザイン・・カース　Design:Kaas Inc.
表紙・・日出嶋昭男　Cover Design:Akio Hidejima
校正・・槍楯社　Proofreading:Sojunsha
地図・・平凡社地図出版、辻野良晃、松尾よしこ、ジェオ、カース
Map:Heibonsha chizu shuppan, Yoshiaki Tsujino, Yoshiko Matsuo, Geo, Kaas Inc.
写真・・坂本卓、リヴァ・ジャック、滝下良文、横田秀樹、シバタケイコ、ロビン・カーウェンホーフェン、古賀リリ子、スタジオフロッグ
Photo・・Taku Sakamoto, Riva Jacques, Yoshifumi Takishita, Hideki Yokota, Keiko Shibata, Robin Kouwenhoven, Ririko Koga, studio frog
Special Thanks・・オランダ政府観光局 URL www.holland.com、ベルギー観光局ワロン・ブリュッセル、スタジオフロッグ、ベルギー・フランダース政府観光局、KLMオランダ航空、VEGA INTERNATIONAL S.A.、©iStock、©Thinkstock、With thanks to the Kröller-Müller Museum, Otterlo

---

本書の内容について、ご意見・ご感想はこちらまで
〒141-8425 東京都品川区西五反田2-11-8
株式会社地球の歩き方
地球の歩き方サービスデスク「オランダ ベルギー ルクセンブルグ編」投稿係
URL ▶ https://www.arukikata.co.jp/guidebook/toukou.html
地球の歩き方ホームページ(海外・国内旅行の総合情報)　URL ▶ https://www.arukikata.co.jp/
ガイドブック『地球の歩き方』公式サイト　URL ▶ https://www.arukikata.co.jp/guidebook/

地球の歩き方　A19　オランダ ベルギー ルクセンブルク　2024~2025年版
2024年2月13日 初版第1刷発行

Published by Arukikata. Co.,Ltd.
2-11-8 Nishigotanda, Shinagawa-ku, Tokyo, 141-8425, Japan
著作編集　地球の歩き方編集室
発行人　新井邦弘
編集人　由良暁世
発行所　株式会社地球の歩き方
〒141-8425　東京都品川区西五反田2-11-8
発売元　株式会社Gakken
〒141-8416　東京都品川区西五反田2-11-8
印刷製本　TOPPAN株式会社

※本書は基本的に2023年8月～10月の取材データに基づいて作られています。
発行後に料金、営業時間、定休日などが変更になる場合がありますのでご了承ください。
更新・訂正情報:https://www.arukikata.co.jp/travel-support/

●この本に関する各種お問い合わせ先
・本の内容については、下記サイトのお問い合わせフォームよりお願いします。
URL ▶ https://www.arukikata.co.jp/guidebook/contact.html
・広告については、下記サイトのお問い合わせフォームよりお願いします。
URL ▶ https://www.arukikata.co.jp/ad_contact/
・在庫については　Tel 03-6431-1250(販売部)
・不良品(乱丁、落丁)については　Tel 0570-000577
学研業務センター　〒354-0045　埼玉県入間郡三芳町上富279-1
・上記以外のお問い合わせは　Tel 0570-056-710(学研グループ総合案内)

※本書は株式会社ダイヤモンド・ビッグ社より1988年に初版発行したもの(2020年8月に改訂第31版)の最新・改訂版です。
学研グループの書籍・雑誌についての新刊情報・詳細情報は、下記をご覧ください。
学研出版サイト　URL ▶ https://hon.gakken.jp/